U0921162

CHINA DEVELOPMENT ZONES YEARBOOK

中国
开发区年鉴

2006

彭森 主编

中国财政经济出版社

图书在版编目（CIP）数据

中国开发区年鉴．2006/彭森主编．—北京：中国财政经济出版社，2006.10
ISBN 7－5005－9405－4

Ⅰ．中…　Ⅱ．彭…　Ⅲ．经济开发区－中国－2006－年鉴　Ⅳ．F127.9－54

中国版本图书馆 CIP 数据核字（2006）第 116651 号

主编单位：中国开发区协会

责任编辑：安建军　宋　丹　马　真　武志庆　汤兰英
温　忠　马静贤　张德林　陆宗祥　肖　蕾

中国财政经济出版社出版
URL：http：//www.cfeph.cn
E－mail：cfeph@cfeph.cn

社址：北京市海淀区阜成路甲 28 号　邮政编码：100036
发行处电话：88190406　财经书店电话：64033436
北京外文印刷厂印刷　各地新华书店经销
787×1092 毫米　16 开　56 面彩插　32.75 印张　808 000 字
2006 年 12 月第 1 版　2006 年 12 月北京第 1 次印刷
定价：250.00 元
ISBN 7－5005－9405－4/F.8160
（图书出现印装问题，本社负责调换）

中国开发区年鉴

编委会

编　委

李　铿　芜湖经济技术开发区管委会　主任
黄文华　长春经济技术开发区、党工委书记、管委会主任
李志恒　哈尔滨经济技术开发区、哈尔滨高新技术产业开发区管委会　主任
唐文峰　重庆经济技术开发区管委会　主任
叶永浩　萧山经济技术开发区管委会　常务副主任
熊文辉　南沙经济技术开发区经济发展局　局长
邓木林　惠州大亚湾经济技术开发区管委会　主任
王金玲　北京经济技术开发区管委会　副主任
蒙志鹏　乌鲁木齐经济技术开发区管委会　主任
李　兵　合肥经济技术开发区管委会　副主任
张延明　郑州经济技术开发区党委书记、管委会主任
陈光厚　成都经济技术开发区管委会　常务副主任
文树勋　长沙经济技术开发区管委会　主任
岳华峰　西安经济技术开发区管委会　主任
董利华　昆明经济技术开发区管委会　副主任
兰义彤　贵阳经济技术开发区管委会　主任
马新平　石河子经济技术开发区管委会　主任
章伯岗　南昌经济技术开发区工委书记、管委会主任
钟振良　西宁经济技术开发区管委会　主任
牧　峰　呼和浩特经济技术开发区管委会　主任
左　伟　南宁经济技术开发区管委会　主任
张金旺　太原经济技术开发区管委会　主任
李文章　银川经济技术开发区管委会　副主任
黄羽天　拉萨经济技术开发区管委会　主任
梁学忠　南京经济技术开发区管委会　主任
严志坚　兰州经济技术开发区管委会　主任
翁云雷　厦门海沧台商投资区管委会　主任
丁尚清　海南洋浦经济开发区管理局　局长
宣二牛　宁波大榭开发区管委会　主任
方文浜　苏州工业园区管委会　副主任
肖苑生　深圳保税区管理局　局长
张华绍　汕头保税区管委会　副主任
胡汉丕　厦门象屿保税区管委会　主任

曲大利　海口保税区管委会　主任
冯志江　天津港保税区管委会　主任
徐仲高　张家港保税区管委会　副主任
仲伟林　上海外高桥保税区管委会　副主任
施金国　宁波保税区党工委　副书记
周　俊　黑河边境经济合作区党工委　书记
王克忠　绥芬河边境经济合作区管委会　主任
侯书明　满洲里边境经济合作区管委会　主任
赵悦新　丹东经济合作区区委副书记、管委会常务副主任
孟繁杰　塔城边境经济合作区管委会　常务副主任
程学文　伊宁边境经济合作区党工委书记、管委会主任
储铁刚　河北省开发区协会　副秘书长
王志绥　内蒙古自治区开发区协会　常务副会长
彭　毅　江苏省开发区协会　副会长
阮建雄　浙江省开发区协会　副秘书长
陈少和　福建省开发区协会　会长
靳忠伟　山东省开发区协会　秘书长
黄光耀　湖北省开发区工作领导小组办公室　主任
吴立方　河北省廊坊经济技术开发区管委会　主任
韩晓杰　河北省涿州经济技术开发区工委　书记
赵治川　河北省唐山海港经济开发区管委会　常务副主任
孙常胜　山西省大同市经济技术开发区管委会　副主任
刘贵海　山西省晋中经济开发区管委会　主任
瞿松柏　湖南省岳阳经济开发区管委会　主任
濮建庭　江苏省吴江经济开发区管委会　副主任
路兴根　浙江省富阳经济开发区管委会　主任
丁一轩　安徽省安庆经济开发区管委会　主任
林炳焕　广东省江门市新会区今古洲经济开发试验区常委书记、管委会主任
李昌忠　山东省聊城经济开发区党工委　副书记

特约编辑（按姓氏笔划为序）

中国开发区年鉴编辑部

文献法规篇

综述篇

专题研究篇

国家级经济技术开发区篇

保税区篇

边境经济合作区篇

重点省级开发区篇

统计资料篇

大 事 记

文献法规篇

在2005年北京《财富》全球论坛开幕式上的演讲（摘要）

胡锦涛

这次论坛确定以“中国和新的亚洲世纪”为主题，充分表达了大家对中国和亚洲发展前景的关注，表达了大家对中国及亚洲的发展对全球经济增长所发挥的作用的关注。这也充分说明，在经济全球化趋势深入发展的条件下，中国及亚洲的发展正在成为世界经济发展新的推动力量，世界经济发展也将给中国及亚洲的发展带来新的重要机遇。世界各国经济互利合作、相互依存的加深，必将给全球经济增长创造更加美好的前景。

中国是一个有着5000多年悠久历史的文明古国。长期以来，中国人民以自己的勤劳智慧创造了灿烂的中华文明，为人类文明进步做出了重大贡献。北京就是一座有3000多年悠久历史的文明古城，800多年前北京开始建都。离今晚会场人民大会堂不远的地方，就是举世闻名的故宫。故宫始建于600年前，是世界上现存最大最完整的古代宫殿建筑群。从历史悠久的北京和建筑精美的故宫这些缩影中，人们就能够生动地感受到中华文明源远流长、博大精深的深厚底蕴，感受到中华民族自强不息、顽强奋进的壮阔历程。

19世纪中叶以后，由于列强的野蛮侵略和封建统治的腐败无能，中华民族陷入了丧权辱国、民不聊生的悲惨境地。面对内忧外患，中国人民不懈抗争，终于在中国共产党领导下建立了新中国。新中国建立以来，特别是1978年实行邓小平先生倡导的改革开放政策以来，中国发生了前所未有的深刻变革。从1978年到2004年的26年间，中国国内生产总值从1473亿美元增长到16494亿美元，年均增长9.4%；进出口总额从206亿美元增长到11548亿美元，年均增长超过16%；国家外汇储备从1.67亿美元增长到6099亿美元；农村贫困人口由2.5亿人减少到2600万人。中国的综合国力显著增强，人民生活不断改善。中国人民在继承和发扬古老文明的基础上创造了新的历史。现在，13亿中国人民正万众一心地在中国特色社会主义道路上开拓前进。

中国已经明确了本世纪头20年的奋斗目标，这就是紧紧抓住重要战略机遇期，全面建设惠及十几亿人口的更高水平的小康社会，到2020年实现国内生产总值比2000年翻两番，达到40000亿美元左右，人均国内生产总值达到3000美元左右，使经济更加发展、民主更加健全、科教更加进步、文化更加繁荣、社会更加和谐、人民生活更加殷实。我们深知，中国在相当长时期内仍然是发展中国家，从中国有13亿人口的国情出发，实现这个奋斗目标是很不容易的，需要我们继续进行长期的艰苦奋斗。

为了实现这个目标，我们将坚持以科学发展观统领经济社会发展全局。我们将坚持以人为本，从最广大人民的根本利益出发，不断满足人民群众日益增长的物质文化需求，努力促进人的全面发展。我们将坚持以经济建设为中心，把发展作为第一要务，推动经济建设、政治建设、文化建设与和谐社会建设全面发展。我们将坚持社会主义市场经济的改革方向，进一步推动制度创新，不断深化改革，激发全社会的创造活力，增强经济社会发展的内在动力。我们将坚持对外开放的基本国策，建立更加开放的市场体系，在更大范围、更广领域、更高层次上参与国际经济技术合作和竞争。我们将坚持走新型工业化道路，着力调整经济结构和加快转变经济增长方式，提高经济增长的质量和效益，大力发展循环经济，建设资源节约型、环境友好型社会，走生产发展、生活富裕、生态良好的文明发展道路。我们相信，只要坚定不移地走符合中国国情的发展道路，我们就一定能够实现既定的奋斗目标，为维护世界和平、促进共同发展发挥更大的建设性作用。

中国的发展同亚洲及世界的发展紧密相关。中国的发展已经并将继续为亚洲及世界各国带来合作共赢的机遇。截至 2004 年底，中国累计实际利用外商直接投资额达到 5621 亿美元，批准外商投资企业 50 多万个，并形成了年进口 5600 多亿美元的大市场。目前，绝大多数国家和地区都有企业来华投资，《财富》500 强企业中已有 400 多家在华投资，外商投资在华设立的研发中心达 700 多家。随着中国的不断发展，中国同世界各国和各类企业的合作必将进一步扩大。中国将继续稳步开放市场，创新引进外资的形式，完善有关鼓励和保护外商投资的法律法规，改革涉外经济管理体制，加强知识产权保护，努力为中国的对外经贸合作和外国来华投资提供一切便利，创造更好的环境。

在座各位大企业的领导人，是国际经济活动的重要参与者和推动者。长期以来，你们中的许多人及你们的企业，积极推动和开展同中国的经济技术合作，为中国经济的持续发展和中国有关产业技术水平的提高作出了重要贡献。实践证明，这种互利合作对双方都有利。我们欢迎各位继续扩大在中国的投资和贸易，加强同中国企业的经济技术合作。

顺应新形势　办出新特色
继续发挥经济特区作用

温　家　宝

今年 8 月，是深圳经济特区成立 25 周年，很值得纪念。兴办深圳等经济特区，是在邓小平同志倡导下，我们党和国家为推进社会主义改革开放和现代化建设作出的重大决策。全面回顾总结深圳经济特区 25 年的伟大实践和历史经验，进一步明确新形势下经济特区肩负的历史使命和主要任务，对于继续办好经济特区有着重要的意义。

一、深圳经济特区 25 年来的成就和贡献值得大书特书

党中央、国务院在 1980 年 8 月批准设置了深圳、珠海、汕头、厦门四个经济特区，并于 1984 年决定在 14 个沿海开放城市中设立经济技术开发区；1988 年 4 月，又批准成立了海南经济特区。1990 年 4 月，进一步开发开放上海浦东新区。总的看来，各个经济特区都取得了巨大成就，面貌发生了显著变化，在改革开放和现代化建设中发挥了重要作用。

深圳是我国最早成立的经济特区之一，也是办得最好、影响最大的一个特区。深圳经济特区成立 25 年，是深圳沿着中国特色社会主义道路开拓前进、迅猛发展的 25 年，是广大干部群众解放思想、敢于实践，大胆创新的

25年。25年来，深圳各个方面都取得了举世瞩目的伟大成就，创造了世界工业化、城市化、现代化史上的罕见奇迹。深圳创造的物质财富、精神财富，以及对全国作出的贡献，都是巨大的、惊人的，确实值得大书特书。

经济持续高速增长，发展水平跃居全国前列。深圳特区始终坚持以经济建设为中心，紧紧抓住发展这个第一要务不动摇，经济一直保持高速发展的良好势头，经济实力一跃跻身于全国大中城市前列。1980—2004年，深圳国内生产总值年均增长28%，2004年达到3422亿元，人均5.9万元，在全国大中城市中分别居第五位和第一位。

改革不断取得新突破，社会主义市场经济体制基本建立。深圳特区始终坚持推进改革和体制创新，把社会主义基本经济制度与发展市场经济很好地结合起来，把公有制为主体与发展多种所有制经济很好地结合起来，敢闯敢试，勇于探索，在许多方面和领域率先进行了创新性的改革，逐步建立起比较完善的社会主义市场经济体制和运行机制。

对外开放成就显著，全方位开放格局已经形成。深圳特区始终坚持扩大对外开放，开放的质量和水平不断提高。外贸出口连续12年居全国首位，累计实际利用外资达389亿美元，世界500强企业已在深圳投资的近100家。同时，还不断加强与周边地区和内地省市的区域经济合作，促进区域资源整合和优势互补、共同发展。

科技创新能力明显增强，高新技术产业蓬勃发展。近5年来，深圳新技术研发投入超过400亿元，专利申请和授权量逐年大幅增长，成为全国第三大专利申请城市。深圳已涌现出以华为、中兴为代表的一批自主创新为特征、具有一定国际竞争能力和全球影响力的高科技企业，形成了高新技术产业为支柱的高层次产业结构。

人民生活水平大幅提升，三大文明共同进步。2004年，深圳居民人均可支配收入达到2.76万元，居国内大中城市首位，比1985年提高了13倍。人民消费水平和生活质量不断提高。经济快速发展提供了越来越多的就业岗位，大量的外来务工人员在这里安居乐业。全市形成了多层次的社会保障体系，覆盖面不断扩大，保障能力逐步增强。教育、卫生、文化等各项事业蓬勃发展。始终坚持贯彻“两手抓，两手都要硬”的方针，加强思想政治教育和民主法制工作，社会主义精神文明建设和政治文明建设不断取得新进展。

城市建设和管理日趋现代化，城市面貌焕然一新。坚持现代化、国际化标准，城市基础设施体系和综合运输体系日益完善，城市管理水平不断提高，区域经济中心城市功能大为增强。25年前，深圳还是一个边陲小镇，如今已是一座功能完备、环境优美、适宜人居的现代化、国际化大都市。

25年来，深圳经济特区不仅迅速地改变了自身的面貌，而且充分发挥了辐射带动和示范作用，为全国改革开放和现代化建设积累了宝贵经验，为探索中国特色社会主义道路做出了重要贡献。一是在体制改革中发挥了“试验田”的作用。在计划、投融资、流通、劳动工资、土地管理、财税、金融和政府自身改革等各方面体制改革中，走在前面，为全国推进改革提供了有益的经验和借鉴。二是在对外开放中发挥了重要的“窗口”作用。深圳利用毗邻香港的区位优势，积极吸收和利用外商投资，引进先进的技术和管理经验，发展加工贸易和中外合资合作及外商独资企业，成为我国对外开放、走向世界的重要窗口。三是在现代化建设中发挥了“示范区”作用。深圳坚持服务全国的大局，发挥资金、技术、人才、信息、管理等方面的优势，大力开展与各地区的经济技术交流与合作，辐射和带动了内地经济的发展。四是对香港、澳门的顺利回归并保持繁荣稳定发挥了重要的促进作用。20多年来深港澳经济合作日益紧密，形成了经济互补，相互促进、共同发展的格局。深圳为香港、澳门的顺利回归和经济稳定发展做出了积极的贡献。

深圳经济特区在发展中培育出敢想敢干、

敢闯敢试、敢为人先的创新精神，催生出“时间就是金钱、效率就是生命”，“追求卓越、崇尚成功”等一系列新理念，创造出许多改革开放新鲜经验，极大地鼓舞和激励了全国人民，有力地推动了全国改革开放和现代化事业，为从理论上和实践上深化中国特色社会主义的认识起到了重要作用。这种思想上、精神上的巨大作用是不可估量的。

深圳经济特区的实践充分证明，中央关于兴办经济特区的思想和决策是完全正确的，取得了极大的成功。深圳经济特区的成功实践，是邓小平理论和“三个代表”重要思想的光辉结晶，是我国改革开放以来实现历史性变革和取得伟大成就的一个精彩缩影，是中国特色社会主义具有强大生命力的生动反映。

深圳25年来的辉煌成就和重大历史贡献，来之不易。这是在党中央、国务院和广东省委、省政府领导下，深圳各级党委和政府坚持以邓小平理论和“三个代表”重要思想为指导，认真贯彻执行党的路线、方针、政策的结果，是广大特区建设者艰苦创业、锐意创新、顽强拼搏的结果，也是全国各方面大力支持的结果。深圳特区25年来的伟大成就和丰富经验，应当认真总结，弘扬光大。

二、新形势下经济特区的历史使命

发展经济特区是建设中国特色社会主义的重要组成部分，要把发展经济特区贯穿于社会主义现代化建设的全过程。现在，我国已进入全面建设小康社会、加快推进社会主义现代化的新的发展阶段。深圳等经济特区处在一个新的历史起点上，面临新的机遇和挑战。党的十六大明确提出：“鼓励经济特区和上海浦东新区在制度创新和扩大开放等方面走在前列。”这是新时期经济特区肩负的光荣而艰巨的历史使命。在新的历史条件下，经济特区的地位和作用不能削弱，更不能消失。中央已多次重申：发展经济特区的决心不变；经济特区的基本政策不变；经济特区在全国改革开放和现代化建设中的历史地位和作用不变；经济特区不仅要继续办下去，还要办得更好。因此，经济特区要顺应新形势，继续当好建设中国特色社会主义的示范地区，继续充分发挥改革“试验田”作用和对外开放“窗口”作用。经济特区要在率先基本实现现代化过程中，积极探索发挥自己功能和作用的新形式、新举措，进一步扩大特区的功能空间，以特别之为，立特区之位。

经济特区既然要继续发挥作用，毫无疑义特区还要“特”，还要保持它应有的特色。同时也要认识到，在新的形势下，经济特区的特色内涵也要相应地加以发展，原来靠实行一些优惠政策和灵活措施而形成的一些特色要有所变化。今后经济特区发展所必需的一些政策支持还得有，但保持特区优势的根本着眼点要放在增创新优势上。

党中央提出的科学发展观和建设和谐社会的重要思想，是指导全面建设小康社会、加快推进社会主义现代化的世界观和方法论的集中体现。经济特区在新的历史条件下，要肩负起新的使命，攀登新的高峰，率先基本实现现代化，就必须在全面落实科学发展观方面走在全国前列，坚持以经济建设为中心，把发展作为第一要务，坚持以人为本，注重“五个统筹”，促进经济社会和人的全面发展，在全面推进现代化建设中发挥示范作用；就必须在加快完善社会主义市场经济体制方面走在全国前列，进一步发挥全面深化改革“试验田”的作用；就必须在提高对外开放水平方面走在全国前列，率先形成符合国际通行规则的制度环境，提高经济的国际化程度，充分发挥“窗口”作用；就必须在建设和谐社会方面走在全国前列，促进社会主义物质文明、政治文明、精神文明全面协调发展，促进人与自然和谐发展。总起来说，就是要在经济建设和经济体制改革、政治建设和政治体制改革、文化建设和文化体制改革、和谐社会建设和社会管理改革等方面走在全国的前列。

经济特区要继续走在全国前列，最关键、最重要的在于创新。要把创新作为新的历史条件下经济特区发展的生命线和灵魂。邓小平同志指出："深圳的重要经验就是敢闯。"敢闯的本质就是勇于创新。创新是经济特区应运而生的历史前提，没有我们党的伟大创新，就没有经济特区的创立；创新是经济特区经验的精髓，是经济特区发展的不竭动力。江泽民同志也指出：经济特区要发挥更大的作用，就要"增创新优势"。要进一步解放思想，坚持与时俱进，把"特别能创新"作为经济特区之"特"的基本内涵，包括思想观念创新、发展模式创新、体制制度创新、对外开放创新、科技自主创新、企业管理创新和城市建设创新等各个领域、各个方面的创新。只有保持创新的锐气，才能保持经济特区朝气蓬勃的旺盛生命力。

总之，在新的历史条件下，经济特区要全面回顾走过的历程，认真总结成功经验，抓紧解决存在的问题，继续增创新优势，走出新路子，办出新特色，实现新发展。

三、深圳特区需要着力抓好的重点任务

在新的形势下，经济特区要抓住历史机遇，迎接新的挑战，就要根据世界发展大势和国家发展的战略部署，从实际情况出发，制定科学的发展规划，明确新的历史任务。特别是要着力抓好以下重点工作。

（一）创新发展模式。一要切实转变经济增长方式。坚持走新型工业化道路，以信息化带动工业化，以工业化促进信息化，积极调整和优化产业结构，不断提升产业水平和竞争力。经济特区的产业结构应以高新技术产业和服务业为主。要继续优先发展和做强做大以信息、生物技术为重点的高新技术产业，大力延伸先进制造业的产业链条。进一步发展金融、物流、会展、旅游等现代服务业，增强城市辐射和带动功能。要加强与周边地区在产业发展上的分工协调，形成具有自身特色和有竞争力的产业格局。千万不要盲目发展高耗能、高耗材、高污染的产业。二要坚持把提高经济增长质量和效益放在首位。这是我国新的经济发展战略的根本要求。要在提高产品质量、降低物质消耗、提高劳动生产率、增加资金使用效益上下功夫。深圳明确提出建设"效益深圳"，这是发展模式的创新，要认真付诸实践，务求取得显著成效。三要大力发展规模经济。这是提高经济效益和国际竞争力的重要途径。要打破行业、地区、所有制界限，推动企业改革改组改造，进行规模经营，发展规模经济，实现规模效益。四要积极推行节约型、环保型发展模式。经济特区土地空间有限、能源资源缺乏、环境承载能力弱，更要节约和合理利用土地、能源等各种资源，提高资源利用效率，在建设节约型经济、环保型经济方面起示范作用。大力发展循环经济，使节约成为特区的社会风尚，成为全体公民的自觉行动。要加强环境保护和生态建设，大力营造人与自然和谐相处的环境。

（二）增强自主创新能力。要着眼于拥有更多的自主品牌、自主知识产权和国际竞争力的名牌，大力加强原始性创新、集成创新和引进消化吸收再创新，加快产品创新、技术创新、产业创新。要加速科技成果向现实生产力转化。加快科技管理体制改革，完善配套服务，营造有利于科技创新和高科技产业发展的体制和政策环境。完善以市场为导向，以企业为主体的研究开发体系和自主创新机制。切实加大知识产权保护的力度，特别要强化保护知识产权的执法，这对于优化科技创新环境具有重要意义。要广纳贤才，用好人才。重视吸引出国留学人员和国外高层次人才，充分发挥人才的聪明才智。要以特别能创新的精神风貌和特别优良的创新环境，将深圳特区建设成为国内重要的高新技术产业基地和国家创新型城市。

（三）全面深化改革。从根本上说，社会主义是不断变革的社会，改革将贯穿于社会主义的全过程。我们正在进行的完善社会主义市场经济体制的改革，是一个艰巨复杂的系统工程，更需要集中时间、集中力量对深层次的矛盾奋力攻关。经济特区要继续发挥敢闯敢试的精神，大胆实践，勇于探索，积累经验。在改革方面先行先试，是中央赋予深圳等经济特区光荣的使命，这一使命不仅远没有结束，而且要求更高、任务更重、责任更大。经济特区本来就具有改革“试验田”的功能和使命，理所当然地承担着国家改革创新综合试点工作。对某些改革措施需要国家协调、支持的，国务院有关部门将会积极给予支持。国家需要重点突破的一些改革任务，有的可以先在经济特区试点。深圳特区要进一步把改革创新作为立身之本，全面推进综合配套改革，努力在重点领域和关键环节率先取得突破，为全国在重大体制改革取得实质性进展探索经验。要以深化企业、财税、金融、投资、流通等改革为重点，全面推进经济体制改革。特别要大力推进行政体制改革，转变政府职能，按照建设现代政府的要求，实现政府管理职能转变和管理创新。大力构建符合社会主义市场经济要求、与国际通行做法相衔接的经济运行法规体系和体制环境。继续推进社会信用体系建设，强化法治，建立社会主义市场经济新秩序。还要按中央的要求搞好政治体制和社会管理制度改革。

（四）提高对外开放水平。坚定不移地扩大对外开放，以开放促改革促发展。要着眼于扩大经济国际化程度，着眼于提高国际竞争力，不断丰富对外开放的形式和内容，全面提高对外开放的质量和水平，更好利用两种市场、两种资源。要继续扩大对外贸易，注重优化贸易结构。要继续积极合理利用外资，注重提高利用外资质量。要以完善体制、制度、政策环境为重点，探索对外开放新路子。要继续学习和借鉴有益的国际法律制度和通行规则，把改善投资环境的重点从主要依靠地缘和政策优势转向全面提供良好服务和制度保障上来。要加强对外资的引导，吸引更多的跨国公司在特区设立地区总部、研发机构、生产基地和采购配送中心。支持有条件的企业走出去。要完善政策指导和服务监督体系，培育一批有世界级水平的跨国公司和著名品牌，以增强走出去的竞争力和取得最好的效果。要充分估计国际上政治、经济因素的复杂性，建立企业走出去的风险应对机制，减少决策失误。

（五）发挥辐射带动作用。要增强大局意识、服务意识，更好地融入全国、服务全国，服务周边地区。要不断完善城市功能、优化产业布局，在加强与其他地区相互合作、优势互补中实现共同发展。要加快城市信息化建设和重大基础设施建设，为高水平、高质量发挥辐射带动作用提供坚强支撑。要发挥资金、技术、人才、信息、管理等方面优势，积极探索与周边地区联动发展的新路子，在产业布局、能源利用、基础设施的互联互通等方面加强协调。要积极支持西部开发、东北地区等老工业基地振兴和中部崛起等战略部署的实施，加强对欠发达地区对口扶持和扶贫帮困，为全国各地区协调发展作出更大贡献。

支持香港、澳门保持长期繁荣稳定是中央赋予深圳经济特区的重要使命，也是深圳特区义不容辞的责任。深圳特区在城市规划、产业发展、重大项目、社会治安、环境保护等方面，要加强与香港的沟通与协调，积极发展与香港在基础设施、口岸管理、高新技术发展、服务贸易、科技教育文化等领域的全面合作。努力学习借鉴香港在城市管理、市场运作、法制建设等方面的成功经验。要在服务中寻求合作，在合作中实现共赢。

（六）推进和谐社会建设。这是全面建设小康社会和实现现代化的重要目标，也是经济社会持续发展的重要保证。要坚持以人为本，着眼于维护和发展最广大人民群众的根本利益，不断提高人们的物质和文化生活水平。要按照构建民主法治、公平正义、诚信友爱、充满活力、安定有序、人与自然和谐相处的要求，统筹经济和社会发展，统筹人与自然和谐发展。进一步发展科技、教育、卫生、文化等事业。继续做好就业和再就业工作。健全社会保障体系，进一步做好涉及农民工问题的各项工作。进一步加强公共服务和公共管理，完善疾病预防控制体系、医疗救治体系和安全生产监督体系。正确处理各种利益关系，协调社会矛盾，注重维护公民合法权益，注重促进社会公平和正义，使全体公民共享改革开放和现代化建设的成果。要坚持“两手抓，两手都要硬”，不断加强社会主义精神文明和政治文明建设。努力营造诚实守信、团结友爱、人们和睦相处的社会氛围。

（七）提高城市建设和管理水平。要探索建立一套完整的现代城市管理体系，实现城市管理的科学化、制度化、现代化。强化城市现代化管理，努力打造现代化、国际化文明城市，不断提高城市竞争力。要加强城市发展战略研究，提高城市规划水平，充分发挥规划在城市经济社会发展中的先导和统筹作用。以增强城市功能和辐射力为目标，加强铁路、港口、干线路网、轨道交通等基础设施建设。由于城市规模扩大，人口增多，气候变化异常，经济、社会生活中随时有可能发生安全、灾害等突发事件，要加强城市应急体系建设，提高保障公共安全和处置突发事件的能力。

经济特区要在新的形势下继续充分发挥作用，实现新的历史跨越，必须进一步加强党的建设，增强各级党组织的凝聚力、战斗力，努力提高执政能力和领导水平。要加强各级领导班子建设和干部队伍建设，全面提高素质和水平。坚持不懈地抓好党风廉政建设和反腐败斗争，不断提高拒腐防变的能力。要坚持“两个务必”，戒骄戒躁，发扬艰苦奋斗的创业精神，永葆蓬勃向上的朝气、敢闯敢试的锐气、开拓进取的勇气，努力完成新时期赋予的新任务。

新形势下的经济特区使命重大，任务光荣而艰巨。在以胡锦涛同志为总书记的党中央领导下以及广东省委、省政府的领导下，深圳市各级党委和政府高举邓小平理论和“三个代表”重要思想伟大旗帜，全面落实科学发展观和构建和谐社会的要求，团结带领广大干部群众继续锐意进取，改革创新，不懈奋斗，一定能够再创历史新辉煌，为全国的改革开放和现代化建设做出新的更大贡献。

（本文系温家宝同志2005年9月13日在深圳考察并召开经济特区工作座谈会的讲话摘要）

开拓创新　扎实工作
不断开创西部大开发的新局面

温　家　宝

党中央、国务院高度重视实施西部大开发战略。1999年，根据邓小平同志“两个大局”的战略构想和我国发展面临的新形势、新任务，以江泽民同志为核心的党的第三代中央领导集体作出实施西部大开发的重大战略决策。党的十六大以来，以胡锦涛同志为总书记的党中央多次强调要积极推进西部大开发。国务院把实施西部大开发作为一项重大任务进行部署和安排。

一、五年来西部大开发取得重要进展

五年来，国家在规划指导、重大工程建设、资金投入、政策措施等多方面对西部大开发予以重点支持。中央建设资金累计安排西部地区约4600亿元，财政转移支付和专项补助累计安排5000多亿元，有力地支持了西部地区经济建设和社会事业发展。各地区、各部门特别是西部地区广大干部群众认真贯彻党中央、国务院关于西部大开发的方针政策和部署，做了大量工作，付出了艰辛努力。西部大开发各方面工作取得重要进展，西部城乡面貌有了很大变化。

经济增长速度加快。2000年至2004年，西部地区生产总值分别增长8.5%、8.8%、10.0%、11.3%和12%，高于前些前的增长速度。结构调整步伐加快，特色产业发展开始起步，财政收入逐年增长，经济效益逐步提高，人民生活不断改善。

基础设施建设取得较大进展。五年间，西部地区固定资产投资年均增长20%以上，明显高于全国平均水平。陆续新开工60个重大建设工程，投资总规模约8500亿元。交通干线、水利枢纽、西电东送、西气东输、通信网络等重大基础设施建设进展顺利。油路到县、送电到乡、广播电视到村、人畜饮水、沼气利用、节水灌溉等农村基础设施建设逐步推进，农村生产生活条件得到改善。

生态环境保护和建设显著加强。西部退耕还林7350多万亩，荒山荒地造林9570多万亩，退牧还草1.9亿亩。天然林保护、京津风沙源治理、三峡库区国土整治及水污染治理、江河源头生态保护等重点工程全面展开，取得明显成效。

科技教育等社会事业加快发展。科技体制创新不断推进，科技成果转化能力增强。科研基地和高技术产业化示范项目建设取得初步成果。重点高校基础设施建设和学科建设步伐加快。农村义务教育得到加强，7000多所中小学危房得到改造。农村医疗卫生条件有所改善，国家支持建设260所贫困县医院。疾病预防控制中心建设取得进展。干部交流和人才培训工作逐步展开。

西部大开发促进了其他地区的发展。西部地区重点工程建设所需的设备、技术等，很多来自于东部和中部地区，有效地扩大了这些地区的市场空间，促进了产业结构调整，增加了就业岗位。同时，西部地区还输出大量能源、原材料等资源，保证了其他地区经济发展的需要。这些都有力地支持了东部和中部地区的经济发展，为保持国民经济平稳较快增长发挥了重要作用。

西部大开发五年来取得的成绩，使全国各族人民特别是西部地区人民看到了西部发展的希望和前景，进一步增强了全面建设小康社会的信心和决心。实践充分证明，党中央、国务院关于实施西部大开发的战略决策是完全正确的，确定的重点任务和采取的政策措施是符合实际的。

在充分肯定西部大开发成绩的同时，还要清醒地看到西部开发面临着不少困难和问题，任务依然十分艰巨。交通、水利、能源、通信等基础设施仍然薄弱，生态环境总体恶化的趋势尚未得到有效控制，水资源短缺矛盾尖锐，教育、卫生、文化等社会事业滞后，人才不足和流失现象还比较严重，外资和社会资金进入西部地区增长缓慢，经济发展的体制性障碍突出，自我发展能力不足。对于这些问题，必须高度重视，努力加以解决。

二、坚定不移地继续实施西部大开发战略

当前和今后一个时期，是我国全面建设小康社会、加快推进现代化进程的重要时期。适应新形势新任务的要求，中央明确提出了促进区域协调发展的战略布局：坚持西部大开发，振兴东北地区等老工业基地，促进中部地区崛起，鼓励东部地区加快发展，形成东中西互动、优势互补、相互促进、共同发展的新格局。这是党中央把握规律、统揽全局作出的重大决策。西部大开发在这个战略布局中占有突出地位。坚持西部大开发，具有十分重大的经济意义和政治意义。

继续推进西部大开发，是全面建设小康社会的重要任务。目前西部地区人口占全国的近30%，但人均国内生产总值只有东部地区的40%，农民人均纯收入只有东部地区的50%左右。全国农村60%以上的贫困人口在西部，约2000万人还没有解决温饱问题。全面建设小康社会，重点在西部地区，难点也在西部地区，特别是在西部地区的广大农村。没有西部

的小康，就没有全国的小康；没有西部的现代化，就没有全国的现代化。

继续推进西部大开发，是形成国民经济发展新格局的重大举措。西部地区发展滞后，是区域发展不协调的突出问题。搞好西部大开发，有利于发挥西部地区优势，加快西部地区发展，形成国民经济新的增长空间。有利于实施扩大内需的方针，推进国民经济结构的战略性调整，促进生产力合理布局，增强国民经济的活力和发展后劲。西部地区的市场、资源和劳动力优势与东部地区的资金、技术和人才优势结合起来，也有利于为东部地区经济发展拓宽市场，逐步形成区域经济优势互补、良性互动的新局面。

继续推进西部大开发，是全国实现可持续发展的重要条件。从全国来看，水土流失面积的80%在西部，每年新增荒漠化面积的90%以上在西部，大江大河源头也在西部。西部的水环境污染、大气污染等问题十分严峻。加强西部生态环境保护和建设，直接关系到保障国家生态安全和实现全国经济社会可持续发展。

继续推进西部大开发，是国家长治久安的重要保证。西部地区地理位置十分重要。全国55个少数民族有50个集中分布在西部地区。西部少数民族人口占全国少数民族人口的75%左右。西部地区与14个国家和地区接壤，陆地边境线占全国的85%左右。只有继续推进西部大开发，使西部地区广大群众在全面建设小康社会进程中得到更多的实惠，才能逐步缩小区域发展差距，巩固民族团结、社会稳定和边疆安全的好局面。

中央完整地提出区域协调发展和现代化建设的战略布局，会更有利于西部大开发。首先，中央实施西部大开发的战略绝不会动摇。推进西部大开发，是一个长期的重大战略，将贯穿于现代化建设的全过程。我们要努力保持西部地区经济社会的良好发展势头，把西部地区广大干部群众的积极性和创造性保护好、引导好、发挥好。其次，国家对西部大开发的支持力度不会减弱。中央制定的各项政策措施都要继续贯彻执行，对西部大开发的投入不减少，支持力度不减弱。长期建设国债、预算内投资和专项建设资金，要继续向西部地区倾斜。在继续加强西部重点工程建设和农村基础设施建设的同时，加大对西部地区基础教育和公共卫生等社会事业的财政支持。第三，西部地区经济社会发展步伐不会放慢。在现代化建设进程中，东中西部的发展是相互联系、相互促进的。东部地区加快发展，有利于增强国家财力、物力和科技实力。东北地区等老工业基地加快调整改造步伐，可以做到投入少、见效快。促进中部地区崛起，可以发挥其承东启西、纵贯南北的区域优势和工农业基础好的经济优势。这些地区的发展都会对西部地区发展产生重要作用。要用辩证的观点，全面认识中央提出的战略布局，推进区域间相互促进、共同发展。

三、进一步明确推进西部大开发的指导思想和重点任务

党中央提出以人为本、全面协调可持续的科学发展观，是我们党推进社会主义现代化建设指导思想的新发展。科学发展观揭示了现代化建设的普遍规律，对我们的各项工作都有重要的指导意义。推进西部大开发，要坚持以邓小平理论和“三个代表”重要思想为指导，全面贯彻党的十六大和十六届三中、四中全会精神，牢固树立科学发展观，认真落实党中央、国务院关于实施西部大开发的战略部署，总结经验，完善政策，以更大的决心、更有力的措施、更扎实的工作，努力走出一条加快西部地区发展的新路子，不断开创西部大开发的新局面。继续推进西部大开发要把握好以下几点：

——坚持解放思想，更新观念。在改革开放和现代化建设的新形势下，推进西部大开发必须摒弃计划经济时期形成的传统观念和习惯做法，按照发展社会主义市场经济和对外开放的要求，树立竞争意识、市场意识、创新意识，用新思路、新体制、新机制推进西部地区加快发展。

——坚持统筹兼顾，协调发展。必须贯彻科学发展观和“五个统筹”的要求。坚持以经济建设为中心，在大力发展经济的同时，更加注重科技、教育、文化、卫生等社会事业发展，促进经济社会协调发展；更加注重加快农村发展，实行以城带乡、以工促农、城乡互动，促进城乡协调发展；更加注重节约资源和保护环境，增强可持续发展能力，促进人与自然的和谐发展。

——坚持深化改革，扩大开放。西部大开发必须以改革为动力，着力推进体制创新与机制创新，消除西部大开发的体制障碍，更大程度地发挥市场机制在资源配置中的基础性作用。进一步扩大对内对外开放，广泛吸引国内外资金、技术和人才，拓展发展空间，以开放促改革促开发。

——坚持从实际出发，讲求实效。推进西部大开发必须遵循客观规律，既要增强紧迫感，积极进取，又要量力而行，逐步推进；既要着力解决当前的突出问题，又要着眼长远发展，脚踏实地、扎实工作。

——坚持自力更生，艰苦奋斗。西部地区最终改变面貌，要靠大力发扬自力更生、艰苦创业、自强不息的奋斗精神，靠广大干部群众的积极性、创造性，靠充分发挥自身优势，不断增强自我发展能力。要把国家和各方面支持同依靠自身力量很好地结合起来。

当前和今后一个时期，西部大开发需要着力抓好以下几项重点任务。

（一）加大解决“三农”问题的力度。

西部大开发必须坚持以农业为基础，把解决农业、农民和农村问题放在突出位置。要按照统筹城乡经济社会发展的要求，以增加农民收入为中心，加快西部地区农业和农村经济的发展。要高度重视粮食生产，依法加强耕地管理，严格保护和建设基本农田，稳定和提高粮食综合生产能力。积极推进农业产业化经营，大力发展农产品加工业，提高农业综合效益。认真落实中央关于取消农业特产税、减免农牧业税的政策，使农牧民休养生息，调动他们的生产积极性。发挥西部地区气候和生物多样性的优势，加快农业结构调整，大力发展特色农业，搞好棉花、糖料、水果、肉类、奶类等特色农产品生产。拓宽农民参与公共工程建设、外出打工等增收渠道，促进农村富余劳动力向非农领域和城镇转移就业。加大对农业和农村的资金投入力度，改善农民的生产生活条件。继续推进扶贫攻坚，力争在2007年以前基本解决现有贫困人口的温饱问题。

（二）认真搞好生态环境保护和建设。

加强生态环境保护和建设是西部大开发的重要任务。要扎扎实实搞好退耕还林、退牧还草、天然林保护、风沙源和石漠化治理等重点生态工程。这几年退耕还林成绩很大，既改善了生态环境，又增加了农民收入。要认真落实各项政策，取信于民。同时加强检查验收，严格执行国家规定的标准。当前要把退耕还林工作的重点放在巩固成果上，根据实际情况的变化，适当调减规模。抓紧研究完善退耕还林政策，把退耕还林、退牧还草与基本农田建设、农村能源建设、生态移民、后续产业发展、封山禁牧舍饲等配套保障措施有机结合起来，妥善解决农牧民长远生计问题，确保退得下、稳得住、能致富、不反弹。要加强重点城市、三峡库区和重点矿区的环境治理和国土整治工作。

（三）继续加强基础设施建设。

基础设施建设必须坚持统筹规划，突出重点，分步实施。一方面抓好重大工程项目，另一方面抓好与群众利益密切相关的中小项目。集中力量搞好交通、电力、水利、通信重大项目建设。加强西部地区水资源开发利用、交通运输网络和能源开发体系建设，发挥基础设施建设综合效益。合理安排各种水利工程，大力推广节水技术，建设节水型社会。加快公路国道主干线西部路段建设。抓紧落实全国铁路网建设规划西部项目的施工。加强长江上游等内河航运基础设施建设。推进西部地区信息通道和网络建设。继续搞好农村小型公共设施和农田水利建设。实施县际公路和县城电网改造工程。支持西部地区农村广播电视网络建设。

(四)积极发展特色经济和优势产业。

调整优化产业结构，大力发展特色经济和优势产业，促进资源优势向产业优势、经济优势转化。依托各类资源和产业优势，大力发展能源、矿业、机械装备、旅游、特色农业、中药材加工等优势产业。大力改造提升传统产业，发展高新技术产业，发挥国防科技工业的作用，走出一条符合西部地区特点的新型工业化道路。要贯彻以线串点、以点带面的方针，把现有经济基础较好，区位优势明显，人口较为密集，沿交通干线和城市枢纽的一些地区，作为西部开发的重点区域，发展一批中心城市，形成新的经济增长极。发展特色产业要以市场为导向、产业为主体，充分发挥市场机制在资源配置中的基础性作用，防止盲目投资和重复建设，严格控制落后的生产工艺、设备转移到西部地区。

(五)大力发展教育、卫生等各项社会事业。

西部大开发，关键在教育、在人才、在提高劳动者素质。国务院决定用五年时间在西部地区基本普及九年义务教育，基本扫除青壮年文盲。西部地区各级人民政府要把“两基”攻坚作为重要任务。认真实施《西部地区人才开发十年规划》，建立起吸引人才、留住人才、加快人才成长的人才开发机制，加大干部交流和人才培训力度。要研究采取特殊政策，吸引更多的大学毕业生、国内外人才到西部工作和创业。加强公共卫生设施建设，加快建设疾病预防控制体系和医疗救治体系。逐步建立和完善新型农村合作医疗制度和贫困农民家庭医疗救助制度。建立健全县、乡、村三级卫生服务网络，重点支持以乡镇卫生院为主体的农村医疗设施建设。加强人口和计划生育工作，建立农村部分计划生育家庭奖励扶助制度，鼓励贫困地区农民家庭“少生快富”，提高农村特别是偏远地区和少数民族人口素质。

(六)加快改革开放步伐。

西部地区要积极推动国有企业改革、改组和改造，振兴老工业基地，充分发挥他们的主导作用。要鼓励、支持和引导个体私营等非公有制经济发展，充分发挥非公有制经济在调整结构、开拓市场、增加财政收入、扩大就业中的重要作用。完善市场体系，打破地方保护和地区封锁。优化投资环境，切实保护好各类投资者的合法权益。要围绕优势资源开发、重点工程建设和重点区域发展，积极引进境内外资金和技术。放宽西部地区金融、旅游、运输等公共服务领域以及基础设施建设的准入条件。推动西部地区与周边国家开展边境贸易和经济合作。加快行政管理体制改革，切实把政府管理经济职能转变到主要为市场主体服务和创造良好发展环境上来。

四、加强领导，努力提高西部大开发的工作水平

提高认识，把思想统一到中央的决策和部署上来。各地区、各部门要增强西部大开发的使命感和责任感，自觉用科学发展观指导西部大开发，统筹兼顾，促进西部地区经济和社会全面发展、城市和农村协调发展、人与自然和谐发展。要把实施西部大开发放在突出位置，纳入重要议事日程，做到思想认识到位、改革措施到位、工作力度到位。

加强协调，形成支持西部大开发的合力。中央各部门要把西部大开发作为自己的重要职责，深入研究制定具体政策措施。东部地区要认真落实对口支援西部地区的任务，帮助西部地区发展经济和社会事业。东、中、西部地区要加强多种形式的合作，在协调发展中实现共同富裕。

落实政策措施，加大对西部大开发扶持力度。要保持西部大开发政策的连续性、稳定性，同时根据形势发展变化和政策实施过程中出现的问题，及时加以完善。各地区、各部门要结合各自工作实际，认真贯彻《国务院关于进一步推进西部大开发的若干意见》。国家要在投资项目、税收政策和财政转移支付等方面加大对西部地区的支持。逐步建立长期稳定的西部开发资金渠道。提高西部开发直接融资和利用外资的比重。积极吸引东部、中部地区资金和本地民间资金参与西部开发。

加快法制建设，依法保障西部大开发顺利推进。要从我国实际情况出发，借鉴世界发达国家开发欠发达地区的经验，加快西部开发法制建设。《西部开发促进法》已列入全国人大立法计划，有关部门要抓紧研究起草工作。同时，抓紧研究制订西部生态环境保护等专项法规。

加强科学论证，搞好西部大开发规划。要结合国民经济和社会发展“十一五”规划编制工作，深入研究西部地区长远发展的重大问题，编制西部开发总体规划工作。要研究制订专项规划，加强对西部大开发优先发展领域、重点开发地区、重大工程建设的前期工作。

西部大开发任重而道远，使命光荣而艰巨。让我们在以胡锦涛同志为总书记的党中央领导下，奋发进取，开拓创新，扎实工作，不断把西部大开发的宏伟事业推向前进。

中华人民共和国主席令

（2005 年第 42 号）

《中华人民共和国公司法》已由中华人民共和国第十届全国人民代表大会常务委员会第十八次会议于 2005 年 10 月 27 日修订通过，现将修订后的《中华人民共和国公司法》公布，自 2006 年 1 月 1 日起施行。

中华人民共和国主席　胡锦涛

2005 年 10 月 27 日

中华人民共和国公司法

（1993 年 12 月 29 日第八届全国人民代表大会常务委员会第五次会议通过　根据 1999 年 12 月 25 日第九届全国人民代表大会常务委员会第十三次会议《关于修改〈中华人民共和国公司法〉的决定》第一次修正　根据 2004 年 8 月 28 日第十届全国人民代表大会常务委员会第十一次会议《关于修改〈中华人民共和国公司法〉的决定》第二次修正　2005 年 10 月 27 日第十届全国人民代表大会常务委员会第十八次会议修订）

目　录

第一章　总　　则

第一条　为了规范公司的组织和行为，保护公司、股东和债权人的合法权益，维护社会经济秩序，促进社会主义市场经济的发展，制定本法。

第二条　本法所称公司是指依照本法在中国境内设立的有限责任公司和股份有限公司。

第三条　公司是企业法人，有独立的法人财产，享有法人财产权。公司以其全部财产对公司的债务承担责任。

有限责任公司的股东以其认缴的出资额为限对公司承担责任；股份有限公司的股东以其认购的股份为限对公司承担责任。

第四条　公司股东依法享有资产收益、参与重大决策和选择管理者等权利。

第五条　公司从事经营活动，必须遵守法律、行政法规，遵守社会公德、商业道德，诚实守信，接受政府和社会公众的监督，承担社会责任。

公司的合法权益受法律保护，不受侵犯。

第六条　设立公司，应当依法向公司登记机关申请设立登记。符合本法规定的设立条件的，由公司登记机关分别登记为有限责任公司或者股份有限公司；不符合本法规定的设立条件的，不得登记为有限责任公司或者股份有限公司。

法律、行政法规规定设立公司必须报经批准的，应当在公司登记前依法办理批准手续。

公众可以向公司登记机关申请查询公司登记事项，公司登记机关应当提供查询服务。

第七条　依法设立的公司，由公司登记机关发给公司营业执照。公司营业执照签发日期为公司成立日期。

公司营业执照应当载明公司的名称、住所、注册资本、实收资本、经营范围、法定代表人姓名等事项。

公司营业执照记载的事项发生变更的，公司应当依法办理变更登记，由公司登记机关换发营业执照。

第八条　依照本法设立的有限责任公司，必须在公司名称中标明有限责任公司或者有限公司字样。

依照本法设立的股份有限公司，必须在公司名称中标明股份有限公司或者股份公司字样。

第九条　有限责任公司变更为股份有限公司，应当符合本法规定的股份有限公司的条件。股份有限公司变更为有限责任公司，应当符合本法规定的有限责任公司的条件。

有限责任公司变更为股份有限公司的，或者股份有限公司变更为有限责任公司的，公司变更前的债权、债务由变更后的公司承继。

第十条　公司以其主要办事机构所在地为住所。

第十一条　设立公司必须依法制定公司章程。公司章程对公司、股东、董事、监事、高级管理人员具有约束力。

第十二条　公司的经营范围由公司章程规

定，并依法登记。公司可以修改公司章程，改变经营范围，但是应当办理变更登记。

公司的经营范围中属于法律、行政法规规定须经批准的项目，应当依法经过批准。

第十三条 公司法定代表人依照公司章程的规定，由董事长、执行董事或者经理担任，并依法登记。公司法定代表人变更，应当办理变更登记。

第十四条 公司可以设立分公司。设立分公司，应当向公司登记机关申请登记，领取营业执照。分公司不具有法人资格，其民事责任由公司承担。

公司可以设立子公司，子公司具有法人资格，依法独立承担民事责任。

第十五条 公司可以向其他企业投资；但是，除法律另有规定外，不得成为对所投资企业的债务承担连带责任的出资人。

第十六条 公司向其他企业投资或者为他人提供担保，依照公司章程的规定，由董事会或者股东会、股东大会决议；公司章程对投资或者担保的总额及单项投资或者担保的数额有限额规定的，不得超过规定的限额。

公司为公司股东或者实际控制人提供担保的，必须经股东会或者股东大会决议。

前款规定的股东或者受前款规定的实际控制人支配的股东，不得参加前款规定事项的表决。该项表决由出席会议的其他股东所持表决权的过半数通过。

第十七条 公司必须保护职工的合法权益，依法与职工签订劳动合同，参加社会保险，加强劳动保护，实现安全生产。

公司应当采用多种形式，加强公司职工的职业教育和岗位培训，提高职工素质。

第十八条 公司职工依照《中华人民共和国工会法》组织工会，开展工会活动，维护职工合法权益。公司应当为本公司工会提供必要的活动条件。公司工会代表职工就职工的劳动报酬、工作时间、福利、保险和劳动安全卫生等事项依法与公司签订集体合同。

公司依照宪法和有关法律的规定，通过职工代表大会或者其他形式，实行民主管理。

公司研究决定改制以及经营方面的重大问题、制定重要的规章制度时，应当听取公司工会的意见，并通过职工代表大会或者其他形式听取职工的意见和建议。

第十九条 在公司中，根据中国共产党章程的规定，设立中国共产党的组织，开展党的活动。公司应当为党组织的活动提供必要条件。

第二十条 公司股东应当遵守法律、行政法规和公司章程，依法行使股东权利，不得滥用股东权利损害公司或者其他股东的利益；不得滥用公司法人独立地位和股东有限责任损害公司债权人的利益。

公司股东滥用股东权利给公司或者其他股东造成损失的，应当依法承担赔偿责任。

公司股东滥用公司法人独立地位和股东有限责任，逃避债务，严重损害公司债权人利益的，应当对公司债务承担连带责任。

第二十一条 公司的控股股东、实际控制人、董事、监事、高级管理人员不得利用其关联关系损害公司利益。

违反前款规定，给公司造成损失的，应当承担赔偿责任。

第二十二条 公司股东会或者股东大会、董事会的决议内容违反法律、行政法规的无效。

股东会或者股东大会、董事会的会议召集程序、表决方式违反法律、行政法规或者公司章程，或者决议内容违反公司章程的，股东可以自决议作出之日起六十日内，请求人民法院撤销。

股东依照前款规定提起诉讼的，人民法院可以应公司的请求，要求股东提供相应担保。

公司根据股东会或者股东大会、董事会决议已办理变更登记的，人民法院宣告该决议无效或者撤销该决议后，公司应当向公司登记机关申请撤销变更登记。

第二章　有限责任公司的设立和组织机构

第一节　设　　立

第二十三条　设立有限责任公司，应当具备下列条件：

（一）股东符合法定人数；

（二）股东出资达到法定资本最低限额；

（三）股东共同制定公司章程；

（四）有公司名称，建立符合有限责任公司要求的组织机构；

（五）有公司住所。

第二十四条　有限责任公司由五十个以下股东出资设立。

第二十五条　有限责任公司章程应当载明下列事项：

（一）公司名称和住所；

（二）公司经营范围；

（三）公司注册资本；

（四）股东的姓名或者名称；

（五）股东的出资方式、出资额和出资时间；

（六）公司的机构及其产生办法、职权、议事规则；

（七）公司法定代表人；

（八）股东会会议认为需要规定的其他事项。

股东应当在公司章程上签名、盖章。

第二十六条　有限责任公司的注册资本为在公司登记机关登记的全体股东认缴的出资额。公司全体股东的首次出资额不得低于注册资本的百分之二十，也不得低于法定的注册资本最低限额，其余部分由股东自公司成立之日起两年内缴足；其中，投资公司可以在五年内缴足。

有限责任公司注册资本的最低限额为人民币三万元。法律、行政法规对有限责任公司注册资本的最低限额有较高规定的，从其规定。

第二十七条　股东可以用货币出资，也可以用实物、知识产权、土地使用权等可以用货币估价并可以依法转让的非货币财产作价出资；但是，法律、行政法规规定不得作为出资的财产除外。

对作为出资的非货币财产应当评估作价，核实财产，不得高估或者低估作价。法律、行政法规对评估作价有规定的，从其规定。

全体股东的货币出资金额不得低于有限责任公司注册资本的百分之三十。

第二十八条　股东应当按期足额缴纳公司章程中规定的各自所认缴的出资额。股东以货币出资的，应当将货币出资足额存入有限责任公司在银行开设的账户；以非货币财产出资的，应当依法办理其财产权的转移手续。

股东不按照前款规定缴纳出资的，除应当向公司足额缴纳外，还应当向已按期足额缴纳出资的股东承担违约责任。

第二十九条　股东缴纳出资后，必须经依法设立的验资机构验资并出具证明。

第三十条　股东的首次出资经依法设立的验资机构验资后，由全体股东指定的代表或者共同委托的代理人向公司登记机关报送公司登记申请书、公司章程、验资证明等文件，申请设立登记。

第三十一条　有限责任公司成立后，发现作为设立公司出资的非货币财产的实际价额显著低于公司章程所定价额的，应当由交付该出资的股东补足其差额；公司设立时的其他股东承担连带责任。

第三十二条　有限责任公司成立后，应当向股东签发出资证明书。

出资证明书应当载明下列事项：

（一）公司名称；

（二）公司成立日期；

（三）公司注册资本；

（四）股东的姓名或者名称、缴纳的出资额和出资日期；

（五）出资证明书的编号和核发日期。

出资证明书由公司盖章。

第三十三条 有限责任公司应当置备股东名册，记载下列事项：

（一）股东的姓名或者名称及住所；

（二）股东的出资额；

（三）出资证明书编号。

记载于股东名册的股东，可以依股东名册主张行使股东权利。

公司应当将股东的姓名或者名称及其出资额向公司登记机关登记；登记事项发生变更的，应当办理变更登记。未经登记或者变更登记的，不得对抗第三人。

第三十四条 股东有权查阅、复制公司章程、股东会会议记录、董事会会议决议、监事会会议决议和财务会计报告。

股东可以要求查阅公司会计账簿。股东要求查阅公司会计账簿的，应当向公司提出书面请求，说明目的。公司有合理根据认为股东查阅会计账簿有不正当目的，可能损害公司合法利益的，可以拒绝提供查阅，并应当自股东提出书面请求之日起十五日内书面答复股东并说明理由。公司拒绝提供查阅的，股东可以请求人民法院要求公司提供查阅。

第三十五条 股东按照实缴的出资比例分取红利；公司新增资本时，股东有权优先按照实缴的出资比例认缴出资。但是，全体股东约定不按照出资比例分取红利或者不按照出资比例优先认缴出资的除外。

第三十六条 公司成立后，股东不得抽逃出资。

第二节 组织机构

第三十七条 有限责任公司股东会由全体股东组成。股东会是公司的权力机构，依照本法行使职权。

第三十八条 股东会行使下列职权：

（一）决定公司的经营方针和投资计划；

（二）选举和更换非由职工代表担任的董事、监事，决定有关董事、监事的报酬事项；

（三）审议批准董事会的报告；

（四）审议批准监事会或者监事的报告；

（五）审议批准公司的年度财务预算方案、决算方案；

（六）审议批准公司的利润分配方案和弥补亏损方案；

（七）对公司增加或者减少注册资本作出决议；

（八）对发行公司债券作出决议；

（九）对公司合并、分立、解散、清算或者变更公司形式作出决议；

（十）修改公司章程；

（十一）公司章程规定的其他职权。

对前款所列事项股东以书面形式一致表示同意的，可以不召开股东会会议，直接作出决定，并由全体股东在决定文件上签名、盖章。

第三十九条 首次股东会会议由出资最多的股东召集和主持，依照本法规定行使职权。

第四十条 股东会会议分为定期会议和临时会议。

定期会议应当依照公司章程的规定按时召开。代表十分之一以上表决权的股东，三分之一以上的董事，监事会或者不设监事会的公司的监事提议召开临时会议的，应当召开临时会议。

第四十一条 有限责任公司设立董事会的，股东会会议由董事会召集，董事长主持；董事长不能履行职务或者不履行职务的，由副董事长主持；副董事长不能履行职务或者不履行职务的，由半数以上董事共同推举一名董事主持。

有限责任公司不设董事会的，股东会会议由执行董事召集和主持。

董事会或者执行董事不能履行或者不履行召集股东会会议职责的，由监事会或者不设监事会的公司的监事召集和主持；监事会或者监事不召集和主持的，代表十分之一以上表决权的股东可以自行召集和主持。

第四十二条 召开股东会会议，应当于会议召开十五日前通知全体股东；但是，公司章程另有规定或者全体股东另有约定的除外。

股东会应当对所议事项的决定作成会议记

录，出席会议的股东应当在会议记录上签名。

第四十三条 股东会会议由股东按照出资比例行使表决权；但是，公司章程另有规定的除外。

第四十四条 股东会的议事方式和表决程序，除本法有规定的外，由公司章程规定。

股东会会议作出修改公司章程、增加或者减少注册资本的决议，以及公司合并、分立、解散或者变更公司形式的决议，必须经代表三分之二以上表决权的股东通过。

第四十五条 有限责任公司设董事会，其成员为三人至十三人；但是，本法第五十一条另有规定的除外。

两个以上的国有企业或者两个以上的其他国有投资主体投资设立的有限责任公司，其董事会成员中应当有公司职工代表；其他有限责任公司董事会成员中可以有公司职工代表。董事会中的职工代表由公司职工通过职工代表大会、职工大会或者其他形式民主选举产生。

董事会设董事长一人，可以设副董事长。董事长、副董事长的产生办法由公司章程规定。

第四十六条 董事任期由公司章程规定，但每届任期不得超过三年。董事任期届满，连选可以连任。

董事任期届满未及时改选，或者董事在任期内辞职导致董事会成员低于法定人数的，在改选出的董事就任前，原董事仍应当依照法律、行政法规和公司章程的规定，履行董事职务。

第四十七条 董事会对股东会负责，行使下列职权：

（一）召集股东会会议，并向股东会报告工作；

（二）执行股东会的决议；

（三）决定公司的经营计划和投资方案；

（四）制订公司的年度财务预算方案、决算方案；

（五）制订公司的利润分配方案和弥补亏损方案；

（六）制订公司增加或者减少注册资本以及发行公司债券的方案；

（七）制订公司合并、分立、解散或者变更公司形式的方案；

（八）决定公司内部管理机构的设置；

（九）决定聘任或者解聘公司经理及其报酬事项，并根据经理的提名决定聘任或者解聘公司副经理、财务负责人及其报酬事项；

（十）制定公司的基本管理制度；

（十一）公司章程规定的其他职权。

第四十八条 董事会会议由董事长召集和主持；董事长不能履行职务或者不履行职务的，由副董事长召集和主持；副董事长不能履行职务或者不履行职务的，由半数以上董事共同推举一名董事召集和主持。

第四十九条 董事会的议事方式和表决程序，除本法有规定的外，由公司章程规定。

董事会应当对所议事项的决定作成会议记录，出席会议的董事应当在会议记录上签名。

董事会决议的表决，实行一人一票。

第五十条 有限责任公司可以设经理，由董事会决定聘任或者解聘。经理对董事会负责，行使下列职权：

（一）主持公司的生产经营管理工作，组织实施董事会决议；

（二）组织实施公司年度经营计划和投资方案；

（三）拟订公司内部管理机构设置方案；

（四）拟订公司的基本管理制度；

（五）制定公司的具体规章；

（六）提请聘任或者解聘公司副经理、财务负责人；

（七）决定聘任或者解聘除应由董事会决定聘任或者解聘以外的负责管理人员；

（八）董事会授予的其他职权。

公司章程对经理职权另有规定的，从其规定。

经理列席董事会会议。

第五十一条 股东人数较少或者规模较小的有限责任公司，可以设一名执行董事，不设董事会。执行董事可以兼任公司经理。

执行董事的职权由公司章程规定。

第五十二条 有限责任公司设监事会，其成员不得少于三人。股东人数较少或者规模较小的有限责任公司，可以设一至二名监事，不设监事会。

监事会应当包括股东代表和适当比例的公司职工代表，其中职工代表的比例不得低于三分之一，具体比例由公司章程规定。监事会中的职工代表由公司职工通过职工代表大会、职工大会或者其他形式民主选举产生。

监事会设主席一人，由全体监事过半数选举产生。监事会主席召集和主持监事会会议；监事会主席不能履行职务或者不履行职务的，由半数以上监事共同推举一名监事召集和主持监事会会议。

董事、高级管理人员不得兼任监事。

第五十三条 监事的任期每届为三年。监事任期届满，连选可以连任。

监事任期届满未及时改选，或者监事在任期内辞职导致监事会成员低于法定人数的，在改选出的监事就任前，原监事仍应当依照法律、行政法规和公司章程的规定，履行监事职务。

第五十四条 监事会、不设监事会的公司的监事行使下列职权：

（一）检查公司财务；

（二）对董事、高级管理人员执行公司职务的行为进行监督，对违反法律、行政法规、公司章程或者股东会决议的董事、高级管理人员提出罢免的建议；

（三）当董事、高级管理人员的行为损害公司的利益时，要求董事、高级管理人员予以纠正；

（四）提议召开临时股东会会议，在董事会不履行本法规定的召集和主持股东会会议职责时召集和主持股东会会议；

（五）向股东会会议提出提案；

（六）依照本法第一百五十二条的规定，对董事、高级管理人员提起诉讼；

（七）公司章程规定的其他职权。

第五十五条 监事可以列席董事会会议，并对董事会决议事项提出质询或者建议。

监事会、不设监事会的公司的监事发现公司经营情况异常，可以进行调查；必要时，可以聘请会计师事务所等协助其工作，费用由公司承担。

第五十六条 监事会每年度至少召开一次会议，监事可以提议召开临时监事会会议。

监事会的议事方式和表决程序，除本法有规定的外，由公司章程规定。

监事会决议应当经半数以上监事通过。

监事会应当对所议事项的决定作成会议记录，出席会议的监事应当在会议记录上签名。

第五十七条 监事会、不设监事会的公司的监事行使职权所必需的费用，由公司承担。

第三节 一人有限责任公司的特别规定

第五十八条 一人有限责任公司的设立和组织机构，适用本节规定；本节没有规定的，适用本章第一节、第二节的规定。

本法所称一人有限责任公司，是指只有一个自然人股东或者一个法人股东的有限责任公司。

第五十九条 一人有限责任公司的注册资本最低限额为人民币十万元。股东应当一次足额缴纳公司章程规定的出资额。

一个自然人只能投资设立一个一人有限责任公司。该一人有限责任公司不能投资设立新的一人有限责任公司。

第六十条 一人有限责任公司应当在公司登记中注明自然人独资或者法人独资，并在公司营业执照中载明。

第六十一条 一人有限责任公司章程由股东制定。

第六十二条 一人有限责任公司不设股东会。股东作出本法第三十八条第一款所列决定时，应当采用书面形式，并由股东签名后置备于公司。

第六十三条 一人有限责任公司应当在每

一会计年度终了时编制财务会计报告，并经会计师事务所审计。

第六十四条 一人有限责任公司的股东不能证明公司财产独立于股东自己的财产的，应当对公司债务承担连带责任。

第四节 国有独资公司的特别规定

第六十五条 国有独资公司的设立和组织机构，适用本节规定；本节没有规定的，适用本章第一节、第二节的规定。

本法所称国有独资公司，是指国家单独出资、由国务院或者地方人民政府授权本级人民政府国有资产监督管理机构履行出资人职责的有限责任公司。

第六十六条 国有独资公司章程由国有资产监督管理机构制定，或者由董事会制订报国有资产监督管理机构批准。

第六十七条 国有独资公司不设股东会，由国有资产监督管理机构行使股东会职权。国有资产监督管理机构可以授权公司董事会行使股东会的部分职权，决定公司的重大事项，但公司的合并、分立、解散、增加或者减少注册资本和发行公司债券，必须由国有资产监督管理机构决定；其中，重要的国有独资公司合并、分立、解散、申请破产的，应当由国有资产监督管理机构审核后，报本级人民政府批准。

前款所称重要的国有独资公司，按照国务院的规定确定。

第六十八条 国有独资公司设董事会，依照本法第四十七条、第六十七条的规定行使职权。董事每届任期不得超过三年。董事会成员中应当有公司职工代表。

董事会成员由国有资产监督管理机构委派；但是，董事会成员中的职工代表由公司职工代表大会选举产生。

董事会设董事长一人，可以设副董事长。董事长、副董事长由国有资产监督管理机构从董事会成员中指定。

第六十九条 国有独资公司设经理，由董事会聘任或者解聘。经理依照本法第五十条规定行使职权。

经国有资产监督管理机构同意，董事会成员可以兼任经理。

第七十条 国有独资公司的董事长、副董事长、董事、高级管理人员，未经国有资产监督管理机构同意，不得在其他有限责任公司、股份有限公司或者其他经济组织兼职。

第七十一条 国有独资公司监事会成员不得少于五人，其中职工代表的比例不得低于三分之一，具体比例由公司章程规定。

监事会成员由国有资产监督管理机构委派；但是，监事会成员中的职工代表由公司职工代表大会选举产生。监事会主席由国有资产监督管理机构从监事会成员中指定。

监事会行使本法第五十四条第（一）项至第（三）项规定的职权和国务院规定的其他职权。

第三章 有限责任公司的股权转让

第七十二条 有限责任公司的股东之间可以相互转让其全部或者部分股权。

股东向股东以外的人转让股权，应当经其他股东过半数同意。股东应就其股权转让事项书面通知其他股东征求同意，其他股东自接到书面通知之日起满三十日未答复的，视为同意转让。其他股东半数以上不同意转让的，不同意的股东应当购买该转让的股权；不购买的，视为同意转让。

经股东同意转让的股权，在同等条件下，其他股东有优先购买权。两个以上股东主张行使优先购买权的，协商确定各自的购买比例；协商不成的，按照转让时各自的出资比例行使优先购买权。

公司章程对股权转让另有规定的，从其规定。

第七十三条 人民法院依照法律规定的强制执行程序转让股东的股权时，应当通知公司及全体股东，其他股东在同等条件下有优先购买权。其他股东自人民法院通知之日起满二十日不行使优先购买权的，视为放弃优先购买权。

第七十四条 依照本法第七十二条、第七十三条转让股权后，公司应当注销原股东的出资证明书，向新股东签发出资证明书，并相应修改公司章程和股东名册中有关股东及其出资额的记载。对公司章程的该项修改不需再由股东会表决。

第七十五条 有下列情形之一的，对股东会该项决议投反对票的股东可以请求公司按照合理的价格收购其股权：

（一）公司连续五年不向股东分配利润，而公司该五年连续盈利，并且符合本法规定的分配利润条件的；

（二）公司合并、分立、转让主要财产的；

（三）公司章程规定的营业期限届满或者章程规定的其他解散事由出现，股东会会议通过决议修改章程使公司存续的。

自股东会会议决议通过之日起六十日内，股东与公司不能达成股权收购协议的，股东可以自股东会会议决议通过之日起九十日内向人民法院提起诉讼。

第七十六条 自然人股东死亡后，其合法继承人可以继承股东资格；但是，公司章程另有规定的除外。

第四章 股份有限公司的设立和组织机构

第一节 设 立

第七十七条 设立股份有限公司，应当具备下列条件：

（一）发起人符合法定人数；

（二）发起人认购和募集的股本达到法定资本最低限额；

（三）股份发行、筹办事项符合法律规定；

（四）发起人制订公司章程，采用募集方式设立的经创立大会通过；

（五）有公司名称，建立符合股份有限公司要求的组织机构；

（六）有公司住所。

第七十八条 股份有限公司的设立，可以采取发起设立或者募集设立的方式。

发起设立，是指由发起人认购公司应发行的全部股份而设立公司。

募集设立，是指由发起人认购公司应发行股份的一部分，其余股份向社会公开募集或者向特定对象募集而设立公司。

第七十九条 设立股份有限公司，应当有二人以上二百人以下为发起人，其中须有半数以上的发起人在中国境内有住所。

第八十条 股份有限公司发起人承担公司筹办事务。

发起人应当签订发起人协议，明确各自在公司设立过程中的权利和义务。

第八十一条 股份有限公司采取发起设立方式设立的，注册资本为在公司登记机关登记的全体发起人认购的股本总额。公司全体发起人的首次出资额不得低于注册资本的百分之二十，其余部分由发起人自公司成立之日起两年内缴足；其中，投资公司可以在五年内缴足。在缴足前，不得向他人募集股份。

股份有限公司采取募集方式设立的，注册资本为在公司登记机关登记的实收股本总额。

股份有限公司注册资本的最低限额为人民币五百万元。法律、行政法规对股份有限公司注册资本的最低限额有较高规定的，从其规定。

第八十二条 股份有限公司章程应当载明下列事项：

（一）公司名称和住所；

（二）公司经营范围；

（三）公司设立方式；

（四）公司股份总数、每股金额和注册资本；

（五）发起人的姓名或者名称、认购的股份数、出资方式和出资时间；

（六）董事会的组成、职权和议事规则；

（七）公司法定代表人；

（八）监事会的组成、职权和议事规则；

（九）公司利润分配办法；

（十）公司的解散事由与清算办法；

（十一）公司的通知和公告办法；

（十二）股东大会会议认为需要规定的其他事项。

第八十三条 发起人的出资方式，适用本法第二十七条的规定。

第八十四条 以发起设立方式设立股份有限公司的，发起人应当书面认足公司章程规定其认购的股份；一次缴纳的，应即缴纳全部出资；分期缴纳的，应即缴纳首期出资。以非货币财产出资的，应当依法办理其财产权的转移手续。

发起人不依照前款规定缴纳出资的，应当按照发起人协议承担违约责任。

发起人首次缴纳出资后，应当选举董事会和监事会，由董事会向公司登记机关报送公司章程、由依法设定的验资机构出具的验资证明以及法律、行政法规规定的其他文件，申请设立登记。

第八十五条 以募集设立方式设立股份有限公司的，发起人认购的股份不得少于公司股份总数的百分之三十五；但是，法律、行政法规另有规定的，从其规定。

第八十六条 发起人向社会公开募集股份，必须公告招股说明书，并制作认股书。认股书应当载明本法第八十七条所列事项，由认股人填写认购股数、金额、住所，并签名、盖章。认股人按照所认购股数缴纳股款。

第八十七条 招股说明书应当附有发起人制订的公司章程，并载明下列事项：

（一）发起人认购的股份数；

（二）每股的票面金额和发行价格；

（三）无记名股票的发行总数；

（四）募集资金的用途；

（五）认股人的权利、义务；

（六）本次募股的起止期限及逾期未募足时认股人可以撤回所认股份的说明。

第八十八条 发起人向社会公开募集股份，应当由依法设立的证券公司承销，签订承销协议。

第八十九条 发起人向社会公开募集股份，应当同银行签订代收股款协议。

代收股款的银行应当按照协议代收和保存股款，向缴纳股款的认股人出具收款单据，并负有向有关部门出具收款证明的义务。

第九十条 发行股份的股款缴足后，必须经依法设立的验资机构验资并出具证明。发起人应当自股款缴足之日起三十日内主持召开公司创立大会。创立大会由发起人、认股人组成。

发行的股份超过招股说明书规定的截止期限尚未募足的，或者发行股份的股款缴足后，发起人在三十日内未召开创立大会的，认股人可以按照所缴股款并加算银行同期存款利息，要求发起人返还。

第九十一条 发起人应当在创立大会召开十五日前将会议日期通知各认股人或者予以公告。创立大会应有代表股份总数过半数的发起人、认股人出席，方可举行。

创立大会行使下列职权：

（一）审议发起人关于公司筹办情况的报告；

（二）通过公司章程；

（三）选举董事会成员；

（四）选举监事会成员；

（五）对公司的设立费用进行审核；

（六）对发起人用于抵作股款的财产的作价进行审核；

（七）发生不可抗力或者经营条件发生重大变化直接影响公司设立的，可以作出不设立公司的决议。

创立大会对前款所列事项作出决议，必须经出席会议的认股人所持表决权过半数通过。

第九十二条 发起人、认股人缴纳股款或者交付抵作股款的出资后，除未按期募足股份、发起人未按期召开创立大会或者创立大会决议不设立公司的情形外，不得抽回其股本。

第九十三条　董事会应于创立大会结束后三十日内，向公司登记机关报送下列文件，申请设立登记：

（一）公司登记申请书；

（二）创立大会的会议记录；

（三）公司章程；

（四）验资证明；

（五）法定代表人、董事、监事的任职文件及其身份证明；

（六）发起人的法人资格证明或者自然人身份证明；

（七）公司住所证明。

以募集方式设立股份有限公司公开发行股票的，还应当向公司登记机关报送国务院证券监督管理机构的核准文件。

第九十四条　股份有限公司成立后，发起人未按照公司章程的规定缴足出资的，应当补缴；其他发起人承担连带责任。

股份有限公司成立后，发现作为设立公司出资的非货币财产的实际价额显著低于公司章程所定价额的，应当由交付该出资的发起人补足其差额；其他发起人承担连带责任。

第九十五条　股份有限公司的发起人应当承担下列责任：

（一）公司不能成立时，对设立行为所产生的债务和费用负连带责任；

（二）公司不能成立时，对认股人已缴纳的股款，负返还股款并加算银行同期存款利息的连带责任；

（三）在公司设立过程中，由于发起人的过失致使公司利益受到损害的，应当对公司承担赔偿责任。

第九十六条　有限责任公司变更为股份有限公司时，折合的实收股本总额不得高于公司净资产额。有限责任公司变更为股份有限公司，为增加资本公开发行股份时，应当依法办理。

第九十七条　股份有限公司应当将公司章程、股东名册、公司债券存根、股东大会会议记录、董事会会议记录、监事会会议记录、财务会计报告置备于本公司。

第九十八条　股东有权查阅公司章程、股东名册、公司债券存根、股东大会会议记录、董事会会议决议、监事会会议决议、财务会计报告，对公司的经营提出建议或者质询。

第二节　股东大会

第九十九条　股份有限公司股东大会由全体股东组成。股东大会是公司的权力机构，依照本法行使职权。

第一百条　本法第三十八条第一款关于有限责任公司股东会职权的规定，适用于股份有限公司股东大会。

第一百零一条　股东大会应当每年召开一次年会。有下列情形之一的，应当在两个月内召开临时股东大会：

（一）董事人数不足本法规定人数或者公司章程所定人数的三分之二时；

（二）公司未弥补的亏损达实收股本总额三分之一时；

（三）单独或者合计持有公司百分之十以上股份的股东请求时；

（四）董事会认为必要时；

（五）监事会提议召开时；

（六）公司章程规定的其他情形。

第一百零二条　股东大会会议由董事会召集，董事长主持；董事长不能履行职务或者不履行职务的，由副董事长主持；副董事长不能履行职务或者不履行职务的，由半数以上董事共同推举一名董事主持。

董事会不能履行或者不履行召集股东大会会议职责的，监事会应当及时召集和主持；监事会不召集和主持的，连续九十日以上单独或者合计持有公司百分之十以上股份的股东可以自行召集和主持。

第一百零三条　召开股东大会会议，应当将会议召开的时间、地点和审议的事项于会议召开二十日前通知各股东；临时股东大会应当于会议召开十五日前通知各股东；发行无记名股票的，应当于会议召开三十日前公告会议召开的时间、地点和审议事项。

单独或者合计持有公司百分之三以上股份的股东，可以在股东大会召开十日前提出临时提案并书面提交董事会；董事会应当在收到提案后二日内通知其他股东，并将该临时提案提交股东大会审议。临时提案的内容应当属于股东大会职权范围，并有明确议题和具体决议事项。

股东大会不得对前两款通知中未列明的事项作出决议。

无记名股票持有人出席股东大会会议的，应当于会议召开五日前至股东大会闭会时将股票交存于公司。

第一百零四条 股东出席股东大会会议，所持每一股份有一表决权。但是，公司持有的本公司股份没有表决权。

股东大会作出决议，必须经出席会议的股东所持表决权过半数通过。但是，股东大会作出修改公司章程、增加或者减少注册资本的决议，以及公司合并、分立、解散或者变更公司形式的决议，必须经出席会议的股东所持表决权的三分之二以上通过。

第一百零五条 本法和公司章程规定公司转让、受让重大资产或者对外提供担保等事项必须经股东大会作出决议的，董事会应当及时召集股东大会会议，由股东大会就上述事项进行表决。

第一百零六条 股东大会选举董事、监事，可以依照公司章程的规定或者股东大会的决议，实行累积投票制。

本法所称累积投票制，是指股东大会选举董事或者监事时，每一股份拥有与应选董事或者监事人数相同的表决权，股东拥有的表决权可以集中使用。

第一百零七条 股东可以委托代理人出席股东大会会议，代理人应当向公司提交股东授权委托书，并在授权范围内行使表决权。

第一百零八条 股东大会应当对所议事项的决定作成会议记录，主持人、出席会议的董事应当在会议记录上签名。会议记录应当与出席股东的签名册及代理出席的委托书一并保存。

第三节 董事会、经理

第一百零九条 股份有限公司设董事会，其成员为五人至十九人。

董事会成员中可以有公司职工代表。董事会中的职工代表由公司职工通过职工代表大会、职工大会或者其他形式民主选举产生。

本法第四十六条关于有限责任公司董事任期的规定，适用于股份有限公司董事。

本法第四十七条关于有限责任公司董事会职权的规定，适用于股份有限公司董事会。

第一百一十条 董事会设董事长一人，可以设副董事长。董事长和副董事长由董事会以全体董事的过半数选举产生。

董事长召集和主持董事会会议，检查董事会决议的实施情况。副董事长协助董事长工作，董事长不能履行职务或者不履行职务的，由副董事长履行职务；副董事长不能履行职务或者不履行职务的，由半数以上董事共同推举一名董事履行职务。

第一百一十一条 董事会每年度至少召开两次会议，每次会议应当于会议召开十日前通知全体董事和监事。

代表十分之一以上表决权的股东、三分之一以上董事或者监事会，可以提议召开董事会临时会议。董事长应当自接到提议后十日内，召集和主持董事会会议。

董事会召开临时会议，可以另定召集董事会的通知方式和通知时限。

第一百一十二条 董事会会议应有过半数的董事出席方可举行。董事会作出决议，必须经全体董事的过半数通过。

董事会决议的表决，实行一人一票。

第一百一十三条 董事会会议，应由董事本人出席；董事因故不能出席，可以书面委托其他董事代为出席，委托书中应载明授权范围。

董事会应当对会议所议事项的决定作成会

议记录，出席会议的董事应当在会议记录上签名。

董事应当对董事会的决议承担责任。董事会的决议违反法律、行政法规或者公司章程、股东大会决议，致使公司遭受严重损失的，参与决议的董事对公司负赔偿责任。但经证明在表决时曾表明异议并记载于会议记录的，该董事可以免除责任。

第一百一十四条 股份有限公司设经理，由董事会决定聘任或者解聘。

本法第五十条关于有限责任公司经理职权的规定，适用于股份有限公司经理。

第一百一十五条 公司董事会可以决定由董事会成员兼任经理。

第一百一十六条 公司不得直接或者通过子公司向董事、监事、高级管理人员提供借款。

第一百一十七条 公司应当定期向股东披露董事、监事、高级管理人员从公司获得报酬的情况。

第四节 监事会

第一百一十八条 股份有限公司设监事会，其成员不得少于三人。

监事会应当包括股东代表和适当比例的公司职工代表，其中职工代表的比例不得低于三分之一，具体比例由公司章程规定。监事会中的职工代表由公司职工通过职工代表大会、职工大会或者其他形式民主选举产生。

监事会设主席一人，可以设副主席。监事会主席和副主席由全体监事过半数选举产生。监事会主席召集和主持监事会会议；监事会主席不能履行职务或者不履行职务的，由监事会副主席召集和主持监事会会议；监事会副主席不能履行职务或者不履行职务的，由半数以上监事共同推举一名监事召集和主持监事会会议。

董事、高级管理人员不得兼任监事。

本法第五十三条关于有限责任公司监事任期的规定，适用于股份有限公司监事。

第一百一十九条 本法第五十四条、第五十五条关于有限责任公司监事会职权的规定，适用于股份有限公司监事会。

监事会行使职权所必需的费用，由公司承担。

第一百二十条 监事会每六个月至少召开一次会议。监事可以提议召开临时监事会会议。

监事会的议事方式和表决程序，除本法有规定的外，由公司章程规定。

监事会决议应当经半数以上监事通过。

监事会应当对所议事项的决定作成会议记录，出席会议的监事应当在会议记录上签名。

第五节 上市公司组织机构的特别规定

第一百二十一条 本法所称上市公司，是指其股票在证券交易所上市交易的股份有限公司。

第一百二十二条 上市公司在一年内购买、出售重大资产或者担保金额超过公司资产总额百分之三十的，应当由股东大会作出决议，并经出席会议的股东所持表决权的三分之二以上通过。

第一百二十三条 上市公司设独立董事，具体办法由国务院规定。

第一百二十四条 上市公司设董事会秘书，负责公司股东大会和董事会会议的筹备、文件保管以及公司股东资料的管理，办理信息披露事务等事宜。

第一百二十五条 上市公司董事与董事会会议决议事项所涉及的企业有关联关系的，不得对该项决议行使表决权，也不得代理其他董事行使表决权。该董事会会议由过半数的无关联关系董事出席即可举行，董事会会议所作决议须经无关联关系董事过半数通过。出席董事会的无关联关系董事人数不足三人的，应将该事项提交上市公司股东大会审议。

第五章 股份有限公司的股份发行和转让

第一节 股份发行

第一百二十六条 股份有限公司的资本划分为股份，每一股的金额相等。

公司的股份采取股票的形式。股票是公司签发的证明股东所持股份的凭证。

第一百二十七条 股份的发行，实行公平、公正的原则，同种类的每一股份应当具有同等权利。

同次发行的同种类股票，每股的发行条件和价格应当相同；任何单位或者个人所认购的股份，每股应当支付相同价额。

第一百二十八条 股票发行价格可以按票面金额，也可以超过票面金额，但不得低于票面金额。

第一百二十九条 股票采用纸面形式或者国务院证券监督管理机构规定的其他形式。

股票应当载明下列主要事项：

（一）公司名称；

（二）公司成立日期；

（三）股票种类、票面金额及代表的股份数；

（四）股票的编号。

股票由法定代表人签名，公司盖章。

发起人的股票，应当标明发起人股票字样。

第一百三十条 公司发行的股票，可以为记名股票，也可以为无记名股票。

公司向发起人、法人发行的股票，应当为记名股票，并应当记载该发起人、法人的名称或者姓名，不得另立户名或者以代表人姓名记名。

第一百三十一条 公司发行记名股票的，应当置备股东名册，记载下列事项：

（一）股东的姓名或者名称及住所；

（二）各股东所持股份数；

（三）各股东所持股票的编号；

（四）各股东取得股份的日期。

发行无记名股票的，公司应当记载其股票数量、编号及发行日期。

第一百三十二条 国务院可以对公司发行本法规定以外的其他种类的股份，另行作出规定。

第一百三十三条 股份有限公司成立后，即向股东正式交付股票。公司成立前不得向股东交付股票。

第一百三十四条 公司发行新股，股东大会应当对下列事项作出决议：

（一）新股种类及数额；

（二）新股发行价格；

（三）新股发行的起止日期；

（四）向原有股东发行新股的种类及数额。

第一百三十五条 公司经国务院证券监督管理机构核准公开发行新股时，必须公告新股招股说明书和财务会计报告，并制作认股书。

本法第八十八条、第八十九条的规定适用于公司公开发行新股。

第一百三十六条 公司发行新股，可以根据公司经营情况和财务状况，确定其作价方案。

第一百三十七条 公司发行新股募足股款后，必须向公司登记机关办理变更登记，并公告。

第二节 股份转让

第一百三十八条 股东持有的股份可以依法转让。

第一百三十九条 股东转让其股份，应当在依法设立的证券交易场所进行或者按照国务院规定的其他方式进行。

第一百四十条 记名股票，由股东以背书方式或者法律、行政法规规定的其他方式转让；转让后由公司将受让人的姓名或者名称及住所记载于股东名册。

股东大会召开前二十日内或者公司决定分配股利的基准日前五日内，不得进行前款规定的股东名册的变更登记。但是，法律对上市公司股东名册变更登记另有规定的，从其规定。

第一百四十一条 无记名股票的转让，由股东将该股票交付给受让人后即发生转让的效力。

第一百四十二条 发起人持有的本公司股份，自公司成立之日起一年内不得转让。公司公开发行股份前已发行的股份，自公司股票在证券交易所上市交易之日起一年内不得转让。

公司董事、监事、高级管理人员应当向公司申报所持有的本公司的股份及其变动情况，在任职期间每年转让的股份不得超过其所持有本公司股份总数的百分之二十五；所持本公司股份自公司股票上市交易之日起一年内不得转让。上述人员离职后半年内，不得转让其所持有的本公司股份。公司章程可以对公司董事、监事、高级管理人员转让其所持有的本公司股份作出其他限制性规定。

第一百四十三条 公司不得收购本公司股份。但是，有下列情形之一的除外：

（一）减少公司注册资本；

（二）与持有本公司股份的其他公司合并；

（三）将股份奖励给本公司职工；

（四）股东因对股东大会作出的公司合并、分立决议持异议，要求公司收购其股份的。

公司因前款第（一）项至第（三）项的原因收购本公司股份的，应当经股东大会决议。公司依照前款规定收购本公司股份后，属于第（一）项情形的，应当自收购之日起十日内注销；属于第（二）项、第（四）项情形的，应当在六个月内转让或者注销。

公司依照第一款第（三）项规定收购的本公司股份，不得超过本公司已发行股份总额的百分之五；用于收购的资金应当从公司的税后利润中支出；所收购的股份应当在一年内转让给职工。

公司不得接受本公司的股票作为质押权的标的。

第一百四十四条 记名股票被盗、遗失或者灭失，股东可以依照《中华人民共和国民事诉讼法》规定的公示催告程序，请求人民法院宣告该股票失效。人民法院宣告该股票失效后，股东可以向公司申请补发股票。

第一百四十五条 上市公司的股票，依照有关法律、行政法规及证券交易所交易规则上市交易。

第一百四十六条 上市公司必须依照法律、行政法规的规定，公开其财务状况、经营情况及重大诉讼，在每会计年度内半年公布一次财务会计报告。

第六章 公司董事、监事、高级管理人员的资格和义务

第一百四十七条 有下列情形之一的，不得担任公司的董事、监事、高级管理人员：

（一）无民事行为能力或者限制民事行为能力；

（二）因贪污、贿赂、侵占财产、挪用财产或者破坏社会主义市场经济秩序，被判处刑罚，执行期满未逾五年，或者因犯罪被剥夺政治权利，执行期满未逾五年；

（三）担任破产清算的公司、企业的董事或者厂长、经理，对该公司、企业的破产负有个人责任的，自该公司、企业破产清算完结之日起未逾三年；

（四）担任因违法被吊销营业执照、责令关闭的公司、企业的法定代表人，并负有个人责任的，自该公司、企业被吊销营业执照之日起未逾三年；

（五）个人所负数额较大的债务到期未清偿。

公司违反前款规定选举、委派董事、监事或者聘任高级管理人员的，该选举、委派或者聘任无效。

董事、监事、高级管理人员在任职期间出现本条第一款所列情形的，公司应当解除其职务。

第一百四十八条 董事、监事、高级管理人员应当遵守法律、行政法规和公司章程，对

公司负有忠实义务和勤勉义务。

董事、监事、高级管理人员不得利用职权收受贿赂或者其他非法收入，不得侵占公司的财产。

第一百四十九条 董事、高级管理人员不得有下列行为：

（一）挪用公司资金；

（二）将公司资金以其个人名义或者以其他个人名义开立账户存储；

（三）违反公司章程的规定，未经股东会、股东大会或者董事会同意，将公司资金借贷给他人或者以公司财产为他人提供担保；

（四）违反公司章程的规定或者未经股东会、股东大会同意，与本公司订立合同或者进行交易；

（五）未经股东会或者股东大会同意，利用职务便利为自己或者他人谋取属于公司的商业机会，自营或者为他人经营与所任职公司同类的业务；

（六）接受他人与公司交易的佣金归为己有；

（七）擅自披露公司秘密；

（八）违反对公司忠实义务的其他行为。

董事、高级管理人员违反前款规定所得的收入应当归公司所有。

第一百五十条 董事、监事、高级管理人员执行公司职务时违反法律、行政法规或者公司章程的规定，给公司造成损失的，应当承担赔偿责任。

第一百五十一条 股东会或者股东大会要求董事、监事、高级管理人员列席会议的，董事、监事、高级管理人员应当列席并接受股东的质询。

董事、高级管理人员应当如实向监事会或者不设监事会的有限责任公司的监事提供有关情况和资料，不得妨碍监事会或者监事行使职权。

第一百五十二条 董事、高级管理人员有本法第一百五十条规定的情形的，有限责任公司的股东、股份有限公司连续一百八十日以上单独或者合计持有公司百分之一以上股份的股东，可以书面请求监事会或者不设监事会的有限责任公司的监事向人民法院提起诉讼；监事有本法第一百五十条规定的情形的，前述股东可以书面请求董事会或者不设董事会的有限责任公司的执行董事向人民法院提起诉讼。

监事会、不设监事会的有限责任公司的监事，或者董事会、执行董事收到前款规定的股东书面请求后拒绝提起诉讼，或者自收到请求之日起三十日内未提起诉讼，或者情况紧急、不立即提起诉讼将会使公司利益受到难以弥补的损害的，前款规定的股东有权为了公司的利益以自己的名义直接向人民法院提起诉讼。

他人侵犯公司合法权益，给公司造成损失的，本条第一款规定的股东可以依照前两款的规定向人民法院提起诉讼。

第一百五十三条 董事、高级管理人员违反法律、行政法规或者公司章程的规定，损害股东利益的，股东可以向人民法院提起诉讼。

第七章 公司债券

第一百五十四条 本法所称公司债券，是指公司依照法定程序发行、约定在一定期限还本付息的有价证券。

公司发行公司债券应当符合《中华人民共和国证券法》规定的发行条件。

第一百五十五条 发行公司债券的申请经国务院授权的部门核准后，应当公告公司债券募集办法。

公司债券募集办法中应当载明下列主要事项：

（一）公司名称；

（二）债券募集资金的用途；

（三）债券总额和债券的票面金额；

（四）债券利率的确定方式；

（五）还本付息的期限和方式；

（六）债券担保情况；

（七）债券的发行价格、发行的起止日期；

（八）公司净资产额；

（九）已发行的尚未到期的公司债券总额；

（十）公司债券的承销机构。

第一百五十六条 公司以实物券方式发行公司债券的，必须在债券上载明公司名称、债券票面金额、利率、偿还期限等事项，并由法定代表人签名，公司盖章。

第一百五十七条 公司债券，可以为记名债券，也可以为无记名债券。

第一百五十八条 公司发行公司债券应当置备公司债券存根簿。

发行记名公司债券的，应当在公司债券存根簿上载明下列事项：

（一）债券持有人的姓名或者名称及住所；

（二）债券持有人取得债券的日期及债券的编号；

（三）债券总额，债券的票面金额、利率、还本付息的期限和方式；

（四）债券的发行日期。

发行无记名公司债券的，应当在公司债券存根簿上载明债券总额、利率、偿还期限和方式、发行日期及债券的编号。

第一百五十九条 记名公司债券的登记结算机构应当建立债券登记、存管、付息、兑付等相关制度。

第一百六十条 公司债券可以转让，转让价格由转让人与受让人约定。

公司债券在证券交易所上市交易的，按照证券交易所的交易规则转让。

第一百六十一条 记名公司债券，由债券持有人以背书方式或者法律、行政法规规定的其他方式转让；转让后由公司将受让人的姓名或者名称及住所记载于公司债券存根簿。

无记名公司债券的转让，由债券持有人将该债券交付给受让人后即发生转让的效力。

第一百六十二条 上市公司经股东大会决议可以发行可转换为股票的公司债券，并在公司债券募集办法中规定具体的转换办法。上市公司发行可转换为股票的公司债券，应当报国务院证券监督管理机构核准。

发行可转换为股票的公司债券，应当在债券上标明可转换公司债券字样，并在公司债券存根簿上载明可转换公司债券的数额。

第一百六十三条 发行可转换为股票的公司债券的，公司应当按照其转换办法向债券持有人换发股票，但债券持有人对转换股票或者不转换股票有选择权。

第八章　公司财务、会计

第一百六十四条 公司应当依照法律、行政法规和国务院财政部门的规定建立本公司的财务、会计制度。

第一百六十五条 公司应当在每一会计年度终了时编制财务会计报告，并依法经会计师事务所审计。

财务会计报告应当依照法律、行政法规和国务院财政部门的规定制作。

第一百六十六条 有限责任公司应当依照公司章程规定的期限将财务会计报告送交各股东。

股份有限公司的财务会计报告应当在召开股东大会年会的二十日前置备于本公司，供股东查阅；公开发行股票的股份有限公司必须公告其财务会计报告。

第一百六十七条 公司分配当年税后利润时，应当提取利润的百分之十列入公司法定公积金。公司法定公积金累计额为公司注册资本的百分之五十以上的，可以不再提取。

公司的法定公积金不足以弥补以前年度亏损的，在依照前款规定提取法定公积金之前，应当先用当年利润弥补亏损。

公司从税后利润中提取法定公积金后，经股东会或者股东大会决议，还可以从税后利润中提取任意公积金。

公司弥补亏损和提取公积金后所余税后利润，有限责任公司依照本法第三十五条的规定分配；股份有限公司按照股东持有的股份比例分配，但股份有限公司章程规定不按持股比例分配的除外。

股东会、股东大会或者董事会违反前款规

定，在公司弥补亏损和提取法定公积金之前向股东分配利润的，股东必须将违反规定分配的利润退还公司。

公司持有的本公司股份不得分配利润。

第一百六十八条 股份有限公司以超过股票票面金额的发行价格发行股份所得的溢价款以及国务院财政部门规定列入资本公积金的其他收入，应当列为公司资本公积金。

第一百六十九条 公司的公积金用于弥补公司的亏损、扩大公司生产经营或者转为增加公司资本。但是，资本公积金不得用于弥补公司的亏损。

法定公积金转为资本时，所留存的该项公积金不得少于转增前公司注册资本的百分之二十五。

第一百七十条 公司聘用、解聘承办公司审计业务的会计师事务所，依照公司章程的规定，由股东会、股东大会或者董事会决定。

公司股东会、股东大会或者董事会就解聘会计师事务所进行表决时，应当允许会计师事务所陈述意见。

第一百七十一条 公司应当向聘用的会计师事务所提供真实、完整的会计凭证、会计账簿、财务会计报告及其他会计资料，不得拒绝、隐匿、谎报。

第一百七十二条 公司除法定的会计账簿外，不得另立会计账簿。

对公司资产，不得以任何个人名义开立账户存储。

第九章 公司合并、分立、增资、减资

第一百七十三条 公司合并可以采取吸收合并或者新设合并。

一个公司吸收其他公司为吸收合并，被吸收的公司解散。两个以上公司合并设立一个新的公司为新设合并，合并各方解散。

第一百七十四条 公司合并，应当由合并各方签订合并协议，并编制资产负债表及财产清单。公司应当自作出合并决议之日起十日内通知债权人，并于三十日内在报纸上公告。债权人自接到通知书之日起三十日内，未接到通知书的自公告之日起四十五日内，可以要求公司清偿债务或者提供相应的担保。

第一百七十五条 公司合并时，合并各方的债权、债务，应当由合并后存续的公司或者新设的公司承继。

第一百七十六条 公司分立，其财产作相应的分割。

公司分立，应当编制资产负债表及财产清单。公司应当自作出分立决议之日起十日内通知债权人，并于三十日内在报纸上公告。

第一百七十七条 公司分立前的债务由分立后的公司承担连带责任。但是，公司在分立前与债权人就债务清偿达成的书面协议另有约定的除外。

第一百七十八条 公司需要减少注册资本时，必须编制资产负债表及财产清单。

公司应当自作出减少注册资本决议之日起十日内通知债权人，并于三十日内在报纸上公告。债权人自接到通知书之日起三十日内，未接到通知书的自公告之日起四十五日内，有权要求公司清偿债务或者提供相应的担保。

公司减资后的注册资本不得低于法定的最低限额。

第一百七十九条 有限责任公司增加注册资本时，股东认缴新增资本的出资，依照本法设立有限责任公司缴纳出资的有关规定执行。

股份有限公司为增加注册资本发行新股时，股东认购新股，依照本法设立股份有限公司缴纳股款的有关规定执行。

第一百八十条 公司合并或者分立，登记事项发生变更的，应当依法向公司登记机关办理变更登记；公司解散的，应当依法办理公司注销登记；设立新公司的，应当依法办理公司设立登记。

公司增加或者减少注册资本，应当依法向公司登记机关办理变更登记。

第十章　公司解散和清算

第一百八十一条　公司因下列原因解散：

（一）公司章程规定的营业期限届满或者公司章程规定的其他解散事由出现；

（二）股东会或者股东大会决议解散；

（三）因公司合并或者分立需要解散；

（四）依法被吊销营业执照、责令关闭或者被撤销；

（五）人民法院依照本法第一百八十三条的规定予以解散。

第一百八十二条　公司有本法第一百八十一条第（一）项情形的，可以通过修改公司章程而存续。

依照前款规定修改公司章程，有限责任公司须经持有三分之二以上表决权的股东通过，股份有限公司须经出席股东大会会议的股东所持表决权的三分之二以上通过。

第一百八十三条　公司经营管理发生严重困难，继续存续会使股东利益受到重大损失，通过其他途径不能解决的，持有公司全部股东表决权百分之十以上的股东，可以请求人民法院解散公司。

第一百八十四条　公司因本法第一百八十一条第（一）项、第（二）项、第（四）项、第（五）项规定而解散的，应当在解散事由出现之日起十五日内成立清算组，开始清算。有限责任公司的清算组由股东组成，股份有限公司的清算组由董事或者股东大会确定的人员组成。逾期不成立清算组进行清算的，债权人可以申请人民法院指定有关人员组成清算组进行清算。人民法院应当受理该申请，并及时组织清算组进行清算。

第一百八十五条　清算组在清算期间行使下列职权：

（一）清理公司财产，分别编制资产负债表和财产清单；

（二）通知、公告债权人；

（三）处理与清算有关的公司未了结的业务；

（四）清缴所欠税款以及清算过程中产生的税款；

（五）清理债权、债务；

（六）处理公司清偿债务后的剩余财产；

（七）代表公司参与民事诉讼活动。

第一百八十六条　清算组应当自成立之日起十日内通知债权人，并于六十日内在报纸上公告。债权人应当自接到通知书之日起三十日内，未接到通知书的自公告之日起四十五日内，向清算组申报其债权。

债权人申报债权，应当说明债权的有关事项，并提供证明材料。清算组应当对债权进行登记。

在申报债权期间，清算组不得对债权人进行清偿。

第一百八十七条　清算组在清理公司财产、编制资产负债表和财产清单后，应当制定清算方案，并报股东会、股东大会或者人民法院确认。

公司财产在分别支付清算费用、职工的工资、社会保险费用和法定补偿金，缴纳所欠税款，清偿公司债务后的剩余财产，有限责任公司按照股东的出资比例分配，股份有限公司按照股东持有的股份比例分配。

清算期间，公司存续，但不得开展与清算无关的经营活动。公司财产在未依照前款规定清偿前，不得分配给股东。

第一百八十八条　清算组在清理公司财产、编制资产负债表和财产清单后，发现公司财产不足清偿债务的，应当依法向人民法院申请宣告破产。

公司经人民法院裁定宣告破产后，清算组应当将清算事务移交给人民法院。

第一百八十九条　公司清算结束后，清算组应当制作清算报告，报股东会、股东大会或者人民法院确认，并报送公司登记机关，申请注销公司登记，公告公司终止。

第一百九十条　清算组成员应当忠于职守，依法履行清算义务。

清算组成员不得利用职权收受贿赂或者其他非法收入，不得侵占公司财产。

清算组成员因故意或者重大过失给公司或者债权人造成损失的，应当承担赔偿责任。

第一百九十一条 公司被依法宣告破产的，依照有关企业破产的法律实施破产清算。

第十一章 外国公司的分支机构

第一百九十二条 本法所称外国公司是指依照外国法律在中国境外设立的公司。

第一百九十三条 外国公司在中国境内设立分支机构，必须向中国主管机关提出申请，并提交其公司章程、所属国的公司登记证书等有关文件，经批准后，向公司登记机关依法办理登记，领取营业执照。

外国公司分支机构的审批办法由国务院另行规定。

第一百九十四条 外国公司在中国境内设立分支机构，必须在中国境内指定负责该分支机构的代表人或者代理人，并向该分支机构拨付与其所从事的经营活动相适应的资金。

对外国公司分支机构的经营资金需要规定最低限额的，由国务院另行规定。

第一百九十五条 外国公司的分支机构应当在其名称中标明该外国公司的国籍及责任形式。

外国公司的分支机构应当在本机构中置备该外国公司章程。

第一百九十六条 外国公司在中国境内设立的分支机构不具有中国法人资格。

外国公司对其分支机构在中国境内进行经营活动承担民事责任。

第一百九十七条 经批准设立的外国公司分支机构，在中国境内从事业务活动，必须遵守中国的法律，不得损害中国的社会公共利益，其合法权益受中国法律保护。

第一百九十八条 外国公司撤销其在中国境内的分支机构时，必须依法清偿债务，依照本法有关公司清算程序的规定进行清算。未清偿债务之前，不得将其分支机构的财产移至中国境外。

第十二章 法律责任

第一百九十九条 违反本法规定，虚报注册资本、提交虚假材料或者采取其他欺诈手段隐瞒重要事实取得公司登记的，由公司登记机关责令改正，对虚报注册资本的公司，处以虚报注册资本金额百分之五以上百分之十五以下的罚款；对提交虚假材料或者采取其他欺诈手段隐瞒重要事实的公司，处以五万元以上五十万元以下的罚款；情节严重的，撤销公司登记或者吊销营业执照。

第二百条 公司的发起人、股东虚假出资，未交付或者未按期交付作为出资的货币或者非货币财产的，由公司登记机关责令改正，处以虚假出资金额百分之五以上百分之十五以下的罚款。

第二百零一条 公司的发起人、股东在公司成立后，抽逃其出资的，由公司登记机关责令改正，处以所抽逃出资金额百分之五以上百分之十五以下的罚款。

第二百零二条 公司违反本法规定，在法定的会计账簿以外另立会计账簿的，由县级以上人民政府财政部门责令改正，处以五万元以上五十万元以下的罚款。

第二百零三条 公司在依法向有关主管部门提供的财务会计报告等材料上作虚假记载或者隐瞒重要事实的，由有关主管部门对直接负责的主管人员和其他直接责任人员处以三万元以上三十万元以下的罚款。

第二百零四条 公司不依照本法规定提取法定公积金的，由县级以上人民政府财政部门责令如数补足应当提取的金额，可以对公司处以二十万元以下的罚款。

第二百零五条 公司在合并、分立、减少注册资本或者进行清算时，不依照本法规定通知或者公告债权人的，由公司登记机关责令改正，对公司处以一万元以上十万元以下的罚款。

公司在进行清算时，隐匿财产，对资产负债表或者财产清单作虚假记载或者在未清偿债务前分配公司财产的，由公司登记机关责令改正，对公司处以隐匿财产或者未清偿债务前分配公司财产金额百分之五以上百分之十以下的罚款；对直接负责的主管人员和其他直接责任人员处以一万元以上十万元以下的罚款。

第二百零六条 公司在清算期间开展与清算无关的经营活动的，由公司登记机关予以警告，没收违法所得。

第二百零七条 清算组不依照本法规定向公司登记机关报送清算报告，或者报送清算报告隐瞒重要事实或者有重大遗漏的，由公司登记机关责令改正。

清算组成员利用职权徇私舞弊、谋取非法收入或者侵占公司财产的，由公司登记机关责令退还公司财产，没收违法所得，并可以处以违法所得一倍以上五倍以下的罚款。

第二百零八条 承担资产评估、验资或者验证的机构提供虚假材料的，由公司登记机关没收违法所得，处以违法所得一倍以上五倍以下的罚款，并可以由有关主管部门依法责令该机构停业、吊销直接责任人员的资格证书，吊销营业执照。

承担资产评估、验资或者验证的机构因过失提供有重大遗漏的报告的，由公司登记机关责令改正，情节较重的，处以所得收入一倍以上五倍以下的罚款，并可以由有关主管部门依法责令该机构停业、吊销直接责任人员的资格证书，吊销营业执照。

承担资产评估、验资或者验证的机构因其出具的评估结果、验资或者验证证明不实，给公司债权人造成损失的，除能够证明自己没有过错的外，在其评估或者证明不实的金额范围内承担赔偿责任。

第二百零九条 公司登记机关对不符合本法规定条件的登记申请予以登记，或者对符合本法规定条件的登记申请不予登记的，对直接负责的主管人员和其他直接责任人员，依法给予行政处分。

第二百一十条 公司登记机关的上级部门强令公司登记机关对不符合本法规定条件的登记申请予以登记，或者对符合本法规定条件的登记申请不予登记的，或者对违法登记进行包庇的，对直接负责的主管人员和其他直接责任人员依法给予行政处分。

第二百一十一条 未依法登记为有限责任公司或者股份有限公司，而冒用有限责任公司或者股份有限公司名义的，或者未依法登记为有限责任公司或者股份有限公司的分公司，而冒用有限责任公司或者股份有限公司的分公司名义的，由公司登记机关责令改正或者予以取缔，可以并处十万元以下的罚款。

第二百一十二条 公司成立后无正当理由超过六个月未开业的，或者开业后自行停业连续六个月以上的，可以由公司登记机关吊销营业执照。

公司登记事项发生变更时，未依照本法规定办理有关变更登记的，由公司登记机关责令限期登记；逾期不登记的，处以一万元以上十万元以下的罚款。

第二百一十三条 外国公司违反本法规定，擅自在中国境内设立分支机构的，由公司登记机关责令改正或者关闭，可以并处五万元以上二十万元以下的罚款。

第二百一十四条 利用公司名义从事危害国家安全、社会公共利益的严重违法行为的，吊销营业执照。

第二百一十五条 公司违反本法规定，应当承担民事赔偿责任和缴纳罚款、罚金的，其财产不足以支付时，先承担民事赔偿责任。

第二百一十六条 违反本法规定，构成犯罪的，依法追究刑事责任。

第十三章 附 则

第二百一十七条 本法下列用语的含义：

（一）高级管理人员，是指公司的经理、副经理、财务负责人，上市公司董事会秘书和公司章程规定的其他人员。

（二）控股股东，是指其出资额占有限责任公司资本总额百分之五十以上或者其持有的股份占股份有限公司股本总额百分之五十以上的股东；出资额或者持有股份的比例虽然不足百分之五十，但依其出资额或者持有的股份所享有的表决权已足以对股东会、股东大会的决议产生重大影响的股东。

（三）实际控制人，是指虽不是公司的股东，但通过投资关系、协议或者其他安排，能够实际支配公司行为的人。

（四）关联关系，是指公司控股股东、实际控制人、董事、监事、高级管理人员与其直接或者间接控制的企业之间的关系，以及可能导致公司利益转移的其他关系。但是，国家控股的企业之间不仅因为同受国家控股而具有关联关系。

第二百一十八条 外商投资的有限责任公司和股份有限公司适用本法；有关外商投资的法律另有规定的，适用其规定。

第二百一十九条 本法自2006年1月1日起施行。

中华人民共和国国务院令

（2005年第440号）

《中华人民共和国工业产品生产许可证管理条例》已经2005年6月29日国务院第97次常务会议通过，现予公布，自2005年9月1日起施行。

总理 温家宝

2005年7月9日

中华人民共和国工业产品生产许可证管理条例

第一章 总 则

第一条 为了保证直接关系公共安全、人体健康、生命财产安全的重要工业产品的质量安全，贯彻国家产业政策，促进社会主义市场经济健康、协调发展，制定本条例。

第二条 国家对生产下列重要工业产品的企业实行生产许可证制度：

（一）乳制品、肉制品、饮料、米、面、食用油、酒类等直接关系人体健康的加工食品；

（二）电热毯、压力锅、燃气热水器等可能危及人身、财产安全的产品；

（三）税控收款机、防伪验钞仪、卫星电视广播地面接收设备、无线广播电视发射设备等关系金融安全和通信质量安全的产品；

（四）安全网、安全帽、建筑扣件等保障劳动安全的产品；

（五）电力铁塔、桥梁支座、铁路工业产品、水工金属结构、危险化学品及其包装物、容器等影响生产安全、公共安全的产品；

（六）法律、行政法规要求依照本条例的规定实行生产许可证管理的其他产品。

第三条 国家实行生产许可证制度的工业产品目录（以下简称目录）由国务院工业产品生产许可证主管部门会同国务院有关部门制定，并征求消费者协会和相关产品行业协会的意见，报国务院批准后向社会公布。

工业产品的质量安全通过消费者自我判断、企业自律和市场竞争能够有效保证的，不实行生产许可证制度。

工业产品的质量安全通过认证认可制度能够有效保证的，不实行生产许可证制度。

国务院工业产品生产许可证主管部门会同国务院有关部门适时对目录进行评价、调整和逐步缩减，报国务院批准后向社会公布。

第四条 在中华人民共和国境内生产、销售或者在经营活动中使用列入目录产品的，应当遵守本条例。

列入目录产品的进出口管理依照法律、行政法规和国家有关规定执行。

第五条 任何企业未取得生产许可证不得生产列入目录的产品。任何单位和个人不得销售或者在经营活动中使用未取得生产许可证的列入目录的产品。

第六条 国务院工业产品生产许可证主管部门依照本条例负责全国工业产品生产许可证统一管理工作，县级以上地方工业产品生产许可证主管部门负责本行政区域内的工业产品生产许可证管理工作。

国家对实行工业产品生产许可证制度的工业产品，统一目录，统一审查要求，统一证书标志，统一监督管理。

第七条 工业产品生产许可证管理，应当遵循科学公正、公开透明、程序合法、便民高效的原则。

第八条 县级以上工业产品生产许可证主管部门及其人员、检验机构和检验人员，对所知悉的国家秘密和商业秘密负有保密义务。

第二章 申请与受理

第九条 企业取得生产许可证，应当符合下列条件：

（一）有营业执照；

（二）有与所生产产品相适应的专业技术人员；

（三）有与所生产产品相适应的生产条件和检验检疫手段；

（四）有与所生产产品相适应的技术文件和工艺文件；

（五）有健全有效的质量管理制度和责任制度；

（六）产品符合有关国家标准、行业标准以及保障人体健康和人身、财产安全的要求；

（七）符合国家产业政策的规定，不存在国家明令淘汰和禁止投资建设的落后工艺、高耗能、污染环境、浪费资源的情况。

法律、行政法规有其他规定的，还应当符合其规定。

第十条 国务院工业产品生产许可证主管部门依照本条例第九条规定的条件，根据工业产品的不同特性，制定并发布取得列入目录产品生产许可证的具体要求；需要对列入目录产品生产许可证的具体要求作特殊规定的，应当会同国务院有关部门制定并发布。

制定列入目录产品生产许可证的具体要求，应当征求消费者协会和相关产品行业协会的意见。

第十一条 企业生产列入目录的产品，应当向企业所在地的省、自治区、直辖市工业产品生产许可证主管部门申请取得生产许可证。

企业正在生产的产品被列入目录的，应当在国务院工业产品生产许可证主管部门规定的时间内申请取得生产许可证。

企业的申请可以通过信函、电报、电传、传真、电子数据交换和电子邮件等方式提出。

第十二条 省、自治区、直辖市工业产品生产许可证主管部门收到企业的申请后，应当依照《中华人民共和国行政许可法》的有关规定办理。

第十三条 省、自治区、直辖市工业产品生产许可证主管部门以及其他任何单位不得另行附加任何条件，限制企业申请取得生产许可证。

第三章 审查与决定

第十四条 省、自治区、直辖市工业产品生产许可证主管部门受理企业申请后，应当组织对企业进行审查。依照列入目录产品生产许可证的具体要求，应当由国务院工业产品生产许可证主管部门组织对企业进行审查的，省、自治区、直辖市工业产品生产许可证主管部门应当自受理企业申请之日起5日内将全部申请材料报送国务院工业产品生产许可证主管部门。

对企业的审查包括对企业的实地核查和对产品的检验。

第十五条 对企业进行实地核查，国务院工业产品生产许可证主管部门或者省、自治区、直辖市工业产品生产许可证主管部门应当指派2至4名核查人员，企业应当予以配合。

第十六条 核查人员经国务院工业产品生产许可证主管部门组织考核合格，取得核查人员证书，方可从事相应的核查工作。

第十七条 核查人员依照本条例第九条规定的条件和列入目录产品生产许可证的具体要求对企业进行实地核查。

核查人员对企业进行实地核查，不得刁难企业，不得索取、收受企业的财物，不得谋取其他不当利益。

第十八条 国务院工业产品生产许可证主管部门或者省、自治区、直辖市工业产品生产许可证主管部门应当自受理企业申请之日起30日内将对企业实地核查的结果书面告知企业。核查不合格的，应当说明理由。

第十九条 企业经实地核查合格的，应当及时进行产品检验。需要送样检验的，核查人员应当封存样品，并告知企业在7日内将该样品送达具有相应资质的检验机构。需要现场检验的，由核查人员通知检验机构进行现场检验。

第二十条 检验机构应当依照国家有关标准、要求进行产品检验，在规定时间内完成检验工作。

检验机构和检验人员应当客观、公正、及时地出具检验报告。检验报告经检验人员签字后，由检验机构负责人签署。检验机构和检验人员对检验报告负责。

第二十一条 检验机构和检验人员进行产品检验，应当遵循诚信原则和方便企业的原则，为企业提供可靠、便捷的检验服务，不得拖延，不得刁难企业。

第二十二条 检验机构和检验人员不得从事与其检验的列入目录产品相关的生产、销售活动，不得以其名义推荐或者监制、监销其检验的列入目录产品。

第二十三条 由省、自治区、直辖市工业产品生产许可证主管部门组织对企业进行审查的，省、自治区、直辖市工业产品生产许可证主管部门应当在完成审查后将审查意见和全部申请材料报送国务院工业产品生产许可证主管部门。

第二十四条 自受理企业申请之日起60日内，国务院工业产品生产许可证主管部门应当作出是否准予许可的决定，作出准予许可决定的，国务院工业产品生产许可证主管部门应当自作出决定之日起10日内向企业颁发工业产品生产许可证证书（以下简称许可证证书）；作出不准予许可决定的，国务院工业产品生产许可证主管部门应当书面通知企业，并说明理由。

检验机构进行产品检验所需时间不计入前款规定的期限。

国务院工业产品生产许可证主管部门应当将作出的相关产品准予许可的决定及时通报国务院发展改革部门、国务院卫生主管部门、国务院工商行政管理部门等有关部门。

第二十五条 生产许可证有效期为5年，但是，食品加工企业生产许可证的有效期为3年。生产许可证有效期届满，企业继续生产的，应当在生产许可证有效期届满6个月前向所在地省、自治区、直辖市工业产品生产许可证主管部门提出换证申请。国务院工业产品生产许可证主管部门或者省、自治区、直辖市工业产品生产许可证主管部门应当依照本条例规定的程序对企业进行审查。

第二十六条 在生产许可证有效期内，产品的有关标准、要求发生改变的，国务院工业产品生产许可证主管部门或者省、自治区、直辖市工业产品生产许可证主管部门可以依照本条例的规定重新组织核查和检验。

在生产许可证有效期内，企业生产条件、检验手段、生产技术或者工艺发生变化的，企业应当及时向所在地省、自治区、直辖市工业产品生产许可证主管部门提出申请，国务院工业产品生产许可证主管部门或者省、自治区、直辖市工业产品生产许可证主管部门应当依照本条例的规定重新组织核查和检验。

第二十七条 国务院工业产品生产许可证主管部门认为需要听证的涉及公共利益的重大许可事项，应当向社会公告，并举行听证。

国务院工业产品生产许可证主管部门作出的准予许可的决定应当向社会公布。

国务院工业产品生产许可证主管部门和省、自治区、直辖市工业产品生产许可证主管部门应当将办理生产许可证的有关材料及时归档，公众有权查阅。

第四章 证书和标志

第二十八条 许可证证书分为正本和副本。许可证证书应当载明企业名称和住所、生产地址、产品名称、证书编号、发证日期、有效期等相关内容。

许可证证书格式由国务院工业产品生产许可证主管部门规定。

第二十九条 企业名称发生变化的，企业应当及时向企业所在地的省、自治区、直辖市工业产品生产许可证主管部门提出申请，办理变更手续。

第三十条 企业应当妥善保管许可证证书，许可证证书遗失或者损毁，应当申请补领，企业所在地的省、自治区、直辖市工业产品生产许可证主管部门应当及时受理申请，办理补领手续。

第三十一条 在生产许可证有效期内，企业不再从事列入目录产品的生产活动的，应当办理生产许可证注销手续。企业不办理生产许可证注销手续的，国务院工业产品生产许可证主管部门应当注销其生产许可证并向社会公告。

第三十二条 生产许可证的标志和式样由国务院工业产品生产许可证主管部门规定并公布。

第三十三条 企业必须在其产品或者包装、说明书上标注生产许可证标志和编号。

裸装食品和其他根据产品的特点难以标注标志的裸装产品，可以不标注生产许可证标志和编号。

第三十四条 销售和在经营活动中使用列入目录产品的企业，应当查验产品的生产许可证标志和编号。

第三十五条 任何单位和个人不得伪造、变造许可证证书、生产许可证标志和编号。取得生产许可证的企业不得出租、出借或者以其他形式转让许可证证书和生产许可证标志。

第五章 监督检查

第三十六条 国务院工业产品生产许可证主管部门和县级以上地方工业产品生产许可证主管部门依照本条例规定负责对生产列入目录产品的企业以及核查人员、检验机构及其检验人员的相关活动进行监督检查。

国务院工业产品生产许可证主管部门对县级以上地方工业产品生产许可证主管部门的生产许可证管理工作进行监督。

第三十七条 县级以上工业产品生产许可证主管部门根据已经取得的违法嫌疑证据或者举报，对涉嫌违反本条例的行为进行查处并可以行使下列职权：

（一）向有关生产、销售或者在经营活动中使用列入目录产品的单位和检验机构的法定代表人、主要负责人和其他有关人员调查、了解有关涉嫌从事违反本条例活动的情况；

（二）查阅、复制有关生产、销售或者在经营活动中使用列入目录产品的单位和检验机构的有关合同、发票、账簿以及其他有关资料；

（三）对有证据表明属于违反本条例生产、销售或者在经营活动中使用的列入目录产品予以查封或者扣押。

县级以上工商行政管理部门依法对涉嫌违反本条例规定的行为进行查处时，也可以行使前款规定的职权。

第三十八条 企业应当保证产品质量稳定合格，并定期向省、自治区、直辖市工业产品生产许可证主管部门提交报告。企业对报告的真实性负责。

第三十九条 国务院工业产品生产许可证主管部门和县级以上地方工业产品生产许可证主管部门应当对企业实施定期或者不定期的监督检查。需要对产品进行检验的，应当依照《中华人民共和国产品质量法》的有关规定进行。

实施监督检查或者对产品进行检验应当有2名以上工作人员参加并应当出示有效证件。

第四十条 国务院工业产品生产许可证主管部门和县级以上地方工业产品生产许可证主管部门对企业实施监督检查，不得妨碍企业的正常生产经营活动，不得索取或者收受企业的财物或者谋取其他利益。

第四十一条 国务院工业产品生产许可证主管部门和县级以上地方工业产品生产许可证主管部门依法对企业进行监督检查时，应当对监督检查的情况和处理结果予以记录，由监督检查人员签字后归档。公众有权查阅监督检查记录。

第四十二条 国务院工业产品生产许可证主管部门应当通过查阅检验报告、检验结论对比等方式，对检验机构的检验过程和检验报告是否客观、公正、及时进行监督检查。

第四十三条 核查人员、检验机构及其检验人员刁难企业的，企业有权向国务院工业产品生产许可证主管部门和县级以上地方工业产品生产许可证主管部门投诉。国务院工业产品生产许可证主管部门和县级以上地方工业产品生产许可证主管部门接到投诉，应当及时进行调查处理。

第四十四条 任何单位和个人对违反本条例的行为，有权向国务院工业产品生产许可证主管部门和县级以上地方工业产品生产许可证主管部门举报。国务院工业产品生产许可证主管部门和县级以上地方工业产品生产许可证主管部门接到举报，应当及时调查处理，并为举报人保密。

第六章　法律责任

第四十五条 企业未依照本条例规定申请取得生产许可证而擅自生产列入目录产品的，由工业产品生产许可证主管部门责令停止生产，没收违法生产的产品，处违法生产产品货值金额等值以上3倍以下的罚款；有违法所得的，没收违法所得；构成犯罪的，依法追究刑事责任。

第四十六条 取得生产许可证的企业生产条件、检验手段、生产技术或者工艺发生变化，未依照本条例规定办理重新审查手续的，责令停止生产、销售，没收违法生产、销售的产品，并限期办理相关手续；逾期仍未办理的，处违法生产、销售产品（包括已售出和未售出的产品，下同）货值金额3倍以下的罚款；有违法所得的，没收违法所得；构成犯罪的，依法追究刑事责任。

取得生产许可证的企业名称发生变化，未依照本条例规定办理变更手续的，责令限期办理相关手续；逾期仍未办理的，责令停止生产、销售，没收违法生产、销售的产品，并处违法生产、销售产品货值金额等值以下的罚款；有违法所得的，没收违法所得。

第四十七条 取得生产许可证的企业未依照本条例规定在产品、包装或者说明书上标注生产许可证标志和编号的，责令限期改正；逾期仍未改正的，处违法生产、销售产品货值金额30%以下的罚款；有违法所得的，没收违法所得；情节严重的，吊销生产许可证。

第四十八条 销售或者在经营活动中使用未取得生产许可证的列入目录产品的，责令改正，处5万元以上20万元以下的罚款；有违法所得的，没收违法所得；构成犯罪的，依法追究刑事责任。

第四十九条 取得生产许可证的企业出租、出借或者转让许可证证书、生产许可证标志和编号的，责令限期改正，处20万元以下的罚款；情节严重的，吊销生产许可证。违法接受并使用他人提供的许可证证书、生产许可证标志和编号的，责令停止生产、销售，没收违法生产、销售的产品，处违法生产、销售产品货值金额等值以上3倍以下的罚款；有违法所得的，没收违法所得；构成犯罪的，依法追究刑事责任。

第五十条 擅自动用、调换、转移、损毁被查封、扣押财物的，责令改正，处被动用、调换、转移、损毁财物价值5%以上20%以下的罚款；拒不改正的，处被动用、调换、转移、损毁财物价值1倍以上3倍以下的罚款。

第五十一条 伪造、变造许可证证书、生产许可证标志和编号的，责令改正，没收违法生产、销售的产品，并处违法生产、销售产品货值金额等值以上3倍以下的罚款；有违法所得的，没收违法所得；构成犯罪的，依法追究刑事责任。

第五十二条 企业用欺骗、贿赂等不正当手段取得生产许可证的，由工业产品生产许可证主管部门处20万元以下的罚款，并依照《中华人民共和国行政许可法》的有关规定作出处理。

第五十三条 取得生产许可证的企业未依照本条例规定定期向省、自治区、直辖市工业产品生产许可证主管部门提交报告的，由省、自治区、直辖市工业产品生产许可证主管部门责令限期改正；逾期未改正的，处5000元以下的罚款。

第五十四条 取得生产许可证的产品经产品质量国家监督抽查或者省级监督抽查不合格的，由工业产品生产许可证主管部门责令限期改正；到期复查仍不合格的，吊销生产许可证。

第五十五条 企业被吊销生产许可证的，在3年内不得再次申请同一列入目录产品的生产许可证。

第五十六条 承担发证产品检验工作的检验机构伪造检验结论或者出具虚假证明的，由工业产品生产许可证主管部门责令改正，对单位处5万元以上20万元以下的罚款，对直接负责的主管人员和其他直接责任人员处1万元以上5万元以下的罚款；有违法所得的，没收违法所得；情节严重的，撤销其检验资格；构成犯罪的，依法追究刑事责任。

第五十七条 检验机构和检验人员从事与其检验的列入目录产品相关的生产、销售活动，或者以其名义推荐或者监制、监销其检验的列入目录产品的，由工业产品生产许可证主管部门处2万元以上10万元以下的罚款；有违法所得的，没收违法所得；情节严重的，撤销其检验资格。

第五十八条 检验机构和检验人员利用检验工作刁难企业，由工业产品生产许可证主管部门责令改正；拒不改正的，撤销其检验资格。

第五十九条 县级以上地方工业产品生产许可证主管部门违反本条例规定，对列入目录产品以外的工业产品设定生产许可的，由国务院工业产品生产许可证主管部门责令改正，或者依法予以撤销。

第六十条 工业产品生产许可证主管部门及其工作人员违反本条例的规定，有下列情形之一的，由其上级行政机关或者监察机关责令改正；情节严重的，对直接负责的主管人员和其他直接责任人员依法给予行政处分：

（一）对符合本条例规定的条件的申请不予受理的；

（二）不在办公场所公示依法应当公示的材料的；

（三）在受理、审查、决定过程中，未向申请人、利害关系人履行法定告知义务的；

（四）申请人提交的申请材料不齐全、不符合法定形式，不一次告知申请人必须补正的全部内容的；

（五）未依法说明不受理申请或者不予许可的理由的；

（六）依照本条例和《中华人民共和国行政许可法》应当举行听证而不举行听证的。

第六十一条 工业产品生产许可证主管部门的工作人员办理工业产品生产许可证、实施监督检查，索取或者收受他人财物或者谋取其他利益，构成犯罪的，依法追究刑事责任；尚不构成犯罪的，依法给予行政处分。

第六十二条 工业产品生产许可证主管部门有下列情形之一的，由其上级行政机关、监察机关或者有关机关责令改正，依法处理；对直接负责的主管人员和其他直接责任人员依法给予降级或者撤职的行政处分；构成犯罪的，依法追究刑事责任：

（一）对不符合本条例规定条件的申请人准予许可或者超越法定职权作出准予许可决定的；

（二）对符合本条例规定条件的申请人不予许可或者不在法定期限内作出准予许可决定的；

（三）发现未依照本条例规定申请取得生产许可证擅自生产列入目录产品，不及时依法查处的；

（四）发现检验机构的检验报告、检验结论严重失实，不及时依法查处的；

（五）违反法律、行政法规或者本条例的规定，乱收费的。

第六十三条 工业产品生产许可证主管部门违法实施许可，给当事人的合法权益造成损害的，应当依照《中华人民共和国国家赔偿法》的规定给予赔偿。

第六十四条 工业产品生产许可证主管部门不依法履行监督职责或者监督不力，造成严重后果的，由其上级行政机关或者监察机关责令改正，对直接负责的主管人员和其他直接责任人员依法给予行政处分；构成犯罪的，依法追究刑事责任。

第六十五条 本条例规定的吊销生产许可证的行政处罚由工业产品生产许可证主管部门决定。工业产品生产许可证主管部门应当将作出的相关产品吊销生产许可证的行政处罚决定及时通报发展改革部门、卫生主管部门、工商行政管理部门等有关部门。

本条例第四十六条至第五十一条规定的行政处罚由工业产品生产许可证主管部门或者工商行政管理部门依照国务院规定的职权范围决定。法律、行政法规对行使行政处罚权的机关另有规定的，依照有关法律、行政法规的规定执行。

第七章 附 则

第六十六条 法律、行政法规对工业产品管理另有规定的，从其规定。

第六十七条 国务院工业产品生产许可证主管部门和省、自治区、直辖市工业产品生产许可证主管部门办理工业产品生产许可证的收费项目依照国务院财政部门、价格主管部门的有关规定执行，工业产品生产许可证的收费标准依照国务院价格主管部门、财政部门的有关规定执行，并应当公开透明；所收取的费用必须全部上缴国库，不得截留、挪用、私分或者变相私分。财政部门不得以任何形式向其返还或者变相返还所收取的费用。

第六十八条 根据需要，省、自治区、直辖市工业产品生产许可证主管部门可以负责部分列入目录产品的生产许可证审查发证工作，具体办法由国务院工业产品生产许可证主管部门另行制定。

第六十九条 个体工商户生产或者销售列入目录产品的，依照本条例的规定执行。

第七十条 本条例自2005年9月1日起施行。国务院1984年4月7日发布的《工业产品生产许可证试行条例》同时废止。

中华人民共和国国务院令

（2005年第447号）

《中华人民共和国进出口商品检验法实施条例》已经2005年8月10日国务院第101次常务会议通过，现予公布，自2005年12月1日起施行。

总理 温家宝

2005年8月31日

中华人民共和国进出口商品检验法实施条例

第一章 总 则

第一条 根据《中华人民共和国进出口商品检验法》（以下简称商检法）的规定，制定本条例。

第二条 中华人民共和国国家质量监督检验检疫总局（以下简称国家质检总局）主管全国进出口商品检验工作。

国家质检总局设在省、自治区、直辖市以及进出口商品的口岸、集散地的出入境检验检疫局及其分支机构（以下简称出入境检验检疫机构），管理所负责地区的进出口商品检验工作。

第三条 国家质检总局应当依照商检法第四条规定，制定、调整必须实施检验的进出口商品目录（以下简称目录）并公布实施。

目录应当至少在实施之日30日前公布；在紧急情况下，应当不迟于实施之日公布。

国家质检总局制定、调整目录时，应当征求国务院对外贸易主管部门、海关总署等有关方面的意见。

第四条 出入境检验检疫机构对列入目录的进出口商品以及法律、行政法规规定须经出入境检验检疫机构检验的其他进出口商品实施检验（以下称法定检验）。

出入境检验检疫机构对法定检验以外的进出口商品，根据国家规定实施抽查检验。

第五条 进出口药品的质量检验、计量器具的量值检定、锅炉压力容器的安全监督检验、船舶（包括海上平台、主要船用设备及材料）和集装箱的规范检验、飞机（包括飞机发动机、机载设备）的适航检验以及核承压设备的安全检验等项目，由有关法律、行政法规规定的机构实施检验。

第六条 进出境的样品、礼品、暂准进出境的货物以及其他非贸易性物品，免予检验。但是，法律、行政法规另有规定的除外。

列入目录的进出口商品符合国家规定的免予检验条件的，由收货人、发货人或者生产企业申请，经国家质检总局审查批准，出入境检验检疫机构免予检验。

免予检验的具体办法，由国家质检总局商有关部门制定。

第七条 法定检验的进出口商品，由出入境检验检疫机构依照商检法第七条规定实施检验。

国家质检总局根据进出口商品检验工作的实际需要和国际标准，可以制定进出口商品检验方法的技术规范和标准。

进出口商品检验依照或者参照的技术规范、标准以及检验方法的技术规范和标准，应当至少在实施之日6个月前公布；在紧急情况下，应当不迟于实施之日公布。

第八条 出入境检验检疫机构根据便利对外贸易的需要，对进出口企业实施分类管理，并按照根据国际通行的合格评定程序确定的检验监管方式，对进出口商品实施检验。

第九条 出入境检验检疫机构对进出口商品实施检验的内容，包括是否符合安全、卫生、健康、环境保护、防止欺诈等要求以及相关的品质、数量、重量等项目。

第十条 出入境检验检疫机构依照商检法的规定，对实施许可制度和国家规定必须经过认证的进出口商品实行验证管理，查验单证，核对证货是否相符。

实行验证管理的进出口商品目录，由国家质检总局商有关部门后制定、调整并公布。

第十一条 进出口商品的收货人或者发货人可以自行办理报检手续，也可以委托代理报检企业办理报检手续；采用快件方式进出口商品的，收货人或者发货人应当委托出入境快件运营企业办理报检手续。

第十二条 进出口商品的收货人或者发货人办理报检手续，应当依法向出入境检验检疫机构备案。

代理报检企业、出入境快件运营企业从事报检业务，应当依法经出入境检验检疫机构注册登记。未依法经出入境检验检疫机构注册登记的企业，不得从事报检业务。

办理报检业务的人员应当依法办理报检从业注册，并实行凭证报检。未依法办理报检从业注册的人员，不得从事报检业务。

代理报检企业、出入境快件运营企业以及报检人员不得非法代理他人报检，或者超出其业务范围从事报检业务。

第十三条 代理报检企业接受进出口商品的收货人或者发货人的委托，以委托人的名义办理报检手续的，应当向出入境检验检疫机构提交授权委托书，遵守本条例对委托人的各项规定；以自己的名义办理报检手续的，应当承担与收货人或者发货人相同的法律责任。

出入境快件运营企业接受进出口商品的收货人或者发货人的委托，应当以自己的名义办理报检手续，承担与收货人或者发货人相同的法律责任。

委托人委托代理报检企业、出入境快件运营企业办理报检手续的，应当向代理报检企业、出入境快件运营企业提供所委托报检事项的真实情况；代理报检企业、出入境快件运营企业接受委托人的委托办理报检手续的，应当对委托人所提供情况的真实性进行合理审查。

第十四条 国家质检总局建立进出口商品风险预警机制，通过收集进出口商品检验方面的信息，进行风险评估，确定风险的类型，采取相应的风险预警措施及快速反应措施。

国家质检总局和出入境检验检疫机构应当及时向有关方面提供进出口商品检验方面的信

息。

第十五条 出入境检验检疫机构工作人员依法执行职务，有关单位和个人应当予以配合，任何单位和个人不得非法干预和阻挠。

第二章 进口商品的检验

第十六条 法定检验的进口商品的收货人应当持合同、发票、装箱单、提单等必要的凭证和相关批准文件，向海关报关地的出入境检验检疫机构报检；海关放行后20日内，收货人应当依照本条例第十八条的规定，向出入境检验检疫机构申请检验。法定检验的进口商品未经检验的不准销售，不准使用。

进口实行验证管理的商品，收货人应当向海关报关地的出入境检验检疫机构申请验证。出入境检验检疫机构按照国家质检总局的规定实施验证。

第十七条 法定检验的进口商品、实行验证管理的进口商品，海关凭出入境检验检疫机构签发的货物通关单办理海关通关手续。

第十八条 法定检验的进口商品应当在收货人报检时申报的目的地检验。

大宗散装商品、易腐烂变质商品、可用作原料的固体废物以及已发生残损、短缺的商品，应当在卸货口岸检验。

对前两款规定的进口商品，国家质检总局可以根据便利对外贸易和进出口商品检验工作的需要，指定在其他地点检验。

第十九条 除法律、行政法规另有规定外，法定检验的进口商品经检验，涉及人身财产安全、健康、环境保护项目不合格的，由出入境检验检疫机构责令当事人销毁，或者出具退货处理通知单并书面告知海关，海关凭退货处理通知单办理退运手续；其他项目不合格的，可以在出入境检验检疫机构的监督下进行技术处理，经重新检验合格的，方可销售或者使用。当事人申请出入境检验检疫机构出证的，出入境检验检疫机构应当及时出证。

出入境检验检疫机构对检验不合格的进口成套设备及其材料，签发不准安装使用通知书。经技术处理，并经出入境检验检疫机构重新检验合格的，方可安装使用。

第二十条 法定检验以外的进口商品，经出入境检验检疫机构抽查检验不合格的，依照本条例第十九条的规定处理。

实行验证管理的进口商品，经出入境检验检疫机构验证不合格的，参照本条例第十九条的规定处理或者移交有关部门处理。

法定检验以外的进口商品的收货人，发现进口商品质量不合格或者残损、短缺，申请出证的，出入境检验检疫机构或者其他检验机构应当在检验后及时出证。

第二十一条 对属于法定检验范围内的关系国计民生、价值较高、技术复杂的以及其他重要的进口商品和大型成套设备，应当按照对外贸易合同约定监造、装运前检验或者监装。收货人保留到货后最终检验和索赔的权利。

出入境检验检疫机构可以根据需要派出检验人员参加或者组织实施监造、装运前检验或者监装。

第二十二条 国家对进口可用作原料的固体废物的国外供货商、国内收货人实行注册登记制度，国外供货商、国内收货人在签订对外贸易合同前，应当取得国家质检总局或者出入境检验检疫机构的注册登记。国家对进口可用作原料的固体废物实行装运前检验制度，进口时，收货人应当提供出入境检验检疫机构或者经国家质检总局指定的检验机构出具的装运前检验证书。

国家允许进口的旧机电产品的收货人在签订对外贸易合同前，应当向国家质检总局或者出入境检验检疫机构办理备案手续。对价值较高，涉及人身财产安全、健康、环境保护项目的高风险进口旧机电产品，应当依照国家有关规定实施装运前检验，进口时，收货人应当提供出入境检验检疫机构或者经国家质检总局指定的检验机构出具的装运前检验证书。

进口可用作原料的固体废物、国家允许进口的旧机电产品到货后，由出入境检验检疫机构依法实施检验。

第二十三条 进口机动车辆到货后，收货人凭出入境检验检疫机构签发的进口机动车辆检验证单以及有关部门签发的其他单证向车辆管理机关申领行车牌证。在使用过程中发现有涉及人身财产安全的质量缺陷的，出入境检验检疫机构应当及时作出相应处理。

第三章 出口商品的检验

第二十四条 法定检验的出口商品的发货人应当在国家质检总局统一规定的地点和期限内，持合同等必要的凭证和相关批准文件向出入境检验检疫机构报检。法定检验的出口商品未经检验或者经检验不合格的，不准出口。

出口商品应当在商品的生产地检验。国家质检总局可以根据便利对外贸易和进出口商品检验工作的需要，指定在其他地点检验。

出口实行验证管理的商品，发货人应当向出入境检验检疫机构申请验证。出入境检验检疫机构按照国家质检总局的规定实施验证。

第二十五条 在商品生产地检验的出口商品需要在口岸换证出口的，由商品生产地的出入境检验检疫机构按照规定签发检验换证凭单。发货人应当在规定的期限内持检验换证凭单和必要的凭证，向口岸出入境检验检疫机构申请查验。经查验合格的，由口岸出入境检验检疫机构签发货物通关单。

第二十六条 法定检验的出口商品、实行验证管理的出口商品，海关凭出入境检验检疫机构签发的货物通关单办理海关通关手续。

第二十七条 法定检验的出口商品经出入境检验检疫机构检验或者经口岸出入境检验检疫机构查验不合格的，可以在出入境检验检疫机构的监督下进行技术处理，经重新检验合格的，方准出口；不能进行技术处理或者技术处理后重新检验仍不合格的，不准出口。

第二十八条 法定检验以外的出口商品，经出入境检验检疫机构抽查检验不合格的，依照本条例第二十七条的规定处理。

实行验证管理的出口商品，经出入境检验检疫机构验证不合格的，参照本条例第二十七条的规定处理或者移交有关部门处理。

第二十九条 出口危险货物包装容器的生产企业，应当向出入境检验检疫机构申请包装容器的性能鉴定。包装容器经出入境检验检疫机构鉴定合格并取得性能鉴定证书的，方可用于包装危险货物。

出口危险货物的生产企业，应当向出入境检验检疫机构申请危险货物包装容器的使用鉴定。使用未经鉴定或者经鉴定不合格的包装容器的危险货物，不准出口。

第三十条 对装运出口的易腐烂变质食品、冷冻品的集装箱、船舱、飞机、车辆等运载工具，承运人、装箱单位或者其代理人应当在装运前向出入境检验检疫机构申请清洁、卫生、冷藏、密固等适载检验。未经检验或者经检验不合格的，不准装运。

第四章 监督管理

第三十一条 出入境检验检疫机构根据便利对外贸易的需要，可以对列入目录的出口商品进行出厂前的质量监督管理和检验，对其中涉及人身财产安全、健康的重要出口商品实施出口商品注册登记管理。实施出口商品注册登记管理的出口商品，必须获得注册登记，方可出口。

出入境检验检疫机构进行出厂前的质量监督管理和检验的内容，包括对生产企业的质量保证工作进行监督检查，对出口商品进行出厂前的检验。

第三十二条 国家对进出口食品生产企业实施卫生注册登记管理。获得卫生注册登记的出口食品生产企业，方可生产、加工、储存出口食品。获得卫生注册登记的进出口食品生产企业生产的食品，方可进口或者出口。

实施卫生注册登记管理的进口食品生产企业，应当按照规定向国家质检总局申请卫生注册登记。

实施卫生注册登记管理的出口食品生产企业，应当按照规定向出入境检验检疫机构申请卫生注册登记。

出口食品生产企业需要在国外卫生注册的，依照本条第三款规定进行卫生注册登记后，由国家质检总局统一对外办理。

第三十三条 国家对进出口化妆品生产企业实施卫生注册登记管理。具体办法由国家质检总局商国务院卫生主管部门制定。

第三十四条 进出口食品、化妆品在进出口前，其经营者或者代理人应当接受出入境检验检疫机构对进出口食品、化妆品标签内容是否符合法律、行政法规规定要求以及与质量有关内容的真实性、准确性进行的检验，并取得国家质检总局或者其授权的出入境检验检疫机构签发的进出口食品、化妆品标签检验证明文件。

第三十五条 出入境检验检疫机构根据需要，对检验合格的进出口商品加施商检标志，对检验合格的以及其他需要加施封识的进出口商品加施封识。具体办法由国家质检总局制定。

第三十六条 出入境检验检疫机构按照有关规定对检验的进出口商品抽取样品。验余的样品，出入境检验检疫机构应当通知有关单位在规定的期限内领回；逾期不领回的，由出入境检验检疫机构处理。

第三十七条 进出口商品的报检人对出入境检验检疫机构作出的检验结果有异议的，可以自收到检验结果之日起15日内，向作出检验结果的出入境检验检疫机构或者其上级出入境检验检疫机构以至国家质检总局申请复验，受理复验的出入境检验检疫机构或者国家质检总局应当自收到复验申请之日起60日内作出复验结论。技术复杂，不能在规定期限内作出复验结论的，经本机构负责人批准，可以适当延长，但是延长期限最多不超过30日。

第三十八条 国家质检总局或者出入境检验检疫机构根据进出口商品检验工作的需要，可以指定符合规定资质条件的国内外检测机构承担出入境检验检疫机构委托的进出口商品检测。被指定的检测机构经检查不符合规定要求的，国家质检总局或者出入境检验检疫机构可以取消指定。

第三十九条 在中华人民共和国境内设立从事进出口商品检验鉴定业务的检验机构，应当符合有关法律、行政法规、规章规定的注册资本、技术能力、人员资格等条件，经国家质检总局和有关主管部门审核批准，获得许可，并依法办理工商登记后，方可接受委托办理进出口商品检验鉴定业务。

第四十条 对检验机构的检验鉴定业务活动有异议的，可以向国家质检总局或者出入境检验检疫机构投诉。

第四十一条 国家质检总局、出入境检验检疫机构实施监督管理或者对涉嫌违反进出口商品检验法律、行政法规的行为进行调查，有权查阅、复制当事人的有关合同、发票、账簿以及其他有关资料。出入境检验检疫机构对有根据认为涉及人身财产安全、健康、环境保护项目不合格的进出口商品，经本机构负责人批准，可以查封或者扣押，但海关监管货物除外。

第四十二条 国家质检总局、出入境检验检疫机构应当根据便利对外贸易的需要，采取有效措施，简化程序，方便进出口。

办理进出口商品报检、检验、鉴定等手续，符合条件的，可以采用电子数据文件的形式。

第四十三条 出入境检验检疫机构依照有关法律、行政法规的规定，签发出口货物普惠制原产地证明、区域性优惠原产地证明、专用原产地证明。办理原产地证明的申请人应当依法取得出入境检验检疫机构的注册登记。

出口货物一般原产地证明的签发，依照有关法律、行政法规的规定执行。

第四十四条 出入境检验检疫机构对进出保税区、出口加工区等海关特殊监管区域的货物以及边境小额贸易进出口商品的检验管理，由国家质检总局商海关总署另行制定办法。

第五章 法律责任

第四十五条 擅自销售、使用未报检或者未经检验的属于法定检验的进口商品，或者擅自销售、使用应当申请进口验证而未申请的进口商品的，由出入境检验检疫机构没收违法所得，并处商品货值金额5%以上20%以下罚款；构成犯罪的，依法追究刑事责任。

第四十六条 擅自出口未报检或者未经检验的属于法定检验的出口商品，或者擅自出口应当申请出口验证而未申请的出口商品的，由出入境检验检疫机构没收违法所得，并处商品货值金额5%以上20%以下罚款；构成犯罪的，依法追究刑事责任。

第四十七条 销售、使用经法定检验、抽查检验或者验证不合格的进口商品，或者出口经法定检验、抽查检验或者验证不合格的商品的，由出入境检验检疫机构责令停止销售、使用或者出口，没收违法所得和违法销售、使用或者出口的商品，并处违法销售、使用或者出口的商品货值金额等值以上3倍以下罚款；构成犯罪的，依法追究刑事责任。

第四十八条 进出口商品的收货人、发货人、代理报检企业或者出入境快件运营企业、报检人员不如实提供进出口商品的真实情况，取得出入境检验检疫机构的有关证单，或者对法定检验的进出口商品不予报检，逃避进出口商品检验的，由出入境检验检疫机构没收违法所得，并处商品货值金额5%以上20%以下罚款；情节严重的，并撤销其报检注册登记、报检从业注册。

进出口商品的收货人或者发货人委托代理报检企业、出入境快件运营企业办理报检手续，未按照规定向代理报检企业、出入境快件运营企业提供所委托报检事项的真实情况，取得出入境检验检疫机构的有关证单的，对委托人依照前款规定予以处罚。

代理报检企业、出入境快件运营企业、报检人员对委托人所提供情况的真实性未进行合理审查或者因工作疏忽，导致骗取出入境检验检疫机构有关证单的结果的，由出入境检验检疫机构对代理报检企业、出入境快件运营企业处2万元以上20万元以下罚款；情节严重的，并撤销其报检注册登记、报检从业注册。

第四十九条 伪造、变造、买卖或者盗窃检验证单、印章、标志、封识、货物通关单或者使用伪造、变造的检验证单、印章、标志、封识、货物通关单，构成犯罪的，依法追究刑事责任；尚不够刑事处罚的，由出入境检验检疫机构责令改正，没收违法所得，并处商品货值金额等值以下罚款。

第五十条 擅自调换出入境检验检疫机构抽取的样品或者出入境检验检疫机构检验合格的进出口商品的，由出入境检验检疫机构责令改正，给予警告；情节严重的，并处商品货值金额10%以上50%以下罚款。

第五十一条 出口属于国家实行出口商品注册登记管理而未获得注册登记的商品的，由出入境检验检疫机构责令停止出口，没收违法所得，并处商品货值金额10%以上50%以下罚款。

第五十二条 进口或者出口国家实行卫生注册登记管理而未获得卫生注册登记的生产企业生产的食品、化妆品的，由出入境检验检疫机构责令停止进口或者出口，没收违法所得，并处商品货值金额10%以上50%以下罚款。

已获得卫生注册登记的进出口食品、化妆品生产企业，经检查不符合规定要求的，由国家质检总局或者出入境检验检疫机构责令限期整改；整改仍未达到规定要求或者有其他违法行为，情节严重的，吊销其卫生注册登记证书。

第五十三条 进口可用作原料的固体废物，国外供货商、国内收货人未取得注册登记，或者未进行装运前检验的，按照国家有关规定责令退货；情节严重的，由出入境检验检疫机构并处10万元以上100万元以下罚款。

已获得注册登记的可用作原料的固体废物的国外供货商、国内收货人违反国家有关规定，情节严重的，由出入境检验检疫机构撤销其注册登记。

进口国家允许进口的旧机电产品未办理备案或者未按照规定进行装运前检验的，按照国家有关规定予以退货；情节严重的，由出入境检验检疫机构并处100万元以下罚款。

第五十四条 提供或者使用未经出入境检验检疫机构鉴定的出口危险货物包装容器的，由出入境检验检疫机构处10万元以下罚款。

提供或者使用经出入境检验检疫机构鉴定不合格的包装容器装运出口危险货物的，由出入境检验检疫机构处20万元以下罚款。

第五十五条 提供或者使用未经出入境检验检疫机构适载检验的集装箱、船舱、飞机、车辆等运载工具装运易腐烂变质食品、冷冻品出口的，由出入境检验检疫机构处10万元以下罚款。

提供或者使用经出入境检验检疫机构检验不合格的集装箱、船舱、飞机、车辆等运载工具装运易腐烂变质食品、冷冻品出口的，由出入境检验检疫机构处20万元以下罚款。

第五十六条 擅自调换、损毁出入境检验检疫机构加施的商检标志、封识的，由出入境检验检疫机构处5万元以下罚款。

第五十七条 从事进出口商品检验鉴定业务的检验机构超出其业务范围，或者违反国家有关规定，扰乱检验鉴定秩序的，由出入境检验检疫机构责令改正，没收违法所得，可以并处10万元以下罚款，国家质检总局或者出入境检验检疫机构可以暂停其6个月以内检验鉴定业务；情节严重的，由国家质检总局吊销其检验鉴定资格证书。

第五十八条 未经注册登记擅自从事报检业务的，由出入境检验检疫机构责令停止非法经营活动，没收违法所得，并处违法所得1倍以上3倍以下罚款。

代理报检企业、出入境快件运营企业违反国家有关规定，扰乱报检秩序的，由出入境检验检疫机构责令改正，没收违法所得，可以并处10万元以下罚款，国家质检总局或者出入境检验检疫机构可以暂停其6个月以内代理报检业务；情节严重的，撤销其报检注册登记。

报检人员违反国家有关规定，扰乱报检秩序的，国家质检总局或者出入境检验检疫机构可以暂停其6个月以内执业；情节严重的，撤销其报检从业注册。

第五十九条 出入境检验检疫机构的工作人员滥用职权，故意刁难当事人的，徇私舞弊，伪造检验结果的，或者玩忽职守，延误检验出证的，依法给予行政处分；违反有关法律、行政法规规定签发出口货物原产地证明的，依法给予行政处分，没收违法所得；构成犯罪的，依法追究刑事责任。

第六十条 出入境检验检疫机构对没收的商品依法予以处理所得价款、没收的违法所得、收缴的罚款，全部上缴国库。

第六章 附 则

第六十一条 当事人对出入境检验检疫机构、国家质检总局作出的复验结论不服，或者对国家质检总局、出入境检验检疫机构作出的处罚决定不服的，可以依法申请行政复议，也可以依法向人民法院提起诉讼。

当事人逾期不履行处罚决定，又不申请行政复议或者向人民法院提起诉讼的，作出处罚决定的机构可以申请人民法院强制执行。

第六十二条 出入境检验检疫机构实施法定检验、经许可的检验机构办理检验鉴定业务，按照国家有关规定收取费用。

第六十三条 本条例自2005年12月1日起施行。1992年10月7日国务院批准、1992年10月23日原国家进出口商品检验局发布的《中华人民共和国进出口商品检验法实施条例》同时废止。

国务院关于促进流通业发展的若干意见

2005年6月9日 国发［2005］19号

各省、自治区、直辖市人民政府，国务院各部委、各直属机构：

随着改革开放不断深入和社会主义市场经济体制的完善，我国流通业在促进生产、引导消费、推动经济结构调整和经济增长方式转变等方面的作用日益突出。当前，我国商品市场供求总格局已发生根本性变化，面临的国际化竞争更趋激烈，但流通领域仍存在流通企业规模偏小，组织化程度低，现代化水平不高，市场体系不够完善等问题，迫切需要我们在流通领域树立和落实科学发展观，建设大市场，发展大贸易，搞活大流通，加快推进内外贸一体化和贸工农一体化，促进经济结构调整和经济增长方式转变，为促进城乡协调发展和国民经济持续快速健康发展作出新贡献。为此，特提出以下意见：

一、加大改革力度，提高流通企业竞争能力

（一）大力推进国有流通企业改组改制。积极推进国有流通企业改革，建立现代企业制度。各级人民政府要因地制宜，采取多种方式支持国有流通企业改组改制，增强国有流通企业活力，提高盈利能力；对资不抵债、长期亏损、扭亏无望的国有流通企业，依法实施租赁、出售、债务重组和关闭破产；支持企业进行跨行业、跨地区、跨所有制的资产重组，鼓励各种资本参与流通企业改组改造；在深化流通企业改革过程中，注意保全银行信贷资产，防止逃废银行债务。

（二）妥善处理国有流通企业历史包袱。允许国有流通企业通过将其使用的、已划拨的土地在补办出让手续、补交土地出让金后纳入企业总资产冲抵企业债务；经财政、国有资产管理部门同意，按照国家有关规定，国有流通企业可以通过出售所持国有产权抵偿历史债务。

（三）妥善安置职工，降低国有流通企业改革成本。国有流通企业享受原国家经贸委等八部门《关于国有大中型企业主辅分离辅业改制分流安置富余人员的实施办法》（国经贸企改［2002］859号）的政策措施；对流通企业依法出售自有产权的营业或办公用房收入以及处置企业使用划拨土地的收入，可优先留给企业用于缴纳社会保险费和安置职工；对向企业经营者或职工定向出售的国有中小流通企业资产，应规范“招拍挂”程序，在履行决策、资产清查、财务审计和资产评估审核程序后，要维护企业职工权益，在同等价格条件下，优先卖给本企业职工，卖给其他单位和个人的，要切实妥善安排好原企业的职工；纳税确有困难的流通企业，可按现行规定申请减免生产性用房的房产税和城镇土地使用税。

（四）加快培育大型流通企业集团。要按照市场经济规律和世贸组织规则，积极培育一批有著名品牌和自主知识产权、主业突出、核心竞争力强、具有国际竞争力的大型流通企业；鼓励具有竞争优势的流通企业通过参股、控股、承包、兼并、收购、托管和特许经营等方式，实现规模扩张，引导支持流通企业做强做大。

国务院各有关部门和有关金融机构要扶持流通企业做强做大，在安排中央外贸发展基金和国债资金、设立财务公司、发行股票和债

券、提供金融服务等方面予以支持。重点培育的大型流通企业可直接向商务部申请进出口配额、许可证、国营贸易经营权和相关资质等。

地方各级人民政府要结合实际，采取具体措施，支持国家和地方重点培育大型流通企业的发展。

（五）进一步放开搞活中小流通企业。商务部、发展改革委、财政部、科技部等有关部门要按照资金使用方向和程序，在安排中央外贸发展基金、中小企业发展专项资金、中小企业科技创新资金等方面支持中小流通企业发展。鼓励有条件的流通企业到境外开展流通业务。

地方各级人民政府要采取切实有效的措施支持中小流通企业发展，在市场准入、信用担保、金融服务、物流服务、人才培训、信息服务等方面进行扶持。

（六）努力创造流通企业公平竞争的环境。加快电价改革步伐，积极推动工商企业同网同价；引导和规范零售企业的促销和进货交易等行为，依法打击商业欺诈，整顿规范流通秩序；有序推进流通业对外开放，鼓励流通企业实行内外贸一体化经营，为内外资流通企业公平竞争创造良好的环境。

二、加快创新步伐，提高流通现代化水平

（七）切实推进连锁经营快速发展。国务院各部门和地方各级人民政府要进一步研究制订并完善实施办法，切实把《国务院办公厅转发国务院体改办国家经贸委关于促进连锁经营发展若干意见的通知》（国办发［2002］49号）的各项政策措施落到实处。

（八）推动流通企业进行流通方式和技术创新。充分运用财政和金融手段支持流通企业进行结构调整，重点支持现代流通方式的推广和运用。地方各级人民政府要在财政补贴、土地使用等方面，鼓励连锁经营企业发展，尤其是到城市社区、农村建立营销网络；鼓励发展循环经济，从财政等方面支持优势再生资源回收企业通过连锁经营等方式拓展回收网络；加大利用信息技术改造流通业传统作业方式的力度，采用现代物流的管理模式，提高管理效率，降低成本，鼓励各类流通企业发展电子商务。

（九）鼓励发展物流配送中心。企业利用原使用的国有划拨土地使用权引进资金和设备建设物流配送中心，可在依法办理经营性用地出让手续、按市场价格补缴土地使用权出让金后，将土地使用权作为法人资产出资。根据城市规划需要对旧仓库等设施进行拆迁易地改造且新建物流配送中心的，城市政府在拆迁或收回企业土地使用权和建筑物时，应依法进行合理补偿，并在城市物流规划用地上给予相应安排。对农产品仓储设施建设用地按仓储用地对待。

三、加强流通基础设施建设，建立健全流通领域公共信息服务体系

（十）加大流通基础设施建设投入力度。积极运用财政贴息等政策措施，加大对农产品批发市场、物流配送中心等流通基础设施建设的投入力度；加强食品安全，支持“三绿工程”发展，建立、完善流通环节食品检疫检测体系，实行无害化处理制度，所发生费用由财政负担的相应列入各级财政预算。

（十一）建立健全流通领域公共信息服务体系。中央财政从2005年起每年拿出一定资金支持全国流通领域公共信息服务系统建设，从中央外贸发展基金中安排一定资金支持全国市场信息服务体系建设。地方各级财政要加大资金投入，支持当地商品信息服务系统的建设和运行维护。商务主管部门要制订流通领域公共信息服务体系建设规划，加强管理。

四、建立调控和应急机制，确保国内市场稳定有序

（十二）建立和完善重要商品储备制度。要进一步完善糖、肉、边销茶等生活必需品和茧丝绸等重要商品的中央储备制度，妥善处理储备商品历史遗留问题。中央储备商品储备费

用按有关规定执行。地方各级人民政府也要结合实际建立地方生活必需品储备制度，所需储备费用由地方政府确定。

（十三）建立应急调控快速反应机制。中央应急调控发生的费用由商务部商财政部根据国家有关突发事件应急保障的规定，保障组织应急物资供应所需的合理费用；地方应急调控发生的费用，由地方商务主管部门商地方财政部门根据当地人民政府有关规定处理。

五、支持商业服务业发展，方便人民群众生活

（十四）支持生活保障性服务业发展。支持发展社区商业网点，逐步形成门类齐全、便民利民的城市社区服务网络。重点支持与人民群众生活息息相关的便利店和便民早餐网点、清真餐饮网点、废旧物资回收网点建设。在城市开发建设的新居住区内，规划确定的商业网点用房、用地，以及作为小区公益性资产的便民网点，不得挪作他用。各地也要从改善农民生产生活条件、方便农民消费需求出发，发展综合性的农村社区商业服务网点。

地方各级人民政府要采取各种措施解决低收入群体的洗浴问题，优先保证便民浴池用水，并实行优惠政策；对吸纳下岗失业人员的服务型企业和自谋职业从事服务业的下岗失业人员，要按规定切实落实好有关再就业优惠政策；鼓励经济型连锁饭店进行卫生、安全设施改造；鼓励和支持新兴服务业发展。

六、积极培育统一大市场，扩大国内消费需求

（十五）打破地区封锁，加快建设全国统一大市场。切实清除制约全国统一市场形成、实行地区封锁的有关规定，取消各种不合法收费，推进全国高效率鲜活农产品流通“绿色通道”建设，并加大执法和舆论宣传力度。

（十六）加大知识产权保护力度，实施品牌战略。鼓励流通企业创立和维护商标信誉，培育企业品牌。加大对侵权行为的打击力度，重视和加强对知名流通企业、全国性和地方性商业老字号的“著名商标”和“驰名商标”的认定和保护工作。

（十七）建立和完善农村流通体系。加大农村市场建设的力度，完善农村流通基础设施，促进农村市场的形成，有条件的地区要在财政预算中安排一定数量的资金给予支持。鼓励优势流通企业用连锁经营方式完善农村流通网络，采取多种方式开拓农村市场，引导农村消费。开展农产品连锁经营试点，对增值税一般纳税人购进免税农产品按13%的扣除率计算进项税抵扣；对试点企业从农业生产单位购进农产品的，鼓励其取得农业生产单位开具的普通发票，作为进项税额抵扣凭证；对试点企业建设冷藏、低温仓储、运输为主的农产品冷链系统的，可以实行加速折旧。

（十八）规范和发展消费信贷。努力扩大消费需求，优化消费结构，完善消费手段，扩大消费信贷品种、范围和规模。打破垄断，鼓励竞争，支持商业银行与流通企业在充分协商的基础上推广银行卡。大力推进商业信用体系建设。

七、完善政策法规，为流通业发展提供有力保障

（十九）加快制订我国流通领域的法律法规。要从建立和完善统一开放、竞争有序的现代市场体系出发，按照依法行政和实现对全社会流通统一管理的要求，借鉴发达国家流通立法经验，结合我国丰富的流通实践，加快修订和研究制订规范商品流通活动、流通主体、市场行为、市场调控和管理等方面的法律法规和行政规章。

（二十）加强队伍建设，理顺和强化流通行业管理。各级人民政府要按照中央提出的“加强内贸”的要求，切实加强领导，充分发挥国内流通行业主管部门的职能作用；加强队伍建设，吸引优秀人才参与国内流通业的管理；加强人员培训，建立多层次人才培训体系，鼓励大专院校、研究院所设置专业课程培训高级流通业管理人才，鼓励中介组织开展职业培训，提高流通从业人员素质。

（二十一）充分调动各方面的积极性，促进流通业发展。国务院有关部门、地方各级人民政府要积极研究制定促进流通业发展的政策措施，地方政府可根据当地财力和流通业发展实际，建立促进流通业发展的相应机制；加强流通理论研究，做好大型流通设施建设规划，加快流通业标准化建设步伐。充分发挥流通行业中介组织作用，规范行业协会行为，创造良好的流通业发展环境。

国务院关于做好建设节约型社会近期重点工作的通知

2005 年 6 月 27 日　国发［2005］21 号

各省、自治区、直辖市人民政府，国务院各部委、各直属机构：

改革开放以来，特别是中央提出加快两个根本性转变以来，我国推进经济增长方式转变取得了积极进展，资源节约与综合利用取得一定成效。但总体上看，粗放型的经济增长方式尚未得到根本转变，与国际先进水平相比，仍存在资源消耗高、浪费大、环境污染严重等问题，随着经济的快速增长和人口的不断增加，我国淡水、土地、能源、矿产等资源不足的矛盾更加突出，环境压力日益增大。“十一五”是我国全面建设小康社会、加快推进社会主义现代化的关键时期，必须统筹协调经济社会发展与人口、资源、环境的关系，进一步转变经济增长方式，加快建设节约型社会，在生产、建设、流通、消费各领域节约资源，提高资源利用效率，减少损失浪费，以尽可能少的资源消耗，创造尽可能大的经济社会效益。

建设节约型社会的指导思想是，以邓小平理论和“三个代表”重要思想为指导，认真贯彻党的十六大和十六届三中、四中全会精神，树立和落实以人为本、全面协调可持续的科学发展观，坚持资源开发与节约并重，把节约放在首位的方针，紧紧围绕实现经济增长方式的根本性转变，以提高资源利用效率为核心，以节能、节水、节材、节地、资源综合利用和发展循环经济为重点，加快结构调整，推进技术进步，加强法制建设，完善政策措施，强化节约意识，尽快建立健全促进节约型社会建设的体制和机制，逐步形成节约型的增长方式和消费模式，以资源的高效和循环利用，促进经济社会可持续发展。为此，现就做好今明两年建设节约型社会重点工作通知如下：

一、加快建设节约型社会的重点工作

（一）大力推进能源节约。

1. 落实《节能中长期专项规划》提出的十大重点节能工程。研究提出《十大重点节能工程实施方案》，明确主要目标、重点内容、保障措施、实施主体，以及分年度实施计划、国家支持的重点。2005 年启动节约和替代石油、热电联产、余热利用、建筑节能、政府机构节能、绿色照明、节能监测和技术服务体系建设等 7 项工程。

2. 抓好重点耗能行业和企业节能。突出抓好钢铁、有色、煤炭、电力、石油石化、化工、建材等重点耗能行业和年耗能万吨标准煤以上企业节能，国家重点抓好 1000 家高耗能企业，提出节能降耗目标和措施，加强跟踪和指导。

3. 推进交通运输和农业机械节能。加快淘汰老旧汽车、船舶和落后农业机械。加快发展电气化铁路，实现以电代油。研究提出优先发展公共交通系统的具体措施。开发和推广清洁燃料汽车、节能农业机械。推动《乘用车燃料消耗量限值》国家标准的实施，从源头控制高耗油汽车的发展。按照国务院批准实施的试点工作方案，稳步推进车用乙醇汽油推广工作。

4. 推动新建住宅和公共建筑节能。抓紧出台《关于新建居住建筑严格执行节能设计标准的通知》。贯彻实施《关于发展节能省地型住宅和公共建筑的指导意见》和《公共建筑节能设计标准》，新建建筑严格实施节能50%的设计标准，推动北京、天津等少数大城市率先实施节能65%的标准。深化北方地区供热体制改革，推动既有建筑节能改造。开展建筑节能关键技术和可再生能源建筑工程应用技术研发、集成和城市级工程示范，启动低能耗、超低能耗和绿色建筑示范工程。

5. 引导商业和民用节能。推行空调、冰箱等产品强制性产品能效标识管理，扩大节能产品认证，促进高效节能产品的研发和推广，加快淘汰落后产品。在公用设施、宾馆商厦、居民住宅中推广采用高效节电照明产品。严格执行公共建筑夏季空调室内温度最低标准，在全社会倡导夏季用电高峰期间室内空调温度提高1—2度。在农村大力发展户用沼气和大中型畜禽养殖场沼气工程，推广省柴节煤灶。

6. 开发利用可再生能源。推进大型水电、风电基地建设；在西部电网未覆盖地区发展小水电和太阳能发电，在东部沿海地区和有居民的海岛大力推进海洋可再生能源开发利用；在农村地区推广风能、太阳能利用。组织生物质能资源调查及生物质能技术示范和推广；研究制定可再生能源配额、价格管理等配套规章和实施措施。大力推进能源林基地建设和开发利用。

7. 强化电力需求侧管理。落实电力需求侧管理及迎峰度夏工作的部署，加强以节电和提高用电效率为核心的需求侧管理，完善配套法规，制定有效的激励政策，推广典型经验，指导各地加大推行力度。

8. 加快节能技术服务体系建设。推行合同能源管理和节能投资担保机制，为企业实施节能改造提供诊断、设计、融资、改造、运行、管理一条龙服务。

（二）深入开展节约用水。

1. 推动节水型社会建设。认真研究提出关于开展节水型社会建设的指导性文件，适时召开全国节水型社会建设工作会议。继续开展全国节水型社会建设试点工作，重点抓好南水北调东中线受水区和宁夏节水型社会建设示范区建设。研究提出水资源宏观分配指标和微观取水定额指标，推进国家水权制度建设。

2. 推进城市节水工作。积极开展节水产品研发，加大节水设备和器具的推广力度，指导各地加快供水管网改造，降低管网漏失率。推动公共建筑、生活小区、住宅节水和中水回用设施建设。推进污水处理及再生利用，加快城市供水和污水处理市场的改革。

3. 推进农业节水。继续推进农业节水灌溉，推广农业节水灌溉设备应用，大力推进大中型灌区节水改造，积极开展农业末级渠系节水改造试点。在丘陵、山区和干旱地区积极开展雨水积蓄利用，支持农村水窖建设，推广旱作农业技术，发展旱作节水农业，扩大节水作物品种和种植面积。开展农村、集镇生态卫生旱厕试点。

4. 推进节水技术改造和海水利用。推进高耗水行业节水技术改造、矿井水资源化利用。推进沿海缺水城市海水淡化和海水直接利用。

5. 加强地下水资源管理。严格控制超采、滥采地下水。防治水污染，缓解水质性缺水。

（三）积极推进原材料节约。

1. 加强重点行业原材料消耗管理。严格设计规范、生产规程、施工工艺等技术标准和材料消耗核算制度，推行产品生态设计和使用再生材料，减少损失浪费，提高原材料利用率。

2. 延长材料使用寿命和节约木材。鼓励生产高强度和耐腐蚀金属材料，提高材料强度和使用寿命。加强木材节约代用，抓紧研究提出《关于加快推进木材节约和代用工作的意见》。

3. 研究实施节约包装材料的政策措施。重点研究禁止过度包装的政策措施，2005年针对社会反映强烈的月饼等过度包装和搭售问题，从市场价格入手出台规范性意见。落实发展散装水泥的政策措施，从使用环节入手，进一步加大散装水泥推广力度。

（四）强化节约和集约利用土地。

1. 实行严格的土地保护制度。修订和完善建设用地定额指标，完善土地使用市场准入制度。推进土地复垦。

2. 开展农村集体建设用地整理试点。指导村镇按集约利用土地原则做好规划和建设，促进农村建设用地的节约集约利用。启动"沃土工程"，加强耕地质量建设，提高耕地集约利用水平。

3. 研究提出节约集约用地的政策措施。重点研究提出城市建设节约利用和集约利用土地的政策措施，以及交通基础设施建设集约利用土地的意见。

4. 进一步限制毁田烧砖。认真实施《国务院办公厅关于进一步推进墙体材料革新和推广节能建筑的通知》（国办发［2005］33号），推动第二批城市禁止使用实心粘土砖。有关部门要适时联合召开"全国推进墙体材料革新和推广节能建筑工作电视电话会议"。

（五）加强资源综合利用。

1. 推进废物综合利用。要以煤矿瓦斯利用为重点，推进共伴生矿产资源的综合开发利用。以粉煤灰、煤矸石、尾矿和冶金、化工废渣及有机废水综合利用为重点，推进工业废物综合利用。

2. 做好再生资源回收利用工作。以再生金属、废旧轮胎、废旧家电及电子产品回收利用为重点，推进再生资源回收利用。推进生活垃圾和污泥资源化利用。

3. 开展秸秆综合利用，推行农资节约。推广机械化秸秆还田技术以及秸秆气化、固化成型、发电、养畜技术。研究提出农户秸秆综合利用补偿政策，开展秸秆和粪便还田的农田保育示范工程。推广节肥、节药技术，提高化肥、农药利用率。鼓励并推广农膜回收利用。

二、加快节约资源的体制机制和法制建设

（一）加强规划指导和推进产业结构调整。把加快建设节约型社会作为编制国民经济和社会发展"十一五"规划及各类专项规划、区域规划和城市发展规划的重要指导原则。编制《节水型社会建设"十一五"规划》、《海水利用专项规划》、《全国节水灌溉规划》、《全国旱作节水农业发展规划》、《资源综合利用规划》、《可再生能源中长期发展规划》、《农村沼气工程建设规划》、《保护性耕作示范工程建设规划》。加快出台《产业结构调整暂行规定》和《产业结构调整指导目录》，明确鼓励类、限制类和淘汰类产业项目，促进有利于资源节约的产业项目发展，淘汰技术水平低、消耗大、污染严重的产业。

（二）健全节约资源的法律法规。抓紧制定和修订促进资源有效利用的法律法规。配合全国人大财经委研究提出《中华人民共和国节约能源法》修订建议，重点研究建立严格的节能管理制度、明确激励政策、规范执法主体、加大惩戒力度等。配合全国人大环资委研究提出《中华人民共和国循环经济促进法》。修订《取水许可制度实施办法》，起草《节约用水管理条例》。抓紧出台废旧家电回收处理管理条例，完善回收体系，建立生产者责任制。加强石油节约、建筑节能、墙体材料革新、包装物和废旧轮胎回收等资源节约与综合利用法律法规建设，做好相关立法工作。

（三）完善资源节约标准。编制《2005—

2007年资源节约与综合利用标准发展计划》。制定风机、水泵、变压器、电动机等工业用能产品和家用电器、办公设备强制性能效标准，完善主要耗能行业节能设计规范。研究制定《轻型商用车燃料消耗量限值标准》。制定《绿色建筑技术导则》、《绿色建筑评价标准》、《建筑节能工程施工验收规范》。修订节水型城市考核标准和雨水利用标准，完善重点用水行业取水定额标准。加大农业节水灌溉设备国家标准的制修订和实施力度。制定和实施新的土地使用标准，建立土地集约利用评价和考核标准，完善村镇规划标准。研究提出重要矿产资源开发和综合利用行业标准，制定《矿山企业尾矿利用技术规范》。

（四）理顺资源性产品价格。加快资源性产品价格的市场化改革进程，逐步建立能够体现资源稀缺程度的价格形成机制。落实全国水价改革与节水工作电视电话会议精神，推进阶梯式水价制度和超计划、超定额用水加价收费方式。逐步推进农业水价改革试点，依法全面整顿农业供水末级渠系的水价秩序，取消水费计收中的搭车收费，制止截留挪用。加大实施峰谷分时、丰枯和季节性电价力度，扩大执行范围。对高耗能行业中国家淘汰类和限制类项目，继续实行差别电价。研究制定建立煤热价格联动机制的指导意见。改革天然气价格形成机制，理顺天然气与其他产品的比价关系。运用价格机制调控土地，提高土地使用效率。

（五）完善有利于节约资源的财税政策。研究制定鼓励生产、使用节能节水产品的税收政策，以及鼓励发展节能省地型建筑的经济政策。研究制定鼓励低油耗、小排量车辆的财税政策。调整高耗能产品进出口政策。积极研究财税体制改革，适时开征燃油税，完善消费税税制。加大公共财政对政府节约资源管理和政府机构节能改造的支持力度。逐步扩大节能、节水产品实施政府采购的范围。完善资源综合利用和废旧物资回收利用的税收优惠政策。在理顺现有收费和资金来源渠道的基础上，研究建立和完善资源开发与生态补偿机制。

（六）推进节约资源科学技术进步。国家科技计划继续加大对节约资源和循环经济关键技术的攻关力度，组织开发和示范有重大推广意义的共伴生矿产资源综合利用技术、节约和替代技术、能量梯级利用技术、废物综合利用技术、循环经济发展中延长产业链和相关产业链接技术、雨洪收集和苦咸水综合利用技术、高效节水灌溉技术和旱作节水农业技术、可回收利用材料和回收拆解技术、流程工业能源综合利用技术、重大机电产品节能降耗技术、绿色再制造技术以及可再生能源开发利用技术等，努力取得关键技术的重大突破。在中央预算内投资（含国债项目资金）中继续支持一批资源节约和循环经济重大项目，包括重大技术示范项目、重大资源节约技术开发和产业化项目等。贯彻实施《中国节水技术政策大纲》，修订《中国节能技术政策大纲》，编制重点行业发展循环经济先进适用技术目录。加大新技术、新产品、新材料推广应用力度。

（七）建立资源节约监督管理制度。建立高耗能、高耗水落后工艺、技术和设备强制淘汰制度。完善重点耗能产品和新建建筑市场准入制度，对达不到最低能效标准的产品，禁止生产、进口和销售；对公共建筑和民用建筑达不到建筑节能设计规范要求的，不准施工、验收备案、销售和使用；对矿山尾矿中资源品位严重超标的，要采取强制回收措施。在2004年有关部门联合开展资源节约专项检查的基础上，组织各地节能监察（监测）中心对年耗能万吨标准煤以上重点企业开展节能监督检查。对北方采暖地区、夏热冬冷和夏热冬暖地区建筑节能标准执行情况分别组织一次规模较大的专项检查。针对2005年3月1日起施行的强制性能效标识管理和7月1日起施行的《乘用车燃料消耗量限值》国家标准，组织全国性的国家监督抽查活动。继续开展禁止使用实心粘土砖专项检查。对检查中发现的各种浪费资源的做法和行为，要严肃查处。研究建立循环经济评价指标体系及相关统计制度。加强和完善能源、水资源以及节能、节水统计工作。

三、加强对资源节约工作的领导和协调

（一）切实加强组织领导。发展改革委、教育部、科技部、财政部、国土资源部、建设部、铁道部、交通部、水利部、农业部、商务部、国资委、税务总局、质检总局、环保总局、统计局、林业局、法制办、国管局、电监会、海洋局等有关部门要根据确定的建设节约型社会近期重点工作，按照职责分工，尽快制定具体政策措施，积极做好资源节约工作。为了加强各有关部门间的协调配合，由发展改革委负责做好组织协调，牵头建立由有关部门参加的部门协调机制，加强指导、协调和监督检查。组织实施资源节约的主要工作在地方，地方各级人民政府特别是省级人民政府要对本地区资源节约工作负责，切实加强对这项工作的组织领导，并建立相应协调机制，明确相关部门的责任和分工，大力推进资源节约工作。各地区、各部门在推进建设节约型社会工作中，要注重发挥人民团体和行业协会的作用。

（二）政府机构要带头节约。各级政府部门要从自身做起，带头厉行节约，在推动建设节约型社会中发挥表率作用。要制定《推动政府机构节能的实施意见》，建立政府机构能耗统计体系，明确能耗、水耗定额，重点抓好政府建筑物和采暖、空调、照明系统节能改造以及公务车节能。落实《节能产品政府采购实施意见》，推行政府机构节能采购，优先采购节能（节水）产品和节约办公用品，降低费用支出。各级政府在认真做好机关节约工作的同时，更要抓好全社会的节约工作。为此，要抓紧建立科学的政府绩效评估体系，进一步健全干部考核机制，将资源节约责任和实际效果纳入各级政府目标责任制和干部考核体系中。

（三）组织开展创建节约型社会活动。要研究制定《创建节约型社会实施方案》，在“十一五”期间创建一批节约型城市、节约型政府机构、节约型企业、节约型社区，发挥示范作用，并探索出一条符合我国国情的资源节约的路子。要及时总结和推广节约型社会建设中的经验和典型。在冶金、有色、煤炭、电力、化工、建材、造纸、酿造等重点行业，在矿产资源综合利用、生物质能综合利用、废旧家电、废旧轮胎、废纸回收利用、绿色再制造等重点领域和产业园区及城市组织开展循环经济试点。通过试点探索发展循环经济的有效模式，确定发展循环经济的重大技术领域和重大项目领域，完善再生资源回收利用体系，提出按循环经济发展理念规划、建设、改造产业园区和建设节约型城市的思路。

（四）努力营造建设节约型社会的良好氛围。建设节约型社会涉及各行各业和千家万户，需要动员全社会的力量积极参与。2005年要围绕“大力发展循环经济，加快建设节约型社会”这一主题，继续开展“资源节约行”活动。要组织新闻媒体采访，集中宣传节约资源的先进典型，揭露和曝光浪费资源、严重污染环境的行为和现象。要在工矿企业职工中开展“我为节约做贡献”活动，在中小学校开展“珍惜资源、从我做起”活动，在宾馆开展“争创绿色饭店”活动，在社区开展“创建绿色社区”活动，在中央国家机关开展“做节约表率”活动，在全国质量月开展“降废减损兴质量”活动。要认真组织好全国节能宣传周、全国城市节水宣传周以及世界水日、土地日、环境日等宣传活动，开展节水型社会建设公益广告和征文活动。同时，要加强建设节约型社会的研讨和交流，2005年底在北京举办建设节约型社会展览会，择时组织开展节能节水和资源综合利用先进典型推广现场会及技术交流会。

各地区、各部门要从战略和全局的高度，充分认识建设节约型社会的重要意义，按照国务院的统一部署和建设节约型社会的各项工作安排，结合本地区、本部门实际，抓紧制订具体实施方案，精心组织，认真抓好落实，切实抓出成效。

国务院关于加快发展循环经济的若干意见

2005年7月2日　国发［2005］22号

各省、自治区、直辖市人民政府，国务院各部委、各直属机构：

改革开放以来，我国在推动资源节约和综合利用，推行清洁生产方面，取得了积极成效。但是，传统的高消耗、高排放、低效率的粗放型增长方式仍未根本转变，资源利用率低，环境污染严重。同时，存在法规、政策不完善，体制、机制不健全，相关技术开发滞后等问题。本世纪头20年，我国将处于工业化和城镇化加速发展阶段，面临的资源和环境形势十分严峻。为抓住重要战略机遇期，实现全面建设小康社会的战略目标，必须大力发展循环经济，按照“减量化、再利用、资源化”原则，采取各种有效措施，以尽可能少的资源消耗和尽可能小的环境代价，取得最大的经济产出和最少的废物排放，实现经济、环境和社会效益相统一，建设资源节约型和环境友好型社会。为此，提出如下意见。

一、发展循环经济的指导思想、基本原则和主要目标

（一）指导思想。以邓小平理论和“三个代表”重要思想为指导，树立和落实科学发展观，以提高资源生产率和减少废物排放为目标，以技术创新和制度创新为动力，强化节约资源和保护环境意识，加强法制建设，完善政策措施，发挥市场机制作用，促进循环经济发展。

（二）基本原则。坚持走新型工业化道路，形成有利于节约资源、保护环境的生产方式和消费方式；坚持推进经济结构调整，加快技术进步，加强监督管理，提高资源利用效率，减少废物的产生和排放；坚持以企业为主体，政府调控、市场引导、公众参与相结合，形成有利于促进循环经济发展的政策体系和社会氛围。

（三）发展目标。力争到2010年建立比较完善的发展循环经济法律法规体系、政策支持体系、体制与技术创新体系和激励约束机制。资源利用效率大幅度提高，废物最终处置量明显减少，建成大批符合循环经济发展要求的典型企业。推进绿色消费，完善再生资源回收利用体系。建设一批符合循环经济发展要求的工业（农业）园区和资源节约型、环境友好型城市。

（四）主要指标。力争到2010年，我国消耗每吨能源、铁矿石、有色金属、非金属矿等十五种重要资源产出的GDP比2003年提高25%左右；每万元GDP能耗下降18%以上。农业灌溉水平均有效利用系数提高到0.5，每万元工业增加值取水量下降到120立方米。矿产资源总回收率和共伴生矿综合利用率分别提高5个百分点。工业固体废物综合利用率提高到60%以上；再生铜、铝、铅占产量的比重分别达到35%、25%、30%，主要再生资源回收利用量提高65%以上。工业固体废物堆存和处置量控制在4.5亿吨左右；城市生活垃圾增长率控制在5%左右。（**注：**上述有关指标将根据“十一五”规划作相应调整）

二、发展循环经济的重点工作和重点环节

（五）重点工作。一是大力推进节约降耗

在生产、建设、流通和消费各领域节约资源，减少自然资源的消耗。二是全面推行清洁生产，从源头减少废物的产生，实现由末端治理向污染预防和生产全过程控制转变。三是大力开展资源综合利用，最大程度实现废物资源化和再生资源回收利用。四是大力发展环保产业，注重开发减量化、再利用和资源化技术与装备，为资源高效利用、循环利用和减少废物排放提供技术保障。

（六）重点环节。一是资源开采环节要统筹规划矿产资源开发，推广先进适用的开采技术、工艺和设备，提高采矿回采率、选矿和冶炼回收率，大力推进尾矿、废石综合利用，大力提高资源综合回收利用率。二是资源消耗环节要加强对冶金、有色、电力、煤炭、石化、化工、建材（筑）、轻工、纺织、农业等重点行业能源、原材料、水等资源消耗管理，努力降低消耗，提高资源利用率。三是废物产生环节要强化污染预防和全过程控制，推动不同行业合理延长产业链，加强对各类废物的循环利用，推进企业废物“零排放”；加快再生水利用设施建设以及城市垃圾、污泥减量化和资源化利用，降低废物最终处置量。四是再生资源产生环节要大力回收和循环利用各种废旧资源，支持废旧机电产品再制造；建立垃圾分类收集和分选系统，不断完善再生资源回收利用体系。五是消费环节要大力倡导有利于节约资源和保护环境的消费方式，鼓励使用能效标识产品、节能节水认证产品和环境标志产品、绿色标志食品和有机标志食品，减少过度包装和一次性用品的使用。政府机构要实行绿色采购。

三、加强对循环经济发展的宏观指导

（七）把发展循环经济作为编制有关规划的重要指导原则。各级政府及有关部门要用循环经济理念指导编制“十一五”规划和各类区域规划、城市总体规划，以及矿产资源可持续利用、节能、节水、资源综合利用等专项规划，对资源消耗、节约、循环利用、废物排放和环境状况作出分析，明确目标、重点和政策措施。

（八）建立循环经济评价指标体系和统计核算制度。发展改革委要会同统计局、环保总局等有关部门加快研究建立循环经济评价指标体系，逐步纳入国民经济和社会发展计划，并建立循环经济的统计核算制度。地方各级人民政府有关部门要积极开展循环经济的统计核算，加强对循环经济主要指标的分析。

（九）制定和实施循环经济推进计划。地方各级人民政府要组织发展改革（经贸）、环境保护等有关部门，根据本地区实际，制定和实施循环经济发展的推进计划。国务院有关部门要研究制定矿产资源集约利用、能源和水资源节约利用、清洁生产，以及重点行业、重点领域发展循环经济的推进计划。

（十）加快经济结构调整和优化区域布局。加强宏观调控，遏制盲目投资、低水平重复建设，限制高耗能、高耗水、高污染产业的发展。大力发展高技术产业，加快用高新技术和先进适用技术改造传统产业，淘汰落后工艺、技术和设备，实现传统产业升级；推进企业重组，提高产业集中度和规模效益；大力发展集约化农业。发展改革委要抓紧制定《产业结构调整暂行规定》、《产业结构调整指导目录》以及加快服务业发展的指导意见，推进产业结构优化升级。同时，要根据资源环境条件和区域特点，用循环经济的发展理念指导区域发展、产业转型和老工业基地改造。开发区和重化工业集中地区，要按照循环经济要求进行规划、建设和改造，对进入的企业要提出土地、能源、水资源利用及废物排放综合控制要求，围绕核心资源发展相关产业，发挥产业集聚和工业生态效应，形成资源高效循环利用的产业链，提高资源产出效率。

四、加快循环经济技术开发和标准体系建设

（十一）加快循环经济技术开发。国务院有关部门和地方各级人民政府有关部门要加大

科技投入，支持循环经济共性和关键技术的研究开发。积极引进和消化、吸收国外先进的循环经济技术，组织开发共伴生矿产资源和尾矿综合利用技术、能源节约和替代技术、能量梯级利用技术、废物综合利用技术、循环经济发展中延长产业链和相关产业链接技术、“零排放”技术、有毒有害原材料替代技术、可回收利用材料和回收处理技术、绿色再制造技术以及新能源和可再生能源开发利用技术等，提高循环经济技术支撑能力和创新能力。

（十二）抓紧制定循环经济技术政策。发展改革委要会同科技、环保等有关部门研究制定发展循环经济的技术政策、技术导向目录，以及国家鼓励发展的节能、节水、环保装备目录。支持引进国外发展循环经济的核心技术，加快新技术、新工艺、新设备的推广应用。

（十三）建立循环经济技术咨询服务体系。各地区、各部门要积极支持建立循环经济信息系统和技术咨询服务体系，及时向社会发布有关循环经济技术、管理和政策等方面的信息，开展信息咨询、技术推广、宣传培训等。充分发挥行业协会、节能技术服务中心、清洁生产中心等中介机构和科研单位、大专院校的作用。

（十四）制定和完善促进循环经济的标准体系。要加快制定高耗能、高耗水及高污染行业市场准入标准和合格评定制度，制定重点行业清洁生产评价指标体系和涉及循环经济的有关污染控制标准。加强节能、节水等资源节约标准化工作，完善主要用能设备及建筑能效标准、重点用水行业取水定额标准和主要耗能（水）行业节能（水）设计规范。建立和完善强制性产品能效标识、再利用品标识、节能建筑标识和环境标志制度，开展节能、节水、环保产品认证以及环境管理体系认证。

五、建立和完善促进循环经济发展的政策机制

（十五）加大对循环经济投资的支持力度。各级投资主管部门在制定和实施投资计划时，要加大对发展循环经济的支持。对发展循环经济的重大项目和技术开发、产业化示范项目，政府要给予直接投资或资金补助、贷款贴息等支持，并发挥政府投资对社会投资的引导作用。各类金融机构应对促进循环经济发展的重点项目给予金融支持。

（十六）利用价格杠杆促进循环经济发展。调整资源性产品与最终产品的比价关系，理顺自然资源价格，逐步建立能够反映资源性产品供求关系的价格机制。发展改革委要积极调整水、热、电、天然气等价格政策，促进资源的合理开发、节约使用、高效利用和有效保护。逐步提高水利工程供水价格；完善农业水费计收办法；调整城市供水价格，合理确定再生水价格，大力推进阶梯式水价、超计划、超定额用水加价制度。扩大峰谷电价和丰枯电价执行范围，拉大差价，在有条件的地区加快实行尖峰电价和季节电价；对高耗能行业中淘汰类、限制类项目，严格执行按国家产业政策制定的差别电价政策。加大供热体制和供热价格改革力度，逐步建立基本热价和计量热价共同构成的热价形成机制，实行差别热价和煤热联动政策。逐步理顺天然气与其他产品的比价关系，建立天然气价格与可替代能源价格挂钩的机制。地方各级人民政府价格主管部门要研究制定并落实各项促进循环经济发展的价格政策。

（十七）制定支持循环经济发展的财税和收费政策。财政部门要积极安排资金，支持发展循环经济的政策研究、技术推广、示范试点、宣传培训等，并会同有关部门积极落实清洁生产专项资金。各级财政和环保部门要安排排污资金，加大对企业符合循环经济要求的污染防治项目的投入力度。有关部门要加快研究建立促进节能、节水产品和节能环保型汽车、节能省地型建筑推广的鼓励政策。继续完善资源综合利用的税收优惠政策，调整和完善有利于促进再生资源回收利用的税收政策，加快建立大宗废旧资源回收处理收费制度。适时出台燃油税，完善消费税制。积极研究以资源量为基础的矿产资源补偿费征收办法，进一步扩大水资源费征收范围并适当提高征收标准，优先提高城市污水处理费征收标准，全面开征城市生活垃圾处理费。研究完善限制国内紧缺资源及高耗能产品出口的政策。在理顺现有收费和资金来源渠道的基础上，积极探索建立和完善企业生态环境恢复补偿机制。政府采购目录要优先考虑节能、节水和环保认证产品。

六、坚持依法推进循环经济发展

（十八）加强法规体系建设。要结合我国国情，加快研究建立和健全循环经济的法律法规体系。当前要抓紧制定节能、节水、资源综合利用等促进资源有效利用以及废旧家电、电子产品、废旧轮胎、建筑废物、包装废物、农业废物等资源化利用的法规和规章。研究建立生产者责任延伸制度，明确生产商、销售商、回收和使用单位以及消费者对废物回收、处理和再利用的法律义务。

（十九）加大依法监督管理的力度。各地区、各部门要认真贯彻落实《中华人民共和国节约能源法》、《中华人民共和国可再生能源法》、《中华人民共和国清洁生产促进法》、《中华人民共和国固体废物污染环境防治法》和《中华人民共和国环境影响评价法》等有关法律法规。依法加强对矿产资源集约利用、节能、节水、资源综合利用、再生资源回收利用的监督管理工作，引导企业树立经济与资源、环境协调发展的意识，建立健全资源节约管理制度。各级环境保护部门要将发展循环经济与环境保护工作紧密结合，严格执行环境影响评价和“三同时”制度，逐步实行排污许可证制度；严格控制污染物排放总量，加强对企业废物排放和处置的监督管理，降低排放强度；鼓励有条件的企业在自愿的基础上，开展环境管理体系认证。

（二十）依法推行清洁生产。认真实施《中华人民共和国清洁生产促进法》，加快企业清洁生产审核，积极实施清洁生产审核方案。对污染物排放超过国家和地方规定的标准或者总量控制指标的企业，以及使用有毒、有害原料进行生产或者在生产中排放有毒、有害物质的企业，要依法强制实施清洁生产审核，监督实施清洁生产方案。发展改革委、环保总局要在全国范围内组织开展创建清洁生产先进企业、环境友好企业活动，引导企业加快实施清洁生产。

七、加强对发展循环经济工作的组织和领导

（二十一）加强组织领导。各地区、各部门要从战略和全局的高度，充分认识发展循环经济的重大意义，增强紧迫性和责任感，结合本地区、本部门实际，抓紧制定具体的实施方案，采取切实有效措施，加快推进循环经济发展。发展改革委牵头，会同环保总局等有关部门建立健全推进循环经济发展的协调工作机制，做好组织协调和指导推动工作，及时解决推进循环经济发展中遇到的重大问题。有关部门要在各自的职责范围内积极落实各项政策措施，加快推动循环经济发展。地方各级人民政府要确定一位领导同志负责循环经济发展工作，明确有关部门的职责分工，做到层层有责任、逐级抓落实。

（二十二）开展循环经济示范试点。发展改革委要会同环保总局等有关部门和省级人民政府，在重点行业、重点领域、产业园区和城市组织开展循环经济试点工作，探索发展循环经济的有效模式。通过试点，提出发展循环经济的重大技术和项目领域，进一步完善促进再生资源循环利用、降低污染排放强度的政策措施，提出按循环经济模式规划、建设、改造工业园区以及建设资源节约型、环境友好型城市的思路，树立一批先进典型，为加快发展循环经济提供示范。

（二十三）加强宣传教育和培训。各地区、各部门要动员社会各方面力量，大力开展形式多样的节约资源和保护环境的宣传活动，提高全社会对发展循环经济重大意义的认识，把节约资源、保护环境变成全体公民的自觉行为。要将树立资源节约和环境保护意识的相关内容

编入教材，在中小学中开展国情教育、节约资源和保护环境的教育。要组织开展相关管理和技术人员的知识培训，增强意识，掌握相关知识和技能。编写消费行为导则和资源节约公约，引导合理消费，规范消费行为，开展多种形式的实践活动，逐步形成节约资源、保护环境的消费方式。

发展改革委要会同环保总局等有关部门，对各地推进循环经济发展的情况进行监督检查，重要情况要及时向国务院报告。

国务院关于完善中央与地方出口退税负担机制的通知

2005年8月1日　国发［2005］25号

各省、自治区、直辖市人民政府，国务院各部委、各直属机构：

改革出口退税机制，是党中央、国务院为促进外贸体制改革，保持外贸和经济持续健康发展的一项重大决策。出口退税机制改革一年多来进展总体顺利，基本实现了预期目标，全部还清了历年累计拖欠的出口退税款，建立了中央与地方共同负担出口退税的机制，调动了企业出口积极性，优化了出口商品结构，促进了外贸出口快速增长。但是，新机制在运行中也出现了一些新情况和新问题，主要是地区负担不均衡，部分地区负担较重，个别地方甚至限制外购产品出口、限制引进出口型外资项目等。为此，国务院决定，在坚持中央与地方共同负担出口退税的前提下完善现有机制，并自2005年1月1日起执行。现将有关问题通知如下：

一、调整中央与地方出口退税分担比例。国务院批准核定的各地出口退税基数不变，超基数部分中央与地方按照92.5:7.5的比例共同负担。

二、规范地方出口退税分担办法。各省（区、市）根据实际情况，自行制定省以下出口退税分担办法，但不得将出口退税负担分解到乡镇和企业；不得采取限制外购产品出口等干预外贸正常发展的措施。所属市县出口退税负担不均衡等问题，由省级财政统筹解决。

三、改进出口退税退库方式。出口退税改由中央统一退库，相应取消中央对地方的出口退税基数返还，地方负担部分年终专项上解。

国务院关于发布实施《促进产业结构调整暂行规定》的决定

2005年12月2日　国发［2005］40号

各省、自治区、直辖市人民政府，国务院各部委、各直属机构：

《促进产业结构调整暂行规定》（以下简称《暂行规定》）已经2005年11月9日国务院第112次常务会议审议通过，现予发布。

制定和实施《暂行规定》，是贯彻落实党的十六届五中全会精神，实现“十一五”规划目标的一项重要举措，对于全面落实科学发展观，加强和改善宏观调控，进一步转变经济增长方式，推进产业结构调整和优化升级，保持国民经济平稳较快发展具有重要意义。各省、自治区、直辖市人民政府要将推进产业结构调整作为当前和今后一段时期改革发展的重要任务，建立责任制，狠抓落实，按照《暂行规定》的要求，结合本地区产业发展实际，制订具体措施，合理引导投资方向，鼓励和支持发展先进生产能力，限制和淘汰落后生产能力，防止盲目投资和低水平重复建设，切实推进产业结构优化升级。各有关部门要加快制定和修订财税、信贷、土地、进出口等相关政策，切实加强与产业政策的协调配合，进一步完善促进产业结构调整的政策体系。各省、自治区、直辖市人民政府和国家发展改革、财政、税务、国土资源、环保、工商、质检、银监、电监、安全监管以及行业主管等有关部门，要建立健全产业结构调整工作的组织协调和监督检查机制，各司其职，密切配合，形成合力，切实增强产业政策的执行效力。在贯彻实施《暂行规定》时，要正确处理政府引导与市场调节之间的关系，充分发挥市场配置资源的基础性作用，正确处理发展与稳定、局部利益与整体利益、眼前利益与长远利益的关系，保持经济平稳较快发展。

促进产业结构调整暂行规定

第一章　总　　则

第一条　为全面落实科学发展观,加强和改善宏观调控,引导社会投资,促进产业结构优化升级,根据国家有关法律、行政法规,制定本规定。

第二条　产业结构调整的目标：

推进产业结构优化升级，促进一、二、三产业健康协调发展，逐步形成农业为基础、高新技术产业为先导、基础产业和制造业为支撑、服务业全面发展的产业格局，坚持节约发展、清洁发展、安全发展，实现可持续发展。

第三条　产业结构调整的原则：

坚持市场调节和政府引导相结合。充分发挥市场配置资源的基础性作用，加强国家产业政策的合理引导，实现资源优化配置。

以自主创新提升产业技术水平。把增强自主创新能力作为调整产业结构的中心环节，建立以企业为主体、市场为导向、产学研相结合的技术创新体系，大力提高原始创新能力、集成创新能力和引进消化吸收再创新能力，提升产业整体技术水平。

坚持走新型工业化道路。以信息化带动工业化，以工业化促进信息化，走科技含量高、经济效益好、资源消耗低、环境污染少、安全有保障、人力资源优势得到充分发挥的发展道路，努力推进经济增长方式的根本转变。

促进产业协调健康发展。发展先进制造业，提高服务业比重和水平，加强基础设施建设，优化城乡区域产业结构和布局，优化对外贸易和利用外资结构，维护群众合法权益，努力扩大就业，推进经济社会协调发展。

第二章　产业结构调整的方向和重点

第四条　巩固和加强农业基础地位，加快传统农业向现代农业转变。加快农业科技进步，加强农业设施建设，调整农业生产结构，转变农业增长方式，提高农业综合生产能力。稳定发展粮食生产，加快实施优质粮食产业工程，建设大型商品粮生产基地，确保粮食安全。优化农业生产布局，推进农业产业化经营，加快农业标准化，促进农产品加工转化增值，发展高产、优质、高效、生态、安全农业。大力发展畜牧业，提高规模化、集约化、标准化水平，保护天然草场，建设饲料草场基地。积极发展水产业，保护和合理利用渔业资源，推广绿色渔业养殖方式，发展高效生态养殖业。因地制宜发展原料林、用材林基地，提高木材综合利用率。加强农田水利建设，改造中低产田，搞好土地整理。提高农业机械化水平，健全农业技术推广、农产品市场、农产品质量安全和动植物病虫害防控体系。积极推行节水灌溉，科学使用肥料、农药，促进农业可持续发展。

第五条 加强能源、交通、水利和信息等基础设施建设，增强对经济社会发展的保障能力。

坚持节约优先，立足国内、煤为基础、多元发展，优化能源结构，构筑稳定、经济、清洁的能源供应体系。以大型高效机组为重点优化发展煤电，在生态保护基础上有序开发水电，积极发展核电，加强电网建设，优化电网结构，扩大西电东送规模。建设大型煤炭基地，调整改造中小煤矿，坚决淘汰不具备安全生产条件和浪费破坏资源的小煤矿，加快实施煤矸石、煤层气、矿井水等资源综合利用，鼓励煤电联营。实行油气并举，加大石油、天然气资源勘探和开发利用力度，扩大境外合作开发，加快油气领域基础设施建设。积极扶持和发展新能源和可再生能源产业，鼓励石油替代资源和清洁能源的开发利用，积极推进洁净煤技术产业化，加快发展风能、太阳能、生物质能等。以扩大网络为重点，形成便捷、通畅、高效、安全的综合交通运输体系。坚持统筹规划、合理布局，实现铁路、公路、水运、民航、管道等运输方式优势互补，相互衔接，发挥组合效率和整体优势。加快发展铁路、城市轨道交通，重点建设客运专线、运煤通道、区域通道和西部地区铁路。完善国道主干线、西部地区公路干线，建设国家高速公路网，大力推进农村公路建设。优先发展城市公共交通。加强集装箱、能源物资、矿石深水码头建设，发展内河航运。扩充大型机场，完善中型机场，增加小型机场，构建布局合理、规模适当、功能完备、协调发展的机场体系。加强管道运输建设。

加强水利建设，优化水资源配置。统筹上下游、地表地下水资源调配、控制地下水开采，积极开展海水淡化。加强防洪抗旱工程建设，以堤防加固和控制性水利枢纽等防洪体系为重点，强化防洪减灾薄弱环节建设，继续加强大江大河干流堤防、行蓄洪区、病险水库除险加固和城市防洪骨干工程建设，建设南水北调工程。加大人畜饮水工程和灌区配套工程建设改造力度。

加强宽带通信网、数字电视网和下一代互联网等信息基础设施建设，推进“三网融合”，健全信息安全保障体系。

第六条 以振兴装备制造业为重点发展先进制造业，发挥其对经济发展的重要支撑作用。

装备制造业要依托重点建设工程，通过自主创新、引进技术、合作开发、联合制造等方式，提高重大技术装备国产化水平，特别是在高效清洁发电和输变电、大型石油化工、先进适用运输装备、高档数控机床、自动化控制、集成电路设备、先进动力装备、节能降耗装备等领域实现突破，提高研发设计、核心元器件配套、加工制造和系统集成的整体水平。

坚持以信息化带动工业化，鼓励运用高技术和先进适用技术改造提升制造业，提高自主知识产权、自主品牌和高端产品比重。根据能源、资源条件和环境容量，着力调整原材料工业的产品结构、企业组织结构和产业布局，提高产品质量和技术含量。支持发展冷轧薄板、冷轧硅钢片、高浓度磷肥、高效低毒低残留农药、乙烯、精细化工、高性能差别化纤维。促进炼油、乙烯、钢铁、水泥、造纸向基地化和大型化发展。加强铁、铜、铝等重要资源的地质勘查，增加资源地质储量，实行合理开采和综合利用。

第七条 加快发展高技术产业，进一步增强高技术产业对经济增长的带动作用。

增强自主创新能力，努力掌握核心技术和关键技术，大力开发对经济社会发展具有重大带动作用的高新技术，支持开发重大产业技术，制定重要技术标准，构建自主创新的技术基础，加快高技术产业从加工装配为主向自主研发制造延伸。按照产业聚集、规模化发展和扩大国际合作的要求，大力发展信息、生物、新材料、新能源、航空航天等产业，培育更多新的经济增长点。优先发展信息产业，大力发展集成电路、软件等核心产业，重点培育数字化音视频、新一代移动通信、高性能计算机及网络设备等信息产业群，加强信息资源开发和共享，推进信息技术的普及和应用。充分发挥我国特有的资源优势和技术优势，重点发展生物农业、生物医药、生物能源和生物化工等生物产业。加快发展民用航空、航天产业，推进民用飞机、航空发动机及机载系统的开发和产业化，进一步发展民用航天技术和卫星技术。积极发展新材料产业，支持开发具有技术特色以及可发挥我国比较优势的光电子材料、高性能结构和新型特种功能材料等产品。

第八条 提高服务业比重，优化服务业结构，促进服务业全面快速发展。坚持市场化、产业化、社会化的方向，加强分类指导和有效监管，进一步创新、完善服务业发展的体制和机制，建立公开、平等、规范的行业准入制度。发展竞争力较强的大型服务企业集团，大城市要把发展服务业放在优先地位，有条件的要逐步形成服务经济为主的产业结构。增加服务品种，提高服务水平，增强就业能力，提升产业素质。大力发展金融、保险、物流、信息和法律服务、会计、知识产权、技术、设计、咨询服务等现代服务业，积极发展文化、旅游、社区服务等需求潜力大的产业，加快教育培训、养老服务、医疗保健等领域的改革和发展。规范和提升商贸、餐饮、住宿等传统服务业，推进连锁经营、特许经营、代理制、多式联运、电子商务等组织形式和服务方式。

第九条 大力发展循环经济，建设资源节约和环境友好型社会，实现经济增长与人口资源环境相协调。坚持开发与节约并重、节约优先的方针，按照减量化、再利用、资源化原则，大力推进节能节水节地节材，加强资源综合利用，全面推行清洁生产，完善再生资源回收利用体系，形成低投入、低消耗、低排放和高效率的节约型增长方式。积极开发推广资源节约、替代和循环利用技术和产品，重点推进钢铁、有色、电力、石化、建筑、煤炭、建材、造纸等行业节能降耗技术改造，发展节能省地型建筑，对消耗高、污染重、危及安全生产、技术落后的工艺和产品实施强制淘汰制度，依法关闭破坏环境和不具备安全生产条件的企业。调整高耗能、高污染产业规模，降低高耗能、高污染产业比重。鼓励生产和使用节约性能好的各类消费品，形成节约资源的消费模式。大力发展环保产业，以控制不合理的资源开发为重点，强化对水资源、土地、森林、草原、海洋等的生态保护。

第十条 优化产业组织结构，调整区域产业布局。提高企业规模经济水平和产业集中度，加快大型企业发展，形成一批拥有自主知识产权、主业突出、核心竞争力强的大公司和企业集团。充分发挥中小企业的作用，推动中小企业与大企业形成分工协作关系，提高生产专业化水平，促进中小企业技术进步和产业升级。充分发挥比较优势，积极推动生产要素合理流动和配置，引导产业集群化发展。西部地区要加强基础设施建设和生态环境保护，健全公共服务，结合本地资源优势发展特色产业，增强自我发展能力。东北地区要加快产业结构调整和国有企业改革改组改造，发展现代农业，着力振兴装备制造业，促进资源枯竭型城市转型。中部地区要抓好粮食主产区建设，发展有比较优势的能源和制造业，加强基础设施建设，加快建立现代市场体系。东部地区要努力提高自主创新能力，加快实现结构优化升级和增长方式转变，提高外向型经济水平，增强国际竞争力和可持续发展能力。从区域发展的总体战略布局出发，根据资源环境承载能力和发展潜力，实行优化开发、重点开发、限制开发和禁止开发等有区别的区域产业布局。

第十一条 实施互利共赢的开放战略，提高对外开放水平，促进国内产业结构升级。加快转变对外贸易增长方式，扩大具有自主知识产权、自主品牌的商品出口，控制高能耗高污染产品的出口，鼓励进口先进技术设备和国内短缺资源。支持有条件的企业“走出去”，在国际市场竞争中发展壮大，带动国内产业发展。提高加工贸易的产业层次，增强国内配套能力。大力发展服务贸易，继续开放服务市场，有序承接国际现代服务业转移。提高利用外资的质量和水平，着重引进先进技术、管理经验和高素质人才，注重引进技术的消化吸收和创新提高。吸引外资能力较强的地区和开发区，要着重提高生产制造层次，并积极向研究开发、现代物流等领域拓展。

第三章 产业结构调整指导目录

第十二条 《产业结构调整指导目录》是引导投资方向，政府管理投资项目，制定和实施财税、信贷、土地、进出口等政策的重要依据。

《产业结构调整指导目录》由发展改革委会同国务院有关部门依据国家有关法律法规制订，经国务院批准后公布。根据实际情况，需要对《产业结构调整指导目录》进行部分调整时，由发展改革委会同国务院有关部门适时修订并公布。

《产业结构调整指导目录》原则上适用于我国境内的各类企业。其中外商投资按照《外商投资产业指导目录》执行。《产业结构调整指导目录》是修订《外商投资产业指导目录》的主要依据之一。《产业结构调整指导目录》淘汰类适用于外商投资企业。《产业结构调整指导目录》和《外商投资产业指导目录》执行中的政策衔接问题由发展改革委会同商务部研究协商。

第十三条 《产业结构调整指导目录》由鼓励、限制和淘汰三类目录组成。不属于鼓励类、限制类和淘汰类，且符合国家有关法律、法规和政策规定的，为允许类。允许类不列入《产业结构调整指导目录》。

第十四条 鼓励类主要是对经济社会发展有重要促进作用，有利于节约资源、保护环境、产业结构优化升级，需要采取政策措施予以鼓励和支持的关键技术、装备及产品。按照以下原则确定鼓励类产业指导目录：

（一）国内具备研究开发、产业化的技术基础，有利于技术创新，形成新的经济增长点；

（二）当前和今后一个时期有较大的市场需求，发展前景广阔，有利于提高短缺商品的供给能力，有利于开拓国内外市场；

（三）有较高技术含量，有利于促进产业技术进步，提高产业竞争力；

（四）符合可持续发展战略要求，有利于安全生产，有利于资源节约和综合利用，有利于新能源和可再生能源开发利用、提高能源效率、有利于保护和改善生态环境；

（五）有利于发挥我国比较优势，特别是中西部地区和东北地区等老工业基地的能源、矿产资源与劳动力资源等优势；

（六）有利于扩大就业，增加就业岗位；

（七）法律、行政法规规定的其他情形。

第十五条 限制类主要是工艺技术落后，不符合行业准入条件和有关规定，不利于产业结构优化升级，需要督促改造和禁止新建的生产能力、工艺技术、装备及产品。按照以下原则确定限制类产业指导目录：

（一）不符合行业准入条件，工艺技术落后，对产业结构没有改善；

（二）不利于安全生产；

（三）不利于资源和能源节约；

（四）不利于环境保护和生态系统的恢复；

（五）低水平重复建设比较严重，生产能力明显过剩；

（六）法律、行政法规规定的其他情形。

第十六条 淘汰类主要是不符合有关法律法规规定，严重浪费资源、污染环境、不具备安全生产条件，需要淘汰的落后工艺技术、装备及产品。按照以下原则确定淘汰类产业指导目录：

（一）危及生产和人身安全，不具备安全生产条件；

（二）严重污染环境或严重破坏生态环境；

（三）产品质量低于国家规定或行业规定的最低标准；

（四）严重浪费资源、能源；

（五）法律、行政法规规定的其他情形。

第十七条 对鼓励类投资项目，按照国家有关投资管理规定进行审批、核准或备案；各金融机构应按照信贷原则提供信贷支持；在投资总额内进口的自用设备，除财政部发布的《国内投资项目不予免税的进口商品目录(2000年修订)》所列商品外，继续免征关税和进口环节增值税，在国家出台不予免税的投资项目目录等新规定后，按新规定执行。对鼓励类产业项目的其他优惠政策，按照国家有关规定执行。

第十八条 对属于限制类的新建项目，禁止投资。投资管理部门不予审批、核准或备案，各金融机构不得发放贷款，土地管理、城市规划和建设、环境保护、质检、消防、海关、工商等部门不得办理有关手续。凡违反规定进行投融资建设的，要追究有关单位和人员的责任。

对属于限制类的现有生产能力，允许企业在一定期限内采取措施改造升级，金融机构按信贷原则继续给予支持。国家有关部门要根据产业结构优化升级的要求，遵循优胜劣汰的原则，实行分类指导。

第十九条 对淘汰类项目，禁止投资。各金融机构应停止各种形式的授信支持，并采取措施收回已发放的贷款；各地区、各部门和有关企业要采取有力措施，按规定限期淘汰。在淘汰期限内国家价格主管部门可提高供电价格。对国家明令淘汰的生产工艺技术、装备和产品，一律不得进口、转移、生产、销售、使用和采用。

对不按期淘汰生产工艺技术、装备和产品的企业，地方各级人民政府及有关部门要依据国家有关法律法规责令其停产或予以关闭，并采取妥善措施安置企业人员、保全金融机构信贷资产安全等；其产品属实行生产许可证管理的，有关部门要依法吊销生产许可证；工商行政管理部门要督促其依法办理变更登记或注销登记；环境保护管理部门要吊销其排污许可证；电力供应企业要依法停止供电。对违反规定者，要依法追究直接责任人和有关领导的责任。

第四章　附　　则

第二十条 本规定自发布之日起施行。原国家计委、国家经贸委发布的《当前国家重点鼓励发展的产业、产品和技术目录（2000年修订)》、原国家经贸委发布的《淘汰落后生产能力、工艺和产品的目录（第一批、第二批、第三批)》和《工商投资领域制止重复建设目录（第一批)》同时废止。

第二十一条 对依据《当前国家重点鼓励发展的产业、产品和技术目录（2000年修订)》执行的有关优惠政策，调整为依据《产业结构调整指导目录》鼓励类目录执行。外商投资企业的设立及税收政策等执行国家有关外商投资的法律、行政法规规定。

国务院关于完善珠澳跨境工业区珠海园区政策措施的批复

2005年2月23日　国函［2005］13号

广东省人民政府，海关总署：

你们关于完善珠澳跨境工业区珠海园区政策措施的请示收悉。现批复如下：

一、为充分发挥珠澳跨境工业区区位优势，促进珠海和澳门经济发展，同意珠澳跨境工业区珠海园区（以下简称珠海园区）与境内区外（内地）之间进出货物在税收方面享受出口加工区政策，即从境内区外（内地）进入珠海园区的货物视同出口，办理出口报关手续，实行出口退税；对珠海园区运往境内区外（内地）的货物，按照进口货物的有关规定办理报关手续，并按制成品征税。

二、珠海园区要按照出口加工区的有关要求建设隔离设施及有关监管设施，由海关总署会同有关部门验收，合格后再正式运作。

国务院关于设立洋山保税港区的批复

2005年6月22日　国函［2005］54号

上海市、浙江省人民政府，海关总署：

你们关于建立洋山保税港区的有关请示收悉。现批复如下：

一、同意设立洋山保税港区。洋山保税港区由规划中的小洋山港口区域、东海大桥和与之相连接的陆上特定区域组成。其中，小洋山港口区域面积2.14平方公里，四至范围是：东至港区经一路，南至港区纬一路，西至港区二期西边界，北至港区二期北边界和港区纬五路；陆地区域位于上海市南汇区芦潮港，面积6平方公里，四至范围是：东至芦潮引河——A2公路——经十二路，南至大堤防护绿带，西至E1路，北至D2路。

二、同意洋山保税港区充分发挥区位优势和政策优势，发展国际中转、配送、采购、转口贸易和出口加工等业务，拓展相关功能。

三、洋山保税港区享受保税区、出口加工区相关的税收和外汇管理政策。主要税收政策为：国外货物入港区保税；货物出港区进入国内销售按货物进口的有关规定办理报关手续，并按货物实际状态征税；国内货物入港区视同出口，实行退税；港区内企业之间的货物交易不征增值税和消费税。

四、洋山保税港区实行封闭管理，港区和陆地区域参照出口加工区的标准建设隔离监管设施，东海大桥必须与陆地区域相连，货物和车辆通过东海大桥要有必要的监管设施和监管措施，并采取有效措施保证社会车辆通过东海大桥。上海市和浙江省人民政府要严格按照土地利用总体规划确定具体位置，严格控制规划用地面积，依法履行用地报批手续，并拟定洋山保税港区建设实施方案。实施方案经海关总署会同有关部门审核同意后，由上海市人民政府组织隔离监管设施的建设，浙江省人民政府积极配合；待条件具备后，由海关总署会同有关部门按照出口加工区的建设标准联合验收。

五、上海市、浙江省人民政府要加强协作配合，按照国家有关规定和两省市政府合作协议，妥善处理好洋山保税港区建设中的各种矛盾和问题，以及涉及财政、税收等地方经济利益分享问题。

六、海关总署要会同有关部门切实做好洋山保税港区的监管和服务工作，促进洋山保税港区健康发展，为加快推进上海国际航运中心建设、促进现代物流业发展作出贡献。

国务院办公厅转发商务部等部门关于促进国家级经济技术开发区进一步提高发展水平若干意见的通知

2005年3月21日　国办发［2005］15号

各省、自治区、直辖市人民政府，国务院各部委、各直属机构：

商务部、国土资源部、建设部《关于促进国家级经济技术开发区进一步提高发展水平的若干意见》已经国务院同意，现转发给你们，请认真贯彻执行。

关于促进国家级经济技术开发区进一步提高发展水平的若干意见

商务部　国土资源部　建设部

建立国家级经济技术开发区，是党中央、国务院作出的重要决策，是改革开放和社会主义现代化建设的一大创举，是中国特色社会主义建设的成功实践和重要组成部分。经过20多年的艰苦创业，国家级经济技术开发区已发展成为我国土地集约程度较高、现代制造业集中、产业集聚效应突出的外向型工业区，充分发挥了窗口、示范、辐射和带动作用。同时，也存在着总体发展不平衡、片面追求园区规模和引资数量等问题。为促进国家级经济技术开发区进一步提高发展水平，提出如下意见：

一、国家级经济技术开发区进一步发展的指导思想和目标

（一）国家级经济技术开发区进一步发展的指导思想：以邓小平理论和“三个代表”重要思想为指导，全面落实科学发展观，坚持“以提高吸收外资质量为主，以发展现代制造业为生，以优化出口结构为主，致力于发展高新技术产业，致力于发展高附加值服务业，促进国家级经济技术开发区向多功能综合性产业区转变”的发展方针，以外资带动内资，增强自主创新能力，充分发挥辐射带动作用，推动形成若干新的经济增长点，为全面建设小康社会作出新的贡献。

（二）今后一个时期国家级经济技术开发区的发展目标：努力建设成为促进国内发展和扩大对外开放的结合体；成为跨国公司转移高科技高附加值加工制造环节、研发中心及其服务外包业务的重要承接基地；成为高新技术产业、现代服务业和高素质人才的聚集区；成为促进经济结构调整和区域经济协调发展的重要支撑点；成为推进所在地区城市化和新型工业化进程的重要力量；成为体制改革、科技创新、发展循环经济的排头兵。

（三）当前国家级经济技术开发区要着力把握好以下几点：一要牢固树立和落实科学发展观，努力实现体制、机制和经济增长方式的转变，不断提高发展水平。加快实现从单纯发展制造业为主向发展现代制造业和承接国际服务外包转变，从注重规模效益向注重质量效益转变，从偏重技术引进向注重消化吸收创新转变，从依靠政策优势向依靠体制优势和综合投资环境优势转变。二要自觉服从国家经济大局和宏观调控，更加注重结构调整和优化升级，更加注重引进高新技术和开发创新，更加注重开发项目的质量和效益，更加珍惜和合理开发利用土地。三要始终坚持体制创新，增强自主发展能力。要区别于城市的行政区，不断完善集中精简、灵活高效、亲商务实的管理体制和运行机制，优化综合投资环境，努力为区内各类市场主体提供公平竞争环境和良好服务。

二、促进国家级经济技术开发区提高发展水平的工作重点

（四）抓紧研究制定《国家级经济技术开发区管理条例》，为其持续发展提供法律保障。各省、自治区、直辖市可依法制定适用于本行政区域内国家级经济技术开发区的地方性法规和地方政府规章。

（五）坚持和完善精简高效的管理体制。国家级经济技术开发区的管理机构一般是所在地市级以上人民政府的派出机构，除其中具有企业性质的外，根据授权行使同级人民政府行政审批、经济协调与管理等职能。国家级经济技术开发区原则上不与所在行政区合并管理或取消管委会建制。

（六）严格依据土地利用总体规划和城市总体规划进行开发建设。国家级经济技术开发区的发展要纳入土地利用总体规划和城市总体规划并实行统一管理。符合条件、确有必要扩大规划面积或调整区位的，应当按照《国家级经济技术开发区扩建审批原则和审批程序》的规定报批；建设用地必须以现代制造业、高新技术产业和承接服务外包业为主，不得擅自改变土地用途，不得用于大规模的商业零售，不得用于房地产开发；严格执行占用耕地补偿制度，切实做好被征地农民的安置工作。

（七）坚持十分珍惜和合理利用土地、切实保护耕地的基本国策，集约、高效开发利用土地。要加强对国家级经济技术开发区经济增长、土地利用等方面的考核，建立土地利用和规划实施的考核制度。严格执行土地利用年度计划，按照法律规定的程序审批和供应土地；涉及农用地转用和土地征收，依法需报国务院批准的，国家级经济技术开发区可按城市分批次用地形式单独组织报批，经所在地县级以上地方人民政府逐级审核同意后，报国务院审批；在土地利用总体规划范围内，不改变土地使用用途且符合国家产业政策的建设项目用地，有关部门应依法、及时办理相关手续。

（八）继续对国家级经济技术开发区给予金融政策支持。鼓励国家政策性银行、商业银行对符合条件的国家级经济技术开发区区内基础设施项目及公用事业项目给予信贷支持，支持符合条件的区内企业通过资本市场扩大直接融资等。

（九）大力支持中西部地区国家级经济技术开发区发展。继续实行对中西部地区国家级经济技术开发区基础设施建设项目的贷款贴息政策，适当增加贷款贴息规模，对东北地区等老工业基地国家级经济技术开发区给予同等的贴息政策；中西部外贸发展专项基金、政府间、国际组织的援助资金，可用于支持中西部和东北地区等老工业基地国家级经济技术开发区发展。

（十）推动国家级经济技术开发区在新一轮国际产业转移中大力吸引跨国公司投资。鼓励跨国公司在国家级经济技术开发区设立研发中心、财务中心、技术服务中心、培训中心、采购中心、物流中心、运营中心和配套基地。鼓励通过设立创业服务机构、留学生创业园等，吸引高素质人才进区投资创业。抓紧研究鼓励国家级经济技术开发区承接高附加值服务业和服务外包业务等方面的政策措施，完善鼓励创新保障体系。

（十一）促进现代物流业发展和加工贸易优化升级。鼓励符合条件的国家级经济技术开发区申请设立出口加工区、保税物流中心、出口监管仓库和保税仓库；支持条件成熟的国家级经济技术开发区开展与出口加工区、保税区和保税物流园区联动试点，实现优势互补。

（十二）完善国家级经济技术开发区投资环境综合评价体系。要增加高新技术产业集聚程度、环境保护等指标的考核内容，推动开展区域环境管理标准化的认证工作，有效控制高消耗、有污染、低水平的项目。

三、加强对国家级经济技术开发区的组织领导

（十三）各省、自治区、直辖市人民政府和国务院有关部门要充分认识继续办好国家级经济技术开发区的重要性，切实采取有效措施，进一步支持国家级经济技术开发区在新形势下创新体制和机制，为其健康发展创造良好的制度环境和政策环境。

（十四）商务部会同国土资源部、建设部等部门加强对国家级经济技术开发区工作的宏观指导，帮助解决国家级经济技术开发区发展中面临的实际困难和问题，积极支持国家级经济技术开发区走新型工业化道路，加快向多功能综合性产业区发展。

（十五）国家级经济技术开发区要根据本意见制订和实施具体落实方案，通过自身努力，加快实现发展目标，更好地发挥在改革开放中的窗口、示范、辐射和带动作用，努力在世界同类产业区中保持竞争优势。

国务院办公厅关于促进东北老工业基地进一步扩大对外开放的实施意见

2005年6月30日　国办发［2005］36号

自治区、直辖市人民政府，国务院各部委、各直属机构：

进一步扩大对外开放是实施东北地区等老工业基地振兴战略的重要组成部分，也是实现

老工业基地振兴的重要途径。根据《中共中央国务院关于实施东北地区等老工业基地振兴战略的若干意见》（中发［2003］11号）精神，结合东北地区实际情况，经国务院同意，现就进一步扩大东北地区对外开放提出如下实施意见：

一、鼓励外资参与国有企业改组改造，加快体制和机制创新

（一）按照对国有经济实行战略性调整的要求，探索和拓展利用外资新方式，鼓励外资参与国有企业改组改造，促进体制和机制创新，增强老工业基地国有企业适应市场经济的能力。

（二）鼓励外国投资者以并购、参股等多种方式参与国有企业改组改造。外国投资者并购和参股改造国有企业，原国有企业历史形成、确实难以归还的历史欠税，按照规定条件经国务院批准后给予豁免。支持符合条件的外商投资股份制公司在国内外资本市场上市。

（三）积极探索盘活国有资产的有效形式。允许外商投资企业依法购买金融资产管理公司的不良债权和股权，并对其拥有的资产进行重组与处置。

（四）进一步完善促进外商投资企业发展的社会保障环境。外国投资者并购国有企业后设立的外商投资企业，在劳动关系处理、经济性减员和社会保障等方面按照国民待遇执行国家现行法律规定和制度。

（五）进一步规范和促进外国投资者并购重组国内企业的活动。建立健全东北地区产权交易机制，为外国投资者以并购、参股等方式投资提供便利和规范的环境；外国投资者并购国有企业，按照我国有关法律和政策进行资产评估，资产交易价格以经相关部门备案或核准的资产评估结果为基础确定。

二、加强政策引导，推进重点行业和企业的技术进步

（六）立足现有基础，发挥比较优势，以增强产业整体素质和核心竞争力为重点，积极吸收外资加快重点行业和重点企业的技术改造，加强对引进技术的消化、吸收，大力提高自主创新能力，推进产业升级。

（七）支持外商投资重点行业和企业。积极引导外商投资国家重点发展的现代农业、装备制造业、化工业、高新技术产业和农产品加工业等行业，加快发展配套产业，形成具有较强竞争力的现代产业基地。国家在上述行业重大项目布局安排上向东北地区倾斜，重大关键技术和设备引进给予政策性信贷支持，重大项目经批准可适当降低资本金比例；外商投资已获国家批准的国债重点项目，原批准项目贷款贴息、补助和资本金补助数额不变，按规定批准后，可转增中方国有企业股权。

（八）扩大外商投资优势产业目录的执行范围。《中西部地区外商投资优势产业目录》执行省份增列辽宁省（吉林省、黑龙江省已列入），凡符合该目录的东北地区外商投资项目，可享受鼓励类外商投资项目的进口税收优惠政策。

（九）鼓励外商投资高新技术产业和研究开发中心。鼓励跨国公司在东北地区以独资或与当地企业、科研机构、高等院校合资的形式设立研究开发中心。外商投资研究开发中心除按《国务院关于调整进口设备税收政策的通知》（国发［1997］37号）和《国务院办公厅转发外经贸部等部门关于当前进一步鼓励外商投资意见的通知》（国办发［1999］73号）的规定享受有关优惠政策外，对经核准的外商投资企业技术中心，其进口国内不能生产的自用耗材、试剂、样机、样品等可按现有规定免征关税和进口环节增值税。

（十）鼓励外商投资接续、替代产业。国家采取在重大项目生产力布局上优先安排等措施，鼓励、引导外资投向东北地区资源枯竭型城市的精深加工和接续产业等项目，充分发挥和综合利用现有资源、人才、生产能力的优势，积极推进资源枯竭型城市转型。

三、进一步扩大开放领域，着力提升服务业的发展水平

（十一）适应对外开放新形势和老工业基地优势产业发展以及城市功能转换与进一步促进就业的需要，在积极引进外资改组提升传统服务业的同时，以发展现代服务业为重点，推进服务贸易领域对外开放。

（十二）鼓励外商投资城市公共设施建设。在城市政府建立有效监管机制并确保公共利益和安全的条件下，放宽外商投资城市燃气、热力和供排水管网建设、经营项目的股化限制，经批准，允许外方控股。

（十三）扩大金融服务业对外开放。按照我国加入世界贸易组织金融开放有关承诺，进一步扩大银行业的对外开放，加快发展证券、期货、保险等金融服务。对外资银行在东北地区设立机构和开办业务给予优先许可。鼓励外资金融机构．参股地方城市商业银行，参与农村信用社改制重组。鼓励在企业年金、农业保险等方面有优势的外资保险公司进入东北地区。对外商在东北地区设立合资证券公司、证券投资基金管理公司、保险经纪公司和外资保险公司经营机构给予优先许可。

（十四）鼓励外商投资交通运输业。对铁路客运和货运、跨境和境内公路运输及定期、不定期国际海上运输业务和国际集装箱多种方式联运业务等，经批准可放宽外资股比限制。鼓励外商投资航空运输业和通用航空业。

（十五）扩大外商投资物流企业试点范围。外商投资物流企业的试点，可扩大到辽宁、吉林、黑龙江三省。

四、发挥区位优势，促进区域经济合作健康发展

（十六）依托地缘优势，通过实施“走出去”战略，进一步深化同周边国家的能源、原材料、矿产资源的开发合作。主动参与区域经济合作，积极开拓国际市场，带动商品、技术和劳务输出。继续支持东北地区构筑同周边国家开展国际贸易、投资、科技、旅游等合作的平台。

（十七）大力发展东北地区边境贸易。研究促进边境贸易发展的政策，在出口退税、进出口商品经营管理、人员往来等方面，在加强管理的同时，简化手续。完善和推广边境贸易人民币结汇办法，促进贸易、投资便利化。研究在东北地区进行边境小额贸易出口货物以人民币结算的出口退税试点。

（十八）加强东北亚地区国际经济技术合作，推进边境地区开发和对外开放。继续扩大图们江区域国际合作开发。积极探索边境地区开发和对外开放的新模式。加快建设边境经济合作区、互市贸易区和出口加工区，并使黑河、绥芬河（东宁）、珲春、丹东等边境地区具有物流贸易集散、进出口加工和国际商贸旅游等功能。

（十九）鼓励以合资、合作、并购等多种方式进行境外开发。进一步积极研究相关政策，完善政策支持体系，加大对东北地区企业境外重点开发项目前期费用补助、国内贷款贴息的支持力度，对其产品优先组织安排进口。

（二十）鼓励具备资格的企业积极参与援外项目竞标和承担对外合作项目。对境外工程承包和境外投资能带动设备出口及劳务输出的生产加工型项目和技术合作项目，国家在现行的国内贷款贴息、优惠贷款及境外办展、广告等市场开拓费用补助等方面进一步加大支持力度。

（二十一）加快发展大连东北亚国际航运中心。加强港口设施建设，进一步提高大连口岸的开放度，增强吸收外资和聚集航运要素的能力。研究扩大大连区港联动试点的范围。对外商投资的大型港口码头、鼓励类的临港工业和物流项目给予政策支持，并予以优先审批。

五、营造良好的发展环境，为加快对外开放提供保障

（二十二）加大国外优惠贷款支持东北地区基础设施建设，以及环保、教育、公共医疗卫生等社会事业发展的力度。进一步转变政府职能，提高服务意识和服务水平，为外商投资

企业经营活动提供便利条件和良好的环境。

（二十三）进一步提高现有开发区发展水平。大力推动以开放条件下的自主创新为特征的东北区域创新体系建设，提高现有开发区的自主创新能力。设在东北地区的国家级开发区，以及发展较好、产业特色明显、带动力较强的省级开发区，可在原批准规划面积已得到充分利用的情况下，依据土地利用总体规划和城市总体规划，按照土地市场治理整顿要求，履行规定程序，合理确定用地规模。支持东北地区借鉴其他地区的成功经验，以欧盟及其成员国或其他发达国家为合作伙伴，在现有开发区中选择基础条件较好的建成新型工业园区，建设现代制造业基地。

（二十四）加强基础设施建设。加大国家对东北地区港口和边境口岸、公路、铁路、桥梁及边境城市、边境农场基础设施建设资金的投入力度，尽快建设东北东部铁路通道工程，促进对俄路、港、口岸和对朝路、港、区一体化建设，推动境外合作项目的实施。国家在实施对外援助上，优先安排连接东北地区边境口岸的交通、港口、机场等基础设施建设项目。

（二十五）鼓励外国投资者投资合作建立职业教育培训机构。外国投资者按照《中华人民共和国中外合作办学条例》的规定与中国高等教育、职业教育机构合作建立培养各类职业技能人才、国际商务人才的高级职业技能教育培训机构，除国家法律法规另有规定外，可享受国内其他职业教育机构同等待遇，同时有关部门要积极研究其进口科研和教育用品享受免征进口税的税收优惠政策问题。符合中央财政支持条件的实验培训基地均可享受统一的扶持政策。

（二十六）鼓励东北地区积极引进海外人才与智力，利用留学项目为东北地区培养紧缺人才。加大对东北地区聘请外国专家和派出国（境）培训的资助额度，支持有条件的部门和单位广泛开展国际人才交流与合作。积极争取并利用世界银行贷款和其他国际合作项目，引进优质教育资源，促进和推动东北地区中外合作办学，支持东北地区发展教育。

（二十七）建立健全中小企业引进境外投资的服务体系。鼓励外国投资者以中外合资方式注资设立担保机构，有针对性地为中小企业提供融资担保、信息咨询和法律支援等服务。

（二十八）认真抓好扩大对外开放的组织落实。扩大东北地区对外开放是一项系统工程，也是一项长期任务，必须加强领导，抓好实施。国务院各有关部门和东北三省人民政府要依据本实施意见制定具体的实施细则。振兴东北办要与国务院有关部门和东北三省建立有效的协调机制，加强协调，切实将各项政策措施落到实处。

（二十九）对港澳台企业、其他经济组织和个人参与东北老工业基地振兴，可参照上述政策执行。

国务院办公厅关于增设上海嘉定等出口加工区的复函

2005年6月3日　国办函［2005］53号

海关总署：

你署《关于增设出口加工区的请示》（署加发［2005］204号）收悉。经国务院批准，现函复如下：

一、同意增设以下出口加工区：上海嘉定出口加工区，广东南沙出口加工区、惠州出口加工区，云南昆明出口加工区，江苏常州出口加工区、吴中出口加工区、吴江出口加工区、扬州出口加工区、常熟出口加工区，四川绵阳出口加工区，辽宁沈阳（张士）出口加工区，江西九江出口加工区，河北廊坊出口加工区，湖南郴州出口加工区，浙江慈溪出口加工区，福建福州出口加工区、福清出口加工区、泉州出口加工区。

二、上述出口加工区的建设，要严格按照《国务院办公厅关于进行设立出口加工区试点的复函》（国办函［2000］37号）的有关规定执行。每个出口加工区要严格按照批准的四至范围（见附件）进行规划建设。请你署通知有关地方人民政府认真做好筹建工作，待条件具备后，由你署会同有关部门验收。

鉴于江苏吴中、吴江、扬州、常熟和江西九江、河北廊坊、湖南郴州、浙扛慈溪、福建泉州等9个出口加工区所在的省级开发区尚未通过全国开发区清理整顿，请你署通知有关地方人民政府在相应的省级开发区通过审核验收并确认出口加工区在开发区内后，再报送出口加工区的具体建设方案，由你署会同发展改革委审核批准后开工建设。

三、你署要会同有关部门，对已设立的出口加工区的发展状况进行评估，及时总结经验，抓紧完善出口加工区的准入退出机制，制订具体操作办法，促进出口加工区健康有序地发展。同时，要研究采取措施将出口加工区所在地符合条件的加工贸易新增项目逐步引入出口加工区内，实现对加工贸易的集中规范管理，坚决防止新的重复建设，不断提高工作水平。

附件：18个出口加工区规划面积及四至范围

附件：

18个出口加工区规划面积及四至范围

序号	出口加工区名称	规划面积（平方公里）	四至范围
1	上海嘉定出口加工区	3	东至沪嘉浏高速公路、西至盐铁河、南至宝钱公路、北至张江门泾
2	广东南沙出口加工区	1.36	万顷沙镇十涌至十一涌、凤凰大道至蕉门水道
3	广东惠州出口加工区	3	东至澳头新桥立交桥、西至板樟岭、南至西四大道、北至西三大道
4	云南昆明出口加工区	2	东至南昆铁路、西至开发区二期主干道、南至大羊甫、羊堡车站一线、北至云南大学软件学院
5	江苏常州出口加工区	1.66	东至科技大道及江阴区界、西至通江大道、南至新竹路、北至沿江公路
6	江苏吴中出口加工区	3	东至吴淞江大道、西至郭巷大道、南至绕城高速绿化带、北至新车郭路
7	江苏吴江出口加工区	1	东至苏嘉杭高速公路、西至京杭大运河、南至夏家浜河、北至龙字湾路

续表

序号	出口加工区名称	规划面积（平方公里）	四至范围
8	江苏扬州出口加工区	3	东至新扬圩路、西至扬子江路、南至邗江河、北至施沙路
9	江苏常熟出口加工区	0.94	东至电厂路、西至一纵道路、南至建新塘、北至沿江高等级公路
10	四川绵阳出口加工区	0.56	东至樊华林桥、西至边堆山石桥铺大桥、南至高新区古泉村、北至安昌河
11	辽宁沈阳（张士）出口加工区	0.62	东至昆明湖街、大明湖街、西至松花湖街、南至沈辽路、北至花海路、星海路
12	江西九江出口加工区	2.81	东至白马岭、西至昌九高速公路、南至双瑞路、北至彭塘湾
13	河北廊坊出口加工区	0.5	东至京津塘高速公路、西至锦华道（南北边界具体以界址点控制）
14	湖南郴州出口加工区	3	东至塘溪大道、西至林邑路和福城大道、南至福源大街、北至苏仙大道和郴资大道
15	浙江慈溪出口加工区	2	东至四灶浦江、西至咏春河、南至滨海一路、北至九塘
16	福建福州出口加工区	1.14	东至长安港区10号码头、西至长安投资区长顺小区项目用地、南至闽江、北至104国道
17	福建福清出口加工区	0.81	东至经十路、西至新厝旗山、南至新江疏港公路、北至纬八路
18	福建泉州出口加工区	3	东至市外环路、西至曾岭村、南至324国道、北至五道水库

中华人民共和国商务部令

（2005年第4号）

《对外贸易壁垒调查规则》已经205年1月21日商务部第1次部务会议讨论通过。现予发布，自2005年3月1日起施行。

部　长　薄熙来

2005年2月2日

对外贸易壁垒调查规则

第一章　总　　则

第一条　为了开展和规范对外贸易壁垒调查工作，消除国外贸易壁垒对我国对外贸易的影响，促进对外贸易的正常发展，根据《中华人民共和国对外贸易法》，制定本规则。

第二条　商务部负责对国外贸易壁垒的调查工作。

商务部指定进出口公平贸易局负责实施本规则。

第三条　外国（地区）政府采取或者支持的措施或者做法，存在下列情形之一的，视为贸易壁垒：

（一）违反该国（地区）与我国共同缔结或者共同参加的经济贸易条约或者协定，或者未能履行与我国共同缔结或者共同参加的经济贸易条约或者协定规定的义务；

（二）造成下列负面贸易影响之一：

对我国产品或者服务进入该国（地区）市场或者第三国（地区）市场造成或者可能造成阻碍或者限制；

对我国产品或者服务在该国（地区）市场或者第三国（地区）市场的竞争力造成或者可能造成损害；

对该国（地区）或者第三国（地区）的产品或者服务向我国出口造成或者可能造成阻碍或者限制。

第四条　商务部可以应申请人的申请立案，进行贸易壁垒调查。

商务部认为有必要的，可以自行立案，进行贸易壁垒调查。

第二章　调查申请

第五条　国内企业、国内产业或者代表国内企业、国内产业的自然人、法人或者其他组织（以下统称申请人），可以向商务部提出贸易壁垒调查的申请。

前款所称的“国内企业、国内产业”，是指与被诉贸易壁垒涉及的产品生产或者服务供应有直接关系的企业或者产业。

第六条　贸易壁垒调查的申请必须以书面形式提交。

第七条　申请书应当包括以下内容：

（一）申请人的名称、地址及有关情况；

（二）被申请调查的措施或者做法的说明；

（三）被申请调查的措施或者做法所针对的产品或者服务的说明；

（四）国内相关产业基本情况的说明；

（五）被申请调查的措施或者做法造成负面贸易影响的，关于负面贸易影响的说明；

（六）申请人认为需要说明的其他内容。

第三章　审查和立案

第八条　申请书应当尽可能附具下列证据材料并说明其来源：

（一）证明被申请调查的措施或者做法存在的证据材料；

（二）证明被申请调查的措施或者做法造成的负面贸易影响的证据材料。

申请人无法提供上述证据材料的，应当以书面形式说明理由。

第九条　申请人可以在商务部作出立案决定之前撤回申请。

第十条 商务部应当自收到申请人提交的申请书及有关证据材料之日起60天内，对申请材料进行审查，作出立案或者不予立案的决定。

第十一条 商务部在审查申请材料的过程中，可以要求申请人按照规定的时限提供补充材料。

第十二条 如果申请人提交的申请材料符合本规则第六条和第七条的规定，并且不存在本规则第十六条第(一)、(三)和(四)项规定的情形，商务部应当决定立案调查并发布公告。

商务部决定自行立案的，也应当发布立案公告。

第十三条 立案公告应当载明被调查的措施或者做法、被调查的措施或者做法涉及的产品或者服务以及实施被调查的措施或者做法的国家（地区）（以下简称“被调查国（地区）”）等内容，简要介绍已有的信息，并说明利害关系方陈述意见及公众提出评论的期限。

第十四条 商务部应当在发布立案公告后，将立案决定通知申请人、已知的出口经营者和进口经营者、被调查国（地区）政府以及其他利害关系方。

第十五条 立案公告发布之日为立案日期。

第十六条 出现以下情形之一的，商务部可以作出不予立案的决定：

（一）申请人提交的申请材料所描述的情况与事实明显不符；

（二）申请人提交的申请材料不完整，并且未在商务部规定的时限内提供补充材料；

（三）申请人申请调查的措施或者做法明显不属于本规则第三条所指的贸易壁垒；

（四）商务部认为不应立案的其他情形。

第十七条 商务部应当以书面形式将不予立案的决定通知申请人，并说明理由。

第四章 调查和认定

第十八条 商务部应当通过调查认定被调查的措施或者做法是否构成本规则第三条所称的贸易壁垒。

第十九条 在调查中，商务部可以使用主动收集的任何相关信息。

第二十条 商务部认为必要时，可以成立由国务院有关部门、专家、学者组成的专家咨询组。专家咨询组负责对调查中涉及的技术性和法律性问题提供咨询意见。

第二十一条 商务部可以采用问卷、听证会等方式向利害关系方了解情况，进行调查。

第二十二条 商务部认为必要时，可以在征得被调查国（地区）政府同意后，派出工作人员赴该国（地区）进行调查取证。

第二十三条 利害关系方认为其提供的资料泄露后将产生严重不利影响的，可以向商务部申请对该资料按照保密资料处理。

第二十四条 商务部认为保密申请有正当理由的，应当对利害关系方提供的资料按照保密资料处理，同时要求利害关系方提供1份非保密的资料概要。

未经提供资料的利害关系方同意，商务部不得将按照保密资料处理的资料用于该贸易壁垒调查以外的用途。

第二十五条 商务部在调查过程中，可以就被调查的措施或者做法与被调查国（地区）政府进行磋商。

第二十六条 出现以下情形之一的，商务部可以决定中止调查并发布公告：

（一）被调查国（地区）政府承诺在合理期限内取消或者调整被调查的措施或者做法；

（二）被调查国（地区）政府承诺在合理期限内向我国提供适当的贸易补偿；

（三）被调查国（地区）政府承诺履行经济贸易条约或者协定的义务；

（四）商务部认为可以中止调查的其他情形。

第二十七条 被调查国（地区）政府未在合理期限内履行本规则第二十六条第（一）至（三）项承诺的，商务部可以恢复调查；商务部根据本规则第二十六条第（四）项决定中止调查的，在该情形消除后，也可以恢复调查。

第二十八条 应申请人的请求，商务部可以终止调查程序，除非认为终止调查程序不符合公共利益。

第二十九条 出现以下情形之一的，商务部应当终止调查并发布公告：

（一）被调查国（地区）政府已经取消或者调整被调查的措施或者做法；

（二）被调查国（地区）政府已经向我国提供适当的贸易补偿；

（三）被调查国（地区）政府已经履行经济贸易条约或者协定的义务。

第三十条 出现下列情况之一的，商务部可以终止调查并发布公告：

（一）申请人在调查中不提供必要的合作；

（二）商务部认为可以终止调查的其他情形。

第三十一条 通过调查，商务部应就被调查的措施或者做法是否构成本规则第三条所称的贸易壁垒作出决定，并发布公告。

第三十二条 贸易壁垒调查应当自立案决定公告之日起6个月内结束；特殊情况下可以延长，但延长期不得超过3个月。

第三十三条 如果被调查的措施或者做法被认定构成本规则第三条所称的贸易壁垒，商务部应当视情况采取以下措施：

（一）进行双边磋商；

（二）启动多边争端解决机制；

（三）采取其他适当的措施。

第五章 附 则

第三十四条 依照本规则作出的公告，应当载明重要的情况、事实、理由、依据、结果和结论等内容。

第三十五条 对国外投资壁垒的调查，参照本规则进行。

第三十六条 本规则由商务部负责解释。

第三十七条 本规则自2005年3月1日起施行。

中华人民共和国商务部令

（2005年第5号）

《外商投资租赁业管理办法》已经2005年1月21日商务部第1次部务会议审议通过，自2005年3月5日起施行。

部 长 薄熙来

2005年2月3日

外商投资租赁业管理办法

第一条 为促进外商投资租赁业的健康发展，规范外商投资租赁业的经营行为，防范经营风险，根据《中华人民共和国合同法》、《中华人民共和国公司法》、《中华人民共和国外资企业法》、《中华人民共和国中外合资经营企业法》、《中华人民共和国中外合作经营企业法》等有关法律、法规，制定本办法。

第二条 外国公司、企业和其他经济组织(以下简称外国投资者）在中华人民共和国境内以中外合资、中外合作以及外商独资的形式设立从事租赁业务、融资租赁业务的外商投资企业，开展经营活动，适用本办法。

第三条 外商投资租赁业可以采取有限责任公司或股份有限公司的形式。

从事租赁业务的外商投资企业为外商投资租赁公司；从事融资租赁业务的外商投资企业为外商投资融资租赁公司。

第四条 外商投资租赁公司及外商投资融资租赁公司应遵守中华人民共和国有关法律、法规及规章的规定，其正当经营活动及合法权益受中国法律保护。

商务部是外商投资租赁业的行业主管部门和审批管理部门。

第五条 本办法所称租赁业务系指出租人将租赁财产交付承租人使用、收益，并向承租人收取租金的业务。

本办法所称融资租赁业务系指出租人根据承租人对出卖人、租赁物的选择，向出卖人购买租赁财产，提供给承租人使用，并向承租人收取租金的业务。

外商投资融资租赁公司可以采取直接租赁、转租赁、回租赁、杠杆租赁、委托租赁、联合租赁等不同形式开展融资租赁业务。

第六条 本办法所称租赁财产包括：

（一）生产设备、通信设备、医疗设备、科研设备、检验检测设备、工程机械设备、办公设备等各类动产；

（二）飞机、汽车、船舶等各类交通工具；

（三）本条（一）、（二）项所述动产和交通工具附带的软件、技术等无形资产，但附带的无形资产价值不得超过租赁财产价值的1/2。

第七条 外商投资租赁公司和外商投资融资租赁公司的外国投资者的总资产不得低于500万美元。

第八条 外商投资租赁公司应当符合下列条件：

（一）注册资本符合《公司法》的有关规定；

（二）符合外商投资企业注册资本和投资总额的有关规定；

（三）有限责任公司形式的外商投资租赁公司的经营期限一般不超过30年。

第九条 外商投资融资租赁公司应当符合下列条件：

（一）注册资本不低于1000万美元；

（二）有限责任公司形式的外商投资融资租赁公司的经营期限一般不超过30年。

（三）拥有相应的专业人员，高级管理人员应具有相应专业资质和不少于3年的从业经验。

第十条 设立外商投资租赁公司和外商投资融资租赁公司应向审批部门报送下列材料：

（一）申请书；

（二）投资各方签署的可行性研究报告；

（三）合同、章程（外资企业只报送章程）；

（四）投资各方的银行资信证明、注册登记证明（复印件）、法定代表人身份证明（复印件）；

（五）投资各方经会计师事务所审计的最近1年的审计报告；

（六）董事会成员名单及投资各方董事委派书；

（七）高级管理人员的资历证明；

（八）工商行政管理部门出具的企业名称预先核准通知书；

申请成立股份有限公司的，还应提交有关规定要求提交的其他材料。

第十一条 设立外商投资租赁公司和外商投资融资租赁公司，应按照以下程序办理：

（一）设立有限责任公司形式的外商投资租赁公司，应由投资者向拟设立企业所在地的省级商务主管部门报送本办法第十条规定的全部材料，省级商务主管部门应自收到全部申请材料之日起45个工作日内做出是否批准的决定，批准设立的，颁发《外商投资企业批准证书》，不予批准的，应书面说明原因。省级商务主管部门应当在批准外商投资租赁公司设立后7个工作日内将批准文件报送商务部备案。股份有限公司形式的外商投资租赁公司的设立按照有关规定办理。

（二）设立外商投资融资租赁公司，应由投资者向拟设立企业所在地的省级商务主管部门报送本办法第十条规定的全部材料，省级商务主管部门对报送的申请文件进行初审后，自收到全部申请文件之日起15个工作日内将申请文件和初审意见上报商务部。商务部应自收到全部申请文件之日起45个工作日内做出是否批准的决定，批准设立的，颁发《外商投资企业批准证书》，不予批准的，应书面说明原因。

（三）已设立的外商投资企业申请从事租赁业务的，应当符合本办法规定的条件，并按照本条第（一）项规定的程序，依法变更相应的经营范围。

第十二条 外商投资租赁公司和外商投资融资租赁公司应当在收到《外商投资企业批准证书》之日起30个工作日内到工商行政管理部门办理登记注册手续。

第十三条 外商投资租赁公司可以经营下列业务：

（一）租赁业务；

（二）向国内外购买租赁财产；

（三）租赁财产的残值处理及维修；

（四）经审批部门批准的其他业务。

第十四条 外商投资融资租赁公司可以经营下列业务：

（一）融资租赁业务；

（二）租赁业务；

（三）向国内外购买租赁财产；

（四）租赁财产的残值处理及维修；

（五）租赁交易咨询和担保；

（六）经审批部门批准的其他业务。

第十五条 外商投资融资租赁公司根据承租人的选择，进口租赁财产涉及配额、许可证等专项政策管理的，应由承租人或融资租赁公司按有关规定办理申领手续。

外商投资租赁公司进口租赁财产，应按现行外商投资企业进口设备的有关规定办理。

第十六条 为防范风险，保障经营安全，外商投资融资租赁公司的风险资产一般不得超过净资产总额的10倍。风险资产按企业的总资产减去现金、银行存款、国债和委托租赁资产后的剩余资产总额确定。

第十七条 外商投资融资租赁公司应在每年3月31日之前向商务部报送上1年业务经营情况报告和上1年经会计师事务所审计的财务报告。

第十八条 中国外商投资企业协会租赁业委员会是对外商投资租赁业实行同业自律管理的行业性组织。鼓励外商投资租赁公司和外商投资融资租赁公司加入该委员会。

第十九条 外商投资租赁公司及外商投资融资租赁公司如有违反中国法律、法规和规章的行为，按照有关规定处理。

第二十条 香港特别行政区、澳门特别行政区、台湾地区的公司、企业和其他经济组织在内地设立外商投资租赁公司和外商投资融资租赁公司，参照本办法执行。

第二十一条 本办法中所称省级商务主管部门是指各省、自治区、直辖市、计划单列市及新疆生产建设兵团商务主管部门。

第二十二条 本办法由商务部负责解释。

第二十三条 本办法自2005年3月5日起施行。原外经贸部2001年第3号令《外商投资租赁公司审批管理暂行办法》同时废止。

财政部关于印发《中西部等地区国家级经济技术开发区基础设施项目贷款财政贴息资金管理办法》的通知

2005年6月2日 财建［2005］223号

有关省、自治区、直辖市、计划单列市财政厅（局）：

为更好的发挥中西部等地区国家级经济技术开发区基础设施项目贷款财政贴息政策的扶持、引导作用，根据《国务院办公厅转发商务部等部门关于促进国家级经济技术开发区进一步提高发展水平若干意见的通知》（国办发［2005］15号）和（《财政部关于印发〈中央财政贴息资金管理暂行办法〉的通知》（财预［2001］388号）的规定，我们对《中西部地区国家级经济技术开发区基础设施项目贷款财政贴息资金管理暂行办法》（财建［2001］518号）进行了修订，制定了《中西部等地区国家级经济技术开发区基础设施项目贷款财政贴息资金管理办法》。现印发你们，请遵照执行，并请转发到国家级经济技术开发区。

附件：中西部等地区国家级经济技术开发区基础设施项目贷款财政贴息资金管理办法

财政部关于中西部等地区国家级经济技术开发区基础设施项目贷款财政贴息资金管理办法

第一章 总 则

第一条 为加强中西部等地区国家级经济技术开发区基础设施项目贷款中央财政贴息资金管理，提高财政资金使用效益，更好的发挥其政策扶持、引导作用，根据“中央财政贴息资金管理暂行办法”的规定，特制定《中西部等地区国家级经济技术开发区基础设施项目贷款财政贴息资金管理办法》（以下简称《办法》）。

第二条 本《办法》所称中西部等地区国家级经济技术开发区是指经国务院批准设立的国家级经济技术开发区，具体包括：内蒙古、广西、重庆、四川、云南、贵州、西藏、陕西、甘肃、青海、宁夏、新疆、河北、山西、吉林、黑龙江、安徽、江西、河南、湖北、湖南、海南、辽宁、大连（省、自治区、直辖市、计划单列市）。

基础设施项目贷款是指上述开发区内用于

基础设施项目建设的各类银行提供的基本建设项目贷款。

第三条 本《办法》所称基础设施项目是指：

（一）开发区内道路、桥涵、隧道等项目；

（二）开发区内污水、生活垃圾处理设施；

（三）开发区内供电、供热、供气、供水及通信网络等基础设施项目；

（四）开发区内其他项目。

上述项目作为优先安排财政贴息资金的依据。

第四条 本《办法》所称财政贴息资金是指中央财政预算安排的，专项用于中西部等地区国家级经济技术开发区基础设施项目（以下简称“项目”）贷款贴息的资金。

第二章 贴息方式及范围

第五条 贴息资金实行先付后贴的原则，即项目单位必须凭贷款银行开具的利息支付清单向财政部门申请贴息。

第六条 贴息范围：本《办法》规定的国家级经济技术开发区内已落实并已计息的银行贷款的基础设施在建项目，均可按规定申报贴息。

第七条 贴息资金计算：贴息资金根据项目单位符合贴息条件的银行贷款余额、当年贴补率和当年实际支付的利息数计算确定。

第八条 贴息期限：原则上按项目建设期限贴息。所有项目享受财政贴息期限不得超过五年。

根据开发区基础设施项目的特点，对项目建设期少于3年（含3年），按项目建设期进行贴息，对项目建设期大于3年的，均按不超过5年进行贴息。

第九条 贴息标准和时间：财政贴息的贴补率由财政部根据年度贴息资金预算控制指标、项目当期的银行贷款利率和项目对贴息资金需求，按不高于3%的比例一年一定。贴息时间为上年9月21日至本年9月20日。

第三章 贴息资金的申报、审查和下达

第十条 符合本《办法》规定的基础设施项目，由项目单位申报财政贴息。

第十一条 项目单位申报财政贴息，应按要求填制基本建设贷款项目贴息申请表一式两份，并附项目批准文件、借款合同、银行贷款到位凭证、银行签证利息单等材料，经贷款经办行签署意见后，报送到开发区财政部门。

开发区财政部门根据本《办法》的规定，对本区项目单位提交的贴息材料进行认真审核后，填写基本建设贷款财政贴息汇总表，并附项目单位报送的有关材料，上报省（自治区、直辖市、计划单列市）财政厅（局）。

各有关省（自治区、直辖市、计划单列市）财政厅（局）对本省（自治区、直辖市、计划单列市）项目申报的贴息材料审核后，填写基本建设贷款财政贴息汇总表，并附项目单位报送的项目批准文件、借款合同、银行贷款到位凭证、银行签证利息单、贷款经办行意见等材料，经财政部驻当地财政监察专员办事机构签署审核意见后，于当年10月底以前上报财政部审批。未经财政部驻当地财政监察专员办事机构审查的材料，财政部不予受理。

上述申报材料应按类别分项目列示，不得打捆上报，否则不予贴息。

第十二条 请财政部驻有关省（自治区、直辖市、计划单列市）财政监察专员办事机构根据本《办法》规定的贴息范围、贴息期限等条件，加强对当地项目单位报送的基本建设贷款财政贴息材料真实性的审核，并将审核的书面意见在规定的时间内随申请贴息材料一并上报财政部，以便于财政部在核定财政贴息时参考。

第十三条 财政部对各地上报的贴息材料进行审查后，根据年度预算安排的贴息资金规模，按项目逐个核定贴息资金数，并按规定下达预算。对不符合条件和要求或超过规定上报

时间的项目，财政部不予贴息。

第十四条 财政贴息资金通过财政部门拨付到项目单位。

第四章 贴息资金财务处理及监督管理

第十五条 项目单位收到财政贴息资金后，分以下情况处理：在建项目应作冲减工程成本处理；竣工项目作冲减财务费用处理。

第十六条 各省（自治区、直辖市、计划单列市）财政厅（局）及开发区财政部门对开发区的基础设施项目建设及资金落实情况要定期进行检查，会同有关单位督促项目按合理工期进行建设，已建成的项目，要及时办理竣工决算。

第十七条 各项目单位要严格按国家规定的贴息范围、贴息期限、贴息比率等事项填报贴息申请表，对弄虚作假的项目，财政部有权终止或收回该项目的财政贴息资金，并依法追究相关单位和人员的责任。

第十八条 省级财政主管部门要定期对财政贴息资金的落实情况进行监督、检查，确保贴息资金发挥效益。并于每年年底向财政部报告贴息项目的执行情况和财政贴息资金的落实情况。

第十九条 财政贴息资金是专项资金，必须保证贴息的专款专用。任何单位不得以任何理由、任何形式截留、挪用财政贴息资金。对违反规定的，除将贴息资金全额收缴国家财政外，还要追究有关人员的责任。

第五章 附 则

第二十条 本《办法》由财政部负责解释。

第二十一条 本《办法》自发布之日起实施。今后如无调整，每年办理贴息不再另行通知。《财政部关于印发〈中西部地区国家级经济技术开发区基础设施项目贷款财政贴息资金管理暂行办法〉的通知》（财建［2001］518号）同时废止。

国家税务总局 财政部 国土资源部关于加强土地税收管理的通知

2005年7月1日 国税发［2005］111号

各省、自治区、直辖市和计划单列市财政厅（局）、地方税务局、国土资源厅（局），扬州税务进修学院，新疆生产建设兵团国土管理局：

为了贯彻落实国务院关于加强和改善宏观调控的方针政策，进一步强化土地税收（包括城镇土地使用税、土地增值税、契税和耕地占用税，下同）管理，充分发挥税收的经济调节作用，促进土地的节约和集约利用，加强部门协作，现将有关问题通知如下：

一、各级地方税务、财政和国土资源管理部门，要认真贯彻执行国家土地税收和土地管理的法律、法规和政策规定，共同研究强化土地税收征管的办法和措施，通过信息共享、情况通报、联合办公、联席会议等多种形式沟通情况和信息，加强部门间的协作配合。各级地方税务、财政部门要主动与当地的国土资源管理部门取得联系，积极研究强化征管的措施、信息共享方式、协作配合办法。

二、各级国土资源管理部门应根据当地地方税务、财政部门的需要，提供现有的地籍资料和相关地价资料，包括权利人名称、土地权属状况、等级、价格等情况资料，以便税务部门掌握土地的占有和使用情况，加强土地税收的管理。

对于通过征用或者出让、转让方式取得的土地，以及出租土地使用权或变更土地登记的，国土资源管理部门在办理用地手续后，应及时把有关信息告知当地的地方税务、财政部门。

各级地方税务、财政部门对从国土资源管理部门获取的地籍资料和相关的地价资料，只能用于征税之目的，并有责任按照国土资源管理部门的要求予以保密。

三、各级地方税务、财政部门要充分利用地籍资料和相关地价资料，加强土地税收的管理。建立健全土地税收税源登记档案和税源数据库，并根据变化情况及时更新税源登记档案和土地税收数据库内的信息。要定期将从国土资源管理部门取得的地籍资料等相关信息与房地产税收征管的有关信息进行对比，查找漏征税的土地，分析征管中存在的问题及原因，提出解决问题的意见和办法，并进一步规范土地税收的征收管理办法，做到应收尽收。

各级地方税务、财政部门在征管工作中，如发现纳税人没有办理用地手续或未进行土地登记的，应及时将有关信息告知当地国土资源管理部门，以便国土资源管理部门加强土地管理。

四、各级国土资源管理部门在办理土地使用权权属登记时，应按照《中华人民共和国契税暂行条例》、《中华人民共和国土地增值税暂行条例》的规定，在纳税人出具完税（或减免税）凭证后，再办理土地登记手续；对于未出具完税（或减免税）凭证的，不予办理相关的手续。办理土地登记后，应将完税（或减免税）凭证一联与权属登记资料一并归档备查。

五、为了方便纳税人，各级地方税务、财政部门和国土资源管理部门要积极协商，创造条件，在土地登记、审批场所设立税收征收窗口。

各级国土资源管理部门在进行用地情况检查和查处土地违法案件中，发现擅自转让（受让）土地的，除按有关规定进行处理外，还应查验土地使用人的完税（或减免税）凭证，对于不能出具完税（或减免税）凭证的，应将有关情况及时通报地方税务、财政部门。要切实做好地价评估动态监测及基准地价确定更新等基础工作，规范土地市场交易行为和涉税评估行为，防止国家税收流失。地方税务、财政部门应积极配合国土资源管理部门开展土地管理方面的检查。

六、各级地方税务、财政部门要充分利用国土资源管理部门已有的城镇土地分等定级、基准地价成果，合理划分和调整城镇土地使用税的等级和税额标准，更好地发挥税收调节经济和土地收益的作用。要大力支持国土资源管理部门做好土地分等定级与基准地价更新工作，及时提供现有税源登记档案及税源数据库中有关房地产价值等信息。

省级地方税务部门应根据国土资源管理部门提供的土地分等的资料，对全省范围内的城镇土地使用税分等定级和确定适用税额的情况进行研究分析，报经省级人民政府批准后，对各市、县、镇的税额标准进行综合平衡，使城镇土地使用税的分等定级和确定的税额标准能够客观反映各地间地价和土地收益的差别。

各市、县、镇的地方税务部门应根据国土资源管理部门提供的土地定级资料，对本地区城镇土地使用税等级划分和适用税额情况进行研究分析，对等级划分不合理或城镇土地使用税税额偏低的，按照税收管理权限报经批准后适时做出调整。

七、对于国土资源管理部门配合土地税收管理增加的支出，地方财政部门应给予必要的经费支持。

八、各地方税务、财政部门和国土资源管理部门要结合本地情况，共同协商研究制定贯彻落实本通知的具体办法，并抄报国家税务总局、财政部和国土资源部。

商务部　海关总署办公厅
关于保税区及保税物流园区
贸易管理有关问题的通知

2005年7月13日　商资字［2005］76号

各省、自治区、直辖市、计划单列市及新疆生产建设兵团商务主管部门，各直属海关：

为切实履行我国加入世界贸易组织承诺，完善对保税区、保税物流园区内企业的贸易管理，现就有关问题通知如下：

一、保税区、保税物流园区内的企业和个人可依照《中华人民共和国对外贸易法》、《对外贸易经营者备案登记办法》和《外商投资商业领域管理办法》及其他相关规定，依法取得贸易权、申请分销权。取得上述权限的企业和个人，可依法与境内区外企业和个人（包括未取得贸易权的企业和个人）开展贸易活动。取得分销权的外商投资企业可依法在国内从事分销活动。

二、保税区、保税物流园区内的对外贸易经营者向境内区外销售产品，以及从境内区外采购产品，应遵守国家有关进出口、外汇和税收管理等方面的规定。

（一）保税区、保税物流园区与境内区外之间进出的货物，按海关有关规定办理进出口手续。区内企业以对外贸易经营者身份将货物分销至境内区外的，以区内企业的名义办理报关及外汇核销等手续；区外企业和个人向区内企业和个人购买货物的，按现行规定办理。

（二）保税区、保税物流园区内的对外贸易经营者与境外之间进出的货物，除中华人民共和国参加或缔结的国际条约及法律、行政法规以及相关规章另有明确规定外，不实行进出口许可证管理。

（三）从境内区外进入保税区、保税物流园区的属于《纺织品出口临时管理商品目录》的纺织品，海关不验核许可证，待上述货物实际离境时，按照有关规定，对出口至需实行纺织品临时出口管理的国家或地区的，海关凭许可证办理验放手续。

三、保税区、保税物流园区内企业的设立应符合国家产业政策，区内任何企业均不得在国家禁止投资的领域从事生产和经营活动。

四、对保税区、保税物流园区内各类企业的税收、海关监管、外汇管理事项，按国家税务总局、海关总署、国家外汇管理局相关规定办理。

商务部关于全面提高外商投资促进工作水平的指导意见

2005 年 8 月 9 日　商资发［2005］340 号

各省、自治区、直辖市、计划单列市及新疆生产建设兵团商务主管部门、投资促进机构：

为使吸引外资工作更好地服务于我国国民经济和社会发展，根据现阶段我国吸引外资面临的国际和国内形势，结合今后吸收外资工作的重要领域和方向，现就全面提高我国外商投资促进工作水平提出若干指导性意见。希望各地正确认识和全面理解投资促进工作，通过科学制定和实施投资促进战略，建立健全投资促进工作机制，采用现代化有效手段，进一步提高我国吸收外资的质量和水平。

一、战略意义

党的十一届三中全会以来，我国将吸收外资作为对外开放基本国策的重要内容。20 多年的实践证明，吸收外资加速了国内、国外两种资源和两个市场的融合，带入了现代管理经验和市场营销理念，引进了大量资金、适用技术，增强了自主研发能力，培养了大批人才，创造了更多的就业机会，增加了国家税收和外汇收入。吸收外资大大推进了我国开放型经济的形成与发展，加速了经济结构的调整和产业升级，增强了国家经济实力和国际竞争力，促进了思想解放和观念更新，对社会主义市场经济的建立和法律体系的建设起到了重要作用。

当前，我国吸收外资工作进入了一个全新的阶段，国际形势的紧迫性、国内经济发展的必然性和我国投资促进工作的现实性，都要求我们及时制订和实施投资促进战略，进一步提高我国投资促进工作水平。

（一）经济全球化是生产要素在各国之间流动加快的趋势，大规模的跨国直接投资导致全球性生产分工体系的形成和国际分工格局的大调整。2004 年，在经历了 3 年衰退之后，新一轮跨国直接投资高潮初露端倪，而服务业外包成为新一轮国际直接投资的重要特点。据预测，2007 年服务外包业务转移额将超过 6000 亿美元，2010 年超过 1.2 万亿美元。同时，高科技、高附加值的高端制造及研发环节转移占跨国直接投资的比例大大提高。

各国为吸收更多外资采取了大量措施和努力，英国、瑞典、爱尔兰、新加坡、香港等国家和地区纷纷设立了投资促进的专门机构，在政府财政等各方面的大力支持下积极开展投资促进活动。

因而，在全球各国之间吸引外资的竞争加剧的形势下，如何保持我国在吸引外资方面的国际竞争力，是我国投资促进工作面临的重大挑战之一。

（二）虽然当前我国吸引外资已累积了一定的存量，但优质资本及与之共存的技术、管理等，在今后相当长的时期内仍处于短缺的境况，而中西部地区的这种短缺情况尤为突出。在全国吸收外资总量中，中部地区占约 13%，西部地区仅占 1%，地区之间存在着较大的差距。

当前，中央号召以科学发展观建设和谐社会，因而我国吸收外资的重点在于提高外资的质量和水平：将着重引进先进技术、管理经验和高素质人才，鼓励和吸收跨国公司来华设立面向其销售网络的生产制造基地、配套基地、服务外包基地、人才培训基地，以及更多的采购中心、研发中心和地区总部；要引导和加强中小企业与跨国公司的配套合作，促进国内企业逐步进入跨国公司全球生产、销售和服务网络；同时要积极、稳妥地推进服务贸易领域对外开放，提高服务贸易领域吸收外资的比重。

（三）多年来，投资促进工作对于宣传我国投资政策与环境、促进外商来华投资起到了很大的作用。随着国内外经济形势的发展，投资促进工作也逐渐显示出一些不足之处，主要表现在以下几个方面：

1. 投资促进观念狭窄。不少地方仅仅将招商引资当作投资促进工作的全部。事实上，形象塑造、引进投资和投资服务是一个有机整体，互相推动，不可或缺。

2. 投资促进工作缺乏科学性和规范性。一些地方出台有违国家政策的优惠措施，不仅危害了国家政策和法律的统一性和严肃性，也造成了地区间的恶性竞争。一些地方不顾部门性质和职能，一味压指标、分任务，将引资数量与干部政绩考核、个人收入挂钩等等。

3. 招商引资的方式比较陈旧。一些地方在招商引资活动中盲目攀比，过于追求规模与声势，存在“泡沫招商”、数字浮夸的现象。

4. 机构设置不能满足工作需要。有些地方尚未设立专门的投资促进机构，而是由政府部门（投资促进处）兼顾其工作，投资促进工作受到很大限制。

二、指导思想及战略目标

（一）指导思想：在邓小平理论和“三个代表”重要思想的指引下，全面贯彻落实《中共中央关于完善社会主义市场经济体制若干问题的决定》和《中共中央、国务院关于进一步扩大对外开放，提高利用外资水平的若干意见》，依照以科学发展观统领发展全局、建设和谐社会的战略思想，在全球吸引跨国直接投资竞争日趋激烈的新形势下，抓住新一轮全球生产要素优化重组和产业转移的重大机遇，按照“发展要有新思路、改革要有新突破、开放要有新局面、各项工作都要有新举措”的要求，在未来3—5年，树立投资促进的全局战略观念，建立健全现代化的投资促进工作体系，探索和采用现代化的招商手段，加强调查研究，科学制定和实施符合本地区实际的投资促进工作战略与规划，切实改善投资环境，完善对外商投资企业的服务，全面提高投资促进工作水平。

（二）在未来3—5年内，力争达到以下战略目标：

1. 正确认识和全面理解投资促进工作，通过科学制度和实施投资促进战略，积极、有效服务各地经济建设和社会进步。

2. 建立健全投资促进工作机制，采用现代化有效手段，提高和改进投资促进工作质量和水平。

3. 提高东北老工业基地、中西部地区吸引外资的规模和质量，促进经济协调发展。

4. 促进国内产业结构的调整升级，促进地区协调发展，增强我国综合国力和国际竞争力。

三、投资促进战略措施

（一）建立、健全投资促进工作体系。

投资促进工作是政府公共服务行为，是一项政府主导、有关方面积极参与的综合工程，需各地方政府加强重视，加大指导、支持和协调力度。

1. 投资促进工作由政府投资促进部门、专业投资促进和服务机构、引资主体所共同承担，三者各司其职，相互不可替代。投资促进部门、机构尚未健全的省、区、市，要从实际出发，根据投资促进工作的实际情况和需要，建立和完善投资促进工作体系。

政府投资促进部门是指各地负责投资促进的商务主管部门，负有指导投资促进工作，管理、协调各种投资促进资源的职责，如制定和实施科学的投资促进工作战略、建立现代化投资促进工作体系和工作制度、推广现代化有效投资促进工作手段等。各地应在政府投资促进部门设立投资促进专项资金，支持投资促进机构和投资促进活动。

专业投资促进机构是指官方的、半官方的或民间的专业机构，如投资促进局（会）、投资服务中心等，根据主管部门的工作规划，实施各种投资促进活动、承担政府部门规划的投资促进工作、向外商提供各项投资方面的服务等。

引资主体是指企业（项目单位）、开发区等，其有效的工作如对引资项目的选择和包装等是做好投资促进工作的保障。引资主体是当然的商务谈判主体，这种主体作用应得到加强。

2. 商务部是全国促进工作的政府主管部门，负责指导和管理全国招商引资和投资促进工作。商务部内设投资促进事务局，负责执行商务部投资促进计划，承担商务部策划、布置和支持的投资促进工作，策划并组织境内外大型投资促进活动。

3. “全国促进机构联席会议”是促进机构之间有效的信息沟通、经验交流机制，也是商务部与各地促进机构联系的桥梁，为投资促进工作提供了一个平台。

（二）科学制定本地区利用外资发展经济的战略。

各地应认真分析和把握全球跨国形势，认真领会和全面贯彻国家经济发展的目标，认真研究本地和周边地区产业优势和发展方向，从而准确定位，发挥比较优势，克服自身劣势，科学制定出利用外资发展经济的战略。战略的实施，在于不仅能够吸引外商来投资，还要使外商投资企业正常经营和健康发展。

当前，国家鼓励外资加快向有条件的地区和符合国家产业政策的领域扩展，形成若干外资密集、内外结合、带动力强的经济增长带：长江三角洲地区要建设成为重要的经济、金融和贸易中心，成为高新技术产业研发和先进制造基地。珠江三角洲地区要着力加快产业升级步伐，发展广深高新技术产业带，逐步建成为技术水平较高的全球制造业基地。福建应依托对台经贸的优势，带动海峡西岸经济带的发展。京津塘地区要发挥科研和人才优势，重点发展技术和知识密集型产业。东北等老工业基地要鼓励发展装备制造业和重化工业，结合大力改造传统产业，有选择地发展高新技术产业，逐步建成开放型的“新工业基地”。山东半岛要依托一批骨干企业，加快发展一批特色突出的产业集群和现代农业基地。以成都、重庆、西安、武汉、郑州等中心城市为龙头的中西部地区，要根据各自特点，有重点地发展高新技术产业，并主动利用沿海地区产业转移的机遇加快发展，努力建设一批资源产业基地、特色产业基地和现代化农业基地。

（三）抓住新一轮国际产业转移的机遇，重点发展服务业、高新技术产业和配套产业。

1. 制造业高端和服务外包，是新一轮转移的主要内容。我们要紧紧抓住服务外包转移的机遇，加大工作力度，将跨国公司外包的服务吸引到我国，提高服务业在我国吸引外资总量中的比重。

2. 高科技含量、高附加值的制造及研发环节将从美、日、欧等发达国家向外转移，跨国公司地区总部的设立也随之发生调整。因此，我们要注重吸引资本、技术、知识密集型产业来华，特别是微电子产业、汽车制造业、基础装备制造业等。

3. 当前国际产业转移也呈现出组团式、产业链整体转移的特点，具有产业特色、配套产业基础的大型开发区将成为承接国际产业转移的主要载体。据此，各地应加大对龙头产品的工作力度，围绕龙头产品建设产业链，起到事半功倍的效果。

（四）根据不同投资者采取不同的投资促进策略

针对不同的投资者，采用不同的投资促进策略，改进投资促进效果。大型跨国公司通过自身拥有的资源对各地投资环境和政策进行详尽研究，战略性选择投资地点。因而，对于跨国公司应以规范性的投资服务、良好的配套环境为主，做好对知识产权的保护等工作。

同时，针对境外中小企业仍然要着重宣传和介绍国家政策、当地基础设施、能源交通、员工成本和原料供应等情况，协助已投资的中小企业解决经营过程中的问题，协助其做大、做强，显示示范效应。

（五）探讨和采用现代化招商手段，提高投资促进工作效率。

我们应开拓新思维、采用新手段，融合传统招商方式，尝试各种更具实效的招商引资方式，如：

1. 专业化招商、主题招商。选择重点行业或突出主题举办招商活动，针对性强，效率高。

2. 小分队招商。派遣小型招商组到境外，对重点项目进行推介。

3. 以跨国公司龙头项目带动其配套投资项目，形成产业链。

4. 加强网络建设，提高互联网的盗用。在进一步改善互联网提供各种政策信息的同时，积极开展网络招商。

5. 加强境外工作力度。有条件的可向境外派驻机构和人员，提高工作效率。

（六）各地要充分利用“中国国际投资贸易洽谈会”进行投资促进活动，减少以行政区划为基础的洽谈会。

（七）加大对东北老工业基地、中西部地区的支持力度，加强东、中、西部之间交流。

1. 与经合组织（OECD）合作，就东北地区振兴的政策与措施进行研讨、交流。

2. 与世界银行集团合作，研究西部地区在新形势下吸引外资、发展经济的思路与措施。

3. 与世界银行集团（包括 MIGA、FIAS、IFC 等）合作，研究新形势下中部地区利用外资发展经济的思路。

4. 利用“全国投资促进机构联席会议”、“国际投资促进论坛”等平台，促进东、中、西部之间的工作、信息交流，提高工作效率，缩小地区差距。

（八）加强与国际组织、境外机构合作，开展多、双边投资促进工作。

1. 与国际组织和机构积极开展合作，及时了解和把握当前跨国直接投资的形势和趋势，学习和探讨当代投资促进思路和方法，提高我国投资促进工作水平。

2. 积极开展中日、中韩、中英、中瑞（瑞典）、中新（新加坡）、内地与香港等双边投资促进机制工作，邀请部分省市参加双边机制联席会议，在重点城市举办外商投资企业交流、说明活动，组织境外企业家代表团来华访问、考察、洽谈等。

3. 每年组织部分省市赴日韩、欧洲、美加等地举办投资研讨、说明、项目洽谈活动。不定期组织部分省市赴中东、南非、澳洲、南美举办投资研讨、说明洽谈项目活动。配合高访、组织部分省、区、市组成商务团，推介我国投资环境，塑造我国形象。

（九）强化服务意识，培训从业人员。

1. 树立和加强服务观念，加强对外商投资服务。落实投资便利化，在投资前协助，投资服务和投资后服务三个阶段都为投资者提供良好的服务。

成功的投资者是最好的宣传员，因而要保护好外商投资企业合法权益，办好现有企业。

2. 加强投资促进队伍建设。人才是搞好投资促进工作的重要保障，而培训是提升工作水平的有效途径。因此，要加强对投资促进工作人员的培训（如工作方法、手段、语言等），使从业人员不断更新工作思路，不断改进工作技能，提高投资促进工作水平。

国家环境保护总局建设项目环境影响评价审批程序规定

2005年11月23日　国家环境保护总局令第29号

《国家环境保护总局建设项目环境影响评价审批程序规定》已于2005年10月27日由国家环境保护总局2005年第二十次局务会议通过，现予公布，自2006年1月1日起施行。

第一章　总　　则

第一条　为规范国家环境保护总局（以下简称“环保总局”）建设项目环境影响评价文件审批行为，提高审批行为的科学性和民主性，保护公民、法人和其他组织的合法权益，根据《中华人民共和国行政许可法》、《中华人民共和国环境影响评价法》和《国务院关于投资体制改革的决定》，制定本规定。

第二条　本规定所称建设项目环境影响评价文件，是指建设项目环境影响报告书、环境影响报告表和环境影响登记表的统称。

第三条　本规定适用于环保总局负责审批的建设项目环境影响评价文件的审批。

第四条　按照国家规定实行审批制的建设项目，建设单位应当在报送可行性研究报告前报批环境影响评价文件。按照国家规定实行核准制的建设项目，建设单位应当在提交项目申请报告前报批环境影响评价文件。按照国家规定实行备案制的建设项目，建设单位应当在办理备案手续后和开工前报批环境影响评价文件。

第五条　环保总局审批建设项目环境影响评价文件，遵循公开、公平、公正原则，做到便民和高效。

第二章　申请与受理

第六条　建设单位按照环保总局公布的《建设项目环境保护分类管理名录》的规定，组织编制环境影响报告书、环境影响报告表或者填报环境影响登记表。其中，对按规定编制环境影响报告书或者环境影响报告表的建设项目，建设单位应当委托具备甲级环境影响评价资质的机构编制。

第七条　建设项目环境影响报告书主要包括下列内容：

（一）项目概况；

（二）周围环境现状；

（三）对环境可能造成影响的分析、预测和评估；

（四）环境保护措施及其技术、经济论证；

（五）对环境影响的经济损益分析；

（六）实施环境监测的建议；

（七）评价结论。建设项目环境影响报告表和环境影响登记表，分别按照环保总局公布的内容、格式编制或填报。

第八条　依法需要环保总局审批的建设项目环境影响评价文件，建设单位应当向环保总局提出申请，提交下列材料，并对所有申报材料内容的真实性负责：

（一）建设项目环境影响评价文件报批申请书1份；

（二）建设项目环境影响评价文件文字版一式8份，电子版一式2份；

（三）建设项目建议书批准文件（审批制项目）或备案准予文件（备案制项目）1份；

（四）依据有关法律法规规章应提交的其他文件。

第九条 环保总局对建设单位提出的申请和提交的材料，根据情况分别作出下列处理：

（一）申请材料齐全、符合法定形式的，予以受理，并出具受理回执；

（二）申请材料不齐全或不符合法定形式的，当场或在5日内一次告知建设单位需要补正的内容；

（三）按照审批权限规定不属于环保总局审批的申请事项，不予受理，并告知建设单位向有关机关申请。

第十条 环保总局在政府网站（网址：www.sepa.gov.cn）公布受理的建设项目信息。国家规定需要保密的除外。

第三章 审 查

第十一条 环保总局受理建设项目环境影响报告书后，认为需要进行技术评估的，由环境影响评估机构对环境影响报告书进行技术评估，组织专家评审。评估机构一般应在30日内提交评估报告，并对评估结论负责。

第十二条 环保总局主要从下列方面对建设项目环境影响评价文件进行审查：

（一）是否符合环境保护相关法律法规。建设项目涉及依法划定的自然保护区、风景名胜区、生活饮用水水源保护区及其他需要特别保护的区域的，应当符合国家有关法律法规该区域内建设项目环境管理的规定；依法需要征得有关机关同意的，建设单位应当事先取得该机关同意；

（二）是否符合国家产业政策和清洁生产标准或者要求；

（三）建设项目选址、选线、布局是否符合区域、流域规划和城市总体规划；

（四）项目所在区域环境质量是否满足相应环境功能区划和生态功能区划标准或要求；

（五）拟采取的污染防治措施能否确保污染物排放达到国家和地方规定的排放标准，满足污染物总量控制要求；涉及可能产生放射性污染的，拟采取的防治措施能否有效预防和控制放射性污染；

（六）拟采取的生态保护措施能否有效预防和控制生态破坏。

第十三条 对环境可能造成重大影响、应当编制环境影响报告书的建设项目，可能严重影响项目所在地居民生活环境质量的建设项目，以及存在重大意见分歧的建设项目，环保总局可以举行听证会，听取有关单位、专家和公众的意见，并公开听证结果，说明对有关意见采纳或不采纳的理由。

第四章 批 准

第十四条 符合本规定第十二条所列条件，经审查通过的建设项目，环保总局作出予以批准的决定，并书面通知建设单位。对不符合条件的建设项目，环保总局作出不予批准的决定，书面通知建设单位，并说明理由。

第十五条 环保总局在作出批准的决定前，在政府网站公示拟批准的建设项目目录，公示时间为5天。作出批准决定后，在政府网站公告建设项目审批结果。

第十六条 建设项目的环境影响评价文件自批准之日起超过五年，方决定该项目开工建设的，其环境影响评价文件应当报环保总局重新审核。环保总局从下列方面对环境影响评价文件进行重新审核：

（一）建设项目所在区域环境质量状况有无变化；

（二）原审批中适用的法律、法规、规章、标准有无变化。若上述两方面均未发生变化，环保总局作出予以核准的决定，并书面通知建设单位。

第十七条 建设单位对审批或重新审核决定有异议的，可依法申请行政复议或提起行政诉讼。

第五章　期　　限

第十八条　环保总局应当自收到环境影响报告书之日起60日内，收到环境影响报告表之日起30日内，收到环境影响登记表之日起15日内，根据审查结果，分别作出相应的审批决定并书面通知建设单位。

第十九条　重新审核的建设项目，环保总局应当自收到环境影响评价文件之日起10日内，将审核意见书面通知建设单位。

第二十条　依法需要进行听证、专家评审和技术评估的，所需时间不计算在本章规定的期限内。

第六章　附　　则

第二十一条　依法应当由环保总局负责审批环境影响评价文件的建设项目，环保总局可以委托项目所在地的省、自治区、直辖市环境保护行政主管部门审批其环境影响评价文件。受托的环境保护行政主管部门按照委托权限审批建设项目环境影响评价文件，并将审批决定向环保总局备案。

第二十二条　地方各级环境保护行政主管部门可以根据本地的实际情况，参照本规定制定具体办法。

第二十三条　本规定自2006年1月1日起实施。

中华人民共和国国家发展和改革委员会
公　　告

2005年6月13日　2005年第30号

根据《国务院关于深化改革严格土地管理的决定》（国发［2004］28号）、《国务院办公厅关于清理整顿各类开发区加强建设用地管理的通知》（国办发［2003］70号）和《关于清理整顿现有各类开发区的具体标准和政策界限的通知》（发改外资［2003］2343号）精神，按照“布局集中、用地集约、产业集聚”的要求，在国土资源部和建设部按照土地利用总体规划、城市总体规划（以下简称“两个规划”）进行审核的基础上，国家发展改革委会对第三批46家国家级高新技术产业开发区的经济社会发展规划、产业布局、区域功能等进行了审核。鉴于上述开发区孵化功能较完善，已形成特色产业和聚集效应，符合清理整顿的审核要求，经报请国务院批准，现予以公告。

本次公告的高新技术产业开发区可以恢复正常的建设用地供应，各开发区四至范围由国土资源部另行公布。对部分开发区在审核范围内不符合“两个规划”的土地面积，一律予以核减；对未经依法批准扩区的，在符合“两个规划”前提下，确有扩区需要的，可按照有关规定上报国务院审批；对未纳入城市统一规划管理的开发区，要抓紧整改；对未经审核通过的开发区，一律不得增加新的建设用地供应。各开发区要贯彻落实科学发展观，严把入区企业质量，集约使用土地。

附：第三批通过审核的高新技术产业开发区名单

附：

第三批通过审核的高新技术产业开发区名单

序号	开发区名称	批准机关	批准时间	审核确定的面积［公顷］		主要产业 *
				总面积	其中：集中新建区面积	
天津						
1	天津新技术产业园区	国务院	1991.03	5524	4412	机电一体化（IT和光机电一体化），生物医药，新能源
河北						
1	石家庄高新技术产业开发区	国务院	1991.03	1553	1113	新能源、高效节能，电子信息，生物、医药
2	保定高新技术产业开发区	国务院	1992.11	1223	773	新材料，光机电一体化
山西						
1	太原高新技术产业开发区 *	国务院	1992.11	800	800	新材料，电子信息与光机电一体化，新能源与高效节能
内蒙						
1	包头稀土高新技术产业开发区	国务院	1992.11	956	956	光机电一体化，新材料（以稀土为主），生物、医药技术
辽宁						
1	大连高新技术产业园区	国务院	1991.03	1300	320	软件和信息服务业，生物技术与医药产业，新材料
2	鞍山高新技术产业开发区	国务院	1992.11	790	790	光机电一体化，新材料，电子与信息
3	沈阳高新技术产业开发区	国务院	1991.03	2750	650	电子与信息，光机电一体化，生物、医药
吉林						
1	长春高新技术产业开发区	国务院	1991.03	1911	1303	光机电一体化，生物、医药技术，电子与信息
黑龙江						
1	大庆高新技术产业开发区	国务院	1992.11	1430	1430	石油及天然气产品精深加工，新材料，电子与信息

续表

序号	开发区名称	批准机关	批准时间	审核确定的面积［公顷］		主要产业＊
				总面积	其中：集中新建区面积	
2	哈尔滨高新技术产业开发区	国务院	1991.03	2370	1590	光机电一体化，生物、医药，电子与信息
江苏						
1	常州高新技术产业开发区	国务院	1992.11	563	563	光机电一体化，电子与信息，生物、医药
2	无锡高新技术产业开发区	国务院	1992.11	945	945	电子与信息，光机电一体化，新能源、高效节能
3	苏州高新技术产业开发区	国务院	1992.11	680	680	电子与信息，光机电一体化，医药精细化工
4	南京高新技术产业开发区	国务院	1991.03	1650	1650	电子信息业、光机电，化工新材料，生物医药
浙江						
1	杭州高新技术产业开发区	国务院	1991.03	1212	848	电子与信息，光机电一体化，生物、医药技术
安徽						
1	合肥高新技术产业开发区＊	国务院	1991.03	1850	720	光机电一体化，电子与信息，生物、医药技术
福建						
1	福州市科技园区	国务院	1991.03	550	550	计算机外设、新型显示器、数码印刷机，新型电池，固体废弃物处理设备
2	厦门火炬高技术产业开发区	国务院	1991.03	1375	1375	电子信息，光机电一体化，生物、医药
江西						
1	南昌高新技术产业开发区＊	国务院	1992.11	680	680	生物、医药，光机电一体化，电子与信息
山东						
1	淄博高新技术产业开发区＊	国务院	1992.11	704	704	新材料，生物与医药，先进制造
2	潍坊高新技术产业开发区	国务院	1992.11	860	860	电子与信息，生物医药技术，光机电一体化
3	威海火炬高技术产业开发区	国务院	1991.03	1510	625	电子与信息，新材料，生物、医药技术
4	济南高新技术产业开发区	国务院	1991.03	1590	1126	电子信息，生物、医药，光机电一体化

续表

序号	开发区名称	批准机关	批准时间	审核确定的面积［公顷］		主要产业＊
				总面积	其中：集中新建区面积	
5	青岛高新技术产业开发区	国务院	1992.11	980	880	电子与信息，生物医药技术，新材料
河南						
1	郑州高新技术产业开发区	国务院	1991.03	1132	1132	无机非金属和金属材料及制品，生物技术产品与制药，以通信设备及计算机网络和软件产品为主的电子信息产业
2	洛阳高新技术产业开发区＊	国务院	1992.11	547.9	547.9	光机电一体化的先进制造设备、机电一体化机械设备和机电基础件，新材料的金属材料、无机非金属材料和有机高分子材料及制品
湖北						
1	武汉东湖新技术产业开发区	国务院	1991.03	2400	600	光电子与信息，生物及医药，环保和资源综合利用
2	襄樊高新技术产业开发区	国务院	1992.11	750	750	光机电一体化，新能源、高效能源，新材料
湖南						
1	长沙高新技术产业开发区	国务院	1991.03	1733.5	1373.5	光机电一体化，电子与信息，新材料
广东						
1	中山火炬高技术产业开发区	国务院	1991.03	1710	730	电子与信息，生物、医药技术，新材料
2	珠海高新技术产业开发区	国务院	1992.11	980	980	电子与信息，生物工程与新医药，光机电一体化技术
3	深圳市高新技术产业园区	国务院	1991.03	1150	1150	电子与信息，光机电一体化，生物、医药技术
4	广州高新技术产业开发区	国务院	1991.03	3734	2994	电子与信息，生物、医药技术，新材料
5	佛山高新技术产业开发区	国务院	1992.11	1000	1000	光机电一体化，电子与信息，新材料
广西						
1	南宁高新技术产业开发区	国务院	1992.11	850	850	生物及医药，电子信息，先进制造技术设备

续表

序号	开发区名称	批准机关	批准时间	审核确定的面积［公顷］		主要产业＊
				总面积	其中：集中新建区面积	
2	桂林高新技术产业开发区	国务院	1991.03	1207	386	电子与信息，生物、医药技术，光机电一体化
重庆						
1	重庆高新技术产业开发区	国务院	1991.03	2000	1700	信息（光传输设备、数字移动通信产品、网络设备为主），生物及医药，先进制造
四川						
1	成都高新技术产业开发区	国务院	1991.03	2150	1683	以微电子技术为主导的电子信息，以中药现代化为重点的生物医药，以先进制造技术为特征的精密机械制造
2	绵阳高新技术产业开发区	国务院	1992.11	579.9	579.9	电子信息，新材料，生物、医药技术
贵州						
1	贵阳高新技术产业开发区	国务院	1992.11	533	533	电子信息，光机电一体化，生物、医药
云南						
1	昆明高新技术产业开发区	国务院	1992.11	900	900	新材料，生物医药技术，光机电一体化
陕西						
1	宝鸡高新技术产业开发区	国务院	1992.11	577	577	先进制造产业，新材料产业，电子信息产业
2	杨凌农业高新技术产业示范区	国务院	1997.07	2212	1000	现代生物技术（制药）产业，农牧良种及环保农资产业，农副产品精深加工产业
甘肃						
1	兰州高新技术产业开发区	国务院	1991.03	1496	1026	新材料，生物、医药技术，电子与信息
新疆						
1	乌鲁木齐高新技术产业开发区	国务院	1992.11	980	980	生物、医药技术，光机电一体化，新能源、高效节能
合计	46个			64378.3	47815.3	

＊注 1. 主要产业指园区内高新技术产业近三年销售额排列前三位的产业。

2. 开发区名称后带＊号的表示另含高新技术一条街等政策区域，以科技部有关文件规定为准。

3. 福州科技园区有140公顷在福州经济技术开发区内。

4. 杨凌农业高新技术综合示范区以及合肥高新技术产业开发区、长沙高新技术产业开发区中的农业园，规划的农业用地应按土地利用总体规划确定的用途使用，未经依法批准，不得改为建设用地。

中华人民共和国国家发展和改革委员会公告

2005年9月7日　2005年第56号

根据《国务院关于深化改革严格土地管理的决定》（国发［2004］28号），《国务院办公厅关于清理整顿各类开发区加强建设用地管理的通知》（国办发［2003］70号）以及国家发展和改革委员会、国土资源部、建设部、商务部《关于清理整顿现有各类开发区的具体标准和政策界限的通知》（发改外资［2003］2343号）精神，国家发展和改革委员会在国土资源部和建设部按照土地利用总体规划和城市总体规划（以下简称“两个规划”）对各地区报来的国家级开发区进行规划审核的基础上，会同国务院有关部门，结合国家和地区经济发展规划、产业布局，按照“布局集中、用地集约、产业集聚”的要求，对吉林高新技术产业开发区等44个国家级开发区进行审核，经报请国务院批准，现予以公告。

本次公告的开发区可以恢复正常的建设用地供应，各开发区的“四至”范围由国土资源部另行公布。对部分通过审核的开发区范围与“两个规划”不衔接的，应抓紧按法定程序履行审批手续；未经依法批准扩区的，在符合“两个规划”前提下，确有扩区需要的，可按照有关规定上报国务院审批；不符合“两个规划”的部分，一律予以核减。

各地上报要求保留的其他开发区，国家发展和改革委员会正会同有关部门加紧审核，符合审核要求的，将陆续公告。未经审核通过的开发区，一律不得增加新的建设用地供应。

附：第四批通过审核的国家级开发区名单

附：

第四批通过审核的国家级开发区名单

一、高新技术产业开发区

序号	省份	开发区名称	批准机关	批准时间	审核确定的面积（公顷）		主要产业*
					总面积	其中：集中新建区面积	
1	吉林	吉林高新技术产业开发区	国务院	1992.11	436.00	436.00	光机电一体化、生物医药、化工
2	上海	上海高新技术产业开发区	国务院	1991.03	4211.70	4211.70	电子与信息、生物及医药、光机电一体化
3	湖南	株洲高新技术产业开发区	国务院	1992.11	858.00	858.00	新材料产业、先进制造业、电子信息
4	广东	惠州仲恺高新技术产业开发区	国务院	1992.11	706.00	706.00	电子与信息、光机电一体化、高新技术产业
5	海南	海南国际科技工业园	国务院	1991.03	277.00	277.00	生物医药、微电子、光机电一体化
6	陕西	西安高新技术产业开发区	国务院	1991.03	2235.00	2235.00	电子与信息、光机电一体化、生物医药

注：上海高新技术产业开发区“一区六园”，“六园”为张江高科技园区、漕河泾新兴技术开发区、上海大学科技园、中国纺织国家科技产业城、金桥现代科技园、嘉定民营技术密集区。其中，漕河泾新兴技术开发区在已公告的同一名称的国家级经济技术开发区内，金桥现代科技园600公顷在已公告的金桥出口加工区。

二、保税区

序号	省份	开发区名称	批准机关	批准时间	批准面积（公顷）	主要产业*
1	福建	厦门象屿保税区	国务院	1992.10	60.00	国际贸易、出口加工、转口贸易
2	山东	青岛保税区	国务院	1992.11	250.00	转口贸易、国际贸易、服务贸易
3	广东	盐田港保税区	国务院	1996.09	85.00	转口贸易、仓储、国际物流

三、出口加工区

序号	省份	开发区名称	批准机关	批准时间	批准面积（公顷）	主要产业*
1	北京	北京天竺出口加工区	国务院	2000.04	272.60	工业自动化、电子信息、生物医药
2	山东	济南出口加工区	国务院	2003.03	320.00	建设中，尚未通过验收
3	山东	潍坊出口加工区	国务院	2003.12	300.00	建设中，尚未通过验收

四、边境经济合作区

序号	省份	开发区名称	批准机关	批准时间	批准面积（公顷）	主要产业＊
1	内蒙古	二连浩特市边境经济合作区	国务院	1992.03	100.00	边境贸易、木材和建材加工、食品及畜产品加工
2	内蒙古	满洲里边境经济合作区＊	国务院	1992.03	640.00	边境贸易、进口木材加工、精细化工加工
3	辽宁	丹东市边境经济合作区	国务院	1992.07	630.00	设备制造、电子、医药
4	吉林	珲春市边境经济合作区	国务院	1992.03	500.00	纺织服装、林产品和矿产品加工、农副产品深加工
5	黑龙江	绥芬河市边境经济合作区	国务院	1992.03	500.00	边境贸易、服装、木材加工
6	黑龙江	黑河市边境经济合作区	国务院	1992.03	763.00	边境贸易、木材和轻工产品加工、农副产品加工
7	广西	凭祥市边境经济合作区＊	国务院	1992.09	720.00	出口加工型工业、边境贸易、国际物流
8	广西	东兴镇边境经济合作区	国务院	1992.09	407.00	边境贸易、产品进出口加工、边境旅游
9	云南	瑞丽市边境经济合作区＊	国务院	1992.06	600.00	边境贸易、农副产品加工、边境旅游
10	云南	河口瑶族自治县边境经济合作区＊	国务院	1992.06	402.00	边境外贸、农副产品加工、国际物流
11	新疆	伊宁市边境经济合作区＊	国务院	1992.12	650.00	亚麻纺织、绿色食品工业、粮油加工
12	新疆	塔城市边境经济合作区＊	国务院	1992.12	650.00	实木加工、边境贸易、仓储
13	新疆	博乐市边境经济合作区＊	国务院	1992.12	783.00	食品（番茄）加工、建材加工、国际物流

注：1. 丹东市边境经济合作区另含大东港保税仓库，以国务院批准文件为准；

2. 珲春市边境经济合作区有150公顷位于吉林珲春出口加工区内；

3. 开发区名称后带＊号的表示：批准范围与土地利用总体规划和城市总体规划不衔接，应依法调整土地利用总体规划和城市总体规划。

五、台商投资区

序号	省份	开发区名称	批准机关	批准时间	批准面积（公顷）	主要产业＊
1	福建	厦门海沧台商投资区	国务院	1989.05	6316.00	精细化工、电子、港口物流
2	福建	杏林台商投资区	国务院	1989.05	2521.00	化工、机械、纺织
3	福建	集美台商投资区	国务院	1992.12	685.00	工程机械、汽车、摩托车及零部件、医学工科等文教业

六、互市贸易区

序号	省份	开发区名称	批准机关	批准时间	批准面积（公顷）	主要产业＊
1	内蒙古	满洲里中俄互市贸易区	国务院	1992.04	20.96	轻工产品、旅游纪念品、小商品等民间贸易
2	黑龙江	东宁—波尔塔夫卡互市贸易区	国务院	2000.09	275.40	民间贸易、轻工产品和木材加工、金属冶炼

七、工业园区

序号	省份	开发区名称	批准机关	批准时间	批准面积（公顷）	主要产业＊
1	江苏	南京海峡两岸科技工业园	国务院	1995.09	500.00	电子信息、生物医药、新材料
2	福建	福州元洪投资区	国务院	1992.05	1000.00	粮油加工、饲料、民用玻璃制品

注：南京海峡两岸科技工业园有180公顷位于南京高新技术产业开发区内。

八、金融贸易区

序号	省份	开发区名称	批准机关	批准时间	批准面积（公顷）	主要产业＊
1	上海	上海陆家嘴金融贸易区	国务院	1990.06	3178.00	金融、保险、证券

九、旅游度假区

序号	省份	开发区名称	批准机关	批准时间	审核确定的面积（公顷）		景区特色＊
					总面积	其中：建设用地面积	
1	上海	上海佘山国家旅游度假区	国务院	1995.06	6408.00	1088.00	市郊娱乐、休闲、教育型旅游
2	江苏	无锡太湖国家旅游度假区	国务院	1992.10	1350.00	718.10	青山、绿水、内陆亲水运动型度假
3	江苏	苏州太湖国家旅游度假区	国务院	1992.10	1120.00	878.00	太湖山水、古越文化、内陆亲水运动型度假
4	浙江	杭州之江国家旅游度假区	国务院	1992.10	988.00	888.00	休闲、娱乐、体验观光型市郊滨湖度假旅游
5	福建	武夷山国家旅游度假区	国务院	1992.10	1200.00	815.50	内陆观光、体验、休闲度假旅游
6	福建	湄洲岛国家旅游度假区	国务院	1992.10	1350.00	10.80	海岛生态、休闲、感受体验类度假旅游
7	山东	青岛石老人国家旅游度假区	国务院	1992.10	1080.00	1080.00	海洋生态、滨海运动、文化体验型旅游

续表

序号	省份	开发区名称	批准机关	批准时间	审核确定的面积（公顷）		景区特色*
					总面积	其中：建设用地面积	
8	广东	广州南湖国家旅游度假区	国务院	1992.10	1500.00	795.00	城郊休闲、娱乐、运动型度假旅游
9	广西	北海银滩国家旅游度假区	国务院	1992.10	1200.00	840.00	海洋生态、民族风情、康体型度假旅游
10	海南	三亚亚龙湾国家旅游度假区	国务院	1992.10	1860.00	1730.00	滨海休闲、康体、运动型度假旅游
11	云南	昆明禧池国家旅游度假区	国务院	1992.10	1000.00	1000.00	民族文化风情观光、高原体育训练、康体型度假旅游

注：广州南湖国家旅游度假区含配套开发的白云山景区1000公顷；

旅游度假区通过规划审核的是符合土地利用总体规划和城市总体规划的建设用地面积。旅游度假区凡从事非农业建设，必须按照土地利用总体规划和城市总体规划实施。

中华人民共和国国家发展和改革委员会公告

2005年12月8日　2005年第74号

根据《国务院办公厅关于清理整顿各类开发区加强建设用地管理的通知》（国办发［2003］70号）和国家发展改革委、国土资源部、建设部《关于印发〈清理整顿开发区的审核原则和标准〉的通知》（发改外资［2005］1571号）等政策性文件精神，国家发展改革委对已通过土地利用总体规划和城市总体规划审核并符合上报要求的辽宁、黑龙江、福建、山东、河南、湖北、广西、青海等8个省（区）的651家省级及省级以下各类开发区进行了审核。按照“布局集中、用地集约、产业集聚”的要求，其中的145家省级开发区符合《清理整顿开发区的审核原则和标准》，符合土地利用总体规划、城市总体规划及环境保护规划，现予以公告（名单附后）。

本次审核公告的省级开发区可恢复正常建设用地供应，对审核面积中不符合开发区定义的非制造业部分应予以核减，已通过审核公告的各开发区的四至范围和最终面积由国土资源部另行确定公布。

为巩固清理整顿成果，防止开发区再度过多过滥发展和出现反弹，各地应严格执行《国务院办公厅关于暂停审批各类开发区的紧急通知》（国办发明电［2003］30号），在国务院关于规范各类开发区发展的政策性文件发布和开发区四至范围落实前，仍暂停批准设立和扩建各类省级开发区。已通过审核公告的开发区要科学制定发展规划，突出产业特色，集约使用土地，完善基础设施，优化投资环境，提高引资质量和水平，真正把开发区办成发展现代制造业的集中区、吸引外资的集聚区、体制改革的先导区和循环经济的示范区。

附：第一批通过审核公告的省级开发区名单

附：

第一批通过审核公告的省级开发区名单

序号	开发区名称	原名称	批准机关	批准时间	主要产业	备注
			辽宁省			
1	沈阳道义经济开发区	沈阳道义经济开发区	省政府	2002.01	食品、医药、装饰材料	*1
2	辽宁阜新经济开发区	阜新经济技术开发区	省政府	1994.08	机械制造、农副产品加工	
3	辽宁铁岭经济开发区	铁岭经济开发区	省政府	1995.12	农产品深加工、建材、服装	
4	辽宁抚顺经济开发区	抚顺经济开发区	省政府	1993.03	精细化工、机械制造、食品	
5	辽宁抚顺胜利经济开发区	抚顺胜利工业开发区	省政府	1993.03	新型建材、煤层气开发、油母页岩深加工	
6	辽宁本溪经济开发区	本溪经济技术开发区	省政府	1993.03	现代中药、钢铁深加工、日用化工	
7	辽宁辽阳高新技术产业园区	辽阳高新技术产业开发区	省政府	1992.09	化工、新型建材、微电子	
8	辽宁鞍山经济开发区	辽宁鞍山经济开发区	省政府	1993.03	光机电、电子信息、新材料	
9	辽宁海城经济开发区	海城经济开发区	省政府	2002.01	机械制造、矿产品加工	
10	辽宁丹东东港经济开发区	丹东东港经济开发区	省政府	1994.10	矿产品加工、机械制造、食品	
11	辽宁丹东前阳经济开发区	前阳经济开发区	省政府	1994.10	纺织服装、化工、水产品加工	
12	辽宁瓦房店炮台经济开发区	大连炮台经济开发区	省政府	2002.10	食品、铸造机械、新型建材	
13	辽宁长兴岛经济开发区	大连长兴岛经济开发区	省政府	2002.01	新型建材、机械制造、酿酒	
14	大连旅顺经济开发区	大连旅顺经济开发区	省政府	2002.01	船舶制造及配套产业、大型装备制造	
15	大连金州经济开发区	大连金州经济开发区	省政府	2002.10	汽车电子、装备制造、纺织服装	
16	辽宁普兰店经济开发区	大连普兰店经济开发区	省政府	2002.10	机械制造、生物医药、仪器仪表	
17	辽宁营口高新技术产业园区	营口高新经济产业开发区	省政府	1994.04	船舶制造、机械电子、纺织服装	
18	辽宁营口南楼经济开发区	营口南楼经济开发区	省政府	2002.10	镁制品精深加工、新型建材、机械制造	
19	辽宁盘锦经济开发区	盘锦经济技术开发区	省政府	1993.03	石油机械设备制造、塑料、医药	
20	辽宁锦州经济开发区	锦州经济技术开发区	省政府	1993.03	农产品深加工、汽车零部件、新型建材	

续表

序号	开发区名称	原名称	批准机关	批准时间	主要产业	备注
21	辽宁锦州高新技术产业园区	锦州高新技术产业园区	省政府	1992.10	汽车零部件、生物医药、新材料	
22	辽宁葫芦岛高新技术产业园区	葫芦岛高新技术产业开发区	省政府	2003.01	精细化工、机械制造、电子信息	*22
23	辽宁葫芦岛经济开发区		省政府	2003.01	石油化工、农产品深加工、机械制造	*23
			黑龙江省			
24	黑龙江双城经济开发区	双城经济技术开发区	省政府	1992.08	食品、机械制造、医药	
25	黑龙江阿城经济开发区	哈尔滨阿城经济开发区	省政府	2002.09	医药、冶金机械、新型建材	
26	黑龙江依兰经济开发区	哈尔滨达连河经济开发区	省政府	2001.12	煤化工、精细化工	
27	黑龙江齐齐哈尔经济开发区	齐齐哈尔高新技术产业开发区	省政府	1992.01	新型建材、机械制造、食品	
28	黑龙江富拉尔基经济开发区	黑龙江省富拉尔基民营科技企业示范区	省政府	2001.05	电力电缆、节能电器、机械制造	
29	黑龙江逊克经济开发区	逊克边境经济合作区	省政府	1992.05	矿产品加工、木材加工	
30	黑龙江九三经济开发区	九三绿色产业经济技术开发区	省政府	2001.09	食品、轻纺、农业机械制造	
31	黑龙江宝泉岭经济开发区	黑龙江农垦宝泉岭经济合作区	省政府	1993.07	农畜产品加工、医药	
32	黑龙江佳木斯经济开发区	佳木斯经济技术开发区	省政府	1992.01	农副产品深加工、轻工产品、新材料	
33	黑龙江同江经济开发区	同江边境经济合作区	省政府	1992.09	木材加工、食品、机械制造	
34	黑龙江建三江经济开发区	建三江绿色产业经济技术开发区	省政府	2001.09	食品、纺织	
35	黑龙江双鸭山经济开发区	双鸭山经济技术开发区	省政府	1993.07	农副产品加工、轻工	
36	黑龙江鸡西完达山经济开发区	牡丹江绿色产业经济技术开发区	省政府	1992.08	医药、农产品加工、机械制造	
37	黑龙江牡丹江经济开发区	牡丹江裕民经济技术开发区	省政府	1992.05	造纸、新型建材、纺织	
38	黑龙江海林经济开发区	黑龙江海林生态农业开发区	省政府	2002.04	医药、木材加工、食品	
39	黑龙江绥化经济开发区	绥化市工业开发区	省政府	2002.09	医药、机械电子、食品	
			福建省			
40	福州福兴经济开发区	福州福兴投资区	省政府	1998.03	光学晶体、服装、纺织	
41	福建闽侯青口汽车工业园区	福州青口投资区	省政府	1998.03	交通运输设备制造、机械制造	
42	福建罗源湾经济开发区	福州罗源湾开发区	省政府	1998.03	新型建材、包装、食品	
43	福建宁化华侨经济开发区	宁化华侨经济开发区	省政府	1999.06	纺织服装、食品、林竹加工	

续表

序号	开发区名称	原名称	批准机关	批准时间	主要产业	备注
44	福建莆田高新技术产业园区	莆田高新技术产业开发区	省政府	2002.08	电子信息、机械制造、服装	
45	福建莆田湄洲湾北岸经济开发区	莆田湄洲湾北岸经济开发区	省政府	1996.02	化工、轻纺、木材加工	
46	福建泉州经济开发区	泉州经济技术开发区	省政府	1998.03	纺织、体育用品、机电一体化	
47	福建诏安工业园区	诏安闽粤边界贸易加工区	省政府	1992.08	纺织、服装、食品	
48	福建长泰经济开发区	长泰兴泰工业区	省政府	1998.03	体育用品、光电照明、机械制造	
49	福建南靖高新技术产业园区	漳州南靖高科技工业园区	省政府	2000.03	电子信息、新材料、机械制造	
50	福建漳州金峰经济开发区	漳州金峰工业区	省政府	1998.12	家具、汽车配件、食品	
51	福建龙岩经济开发区	龙岩经济技术开发区	省政府	1999.05	机械制造、医药	
52	福建长汀经济开发区	长汀腾飞经济开发区	省政府	1999.05	纺织、服装、机械制造	
53	福建宁德三都澳经济开发区	宁德三都澳经济开发区	省政府	1998.03	水产品加工、新型建材、铝带加工	
			山　东　省			
54	济南经济开发区	济南经济开发区	省政府	1999.06	机械电子、通用设备、医药	
55	山东明水经济开发区	明水经济开发区	省政府	1992.12	机械制造、生物医药、新型建材	
56	济南临港经济开发区	济南临港经济开发区	省政府	1993.03	医药、电子、机械制造	
57	山东即墨经济开发区	即墨经济开发区	省政府	1992.12	针织服装、机械制造、电子电器	
58	山东莱西经济开发区	莱西经济开发区	省政府	2002.02	服装、电子、机械制造	
59	山东桓台经济开发区	桓台经济开发区	省政府	1992.12	机械制造、皮革制品加工、精细化工	
60	山东淄川经济开发区	淄川经济开发区	省政府	1992.12	交通运输设备制造、纺织服装、医药	
61	山东博山经济开发区	博山经济开发区	省政府	1992.12	化学纤维、通用设备、非金属矿物制品	
62	山东淄博经济开发区	淄博经济开发区	省政府	1992.12	新材料、医药、机械制造	
63	山东周村经济开发区	周村经济开发区	省政府	1992.12	纺织服装、金属制品、专用机械设备制造	
64	山东枣庄高新技术产业园区	枣庄高新技术产业开发区	省政府	1990.11	煤化工、生物医药、新材料	
65	山东滕州经济开发区	滕州经济开发区	省政府	1992.12	机械制造、食品、医药	
66	山东枣庄经济开发区	枣庄经济开发区	省政府	1992.12	纺织服装、机械电子、橡胶塑料	
67	山东莱州经济开发区	莱州经济技术开发区	省政府	1992.12	汽车零部件、服装、食品	
68	山东莱阳经济开发区	莱阳经济技术开发区	省政府	1992.12	机械制造、化工、医药	
69	山东牟平经济开发区	牟平经济技术开发区	省政府	1992.12	电子、机械制造、农产品深加工	
70	山东招远经济开发区	招远经济技术开发区	省政府	1992.12	金属制品、橡胶制品、电子	
71	山东龙口经济开发区	龙口经济技术开发区	省政府	1992.12	汽车零部件、农副产品加工、纺织服装	

续表

序号	开发区名称	原名称	批准机关	批准时间	主要产业	备注
72	山东蓬莱经济开发区	蓬莱经济技术开发区	省政府	1992.12	机械制造、新型建材、食品饮料	
73	山东潍坊滨海经济开发区	潍坊海洋化工高新技术产业开发区	省政府	2002.09	盐化工、石油化工、机械制造	
74	山东高密经济开发区	高密经济开发区	省政府	1992.12	纺织、服装、木器	
75	山东安丘经济开发区	安丘经济开发区	省政府	1992.12	机械制造、纺织服装、食品	
76	山东潍坊经济开发区	潍坊外商投资开发区	省政府	1993.10	机械制造、纺织服装、电子信息	
77	山东潍坊凤凰山高新技术产业园区	潍坊凤凰山高新技术产业园	省政府	1994.11	机械制造、电子信息、农副产品加工	
78	山东青州经济开发区	青州经济开发区	省政府	1992.12	机械制造、纺织服装、精细化工	
79	山东诸城经济开发区	诸城经济开发区	省政府	1992.12	食品、纺织服装、机械制造	
80	山东临朐经济开发区	临朐经济开发区	省政府	1993.03	机械制造、电子、服装	
81	山东昌乐经济开发区	昌乐经济开发区	省政府	1992.12	机械制造、造纸、塑料	
82	山东济宁经济开发区	济宁经济开发区	省政府	1992.12	机械制造、五金制造、纺织服装	
83	山东任城经济开发区	任城经济开发区	省政府	1992.12	机电一体化、石油化工、机械制造	
84	山东邹城经济开发区	邹城经济开发区	省政府	1992.12	煤化工、新材料、机械制造	
85	山东梁山经济开发区	梁山经济开发区	省政府	1992.01	生物医药、纺织	
86	山东肥城高新技术产业园区	肥城高新技术产业开发区	省政府	1995.08	化工、机械制造、纺织	
87	山东荣成经济开发区	荣成经济开发区	省政府	1992.12	交通运输设备制造、食品、电子	
88	山东文登经济开发区	文登经济开发区	省政府	1992.12	交通运输设备制造、纺织服装、电子元器件	
89	山东乳山经济开发区	乳山经济开发区	省政府	1992.12	机械制造、新型建材、食品	
90	山东日照经济开发区	日照经济开发区	省政府	1992.12	农副产品加工、造纸、机械电子	
91	山东岚山经济开发区	岚山经济开发区	省政府	1994.12	农副产品加工、海产品加工、木制品加工	
92	山东临沂经济开发区	临沂经济开发区	省政府	2003.06	机械制造、化工、医药	
93	山东齐河经济开发区	齐河经济开发区	省政府	2002.03	钢铁、机电、食品	
94	山东禹城高新技术产业园区	禹城高新技术产业开发区	省政府	2002.09	生物制品、纺织、新材料	
95	山东聊城嘉明经济开发区	聊城嘉明经济开发区	省政府	1997.03	农副产品加工、化工、纺织	
96	山东邹平经济开发区	邹平经济技术开发区	省政府	2003.06	纺织服装、生物制品、新材料	
97	山东博兴经济开发区	博兴经济开发区	省政府	1994.08	农副产品加工、精细化工、机械制造	
98	山东菏泽经济开发区	菏泽经济开发区	省政府	1992.12	食品、新型建材、机械制造	
河　南　省						
99	河南三门峡经济开发区	三门峡市经济技术开发区	省政府	1995.03	农副产品加工、机械制造、医药	
100	河南洛阳经济开发区	洛阳经济技术开发区	省政府	1994.03	机械制造、新型建材、电子电器	

续表

序号	开发区名称	原名称	批准机关	批准时间	主要产业	备注
101	河南新乡高新技术产业园区	河南省新乡高新技术产业开发区	省政府	1994.03	家电、生物制药、汽车零部件	
102	河南新乡经济开发区	新乡高新技术产业开发区西区	省政府	2002.11	化工、医药、机械制造	
103	河南鹤壁经济开发区	鹤壁经济技术开发区	省政府	1992.12	机械电子、化工、新材料	*103
104	河南安阳高新技术产业园区	河南省安阳高新技术产业开发区	省政府	1995.03	电子信息、机电一体化、生物医药	
105	河南开封经济开发区	河南省开封经济技术开发区	省政府	1994.03	食品、机械制造、生物医药	
106	河南商丘经济开发区	河南省商丘经济技术开发区	省政府	1995.03	机械电子、食品、医药	
107	河南漯河经济开发区	漯河高新技术产业开发区	省政府	1994.03	食品、新材料、电子信息	*107
108	河南南阳高新技术产业园区	河南省南阳高新技术产业开发区	省政府	1995.03	机电装备、光学冷加工、电子信息	
109	河南平顶山高新技术产业园区	平顶山高新技术产业开发区	省政府	1995.03	新材料、机电一体化、生物医药	
110	河南潢川经济开发区	河南省潢川经济技术开发区	省政府	1997.11	食品、服装、医药	
111	河南周口经济开发区	河南省周口经济技术开发区	省政府	1997.11	农副产品加工、机械制造、新型建材	
112	河南驻马店经济开发区	河南省驻马店高新技术产业开发区	省政府	1994.03	机械制造、农副产品加工、机电一体化	
113	河南洛阳工业园区	洛阳经济技术开发区红山园区	省政府	2003.04	机械制造、医药、服装	
			湖北省			
114	武汉吴家山台商工业园区	武汉吴家山台商投资区	省政府	2000.01	食品饮料、机械电子、生物医药	
115	湖北荆门经济开发区	荆门经济技术开发区（荆门高新技术产业开发区）	省政府	1992.10	石油化工、新材料、机械电子	
116	湖北钟祥经济开发区	钟祥莫愁湖经济技术开发区	省政府	1996.11	纺织、食品	
117	湖北孝感经济开发区	孝感新产业开发开放试验区	省政府	1989.12	机电、汽车零部件、纺织	
118	湖北黄梅经济开发区	黄梅小池经济开发区	省政府	1992.10	医药、新型建材、纺织	
119	湖北麻城经济开发区	麻城黄金桥经济科技开发区	省政府	1994.08	机械制造、医药、纺织服装	
120	湖北武穴经济开发区	武穴高新技术产业园	省政府	1999.10	生物医药、机械制造、精细化工	

续表

序号	开发区名称	原名称	批准机关	批准时间	主要产业	备注
121	湖北大冶经济开发区	大冶城北经济技术开发区	省政府	1995.01	保健食品、机械制造、纺织服装	
122	湖北荆州经济开发区	荆州经济技术开发区（荆州高新技术产业开发区）	省政府	1992.08	汽车零部件、家电、农副产品深加工	
123	湖北荆州城南经济开发区	荆州城南经济技术开发区	省政府	1992.08	机械制造、纺织、化工	
124	湖北石首经济开发区	石首高新技术产业园	省政府	2001.05	精细化工、木材加工、汽车零配件	
125	湖北当阳经济开发区	当阳市经济技术开发区	省政府	1997.09	新型建材、化工、食品加工	
126	湖北枝江经济开发区	宜昌枝江经济技术开发区	省政府	1994.08	食品、化工、电子	
127	湖北天门经济开发区	天门侨乡经济开发区	省政府	1997.09	机械制造、医药、纺织服装	
128	湖北潜江经济开发区	潜江市泽口经济技术开发区	省政府	1996.11	化工、纺织、农副产品加工	
129	湖北恩施经济开发区	湖北恩施经济技术开发区	省政府	1992.10	食品、生物医药、新型建材	
130	湖北来凤经济开发区	来凤三边经贸开发区	省政府	2001.12	新型建材、化工、食品	
			广西自治区			
131	南宁—东盟经济开发区	南宁华侨投资区	自治区政府	1990.12	医药、农副产品加工	
132	广西桂林西城经济开发区	桂林西城经济开发区	自治区政府	1994.11	汽车零部件、食品、医药	
133	广西灵川八里街工业园区	桂林八里街经济技术开发区	自治区政府	1992.06	医药、食品、机械制造	*133
134	广西柳州高新技术产业园区	柳州高新技术产业开发区	自治区政府	1992.09	机械制造、电气器材	
135	广西鹿寨经济开发区	鹿寨县城南综合经济开发区	自治区政府	1992.12	化工、造纸	*135
136	广西柳州阳和工业园区	柳州市阳和开发区	自治区政府	1994.11	汽车及零部件、机械制造	
137	广西梧州工业园区	梧州市外向型工业园区	自治区政府	2002.09	林产林化、日用化工、医药	
138	广西玉林经济开发区	玉林市经济开发区	自治区政府	2002.12	食品、彩印、医疗设备	
139	广西钦州港经济开发区	钦州港经济开发区	自治区政府	1996.06	石化、磷化工	
140	广西北海工业园区	北海市工业园区	自治区政府	2003.03	机械制造、轻工	
141	广西合浦工业园区	合浦县平田、平阳塘经济开发区	自治区政府	1992.07	制革、饲料、变性淀粉	
142	广西贺州旺高工业园区	贺州旺高工业区	自治区政府	2002.05	服装、食品、医药	
			青　海　省			
143	青海生物科技产业园区	青海生物科技产业园	省政府	2002.04	医药、生物制品、农畜产品深加工	
144	青海甘河工业园区	甘河工业区	省政府	2002.06	新型建材、化工	
145	青海格尔木昆仑经济开发区	格尔木市昆仑经济开发区	省政府	1992.06	盐湖钾肥、石油天然气加工	

*注：1. 应核减非工业用地面积310公顷；22. 审核面积100公顷；23. 审核面积900公顷；103. 应核减非工业用地面积1762.7公顷；107. 应核减非工业用地面积123.5公顷；133. 应核减非工业用地面积34.3公顷；135. 应核减非工业用地面积82.93公顷。

中华人民共和国国家发展和改革委员会
公　　告

2005 年 12 月 30 日　2005 年第 84 号

根据《国务院办公厅关于清理整顿各类开发区加强建设用地管理的通知》（国办发［2003］70 号）和国家发展改革委、国土资源部、建设部《关于印发〈清理整顿开发区的审核原则和标准〉的通知》（发改外资［2005］1571 号）等政策性文件精神，国家发展改革委对已通过土地利用总体规划和城市总体规划（以下简称“两个规划”）审核并符合上报要求的河北、吉林、江苏、浙江、江西、贵州、宁夏、新疆等 8 个省、区的省级及省级以下各类开发区进行了审核。按照“布局集中、用地集约、产业集聚”的要求，其中的 154 家省级开发区符合《清理整顿开发区的审核原则和标准》，符合土地利用总体规划、城市总体规划及环境保护规划，现予以公告（名单附后）。

本次审核公告的省级开发区可恢复正常建设用地供应，对审核面积中不符合开发区定义的非制造业部分应予以核减，已通过审核公告的各开发区的四至范围和最终面积由国土资源部另行确定公布。

为巩固清理整顿成果，防止开发区再度过多过滥发展和出现反弹，各地应严格执行《国务院办公厅关于暂停审批各类开发区的紧急通知》（国办发明电［2003］30 号），在国务院关于规范各类开发区发展的政策性文件发布和开发区四至范围落实前，仍暂停批准设立和扩建各类省级开发区。已通过审核公告的开发区要科学制定发展规划，突出产业特色，集约使用土地，完善基础设施，优化投资环境，提高引资质量和水平，真正把开发区办成发展现代制造业的集中区、吸引外资的集聚区、体制改革的先导区和循环经济的示范区。

附：第二批通过审核公告的省级开发区名单

附：

第二批通过审核公告的省级开发区名单

序号	开发区名称	原名称	批准机关	批准时间	主要产业
河 北 省					
1	河北藁城经济开发区	石家庄经济技术开发区	省政府	1992.08	医药、化工、机械
2	河北鹿泉经济开发区	鹿泉经济技术开发区 （鹿泉高新技术产业园区）	省政府	2003.01	食品、医药、化工
3	河北承德高新技术产业园区	承德经济技术开发区 （承德高新技术开发区）	省政府	1992.06	智能化仪器仪表、生物医药、食品
4	河北张家口经济开发区	张家口经济技术开发区 （张家口高新技术产业开发区）	省政府	2000.09	机械、化工、医药
5	河北山海关经济开发区	山海关经济技术开发区	省政府	1993.06	农副产品加工、机械、化工
6	河北北戴河经济开发区	北戴河经济技术开发区	省政府	1995.01	机械、电子、食品
7	河北唐山高新技术产业园区	唐山经济技术开发区 （唐山高新技术开发区）	省政府	1992.07	汽车零部件、焊接设备及材料、新型建材
8	河北丰南经济开发区	丰南高新技术产业开发区	省政府	2000.06	机械、陶瓷、电子
9	河北唐山南堡经济开发区	唐山南堡经济技术开发区	省政府	1995.12	化工、新型建材、机电一体化
10	河北滦县经济开发区	滦县经济技术开发区	省政府	2003.07	食品、塑料、新型建材
11	河北唐山海港经济开发区	唐山海港经济技术开发区	省政府	1993.06	化工、机械、新型建材
12	河北玉田工业园区	玉田高新技术产业开发区	省政府	1994.08	电子、机械、食品
13	河北唐山芦台经济开发区	唐山市芦台经济技术开发区	省政府	2003.07	自行车及零配件、家具
14	河北廊坊经济开发区	廊坊经济技术开发区 （廊坊高新技术产业开发区）	省政府	1992.07	机械、新材料、汽车零部件
15	河北霸州经济开发区	霸州经济技术开发区 （霸州高新技术产业开发区）	省政府	1996.09	电子、精细化工、新材料
16	河北香河经济开发区	香河经济技术开发区	省政府	1993.01	印刷包装、电子、服装
17	河北涿州经济开发区	涿州经济技术开发区 （涿州高新技术产业开发区）	省政府	1992.07	新材料、生物技术、机械
18	河北高碑店经济开发区	高碑店经济技术开发区 （高碑店高新技术产业开发区）	省政府	1996.01	汽车及零部件、食品、新型建材
19	河北沧州经济开发区	沧州经济技术开发区	省政府	1992.07	金属制品、医药、纺织

续表

序号	开发区名称	原名称	批准机关	批准时间	主要产业
20	河北任丘经济开发区	任丘经济技术开发区	省政府	1995.12	石油化工、电子、机械
21	河北吴桥经济开发区	吴桥经济技术开发区	省政府	1993.01	棉纺、机械
22	河北衡水经济开发区	衡水经济技术开发区（衡水高新技术开发区）	省政府	2000.09	工程橡胶、汽车零部件、纺织
23	河北冀州经济开发区	冀州市高新技术开发区	省政府	2003.01	采暖设备、新型建材、工程橡胶
24	河北邢台经济开发区	邢台经济技术开发区（邢台高新技术开发区）	省政府	1994.06	纺织、木材加工
25	河北清河经济开发区	清河经济技术开发区（清河国际羊绒民营科技产业园区）	省政府	2003.06	羊绒加工、汽车零部件
26	河北邯郸经济开发区	邯郸经济技术开发区（邯郸高新技术产业开发区）	省政府	2000.09	新材料、机械、电子
27	河北武安工业园区	武安高新技术产业园区	省政府	1992.11	机械、生物医药
28	河北邯郸工业园区	邯郸县高新技术产业园区	省政府	1992.12	医药、仪器仪表、服装
29	河北涉县经济开发区	涉县经济技术开发区	省政府	2000.09	农副产品加工、机械、新材料
		吉　林　省			
30	长春朝阳经济开发区	长春工业经济开发区	省政府	2002.11	汽车零部件、新型建材、农产品深加工
31	长春汽车产业园区	长春汽车产业开发区	省政府	2003.07	汽车及零部件、机械
32	长春绿园经济开发区	长春绿园经济开发区	省政府	2003.06	机械、农产品深加工、医药
33	长春双阳经济开发区	双阳梅花鹿产业经济开发区	省政府	2003.06	医药、鹿产品深加工
34	吉林德惠经济开发区	德惠经济开发区	省政府	1992.08	畜禽产品加工、食品
35	吉林经济开发区	吉林经济技术开发区	省政府	1998.02	纺织、机械、化工
36	吉林桦甸经济开发区	桦甸经济开发区	省政府	2002.11	生物医药、食品加工、木材加工
37	吉林蛟河天岗石材产业园区	吉林天岗石材产业经济开发区	省政府	2003.06	石材加工、工艺品生产
38	吉林磐石经济开发区	磐石经济开发区	省政府	2002.11	食品、五金、非金属矿物制品加工
39	吉林永吉经济开发区	永吉经济开发区	省政府	1998.04	汽车零部件、食品加工、精细化工
40	吉林四平红嘴工业园区	四平红嘴高新技术开发区	省政府	2002.11	农副产品加工、食品
41	吉林四平经济开发区	四平经济开发区	省政府	1998.12	农副食品深加工、电子、生物医药
42	吉林公主岭经济开发区	四平市范家屯经济开发区	省政府	2002.11	汽车零部件、农副产品深加工、新型建材

续表

序号	开发区名称	原名称	批准机关	批准时间	主要产业
43	吉林辽源经济开发区	辽源民营经济开发区	省政府	2001.12	新材料、铝制品加工、畜牧产品加工
44	吉林梅河口经济开发区	梅河口经济贸易开发区	省政府	2002.02	医药、食品
45	吉林白山经济开发区	白山经济开发区	省政府	2002.11	汽车零部件、木材加工
46	吉林临江经济开发区	临江经济开发区	省政府	1992.11	非金属矿物制品加工、木材加工、医药
47	吉林长白经济开发区	长白经济开发区	省政府	1992.10	矿产品加工、医药、木材加工
48	吉林白城经济开发区	白城市经济开发区	省政府	1998.02	汽车零部件、医药、食品
49	吉林大安经济开发区	大安市经济开发区	省政府	1993.11	机械、农副产品加工、化工
50	吉林延吉经济开发区	延吉经济技术开发区	省政府	1995.01	医药、食品、新型建材
51	吉林图们经济开发区	图们经济技术开发区	省政府	1995.01	农副产品加工、塑料制品、新型建材
52	吉林敦化经济开发区	敦化经济开发区	省政府	1994.06	木材加工、医药、食品
53	吉林松原经济开发区	松原经济技术开发区	省政府	1993.11	农产品深加工、石油化工、医药
		江苏省			
54	南京浦口经济开发区	南京浦口经济开发区	省政府	1993.12	生物医药、电子、纺织
55	江苏溧水经济开发区	溧水经济开发区	省政府	1993.11	汽车零部件、食品、医药
56	江苏无锡蠡园高新技术产业园区	江苏省无锡蠡园经济开发区	省政府	1993.12	精密机械、电子
57	江苏无锡惠山经济开发区	无锡惠山经济开发区	省政府	2002.02	汽车零部件、生物医药、纺织
58	江苏锡山经济开发区	锡山经济开发区	省政府	1993.11	电子、精密机械、纺织
59	江苏江阴经济开发区	江阴经济开发区	省政府	1993.11	纺织、化工
60	江苏常州戚墅堰经济开发区	常州戚墅堰经济开发区	省政府	1993.12	机械、电子、轨道交通设备
61	江苏武进高新技术产业园区	武进高新技术产业开发区	省政府	1996.03	机械、纺织、电子
62	江苏金坛经济开发区	金坛经济开发区	省政府	1993.11	服装、精细化工、机械电子
63	江苏溧阳经济开发区	溧阳经济开发区	省政府	1993.11	输变电设备、机械
64	江苏苏州浒墅关经济开发区	苏州浒墅关经济开发区	省政府	1993.12	新型建材、精密机械
65	江苏吴中经济开发区	江苏省吴中经济开发区	省政府	1993.11	电子、精密机械、生物医药
66	江苏吴江经济开发区	吴江经济开发区	省政府	1993.11	通讯设备、计算机及其他电子设备

续表

序号	开发区名称	原名称	批准机关	批准时间	主要产业
67	江苏常熟经济开发区	江苏省常熟经济开发区	省政府	1993.11	新型建材、高档造纸
68	江苏张家港经济开发区	张家港经济开发区	省政府	1993.11	化工、机械
69	江苏南通崇川经济开发区	南通台商投资开发区	省政府	1997.05	橡胶制品、机械、通讯设备
70	江苏南通港闸经济开发区	南通港闸经济开发区	省政府	1993.12	光机电一体化、医药、化工
71	江苏海门经济开发区	海门经济开发区	省政府	1993.11	纺织、机械、化工
72	江苏启东经济开发区	启东经济开发区	省政府	1993.11	仪器仪表、纺织、医药
73	江苏通州经济开发区	江苏省通州经济开发区	省政府	1993.11	纺织、医药、电子
74	江苏如皋经济开发区	江苏省如皋经济开发区	省政府	1993.12	纺织、电子、机械
75	江苏连云港高新技术产业园区	连云港高新技术产业开发区	省政府	1997.08	电子、新材料、精细化工
76	江苏赣榆经济开发区	江苏省赣榆经济开发区	省政府	1993.12	服装、生物医药、电子
77	江苏淮安经济开发区	淮安经济开发区	省政府	1993.10	化工、机械、纺织
78	江苏盐城经济开发区	盐城经济开发区	省政府	1993.10	汽车零部件、纺织、机械
79	江苏射阳经济开发区	射阳经济开发区	省政府	1993.12	纺织、机械、化工
80	江苏阜宁经济开发区	阜宁经济开发区	省政府	2002.04	纺织、机械、农副产品深加工
81	江苏扬州经济开发区	扬州经济开发区	省政府	1993.10	汽车、机械、电子
82	江苏仪征经济开发区	仪征经济开发区	省政府	1993.11	纺织、汽车零部件
83	江苏江都经济开发区	江都经济开发区	省政府	1993.11	汽车、机械、精细化工
84	江苏高邮经济开发区	江苏省高邮经济开发区	省政府	1993.11	电器、机械、食品
85	江苏宝应经济开发区	江苏省宝应经济开发区	省政府	1993.11	机械、食品、医药
86	江苏丹徒经济开发区	丹徒经济开发区	省政府	1993.12	石油化工下游产品、新型建材
87	江苏镇江经济开发区	镇江经济开发区	省政府	1993.10	造纸、化工、电子
88	江苏扬中经济开发区	江苏省扬中经济开发区	省政府	1993.12	工程电器、新材料、机械
89	江苏句容经济开发区	句容经济开发区	省政府	1993.12	光电子、自行车及零部件、纺织
90	江苏泰州经济开发区	泰州经济开发区	省政府	1996.04	机械、新型建材、纺织

续表

序号	开发区名称	原名称	批准机关	批准时间	主要产业
91	江苏靖江经济开发区	靖江经济技术开发区（江阴经济开发区靖江园区）	省政府	1993.11	纺织、电气机械、汽车零部件
92	江苏泰兴经济开发区	泰兴经济开发区	省政府	1993.11	化工、机械、电子
93	江苏姜堰经济开发区	姜堰经济开发区	省政府	1993.11	机械、化工、纺织
94	江苏宿迁经济开发区	宿迁市经济开发区	省政府	1998.11	纺织、机械、玻璃制品
		浙　江　省			
95	浙江富阳经济开发区	杭州富阳富春江经济开发区	省政府	1993.11	电子、机械、纺织服装
96	浙江临安经济开发区	杭州临安经济开发区	省政府	2001.09	纺织服装、机械、新型建材
97	浙江桐庐经济开发区	杭州桐庐经济开发区	省政府	1994.08	纺织、服装、皮革制品
98	浙江奉化经济开发区	宁波奉化经济开发区	省政府	1993.11	电子、机械、新型合成材料
99	浙江余姚工业园区	宁波余姚市姚北工业新区	省政府	2002.01	化纤、机械、塑料制品
100	浙江象山经济开发区	宁波象山经济开发区	省政府	1994.08	纺织、服装、通讯设备
101	浙江瓯海经济开发区	温州瓯海经济开发区	省政府	1994.08	皮革制品、眼镜、汽车摩托车配件
102	浙江乐清经济开发区	温州乐清经济开发区	省政府	1993.11	电器、电子、机械
103	浙江平阳经济开发区	温州平阳经济开发区	省政府	1994.08	机械、服装、电子
104	浙江嘉兴经济开发区	嘉兴经济开发区	省政府	1992.08	汽车零部件、纺织、电子
105	浙江平湖经济开发区	嘉兴平湖市经济开发区	省政府	2000.07	光机电一体化、纺织
106	浙江桐乡经济开发区	嘉兴桐乡经济开发区	省政府	1993.11	新材料、化纤、机械
107	浙江海盐经济开发区	嘉兴海盐经济开发区	省政府	2002.09	电子、机械、新型建材
108	浙江嘉善经济开发区	嘉兴嘉善经济开发区	省政府	1993.11	机械、家具、电子
109	浙江湖州经济开发区*[1]	湖州经济技术开发区	省政府	1992.08	机械电子、生物医药、新材料
110	浙江南浔经济开发区	湖州南浔经济开发区	省政府	1993.11	木材加工、机械、通讯电子
111	浙江长兴经济开发区	湖州长兴经济开发区	省政府	1994.08	纺织、机械、服装
112	浙江德清经济开发区	湖州莫干山经济开发区	省政府	1993.11	机械、电子、纺织
113	浙江安吉经济开发区	湖州安吉经济开发区	省政府	1994.08	家具、竹制品、医药
114	浙江诸暨经济开发区	绍兴诸暨经济开发区	省政府	1994.08	机械、纺织、环保设备

续表

序号	开发区名称	原名称	批准机关	批准时间	主要产业
115	浙江嵊州经济开发区	绍兴嵊州经济开发区	省政府	1994.08	服装、机械
116	浙江新昌高新技术产业园区	绍兴新昌高新技术产业园区	省政府	2001.12	机械、生物医药、汽车零部件
117	浙江金华经济开发区	金华市经济技术开发区	省政府	1994.12	汽车零部件、五金、医药
118	浙江东阳经济开发区	金华东阳经济开发区	省政府	1994.08	服装、纺织、电子
119	浙江兰溪经济开发区	金华兰溪经济开发区	省政府	1993.11	医药、冶金机械、纺织
120	浙江义乌经济开发区	金华义乌市经济开发区	省政府	1994.08	纺织、服装、印刷
121	浙江永康经济开发区	金华永康经济开发区	省政府	2002.08	电动工具、不锈钢制品、汽车摩托车配件
122	浙江浦江经济开发区	金华浦江经济开发区	省政府	1994.08	纺织、五金机械、水晶加工
123	浙江武义经济开发区	金华武义经济开发区	省政府	1993.11	五金机械、汽车摩托车配件
124	浙江江山经济开发区	衢州江山经济开发区	省政府	1994.08	机械、电子
125	浙江舟山经济开发区	舟山市经济技术开发区	省政府	1992.08	纺织、机械、食品
126	浙江岱山经济开发区	舟山市岱山经济开发区	省政府	1994.08	水产品加工、机械
127	浙江台州经济开发区	台州经济开发区	省政府	1997.01	专用设备、电器机械、塑料制品
128	浙江黄岩经济开发区	台州黄岩经济开发区	省政府	1994.08	机械、医药、塑料模具
129	浙江临海经济开发区	台州临海经济开发区	省政府	1993.11	汽车零部件、新型建材
130	浙江温岭经济开发区	台州温岭经济开发区	省政府	1994.08	摩托车及配件、机械
131	浙江玉环经济开发区	台州玉环大麦屿经济开发区	省政府	1993.01	机械、金属制品
132	浙江丽水经济开发区	丽水经济开发区	省政府	1993.03	纺织、电气设备、塑料制品
133	浙江青田经济开发区	丽水青田经济开发区	省政府	1993.11	皮革制品、五金机械、服装
134	浙江景宁经济开发区	丽水景宁民族经济开发区	省政府	1994.08	食品、医药、服装
江　西　省					
135	江西九江经济开发区	九江开放开发区	省政府	1995.02	汽车及零部件、医药、纺织
136	江西共青城经济开发区	共青开放开发区	省政府	1992.05	服装、食品、包装
137	江西景德镇高新技术产业园区＊2	景德镇高新技术产业开发区	省政府	1994.01	汽车零部件、医药、电子
138	江西赣州经济开发区	赣州黄金开发区	省政府	1993.08	食品、新材料、纺织

续表

序号	开发区名称	原名称	批准机关	批准时间	主要产业
139	江西德兴大茅山经济开发区	大茅山经济开发区	省政府	1992.08	高附加值有色金属加工、竹木加工、纺织
140	江西吉安河东经济开发区	吉安河东经济开发区	省政府	1993.08	电子、机械、纺织
141	江西抚州金巢经济开发区	抚州金巢经济开发区	省政府	1993.08	医药、纺织、机械
142	江西东乡经济开发区	东乡县红星经济开发区	省政府	1992.08	医药、精细化工、机械
贵州省					
143	贵阳白云经济开发区	贵阳白云经济开发区	省政府	1992.05	高附加值铝加工、新材料、电子
144	贵州遵义经济开发区	遵义经济技术开发区	省政府	1992.07	机械、电子、食品
145	贵州安顺经济开发区	安顺经济技术开发区	省政府	1992.05	航空机械、生物制药
146	贵州凯里经济开发区	凯里经济开发区	省政府	1999.07	生物制药、电子、食品
宁夏自治区					
147	宁夏石嘴山工业园区	石嘴山市河滨工业园区	自治区政府	1997.05	化工、新型建材
148	宁夏固原经济开发区	固原市扶贫经济发展试验区	自治区政府	1997.07	中药材加工、农副产品加工、纺织
新疆自治区					
149	新疆霍城经济开发区	清水河经济技术开发区	自治区政府	2000.10	农副产品深加工、新型建材
150	新疆奎屯经济开发区	奎屯经济技术开发区	自治区政府	1992.12	棉纺、农产品加工
151	新疆昌吉高新技术产业园区	昌吉高新技术产业开发区	自治区政府	2000.06	化工、新型建材、医药
152	新疆鄯善化工产业园区	鄯善工业园区	自治区政府	2003.03	化工
153	新疆库尔勒经济开发区	库尔勒经济技术开发区	自治区政府	2000.07	石油化工、医药
154	新疆和硕经济开发区	和硕县清水河工贸经济建设区	自治区政府	1996.07	农副产品加工、石材加工、医药

*注：1. 应核减非工业用地面积500公顷；2. 应核减原景德镇高新技术产业开发区东区面积500公顷。

综述篇

2005年国家级经济技术开发区发展综述

【经济发展】 2005年是我国实施“十五”经济社会发展规划的最后一年。各国家级经济技术开发区认真贯彻落实科学发展观，在“三为主，二致力，一促进”方针的指引下，努力发展高新技术产业和现代制造业，积极转变经济增长方式，在提高利用外资质量和优化出口产品结构上下功夫，艰苦奋斗，扎实工作，社会经济协调发展，胜利地完成了“十五”期间的奋斗目标。

据统计，2005年全国54个国家级经济技术开发区（其实不包括拉萨开发区）的GDP达到8195.20亿元。占全国GDP（182300亿元）的4.5%，比全国增幅高14.24个百分点；工业总产值达23376.88亿元，同比增长30.24%；工业增加值达5981.35亿元（占GDP的比重为72.99%），占全国工业增加值(76190亿元）的7.85%，同比增长23.18%，比全国增幅高11.78个百分点；税收收入1219.28亿元，占全国税收收入（30866亿元）的3.9%，同比增长30.68%，比全国增幅高10.68个百分点；从业人数达417.27万人，占全国从业人员（27331万人）的1.5%，同比增长21.21%，比全国高17.71百分点。累计已开发土地面积1085.23平方公里，同比增长-0.51%，其中已建工业项目用地面积591.82平方公里，增长10.74%。从上述统计数字可以看出，全国经济技术开发区的发展又迈上了一个新的台阶。

从54个国家级经济技术开发区GDP的排序中，名列前5名的是：广州开发区652.94亿元，增长16.17%，工业总产值1608.23亿元，增长20.15%，工业增加值505.31亿元，同比增长10.98%。天津开发区的GDP 642.29亿元，增长21.14%，工业总产值2305.19亿元，增长26.51%，工业增加值538.63亿元，增长23.57%，天津开发区的工业总产值和工业增加值均高于广州开发区，名列第一。苏州工业园区的GDP 580.70亿元，增长15.52%；工业总产值1652.80亿元，增长17.68%；工业增加值378.50亿元，增长9.58%。昆山开发区GDP535.92亿元，增长30.28%；工业总产值1760.66亿元，增长39.6%，仅次于天津开发区，名列第二。工业增加值434.88亿元，增长30.12%，仅次于天津开发区和广州开发区，名列第三。大连开发区GDP 450.11亿元，增长24.68%；工业总产值962.00亿元，增长35.09%，低于天津、昆山开发区，苏州工业园区，广州开发区，金桥出口加工区，北京开发区和南京开发区，名列第8位；工业增加值250.09亿元，增长21.29%，低于天津、广州、昆山开发区、苏州工业园区、金桥出口加工区和漕河泾开发区，名列第七位。根据商务部关于国家级经济技术开发区2005年投资环境综合评价，总指数位于前十名的国家级开发区是：天津、苏州工业园、广州、昆山、青岛、漕河泾、烟台、北京、大连、上海金桥开发区。

在中部地区的9个国家级开发区中，GDP名列前三名的是：长春开发区230.04亿元，增长19.81%；武汉开发区148.13亿元，增长26.76%；芜湖开发区114.34亿元，增长19.35%。

在西部地区的13个国家级开发区中，GDP位于前列的开发区是：西安开发区101.52亿元，增长42.91%；重庆开发区73.085亿元，下降5.25%；成都开发区72.13亿元，增长20.5%。

总的来看，无论是沿海地区的开发区，还

是中西部地区的开发区，大部分都取得了二位数增长的显著成绩，少数开发区增长比较缓慢，个别开发区的一些经济指标呈现负增长。

各开发区都把发展高新技术产业，增强自主创新能力，培育新的经济增长点，放在一个非常重要的位置。例如：昆山开发区到2005年末，已有IT产业企业300多家，总投资达40多亿美元，电子信息产业已经成为昆山开发区的基础产业和支柱产业。现在已经基本形成了以龙头企业为主，大中小企业分工合作，上下游联动，配套功能比较完善的产业集群，成为全国和江苏省电子信息产业基地之一。2005年的电子信息产业产值达1050亿元，同比增长42%，占全区工业总产值的60%，以电子信息为主的机电产品出口达120亿美元，占开发区出口总量的86%。电子信息产业的主要产品均有较大幅度增长，其中笔记本电脑产量达1500万台，比上年增长60%，占全球产量的20%。数码相机年产达到700万台，比上年翻了一番。2005年6月，国家发展改革委批准了总投资6亿美元的龙腾光电五代TET－LCD生产线项目落户昆山开发区，这是继北京京东方、上海上广电之后国内第五条5代TET－LCD生产线，设计生产能力为月产9万片液晶面板。龙腾光电项目23万平方米的钢结构生产厂房已经建成，预计2006年3月投入生产。一批重量级光电配套企业纷纷前来寻求合作。德芯电子已于2005年11月奠基开工，这是一家采用0.35—0.13微米技术的大规模集成电路企业，总投资近5亿美元，一期工程竣工投产后，月产能力为3.5万片芯片，昆山已初步形成光电产业聚集区。上海漕河泾开发区和天津开发区的电子信息等高新技术产业和自主创新能力都取得了新的进展。

【招商引资和利用外资】 2005年各开发区加强了高新技术和现代服务业、现代制造业的引进，引进外资的质量有了明显的提高。整个招商工作取得了新的进展。2005年54个国家级开发区新批准投产外商投资企业2747家，同比增长－5.34% 累计实有外商投资企业19966家，同比增长4.81%；当年实际使用外资130.23亿美元，同比增长－4.3%，比全国降幅多3.8个百分点，占全国的21.6%；累计实际使用外资999.23亿美元，同比增长15.22%。

在54个国家级开发区中，实际利用外资名列前五名的是：苏州工业园区，实际使用外资15.81亿美元，同比增长－12.76%；天津开发区12.85亿美元，同比增长35.37%；青岛开发区7.41亿美元，同比增长－38.40%；昆山开发区7.27亿美元，同比增长8.11%；广州开发区6.81亿美元，同比增长3.90%。中部地区的9个国家级开发区中实际使用外资位居前列的是长春开发区4.10亿美元，同比增长13.64%；武汉开发区3.01亿美元，同比增长－60.66%；南昌开发区2.08亿美元，同比增长32.70%；哈尔滨开发区1.90亿美元，增长12.85%；长沙开发区1.34亿美元，增长32.71%。

2005年国家级开发区招商引资出现了下列一些新的发展趋势：一是国家级开发区实际使用外资第一次出现了负增长，而且负增长的幅度大于全国平均的负增长。究其原因，主要是周边发展中国家采取了更加优惠的政策吸引外资，国际吸引外资的竞争更加激烈，不少国际资本流向其他国家。同时国内其他地方的投资环境也不断改善，外资在国内的投资地区更加广泛，特别是去年正处于清理整顿各类开发区时期，各开发区更加注意提高土地利用率和集约利用土地，从“招商引资”转变为“招商选资”，加强了利用外资的选筛力度，注重引进技术先进的高新技术项目和技术含量高的现代制造业项目以及附加值高的现代化服务业项目，限制了“能耗高、污染重”的项目及一般性项目的引进。二是西部地区开发区的利用外资迅速发展。2005年我国东部地区开发区实际利用外资负增长－4.44%，中部地区开发区负增长幅度更大，达到－15.9%，但在东中部地区开发区实际利用外资明显下降的情况下，西部地区13个国家级开发区实际使用外资达到5.529亿美元，同比增长63.78%，呈现出大幅度增长的好势头，其中增长幅度较大的开发区是乌鲁木齐开发区，增长726.42%；重庆开发区，增长128.78%；呼和浩特开发区，增长101.13%；新疆石河子开发区，增长87.50%；西安开发区，增长59.59%。三是采取产业化和集群化招商模式，优化产业结构的高新技术项目，高附加值的现代服务项目及具有带动产业链延伸的龙头项目明显增多。如大连开发区引进了一汽大众30万台汽车发动机和道依茨的15万台卡车发动机两个项目后，跟进了一批汽车零部件生产企业，形成了竞争实力较强的汽车零部件产业；斗山发动机、大洋商船和东方精工3家造船企业的落户，使一批为之配套的中小企业随之入区，形成了修造船产业的集群效应；大连开发区引进了大化与浙江恒益集团等合资66亿元的精细化工项目后，填补了大连市石化产业只有“油头”没有“化尾”的空白，形成了产业链条向纵深双向延伸的整体效应。武汉开发区引进东风本田、东风日产两大汽车整车企业后，引来26家日资企业到开发区投资设厂，投资额达36亿美元之多，超过法资，成为区内第一资本集团。其中20家企业为汽车及零部件生产商，主要为东风本田和东风日产两大企业配套。日本物流巨头近铁集团已进驻苏州工业园区保税物流中心，它将为园区和苏州的企业提供一流的、专业化的第三方物流服务。四是世界500强企业及跨国公司到开发区投资和兴办研发中心项目增多。如世界500强企业美国英迈国际INGRAM MICRO落户上海漕河泾开发区，并于2005年9月正式开业。世界500强企业、世界著名通信技术行业巨头瑞典爱立信公司与漕河泾开发区签约，将在开发区设立全球亚太地区研发中心和华东研发总部。斥巨资4000万美元，在漕河泾开发区兴建的3M中国研发中心已于2005年8月动工兴建，占地面积约16000平方米，2006年5月竣工投入使用。该中心将成为3M全球技术开发的重要平台之一，是3M全球五大研发中心之一和国际一流的研发中心。全球500强企业的法国圣戈班集团将投资2527万多美元在上海闵行开发区设立圣戈班研发公司。该公司将建5000平方米的研发大楼、实验室和配套设施，计划招聘80%的当地人才。公司建成后主要为集团在华企业提供磨料磨具、高功能塑料等领域的新产品研发和试验服务。到现在，长沙开发区已成功引进韩国LG、美国可口可乐、日本三菱、法国博世等13家世界500强企业落户，占全省的三分之一以上。2005年1—10月，这些企业共实现工业总产值80多亿元，销售收入77亿多元，出口2.2亿美元。

【对外贸易】 2005年国家级开发区采取市场多元化战略，不断优化出口产品结构，扩大机电产品和高新技术产品出口，对外贸易取得了新的进展。据统计，2005年54个国家级开发区的进出口总额2252.35亿美元，同比增长35.51%，比全国增幅高12.31个百分点，其中出口1137.97亿美元，同比增长41.71%，比全国增幅高13.31个百分点，占全国7620亿美元的14.9%。其中机电产品出口额824.36亿美元，同比增长43.13%，高新技术产品出口额774.30亿美元，同比增长49.51%。事实证明，国家级开发区的机电产品和高新技术产品出口有了较大幅度增长。

在54个国家级开发区中，外贸出口额位居前5名的开发区是：苏州工业园区192.43亿美元，增长61.92%；昆山开发区161.09亿美元，增长41.42%；天津开发区139.70亿美元，增长25.02%；漕河泾开发区83.12亿美元，增长50.32%；广州开发区62.51亿美元，增长31.45%。中部地区9个国家级开发区出口额位居前列的是，长春开发区6.59亿美元，增长108.33%；合肥开发区4.53亿美元，增长41.78%；长沙开发区4.49亿美元，增长28.12%，中部地区国家级开发区出口额增长最快的是南昌开发区和太原开发区，分别增长342.03%和328.73%。在西部地区的13个国家级开发区中名列前三名的是：呼和浩特开发区（4.16亿美元，增长398.10%）、乌鲁木齐开发区（3.61 亿美元，增长 100.06%）、西安开发区（1.70 亿美元，增长 45.07%）。说明东中西部开发区的外贸出口都取得了显著的成绩。

2005 年国家级开发区外贸出口的主要特点：一是机电产品出口和高新技术产品出口额增多。54 个国家级开发区的机电产品出口额达 824.36 亿美元，同比增长 43.13%，占出口总额的 72.31%；高新技术产品出口 774.30 亿美元，同比增长 49.51%，占出口总额的 68.04%。其中天津开发区的机电产品出口占出口额的 93%以上，漕河泾开发区出口的全部是高新技术产品。二是中西部地区开发区出口额增长快。据统计，东部地区 32 个国家级开发区出口额增长 40.58%，而中部地区 9 个国家级开发区和西部地区 13 个国家级开发区出口额的增幅分别达 76%和 78%以上。三是国家级开发区内的出口加工区出口额增多。如昆山开发区的出口加工区 2004 年的出口额为 60 亿美元，而 2005 年达到 100 亿美元，增长 66.67%。

【投资环境】 2005 年国家级开发区进一步加强基础设施建设，不断改善投资环境。如昆山开发区全年完成基础设施投资 15 亿元，进行以龙腾项目为龙头的光电产业园及其他项目建设，各项建设工程进展顺利。光电产业园 23 万平方米钢结构的主厂房基本竣工，设备安装全面启动。东部城市副中心和保税物流中心建设加快，国际会展、时代大厦、海关大楼等重点工程先后动工，港东污水处理厂基本建成，新增绿化种植面积 100 多万平方米，进一步改善了生态环境。

2005 年各开发区还十分注意从多方面进行投资环境建设，创造优越的发展环境。一是创建廉洁高效的政务环境，二是建设安全稳定的治安环境，三是营造规范公平的法制环境，四是建设良好的人文环境，五是建设经济循环的生态环境，六是营造良好的服务环境。如青岛开发区在生态农业、林业、生态型工业水资源保护、能源建设、生态旅游、城区和村镇生态环境建设、环境污染控制、近岸海域生态环境保护等 10 个方面开展了大规模的生态建设，重点实施了大地生态绿化、生态环境调控、水资源保护与可持续利用和土地可持续利用等工程。漕河泾开发区现代服务集聚区建设已正式启动，该现代服务集聚区定位于科技、人文、生态，将构筑总部经济、研发设计、创新孵化和综合服务四大功能平台，是漕河泾开发区“十一五”规划的重点项目之一。广州开发区将在今后 5 年致力于引进一批国际著名的跨国服务企业，扶植一批有潜力的内资服务企业，逐步形成房地产业、物流业、科学研发与科技服务业、信息服务业、批发与零售业、区域总部经济、金融服务业、咨询与中介服务业、休闲旅游业、社会公共服务业等 10 个重点行业。现代服务业是国家级开发区进一步发展的重点行业，也有利于进一步完善服务环境，更好地为投资者开展各项服务。

【清理各类开发区取得阶段性成果】 2005 年清理整顿各类开发区的工作进展顺利，不断取得新成果。2004 年国土资源部公告［2004］18 号公布了第二批通过规划审核的 43 个出口加工区和保税区名单之后，2005 年国家发展改革委在国土资源部和建设部按照土地利用总体规划、城市总体规划进行审核的基础上，对第三批 46 个国家级高新技术产业开发区的经济社会发展规划、产业布局、区域功能等进行了审核，并以 2005 年第 30 号公告公布通过审核。随后，国家发展改革委又以 2005 年第 56 号公告，公布了第四批通过审核的 44 个国家级开发区，其中包括高新技术开发区、保税区、出口加工区、边境经济合作区、台商投资区、互市贸易区、旅游度假区等。

2005 年 7 月 25 日国家发展改革委在郑州召开了全国各类开发区审核工作会议。国家发展改革委副主任姜伟新出席会议并讲话，外资司司长孔令龙作了报告。各省、自治区、直辖市以及新疆建设兵团的发改委（经贸委）主管开发区审核工作的负责同志参加了会议。这次会议的重点就省级及省以下的开发区审核原则和标准进行了说明。省级和省级以下的开发区清理整顿工作先由各省、自治区、直辖市、新疆建设兵团的发改委（经贸委）进行初审，然后再报国家发展改革委进行审核。2005年12月8日国家发展改革委发布第74号公告，对辽宁、黑龙江、福建、山东、河南、湖北、广西、青海等8个省（区）的145家省级开发区作为第一批通过审核的省级开发区。2005年12月30日，国家发展改革委发布第84号公告，公布了第二批通过审核的省级开发区，其中包括河北、吉林、江苏、江西、浙江、贵州、宁夏、新疆等8个省（区）的154家省级开发区。其他省级开发区和少数国家级开发区正在进行审核。

（中国开发区协会　林其辉）

2005年全国保税区（保税物流园区）经济运行情况分析

【综合经济】　2005年，全国保税区实现增加值已突破一千亿元大关，达到了1190.52亿元，比上年增长30.1%，呈现“高起点高增长”的发展态势。

全国各保税区在拓展自身优势的基础上，加快区域经济的辐射力度。上海外高桥保税区、深圳保税区和天津港保税区三家保税区充分显示出各自在长三角、珠三角和环渤海湾经济带的发展优势，实现增加值名列前三位。其中上海外高桥保税区完成增加值570.19亿元，同比增长24.6%，占全国保税区总量的47.9%。深圳三家保税区和天津港保税区，分别达到168.49亿元和153.58亿元，同比增长41.9%和37.4%，占全国保税区的14.2%和12.9%。

大连、张家港和宁波保税区继续保持良好快速发展势头，区域竞争力不断增强，分别实现增加值82.07亿元、61.23亿元和60.42亿元，同比增长25.9%、67.6%和24.2%。张家港保税区，紧紧围绕“三年超越十二年，总量实现翻一番”的奋斗目标，成为发展速度最快的保税区。

天津港保税区成功举办2005年第四届天津国际汽车贸易展览会，参观人数突破25万，现场售车2216辆，交易额3.2亿元，成为国内最具特色的大型国际汽车贸易展览会之一；宁波保税区获得首批国家级集成电路产业园称号，并在全国保税区中成为首个ISO14001国家示范区，为浙江省、宁波市开放型经济建设和经济增长方式转变做出了新的贡献；张家港保税区增创产业新优势，做大做强现有保税区、保税物流园和国际化学工业园；珠海保税区的扩区工作和实施多种特殊区域综合政策管理的试点工作正式启动，有望成为全国特殊区域中政策最优惠，改革力度最大，管理最为宽松的经济区域；海口保税区加快实施“区港联动”和“海马二期”的步伐，使区内生产型企业不断增加，同时也提升了“飞地工业”和“药谷”的开发建设；深圳沙头角保税区经国家建设部考核通过，被授予“国家物业管理示范工业区”。

经济质量和效益双提升。2005年，全国各保税区着力提高服务质量、加强投资环境建设，积极扶持企业发展，鼓励重点企业做大做强，不仅促进企业经营规模的持续扩大，而且有力推动了税收收入的增长，保税区经济继续呈现质量和效益双提高的发展局面。

2005年，全国保税区实现销售收入达到

8059.20亿元，同比增长33.8%，保持着高速增长势头。从各保税区完成情况看，上海外高桥保税区居领先位置，实现销售收入4070.72亿元，同比增长27.6%，占全国保税区的50.5%。天津港和张家港保税区也表现出色，双双突破千亿元大关，分别达到1060.02亿元和1010.47亿元，同比增长63.8%和67.2%。此外，宁波和深圳两家保税区也均超过500亿元，达到历年最好水平。

2005年，全国保税区税收收入总额达到618.03亿元，同比增长9.1%。上海外高桥保税区和天津港保税区分别达到333.06亿元和117.57亿元，两者合计占税收总额的72.9%。大连、张家港和深圳保税区则不相上下，分别完成33.17亿元、32.90亿元和32.04亿元。此外，广州、青岛、福州等保税区税收增速均达到30%以上，远远高于平均速度。海关税收占主体。2005年全国保税区海关关税及代征税达到412.79亿元，占税收总额的66.8%，与上年基本持平，主要是由于关税税率的持续下调，另一方面，发改委汽车产业政策出台使保税区进口汽车交易口岸优势弱化，汽车交易量和交易额迅速下滑，如天津港和大连保税区等汽车主要进口地，受此影响税收分别下降9.1%和17.4%。上海外高桥保税区在进口货物总额保持较快增长的支撑下，海关税收收入完成207.77亿元，同比增长14.2%，占全国保税区的50.3%；工商税务部门税收增长速度快。2005年，全国保税区工商部门税收合计达到205.24亿元，同比增长25.2%，占税收总额的33.2%。其中，上海外高桥保税区完成125.29亿元，同比增长21.4%，天津港保税区虽然关税有所下降，但地方税收保持良好增长，达到20.84亿元，同比增长28.4%。张家港保税区居第三，达到11.77亿元，同比增长39.2%。其他保税区的税收在进口货物持续增长的推动下，工商税收也呈现较大幅度的增长，如青岛保税区增速达到70%，珠海和广州保税区也都超过50%，在一定程度上弥补了关税下降的不足，也为区域可持续发展提供了有力保障。

【三大产业】 出口加工业稳步发展。2005年，各保税区面对政策、成本、市场波动趋紧的压力，相继加大对出口加工企业的扶持力度，支持促进企业增资扩产、滚动发展，另一方面，企业以市场为导向，积极调整优化产品结构，提高自主创新能力，实力显著增强，促使保税区工业经济继续保持较快发展。2005年，全国保税区实现工业总产值2169.09亿元，同比增长22.4%。其中深圳保税区和上海外高桥保税区，分别完成821.49亿元和532.37亿元，合计占全国保税区的62.4%。张家港保税区完成198.52亿元，同比增长4.3%。而天津港、广州和宁波保税区工业产值则突破百亿元，分别达到162.28亿元、106.28亿元，100.36亿元，增长速度均达到60%以上，成为推动全国保税区工业产值增长的重要因素。珠海工业产值上升速度最快，同比增长近一倍。工业发展主要呈现以下特点：一是重点行业和大型企业成为经济增长的主体。上海外高桥保税区亿元型加工企业有66家，全年共完成工业产值458.62亿元，对该区工业经济贡献率达到91.4%。天津港保税区亿元产值以上企业达20家，较去年增加了10家，产值合计144.2亿元，占全区总产值的88.9%，对产值增长的贡献率为91.2%。海口保税区高新技术企业实现工业总产值16.31亿元，占该区工业总产值的47.34%；青岛保税区以通讯及电子产品加工业为支柱产业，实现工业总产值33.25亿元，占全区工业总产值的55.11%；宁波保税区积极实施扶优扶强战略，超亿元企业达18家。这些大型企业和重点行业有力地带动了保税区工业经济的持续增长。二是科技创新能力强，企业实力不断提升。面对激烈的市场竞争，各保税区着力引导企业走科技创新的路子，重视自主创新和品牌效应，提高产品竞争力，打造创新型保税区。宁波保税区今年成功获得国家集成电路产业园称号，有24个项目完成了科技成果鉴定或项目验收，项目结题率为77%，17个项目被国家知识产权局授权专利；深圳保税区通过实施“一高三中心”（即高新技术产业、物流中心、研发中心、贸易中心）的发展战略，大力调整、优化产业结构和产业布局，目前，福田、沙头角和盐田港三个保税区90%以上的企业成为高新技术和高端人力资本的集聚地；南开大学铜铟硒太阳能电池项目落户天津港保税区，为新能源产业的自主创新奠定了良好基础，同时，区内企业共完成专利申请122件，其中发明专利32件，实用新型专利67件；汕头保税区的三宝光晶公司独创的湿法光晶云母提取新技术已申请发明专利和新型专利，并通过了省级科技鉴定。

贸易业强势增长。国际贸易作为保税区的主导产业，是推进保税区综合经济发展的重要组成部分。2005年也是国家有关政策对保税区投资的贸易类企业影响较大的一年，面对入世后日益开放的国内市场，特别是在商务部和海关总署的支持下，商务部8号令《外商投资商业领域管理办法》在保税区内实现了全覆盖，使得保税区的国际贸易功能得到新的体现。广大贸易企业借助日益完善的保税区投资运营环境，提升品牌优势与竞争力，不断扩大经营规模，商品销售额持续快速增长。2005年，全国保税区商品销售总额达到5861.09亿元，同比增长40.0%，对销售收入增长的贡献率达到71.0%。外高桥、张家港、天津港、宁波、大连等保税区由于拥有为数众多的国内外著名的跨国公司，凭借其雄厚的实力，利用其全球营销网络体系的优势扩大销售额，从而促使保税区的商品销售额迅速增加。上海外高桥保税区外资贸易企业2005年完成商品销售额3101.62亿元，比上年同期增长38.6%，占全区商品销售额的92.4%。天津港保税区2005年限额以上贸易企业达301家，比2004年增加16家，实现商品销售额603.1亿元，增长77.2%，占全区商品销售额的92%。

现代物流业实现跨越式增长。随着保税区产业功能布局的逐步调整，各保税区都把发展物流业作为推动保税区经济发展的重要工作来做。特别是在出口加工业，尤其是在众多贸易企业的支持下，保税区现代物流业得到了显著的发展。2005年，上海外高桥、天津港、张家港等九家保税区物流企业营业收入达到1986.77亿元，同比增长39.5%，实现跨越式增长。其中，上海外高桥保税区的物流企业营业收入达到1426.43亿元，同比增长36.8%，占全国保税区的71.8%。其他保税区也步入快速发展的轨道，规模加速扩大，如天津港保税区达到242.25亿元，同比增长49.8%，珠海和深圳保税区也实现物流收入160.57亿元，深圳、大连、张家港等保税区皆是成倍增长。

各保税区通过发挥自身的政策功能优势，已经形成一整套富有特色的物流服务体系。如厦门保税区构建了运输、仓储、包装、拼配、资金结算、信息服务等物流增值服务的一站式运作模式，形成了机电产品配送、进出口石材分拨、国际集装箱运输三大特色物流；汕头保税区围绕构建区港工贸一体化的发展目标，抓好仓储物流功能的开发深化，区内英国威尔信公司计划兴建面积为3万平方米的装配中心和新产品研发中心，将建成集研发、生产、物流于一体的基地。同时，保税区物流业对本地及周边地区的货物流、资金流的辐射和带动作用越来越明显。深圳市保税区日趋成熟的现代物流业已成为珠三角世界著名企业生产、采购、运输等物流配送环节的中心之一，目前在珠三角地区依赖深圳保税区物流企业提供“粮草”的世界500强企业就达150多家；张家港保税区充分发挥了对苏南和武汉、重庆等长江上游地区物流的辐射带动作用，口岸的集聚效应明显，已成为木材、大豆、植物油、化工品等商品在华东乃至全国的重要集散地。

保税区物流企业的蓬勃发展也推动了货物流量和存量的快速上升。2005年，全国保税区货运总量达到2515.36万吨，同比增长22.9%。期末货物存放量354.72万吨，同比增长23.0%。

【对外经济】 进出口贸易平稳增长。2005年，全国保税区进出口总额逐步从前几年的高速增长进入稳定上升阶段，进出口货物总额达到886.35亿美元，同比增长19.4%，呈现平稳增长态势，占全国进出口总额的6.2%。从进出口贸易方式上看，仓储转口贸易和加工贸易占主要比重。其中，仓储转口贸易进出口总额达到557.44亿美元，同比增长18.5%，加工贸易进出口总额达到305.82亿美元，同比增长19.6%，合计占进出口总额的比重达到97.4%。而一般贸易进出口总量相对较小，仅为15.64亿美元，但发展速度一直保持快速上扬态势，同比增长1.3倍。

从各保税区完成情况看，上海外高桥保税区和深圳保税区名列前茅，分别达到352.65亿美元和306.91亿美元，同比增长14.5%和21.6%，占全国保税区进出口的39.8%和34.6%。其次是天津港保税区完成79.27亿美元，同比增长49.5%，是增幅最高的保税区。此外，广州保税区进出口也增长迅速，总量达到32.86亿美元，同比增长43.9%，居第四位。保税区进出口额总体呈现“进口数量大，出口增速快，进出口结构优化”的特点，进出口逆差为256.33亿美元，同比增长13.7%。

2005年，全国保税区出口总额达到315.01亿美元，同比增长21.9%，比进口增速高出3.8个百分点，占进出口额的35.5%。从各保税区情况看，深圳保税区借助毗邻香港的优势，以158.38亿美元居出口首位，同比增长22.3%，占全国保税区出口的50.3%。其次是上海外高桥保税区，达到96.67亿美元，同比增长10.0%，占全国保税区出口的30.7%。广州和厦门保税区在出口上又创新高，均突破10亿美元，达到13.05亿美元和10.77亿美元，同比增长63.3%和65.4%，远远高出平均增长水平。从出口方式上看，加工贸易出口为主要方式，达到191.39亿美元，同比增长18.7%，占出口额的60.8%。其次是仓储转口贸易方式，为114.89亿美元，同比增长23.1%，占出口额的36.5%。

随着国内市场需求的不断增加，保税区进口优势充分体现，已成为连接国内外市场的桥梁。2005年，全国保税区进口总额571.34亿美元，同比增长18.1%，占进出口总额的64.5%。从各保税区情况看，上海外高桥保税区作为跨国公司商品营销、分销、配送分拨中心的地位日益明显，进口额不断扩大，达到255.99亿美元，同比增长16.3%，占全国保税区进口的44.8%。其次是深圳保税区148.53亿美元，同比增长20.8%，占全国保税区进口的26.0%。从进口贸易方式上看，随着物流、贸易企业规模的不断扩大，以仓储转口贸易方式的进口额持续攀升，达到442.55亿美元，同比增长17.4%，占进口额比重达到77.4%。此外，加工贸易方式进口额达到114.43亿美元，同比增长15.2%占进口额的20.0%。

虽然各保税区进出口商品的种类各不相同，但随着区内高新技术产业的不断集聚，高技术含量、高附加值商品正成为各保税区进出口的主要趋势。从出口上看，上海外高桥保税区的科学及控制用仪器设备类、通用机械及零部件设备两大类附加值和技术含量较高的产品分别完成出口额3.01亿美元和1.92亿美元，比上年增长28.2%和70.9%，增幅显著；宁波保税区的液晶显示器、集成电路等高新技术产品出口4.6亿美元，同比增长105.3%，占同期出口总值的31.8%；从进口上看，天津港保税区电信产品及电子配件产品进口额23.3亿美元，增长1.38倍，占全区进口额的33.2%。

招商引资成效显著。2005年，全国保税区在土地资源紧缺、政策优势弱化的严峻形势下，结合自身特点及时调整招商思路，推陈出新，强化举措，优化投资服务环境，贯彻诚信亲商理念，促使招商与引资同步增长，增强了保税区经济发展后劲。如天津港保税区坚持“高水平是财富、低水平是包袱”的发展理念，注重产业配套、产业链接，吸引一批附加值高、技术含量高、环保水平高、关联度高的项目落户保税区；深圳保税区做好企业跟踪关注、配套服务、排忧解难等工作，有机地把人性化的服务、诚信化的承诺融入招商引资的全过程。

2005年，全国保税区吸引投资总额再创新高，突破100亿美元，达到100.34亿美元，同比增长34.8%，其中外商投资额占主要比重，达到79.99亿美元，同比增长31.5%，占投资总额的79.7%。合同外资达到46.98亿美元，同比增长19.1%，实际利用外资21.04亿美元，同比增长9.9%，外资利用率达到44.8%。

从投资总额上看：天津港保税区达到45.62亿美元，同比增长60.8%，居各保税区首位，占全国保税区投资总额的45.5%。其次是上海外高桥，为14.12亿美元。大连和张家港保税区招商活跃，分别吸引投资额12.44亿美元和10.19美元，同比增长88.87%和30.1%。上述四家合计占全国保税区总量的82.1%。其他各保税区，投资额也增长迅速，如汕头达到了2倍，深圳、厦门保税区也比去年翻了一番。

从外商投资额上看：天津港保税区在吸引外资、合同利用外资和实际利用外资上都独占鳌头，分别达到38.03亿美元、20.69亿美元和7.67亿美元，同比增长59.8%、36.5%和36.0%。其次是上海外高桥和张家港保税区，吸引外资分别达到9.98亿美元和9.24亿美元，其中张家港的增速达到了33%。而在合同利用外资和实际利用外资上，大连保税区表现出色，跃居第二位，合同外资达到7.53亿美元，同比增长1.28倍，实际利用外资4.52亿美元，同比增长83.7%。上海外高桥保税区完成合同外资额6.16亿美元，实际利用外资3.52亿美元，列第三位。

企业增资踊跃。保税区良好的投资环境、高质量的服务水平及丰厚的经济效益，坚定了企业在保税区投资的信心，追加投资热情高涨，这是推进保税区投资额增长的重要因素。上海外高桥保税区增资额超过1000万美元的大项目达到了16个；宁波保税区增资企业26家，增资合同外资1.6亿美元；汕头保税区今年共有6家骨干企业增资扩产和技术改造，增资额0.22亿美元；深圳保税区外资企业全年增加投资3.11亿美元，同比增长1.9倍。

2005年，全国保税区加大了招商力度，招商项目数比2004年有所回升，共批准投资项目4358个，同比增长7.3%，但外资项目略有下降，数量为1697个，同比下降4.0%，占批准项目总数的38.9%。从批准项目数量上看：天津港保税区依然保持领先，达到1258个，同比增长28.1%，其中，外资项目338个，同比增长31.5%，占该区项目总数的26.9%。主要是受三北地区项目的拉动，注册企业达842家，投资额60.8亿元，分别占天津港保税区内资企业总量的91.9%和97%。其次是上海外高桥保税区942个，其外资项目达到820个，占到该区项目总数的87%，外资项目居全国保税区首位。张家港保税区以552个项目居第三位，同比增长45.7%，招商形势喜人。此外，大连和宁波保税区也分别达到454个和431个，同比增长9.4%和3.6%。

从行业种类上看，仓储物流成为新的增长点。随着保税区物流业的蓬勃发展和各物流园区的开发建设，物流项目增长迅速，全年仓储物流项目达到516个，同比增长71.4%，占项目总数的11.8%。上海外高桥凭借率先实现“区港联动”的优势效应，引进的物流项目数达到249个，同比增长66.0%，天津港保税区达到134个，同比增长86.1%，两者合计占物流项目总数的74.2%。张家港和青岛保税区也实现了成倍增长。而贸易项目则与上年持平，达到3156个，在绝对量上仍占到72.4%的比重。引进加工型项目出现下滑趋势，为296个，同比下降14.9%。

项目质量和层次不断提升。宁波保税区全年引进一千万美元以上外资生产型项目15个，投资总额5.5亿美元，项目平均规模达3666万美元；天津港保税区项目平均投资规模首次突破1000万美元，达到1125万美元。海口保税区充分发挥“以展招商”、“代理招商”和“以商引商”的招商举措，在“8.26工业活动日”中“飞地工业”共签约项目18个，投资额1.61亿美元，预计投产后可实现年工业总产值27亿元；汕头保税区大项目洽谈也取得新进展，全年引进投资规模1亿元以上的项目达到6个；同时，在保税区投资落户的世界500强企业不断增多，如外高桥保税区已达到135家，天津港保税区有57家，深圳保税区新引进德国贝塔思曼、日本神户制钢、美国杜邦等3家企业，区内500强企业达27家，青岛保税区也吸引了日本小松物流落户，使区内500强企业达到24家。这充分显示出世界知名企业对保税区的投资信心与认可度。

截止到2005年12月，全国保税区累计批准项目42023个，其中外资项目19415个。吸引投资总额594.78亿美元，其中外商投资428.4亿美元。合同外资328.34亿美元，实际利用外资162.34亿美元。

【区域建设】 固定资产投资规模保持强劲增长。随着保税区新一轮开发建设的展开，新老企业投资的热情高涨，同时各保税区以完善基础配套作为着力点，量质并举，优化投资硬环境，对保税区固定资产投资的快速增长起到了积极的拉动作用。如青岛保税区前湾国际物流园区建设的稳步推进，一批大型物流企业仓库项目陆续开工建设；珠海保税区全力推进跨境工业区珠海园区建设，目前基础设施及封关设施建设已基本完成。

2005年，全国保税区固定资产投资额共完成211.80亿元，同比增长51.1%，增势强劲。竣工房屋面积286.09万平方米，同比增长1.9倍。截止到2005年12月，全国保税区累计固定资产投资达1049.84亿元，竣工房屋面积1793.75万平方米。

天津港保税区的固定资产投资达到72.17亿元，同比增长36.7%，占全国保税区投资额的34.1%，进区企业投资项目增长快，完成投资52.8亿元，增长90.5%，占总投资的85%；其次是大连保税区，达到40.57亿元，同比增长1.6倍，新建大项目和大孤山半岛迁址企业形成的固定资产投资是其固定资产投资快速增长的主要因素。上海外高桥保税区和张家港保税区也分别达到36.58亿元和26.89亿元，比上年同期增长62.4%和38.1%。

在基础设施建设上，各保税区进一步完善区内投资环境，切实做到高起点规划、高标准建设、高水平管理，推动基础设施投资的快速增长。2005年，全国保税区完成基础设施投资74.22亿元，同比增长52.8%，占投资总额的35.0%。大连保税区随着新港区域和港铁西区动迁工作的进行及海鲇路改造等工程，基础设施投资达到29.58亿元，同比增长1.6倍，居各保税区首位。上海外高桥保税区物流一期、物流二期、微电子园区开发建设同步实施，这些重点工程项目使其基础设施投资额达到16.21亿元。

保税物流园区发展提速。保税物流园区作为“区港联动”的先行先试区域，积极增创功能新优势，做大联动文章，加快推进保税物流园区建设，进一步放大保税物流园区的效应，发展进程显著加快。2005年，已封关运作的上海外高桥、大连、天津和张家港四家物流园区区内企业已实现营业收入22.56亿元，批准项目102个，吸引投资额2.37亿美元，其中外商投资1.40亿美元，合同利用外资1.14亿美元，实际利用外资1.21亿美元。进出口货物总额20.75亿美元，其中进口12.86亿美元，出口7.89亿美元。固定资产投资额达到17.71亿元。从各物流园区情况看：

上海外高桥保税物流园区：作为我国首个实施“区港联动”试点的区域，在经过2004年下半年的探索性试运行后，2005年进入正常运行的轨道。在多方的共同努力下，保税物流园区的运作模式进一步明确，各种操作方式进入实质性运作，深加工结转业务顺利开展，国际采购和国际配送业务所占比重逐步上升，国际中转及拼拆箱业务进入试点，园区经营规模稳步扩大。全年保税物流园区共完成进出区货物8.74万票，货值72.60亿美元，其中进境备案4.15亿美元，出境备案15.32亿美元，进口报关22.47亿美元，出口报关30.66亿美元。实现进出口总额3.34亿美元，其中出口1.99亿美元，进口1.34亿美元。共引进包括荷兰世天威、商船三井、东方海外等国际著名物流公司在内的企业单位41家，其中独立法人单位16家，分公司25家。区内企业共完成营业收入5.55亿元，比上年增长13倍。固定资产投资4.64亿元，累计投资已达到20.11亿元。

大连保税物流园区：自正式通过验收以来，以配套设施、物流设施和海关信息系统建设为重点的第二阶段工作随即展开。目前各项设施建设进展顺利，一期2万平方米公共库、美加连物流、宝钢物流、万德龙物流、码头物流库房等项目已经竣工。园区通关系统已正式投入运作，国际中转、国际配送、国际采购、转口贸易等四大功能均已实现。园区招商全面展开，已有伊藤忠物流、东方海外等32家企业入驻。2005年，实现增加值1.07亿元，营业收入3.85亿元，引进项目数达44个，共吸引投资额1.56亿美元，是四家物流园区中吸引投资额最大的一家。完成进出口额8267.2万美元，其中出口732.3万美元，进口7534.9万美元。固定资产投资累计已达1.58亿元。

张家港保税物流园区：2005年，张家港保税物流园共引进中外企业36家，累计注册资金3889万美元(其中中资1.47亿人民币)，吸引了全球最大标准件采购商荷兰法博瑞、全球知名羊毛商澳大利亚米歇尔公司、全国最大棉花物流商骏达公司等企业注册。2005年实现营业收入10.32亿元，在目前已经封关运作的物流园区中处于领先地位。完成进出区总量210万吨，进出口总额5.98亿美元，其中进口5.67亿美元，实现海关关税及代征税10.8亿元。

天津保税物流园区：自2005年5月11日正式运营以来，以其高效的运营环境和政策功能优势受到广泛关注，进出园区的货物数量和货值逐月攀升。物流园区的优惠政策，吸引了摩托罗拉、联想等一批IT企业将其作为重要物流基地。园区的业务范围已由初期的“一日游”模式，逐步扩展为涉及进来料加工，一般贸易征税进口，进口转关等。自开始运营7个月来，先后吸引80余家进出口企业在园区注册，服务辐射北京，南京、成都，苏州和“三北”地区的20多个省区市。累计办理进出区货物4933票，货值10.6亿美元。其中，入区出口2543票，货值5.5亿美元；涉及电子元器件、电机元器件、手机配件、电脑监视器等130余种货品；转关出区和进口国内2390票，货值5.1亿美元。保税物流园区的封关运作较好地拉动了区域经济的发展，2005年区内企业实现增加值5566万元，完成营业收入2.84亿元，固定资产投资额1.48亿元。

除上述四家保税物流园区率先投入运营外，其余物流园区也在年底陆续封关运作，物流园区的区位和政策优势将得到越来越充分的发挥，其发展将迈上一个新台阶。

（中国保税区出口加工区协会）

2005年全国出口加工区经济运行情况分析

【经济发展】 2005年全国出口加工区共实现增加值174.07亿元，同比增长52.4%；完成工业总产值2845.81亿元，同比增长85.2%；完成进出口总额597.43亿美元，同比增长68.6%，其中出口351.16亿美元，同比增长68.6%。

截止到2005年12月，已获国务院批准的全国出口加工区数量已达到57个，其中封关运作且开展生产经营的出口加工区为35个，批准面积达到97.39平方公里，其中验收封关面积为54.05平方公里，占开发面积的55.5%。

2005年，全国出口加工区经济总量呈现快速增长势头，共实现增加值174.07亿元，比去年同期增长52.4%。上海松江和江苏昆山两家出口加工区处于领先位置，全年实现增加值分别达到37.77亿元和34.60亿元，同比增长24.4%和65.2%，合计占全国出口加工区的41.6%。此外，实现增加值达到10亿元以上的还有天津出口加工区21.31亿元，同比增长45.2%；广东深圳出口加工区15.27亿元，同比增长74.9%；苏州工业园区12.39亿元。

从区域上看，位于长三角地区的上海、江苏和浙江三地的出口加工区分布较为集中，综合发展情况也优于其他区域。上海5家出口加工区（松江、漕河泾、金桥、青浦、闵行）合计完成增加值43.41亿元，占全国出口加工区总量的25.0%，江苏8家（昆山、苏州工业园区、南通、无锡、连云港、南京（含南区）、苏州高新区、镇江）完成54.01亿元，占总量的31.0%，浙江杭州和宁波出口加工区合计实现增加值也接近十亿元。

经过多年来的运作，各出口加工区都形成了自身的发展优势，产业集聚效应凸显，对地方经济拉动辐射效应日益增强。上海的松江、漕河泾等出口加工区面向台资IC、IT企业专题招商，并在配套政策和服务手段上适应了现代加工制造企业对原材料和产品大进大出、快进快出及零库存的发展要求，出现了IT企业结伴入区的集聚效应；江苏昆山等出口加工区凭借其良好的区位和政策功能优势，始终坚持贯彻吸引高新技术、高附加值、低能耗的产业政策，吸引了笔记本电脑、硬盘、光电产品、精密机械、光纤元件等一大批“大进大出”、“快进快出”的高科技项目入区发展；杭州出口加工区将引进国际一流资本和发展高科技及其配套产业作为工作的重点。目前，基本形成了以东芝等日本国际知名投资集团为主导的上下游配套型产业群体，区域性加工贸易的规模效应已经显现；山东烟台出口加工区则形成了具有比较优势的电子部件、汽车部件、化妆用具三大产业集群，其中电子部件占整个产业的50%，汽车部件占30 %，仅化妆用具一个项目，就有8个配套企业入区；深圳出口加工区入区企业以IT、电子、家电类企业为主，特别是在日立环球等超大型项目的带动下，一批资金和技术密集型的关联企业和配套厂商纷纷落户深圳，产业集群效应明显；成都出口加工区吸引英特尔、中芯国际等一批国际知名企业纷纷入驻，集成电路产业加速聚集，产业链已初步形成，正在成为外商投资中国中西部地区的新的亮点。

2005年，全国出口加工区工业产值增势良好，共实现工业总产值2845.81亿元，同比增长85.2%。排名前位的出口加工区有：上海松江（1218.42亿元），江苏昆山（692.00亿元），苏州工业园区（100.26亿元），天津（70.44亿元），广东深圳（46.63亿元），湖北武汉（35.59亿元），江苏南京（南区）（33.39亿元），辽宁大连（37.20亿元）。

出口加工区凭借其优惠的税收政策、便利的外汇管理政策、规范统一的硬件设施、高效的通关监管模式等政策功能优势，满足了企业，特别是高科技企业在短期内快速交货和企业零库存管理的需求，提高了企业在国际市场上的竞争能力，适应了新技术产业国际转移的需要，促进了产业结构升级，带动了区域经济的繁荣。工业经济运行呈现以下特点：

一是科技含量高、信息化程度高。2005年全国出口加工区电子信息产业完成工业产值2125.10亿元，同比增长65.4%，占工业总产值的74.7%。高新技术产业完成工业产值1089.40亿元，同比增长51.8%。漕河泾出口加工区鼓励、引导企业调整产品结构，进一步发挥自主知识产权在市场竞争中的作用，区内重点企业英业达集团已基本确定在未来2~3年内逐步调整产品结构至笔记本电脑占25%，服务器占75%左右，届时，漕河泾出口加工区即将成为全球最大的高端服务器研发、制造基地之一；宁波出口加工区已经初步形成信息家电和精密机械加工制造业集群发展的产业格局，以台湾奇美电子及华屋电子为龙头，一批千万美元以上的配套项目为主体的液晶显示器生产企业正在区内快速集聚，计划在今后3～5年内，建成年产液晶电视机480万台套的生产基地。

二是产销衔接率高，企业经济效益良好。2005年全国出口加工区实现工业产品销售额达到2769.18亿元，同比增长79.8%，产销率达97%。企业良好的发展也体现在经济效益上，由于出口加工区企业产品科技含量高且具备价格优势，国际市场竞争力很强，企业销售旺盛，经济效益不断提高。全年共实现利润总额43.16亿元，比去年同期翻了一番。产品销售收入居前三位的是依次是上海松江1151.22亿元，同比增长51.1%，占全国出口加工区的41.6%；江苏昆山685.12亿元，同比增长64.6%，上海漕河泾出口加工区357.45亿元，同比增长1.6倍。而利润额最高的也是上海松江和江苏昆山出口加工区，分别达到8.56亿元和8.27亿元。

三是投产企业质量和规模不断提高。截止到12月份，全国出口加工区投产工业企业数已达604家，特别是今年以来新投产运行企业迅速增加，达到254家，同比增长2.3倍，且企业质量和规模不断提高，其中投资额在1000万美元以上的企业为62家，占24.4%。如苏州高新区出口加工区今年新引进落户投资额达1500万美元的华祎科技项目，主要从事液晶显示器模块生产，目前已安装了2条生产线，可实现年产值1200万美元，明年预计将引入6～8条生产线，可实现年出口额4800万美元以上。陕西西安出口加工区年末新落户的合资企业“碧辟普瑞新能源有限公司”，项目总投资达1.02亿元人民币，预计2006年一季度正式投产，将建设成为太阳能电池生产和研发基地，促进陕西光伏行业的快速发展。今年5月投产的北海爱飞数码科技有限公司是广西北海出口加工区首个建成投产并出口产品的企业，首期设计年产量50万台CRT电脑显示器，二期设计年产量为18万台竹制环保外壳电脑设备。这些新投产企业将为出口加工区工业产值持续增长提供有力支撑。

出口加工区适合产品附加值高、交货期短、料耗变化多、需要快速通关的企业入驻，针对这一特点，今年以来，在各出口加工区和地方海关的努力下，不断加快通关速度，提高监管效能，如采取“提前报关、机场直递”的快速通关模式使空运进境货物平均通关时间从72小时缩短到4小时，加快信息化网络化建设、建立海关电子联网管理系统等一系列改革措施，促使出口加工区进出口总额持续快速增长。

据海关统计，2005年全国出口加工区进出口总额达到597.43亿美元（未包括山东济南出口加工区），同比增长68.6%，继续保持高速增长态势。其中，出口额达到351.16亿美元，同比增长68.6%，占进出口总值的58.8%，进口额246.28亿美元，同比增长68.5%，充分显示出加工区外向型经济的特点。

从各出口加工区进出口情况上看，上海松江和江苏昆山遥遥领先。上海松江出口加工区通过海关一系列改革措施，如扩大无纸报关的比例、出口取消前道的接单环节等，使得全年进出口总额再创新高，达到212.70亿美元，同比增长43.8%，占全国出口加工区总量的35.6 %，其次是江苏昆山也达到184.03亿美元，同比增长60.9%，占总量的30.8%。此外，进出口额达到10亿美元以上的出口加工区，还有4家，依次是上海漕河泾、江苏苏州工业园区、浙江杭州和江苏南京（南区），分别实现进出口74.37亿美元、36.68亿美元、27.42亿美元和13.84亿美元。一部分成立时间较晚的出口加工区虽然在总量上与上述几家有一定差距，但增长速度十分惊人，如山东青岛和江苏连云港都比去年同期增长了十余倍。

从地域上划分，排名前六位的加工区都集

中在上海和江浙两地，交通便利和经济发达是其优势所在。在珠三角区域，广东深圳和福州厦门占据优势，分别完成7.27亿美元和2.75亿美元，同比增长58.9%和1.9倍；辽宁大连和天津出口加工区则是东北地区的前两位，分别完成进出口额5.54亿美元和4.69亿美元，同比增长46.7%和5.7倍；而在中西部地区的出口加工区中，湖北武汉继续保持领先，实现进出口总额1.22亿美元，同比增长61.2%。其次是四川成都，达到1.02亿美元，同比增长4.9倍。

从出口和进口上看，进出口总额排列前六位的出口加工区仍然占据主要地位。其中，上海松江出口加工区，完成出口127.90亿美元，同比增长44.0%，实现进口84.80亿美元，同比也增长43.3%，无论从进口额还是出口额上都居第一位。

【招商引资】 招商引资工作是区域可持续发展的“命脉”，各出口加工区创新招商体制与机制，坚持开展专业招商、以商招商、产业招商、代理招商、网络招商等行之有效的招商方式，充分利用加工区政策优势，积极争取、引进重大项目，做好投资促进工作，全面提高招商引资的质量和水平，取得了显著成效。2005年，全国出口加工区共批准项目253个，同比增长27.8%，其中外资项目210个，同比增长26.5%，占项目总数的83.0%。吸引投资总额46.06亿美元，同比增长1.3倍，其中吸引外资45.51亿美元，同比增长1.5倍。

各出口加工区始终坚持把招商引资和项目建设作为工作的重中之重，如辽宁大连出口加工区坚持对外招商和对内招商并举，重视加强与国内各地区之间的经济技术合作，吸引国内知名的大企业、大集团前来投资；山东青岛出口加工区加大对韩、日的招商力度，先后赴韩、日开展招商活动、多次举办投资说明会，在韩、日聘请10名招商大使，采取有效措施加强交流与合作，实现对接升级；宁波出口加工区通过狠抓主导产品招商，大力引进计算机、通信网络、集成电路、信息家电等为重点的先进制造企业；山东威海出口加工区抓高效服务，提高办事效率，通过以商招商方式引进的项目占80%以上；无锡出口加工区管委会、海关等部门深入区内重点企业海力士—意法半导体有限公司进行现场服务，及时为企业解决难题。

从批准项目上看：苏州和山东两地数量多。2005年引进项目数在15个以上的出口加工区共有4个，主要集中在苏州和山东两个地区。引进项目最多的是山东青岛出口加工区，达到19个，其次是苏州工业园区和苏州高新区出口加工区，均为18个，山东烟台以15个项目居第四位，今年刚运作的山东济南出口加工区也达到了11个。

此外，达到10个以上项目的还有：江苏昆山13个，上海松江、辽宁大连和广西北海均为12个，陕西西安、河南郑州、浙江宁波、吉林珲春都达到了11个。这为出口加工区投资企业的规模进一步扩大奠定了基础。

从项目投资额上看：投资规模扩大，增资踊跃。2005年引进项目规模进一步扩大，平均投资额达到2332万美元，比去年1415万美元提高了近1000万美元。主要是江苏无锡出口加工区今年新引进了海力士、科艺司通等5个项目，涉及总投资二十多亿美元，使其累计投资额达到23.25亿美元，占全国出口加工区吸引投资额的39.4%。其他出口加工区中，四川成都以优质的服务和良好投资环境促使英特尔公司对二期项目追加投资，全年投资总额达到5.19亿美元，居第二位。苏州工业园区由于批准项目数较多，吸引投资总额也达到3.83亿美元，上海松江和浙江宁波两家出口加工区也突破3亿美元。

企业在区内良好的发展前景和较高的经济效益，也进一步增强了区内企业的投资信心，企业增资情况踊跃。2005年，企业增资总额达到7.53亿美元，占投资总额的12.8%。上海松江和江苏昆山出口加工区的企业增资热较为高涨，分别达到2.13亿美元和1.26亿美元，占其吸引投资额的65.8%和45.6%。还有如山东威海出口加工区，共有7家企业追加投资，增资额近1900万美元。山东烟台建区以来，先后有20多家外资企业增资，增资总额占合同外资的30%，新入区项目30%为已入区企业介绍，更为重要的是区内外商介绍的项目正源源不断进驻加工区，为加工区储备了大量项目资源。

从利用外资上看：外资利用率不断提高。随着投资总额的不断扩大，合同外资和实际利用外资也实现快速增长。2005年，全国出口加工区合同外资达到24.57亿美元，比去年同期翻了一番。实际利用外资11.74亿美元，同比增长1.8倍，外资利用率达到47.8%，比2005年上半年提高了18.1个百分点。

从合同外资上看，无锡出口加工区达到9.07亿美元，同比增长4倍，位居第一位，占全国加工区合同外资总额的36.9%。其次是苏州工业园区出口加工区达到1.74亿美元。江苏昆山、上海松江、苏州高新区则分别达到1.60亿美元、1.36亿美元和1.34亿美元。从实际利用外资上看，江苏昆山和上海松江出口加工区资金到位情况较好，分别达到2.03亿美元和1.67亿美元，同比增长3倍和6倍，两者合计占全国加工区实际利用外资总额的31.5%。

截止到2005年12月，全国出口加工区引进项目总数突破1000个，达到1003个，其中外资项目873个，占项目总数的87.0%。吸引投资总额152.91亿美元，其中外商投资额145.49亿美元，占投资总额的95.1%。合同利用外资累计达到71.18亿美元，实际利用外资28.85亿美元。

【投资环境】 各出口加工区坚持贯彻投资软、硬环境两手抓的方针，不断完善基础设施建设，为企业提供优质服务，努力优化综合投资环境，为企业打造良好的发展平台。另一方面，随着已投产企业生产规模的扩大，对厂房等固定资产需求日益增大，再加上新入区项目的开工建设稳步推进，有力地推动了固定资产投资迅速增长。如江苏昆山出口加工区按照创建新型工业化园区要求，十分注重园区环境保护和“绿化、亮化、美化”工程，建设防护林带、污水处理厂、进口包装材料熏蒸场站等基础设施；大连出口加工区投资兴建了为海尔生产配套的1号、2号工业园和气体工业园，吸引中小企业入区为海尔等大企业生产配套；山东烟台出口加工区在开发资金严重不足的情况下，积极筹措资金，不断完善基础设施建设，0.7平方公里累计投入1.2亿元，对区内道路供电、供水、排水、排污、供暖、照明、电信等基础设施进行完善投资4.4亿元，建设标准厂房总面积达到36万平方米，增强产业配套能力，为加工区发展提供了良好的载体。

2005年，全国出口加工区共完成固定资产投资额70.71亿元，同比增长30.2%，其中基础设施投资14.80亿元，占投资总额的21.0%。期末施工房屋建筑面积325.89万平方米，同比增长5.9倍，其中在建厂房面积178.05万平方米。竣工房屋建筑面积198.93万平方米，其中已建成厂房面积187.93万平方米。

全年固定资产投入力度最大的是上海松江出口加工区，共完成固定资产投资额17.27亿元，占全国加工区的24.4%，该区的固定资产投资总额累计已达到57.73亿元，平均每平方公里达到9.65亿元。其次是浙江宁波出口加工区达到11.01亿元，山东青岛和浙江杭州出口加工区，也分别达到6.3亿元和5.85亿元。此外，一些封关运作时间较晚的出口加工区，正处于基础设施全面建设阶段，拉动了固定资产投资建设。如上海青浦全年完成固定资产投资4.07亿元，其中基础设施投资达到2.76亿元，占67.8%。陕西西安固定资产总额1.28亿元，其中基础设施投资1.25亿元。

截止到2005年12月份，全国出口加工区累计完成固定资产投资225.89亿元，其中基础设施投资84.21万平方米；累计竣工房屋建筑面积571.88万平方米，其中已建成厂房面积545.45万平方米，占竣工房屋面积的95.4%。

综上所述，无论从经济总量、工业产值、

进出口额、招商引资及固定资产投资上看，2005年都是全国出口加工区快速发展的一年。但从总体上看，我国出口加工区建设还处于起步阶段，各区发展还很不平衡，加工贸易的产业层次和加工深度还有待提高。而2006年是WTO全面开放的第一年，出口加工区的发展进入到关键时期，机遇与挑战同在。各加工区必须有效落实全国出口加工区会议精神，充分发挥出口加工区的示范、导向和辐射作用，充分利用出口加工区的政策优势、通关优势和环境优势，扩大并完善出口加工区的保税加工和保税物流等功能，科学规划出口加工区布局，切实加强区内产业引导，积极促进区域经济协调发展。要把出口加工区建设成为承接跨国公司转移高科技高附加值加工制造环节、研发中心的重要基地；成为承接国际现代服务业转移，开展保税物流业务的重要节点；成为面向国际市场，汇集大型高新技术龙头企业的聚集区；成为率先实现加工贸易转型升级的先导区、示范区。

（中国保税区出口加工区协会）

2005年边境经济合作区发展综述

【经济发展】 2005年我国边境经济合作区认真贯彻科学发展观，紧紧围绕发展是硬道理这个主题，开拓创新，奋力拼搏，真抓实干，克服各种困难，各项工作取得了新进展。

据不完全统计，2005年我国12个边境经济合作区（缺畹町、凭祥合作区数字）累计已建企业4760家，实现GDP 81.7亿元，同比增长22.4%，工业总产值达62.5亿元，同比增长53.56%；出口总额达24.8亿美元，同比增长53.37%；财政收入22.3亿元，同比增长167.3%；税收达到10.5亿元，同比增长45.8%；就业人员26万人，同比增长22.4%。边境经济合作区的经济社会发展，成为边境开放城市的一个亮点，也是边境地区最强劲的经济新增长点。边境经济合作区主要经济指示占所在城市的比重不断提高，如绥芬河边境经济合作区现有企业410个，其中工业企业212个，2005年实现国内生产总值18.1亿元，同比增长78.1%；工业总产值6.96亿元，同比增长36.47%；工业增加值2.01亿元，同比增长70.3%；税收3.16亿元，同比增长89.28%，财政收入3.24亿元，同比增长90.55%，分别占市的比重为67.89%、63.27%、67.44%、53.15%、52.87%，均占全市的一半以上。丹东边境经济合作区2005年开展了“工业年”活动，以“上项目、扩规模、增效应”为目标，以帮助企业科技进步，资产整合和规模扩张为重点，取得了显著成效：一是工业经济稳步增长，企业单位规模扩大，全区规模以上工业企业达42家，完成工业总产值14亿元，同比增长32.4%；实现工业增加值近4亿元。二是高新技术产业迅速发展，现有省级、国家级高新技术产业达18家，占全市高新技术企业总数的32.5%，高新技术企业产品产值占全区工业总产值的47%。三是企业经济效益进一步提高。实现销售收入、税收分别比上年增长36.5%和24.5%。四是技术改造投入大幅增长。常规技术改造项目、技术创新项目和孵化器项目总技术达1亿元，同比增长33%，为产业做大做强奠定了基础。珲春、满洲里、伊宁、凭祥等边境经济合作区的社会经济发展都取得了显著的成绩。

【对外贸易】 边境经济合作区充分利用区位优势，积极开展与毗邻国家的边境贸易和经济技术交流，2005年又取得了新的进展。

据统计，2005年11个边境经济合作区

(除博乐合作区)的外贸进出口总额达41.40亿美元，其中出口额24.8亿美元，同比增长53.37%。塔城合作区采取多种贸易方式和多渠道的扩大边境贸易，贸易额大幅上升，有力地拉动了所在城市对外贸易的发展。2005年该合作区的边贸进出口额达到1.9904亿美元，其中进口1.502亿美元，占全市边贸进口额的43%，出口额4876万美元，占全市边贸出口额的57%。丹东合作区在上年的基础上又有新的增长，出口总额达3.52亿美元，增长15%；河口合作区与越南的老街市毗邻，2005年外贸进出口额达4.4亿美元，同比增长36%；口岸进出口货物运量达151万吨，同比增长24.6%。对外贸易的发展大大促进了河口口岸人流、物流、资金流和信息流的发展。河口口岸已经成为中国西南地区进入越南乃至东南亚开展对外贸易的一大通商口岸。

【招商引资】 2005年各边境经济合作区都十分重视招商引资工作，把招商引资工作放在重要位置，解放思想，更新观念，完善服务方式，提高服务效率，强化推动，使招商引资工作取得了较好成绩。据统计，2005年12个边境经济合作区引资45.13亿元，比上年增长49%。丹东合作区采取“南下北上”、“内外并举”的招商策略，有针对性地加强了招商引资的力度：一是面向东北腹地城市开辟新的招商渠道；二是全面启动“仁川工业团地”招商团地和建设；三是加强“长三角”、“珠三角”的招商工作；四是抓住区域经济合作的新机遇招商。“工业团地”已有24户中外企业开工建设，项目投资3.5亿元，最近又引进了韩国SK集团，成为丹东合作区引进的第一个世界500强企业。该合作区还主动承接丹东—大连两市的产业转移，大项目招商有了新的突破。如引进的大连北良集团，拟投资兴建5万吨集装箱码头和200万吨粮食的中转储运基地；引进了大连海昌集团兼并丹东石化厂实行厂区异地搬迁改造，项目一期工程投资就达40亿元。上述大项目的引进为丹东合作区的快速发展奠定了良好基础。

各边境经济合作区不仅引进了一批大项目，而且引进了一批高新技术产业项目。如塔城合作区引进了星河生物有限责任公司精制植物复合氨基酸项目。该项目以棉籽粕为原料，提取植物氨基酸，填补了我国从植物中提取氨基酸的技术空白。由于该公司资金少、生产规模小，不能正常运转。合作区管委会及时帮助公司探讨发展方向，转变经营观念和解决资金问题，现在该公司发展情况良好，生产迅速发展，产品远销美国、韩国及国内市场，供不应求。该公司已与美国一家公司达成意向，正在向中美合资企业发展。该合作区将投资1亿元，建设20万亩黄豆基地，以加强黄豆加工提取的乙黄酮、卵磷脂高科技产品出口能力。

【投资环境】 2005年各边境经济合作区加强了基础设施和政策法规等建设，投资环境得到了明显改善。丹东合作区进行了临港经济区的规划，规划服从于丹东城市定位和发展目标，立足于高起点，大视野，具有超前性，合理性和科学性。为了打造临港经济发展的承接平台，还加快了申办出口加工区、省级高新技术产业园区和互市贸易区三个功能区的申报工作。同时加强了硬环境建设与改造，全力做好鸭绿江景观路建设。景观路既是沿江沿海万里旅游开发带，也是临港经济区全面启动的一条“快速路”。现在道路已经贯通，近期全线竣工通车。外商投资兴建的东方酒店、太阳世纪大厦、月亮岛旅游度假区等重点项目正在兴建，区内公用事业建设、绿化养护、物业管理等工作取得新进展，区容区貌有了很大改观，进一步提升了合作区的外部形象。丹东合作区在抓好硬环境建设的同时，还积极抓好软环境的完善。他们从优良的环境、优惠的政策，优质的服务入手，使合作区成为比较成本低、办事效率高、投资回报率大的经济先导区，树立全区新形象。为此，他们认真开展了下列五项工作：一是增强诚信意识，提高服务水平；二是把握政策导向，完善政策体系；三是改变机关作风，抓好制度建设；四是整顿规范市场秩序，保护公平竞争。五是建立中小企业担保基金，重点扶持科技型企业和技术改造项目。当年有15户企业得到了基金贷款，推动了企业的科技进步和产业升级。河口合作区按照“统一规划，分步实施，重点突出，整体推进”的原则，以母城区和合作区北山小区为重点，全面加快了基础设施建设步伐。五年累计投资6.26亿元，是“九五”期间的1.3倍。先后完成了界河红河河堤两期工程，南溪—桥头柏油路、槟榔寨水库、行政中心、北山小区开发等重大工程项目建设。2005年昆明—河口高速公路和泛亚铁路已全面启动，促进了河口合作区的外向型经济的发展。2005年是满洲里合作区城市基础设施建设大规模推进、大手笔运作的一年。投入3000万资金，完成了近2亿元的城市基础设施建设。道路建设开工12条，总里程33公里，给水工程完成7.2公里，排水工程完成1.26公里。增设了3条供电线路。路、水、电的建设，满足了入区企业的需求。此外，完成了提升城市形象居民生活环境的绿化、亮化、硬化工程和环岛改造工程，合作区的道路更加通畅，景色更加迷人。

（中国开发区协会　林其辉）

2005年浙江省开发区发展情况综述

【经济发展】　2005年浙江省开发区坚持以科学发展观为指导，认真贯彻“三为主、二致力、一促进”的发展方针，围绕省委、省政府提出的实施“八八战略”、打造“平安浙江”的决策，努力提高吸引外资的质量水平，加快集聚先进制造业，提升产业层次，优化经济结构，抓好开发区平台建设。经济呈现持续健康稳定的发展态势，取得新的成果。全年实现工业产值6202.27亿元，增长24.26%；工业增加值1352.42亿元，增长27.82%；出口总值232.45亿美元，增长40.22%；财政收入318.46亿元，增长12.45%。开发区拉动区域经济发展的作用明显增强，制造业园区化水平逐步提高。2005年全省开发区工业增加值占全省的27.4%，比上年增加了2.05个百分点；财政收入占全省的15.06%；出口总值占全省的31.2%，拉动了全省出口总值增长11.4个百分点；全省开发区合同额和实际外资额稳定增长，分别拉动了全省合同外资和实际外资增长2.7和9.1个百分点。工业总产值中，高新技术产值2433.4亿元，占39.2%，其中国家级开发区1330亿元，占工业产值的比重55%，省级经济开发区1103亿元，占工业产值的比重29.2%。

国家有关部门按照开发区审核原则和标准，对全省上报的拟保留的国家级、省级开发区进行了审核并予以公布。目前，全省8个国家级开发区、3个出口加工区已全部通过规划审核；54个省级经济开发区已全部通过设立审核；还公布了国家级开发区、保税区、出口加工区、保税物流园区以及28个省级经济开发区的四至范围。

【吸引外资】　引进外商直接投资项目的数量多、规模大、质量高。全年新批外商投资企业1072家，合同外资74.93亿美元，实际外资39.84亿美元，合同外资和实际外资分别增长5.4%和18.1%。全年新批外商投资企业总投资173亿美元，单个项目的投资规模达1614万美元，其中总投资额超过一千万美元以上的达409个；单个项目的合同外资额699万美元，比上年533万美元增加166万美元，增长31%，单个项目的实际外资额371亿美元，比上年253万美元增加118万美元，增长47%。由宁波纸业发展投资有限公司、宁波中华纸业有限公司、金光纸业（中国）投资有限公司、香港中策造纸工业集团有限公司在宁波经济技术开发区合资兴办的宁波亚洲浆纸业有限公司是全年新批规模最大的外商投资企业，投资总额14.28亿美元，合同外资1.19亿美元。截止2005年底，全省开发区累计批准外商投资企业9226家，合同外资额390.28亿美元，实际外资额185.82亿美元，分别占全省的25.87%、49.4%和50.6%。全年开发区实际利用外资额列前三位的国家级开发区分别是宁波（5.88亿美元）、杭州（3.2亿美元）和杭州高新区（2.56亿美元），实际外资额列前十位的省级开发区分别为慈溪（1.51亿美元）、嘉兴(1.37亿美元)、余姚(1.23亿美元)、嘉善(1.08亿美元)、湖州和诸暨(1.03亿美元)、长兴(1.02亿美元)、柯桥(0.995亿美元)、莫干山(0.99亿美元)和平湖(0.97亿美元)。

【企业出口】 开发区内各类出口企业，积极实施市场多元化战略，努力开拓新兴市场，优化出口商品结构，出口总值继续呈现强劲的增长势头。出口总值232.45亿美元，同比增长40.22%，占全省出口总额的15.06%，其中国家级开发区113亿美元，占49%，列前三位的国家级开发区分别为杭州（39亿美元）、宁波（25亿美元）、杭高新（20亿美元）；省级开发区119亿美元，占51%，列前十位的分别为桐庐（8.84亿美元）、柯桥（8.8亿美元）、余姚（7.27亿美元）、嘉兴（6.8亿美元）、象山（5.4亿美元）、瓯海（4.9亿美元）、永康（4.74亿美元）、平湖（4.72亿美元）、海宁（3.5亿美元）、嵊州（3.3亿美元）。外商投资企业出口占全部开发区企业出口的比重继续增加，全年出口137亿美元，同比增长42.7%，占开发区出口总值的59%，比上年增加1.3个百分点。出口商品结构进一步得到优化，高新技术产品出口77亿美元，占全省开发区出口总值的33.2%，其中国家级开发区51亿美元，省级开发区26亿美元。

【产业发展】 按照“环杭州湾、温州台州、金华衢州丽水三大产业带发展规划”的要求，以努力实施全省先进制造业基地发展规划纲要为契机，加快改造提升传统优势产业，大力发展电子信息、新医药、仪器仪表产业，积极发展沿海临港重化工产业，努力培育发展装备制造业。主导产业加速向开发区集中，重点产业集聚度有所提高。据对全省开发区销售额500万元以上的工业企业调查，按国民经济行业分类，涉及制造业类27个产业，排在前八位的产业有通信设备、计算机及电子设备制造业、电气机械及器材制造业、专用设备制造业、电力和热力生产供应、化学原料及化学制品业，以及纺织业、纺织服装、食品业。通讯设备、计算机及其他电子设备制造业主要集中在杭州、杭高新、嘉兴、余杭、富阳等开发区，占全省开发区该行业总量的85.4%。杭州经济技术开发区电子信息产业产值已占57%，并被信息产业部命名为国家信息产业园暨国家（杭州）计算机与网络产品产业园。宁波开发区以临港大工业为龙头，引进配套项目，加速形成上下游衔接的产业链和产业集群。嘉兴开发区汽车零部件、化纤纺织、电子信息、精密机械和食品加工五大产业实现工业增加值30亿元，占全部工业增加值的70%。

【出口加工区】 嘉兴出口加工区年初通过封关验收。6月3日国务院同意增设慈溪出口加工区，全省出口加工区数量增至4个。杭州、宁波、嘉兴出口加工区累计已开发建成面积5.31平方公里，投入建设资金17.91亿元；累计引进项目70个，其中外资项目68个，投资总额13.72亿美元，合同外资8.07亿美元，实际外资2.59亿美元。出口加工区引进项目规模大，主导产业突出，带动作用明显。杭州出口加工区目前已引进东芝、松下等世界五百强企业4家，投资总额4亿美元，合同外资1.73亿美元，实际外资1.3亿美元；基本形成笔记本电脑、汽车零部件和家用电器三大支柱产业，仅东芝、松下和矢崎三家大企业就与350家区外企业形成配套关系。宁波出口加工区引进的38个项目中有21个的投资总额在一千万美元以上，主要集中在信息家电、精密机械和物流装备产业，围绕信息家电企业奇美电子公司，已引进20家上下游配套的项目，初步形成从零部件到整机生产的完整产业链。出口加工区加工贸易快速增长，工业发展势头强劲，累计完成工业产值344.3亿元，进出口总额66.49亿美元。杭州出口加工区全年进出口总额27.66亿美元，其中出口15.2亿美元，分别增长24.4%和24.5%，工业产值131.6亿元，增长22%。宁波出口加工区全年进出口总额4.72亿美元，其中出口3.2亿美元，均增长2.9倍，全年工业产值29.6亿元，增长2.6倍。

【高新技术产业开发区（园区）】 杭州高新技术产业开发区和宁波、温州、嘉兴、湖州、绍兴、金华、台州、余杭、萧山、上虞、新昌及衢州等12个省级高新技术产业园区2005年实现技工贸总收入1750.16亿元，增长28.54%；销售收入1472.94亿元，增长18.80%；工业总产值1349.00亿元，增长18.65%；出口总额57.34亿美元，增长50.22%。引资、引智继续保持稳中有升趋势，至2005年底，全省高新技术产业园区（开发区）实际引进外资9.56亿美元，引进内资68.26亿元；引进人才29506人，其中高级人才1962人。

（浙江省开发区协会 阮建雄）

2005年江苏省开发区发展情况综述

【经济发展】 2005年，江苏省开发区以科学发展观为指导，紧紧围绕年初确定的工作目标和任务，克难奋进，坚持集约开发，促进资源整合，创新招商方式，提升建设水平，开发区建设发展继续保持稳步健康发展的态势。

经济总量较快增长。全省开发区业务总收入首次突破2万亿，达23188亿元左右，增长33.4%，与上年同期58%的增长率相比，有所减低，但仍保持了较高的增长。

基础设施投入开始回升。开发区基础设施投入出现增长态势，由年初的基本持平到三季度的增长10%。其中国家级开发区基础设施投入保持了较快增长，增长16%。总体显示开发区的投融资环境有所改善。

利用外资保持相当规模。2005年，商务部对外资统计口径和统计方式进行了调整，全省开发区实际利用外资也调整到商务部确认数的口径，暂不能与去年进行同口径比较，但仍然保持相当规模，全省开发区实际到账外资达94亿美元。

功能建设取得新进展。2005年6月，国务院批复同意设立扬州、常州、吴江、吴中、常熟等5个出口加工区，全省出口加工区增加到13个，继续保持全国出口加工区最多省份的地位。9月，苏州高新区和南京龙潭保税物流中心（B型）经国务院批准设立。

沿江开发区产出高增长。沿江开发战略实施以来，沿江开发区集聚了一批产业，进入产出期。全省36个沿江开发区业务总收入、财政收入和进出口额等产出指标增幅在35%以上，既高于全省开发区平均水平，也高于苏南开发区平均水平。36个沿江开发区业务总收入和地方一般预算收入已接近全省87个开发区业务总收入的一半。

【投资环境】 全省开发区全年共投入基础设施建设资金527亿元，比上年增长18%。截至2005年底，全省开发区累计投入基础设施建设资金2601.8亿元。开发区在加大基础设施投入的同时，在软环境上努力营造透明的法律和政策环境，办事高效的行政环境，公平竞争的市场环境，完善的服务体系。各开发区在服务上狠下工夫，不断改进服务方式，提高服务水平。现在各地开发区都普遍建立了外商服务中心，实施一个窗口对外、一个口子收费、一条龙服务方式，为外商提供全过程服务体系。

【招商引资】 全省开发区新批外商投资企业3445个，比上年增长4%；新批合同外资290.2亿美元，比上年增长8%，占全省总额的75%。实际利用外资94.2亿美元，占全省总额的71%。截至2005年底，全省开发区累计合同利用外资额和实际利用外资额分别达1398亿美元和707.9亿美元。

【自营进出口】 全省开发区强化服务措施，鼓励和方便区内企业进出口，对外贸易增势迅猛。全省开发区完成进出口总额1607.4亿美元，比上年增长43.8%；其中出口额830.1亿美元，比上年增长51.3%。进出口额超过1亿美元的开发区有49家，其中超过10亿美元的有17个，超过100亿美元的有5个。

【经济产出】 全省开发区实现GDP 5146.7亿元，比上年增长25%；实现业务总收入23188.5亿元，比上年增长33.4%，其中工业产品销售收入17075.3亿元，比上年增长32%。全省开发区完成财政收入769.1亿元，比上年增长30%。财政收入超过1亿元的开发区有72个，占全省开发区的4/5。

【从业人数】 开发区的建设提供了大量的就业岗位。到年底，全省开发区进区企业从业人数达414.6万人，增长53%，其中外商投资企业从业人数179.9万人，增长46%。全省开发区的快速发展，为扩大社会就业、维护社会稳定发挥了积极作用。

【出口加工区】 全省13个出口加工区完成协议注册外资16.8亿美元，实际到账注册外资5.4亿美元。8个已封关运作的出口加工区共完成进出口242.4亿美元，其中出口137.1亿美元，同比分别增长177.3%和172.0%，比全省平均增幅高143.9和131.4个百分点，充分显示了出口加工区对加工贸易的转型升级的促进作用。昆山、苏州工业园区出口加工区的进出口规模在全国名列前茅，南京出口加工区（南片）进出口突破10亿美元。

（江苏省开发区协会 戴俊）

2005年福建省开发区发展情况综述

【经济发展】 2005年福建省开发区认真贯彻全国经济技术开发区工作会议精神，坚持科学的发展观，积极推动各级各类开发区的发展，克服清理审核对开发区建设带来的影响，开拓进取，在促进吸收内外资、扩大外贸出口、培育主导产业、发展新兴产业基地等方面继续发挥了重要的作用。

2005年全省国家级、省级开发区土地规划面积仅占全省0.93%，但实现GDP 1889亿元，同比增长31.81%，占全省的28.8%；规模以上工业增加值1032亿元，同比增长25.9%，占全省的45.3%；固定资产投资完成573亿元，同比增长39.9%，占全省的24.4%；财政总收入126.51亿元，同比增长24.1%，占全省的16.08%；规模以上工业产值3688亿元，同比增长22%，占全省的45.4%；吸收就业人员184.5万人，同比增长14.7%。重点开发区继续发挥领头羊的作用，16个工业产值超50亿元的开发区实现工业产值2925.8亿元、生产总值1274.3亿元，分别占全省开发区的79.3%、68.5%。外资工业带动作用增强，全年外商投资企业实现工业产值2693.8亿元，占全省开发区的73%。

2005年开发区高新技术企业产值达1738亿元，占全省开发区工业产值的47%。福州经济技术开发区、福清融侨经济技术开发区被信息产业部批准首批国家电子信息产业园，即国家（福州）显示器件产业园和国家（福清）

显示器产业园。涌现了福厦显示器、厦漳视听产品、火炬光电、福州、厦门汽车及零部件等10多个知名度较高的战略型产业集群。以福州经济技术开发区华映光电、融侨开发区冠捷、捷联为核心企业的福厦显示器产业集群，2005年实现规模以上工业产值355.62亿元；以福州开发区实达、新大陆、爱普生和厦门火炬开发区戴尔为核心的福厦计算机及外设产业集群，2005年实现规模以上工业产值380亿元；以分布在海沧、火炬的厦新、联想、唯开为核心企业的厦门移动通讯产业集群，2005年实现规模以上工业产值111亿元；以青口工业园东南汽车、融侨开发区福耀玻璃为核心的福州汽车及零部件产业集群，2005年实现规模以上工业产值93亿元；以海沧台商投资区翔鹭、柯达、正新的核心企业的海沧石化产业集群，2005年实现工业产值138.72亿元。开发区高新技术产业和产业集群的发展有力地推动了我省产业结构调整升级。

【招商引资】 2005年全省开发区实际利用外资18.3亿美元，同比增长23.13%，占全省的29.41%；新批内资企业1985家、注册资本金130亿元、总投资259亿元，同比增长78.56%；实现外贸出口172.64亿元，占全省49.55%，有20个开发区出口1亿美元以上，融侨经济技术开发区和厦门火炬高新区均超过30亿美元。产业集群对出口的带动作用日益明显。据统计，2005年福厦显示器、厦漳视听产品、火炬光电、福厦计算机及外设、厦门移动通讯等5个产业集群实现工业产值1100多亿元，其中出口交货值近700亿元，占60%以上。

【出口加工、保税物流】 推进经济开发区、出口加工区、保税区、港区功能互动。2005年6月，经国务院批准，福州开发区、融侨开发区和泉州开发区增设出口加工区；10月将同一批通过国家验收。厦门保税物流园区2005年底通过国家验收，正式运作。保税物流园区突破了港区与保税区的障碍，并享受保税区与出口加工区的双重政策，不仅有利于做大国际物流业、发展港口经济，也将有效解决境外一日游问题。湄洲湾北岸经济开发区木材检疫除害处理区顺利通过国家验收、投入运作。此外，积极推动福州保税区、泉州开发区、厦门火炬高新区设立保税物流中心，争取厦门出口加工区开展保税物流试点。

【解决土地紧张问题】 一是积极推动具备条件的开发区扩区。经国务院批准，福州经济技术开发区扩区13平方公里，厦门火炬高新区扩区12.7平方公里。东山经济技术开发区扩大到古雷、常山已获商务部、国土部、建设部原则通过。扩大福州、厦门台商投资区范围和新设泉州台商投资区的工作国务院已责成商务部牵头办理。二是优势互补，发展“飞地园区”。如厦门火炬高新区在翔安区开发面积15平方公里的产业区，已有170多家企业入驻。目前正加紧推进友达光电、中华映管、厦华电子等大项目。三是推进开发区山海协作、联动发展。根据沿海有项目但缺土地指标的实际，发展较慢的开发区抓住机遇，主动承接产业转移，加快发展。如2005年漳州长泰经济开发区承接厦门企业41家，累计达97家，当年出口、税收比上年增长235.85%和184.04%；长汀经济开发区承接泉州企业36家，累计达78家。四是建设标准厂房，实行供地量与投资强度、产出效益、建筑密度、容积率挂钩，提高土地集约利用水平。如厦门火炬（翔安）产业区开发的95幢通用厂房、面积115.4万平方米全部销售完毕。同安工业集中区同安园拟建标准厂房100万平方米，首期53万平方米标准厂房4月底可交付使用。

【布局结构】 新一轮开发区清理整合工作基本完成，全省开发区数量将从127个缩减到82个，原则上每个县（市、区）只保留1个开发区，开发区布局更加合理，解决了低度水平重复建设和招商引资恶性竞争等问题。其中18个国家级开发区已全部通过审核，省政府批准拟保留、报国家发改委审核的64个省级开发区，已有19个通过。

（福建省开发区协会）

2005年山东省经济开发区经济运行情况综述

【外向型经济】 2005年，山东省经济开发区以科学发展观为指导，充分发挥体制、功能、环境等优势，在促进对外开放、加快产业集聚、集约利用土地和推动城市化进程方面发挥了重要作用。

山东省经济开发区始终坚持把招商引资和项目建设作为经济工作的重中之重，“抓大”、“引强”、“靠高”，外向型经济持续快速健康发展。2005年，新批外商投资项目1646个，合同外资106.9亿美元，实际外资44.2亿美元，分别比上年增长18.1%、29.5%和10.3%。完成进出口总额286.8亿美元，增长68.2%，占全省的37.3%。其中，出口162.6亿美元，增长65.1%，占全省的35.2%，比上年提高8个百分点。截至2005年底，全省经济开发区累计批准外资项目10336个，合同外资444.3亿美元，实际外资213.7亿美元。

项目质量和档次明显提高。全年新批总投资1000万美元以上大项目305个，比上年增加30个。1000万美元以上项目合同外资额达到47.1亿美元，占合同外资总额的44.1%。新批世界500强投资项目42个，高新技术项目507个。外资大项目和高新技术项目主要分布在汽车、造船、电子信息、石化、机械等制造业领域。截至2005年底，全省经济开发区累计引进1000万美元以上的项目1264个，有87家世界500强企业在开发区内投资兴办项目169个。境外研发中心进驻步伐逐渐加快。2005年，美国富达集团在青岛经济技术开发区设立了研发中心，该中心是富达集团在中国设立的惟一研发中心，将承担在中国的所有研发工作，研发成果从青岛向全国辐射。烟台经济技术开发区富士康研发中心近期也即将落户，境外科研机构和研发中心的设立，带动了全省开发区产业层级的提升。

项目平均规模继续增大。2005年，全省经济开发区外商投资项目平均合同外资金额650万美元，超过全省平均200万美元，比上年增加58万美元。外商投资企业实现增资15.8亿美元，占开发区总额的14.8%。烟台经济技术开发区动力总成在已有40万台产能的基础上，2005年又增资2.3亿美元，建设国内重要的自动变速箱工厂。青岛大炼油项目的顺利进展和化工产业集群的初步形成，促使青岛丽东公司在建设过程中又增资1亿美元。投资3000万美元的SOMO实业、投资5000万美元的丽星物流等也都与石化产业密切相关，产业集群式发展带动了龙头项目和与之配套项目投资和产能规模的不断增大。

利用外资形式逐渐多元化。全省经济开发区除继续加大对外商直接投资的促进力度外，还不断探索和实施股权转让、海外并购、境外贷款和上市等利用外资的新形式，利用外资呈现出多元化发展趋势。邹平经济开发区为企业积极争取境外贷款，已有日本三井住友银行、法国巴黎银行等十多家境外银行为区内企业提供长期贷款，累计利用境外银行资金2.25亿美元。龙口经济开发区隆基集团、新龙食油成功实施了境外融资和股权转让，双龙化工的股权转让和阿波罗、金锋皮革的香港上市工作正在积极推进。

服务贸易领域成为开发区吸引外资的新亮点。山东省经济开发区在继续加大制造业领域利用外资的同时，基础设施、环保、再生资源领域以及物流仓储、金融保险等生产性服务业领域利用外资也取得了新进展。2005年，青岛经济技术开发区制造业项目占进区项目总数的52%，电信及科技服务占17.8%，交通运输及仓储服务业占 12.1%，餐饮及文化娱乐服务占 3.7%，商业贸易占 5.6%。投资于第三产业的比例由上年项目总数的 28.2%增长到 48%，投资热点向贸易服务业转移，对于优化全省经济开发区经济结构起到了积极的推动作用。

出口商品结构进一步优化。手机、电脑主机板、电子网板、液晶中间体、液晶显示屏等高新技术产品、机电产品已逐步成为开发区出口商品的“主角”。全年山东省经济开发区机电产品出口 44.3 亿美元，分别占全省经济开发区和全省机电产品出口总额的 27.2% 和 32.6%。高新技术产品出口 34 亿美元，分别占全省经济开发区和全省高新技术产品出口总额的 28.9% 和 80%。烟台经济技术开发区以信息通讯、计算机、工程机械为代表的高科技含量机电产品的出口已占到全区的 60%。浪潮 LG 公司出口 7.8 亿美元，同比增长 415%，在全省出口大户中排名从 2004 年的第 23 位上升到 2005 年的第 5 位。

【集约化发展】 产业能级不断提高。许多开发区结合自身实际，对进区项目建立了产业评估和准入机制，有效促进了高能级项目向开发区的集聚。邹平经济开发区齐星集团与芬兰斯托拉·恩因索公司、加拿大凯帝集团合资的电解镍、复合材料项目，填补了开发区在冶金、新材料方面的产业空白。滨州经济开发区 RFID 电子信息项目，开启了全省 RFID 电子识别技术的崭新领域。世界 500 强普利斯通公司在青岛经济技术开发区投资兴建的飞机轮胎项目，进一步壮大了全省经济开发区的高新技术和加工制造业集群。

产业集群效应初见端倪。在培育区域主导产业的同时，全省经济开发区注重完善产业发展环境、延伸产业链条、搭建企业协作平台，初步形成若干产业集群。胶州经济开发区家电电子、加工制造和皮革加工三大产业集群企业达到 100 多家，年实现工业产值 30 亿元，占全省经济开发区总产值的 3/5。烟台经济技术开发区依托 IT 产业园、汽车工业园、鸿富泰工业园三大专业园区，汽车、手机、电脑三大高新技术产品集群规模迅速扩张。2005 年，完成产值占全区的比重达到 57.4%。手机产量从刚投产的 60 万台发展到近 1000 万台，汽车从 2004 年 5 万辆跃增到近 10 万辆。

土地投入产出效能加强。目前，全省经济开发区建成区面积 671 平方公里，其中工业用地 437.5 平方公里，占建成区面积的 65.2%。截至 2005 年底，山东省经济开发区累计完成固定资产总投资 5781 亿元，平均投资强度 8 亿元/平方公里；引进项目总投资 10206.2 亿元，平均投资密度 15 亿元/平方公里。2005 年，全省经济开发区平均每平方公里实现工业增加值 2.6 亿元，税收 3260 万元，出口 2423 万美元，分别比上年增加 1.1 亿元、1150 万元和 1149 万美元。开发区积极采取挖潜增效、盘活存量等措施，土地利用效率大幅提高。威海经济技术开发区 12.7 万平方米的闲置厂房，80%以上实现“二次招商”，哈航集团利用原黑豹世运闲置厂房和设备生产农用小型货车，形成了年产值 10 亿元的生产能力。

【综合实力】 经济总量不断攀升。2005 年，山东省经济开发区完成工业增加值 1746 亿元，增长 50.2%。税收 218.8 亿元，增长 34.2%，财政收入 246.7 亿元，增长 75.7%。工业增加值超过 50 亿元的经济开发区 9 家，比上年增加 5 家，青岛、烟台、淄博经济开发区工业增加值超过 100 亿元。税收收入超过 5 亿元的经济开发区 12 家，比上年增加 7 家，其中青岛、烟台、青岛保税区、荣成、淄博和龙口经济开发区税收收入超过 10 亿元。

辐射带动作用进一步增强。2005 年，全省经济开发区平均每百元业务总收入实现税收 31 元，每百元固定资产投资新增加 GDP101 元，分别比全省高出 24 元和 60 元。淄博、东营、烟台、滨州等市的经济开发区实际使用外资、出口都占到所在市的半壁江山。烟台经济技术开发区通用东岳汽车配套项目已近 100 个，投资总额超过 100 亿元。其中本地项目有 20 多个，配套零部件本地化率接近 40%，以烟台经济技术开发区为中心，半径20公里的范围内，正逐步形成整车制造与供应链为一体的经济型轿车生产基地。

城市化进程不断加快。2005年，山东省经济开发区固定资产投资和项目投资分别增长33.7%和39.4%，以年建成70平方公里的速度扩大了城市规模，新吸纳就业人员20万人。全省经济开发区人均生产总值高出全省人均额的5倍，人均可支配财政收入高出全省城镇居民1.1万元。开发区大力推进城市基础设施建设，全年投入269.4亿元，完成一批供水、供电、道路、桥梁和港口等重要工程。积极实施环保工程，建设污水处理厂、进行垃圾无害化处理，综合配套环境迈上新台阶。

【东中西部竞相发展】 半岛制造业基地经济开发区龙头带动作用日益突出。2005年，青烟威三市25家国家级和省级经济类开发区实际利用外资31.8亿美元，增长13.9%，占全省经济开发区的72%。出口104.9亿美元，增长67.3%，占全省经济开发区的64.5%。青岛、烟台经济技术开发区投资环境综合评价列全国国家级经济技术开发区第4位和第7位。青岛保税物流园区、济南、潍坊、烟台（B区）出口加工区顺利通过国家验收封关运作。青岛保税区积极实施区区联动发展战略，从体制机制入手。对联动区域划分、工作机制、人员管理、工资待遇、鼓励政策等方面做出明确规定，采取网络对接、人员挂职、招商合作、申办物流中心、设立区外园区等多种形式，发挥保税区对腹地经济的辐射带动作用。截至2005年底，青岛保税区为胶南、潍坊、平度等联动区域引进外资项目20余个，实际利用外资1.2亿美元，在潍坊出口加工区投资3.5亿元推行区外园区“飞地”式开发。

中西部经济开发区发展较快。2005年，中西部经济开发区紧紧抓住区域战略发展的关键时期，大力推进开放型经济发展。除青烟威三市外的46家省级以上经济开发区全年实际利用外资12.4亿美元，占全省经济开发区的28%。完成出口57.7亿美元，增长61.2%，占全省经济开发区的35.5%。完成工业增加值972.3亿元，增长79.3%。税收102.5亿元，增长35.8%。

（山东省外经贸厅开发区管理处
山东省开发区协会秘书处）

专题研究篇

如何理解我国“十一五”时期若干重大战略任务

——访国家发展和改革委员会主任马凯

苏 民

回首即将走过的新世纪头五年，这是我国历史进程中不平凡的五年，是继往开来、与时俱进的五年。面向未来，我们站在一个新的历史起点上。

国家发展和改革委员会主任马凯接受本报记者采访时强调，《中共中央关于制定国民经济和社会发展第十一个五年规划的建议》明确提出了今后五年经济社会发展和改革开放的主要任务，为我们指明了奋斗目标和前进航向。

增强自主创新能力，推进产业结构优化升级

《建议》要求加快经济结构战略性调整，推进产业结构优化升级，是保持经济平稳较快发展、提高经济增长质量和效益的重要保障，是“十一五”时期经济社会发展的重大任务。

马凯强调指出，产业结构不合理是我国经济增长中资源消耗多、环境污染重、整体素质不高和运行不稳定的重要原因。《建议》把增强自主创新能力作为国家战略，摆在了经济社会发展的重要位置。这是《建议》的一大亮点。

第一，要充分认识增强自主创新能力的必要性。当前，人类社会正在经历一场全球性的科学技术革命。各国综合国力的竞争，越来越多地体现在自主创新能力的较量上。一些主要国家为了在国际竞争中占据优势，都把科技创新作为国家战略。如果我们跟不上科技进步的步伐，就会拉大与其他国家的差距，难以真正在世界民族之林立足。

第二，要充分认识增强自主创新能力的紧迫性。目前我国的“比较优势”和国际竞争力，在相当程度上是依靠劳动力、资源和环境的低价格，主要以消耗资源、污染环境为代价换来微薄收益，成为低端产品的“世界工厂”。必须清醒地认识到，今后，我国各种生产要素和资源性产品的价格将呈上涨趋势。由于资源短缺，淡水、土地的价格要上涨；要保护环境，环境的成本要上涨；要维护劳动者的合法权益，劳动成本也会提高。同时，随着其他发展中国家工业化的发展，以及俄罗斯、东欧国家经济的恢复，世界石油和其他矿产资源的价格都要上涨。这些都将弱化我国现有的竞争优势，保持经济平稳较快增长的难度加大。因此，必须大力增强自主创新能力，加快经济增长由主要依靠物质要素投入带动，向更多依靠科技进步带动转变。

第三，要全面把握增强自主创新能力的内涵。自主创新，不是放弃技术引进，而是要强化消化吸收再创新。自主创新，不是单纯的技术创新，而且还包括产业创新、产品创新和品牌创新。自主创新，也不是一切领域都要原始创新，而是发挥优势，有些领域要尽可能实现原始创新，有些领域要实现集成创新，有些领域要在引进消化吸收基础上实现再创新，有些领域要通过用先进技术改造传统产业，实

现产业产品生命周期的再创新。自主创新，要坚持有所为有所不为，突出重点，重点跨越。自主创新，不仅是科学技术发展的战略基点和科技领域的重点任务，也是调整产业结构、转变增长方式的中心环节，是经济建设的重要任务。

第四，要加快营造有利于自主创新的良好环境。要深化科技体制改革，加快建立以企业为主体、市场为导向、产学研相结合的技术创新体系，形成自主创新的基本体制架构。要开发对经济社会发展具有重大带动作用的高新技术，突破一批核心技术，构建自主创新的技术基础。要加强国家工程中心、企业技术中心建设，搭建自主创新的技术平台。要实行支持自主创新的财税、金融和政府采购政策，发展创业风险投资，完善自主创新的激励机制。要健全知识产权保护体系，加大保护力度，营造有利于自主创新的社会氛围。

明确区域功能定位，促进区域协调发展

《建议》总结了建国以来特别是改革开放以来区域发展方面的经验，完整阐明了推进区域协调发展的总体战略布局，这就是推进西部大开发，振兴东北地区等老工业基地，促进中部崛起，鼓励东部地区率先发展。《建议》提出要通过健全市场机制、合作机制、互助机制和扶持机制等四大机制形成东中西互动、优势互补、相互促进、共同发展的新格局。

马凯着重强调说，《建议》提出各地区要根据资源环境承载能力和发展潜力，按照优化开发、重点开发、限制开发和禁止开发的不同要求，明确不同区域的功能定位，并制定相应的政策和评价指标，逐步形成各具特色的区域发展格局。他表示，功能区的提出是促进区域协调发展的一个新思路，也是《建议》的一个新亮点，体现了党中央高瞻远瞩、谋划全局的战略思维，体现了对区域发展规律认识上的深化。

第一，充分体现了以人为本谋发展的理念。促进区域协调发展、缩小区域差距，不是简单地缩小区域间经济总量上的差距，最终目的是逐步使居住在不同区域的人民，都有接受教育的机会、都有就业和参与发展的机会、都享有均等化的公共服务，都享有大体相当的生活水平。按主体功能构建区域发展格局，打破了长期以来把做大经济总量作为出发点和惟一目标来缩小区域差距的传统观念，把协调发展的实质定位于“人”，而不是GDP，是“一切为了人”的思想和要求的具体落实。因此，促进区域协调发展，既要支持欠发达地区发展经济，也要树立人口流动的理念，逐步促使一些生态环境脆弱、发展经济条件不够好的区域的人口逐步转移。通过发展经济、人口转移、财政转移支付等多种途径，逐步缩小不同区域之间人均收入、公共服务和生活水平的差距。

第二，充分体现了突破行政区谋发展的理念。以行政区为单元推动经济发展、制定政策及评价标准的方式，虽然有利于调动行政区的积极性，便于区域政策的操作，但很容易导致发展条件不同的地区之间盲目攀比，对地区发展的评价也有失客观。我国不同区域的资源环境承载能力不同，集聚产业和人口的能力不同，发展的内涵和要求也应该不同。比如，对优化开发和重点开发区域，应该评价其经济增长；对限制开发和禁止开发区域，就不能把经济增长速度作为首要的评价指标，而应主要评价其生态环境保护的绩效。

第三，充分体现了尊重自然规律谋发展的理念。我国相当一部分国土的生态环境十分脆弱，并不适合大规模推进工业化、城镇化，对这些地区来讲，实现第一个翻番、达到人均1000美元，生态环境已经不堪重负；若按照原有的发展模式实现第二个翻番、达到人均3000美元，势必大大超出其生态环境的承载能力，带来生态环境的更大破坏。因此，促进区域协调发展，不是“遍地开花”，不是每一寸国土都要实现工业化和城镇化。按照功能区域构建区域发展格局，就是在全国960万平方公里的陆地国土上，既要有开发，更要有保护，引导经济布局和人口分布适应自然，这样才能从源头上、从根本上扭转我国生态环境恶化的趋势，逐步实现“一方水土”与“一方经济”、“一方人口”相协调。

发展循环经济，建设资源节约型社会

《建议》从资源环境状况与经济发展的矛盾已经上升到现阶段我国现代化建设主要矛盾之一出发，提出了建设资源节约型和环境友好型社会的任务。

马凯指出，我国资源相对不足，维系人们基本生存的水和耕地资源人均占有量很低，许多矿产资源人均占有量不足世界人均水平的一半，且资源的时空、地域分布不均衡。同时，我国目前粗放型的增长方式又进一步加剧了资源不足的矛盾。资源瓶颈若得不到有效缓解，我国经济发展将难以持续。他强调，大力发展循环经济是建设节约型社会和环境友好型社会的重要途径，也是《建议》的一个重要亮点。循环经济是一种以资源的循环利用为核心，以“减量化、再利用、资源化”为原则，以低消耗、低排放、高效率为基本特征，符合可持续发展理念的经济增长模式，是对“大量生产、大量消费、大量废弃”的传统增长模式的根本变革。发展循环经济符合科学发展观的要求，是缓解我国资源约束矛盾的重大举措，是减轻环境污染的有效途径，也是应对贸易保护主义的迫切需要。

马凯指出，发展循环经济的基本途径和重点包括：在资源开采环节，要大力提高资源综合开发和回收利用；在资源消耗环节，要大力提高资源利用效率；在废弃物产生环节，要大力开展资源综合利用；在再生资源环节，要大力回收和循环利用各种废旧资源；在社会消费环节，要大力提倡绿色消费。

马凯表示，要用循环经济的理念指导各级各类规划的编制，通过实施规划促进循环经济的发展。要研究建立科学的循环经济评价指标体系。健全促进循环经济的法律法规体系，加快制定用能设备能效标准、重点用水行业取水定额标准、主要耗能行业节能设计规范，以及强制性能效标识、再利用品标识等标准。加大执法力度，逐步将循环经济发展工作纳入法制化轨道。调整和落实投资政策，加大对循环经济发展的资金支持。进一步深化价格改革，实行促进循环经济发展的价格和收费政策。实行促进循环经济发展的财税政策。

（稿件来源：《经济日报》）

全国国家级经济技术开发区第十五次党建工作研讨会论文集序言

马 秀 红

设立国家级经济技术开发区，是党中央加快推进我国改革开放事业的伟大创举，是邓小平理论指导下的成功实践。在20年的发展历程中，国家级经济技术开发区的建设取得了举世瞩目的成就，成为中国经济发展、科技进步和国际竞争力不断增强的重要推动力。与此同时，国家级经济技术开发区的党建工作也从无到有，不断发展，在指导和推动国家级经济技术开发区发展方面发挥了重要作用，为国家级经济技术开发区建设提供了强有力的思想和组织保证。在这期间，对国家级经济技术开发区党建工作的研究和探索，一直都没有间断过，到目前为止，已成功召开了15次国家级经济技术开发区党建工作研讨会，涌现出了一批非常有价值的论文，积累了在非公经济组织相对集中的国家级经济技术开发区开展党建工作的丰富经验，对国家级经济技术开发区党建工作的不断发展起到了非常大的促进作用。

2004年12月，为庆祝国家级经济技术开发区兴办20周年，在北京召开了全国国家级经济技术开发区工作会议，国务院温家宝总理作了重要批示，吴仪副总理作了重要讲话，提出了国家级经济技术开发区新的“三为主，二致力，一促进”的可持续发展方针，赋予了国家级经济技术开发区发展新的内涵。这也对国家级经济技术开发区党建工作在新时期、新形势下如何发挥作用提出了更高的要求。

新形势下，客观地总结国家级经济技术开发区二十年发展实践中党建工作的经验和教训，准确定位党建工作在国家级经济技术开发区发展中的作用，认真分析党建工作面临的新问题，适时调整党建工作的新思路，使国家级经济技术开发区在我国参与全球竞争中发挥更大的作用，具有更重要而深远的意义。在太原召开的全国国家级经济技术开发区第15次党建工作研讨会，为大家提供了这样一次重要的交流和研讨的机会，将一批优秀的论文汇编成册，供大家学习和参考，无疑会对国家级经济技术开发区今后的党建工作产生积极的推动作用。

此次党建研讨会正值全党开展保持共产党员先进性教育活动的关键时刻，意义重大，得到了各国家级经济技术开发区的高度重视和大力支持，63篇论文围绕如何进一步搞好国家级经济技术开发区党建工作这一主题，在理论与实践相结合的基础上进行了卓有成效的研究和探讨，内容丰富，涉及广泛，涵盖了国家级经济技术开发区干部队伍建设、领导班子执政能力建设、学习型开发区建设、开发区文化建设、开发区非公有制企业党组织建设、开发区新型社区基层党组织建设、如何在开发区中落实科学发展观、如何推进开发区共产党员先进性教育活动的开展、新时期如何发挥党员干部和基层党组织的先锋模范作用等一系列问题。这些有益的研究和探讨，极大地丰富了国家级经济技术开发区党建工作的理论内容，开阔了国家级经济技术开发区一线创业者的视野，必将指导和推动国家级经济技术开发区的党建工作不断开创新局面，取得新进展，实现新突破，从而促进国家级经济技术开发区各项事业更加健康、稳步地发展。

（作者单位：商务部副部长）

进一步提高吸收外商投资的质量和水平

胡景岩

一、必须长期坚持积极合理有效利用外资的方针，更多更好地利用外资，保持吸收外资稳定增长

我国是一个发展中的大国，在国内资源、能源、资金、技术、人才仍相对短缺的情况下，实现经济社会全面发展有必要充分用好国际国内两种资源、两个市场，进一步扩大吸收外资，充分利用国际先进生产要素，促进我国资源的优化配置和重组，加速产业结构调整和优化升级，促进地区协调发展，以提升自主创新能力为出发点，吸收外资推进科技进步和创新，增强我国综合国力和国际竞争力，实现经济效益和社会效益双增长。

二、解决资源需求矛盾，创造更多就业机会

我国资源相对不足，劳动力过剩。要最大限度地利用我国有限的资源，充分利用国际国内两个市场，实现吸收外资与扩大就业，环境保护，社会进步协调推进，吸收更多的外商投资，用我国有限的资源，生产更多的产品，创造更多的就业机会。

三、解决技术落后与产业结构调整的矛盾

我国的自主创新能力明显不足，外国企业发明专利累计申请量是我国企业的6.4倍。我国关键技术的自给率低，特别是具有战略意义的重大装备制造业，如航空设备、精密仪器、医疗设备，工程机械等高技术含量和高附加值产品，主要依赖进口。在新形势下，吸收外资的工作重点应进一步加强对技术引进的消化吸收和创新。对我国来说，无论是从国外购买先进技术，还是通过吸收外国直接投资技术引进，都需要加强消化、吸收和创新工作。要鼓励跨国公司的高新技术源源不断进入我国，并采取适当措施更大限度地发挥引进技术的“溢出效应”，同时，必须选择合适的产业发展和技术进步模式，完善自身的技术创新体系。

四、解决地区差异的矛盾

我国幅员辽阔但地区差异很大。吸收外商投资在地区经济发展中起着非常重要的作用。鼓励外商参与西部大开发和老工业基地调整改造振兴，促进区域结构调整。积极引导外资投向中西部地区基础设施建设；立足东北等老工业基地的重化工业和装备制造业基础，创新机制，积极引导外商参与国有企业改组改造，发挥东北老工业基地的科研和人才优势，积极承接跨国公司的服务外包，推进东北地区的现代物流、连锁业的发展；继续发挥东部沿海地区开放新优势，努力形成产业结构国内外联动和生产要素全球配置的发展格局，在更大范围、更深程度、更高水平上参与国际合作与竞争；结合落实CEPA，通过扩大对外开放和吸收外商投资推进珠江三角洲地区整体发展水平和一体化进程。

五、开放市场引导外商投资方向

要依法加强对外商投资的宏观调控和产业引导，进一步调整优化外商投资结构。大力吸收外资发展以信息技术为代表的高新技术产业，注重引进先进适用技术，加强人才培养，

以及引进技术的消化、吸收和创新，全面增强自主创新能力，开发更多自主知识产权的技术和产品，创立更多的自有品牌，提高我国企业的国际竞争力；加强高素质人才引进和培训工作；研究制定和完善产业配套政策，鼓励外商投资企业加强原材料、零部件本地化配套，延伸产业链条，鼓励中外中小企业合作；继续鼓励外商投资设立出口型企业，落实加工贸易深加工结转政策，重点吸引跨国公司将技术水平高、增值含量高的生产环节转移到我国，推动外商投资加工贸易转型升级；创新吸收外资方式，完善外商投资参与国有企业改组改造；并购等方面的政策法规；加强加入世界贸易组织后过渡期服务贸易领域开放问题的研究，积极、稳妥地推进服务贸易领域对外开放；积极承接国际服务外包，提高服务贸易发展水平；鼓励跨国公司来华设立地区总部，研发中心、采购中心和培训中心，投资于高新技术领域，通过法律手段制裁垄断行为，并规制过度竞争行为。吸收外资要更加注重引进先进适用技术，特别是节能、降耗和环保技术，引进先进技术装备，减少资源的消耗与浪费，提高单位土地的外资承载量和产出率，严格遵守环保标准保护环境。

六、坚持以吸收直接投资为主

外资利用不当是诱发金融危机的原因之一。在外资构成方面，发生金融危机的国家都是以间接投资为主的。而直接投资稳定性较高，资产不易转移，具有稳定国家经济的作用。改革开放以来尽管我国的外资流入总量规模较大，我国一直坚持利用外资以吸收外商直接投资为重点，适度举借外债，审慎开放资本市场的原则，我国尚未开放证券市场，目前直接投资占我国外资的绝大部分，主要是国际公认的最为稳定的绿地投资方式。实践证明，坚持这一原则对于我国在地区和世界经济剧烈波动的情况下，有效地防范以投机为主要目的短期资本外逃引发的金融风险，起到了关键作用。吸收外商直接投资不是国家债务，外商投资企业投资风险自行承担，不存在到期偿还的问题，政府不对境内外投资者的投资承担任何责任和风险。外商投资企业利润汇出不会构成支付风险，目前，外商在我国投资获得的利润大部分都通过再投资的形式留在了我国。在新形势下，随着我国社会主义市场经济体制的建立和完善，今后应继续长期坚持以吸收外商直接投资为主的利用外资指导原则，适时稳妥开放我国资本市场。同时，适应全球直接投资发展趋势，不断丰富吸收外商直接投资方式，完善相关法律法规。

七、客观看待外商投资优惠政策

为促进经济发展和创造就业，世界各国都对外商投资实行鼓励的政策，给予不同程度的优惠。给予外商投资一定优惠，不违反世贸组织国民待遇原则。世贸组织有关国民待遇的概念仅限于不低于本国企业待遇的要求，但并不反对世贸组织成员对外资给予优惠待遇，也不能说优惠政策是“超国民待遇”。现在我国对外商投资优惠政策的内容已越来越少，享受优惠的企业局限于越来越小的范围。当前，我国吸收外资面临更为激烈的国际竞争，许多国家乃至一些发达国家都加大吸引外资的力度，竞相出台了许多优惠政策。与我国周边国家和地区以及其他不少国家相比，我国的投资软环境尚需继续完善，引资政策优势并不明显，光靠市场规模，劳动力成本等比较优势，尚难以在吸收外资的竞争中占据有利地位。现阶段在我国相对劳动成本上升、资源和能源短缺，没有相应稳妥有效替代政策的情况下，必须慎重对待外资政策的调整，应渐进式进行。

八、进一步提高对外商投资的宏观管理水平

必须看到，我国吸收外资还存在一些值得重视的问题和苗头。如少数外商投资项目只注重经济效益，不利于节约资源和保护环境；一些地方违规出台优惠政策，在招商引资中恶性竞争等。要高度重视这些问题，采取有力措施

尽快加以解决，进一步提高对外商投资的宏观管理水平。认真研究分析跨国投资发展的新情况和发展趋势，研究制定吸收外商投资的发展战略、中长期规划。进一步改善吸收外商投资环境。坚持依法行政，进一步简化外商投资企业审批程序，坚决取消无法律、法规依据的行政审批，实施规范化、标准化审批制度，建立外商投资审批责任追究制和行政公示制，提高行政效率。完善外商投诉机制，加强对外商投诉的协调力度，促进外商投诉的及时有效解决。加大保护知识产权的执法力度，坚决打击侵权盗版行为。

加强和改进投资促进工作，加强对国际资本流动新趋势的分析，密切关注各国投资政策的动向，加强对全国投资促进工作的指导和监督，有针对性地做好投资促进工作，吸引跨国公司来华投资。国家级经济技术开发区要坚持以提高吸收外资质量为主，以发展现代制造业为主，以优化出口结构为主，致力于发展高新技术产业，致力于发展高附加值服务业，促进国家级经济技术开发区向多功能综合性产业区发展。

（作者单位：商务部外国投资管理司司长）

关于开发区用地管理的几个问题

冷宏志

开发区用地是以成片土地开发为特点的。具体过程是政府通过土地征收、收回土地使用权等措施取得土地后，委托开发区管委会组织或带有政府背景的企业对这些土地进行基础设施等开发，形成工业等项目的用地条件，再由政府分割供应给具体的用地单位。这一特点决定了政府对开发区用地的管理必须采取特殊的视角。

一、关于分批次用地报批

2000年，国土资源部下发了一个文件，允许开发区经市、县土地行政主管部门审核同意后单独上报批次用地。在今年国务院办公厅转发商务部等部门《关于促进国家级经济技术开发区进一步提高发展水平若干意见的通知》中，这一政策得到进一步重申。这对提高开发区取得土地的效率十分有利，开发区要充分用好这一政策。

1999年1月1日起实施的新的《土地管理法》，改革了上一部《土地管理法》建设用地按项目审批的方法，实行了由国务院、省级人民政府对农用地转用依据权限分批次转用，具体建设项目用地（供地）由市、县政府批准的政策，形象地讲就是中央和省两级政府“批发”，市、县政府“零售”。这一审批制度的改革虽然说不是专门为开发区制定的，但与开发区的用地特点非常契合。开发区就是在特定的范围内，不断向所在地市、县政府取得“批发”土地，经过开发后，再由市、县政府“零售”出去（需要注意的是，“零售”的主体是市、县政府）。

分批次用地审批虽然与开发区用地特点相契合，但又有一个问题就是新增建设用地土地有偿使用费的缴纳。这是新《土地管理法》的又一规定，新增建设用地土地有偿使用费分配比例是，百分之三十上缴中央财政，百分之七十留给有关地方政府。按照财政部和国土资源部《关于新增建设用地土地有偿使用费收缴使用管理办法》的规定，土地有偿使用费是指国务院或省级人民政府在批准农用地转用、征收土地时，向取得出让等有偿使用方式的新增建设用地县、市收取的平均土地纯收益。这一文件同时规定，市、县政府在申报用地时，即使符合其他审批条件，也只有在缴纳了土地有偿使用费以后，才能办理新增建设用地手续。

由于市、县政府在申报分批次建设用地时，一般要包括若干地块，开发区在当年所需的新增建设用地也会包括其中，如果包括其中，有可能出现两个问题：一是由于地块多，当地国土资源管理部门组织报批材料的难度会相应增加，报批的时间会因此而延长；二是在一些经济不发达，财政紧张的地方，先缴纳土地有偿使用费会有相当的困难，也会延长报批时间。相对而言，开发区无论在组织材料上，还是在缴纳土地有偿使用费的能力上，都比较容易，单独报批效率更高。

二、关于成片开发与闲置土地

如前所述，开发区管理的特点是成片开发、分割供应，这一特点带出两个关联问题：一是成片开发如何开展？分为两种情况，一种情况是初步开发，管委会先取得路、线、水的用地统一开发，但没有取得路、线、水两边土地使用权，这一点与外商投资企业开发经营成片土地的情况不同，后者开发成片土地的前提是必须取得整片土地的使用权。另一种情况是深度开发，开发区管委会或者是下边的企业性质的机构，既有水、电、路的配套，也取得了开发土地的整体使用权，搞了土地平整等其他开发，这一点与外商投资企业开发经营成片土地的情况一样。对此，我们的认识是：既要量力而行，也要实事求是。量力而行就是开发区的管理机构要根据自己的资金状况及招商引资的情况，不急于大规模的开发，保证开发出来的土地能及时供应就可以。实事求是就是有些配套设施是一个整体，一次性开发更有利于资金的节省。

二是成片开发与闲置土地的问题，开发区搞土地成片开发，但分割供应有一时滞问题，就是说把一片土地进行了深度开发后，不可能马上全部供应出去，没有供应出去的土地，在表面形式上看类似于闲置土地，如何看待这部分土地是有争议的，有的同志认为就是闲置土地，应依法处置，有的同志认为不是闲置土地。如何看待这一问题呢？应从两方面看：

从法律的角度看，按照《房地产管理法》对闲置土地规定，其前提条件是出让土地，由于这部分土地并未出让出去，所以不能界定为闲置土地。按照《土地管理法》的规定，其前提条件是已经办理审批手续的非农业建设占用耕地，其处置办法分为三个层次，即一年内不用的要耕种，一年以上未动工建设要缴闲置费，连续两年未使用，经原批准机关批准，由县级以上人民政府无偿收回用地单位的土地使用权。这里有两个关节点需要搞清。首先，开发区既不是土地的供应者，也不是使用者（除开发的公共设施和管理机构自用的土地），办了转用、征地手续后，土地的供应权在市、县政府手中，不能界定为闲置土地。其次，开发区是转让者，即开发区的管理机构取得这些土地的使用权，开发后可以将这些土地转让出去，在一年内如果不能转让出去，就成为闲置土地了。

从现实情况看，开发要按照建设节约型社会的要求。开发区管理机构在开发土地时，还是要按照量力而行和实事求是的原则，确保开发的土地能够及时供应出去，这样既有利于节约开发成本，提高投资效益，也有利于保护耕地，维护开发区的社会声誉。

三、关于开发区管委会供应土地的主体问题

最高人民法院下发了《关于审理涉及国有土地权纠纷案件适用法律问题的解释》，请各个开发区注意两个问题：一是供地主体问题。就是“开发区管理委员会作为出让方与受让方订立的土地使用权出让合同，应当认定无效”，但“开发区管理委员会作为出让方与受让方订立的土地使用权出让合同，起诉前经市、县人民政府土地管理部门追认的，可以认定合同有

效”。二是土地价格问题。土地出让金低于当地政府按照国家规定确定的最低价的，应当认定土地使用权出让合同约定的价格条款无效。所以，开发区有出让土地低于政府规定最低价的，还应采取措施与受让方协商提高出让价格，使价格条款能够有效。否则，如果出让土地产生法律纠纷，开发区管理机构与受让方都会被动。

开发区是我国新的经济增长点，新的经济增长区。从总体上讲，对开发区特别是国家级开发区用地，过去是大力支持的，今后仍要大力支持；另一方面，由于我国人地矛盾突出，生态环境压力大，农用地转为建设用地的总量有限，开发区要做到持续健康发展，必须进一步集约合理用地，调节优化用地结构，土地更多地用于高新技术产业，严格控制房地产用地。国土资源部要加强开发区集约用地评价。

（作者单位：国土资源部土地利用司副司长）

临港工业园区未来发展应当重视的几个问题

刘培强

自上世纪90年代以来，随着经济全球化的深入和国际产业转移的相对高级化，一些资本技术密集型的重化工业开始陆续向我国转移。特别是近几年，以汽车、化工为代表的全球重化工业50%以上的投资集中在中国沿海地区。在国内外资本的推动下，我国工业结构出现了向重型化升级的明显特征：重工业在工业中的比重从2000年的56.2%上升到2003年的64.3%；而轻工业的比重则从2000年的43.72%下降到2003年的35.7%，一升一降，对比鲜明。

我们看到，国际重化工业在中国的发展热潮，其重心基本上落在沿海地区特别是有优良港口的地区。这种态势将促进我国临港工业的进一步发展。临港工业是依托港口资源或依托与港口相关优势而发展起来的工业，如石化工业、船舶工业、钢铁工业等。由于其将港口纳入工业生产的组成部分，使物流过程衔接得更加紧密，最大限度地降低生产成本，从而能够增强企业竞争力。从世界发达国家的工业发展历程看，重化工业项目临港布局已成规律，是海岸地区发展大型基础工业的主要形式，也是世界公认的发展大工业的成功路子。对这一点，沿海各地也已经形成广泛共识，纷纷利用大型港口资源大力发展临港工业，力争在新一轮区域竞争中占据有利的位置。

开发区作为经济最具活力，发展最有潜力的区域增长点，自然被沿海港口城市视为发展临港产业的主要载体，不少开发区已成为当地经济发展的龙头。

在我国南部，随着汽车、石化、船舶、装备工业等重化工业的异军突起，广东正在形成沿惠州—广州—珠海—茂名—湛江一线以临港开发区为主的沿海石化产业带；在东部，长三角工业园建设的重点已从电子、食品、纺织等转向重化工园区建设，从南京到上海的长江沿岸，8个大型的临港化工区正相互辉映，杭州湾也在向石化工业区的目标大步迈进；在北方，环渤海地区倚仗老工业基地的优势，天津、大连、青岛等地的临港工业也呈现了快速发展。

尤其值得我们关注的是，临港开发区不但吸引了众多国际知名企业在开发区安家落户，扎地生根，而且承接的项目也呈现着规模大、质量高的趋势。浙江宁波、广东大亚湾、上海漕河泾、天津滨海新区、江苏南通开发区等，陆续落地了一批技术先进，带动力强，对国民经济将产生重要影响的大项目，这种趋势，将对我国沿海地区临港经济的深度发展，产生积极而且重要的作用。

从以上情况看，中国临港工业尽管发展时间不长，和国际临港工业带比，还有一定距离，但已明显地层示了雄厚的发展潜力，主要表现为以下几个方面：

首先，产业集聚度高。临港工业区大多以构建完整的产业链、形成明显的产业集聚优势作为发展的目标，着力引进投资规模大、关联度强、科技含量高、带动作用强、产品附加值高的项目。如惠州大亚湾经济技术开发区引进中海壳牌项目，总投资43亿美元，将以此为龙头，吸引其他跨国企业在大亚湾集聚，从而打造一条完整的石化产业链。

其次，产业影响力深。临港工业区的建设，对当地产业结构的调整具有深远的影响。宁波在临港地域因地制宜，大力发展石化、钢铁、汽车、能源、造纸等资金技术密集型工业，已经形成一条绵延20多公里的临港工业带，这将带动宁波产业结构不可逆转地向高技术、重型化方向的转型。

再次，经济拉动力强。临港工业正成为区域经济发展的助推器。

去年有专家分析，目前是国际重化工业向我国转移的高峰时期，在未来5年内将基本转移到位。因此，这5年将是沿海地区发展临港产业的重要机遇期。根据临港开发区发展的成功经验及现状，临港工业要想做大做强，应重视和研究处理好以下几个问题：

1. 解决好港区联动的关系。开发区主动承接港口的辐射，对接港口经济的发展，实现港区联动，是发展临港工业的必要条件。要利用港口优势做好临港工业布局和功能衔接规划；坚持港口建设和发展临港工业两手抓，加快推进集装箱码头等重点基础设施，提升产业配套水平；要积极探索新型产业业态和发展模式，实现临港工业区的良性可持续发展。

2. 促进临港产业的进一步集聚，提高产业的带动力和辐射力。注重引进规模大、技术含量高、附加值高，对优势产业的带动和对税收贡献大的高质量项目；打造和延长工业产业链，加快下游相关项目的引进和原有工业的整合，完善产业配套；注重培育和形成自己的优势产业和支柱产业，增强整体产业的竞争实力，提高对当地经济发展的支撑力。

3. 解决好土地的资源利用。临港重化工业的布局范围广、土地占用量大，这和我国土地资源紧缺构成了矛盾。因此要从前期规划角度预先调整、达到优化土地资源配置和优化产业布局的目的。在符合土地利用总体规划的前提下，对列入临港重化工业发展规划的重点项目力争保证供给土地。有条件的区域，重化工业区还可以借鉴日本模式，利用填海造陆，扩大工业区的发展空间。

4. 解决好高新技术与临港工业的结合。从全球发展趋势看，支撑经济增长的是与高新技术融合发展的先进制造业。临港工业区要提高竞争力，必须提高临港产业的高科技含量。应跟踪国际临港工业先进技术的发展动态，注重引进技术先进的项目，加大科技研发投入，加快培养和引进高素质的专业人才，逐步完善消化、吸收、创新机制，努力打造生产和研发并举互动的临港工业基地。

5. 解决好生态保护，树立生态优先的发展理念。由于临港重化工业一般是大运量、大吞吐量、高耗能的工业项目，临港工业区要特别注重生态环境保护。要从环保的角度遴选项目，对重大工业项目认真进行环境评估。优先发展高科技、低污染的项目，采用国际先进的环保工艺和技术，严格控制沿海近岸的工业污染，建造一个环境优美的新型生态工业园区。

6. 解决好产业互动关系。要加快发展现

代物流、信息技术等为港口配套的服务业，为临港工业升级提供支撑；要形成和发挥临港工业和临港服务业的组合优势，共同打造先进制造业基地。

7. 解决好区域联动关系。临港工业的发展最终离不开腹地经济的支持。临港工业园区要充分发挥资金、技术、信息等方面的辐射和传递作用，促进腹地区域市场与国际市场的联系交流，推动腹地经济的开放，与腹地经济实现联动发展。

（作者单位：中国开发区协会会长）

促进中部崛起的四个基本判断

刘　勇

尽快促进中部崛起已成为人们的共识，然而中部崛起的理论和政策依据是什么？市场讨论得还比较少。

“取中战略”是促进中部崛起的理论基础

从政府政策的着眼点来看，区域经济发展有两种基本思路：

一是“两头抓战略”。即把经济相对发达和相对落后的地区作为政策考虑重点，对前者实施鼓励和提升政策，促使其不断创新和升级，积极参与国际市场竞争并有效发挥区域经济的“火车头”或“龙头”作用；对后者实施扶持政策，改善基础设施条件，不断提高其自我发展能力。其理论依据是，既注重效率提高，又兼顾适度公平，从而确保经济增长和协调发展双重目标的实现。

二是“取中战略”。即把经济发展处于中等水平的地区作为政策考虑重点，通过政策倾斜，促使中等发达地区在经济发展水平不断提高的前提下，努力扩大中等发达地区的覆盖范围和面积，使其成为在全国区域经济中，占据最大范围和面积的经济类型地区，这将有效地保持区域经济发展的稳定性，从而有利于区域经济协调和均衡发展。其理论依据是，在市场经济条件下，发达地区是不需要政府扶持的，政府的职责主要是区域经济发展的稳定性和协调性，而这主要决定于中等发达地区的范围和面积大小。

事实上，上述两个基本战略是异曲同工，具体的选择和实施，主要看具体环境和条件，以及经济发展阶段。一般而言，工业化发展的初期，多选择前一个思路，而到了工业化中期和后期，则多选择后一个思路。

目前我国工业化正处在快速发展的中期阶段，发达国家的经验表明，这个阶段是中等收入人群、地区为主体的稳定性社会和区域经济结构形成的关键时期，因此我国应抓住这个关键的战略机遇期，努力实现中部崛起。

中西部共同开发战略是促进中部崛起的政策依据

目前，我国中部地区的经济发展水平是低于全国平均水平的，只有全国平均水平的70%左右。按照欧盟对低于整个欧盟国家平均水平的75%的落后地区，实施地区转移支付的标准，我国中部地区也是需要得到扶持的落后地区，当然西部地区更是如此。因此，国家制定的西部大开发战略的完整表述是：实施西部大开发战略，促进中西部地区发展，这事实上是一个中西部共同发展战略。

但是，这个战略在落实和实施过程中，后面一句话往往被人们忽视了，正如振兴东北等老工业基地战略中的“等”字，在战略落实和实施过程中被忽视了一样。

因此，这里有必要强调我国中部地区，实际上也是需要中央政府大力扶持的，仅靠其自身也是难以获得较快发展的。

中部地区在西部大开发中，担心自己“不是东西”是有道理的，也许沿海和内陆地区的两分法，更能反映出中国区域经济发展的实际情况，更能反映出中部地区加快发展的必要性和紧迫性。也就是说，西部大开发战略，应该回到它的起点，即中西部共同开发战略。

内部大循环战略是促进中部崛起的方向

根据中部地区独特、居中的区位条件，以满足国内需求为主、实施内部大循环战略，是促进中部崛起的必然发展方向。

从市场需求角度看,经济发展有外向型和内需型两种基本模式,它们各有其长处和不足。

就外向型模式而言，其长处是能有效参与国际分工，获得专业化、规模化、技术进步较快等带来的巨大经济利益。不足的是，受国际经济和贸易波动的影响较大，对国际分工层次较低的发展中国家来说，经济发展被动性大，稳定性差。

内需型模式长处是有利于综合发展，经济发展主动性大，稳定性相对较高；缺点是效益低，技术进步慢，缺乏活力。

事实上，在当今全球化加速发展的时代，除极少数国家和地区外，极端封闭的纯粹内需型发展模式，已很少见到，多数情况是外向和内需在某种程度上的结合模式。不同的国家或地区，对这两种模式的适应程度也不同。一般说来，面积较小、人口较少、发展阶段较低的国家和地区，多采取外向型主导的经济发展模式；反之，面积较大、人口较多、发展阶段较高的国家和地区，则多采取内需主导的内需和外向结合的模式。

改革开放以来，在参与“国际经济大循环”理论和由该理论直接引伸出来的“沿海地区优先发展”战略的指导下，我国东部地区外向型经济得到了极大的发展，大大增进和提高了整个国民经济的实力和水平，也带动了全国其他地区经济的相应发展。

但进入1990年代后期以来，一方面曾经为人们所津津乐道的新经济并没有出现，世界经济仍然受到经济周期的影响，各发达国家，尤其是日本，经济出现衰退，国际市场竞争日益激烈，世界贸易增长速度趋缓，使我国对外贸易和外向型经济的发展受到严重影响；另一方面，沿海外向型经济的发展已经形成一定规模，继续发展将受到国际市场及越来越多的制约（新竞争者的出现、国际金融危机以及贸易保护主义抬头等），对我国经济增长的带动作用也越来越艰难（近年来，外贸净出口对我国经济增长的贡献年年下降）。

这些都表明，要继续保持我国经济长期快速健康的发展（这对解决就业这个中国经济面临的第一大难题，维护社会稳定，至关重要），就必须寻求新的出路，转变过分依赖外向型经济的发展模式。

与满足国际市场需求的外向型经济相对应的，就是满足国内需求的内需经济，可相应地称之为“国内经济大循环”。

近年来，扩大内需，积极发展内需型经济，已成为保持我国经济较快增长的重要政策措施之一。事实上，参与“国际经济大循环”，积极发展外向型经济，与实现“国内经济大循环”，大力发展内需经济，两者是并行不悖的，应将它们有机地结合起来，努力争取它们的长处，克服它们的短处，以更加有效地实现我国经济快速健康协调发展。作为一个人口世界第一、面积第三、工业化已处于中期阶段的大国，中国经济未来的发展尤其应当如此。

因此，近年来在我国实施的扩大内需政策，应该是一项长期的经济发展政策，绝非权宜之计。可以说，扩大内需是我国经济发展模式转变的必然要求，是保持未来经济长期增长的需要，同时也是促进区域经济协调发展，控制地区差距继续扩大的必然选择。

扩大内需，建立内需型经济，使中西部拥

有了更多参与发展的机会。事实上，西部大开发，就是扩大内需的重要组成部分，既扩大了内需，又促进了西部经济发展，同时还有利于我国内需型经济发展。

当然，在此需要着重指出的是，所谓内需型经济，绝不是封闭型经济，是指在满足市场需求的导向上，以国内市场需求为主的经济。内需型经济同样需要对外开放，需要引进外资、国外先进技术和人才，同时也不排除向国外出口的可能性，特别是在加入了WTO，国际国内市场日益一体化之后。

总之，从满足市场需求的导向来看，今后我国经济发展，将实行外向和内需型经济相结合的模式，即在坚持外向型模式的基础上，逐步扩大内需空间，大力发展内需型经济，以保证国民经济健康发展。按中国自己的说法，就是实现以满足国际市场需求为主的“国际经济大循环”，与以满足国内市场需求为主的“国内经济大循环”有机结合。

由于东部是以外向型经济为主的地区，因此，建立内需型经济的任务，实际上就落在了中西部地区的肩上。而中部地区由于其相对较优越的居中区位，加之已有的工业基础条件，有可能成为建立内需型经济、满足国内市场需求的最佳地区。

建立第四增长极是促进中部崛起的基本途径

改革开放以来，按照建立我国沿海和沿江的“T”型宏观区域经济大局的构想，我国沿海地区快速发展，目前已基本形成了“长三角”、“珠三角”（改革开放初广东的发展水平还低于全国平均水平）和环渤海三大全国性的经济增长极，有力地带动了全国经济发展。然而，沿江地区由于地处内陆，应该形成的全国性的增长极没有建立起来。

在实施西部大开发中，中部地区成为协调我国东西部发展的杠杆地区和桥梁地区。统筹区域经济发展战略的提出，进一步突显了我国中部地区崛起的重要性。统筹区域经济发展的前提，是空间市场的一体化。而中部地区是我国东西交汇、南北沟通的核心地区，是空间市场一体化的中心地带。因此，东西南北的统筹和协调发展，全国统一大市场的形成，有赖于一个有实力的中部地区的支撑，也就是说，中国区域经济要想全面崛起，必须以中部地区是否崛起为重要标志和条件。

“十一五”时期，我国宏观区域经济格局，将增加一条南北向的国家级开发轴线，即京哈和京广（京九）轴线。这条新的开发轴线，基本上将中部地区连接起来，并与沿江轴线交汇于九省通衢的武汉。这意味着中部地区必将出现以武汉及武汉城市群为核心的、具有全国意义的第四增长极。

无论从区位条件还是经济实力看，武汉及武汉城市圈，都已具备承担建立全国第四增长极的历史重任。事实上这一选择对各方都有利，因为各方都可充分利用武汉得天独厚的区位条件，获得自身发展。

武汉及武汉城市群也应该实施更加开放和包容的地方政策，主动为各方提供更加便利的投资和经商的环境条件，特别是武汉国际机场的建设，要乘中部崛起东风，争取尽早落实建设，使武汉成为名副其实的“中国的芝加哥”。

（本文由中国开发区协会提供）

促进我国高技术产业发展的对策建议

国家发改委高技术产业司

2004年，我国高技术产业发展以科学发展观为指导，取得了新进展，为加快国民经济战略性结构调整，提高经济增长的质量和效益，推动经济、社会可持续协调发展做出了突出贡献，初步确立了在国民经济中战略性支柱产业地位，也为2005年全面实现“十五”目标、完成“十五”任务打下了坚实的基础。

一、影响2005年高技术产业发展的主要因素分析

展望2005年，我国高技术产业发展面临的国际国内形势仍朝着有利的方向发展，主要表现在以下几个方面：

（一）世界经济将趋于平稳增长

2004年，世界经济出现强劲增长，成为近几年经济增速最快的一年。国际货币基金组织的报告，2004年世界经济增长可达到5.0%。考虑到高油价滞后影响、全球进入加息周期等不确定因素，联合国、国际货币基金组织、世界银行等权威机构预测，2005年世界经济增长与世界贸易增长都将比2004年略低，世界经济将由强劲回升转向平稳增长。世界经济形势的继续回升将为我国高技术产品创造一个良好的国际市场空间。

（二）国际资本流动仍趋活跃

世界经济回暖带来国际资本流动的恢复性增长。按照联合国贸发会议“2004—2007年全球投资前景评估”的初步估计，全球跨国直接投资在2003年触底反弹的基础上，2004年预计将增长7%，达到7000亿美元，呈现恢复性的增长态势，并且2005年仍将进一步趋于活跃。我国具有经济政治环境稳定、国内市场巨大、人力资源丰富等诸多有利条件，仍将继续成为国际资本流入的重要目标。高技术产业作为外商在我国直接投资的主要领域，也将会吸引更大规模的国际资本进入。

（三）宏观调控创造了更为有利的条件

2004年中央通过适时加强和改善宏观调控，使得国民经济朝着预期的方向发展，有利于高技术产业的政策效应也将进一步显现。从需求的角度来看，在宏观调控政策的影响下，国民经济保持了较快增长速度，并正坚定不移地朝着新型工业化道路前进，这必定会为高技术产品提供更为广阔的国内市场；从供给的角度看，高技术产业作为宏观调控政策重点支持的对象，社会资源必然加速向高技术产业领域的流动。如电子及通信设备制造业、医疗设备及仪器仪表制造业2004年完成固定资产投资增幅分别达到34.4%和39.5%，远高于全社会完成固定资产投资增幅。考虑到投资对产业作用的滞后效应，2005年宏观调控对高技术产业的有利影响将进一步显现。

（四）人民币汇率保持基本稳定

自2002年以来，人民币一直保持在较低水平，为我国高新技术产品赢得国际市场起到了一定的积极作用。2005年人民币汇率继续保持基本稳定，无疑将有利于高新技术产品出口继续保持较快增长。目前随着人民币升值的压力不断增强，我国已开始更加注重通过加快提升产品质量、档次和技术含量，提高产品的国际竞争力，从而获取更大的国际市场份额。

（五）税收、融资等相关政策的改革力度正在逐步加强

目前，税收、融资等相关政策的体制性障碍

已严重制约了高技术产业发展。从税收政策来看,存在着生产型增值税不利于高技术企业的技术改造和设备升级,企业所得税优惠政策内外资不统一、开发区内区外不统一,鼓励高技术产业科研开发等领域还存在着一定的政策真空等问题。从融资体系来看,高技术产业发展所需要的创业投资环境迟迟未得到根本改善,导致近两年来创业投资业出现严重下滑的现象。随着近年来这些方面政策的改革力度不断加强,这些政策环境必将进一步得到改善,越来越朝着有利于高技术产业发展的方向发展。

二、2005年有关高技术产业发展的对策建议

2005年及今后一段时期，高技术产业发展工作应围绕“继续做大，加快做强”高技术产业这个核心任务，进一步突出产业化、信息化和国际化，加强自主创新，全面提升我国高技术产业的国际竞争力。重点抓好以下几方面的工作。

（一）加强高技术产业发展环境的建设

要进一步研究制定推动高技术产业发展的各项政策措施。要抓紧编制好高技术产业“十一五”规划，明确发展的指导思想、目标、任务、重点。加快研究出台鼓励和引导高技术产业发展的相关产业政策，如：《鼓励数字电视产业发展的若干政策》、《国家产业技术政策》等。要继续推进改革，加快建立电信业的竞争性市场架构。

（二）进一步加大高技术产业化的力度

加快高技术产业化，培育新兴产业，推动经济结构调整是高技术产业发展的战略性任务。国家要实施产业集聚战略，从延伸特色产业链入手，合理规划和布局，引导和促进各类生产要素向具备一定产业优势的区域流动，在光电子、软件、生物医药等领域推进产业的集聚，形成若干特色产业基地。要继续在信息产业、生物产业、现代农业和新能源等领域继续组织实施高技术产业化重大专项。

（三）积极推进信息化进程

大力发展电子商务，以信息化带动工业化，加快电子信息技术在外贸、石化、冶金、机械等重点领域和骨干企业的应用，实现企业的集约化经营和生产，为企业走国际化道路奠定坚实基础。加快制定有关重大技术标准及管理规范，解决信息系统之间的互联互通和互操作问题，建立信息化运行的网络与信息安全保障体系。

（四）继续加快高技术产业的国际化步伐

走国际化道路是高技术产业发展的必然选择。我国要紧紧抓住全球化的机遇，充分利用两种资源、两个市场，在更高层次上融入国际分工和合作体系。要继续创造良好的政策环境，大规模承接和吸纳国际高技术制造业和研发中心转移。在高技术产业领域采取积极措施，广泛利用全球华人的资本、技术与市场资源，增强获取技术的能力，拓宽投资渠道。继续加大力度鼓励和支持有条件的高技术企业到海外创业投资，兴办研究开发机构，购并国外高技术企业，有效利用国际资源。积极支持高技术企业参与国际重大前沿技术的研究与开发，加大对参与国际标准制定的支持力度。

（五）采取强有力措施提高自主创新能力

要加快国家科技基础设施的建设，培育自主创新能力，促进资源共享。针对当前产业发展中的技术瓶颈问题，强化重大科技成果的工程化和产业化能力。充分发挥企业技术创新的主体作用，继续支持企业技术中心提高创新能力。加快实施成套技术装备的研制和产业关键、共性技术的开发，加速产业的技术进步。

（六）大力发展创业投资

实践表明，发展创业投资是世界各国推动高技术产业发展的重要手段，我国应进一步完善发展创业投资机制。国家要加快完善相关法律、法规体系，尽快出台十部门联合制定的《创业投资企业管理暂行办法》，并加快研究制定相关税收优惠等配套政策。要进一步建立、健全创业投资退出机制，在中小企业板试点的基础上，适时推出创业板。国家要进一步加强引导和扶持，研究设立国家创业投资引导资

金，并通过参股和提供融资担保等方式扶持创业投资企业的设立与发展。

实现区域可持续发展的途径

——建立新型的规模管理协调机制

一、规模化的集聚是区域经济发展的必然结果

1. 经济结构的改变引起人口向城市集聚。我国第一产业占GDP的比重持续下降，大量农村剩余人口转而流向城市，城市人口不断增加。由于城市化的结果，第二和第三产业，即制造业和服务业的比重持续上升，从业人员的比例也发生相应的调整，尤其是金融、保险、教育、通讯、信息、研究开发、文化和服务业的发展明显加快。

2. 规模化的集聚效应。对企业而言，规模越大，可获得越多的共享资源，减少单位收入消耗的固定资产额；而多种关联产业的集聚，则有利于减少外部不经济，降低交易成本，有利于建立共同市场。企业通过扩大生产规模和采取联合化与专业化相结合的分工合作，形成区域上相互联系的生产聚集体。在工业化的初期，以劳动密集型的工业生产为主，企业扩大再生产以劳动力投入作为主要增量。企业发展主要沿着外延扩大，尤其是乡镇企业，在缺乏技术更新和资本补充的条件下，要依靠乡镇小企业的自身积累和大量廉价劳动力来实现总量扩张。即便到了乡镇工业发展成熟的阶段，只要城市的人均GDP比周围区域的人均GDP更高并发展更快时，对劳动力的需求总是在增加的。

3. 资本的集聚效应。资本的投入是为了获取利润，高回报率是驱使资本流动的动力机制。从宏观投资空间结构看，资本总是选择投资环境较好的地区和城市，然后投资重点才会逐渐向其他地区和城市转移。上世纪80年代港澳台地区的投资主要投向开放早和开放度高的珠江三角洲地区，造成人口的迁移重心向广东移动。随着90年代上海浦东的开发，推动了长江三角洲的投资大幅度上升，造成技术性人才和其他劳动力向上海地区移动。再从微观投资空间结构看，多数劳动密集型企业投向拥有廉价劳动力和土地的中小城市或交通干道沿线的城镇，而多数资金、技术、知识密集型企业投向拥有众多高素质人才的大城市、特大城市的各种开发区。

4. 土地成本。作为生产要素的土地不能像资本、劳动力、技术那样可以空间移动。土地作为牵制人口集聚与扩散的因素主要反应在地价的升降上。土地开发程度的高低会导致地价差别的悬殊，迫使某些占地面积大或单位面积产值较低的企业从经济人口高密度的大城市中心向开发程度较低的周围地区转移，而原空间由效益/成本比更高的企业和行业来填补。

5. 收入差异。农业与工业及其他非农业的劳动生产率客观上存在着差异。一旦封闭的经济体系被打破，经济要素流动阻力弱化，处于低效率部门的劳动力必然向高效率部门转移，而驱使劳动力转移的直接原因是比较收入的增加。由于城乡收入的差距，劳动人口具有转移到非农产业谋生的驱动力。

二、协调发展和规模化管理是区域可持续发展的自然要求

区域可持续发展是一个庞大的、复杂的体系。要突破传统的条块式管理的模式，实现人

口、资源环境和社会经济协调发展，必须要加强政府的宏观管理的力度，建立完善的法律法规体系，运用灵活、协调的经济政策，有效地实施跨部门、跨领域的协调管理机制。

在市场体制的建立过程中，必须要明确行为者的权利、责任与利益的关系。这种关系的确不是通过行政的指令确定的，而是根据市场机制的平等性、公平性和竞争性的关系，在法律和法规的基础上确定下来的，并且通过政府的宏观调控手段，采用规模化的管理进行协调、监督和实施。在中国经济转轨过程中出现的生态环境恶化的趋势，在一定程度上是由于行为主体的权利、责任和义务不明确，法律保障制度不能得到有效地贯彻，行为者的动力机制就难以建立。例如环境是公共的，土地、矿藏、森林、草原和河流等在法律地位上属国家拥有，但是在经济活动中利用环境和资源的主体则大部分是个人和企业，个人和企业为了使产品更具有市场竞争力，减少成本，往往易于采取短视的行为牺牲环境和破坏资源来谋求利益的最大化。因此，如何在国家、企业、个人之间界定责、权、利是保护环境和资源的首要问题。

长期以来对于保护环境，人们往往会说“谁污染，谁治理”。此话明确了污染者行为主体的责任。但是，如果采用末端治理（end-of-pipe）的简单管理办法，治污的费用往往很高，特别是对于中小型企业来说，成本难以承受。于是乎“污染者付费”、“排污交易”成为另一种可接受的原则，污染的行为主体不再承担治理的责任，而是承担了为治理污染所需资金的责任，用汇集的资金建立统一的治理设施。这种做法往往比分散的单个处理的成本要低。从管理角度，我们可以看到集中的处理要比单个处理更为复杂，协调的难度也增加了。从实践的结果看，末端治理并不能有效地治理环境污染，一种新的企业环境管理办法——清洁生产，便应运而生。清洁生产不再把生产的末端作为污染治理的目标，而是把生产的每个工艺环节作为环境管理的目标，通过对每个污染产生的工艺环节加强管理，来减少最终的污染物的处理成本。不仅是工厂的生产工艺，清洁生产还关注产品的原材料的来源是否产生污染，同时，产品进入市场被消费之后，是否会产生污染也在清洁生产关注之列。因此，清洁生产要求的管理对象和规模都扩大了，它的内涵也更丰富了。

从清洁生产的概念更加推而广之，人们创造出“生产循环”的新思路，即把不同的生产组合成一种循环关系，一个生产工艺所产生的污染转成另一个生产的原料，从而在整体上形成密闭式的生产循环。如果在循环的概念上更加推而广之，一些更为先进的思想产生出来了，如“零排放社区”、“循环经济”等，生产在整个社区或整个产业经济链中循环，减少最终污染物排放到循环以外的空间去。这种循环的概念，的确可以减少污染治理的成本，但是从管理的角度来说，管理的范围，或者说它的规模和内涵都更加拓展了。从单纯污染物的治理到生产工艺的管理，再到产品生命周期的管理，进而发展到对生产链的组合、社区的管理，乃至经济的大循环的管理，规模扩大了，内涵丰富了，管理的复杂性也随之增加了，对管理者的能力和建立管理规范的制度都上升到了一个新的境界。

再以人口集聚的规模化管理为例。现行城乡各成一体的劳动力市场，把农村就业和城镇就业分割成二个不同层次和不同要求的就业环境，对农村人口向城镇转移构成了极大的障碍。人口的跨地域、跨省市的流动和集聚，经济生产朝向规模化的方向发展，一种分工细化、经济结构化的生产链正在形成，因此必然要强化跨行政地域的空间管理规划。建立城乡劳动力统一市场，逐渐打破城乡分割的劳动力市场格局，坚持城乡统筹就业的改革方向，鼓励农村富余劳动力向城镇转移，同时，鼓励劳动力跨地区流动就业。这种整体式的管理协调，打破了过去的以单个地理或行政单元为管理对象的管理模式，建立城乡统一的、跨行政和地理单元的新的管理模式。在人口迁移的引导政策方面，要改革现行的城市户籍管理制度，将农村剩余劳动力转向城镇纳入户籍管理的范围，需要用法规、政策措施引导和鼓励农民进城，并给农民创造迁入城市居住和生活的条件。结合市区、卫星城和小城镇的建设，在今后人口空间集聚的政策引导上，可采取有差别的政策，如对大城市的人口迁移，更要注重人口的教育素质，吸引专业技术人才和掌握高新科技的人员在大城市落户，以期缓解大城市在第三产业发展当中高级人才不足的矛盾。而在中小城市，对人口的集聚更具有吸引力的是扩大加工和制造业的能力，提高劳动力密集型和技术加工密集型为主的产业和所需的专业人才和熟练技术工人，特别是提高规模化经营加工制造业的管理人员的素质。人口迁移的政策引导应根据地方的经济特点和产业结构，有针对性地制定对当地有利的鼓励人口集聚政策，而不应搞全国一刀切的统一硬性规定。出台的政策一定要透明，具有可操作性和调控的余地。例如对某类技术人才、某些特定行业给予政策性的优惠，鼓励人才的流入与本地的优势产业相结合。

再如，我国东中西部地区在资源禀赋、生产要素结构、市场需求等方面有着内在的必然联系和极强的互补关系，在产业结构层次、工业化和城镇化发展阶段以及技术水平上具有明显的梯度差异和逻辑上的递进关系。中国中西部的自然资源丰富，能源原材料工业集中，而东部地区资本技术密集、加工工业发达，促进经济发展有着密切的资源与产业的互补。在规模化的管理机制下，由国家统一规划，提倡区域间优势互补，共担风险，互惠互利，协调发展，开展多领域、多层次、多形式的横向发展联合和协作。例如，国家在重大基础设施的建设上，实施“西气东输”工程、“西电东送”工程、“南水北调”工程、“新亚欧大陆桥”工程、“青藏铁路”工程，以及建立东南亚国际通道和图们江自由贸易区等，不仅可以通过投资带动地方经济的发展，而且还将畅通跨区域的联系通道，促进区域间的合作和联系，增强区域，特别是西部地区的发展后劲。

在生态环境方面，由于我国的自然地势的影响，主要江河均发源于中西部地区。因此，中西部地区的生态环境质量不仅影响其自身的社会经济发展，而且通过江河的作用和大气环流直接影响东部中下游地区的生态环境的平衡和安全。长期以来，上游省区为了保护生态，投入了大量的人力、物力和财力，在经济发展上不可避免地蒙受了损失。近年来，上游省区的生态环境在不断恶化，沙尘暴、沙漠化、水土流失、洪涝灾害等的频频发生严重地制约了中下游地区的可持续发展。解决这一问题光靠上游地区的努力远远不够，需要全流域的合作，中下游省区要对上游地区给予技术和资金的支持，作为对恢复生态效应的补偿，重建退化的生态系统，以维持整个生态的平衡。

三、规模化管理是适应区域资源优化配置的手段

以往的资源配置，由于地域条块地分割和部门利益地划分，资源利用往往不能实现最优配置，必须要通过完善的法律制度和宏观管理政策的协调来加强资源配置的合理性。例如，中国的大江大河大部分流经多个省区，由于缺乏水资源统一管理，上、中、下游之间水事纠纷不断，用水浪费和水资源不足并存，因此，必须要从根本上改变目前存在的部门分割、地区分割、多龙管水的局面，实现全流域水资源使用、分配和统一调度的管理。水资源按流域统一分配和调度必须遵循水资源可持续利用的原则，对资源进行规模化管理，其目标是：第一，对区域（流域）水资源开发利用的规模、水资源利用总量、地表水利用量、地下水利用量进行总量控制管理；第二，对经济用水、生活用水和生态用水规模和比例进行调控；第三，对经济用水、生活用水进行用水定额管理；第四，对水资源利用效率进行规模化监督管理；第五，对地表水、地下水的水质进行标准化控制管理。

这种规模化的流域管理措施取得了比较明显的成效，一个显著的例子便是黄河的断流。

过去黄河水资源的管理基本处于条块分割状态，沿河各省区在各自利益保护的驱动下，对河流中上游的采水，形成了垄断性的使用。国家颁布的取水许可、水量调度、水资源收费等项措施与水资源分部门管理的制度相矛盾，造成干旱年份通过行政手段调度库存水资源引起相互扯皮，调水难度很大。1972—1996 年山东省由于黄河断流造成农业产量减少 98.6 亿千克，农业损失达 111 亿元。1999 年黄河管理委员会实行跨省区的统一调度管理，当年黄河断流时间就缩短到 8 天。2000 年，全流域来水比正常年份减少了 56%，但全年没有断流。这充分显示了规模化管理在资源合理调配、实现资源可持续利用上的成效。

（稿件来源：《区域经济参考》）

天津滨海新区：我国北方发展的战略性新亮点

国家发改委国土地区研究所课题组

天津滨海新区设立于 1993 年。当时天津市委、市政府提出的目标是用 10 年左右时间，在天津市东部地区新建一个“现代工业为基础，外向型经济为主导，商贸、金融、旅游竞相发展，基础设施配套、服务功能齐全、面向新世纪的高度开放的现代化经济新区”。但随着我国经济的迅速发展和区域战略布局的进一步展开，滨海新区的开发建设已经超出了其原有的意义。2001 年 5 月 13 日，温家宝同志在天津考察工作时指出：“滨海新区是天津的希望所在，加快滨海新区建设，不仅对天津，而且对我国北方的发展都具有全局性的战略意义。”也就是说，滨海新区的发展成就和具有的发展潜力，已经不仅仅局限于对天津市本身经济社会发展的带动作用，而是将进一步成长为带动我国整个北方地区经济社会发展的战略性新亮点，或者说将成为我国整个区域经济战略布局中，北方地区的一个极重要的战略性支撑点。

一、滨海新区突出的区位优势与现有发展基础

滨海新区位于华北平原东北部，渤海湾西侧，天津市东部，属于暖温带半湿润大陆型季风气候。海河流经新区境内，长度约 40 公里。新区海岸线长约 153 公里，海域面积 3000 平方公里，陆域面积 2270 平方公里，便于依托港口发展临海经济和建立环境优美的宜居港口城市。天津滨海新区包括天津港、天津经济技术开发区、天津港保税区三个功能区，塘沽区、汉沽区、大港区三个行政区和东丽区、津南区的部分区域。2004 年底，新区户籍人口 108 万，常住人口 135 万。与周边地区和沿海地区主要城市相比，滨海新区主要优势表现在：

（一）区位优势明显

首先，邻近东北亚地区的日本、韩国、朝鲜和蒙古，是这一区域内的重要港口，也是中国对东北亚地区开放引资和经贸合作的前沿，近年来吸引了大量的日资和韩资，与东北亚地区的相互贸易规模也比较大，有希望、有条件建成一个类似于深圳、浦东那样的北方地区对外开放的窗口；第二，处于京津冀城市群的核心区内，依托京津、背靠三北（东北、华北、西北）、面向世界，使新区具有向外输出和对

内吸引的双重有利条件，将来有可能成长为一个新兴城市，对京津冀环渤海城市群的发展及新的空间格局的形成具有重要的带动和促进作用；第三，近期可以依托天津市的力量，培植发展基础与实力，加快成长步伐；远期来看，在发展起来后，将反过来成为增强天津市经济实力的重要力量，进一步将整个天津市提升为我国东北亚地区对外经济合作的前沿、京津塘发展轴上的重要节点城市、环渤海地区的战略性带动力量。

（二）已形成海陆空兼备的综合运输体系，交通优势明显

天津港已成为我国北方第一大港，天津滨海国际机场是我国华北地区最大的航空货运中心，目前已经开辟39条国际国内航线，同时发挥着首都第二国际机场的作用。在公路方面，滨海新区内贯通12条骨干公路，路段总长410公里，已经初步形成扇状辐射的高速公路网，环渤海公路（海防路）与环渤海各港口相连接；在北京与天津滨海新区之间，除了京津塘高速公路外，还有快速铁路连通。中国两大铁路动脉京哈铁路、京沪铁路路经新区，新区内地方铁路运输系统与国家铁路网直接沟通，货物运输通达全国各地，并可经蒙古转口欧洲，是通往欧洲大陆运输距离最短、最便捷的通道。此外，还有管线连接陕西的煤气，在天津港与大港油田之间也有管道运输。突出的交通优势提高了新区在北方地区的辐射力和吸引力，并衍生和带动相关产业的发展。

（三）拥有较丰富的土地资源和其他资源优势

滨海新区现有1199平方公里可供开发建设的荒地、滩涂、盐田和低产农田。1986年8月21日，邓小平同志视察天津时曾指出："你们在港口和市区之间有这么多荒地，这是个很大的优势，我看你们潜力很大。可以胆子大点，发展快点。"渤海海域石油资源总量98亿吨，已探明石油地质储量32亿吨、天然气1937亿立方米。原盐年产量240多万吨。年直接利用海水3.6亿吨。可发挥海水淡化的技术领先优势发展海水淡化产业，利用海水淡化产生的浓海水发展新型制盐业，既能缓解水资源不足的矛盾，又节约了制盐用地，还不会对海洋环境造成污染。此外，滨海新区范围内还有国家级七里海湿地自然保护区和我国最大的蓄水面积达150平方公里的平原水库，生态环境容量较大。

（四）初步形成了基础设施和人才、科技优势

新区城市建设成就显著，城市基础设施框架已初步形成，基本适应新区目前发展的要求，学校、医院等公共设施日益改善。拥有42家国家和市级科研机构、39家大型企业研发中心、4家风险投资公司、9个孵化器和27家博士后工作站，已经建立起多层次科技创新体系和科技人才创业基地，而且由于交通便利，基础设施条件改善，可以进一步吸引和利用北京地区和天津主城区高密度的智力资源。

经过11年的迅速发展，目前滨海新区已提前实现当初设定的发展目标，为进一步发展奠定了坚实的基础，培育了巨大的发展潜力。

——经济实力显著增强。1993～2004年，滨海新区GDP由112.4亿元增加到1250.18亿元，增长了10.1倍，年均增长20.7%，高出全市平均经济增长率8个百分点；同期财政收入由23.6亿元增加到168.7亿元，增长了6.1倍；2004年滨海新区GDP已占到全市GDP的42.4%。按常住人口计算，人均GDP达到1.12万美元，已达到目前世界上中等收入水平。

——工业增长迅速，形成了较好的现代制造业基础。1993年到2004年，新区工业增加值由68亿元增加到830亿元，年均递增25.5%，在GDP中占69%。同时已形成电子通讯、石油化工、汽车和装备制造等支柱产业，其中IT制造业占新区工业总产值的40%以上，形成了以IT产业、原材料和重加工业为主的产业结构。

——物流功能持续壮大。依托优越的区位条件、优良的港口条件、制造业发展所形成的

大量产品供求以及保税区的国际贸易功能，天津港与160多个国家和地区的300多个港口发展了贸易往来，吞吐能力强大。1993~2004年，货物吞吐量由3719万吨增加到2.06亿吨，增长5.53倍；集装箱吞吐量由48万标箱增加到381.6万标箱，增长7.95倍。2004年跻身世界港口前10强。

——开放程度不断提高。11年来，滨海新区不断改善投资环境，基础设施和制度环境建设取得明显进展，主要表现在三个3/5上：即外资占新区固定资产投资的3/5，新区实际利用外资占全市的3/5，新区外贸出口占全市的3/5。11年累计批准三资企业项目5827个，合同外资额278亿美元，实际利用外资164亿美元；世界500强中的69家跨国公司，在新区共投资了152家企业。

二、滨海新区应建设成为北方地区的“深圳”、“浦东”

加快滨海新区的建设和发展，以此带动整个环渤海区域经济和我国北方广大地区的发展，应作为国家实施西部大开发、振兴东北等老工业基地战略之后，为在新的战略机遇期尽快形成改革发展开放新格局而重点推出的重大举措。这不仅对推动环渤海区域经济发展十分有利，对全国经济发展也有重要的战略意义。滨海新区应像上世纪80年代的深圳、90年代的浦东那样，迅速发展成为带动环渤海和我国北方地区经济发展的龙头。

（一）新的改革开放试验区和新窗口

上世纪80年代的深圳由一个小渔村迅速发展成为一个令世人瞩目的大都市，成为带动珠三角区域经济发展的龙头、推进改革的试验区和扩大开放的窗口。90年代，邓小平同志说：“回过头来看，我的一个大失误就是搞四个经济特区时没有加上上海。要不然，现在长江三角洲，整个长江流域，乃至全国改革开放的局面，都会不一样。”“浦东如果像深圳经济特区那样，早几年开发就好了。开发浦东，这个影响就大了，不只是浦东的问题，是关系上海和长江流域的问题。抓紧浦东开发，不要动摇，一直到建成。”在邓小平“开发浦东，以此为龙头再造上海作为远东国际经济和金融中心的地位”的战略指导下，党中央和国务院于1990年4月18日正式宣布开发开放浦东，使浦东开放上升为一项“国家战略”，由此拉开了浦东开发开放的序幕。浦东新区通过十几年的开发对全国经济发展的巨大影响有目共睹，成为我国改革开放进程中，继深圳之后的又一个具有重大战略意义的成功之作。

进入21世纪以后，我国的改革开放已经有了一定的基础，但也遇到了许多严重又紧迫的问题，其中一个十分突出的问题，是区域经济发展的不平衡状态日趋严重，东部沿海地区与中西部地区的发展差距日益拉大。为此，中央已明确提出了西部大开发和加快东北等老工业基地建设的战略方针，但任何地区的开发，都需要首先找到一个具有战略性带动作用的支点或突破口，以此来促使我国对外开放的进一步深入。我们认为滨海新区恰恰具备这一条件，如果把滨海新区的开发开放提升为国家战略，使滨海新区也能像深圳，浦东那样，通过若干年的建设和发展，使之成为我国深化改革、扩大开放的新的试验区和新窗口，将对北方地区乃至全国经济的发展发挥巨大影响。

（二）北方地区经济发展的战略性新亮点

滨海新区和浦东新区一样，都拥有优越的区位条件，有大港口城市做依托，有较好的工业基础和广阔的腹地支持，都有较丰富的海洋资源和可开发的土地，两者在带动所在城市及其周边区域发展中都具有非常重要的作用。城市新区的开发不仅可以解决城市发展中出现的人口过于密集、发展空间不足等问题，同时还可以依托周围区域的自然资源和经济基础，在自身发展过程中，不断与周围区域形成紧密的经济合作关系，由此促进周围区域的共同繁荣。从目前看长三角地区在浦东新区的带动下，已经成为我国区域经济实力最强的区域，而滨海新区在带动周围区域发展方面与浦东新区有着明显的差距，这与滨海新区没有作为国家战略通过政策优势进行大规模开发和培育有着密切的关系。如果将滨海新区的发展上升为像建设深圳和开发浦东那样的国家战略，滨海新区的发展对于天津市及京津冀地区，乃至整个中国北方地区的发展所带来的联动效应都将是无法估量的。

首先从其地理位置来讲，滨海新区位于京津塘经济发展轴和渤海湾经济带的交汇点，新区核心区距北京140公里，距天津市中心45公里，拥有“三北”辽阔的辐射空间，是欧亚大陆桥最近的起点，还是中国与蒙古签约的出海口岸，也是哈萨克斯坦等内陆国家可利用的出海口，新区的自然区位条件在经济全球化和中国加入WTO的背景下已越来越凸现出自己的优势，港口经济得到进一步的发展，石油化工和海洋化工已形成新区重要的产业群，而与此相关的产业也得到很好的发展机会。天津港的发展态势和发展潜力为新区港口经济的发展注入了新的活力，伴随着具有竞争优势产业群的形成和对大量盐碱地及滩涂的开发，各种要素迅速向新区聚集是一种必然趋势。其次，京津冀资源、人才、科研方面的优势为滨海新区经济发展提供了有力的支撑。无论是珠江三角洲地区还是长江三角洲地区，在资源、人才和科研优势方面均无法与京津地区比肩。也就是说，在中国没有任何一个地区有京津冀地区这样优越的城市发展平台，区内资源聚集能力远远高于其他两个经济区。在人才和科研资源方面，京津地区聚集了中国最顶尖的高等学府、科研机构和科技精英。北京地区有503个市级以上独立科研机构、62所高校，天津有40所高校和国家级研究中心。如果从整个环渤海地区看，人才优势更为明显。这为滨海新区传统产业升级和高新技术产业的迅速发展以及三次产业结构的优化调整提供了契机。再次，广阔的腹地及其丰富的资源为滨海新区提供了巨大的有力的支撑。滨海新区腹地主要包括西北和华北地区，资源丰富，市场广阔。作为滨海新区重要腹地的华北地区的经济发展速度和居民消费水平的提高幅度均高于全国平均水平，其中居民消费水平提高速度高于长江三角洲和珠江三角洲地区。据预测，到2010年包括华北油田、大港油田、胜利油田、松辽油田和中原油田在内的渤海湾油区的原油供给能力将达到5500万吨，约占全国的31%。作为该区腹地的山西、内蒙古、陕西三省区是我国最大的煤炭产区，探明储量约占全国的64%。如果通过节水工程的开展和南水北调工程的建设以及海水淡化技术的突破有效地缓解该地区严重的水资源短缺问题，该地区丰富的自然资源和智力资源对经济持续发展的支撑作用将得到更加充分的发挥。此外，这些年滨海新区利用区位优势、交通优势、资源优势、产业优势，大量吸收外来投资，充分利用国内外两种资源、两个市场，形成了电子信息、生物制药、光机电一体化、新材料、新能源、环保六个高新技术产业群，在电子通讯、汽车制造等行业已具有一定的竞争力和国内市场份额。社会经济获得了迅猛发展，成为我国经济最活跃、利用外资最多的地区之一。

因此，我们可以说目前的天津滨海新区比起深圳、浦东建设初期的基础和条件要好得多，又面临中国经济重心北移和世界产业向中国转移这样难得的机遇，充分地利用这些条件，及时地抓住这个难得的机遇，把滨海新区建成北方地区的“深圳”和“浦东”是完全可以做到的。

（三）京津冀乃至环渤海区域经济合作的启动点

新时期，我国提出了以实施区域协调发展为目标的总体战略：“坚持推进西部大开发，振兴东北地区等老工业基地，促进中部地区崛起，鼓励东部地区加快发展，形成东中西互动、优势互补、相互促进、共同发展的新格局。”京津冀地区是我国经济发展基础较好、发展潜力巨大和经济发展水平较高的三大经济区之一，区内包括北京、天津两个特大型中央直辖市和石家庄、唐山，秦皇岛、承德、张家口、保定、廊坊和沧州等大中型区域中心城市。由于种种原因，该经济区与以广州，深圳为中心的珠江三角洲地区和以上海为中心的长江三角洲地区相比，无论是在区域竞争力方面，还是在产值和在全国经济中的地位方面，都逊色不少。同时，由于相互间在经济发展上各自为战，缺乏资源整合和协调，出现了明显的产业趋同和产业链条断裂问题。

通过滨海新区建设过程中的产业结构提升和要素聚集，不仅可以为该地区带来巨大的市场需求，还可通过零部件的扩散将断裂的产业链条得到弥补。通过区域间的产业联系突破行政壁垒，实现实质性经济合作。环渤海区域是由京津冀地区、山东半岛地区和辽中南地区三个基本板块组成的，因缺乏有机的协调，相互之间的经济联系并不密切，而且还由于谁都要争当“龙头”或独自“突破”，造成了彼此间不应有的矛盾。这是环渤海经济圈难以步入实质性合作的根本原因。而只有在环渤海地区崛起一个和三大板块均存在密切联系的产业高地，把三大板块有机地衔接和整合起来，环渤海的区域经济合作才会取得巨大成效。因此，滨海新区的建设与发展可以成为京津冀乃至环渤海区域经济合作优势迸发的启动点。

三、滨海新区的功能定位与发展方向

（一）新区的功能定位

我们认为，如果能将滨海新区的发展上升为国家战略层次，将其按北方的“深圳”、“浦东”模式来建设，综合考虑滨海新区的自然情况、发展条件、国内外环境，将滨海新区的功能定位概括为：环渤海地区重要的世界性加工制造基地和东北亚区域合作的前沿；中国北方地区的国际航运中心和现代物流中心；京津冀经济发展的引擎和中国北方地区新的经济增长极。

1. 东北亚区域合作的前沿

滨海新区邻近东北亚地区的日本、韩国和朝鲜、蒙古，是这一区域内的重要窗口。依托优越的区位条件、港口条件和制造业发展所形成的大量产品供求以及保税区的国际贸易功能，天津港与160多个国家和地区的300多个港口发展了贸易往来，吞吐能力强大，已成为我国沿海对外贸易的重要良港、北方第一大港并跻身世界港口前10强。在天津港附近，还有京唐港、秦皇岛港、黄骅港，通过港口资源的整合，将形成一个功能互补的大港口群。滨海新区有可能凭借其改革开放以来所形成的物质积累、良好的发展势头、优越的区位和交通优势，并依托京津两大都市，成为东北亚地区区域合作的前沿。

2. 中国北方地区的制造业中心、国际航运中心和现代物流中心

在未来发展中，北京作为环渤海乃至全国重要的科技研发中心，科技研发能力将会迅速提高，研发成果也会不断增多。但是，受土地、环境容量等条件限制，本地产业化受到许多制约。而滨海新区有明显的土地资源优势，并已形成雄厚的制造业基础，具有国内竞争力的优势产业和支柱产业，具备将先进研发成果产业化的基础和能力，将在京津研发成果产业化方面发挥更大的作用。滨海新区依托优良的港口条件，已成为中国北方地区集港口、加工、贸易于一体的综合区域，并客观上成为我国北方和东北亚地区进行产业分工与贸易往来的前沿地带。目前天津港已成为我国北方第一大港，与国内外160多个国家和地区的300多个港口发展了贸易往来。围绕海洋运输业，滨海新区的物流业得到了较快发展。随着我国进一步融入国际市场，以及国内经济的持续快速发展，将为航运业、港口物流业提供更大的发展空间。天津港利用现有的发展基础，通过港口改造、功能完善等，提高港口综合竞争力，应逐步向国际航运中心发展。

3. 京津冀及中国北方地区新的经济增长极和辐射源

京津冀是我国北方经济密集度和投资强度最高、交通网络最发达的地区。尤其是北京—天津—滨海新区发展轴，将成为京津冀的经济核心区。北京作为我国首都，人口已逾千万，环境容量已经不大。今后发展的方向主要是要打造成为一个国际城市、文化城市和宜居城

市，很大一部分经济功能要向外转移。随着区域经济一体化进程的不断推进，滨海新区将凭借其优越的区位条件和良好的经济基础，成为京津冀地区经济发展的重点区域，发挥窗口和辐射作用。滨海新区经过十几年的发展，具有了相当的产业基础，已经成为京津冀地区重要的工业集聚地，各项基础设施建设和支撑条件也相对成熟，紧紧依托京津冀乃至我国北方地区的经济社会发展的各种有利条件，滨海新区的优势将进一步充分发挥，成长为我国北方地区新的经济增长极和辐射源。

（二）滨海新区的发展方向

滨海新区在未来的发展和建设中，要注意以下四个方面：一是要全面落实科学发展观，构建和谐社会；二是要统筹兼顾，做到“五个统筹”；三是要有高起点，高起点就是要有国际竞争力、要有世界品牌；四是要注意人与自然的和谐发展，保护自然环境。要以提高区域创新能力和综合竞争力为中心，改善发展环境、提高经济质量、优化空间布局，实现资源的合理配置和有效利用，大力发展循环经济，促进经济社会和环境的协调发展。要立足天津和京津冀，依托三北，面向世界。努力将新区建设成为实现现代化的先行区，经济发展的带头区，深化改革的创新区，与国际接轨的开放区，可持续发展的示范区。

伴随着新区的重新定位和功能的重塑，滨海新区的经济发展与对外开放将会有新的面貌，新区的城市功能今后将由当前天津市的一个功能区向综合性的多功能区及新城区转变，而经济功能则将由天津市的一个开发新区向整个北方地区的经济中心转变，这就要求滨海新区不仅限于承接天津老城区的工业东移，而应有更远大的发展眼光和发展布局。从远期来看，滨海新区将发展成为一个能够承载300万至500万人口的现代化大都市。

四、促进滨海新区加快发展的保障措施和政策建议

促进滨海新区发展的关键是将滨海新区开发提升为国家战略，以建设京津冀、环渤海乃至整个北方地区的龙头为目标，进行规划和建设。像当年开发浦东和深圳那样，给予政策和资金支持。要尽快研究出台国家鼓励支持天津滨海新区发展的优惠政策。一方面参照现有经济特区和国家级开发区的优惠政策，结合滨海新区的实际赋予相应的优惠政策；另一方面，要研究符合WTO规则的新政策，重点在体制、科教、人才、财税、金融、投融资、土地等各方面给予支持和帮助。

（一）进一步理顺滨海新区行政管理体制

虽然滨海新区现代管理体制对滨海新区的发展起了巨大作用，但是这种管理体制与滨海新区未来发展的要求和面临的新的环境不相适应。目前滨海新区的管理机构与滨海新区管委会，作为天津市政府的派出机构，负责组织、协调新区内跨行政区和功能区建设项目的实施，对新区内各行政区和功能区的经济建设工作进行指导和协调，直接对天津市人民政府负责。但是它在新区的规划、管理和协调等方面缺乏权威性。滨海新区内部仍然存在各自发展、过度竞争的局面，在很大程度上影响了新区运行效率和经济效益，限制了新区内资源整合和配置的合理化，造成较大的管理成本和内部消耗，影响了新区的快速发展。因此，必须改革滨海新区行政管理体制，要建立适应新形势下新区发展的新的行政管理体制，增强区域内聚合效益，建立统一的行政管理模式，形成合理的利益分享机制，加强区域内的统筹规划和协调。

（二）提高支撑产业发展的要素保障能力

首先，国家对于滨海新区的盐碱荒地、滩涂等的开发，在确保不破坏生态环境的基础上，可以赋予更加灵活的政策，以为将来的产业发展提供必需的空间；其次，加强水资源的保障能力。通过海水资源综合利用、海水淡化、节水、充分利用南水北调水源等综合措施缓解滨海新区用水紧张的局面；第三，加强能源保障能力，今后除了要在当地合适的地方建设电厂，满足当地不断增加的用电需求外，更

重要的是加强大电网建设，在更广的地域范围内配置能源，通过加强输变电网路建设，充分利用我国内蒙、山西、陕西等地丰富的煤电资源，通过“西电东送”北通道，解决当地的能源保障问题。

（三）完善滨海新区的城市功能

应贯彻以人为本、全面、协调、可持续的发展观，把创造适宜人居住的环境作为滨海新区的重要目标，在发展第二产业的同时，完善综合服务功能，使其成为经济繁荣、人民富裕、社会和谐、环境优美的现代化新城，在经济发展、改革开放、结构调整、经济增长方式转变、科技教育、构建和谐社会等方面发挥带动作用。

（四）完善港口功能

首先，要对天津港、京唐港、秦皇岛港、黄骅港等港口进行统筹规划，形成分工合理、相互促进的港口群；其次，要加快天津港建设进度，实施“南散北集”的空间布局结构调整；再次，要加快疏港道路建设及通向广大腹地的铁路、公路建设，进一步完善交通骨架，建立综合交通运输网络，增强港口的集疏运能力，拓展经济腹地。天津港集疏运交通与目前发展及未来港口的规模、职能要求不相适应。由于目前的进港通道穿过塘沽城区，致使港口集疏运交通对城市的干扰比较大，城市对集疏运交通的畅通也存在干扰。滨海大道的交通压力过大，大部分的疏港交通需要利用滨海大道再接东西向的疏港路，而目前交叉口大部分为平面交叉，交通压力比较大。

（五）加强生态建设和环境保护，促进资源节约利用

滨海新区的生态环境比较脆弱，同时还要承接来自海河流域上游的污染。滨海新区的生态环境建设需要统筹兼顾，既要统筹当地产业的发展，也要由国家统筹上游地区的产业发展，要以防为主，防治结合，走新型工业化道路。通过防污、治污、节水、开源等措施，促进滨海新区生态环境的不断改善。在滨海新区生态环境保护过程中，要以预防为主，上下游结合，改变过去那种污染末端治理的治污模式，实行“经济建设、城乡建设、环境建设同步规划，同步实施，同步发展”和“经济效益、社会效益、环境效益统筹考虑”的发展模式，这是滨海新区防治污染的根本举措。同时，抓住国家进行京津冀区域规划的机遇，将天津滨海新区流域上游污染治理问题纳入区域规划，进行重点治理。

要促进人与自然和谐发展，建设全面、协调、可持续发展的生态型新区。加大环境整治和监督力度，严格控制企业“三废”排放，监督企业达标排放，实行清洁生产，提高废物处理率，从源头上控制污染的发生。对进驻企业要设置环保门槛，对新建项目实施严格的环境评价，以新区的环境容量和净化能力为限度，综合考虑控制废物排放量，坚决杜绝高污染企业落户新区。

要促进资源节约利用，大力发展循环经济。充分利用海水、当地雨水资源及再生污水，用于企业冷却、城市水循环、农业灌溉、绿地灌溉、冲厕、消防等。推广低投入、高产出、低污染、可循环的发展模式。提高资源和能源的利用效率，降低每万元产值资源和能源的消耗量，实现生产过程的生态化和绿色化。大力开发使用风能、太阳能、潮汐能、地热等清洁型能源，减少污染型能源的消耗量。

（六）尽快出台加快滨海新区发展的政策

滨海新区开发建设十几年来，发生了很大的变化，取得了令世人瞩目的成就，但所拥有的优势尚未充分发挥。上世纪 80 年代深圳、珠海的发展得益于经济特区政策，90 年代上海的发展得益于浦东新区政策，21 世纪滨海新区的发展同样离不开国家的政策支持，需要国家从体制政策、财税政策、金融政策、投融资政策、土地政策等各方面给予支持和帮助。

建议批准天津滨海新区作为国家综合改革试验区，比照深圳和浦东，授权滨海新区行使相应的行政审批、经济协调与管理等职能，赋予滨海新区政府管理体制和制度创新的先行试验权；将滨海新区的发展纳入国家经济社会发

展“十一五”规划，明确滨海新区在全国经济社会发展格局中的战略地位。

建议中央财政以设立滨海新区发展基金的方式支持滨海新区建设。将天津经济技术开发区所享受的投资税收优惠政策扩展到整个新区，滨海新区企业（不包括外商投资企业）生产自用的进口物资、设备等比照经济特区和浦东新区政策实行免税额度管理。

在环渤海区域内确定有关石化、装备制造、汽车制造和船舶制造等产业的重大建设项目时，优先考虑滨海新区。

建议在滨海新区设立东北亚银行；批准在滨海新区开办离岸金融业务；批准滨海新区在“十一五”期间，发行适量的市政建设债券，用于基础设施建设；批准在滨海新区进行创业投资基金试点工作；鼓励在滨海新区范围内设立外资银行分支机构，降低外资银行经营人民币业务的准入条件。

（七）专项资金支持

1. 建设生态环境保护工程。滨海新区是海河流域五条河流的入海口，为治理来自上游的河水污染，搞好防灾减灾，新区正在积极筹建多座大型污水处理厂和垃圾处理场，疏通河道、提高海挡和河堤的防御能力，综合治理海河水系，改善和恢复海洋生态环境，保护自然湿地等。这些项目资金投入量很大，国家应给予专项资金支持。

2. 支持海水淡化技术开发和项目建设。滨海新区正积极兴建大型海水淡化项目，同时配套建设风力发电、污水处理、中水回用等项目。这是一项区域型、综合型、产业化的循环经济示范工程，国家应给予更大的资金支持。

3. 对重大交通设施项目给予重点支持。支持建设25万吨深水航道项目和30万吨级原油码头，建设京津塘高速公路北通道、津晋高速和环渤海湾高速公路（唐津黄高速），建设京津塘城际高速铁路、蓟港铁路复线和黄万铁路，扩建滨海国际机场等，另外还需要规划建设天津港直通西部的铁路。

统筹国内发展和对外开放的基本思路

张燕生　姚淑梅　刘旭

改革开放25年来，我国的对外开放、体制改革和经济增长都取得举世瞩目的成就。未来的发展仍充满着机遇、风险和挑战，其中的一个重要方面，就是迫切需要在统筹协调国内发展和对外开放方面取得新的突破。

一、统筹国内发展和对外开放的意义

首先，随着国内发展和对外开放的迅猛发展，如何趋利避害，在对外开放中促进国内改革和发展，在国内发展中拓展对外开放的深度和广度，已成为一个重大的战略问题。

其次，在新阶段统筹国内发展和对外开放，不仅扩大对外开放，更要扩大对内开放，促进产业转型升级，形成技术进步和竞争驱动的集约型增长方式；不仅要继续大力推动经济体制、运行机制和经济结构与国际并轨，更要自主改革利益机制、产权关系和政府职能，完善体制软环境；不仅要完善开放条件下的宏观调控体系，更要加强开放体系的综合协调能力，适应加入世贸组织后的新形势，建成更开放、更充满活力的经济体系。

再次，对外开放与国内发展非均衡发展的问题需要统筹协调。改革开放以来，我国采取了先特区、后沿海、再内地的非均衡的发展战略，取得巨大的成功。随着时间的推移，非均衡发展战略的局限性和存在的问题逐渐暴露，其中一个主要表现是国内发展与对外开放之间的不全面、不协调和不平衡。如天津经济技术开发区的外经贸发展居全国开放区之前列，但对本地经济的带动扩散作用不充分。如果这种不全面、不协调、不平衡继续发展下去，将影响整个经济的长期发展。

最后，内外部风险因素汇集需要反危机的统筹协调。外部风险主要表现在两个方面：一是进一步扩大对外增大了与其他国家地区利益冲突与对抗的可能性。二是在我国对外开放进入银行、保险、证券等领域所产生的系统全局性影响。内部风险主要表现在产业、城乡、地区和就业结构性矛盾加大了结构调整风险；发展的协调性问题日益突出加大了增长失衡可能引发的系统性风险；长期沉淀下来的改革成本累聚的矛盾涉及到社会经济不稳定风险。当内外部风险在某些薄弱环节被触发形成内部或外部冲击时，就可能带来国内发展和对外开放的长期停滞甚至倒退。因此，必须加以内外统筹协调，化解各种可能发生的风险或内外部冲击。

二、当前国内发展和对外开放不协调的主要表现

（一）过于倚重外需，对国内发展已造成一定的负面影响

“重出口、抑进口”的政策导向曾经取得了成功。但在新时期，如果继续过度依赖外需，将在客观上制约内需的可持续增长，导致贸易条件持续恶化，造成对我国不利的财富国际转移现象。

（二）对外资的过度优惠和缺乏有效监管带来不公平竞争和风险

主要是，利用外资对国内资本积累与资本形成存在一定的替代作用，降低了国内资金的利用效率；存在潜在的外资垄断和转嫁金融风险的威胁；对外资的优惠政策抑制了内资企业的成长。

（三）加工贸易关联度较差

加工贸易对国内中上游产业的连锁带动效应没有太大改观，存在着参与程度浅、加工链条短、增值率不高的问题。加工贸易整体规模的扩大对国内其他企业、地区的辐射作用有限，对产业结构升级作用不明显。

（四）过度引入能源资源消耗高的制造业，加剧国内能源资源紧张

我国在资源的拥有量和使用效率方面，都处于相对不利的位置。一方面，重要资源总体储量不足，而且需求结构与供给结构脱节。另一方面，又不加选择地大量引入资源消耗高的产业，加大了对未来发展的硬约束。

（五）对内开放滞后加剧了内外资企业的不平等竞争

国有企业负担比外资企业重，在投资、经营等方面还不具有完全的自主权；个体和私营企业在税收、对外贸易等方面，也未能享受与外资企业同等的政策待遇。内资企业与外资企业在开展公平竞争方面仍然面临诸多体制性障碍。

（六）宏观调控的市场体系和微观基础不适应对外开放的需要

我国的市场体系还很不健全，不仅不适应对外开放的需要，制约着市场在资源配置中基础作用的发挥，而且也使得宏观调控难以有效发挥对经济总量的调节作用。同时，宏观调控政策的传递机制不畅，影响其贯彻落实。

三、统筹国内发展和对外开放的重点

一是要统筹协调好内需与外需的关系。我国能源和重要资源严重不足，必须较多地利用国际资源。但我国外贸依存度的快速上升，特别是最终产品过度依赖于欧美市场，出口增长与外商直接投资有很高的相关性，会产生诸多的深层次矛盾以致影响未来的发展。对此，统筹协调内外需之关系，就要坚持内需为本的原则，加快形成内外需协调增长的增长新模式。

二是把“引进来”、“本地化”、“走出去”作为不同阶段的发展重点，处理好有效利用国

内资金与合理高效利用国际资本、产业内移与外移、经济安全自主与投资准入准出之关系，是内外统筹的重要内容之一。目前，我国正处于“本地化”阶段，要形成“走出去”的能力，就必须统筹考虑利用外资、对外投资与国内的投融资体制改革、产业竞争力、技术进步、维护市场竞争秩序、环境保护以及资源合理利用之间的关系。

三是统筹协调国内发展与参与全球多边、区域合作的关系，实质上是统筹建立统一的国内大市场与促进区域和全球国际市场的关系。短期内，应积极协调国内统一大市场与参与全球多边、区域合作的关系。

四是统筹协调我国产业结构升级与国际产业转移的关系。当前，国际产业转移的重心由初级工业向中高附加值工业、由传统工业向新兴工业、由制造业向服务业转移。积极有效地承接国际产业转移，进一步密切国内生产与国际生产体系的内在联系，避免出现“孤岛”现象。

五是统筹协调经济体制改革和对外开放的关系。营造内资外资经济公平竞争的体制环境与体制保障。加快建立内外统一、开放、有序的市场体系，打通国内市场与国际市场之间的有机联系。

六是统筹协调内外部经济，建立开放的宏观调控体系。统筹协调经济增长、价格稳定、充分就业、国际收支平衡四大目标，建立开放型经济的宏观调控体系。

四、新时期统筹国内发展和对外开放的若干建议

（一）增强统筹国内发展和对外开放的协调能力

现阶段扩大开放的重点是扩大对内开放以及实现内外资公平竞争和非歧视性开放，建立中国经济与世界经济互动的协调机制。现阶段扩大内需的重点是进一步完善市场基础和调控机制，形成消费、投资双拉动的内生性增长机制。要建立与主要贸易伙伴国的新型合作关系，创造有利于和平发展的国际经济环境。

（二）建立开放的宏观调控体系

应继续将内部均衡目标放在宏观调控的优先位置，同时避免外部非均衡的过度累聚；国际收支结构应从“双顺差”转为基本平衡；发挥贸易政策对外部均衡起到的调节作用，建立新的汇率体制与贸易政策协调机制；扩大内需实现国内均衡发展，促进外部均衡的有效途径。

（三）积极有效地承接国际产业转移，提高产业国际竞争力

首先，通过多种方式，鼓励跨国公司把更高技术水平和增值含量的加工制造环节和研发机构转移到我国。着重引进先进技术、管理经验和高素质人才，注重引进技术的消化吸收和创新提高。其次，积极承接服务业国际转移，努力创造体制软环境和基础设施条件。再次，在吸收外资先进技术的同时重点培育我国的自主技术研发能力和体系建设。最后，在与跨国公司的竞争中培育我国的跨国公司。应更多地为我国企业，特别是国有大型企业和企业集团参与国内市场的国际竞争创造良好环境条件。

（四）深化金融体系改革和机制创新，维护我国金融安全

要积极参与和推动国际货币金融体系的改革，创建稳定的国际金融环境，建立国际金融危机的预警与防范机制；要加强我国金融领域的改革和机制创新，防范和规避金融风险；要建立金融突发事件应急处理机制，成立国务院领导下的金融突发事件应急处理领导小组，制定突发事件处理指南和应急处理预案。

（五）制定应对涉外经济摩擦的对策措施

一是进一步探索建立进口协调机制的可能性，主要是对国内产业形成重大影响的产品。二是进一步探索建立和完善出口协调机制，主要是容易引起贸易报复、贸易摩擦和冲突的产品。三是进一步探索建立和逐步完善多边和双边经贸关系协调机制，尤其是双边协调机制。四是在出现重大贸易摩擦并有可能引发争端时，政府部门应快速做出决策，行业组织全力配合，最大限度地维护国家利益和产业经济安

全。五是提早考虑应对国际摩擦的对策，如设立敏感产品的临时调节税。六是加快行业组织和自律协调机制的改革。

（六）进一步完善“引进来”各项政策，加快实施“走出去”战略

在“引进来”方面，一是大力提高利用外资的质量和水平。将利用外资的重点从单纯引进资金向引进先进技术、现代化管理和专门人才转变，促进我国产业升级和技术创新服务。二是要更加注重营造内外资公平竞争的体制环境。三是要加快建立内外统一、开放、有序的市场体系，放宽对各类服务的行业准入限制，打破地区封锁和行政壁垒，打通国内市场与国际市场。

在“走出去”战略方面，未来5～10年的起步阶段，主要目标是摸索和建立适合我国企业跨国经营的对外投资方式和管理体制；未来20年的稳步发展阶段，主要目标是初步建立国际化的生产体系，形成一批中等规模的跨国公司和企业，培育起国际化的综合物流和金融运作能力；在更长时期内，形成全球生产体系，形成一批有全球竞争实力的大型的跨国公司，具备在全球市场上配置供应链和技术创新能力。

（七）明确人民币汇率制度的改革方向

增加汇率弹性是人民币汇率制度改革的方向，为了防止可能出现的金融动荡，人民币汇率制度的改革应在升值预期基本消失以后再进行。现阶段，减少国际收支顺差更为重要和紧迫，必须着手进行一系列旨在实现国际收支均衡的政策调整。在汇率形成机制的市场化改革方面可以分三个步骤进行：一是在目前已实现经常项目自由兑换、外汇交易有一定规模的基础上，继续巩固与扩大外汇交易规模和范围以促进市场发育。二是建立政府退出机制，培育汇率市场化形成机制。三是在人民币已经实现经常项目自由兑换的基础上逐步稳妥推进资本项目的自由兑换。

（八）合理利用外部资源

首先，要加快对外部资源利用的统筹研究、规划及实施。其次，要充分利用国际国内两个市场、两种资源，用国外资源弥补国内能源和主要原材料短缺。但如果我国经济发展过度依赖进口能源、原材料，一些国家就赢得了对我国经济的控制权。再次，要建立多元、稳定、可靠的外部资源供应基地。通过多种形式，更多更好的开发利用境外资源。在区域布局上，应把发展中国家和周边国家作为开发利用境外资源的重点地区。最后，要打破发展模式造成的资源瓶颈，发展循环经济，提高利用外部资源的效率和效益。

（作者单位：国家发改委
对外经济研究所）

跻身发展前沿　实现新的突破

——秦皇岛开发区致力于发展服务外包产业的思考

胡英杰

伴随着国际服务外包产业的持续升温，中国政府越来越重视这一新兴产业的发展，虽然中国的承接服务外包综合实力略逊于印度和爱尔兰，但以自身特有的优势被公认为是一个新兴的外包中心，是正在兴起的服务外包承接国。2004年，秦皇岛市被商务部确定为我国

跨国公司服务业外包4个试点城市之一，这充分说明国家商务部对秦皇岛服务业外包发展方面寄予的关注与厚望。深刻认识服务外包的本质，对服务外包的发展趋势予以合理判断，积极构筑承接服务外包的战略措施，是秦皇岛开发区积极应对新一轮产业结构调整和增长方式转变的迫切任务。

区位条件优越，自然环境优美。秦皇岛地处渤海西岸、环渤海地区的中心部位、华北与东北两大经济区的交接地带，是举世闻名的滨海旅游和生态城市，是京津冀都市圈内惟一的中心市区临海城市，是国家首批认证的环境良好城市，重要的暑期会议中心。特别是在工业化初期造成环境恶化以后，滨海旅游和生态城市将是人们新一轮投资和生活的最佳区域，使得秦皇岛成为承接服务外包投资的理想地。2004年11月9日，国务院正式批准秦皇岛开发区扩区16.08平方公里。所有这些都为秦皇岛开发区发展服务外包提供了难得的发展机遇和发展空间。

基础设施完备，投资环境良好。秦皇岛开发区以建设最佳投资区为目标，把优化投资环境作为永恒的主题。近5年来，共投资10多亿元，用于道路、给排水、电力及热力工程建设。金融机构相继在区内设立营业网点；一批星级宾馆投入使用；报关行、公证处、律师事务所、会计师事务所等中介机构发展迅速；邮政、公共交通、商业、餐饮等公共服务项目相继落户区内，公共服务设施比较健全；中国电信、网通、联通等已经落户，为以网络服务为媒介的现代服务业发展提供了重要支撑点。两年多来，秦皇岛开发区以开放广场、森林体育公园、投资服务中心广场为重点，进行了52项城市绿化景观和标志性建筑建设，全区呈现出“白天是景点、晚上是亮点、节日是看点”的崭新形象。2001年6月，秦皇岛开发区成为全国第6家、河北省首家ISO14000国家示范区；2002年5月，率先成为河北省环境保护模范城。一个以现代风格建筑为主导，配套设施完善的园林式工业区的雏形已经形成。

产业布局合理，软件蓄势待发。开发区硬件环境的建设水平不断提高，区域环境持续优化，吸引了美国通用电气、英国TI、德国西门子、日本旭硝子、韩国LG以及中信集团、中粮集团等一大批国际国内知名大公司在这里投资兴业，初步形成了粮油食品加工、汽车零部件、临港重大装备制造、冶金及金属压延、高新技术等特色支柱产业。在发展传统产业的同时，加大对高新技术产业的政策、资金扶持力度，使全区高新技术产业化及企业创新总体地位得到了进一步加强。全区累计认定的高新技术企业107家，高新技术产品149项。有效高新技术企业占全市总量的57%，有效高新技术产品占全市总量的53%。软件产业服务功能不断升级，与中科院合作建设的软件基地公共服务平台项目全面启动，不断加强软件基地网站建设，并与中国进出口软件网等国内专业网站建立了友好链接，为企业提供了政策、人才、项目申报、信息交流等全方位服务。秦皇岛市共有大专院校14所，其中开设计算机专业的9所，在校生9万人，每年毕业2.2万人。借助这些优势，我区与大庆石油学院应用技术学院（秦皇岛）建立了河北省软件产业基地人才培训中心，根据企业需求制定培训计划，与海湾公司、星球数码等8家企业达成了人才培养、实习的意向，为解决企业应用型人才短缺搭建了培养平台。

园区建设快速，孵化功能完善。燕大科技园被国家科技部、教育部正式授牌认定为国家级大学科技园；高新技术创业服务中心通过ISO9000质量管理体系认证，被国家科技部认定为国家级创业服务中心，孵化功能进一步增强。河北省软件产业基地（秦皇岛）正式挂牌，软件产业化蓄势待发，初步形成了集研发、孵化、生产为一体的科技创新服务体系。基地综合服务楼——火炬大厦规划建筑面积2.5万平方米，总投资5600万元，一期孵化厂房建筑面积4.6万平方米，总投资6440万元，高质量地打造了服务外包的承接载体。

政策体系优化，发展环境升级。为保持良好

的发展态势，开发区先后制定出台了《开发区促进高新技术产业发展暂行规定》、《促进高新技术产业发展暂行规定实施细则》、《开发区科技发展资金管理暂行办法》。全区每年拨出可支配财政的4%，设立科技发展资金，从高新技术企业、软件开发、技术研究中心、知识产权、配套资金和人才培训等方面给企业以扶持和鼓励，提高了企业的市场竞争力和技术创新能力。

面对服务外包发展的挑战与机遇，秦皇岛开发区认真贯彻落实“三为主，两致力，一促进”的发展方针，大力发展服务业，降低服务成本，提高核心竞争力，提高服务业的发展水平和国际竞争力；力争成为国家商务部促进服务外包产业发展的“试验基地”，成为承接国际服务外包环境优越、企业集聚度高、国际竞争力强、发展前景广阔的“示范基地”，全力打造成为我国承接国际服务外包的前沿和软件领域的集聚区。

设立项目园区，制定鼓励政策。在开发区内规划设立了若干个服务贸易和跨国公司服务外包项目园区，不断加快软件基地的建设步伐，为软件产业发展提供良好环境和发展空间。通过信息融通和政策扶持，建立社会化服务体系，促进产业内部联系，向制造业跨国公司提供相关的商务服务。积极组织各有关部门互相合作，在服务外包企业最为关心的企业融资、人才激励和培训、财税支持、知识产权保护、CMM国际认证等方面，做好政策的梳理和完善工作，将商务部制定的对扶持出口型企业研发资金的优惠政策、技术更新改造项目贷款贴息政策和中小企业开拓国际市场资金的政策，优先倾向于服务外包出口企业。每年对服务外包集中区内的企业和项目，经综合评定后，参照其当年对开发区财政的贡献，给予大力扶持。投资者在开发区内设立服务贸易和跨国公司服务外包项目，开发区无偿提供项目咨询服务和全程代办服务。

加强人才培养，解决主要矛盾。以重点发展领域对人才的需求为出发点，以培养大型软件开发人才、国际化软件人才为重点，加强人才培养和人才引进两方面工作，把秦皇岛开发区打造成软件人才的高地。按照企业的需求进行“定单”培训，促进跨国公司、大企业与学校的结合，培养适用性软件人才，企业直接雇用合格的人才，降低企业成本。建立外语语言培训和应用的环境，形成多层次多体制的外语语言培训体系，增加计算机和软件类人才的外语语言应用培训，针对英语、日语等专门开设不定期的短期培训和定向培训，提高服务外包从业人员的整体外语应用水平。

加大引资力度，抓好项目建设。确定重点招商区域，积极吸引服务外包企业来我区投资置业，尤其大力引进研发、金融后台服务、人力资源管理等领域的国际知名外包企业等高端项目，高起点引入和集聚服务外包企业。通过我区驻日本办事处、驻韩国办事处、驻德国办事处，整合国外发包方、国内接包方资源，积极争取国家商务部、科技部、信息产业部的支持，联合举办大型信息产业服务外包洽谈会，向国内外软件企业提供接包的渠道和途径，不断提升秦皇岛开发区的相关知名度，为招商引资创造良好的外包环境。

支持产业发展，完善服务功能。积极开拓促进服务外包产业发展的投融资渠道，逐步建立适应服务外包发展的多元化投入体系。设立促进服务外包发展基金，加大对服务外包产业发展载体建设的引导性投资力度。逐年增加投入，扶持服务外包产业发展。积极引导社会各界增加对从事服务外包产业的企业投入，逐步形成以政府投入为引导，企业投入为主体、社会资金广泛参与的创业投资体制。协调金融机构，加大对注册服务外包企业的贷款支持，积极创造条件。抓好与中科院联手打造的软件开发平台和测试平台的建设，争取年内投入运行。不断加强知识产品保护，在执法问题方面给企业以大力的支持和保护，创造良好的商业服务环境，从而跻身发展前沿，实现新的突破。

（作者单位：秦皇岛经济技术开发区管委会主任）

弘扬创新精神 再创开发区发展新优势

王亚洲

创新是一个民族进步的灵魂，是国家兴旺发达的不竭动力。开发区作为我国最具创新活力的区域，本身就是我国对外开放和经济体制改革中的一次伟大创新。自创立起，开发区就是以不断的创新作为发展的支撑和动力，创新是其发展的希望和生命力所在，也是开发区建设的永恒主题。随着国际国内形势的发展变化，新时期，开发区要全面落实科学发展观，实现在更高层次和水平上的全面协调和可持续发展，必须大力弘扬创新精神，以不断创新来推动各项工作向前发展，以不断创新来保持其在区域经济社会竞争中的领先优势。

一、大力营造鼓励创新的良好氛围

让一切参与创造财富的活力竞相迸发，使一切有益发展、有益创新的聪明才智得到充分涌流的浓厚创新氛围是推进创新工作的关键。秦皇岛经济技术开发区从建区以来特别是“九五”以来，始终把营造鼓励人们干事业、支持人们干成事业的良好氛围作为各项工作的出发点，保护和发挥广大干部职工的创新热情和积极性。连续多年在全区范围内开展了“解放思想大讨论”、“学、比、赶、促”以及“环境建设年”、“创新服务年”等多项活动，专门设立“工作创新奖”，对为开发区带来良好经济和社会效益的单位和个人进行物质奖励，同时在干部任用、升降等方面也优先考虑创新先进个人，着力引导广大干部职工以“三个有利于”为标准，敢于想他人所不敢想，谋他人所不曾谋，为他人所不曾为，全面培养创新意识，鼓励创新实践。良好的创新氛围极大地调动起全区广大干部员工的创新积极性，仅2003、2004两年，全区就涌现出各类重大创新成果8项，为经济和各项社会事业发展提供了强劲动力。

二、创新思路，不断探索实现区域经济社会可持续发展的新途径

思路决定出路。开发区20年的发展实践证明，在日趋激烈的国际国内招商引资竞争中，要想先人一步，胜人一筹，关键是突出区域经济发展的资源、交通、区位、市场等优势，拓宽发展思路，办出特色。思路创新，必须深刻领会党和国家有关方针政策，深入了解基层具体实际，要把握规律性、体现时代性、富于创造性、符合科学性。在国家对经济进行宏观调控和大力清理整顿开发区的形势下，秦皇岛经济技术开发区正确领会中央精神，认真分析宏观调控给全区招商引资和经济发展带来的新情况、新挑战，以辩证的思维认识宏观调控和清理整顿开发区，审时度势，及时调整招商思路，优化项目导向，大力推进产业集群战略，着力引进一批科技含量高、投资密度大、带动力强的龙头型大项目；同时全面提高土地集约化利用水平，适时调整土地利用总体规划，盘活存量土地，严格控制投资强度，最大限度地提高土地利用率，使有限的土地发挥出最大的效益。2004年，全区共批准外商投资项目49个，总投资3.9亿美元，合同外资2.7亿美元，实际利用外资1.3亿美元，同比分别增长50.6%、19.6%和25%，实际利用外资

创历年最好水平。在事关开发区发展、稳定大局的失地农民利益保障工作中，秦皇岛经济技术开发区创造性地策划了用“双创（创收、创五好家庭和五好邻居）”来统领农村工作全局，把促进农民增收作为各项工作的出发点和落脚点，真正让开放开发的成果惠及到千家万户，让农民在开放开发中得到真正的实惠。在严格按照国家有关规定，按时、足额发放补偿费用的同时，由财政出资，对农民进行各种职业技能培训，奖励村民到区域外从事种养殖业，探索建立失地农民社会保障制度。对“五好”家庭进行奖励，评选奖励面达到95%以上，每年财政用于“五好”家庭表彰奖励资金达到300万元以上。2004年全区农民收入增幅达到15.9%，比秦皇岛市平均水平高出9.5个百分点，在大大推动了农村“三个文明”协调发展的同时，还充分调动起农民自身的主观能动性，参与到开发区发展建设的事业中来，实现了开发区建设与农村城市化建设的共同发展，共同繁荣。

三、全面推进服务创新，争创招商引资新优势

服务是品牌、是形象，服务是招商引资，服务也是生产力。作为反映区域投资发展环境水平的一项重要因素，优化服务没有止境。围绕提高服务水平，秦皇岛经济技术开发区秉承“项目是生命、环境是灵魂”的理念，站在投资企业角度看问题、干工作，充分调动一切积极因素，以创新为突破口，不断推出优化服务的新举措，努力铸造企业投资发展的福地。开发区成立了投资服务中心，把涉及项目咨询、审批、服务的14个部门全部集中到服务大厅，统一受理服务事项。在服务中心运行过程中进一步开拓创新，推出了首问责任制、公开承诺制、代理代办制、限时办结制、客商评议制和过错追究制，进一步规范了项目审批“一条龙”服务、项目建设全方位服务和投产后对企业的经常化服务等“三个服务体系”的服务内容，延伸了服务内涵，真正实现了“一个窗口对外”、“一条龙服务”。在实践中，开发区工商局结合具体工作实际进一步创新服务方法和内容，推出“一个电话，执照到家”、“一张表格，执照办妥”的全新服务方式，赢得广大客商的一致赞誉。目前，在秦皇岛经济技术开发区投资置业的客商遇到困难只须一个电话或者一名普通工作人员到服务大厅登记，即有专人负责帮助协调。2004年9月29日，区内戴卡美铝公司需要在“十一”放假前办理好房产手续，且所需规划、土地、房产、测量、消防等手续还没有准备齐全。考虑到企业的实际情况，开发区管委会特事特办，在最短的时间内帮助企业协调解决了涉及市区两级多个部门的所有手续，保证了企业的需要。良好的服务赢得驻区企业及外商的充分肯定和高度评价，一批投产企业纷纷增资扩股，一些投资者还做起了开发区招商“红娘”，把配套的企业引到区内。美国ADM和新加坡丰益公司继兴办金海粮油、金海食品等项目之后，又决定将投资1.5亿美元的玉米深加工项目落户开发区，万基钢管、LG等一批老企业纷纷增资扩股，使招商引资呈现出聚集、裂变和增资扩股三大效应。

四、积极探索机制体制创新，打造优质高效的政务环境

20年摸索、实践，各开发区建立起“小政府、大社会，小机构、大服务”的精简高效运行模式。但随着开发区所处内外部环境的发展变化，这种模式正面临向传统行政管理体制复归的趋势，有的开发区已经变成了传统的行政区。在当前国家对开发区尚没有明确法律定位的情况下，要保持开发区精简、高效、灵活的运转机制，避免向传统复归，必须全力推进开发区管理体制的进一步创新。秦皇岛经济技术开发区结合创建ISO14000国家环保示范区的经验，创造性地把ISO14000环境管理体系引入行政管理，不断推进服务理念的优化升级；同时充分利用现代办公手段加强数字化开发区建设，打造阳光政府，先后开通了电子政

务一期网上业务报批系统和办公自动化系统，公开办事程序，公开岗位职责，进一步增强政务工作的公开性和透明性，大大提高了办事效率和服务水平。在机关建设方面，开发区全面推行干部人事制度改革，大力推行领导干部聘用制，干部队伍素质和工作水平得到大幅度提高，政务服务更加公正透明、廉洁高效。

开发区过去的发展得益于创新，取得的成果来自于创新，今后的跨越发展更要依赖创新。开发区能否在现有基础上实现大的跨越，最根本的就是要以与时俱进的思想观念和奋发有为的精神状态，不断开拓创新，始终保持旺盛的创造力和活力。

（作者单位：秦皇岛经济技术开发区管委会副主任）

发挥开发区优势 推动老工业基地振兴

李相国

长春经济技术开发区是 1993 年 4 月 4 日经国务院批准设立的国家级经济技术开发区。建区 11 年来，开发建设取得了可喜的成绩。2004 年长春经济技术开发区实际利用外资 3.61 亿美元，比上年增长 20.5%；实际利用内资 27.1 亿元人民币，比上年增长 10.4%。全年引进外资项目 37 个，投资总额 8.6 亿美元，同比增长 64%。其中，超千万美元以上的大项目 18 个。2004 年长春经济技术开发区的主要经济指标在长春市所占的比重分别为：GDP 12.5%；财政收入 12.97%；工业总产值 26.6%；实际利用外资 40%。长春经济技术开发区在全市经济发展中已经担当起主力军的角色。

一、开发带动地区经济发展的实践

长春经济技术开发区在开发建设过程中，始终坚持“两条腿走路”：一是筑巢引凤，招商引资，扩大经济规模；二是以停产半停产企业为载体，牵线搭桥，寻求合作伙伴，不断推动老企业的嫁接改造，盘活国有资产。为了完成好开发带动的任务，我们重点做了三方面的工作。

（一）精心谋划，理清开发带动的思路

国家在创建经济技术开发区之初，对开发区功能作了明确定位，就是“引进急需的先进技术，集中举办中外合资、合作、外商独资企业和中外合作的科研机构，发展合作生产、合作研究设计研制高档次产品，增加出口创汇，传播新工艺、新技术和科学管理经验”。我们准确把握这一定位的深刻内涵，在实践中摸索出四条路子：一是高点起步的路子。立足现代化、多功能、开放型，着眼与国际经济接轨，做好开发区的总体规划；二是突出重点的路子。在开发建设的不同阶段，抓住机遇，重点突破；三是同步并举的路子。采取“边规划边设计、边打基础边招商、边上项目边建设”的办法，为开发建设争时间，抢速度；四是结合“双改”的路子。以开发建设为手段，积极参与老城区的规划和老企业的改组、改造，帮助老企业实现经营的转向和产业、产品的升级。

随着市场经济的发展，长春市的一些国有企业步履艰难，经营难以为继，其突出表现在：技术装备陈旧，工艺落后，产品老化，资

金短缺，效益低下，历史遗留问题多，机制性、结构性矛盾突出。对于这些不堪重负的老企业，我们通过正常的管理渠道与之沟通联系，了解企业引资改造的设想，并和有关部门一起，逐个对其会诊解剖，筛选吸引投资的生产要素，把招商的落脚点放在“提升产品档次，转换经营机制，增强创新能力”上。几年来，这些老企业大都和外商成功地联姻：有在技术改造上合作的，有在产品开发上合作的，有在为终端产品配套上合作的，有在调整、改进管理体制上合作的。尽管合作的方式不同，投资的比例各异，但这些企业大都走出了困境，并且具有了很强的市场竞争力。

（二）创造条件，搭建老企业改造的平台

为了推动老企业的嫁接改造，我们相继建设了包括大成玉米加工区、美国工业村和台湾工业园区等在内的10个工业园区，以更加灵活、优惠的政策鼓励老企业到这里投资兴业。针对老企业改造资金困难这一普遍性问题，我们通过减免配套费、帮助企业解决部分技改资金、给予贷款贴息支持、土地先用后付款、土地投入合资等行之有效的措施，支持企业发展。

（三）因企制宜，为老企业改造“对症下药”

老企业改造客观条件不同，遇到的问题千差万别。为此，我们采取了六种主要措施。

一是易地改造。我区把地处长春市内的长春衡器厂、长春刀片厂、长春卷尺厂、长春市被服厂、长春市兽药厂等一批国有企业，通过土地置换获得启动资金，迁入开发区。这些企业用土地级差收入建设新厂房、购置新设备、引进新技术、开发新产品，获得了新生。目前，长春市二环路以内的99户企业中，已有25户企业迁入开发区，拟进入开发区进行易地搬迁改造的企业达到40户。

二是引资改造。长春大成实业集团经过引资嫁接，在短短的6年时间里，就成为全国农业产业化的重点龙头企业，已达到年处理玉米180万吨、年产赖氨酸4万吨、年产淀粉糖30万吨、年产变性淀粉10万吨、年产生化饲料20万吨的生产能力，年工业产值达60亿元。玉米加工能力和赖氨酸产量均居亚洲第一，世界第三。产品大量出口到日本、韩国和东南亚等国家和地区，为吉林省农业产业化做出了突出贡献。

三是机制改造。就是按照现代企业制度去改造老国有企业。通过嫁接改造成立的长春百事可乐有限公司，其前身是长春市第二食品厂，改造前产品质量不好、效益不佳。迁入开发区后，企业实行了全新的管理体制，经营业绩蒸蒸日上。这个不到300名员工的企业，2002年的销量比上年增长22%，实现利润比同期增长145%，利润指标增长居大亚洲区第一名。

四是技术改造。就是通过技术引进、设备改造进行嫁接。长春皮尔金顿安全玻璃有限公司通过采用英国皮尔金顿的全套生产技术，引进具有当代国际水平的玻璃生产线，使产品质量跃居全国领先水平，年生产能力达到100万平方米，现已成为英国LDV汽车公司独家配套伙伴，产品销往东北、华北地区，同时批量出口美国及欧洲各国。

五是人才支持。就是积极为进区改造的老国有企业引进高素质人才，提高企业管理水平。如长春泰欧亚涂料有限公司，合资初期由于管理人员经验不足，连年亏损。我区帮助公司从国外招聘总经理后，企业效益明显提高。

六是资金支持。海拉车灯是原长春市车灯厂采取“死一块、活一块”的办法，用“活的一块”国有资产与德国海拉公司合资在开发区兴建的企业。合资时，车灯厂资金困难。开发区对土地款减价、缓收，解决了企业在合资过程中几千万元的资金缺口。目前，这个企业的产值由进区当年的7641万元增长到现在的5亿多元，连续6年大幅度赢利。海拉车灯中方股份把赢利反哺原厂，救活了“死一块”的资产，2002年在开发区购地，建立了长海车灯有限公司，2003年实现产值9480万元，经营形势良好。

长春经济技术开发区创建以来，在承接老工业企业改造中取得了显著成果。截止2003年末，通过合资、嫁接等方式共改造国有企业60余户，盘活了国有资产36.9亿元；通过引资嫁接，增加了一倍增量资金。目前，累计完成工业总产值419亿元，占建区以来工业总产值的26.4%；2003年，这些改造企业实现工业总产值101亿元，占当年全区工业总产值的26.2%。这些老工业企业进区时的产值到2004年为止，增长幅度超过100%的有17家，其中长春君子兰考泰斯公司，从进区1446万元产值到2003年增加到2.33亿元，增长了1508.8%。

建区以来，开发区安置就业人员92890人，其中改制企业安置了58068人；开发区财政采用支持企业技改资金、垫付土地款、减免配套费、入股、借款等多种形式，帮助老企业改造资金10多亿元，其中，支持技术改造资金1.92亿元，借款3.5亿元，减免有关费用3.2亿元，土地入股等其他形式2亿多元。

二、开发区如何在振兴东北中发挥更大作用

要实现长春在振兴老工业基地的战役中率先突围，我们必须以更强的责任感和更大的智慧发挥好中坚作用。

（一）加快发展，进一步增强经济承载能力

2004年12月在全国开发区工作会上，国务院对国家级经济技术开发区的功能重新进行了定位。具体就是“以提高吸收外资质量为主，以发展现代制造业为主，以优化出口结构为主，致力于发展高新技术产业，致力于发展高附加值服务业，促进国家级经济技术开发区向多功能综合性产业区发展”。

在振兴老工业基地的进程中，我们为自己制定了三大任务：一是发展开发区。就是在现有基础上，按照科学发展观的要求，对开发区的基础建设、产业布局、中长期目标等进行科学规划，稳步推进，抓好落实；二是建设开发区。就是坚持以招商引资、项目建设和企业管理为核心，紧紧依托长春的汽车产业优势、玉米资源优势和光电信息、生物制药的科研优势，力争在“招大商，引龙头”上取得重大突破，全力推动开发建设上台阶；三是经营开发区。就是在发展外向型经济的同时，以市场化手段经营建成区，综合开发利用各种城市资源，吸引各类资本，繁荣第三产业，促进开发区从注重规模效益向注重质量效益转变。

（二）扩大战果，继续为老企业包装“招亲”

在老企业改造工作中，首先，要对老企业改造项目进行梳理，筛选吸引投资的生产要素，做好与开发区产业的衔接；其次，要以科学的态度、严谨的思维、新颖的创意，精心做好改造项目的包装工作，塑造好项目形象，多渠道向投资者推介；第三，要抓好招商引资的调度，推动各项工作的落实；第四，建设老企业改造项目进区的绿色通道，在法律、政策许可的前提下，能减的减，能免的免，能帮的帮，争取项目早建设、早达产、早见效。

（三）要培招并举，造就一批具有带动力的龙头项目

在亟待改造的老企业中，有相当一部分企业规模小、创新能力差、竞争力弱，其先天不足决定了其改造项目必须依托优势产业和龙头企业，才能取得较快发展。

汽车及零部件产业在开发区经济总量中占有56%的比重，也是长春市传统的优势产业。我们将在鼓励和引导大型企业技术创新、产品创新、集成化生产的同时，把招商引资的重点放在引进终端产品项目上，力争“引来一个，带起一片”，为老企业改造项目创造更多更好的发展机会。

粮食深加工是长春经济技术开发区的优势产业。我们将紧紧依托长春市丰富的玉米资源，举全区之力，抓好大成玉米集团300万吨化工醇项目。2005年，我们做好基础设施建设，保证项目落地，力争明年使一期工程投产达效，形成年加工120万吨玉米的生产能力。

按照长春市的规划，到2010年，化工醇项目要实现年处理玉米600万吨、生产化工醇300万吨、工业产值1000亿元的目标。可以预见，化工醇项目上马后，将形成一条较为完整的产业链，从而为老企业改造提供广阔的生存空间。

光电信息产业是我区极具发展潜力的产业。中国科学院长春光电子产业基地就设在我区。国内著名的长春光机与物理研究所在光电信息领域具有很强的研发能力，综合实力雄厚，目前已整体搬迁到开发区。通过几年的投资经营，长春光机与物理研究所已经建成技术创新能力强、产品科技含量高、市场前景广阔的企业团队。随着北方彩晶集团的崛起，我区的光电子产业将更加发展壮大。这种“以科技创新为龙头、以强势企业为支撑”的产业发展模式，市场信誉高，竞争能力强，是推动经济结构调整的重要力量，在吸纳老企业改造过程中将会发挥越来越大的作用。

长春在生物制药领域具有很强的科研优势。随着科研成果产业化步伐的加快，制药业聚集资本的能力日益显现。目前，我区已有16家制药企业通过了GMP认证，占全市总量的40%。为把生物制药做大做强，我们将积极引进战略投资者，以市场化手段推动制药业的科技创新、产品升级、品牌整合和结构调整，增强产业的竞争力。通过龙头企业的带动，力争使新企业上规模、老企业增活力。

（四）要知进善退，大力营造优良的创业环境

我们将坚持“多帮忙，不添乱”的原则，充当企业“脱胎换骨、获取新生”的守护神。企业需要帮助时，我们随时跟进；企业正常经营时，我们坚决退出。具体要做到这样几点：在引资改造上，坚决按照市场化方式运作，不搞“拉郎配”。要以“救活企业”为目标，追求双赢多赢，不贪功求快；在项目建设上，我们要创造性地开展工作，千方百计提高服务效率，以只争朝夕的精神促进项目投产达效；在企业经营上，要尊重企业的市场主体地位，做好监管员、服务员，努力为企业经营提供方便。我们将继续加大投资环境建设的力度，健全软环境监督保障体系，更好地规范执法行为和服务行为，让服务者尽心、执法者尽责、经营者受益、投资者获利。

（作者单位：长春经济技术开发区管委会主任）

强化责任意识　抢抓战略机遇

李志恒

哈尔滨是国家六个老工业基地之一。党的十六大做出支持东北等老工业基地调整改造的重大战略决策，为哈尔滨提供了千载难逢的历史性发展机遇。作为国家级开发区，必须按照中央和省市战略部署，积极抢抓东北老工业基地振兴战略机遇，不断强化责任意识和全局意识，发挥优势，科学谋划，突出重点，攻坚克难，在全市老工业基地调整改造与振兴中发挥示范带动作用。

找准定位，明确开发区立区宗旨和工作重点

与沿海和其他地区相比，哈尔滨经济技术开发区有着自身的特点。所在的母城——哈尔滨市，既是以机械制造业为主的国家老工业基地，又是寒带资源最丰富的内陆城市。从这个

特点出发，我们在建区之初，在产业发展方向和工作职能上坚持“突出两个重点”，“发挥三个作用”。两个重点，即：把积极参与传统工业的调整改造、发展资源型产业作为重点发展目标，形成区域特色支柱产业。三个作用，即：发挥改造计划经济体制的示范作用，以国家骨干企业为重点，通过帮助寻找战略合作伙伴，吸引上下游配套企业，推动国有企业改变产权单一，产品大而全的状况，发挥嫁接外资、引进先进技术的服务作用，通过招商引资，帮助企业提升技术水平和国际竞争力；发挥扩大企业发展空间的载体作用，以完善的基础设施和政策优势，吸引龙头企业入区，通过异地搬迁改造，实现产业升级。

由于指导思想明确，发展方向对头，使开发区始终保持强劲发展势头，形成了以国有企业为龙头的汽车工业园和医药园，以资源深加工为主的食品产业园。哈尔滨飞机制造公司和东安发动机制造公司都是国家重点骨干企业。我们通过提供土地支持吸引跨国公司合作，为其配套的企业提供优质服务，使企业开始实现脱胎换骨式改造。目前，哈飞汽车已经成为全国六大汽车生产基地之一，东安微型发动机在全国排名第二。成为哈尔滨市老工业基地振兴的样板企业。

抢抓机遇，努力发挥带头发展和带动发展双重作用

我们感到，振兴东北老工业基地，绝对不是几个重点企业的振兴，也不是过去简单地扩大规模，单纯地上新项目，而是以改造计划经济为重点，围绕建立高效益的大工业、大农业、大林业，建立新体制，引入新机制，构筑新结构，注入新活力，全力打造国家新型工业基地，实现东北区域经济的协调快速发展。从这个指导思想出发，我们在原来工作的基础上，积极拓宽工作领域，努力拓展工作深度，充分发挥带动和示范作用。

第一，发挥加快企业体制改革的促进作用。哈尔滨工业经济的突出特点是国有经济比重大，国有资产的比重占70%以上，一些重点企业完全是国有化。针对这种情况，我们把在全国同行业有比较优势的企业作为扶持重点，抓住异地改造的契机，引导企业与国际同行业顶尖企业对接，引进资金和先进技术，组成股份制公司。比如，在哈尔滨第一工具厂的改造中，我们组织企业多次赴欧洲和美国，开始合作谈判，最后完成了与国际领先企业的合资，使企业重现生机，同时也成为全市老工业基地调整改造的样板工程。我们共从全市数十家大中型国有企业中筛选20多个重点项目，以企业为主体，合力开展攻坚，目前，部分企业已经完成合作改制，部分企业被整体收购，企业经济效益出现持续上升好势头。

第二，发挥产业结构调整升级的带动作用。哈尔滨老工业基地振兴面临的一个突出问题是产业结构不尽合理，工业装备比较落后，产业集聚能力较弱，核心竞争力不强。针对这种情况，我们发挥国家级开发区的优势．以引进先进技术为先导，壮大支柱产业为主体，配套产业和特色资源型产业跟进发展为目标，带动全市工业产业的良性发展。

第三，发挥调整工业空间布局的载体作用。拓展工业集聚地域，增加工业土地供给，在搬迁改造中实现企业改制重组，是老工业基地振兴的客观需要。我们在国家进行宏观调控、建设用地趋紧的情况下，拓展思路，创造性地采取区区合作、区企合作等多种形式，努力开辟新的发展空间，确保老工业基地调整改造顺利进行。与全国知名的电站设备生产企业所在地——动力区政府合作，策划并推进了哈尔滨机电工业园的建设，一期启动面积为40万平方米，主要接纳电站设备主机、辅机生产和配套企业、机电类异地改造企业、机电行业研发机构等，推动企业向专、精、新、特方向发展。目前，已基本完成与区外各部门有关政策的制定协调工作，开始吸纳企业入园发展。与国家重点企业东北轻合金加工厂合作，策划启动了铝产品加工园的建设，确保了国防和民用产品生产基地顺利分离，解决了企业改制、吸引外资、实现强强联合遇到的瓶颈问题。目前已有多家世界500强和跨国公司与其洽谈合资合作。

第四，发挥“环境出生产力”的示范作用。我们围绕老工业基地调整改造，从哈尔滨的实际出发，全力推动工作，努力在四个方面争做表率。一是抓环境，加大基础设施建设力度，按照ISO14001环境管理体系和新“九通一平”的要求，努力提升建成区环境档次，全力推动新空间基础设施建设，启动前期准备工作，初步形成与国际标准接轨的企业建设环境；二是抓服务，设立了投资服务中心，打造了一支专业化服务队伍。实行了一表制、一费制、全程代办制、入门零收费等全过程的专业化服务。打造了“六个服务一条龙”，将行政审批事项由原来的117项减少到10项，实现了服务大厅一级审批。良好的经济环境赢得了各方的重视和赞誉，投资服务大厅被授予全国开发区惟一的“人民满意公务员集体”称号，开发区成为全省和全市投资环境高地；三是抓协调，我们紧紧依靠地方党委和政府，依靠各有关部门的支持配合。定期向党委政府汇报参与老工业基地振兴的工作情况，定期约请发改委、经贸委、国资委和重点企业负责人召开工作协调会，沟通企业和项目情况，形成了政企互动、步调一致的良好工作格局。四是抓招商，充分发挥开发区招商力量强、触角广、渠道多的优势，采取以企业和项目为主、区企合一的方式，走出去，请进来，开展多种形式的招商活动，发挥了骨干尖兵作用，营造了大开放、大合作、大调整的良好氛围。

突出中心，把老工业基地振兴作为二次创业的主旋律

当前，全国各开发区先后提出了二次创业的规划和目标，哈尔滨开发区以两个国家级开发区合并为契机，也开始了二次创业。中央做出振兴东北老工业基地战略决策，为我们二次创业明确了方向，确定了发展主旋律。突出抓住东北老工业基地振兴机遇这个中心，围绕成为推动哈尔滨市都市经济圈建设主力和哈、大、齐工业带发展“龙头”的目标，我们要借势实现新的跨越式发展。一是要发挥优势，科学谋划，进一步提升开发区的载体功能，强化承接产业转移的能力；二是要抓住重点，递次推进，以做强做大独具特色的主导产业为核心，加快提升产业集聚能力。依托工业基础优势，建设成以机电为主体的机械制造业加工基地。依托资源和品牌优势，建设绿色食品加工基地和新医药产品基地。依托科技和人才优势，培育电子信息、航天、航空和航海等高新技术产业基地。三是加大力度，理性招商，进一步吸引国外一流企业与国内企业开展多种形式合作，为老工业企业注入生机和活力，促进提档升级，努力成为老工业基地调整改造项目的承接地和首选地。

（作者单位：哈尔滨经济技术
开发区管委会主任）

结合老工业基地改造
建设中国先进装备制造业中心

李松林

沈阳经济技术开发区创建于1988年6月，1993年4月经国务院批准为国家级开发区。在16年的开发建设中，沈阳经济技术开发区高举邓小平理论和“三个代表”重要思想的伟大旗帜，自觉坚持“三为主，一致力”的办区宗旨。紧密结合老工业基地结构调整和产业升级的重大课题，把开发区的开发建设同国有大中型企业的改制改组改造相结合，同老工业基地的结构调整和产业升级相结合，走出了一条利用开发区综合环境优势，促进国有大中型企业到开发区异地再造，进而重塑沈阳经济结构，重塑沈阳城市功能的成功道路，为母城沈阳市的结构调整和产业升级做出了巨大贡献。截止到2004年底已有41个国家和地区的外商在沈阳开发区投资创业，共有83家跨国公司在开发区建厂，其中世界500强企业有23家。16年来沈阳开发区累计引进项目1658个，实现GDP 760亿元，工业总产值1982亿元，利税总额220亿元，税费收入95亿元，财政收入130亿元，固定资产投资266亿元，实际利用外资21亿美元，出口创汇22亿美元，相当于再造了一个2000年的沈阳。2004年，沈阳开发区的工业总产值、实际利用外资和出口创汇等指标分别占沈阳市的15%、13%和21%。沈阳经济技术开发区现已成为以装备制造业产业集群为主的工业新高地，国有大中型企业异地搬迁改造的聚集地，跨国公司在沈投资的首选地，经济国际化的先导区和沈阳市最大的经济增长极。

支持国有企业到开发区异地再造，促进老工业基地结构调整和产业升级

铁西老工业基地是国有大中型企业高度聚集的地区，国企改制改组改造的任务相当艰巨。党中央、国务院做出振兴东北等老工业基地的战略决策后，沈阳开发区加大了国有大中型企业到开发区异地再造的工作力度，在企业搬迁改造中，活化土地资源，盘活存量资产，实现企业机制再造，为成功解决老工业基地改造中“钱从哪来，人往哪去”、国有企业如何实现再造与新生等问题提供了有效载体和发展空间。

1. 在企业到开发区异地再造中盘活存量，为国企改制改组改造提供资金支撑

我们的思路和办法是实施企业整体搬迁到开发区异地再造。共有113户企业到开发区搬迁改造，腾出土地近3平方公里。通过打造环境、合理布局，使这些地块与开发区产生千元以上的单位土地价差收入，获取资金30多亿元。通过资产转化，把停产、半停产企业的优良资产，通过重组向优势企业、优势产业和优势产品集中，盘活企业存量资产300多亿元，用这些资金较好地解决了国有大中型企业并轨、转制、搬迁、技术改造等问题。在具体操作上，我们把企业到开发区异地再造作为老工业基地改造的重要手段和有效途径，将其放在解决症结、整合资源、调整结构、完善功能的整体布局去思考，通过搬迁改造和资本运营，将级差地租转化为改革、改造资金，以资源盘活促进企业搬迁改造，以搬迁改造促进企业发展和产业升级，为铁西

老工业基地改造闯出了一条新路子。

2. 在企业到开发区异地再造中，实现国有大中型企业“一老换五新”

企业到开发区搬迁改造绝不是简单的位移，而是对国有企业一次系统性的改造。在企业到开发区异地再造的过程中，我们按照“搬迁、并轨、合资、转制、改造”的方针，合资合作，做大做强一批，实现以强升级。重组搬迁，整合做大一批，实现以大升级。劣势企业退出一批，实现以退求活。在113户企业到开发区搬迁改造过程中，这些企业基本实现了“瘦身、合资、转制”的三步曲，在开发区实现了“一老换五新”。即搬迁改造后，在开发区建设了新厂房，更新了新设备，采取了新工艺，推出了新产品，实现了新机制。如沈阳农机公司，通过搬迁改造获取资金2.4亿元，用5000万元实现职工并轨，偿还内债8000万元。在解决了企业冗员债务等问题后，用余下的资金在开发区建立了新企业，并与奥克斯集团合资合作，开发了新产品，实现了企业机制再造，从一个产值不足6亿元的企业，一跃成为产值14亿元的大企业。

国有大中型企业到开发区搬迁改造中，多数企业与国际知名跨国公司实现了合资合作，这些企业不仅较好地完成了先进技术的引进、消化和吸收工作，实现了较高水平的技术跨越，而且在管理上直接与国际知名跨国公司对接，在体制改造上实现了一步到位与国际接轨，使企业在短时间内实现了脱胎换骨的新生。目前，在开发区与国际知名跨国公司合资合作的国有大中型企业有30多家。这些企业的运营和发展前景都很好，成为沈阳工业的领军企业。

3. 在企业到开发区异地再造中实现结构调整和产业升级

一大批国有大中型企业到开发区异地再造，不仅实现了工业在开发区做大做强和产业升级的目标，同时也极大地改变了铁西老工业基地的经济结构和城区功能。在老企业搬迁腾出的地段上，经过重新布局，打造环境，重点发展商贸服务业。这些地段的城市中心城区的价值和功能得以充分显现。在2002年，铁西老工业基地社会消费品零售额仅为5亿多元。经过工业企业大面积搬迁改造，集中发展商贸服务业，2004年铁西老工业基地实现社会消费品零售总额达到103亿元。真正实现了“壮二活三”的目的，老工业基地的结构调整取得重大进展。

突出装备制造业集群优势，建设中国先进装备制造业中心

沈阳曾是中国装备制造业基地，振兴沈阳老工业基地应当充分发挥装备制造业的比较优势，重铸沈阳装备制造业的辉煌。沈阳开发区进一步明确了工业立区的指导思想，紧紧围绕建设中国先进装备制造业中心的规划目标，重新规划了开发区的空间发展格局、产业发展格局，突出了装备制造业和汽车及零部件等大项目的引进和建设力度，现已形成了以装备制造业集群为主的新的产业发展格局。

通过引进国内外大项目、异地搬迁改造装备制造大企业、培育中小企业为大项目配套等多种方式，先后引进了沈阳重型、沈阳鼓风机、阿特拉斯凿岩机、三一重装采掘机、方圆工程机械等十几个在国内外颇有影响的装备制造业大项目，带动了120多个装备制造业项目在沈阳开发区投资建厂，现已有近200家装备制造业企业在沈阳开发区配套发展，装备制造业产业集群的基本架构已经形成。

随着宝马汽车工业园、沈飞日野大客车、奥克斯汽车、华晨E2发动机等十几个汽车及零部件大项目入驻沈阳开发区，带动了德国伦福德车桥、美国李尔座椅、金杯江森内饰、都瑞轮毂、上汽金杯变速齿、韩国统一变速箱等150多个汽车零部件企业相继到沈阳开发区投资发展。国家商务部已把沈阳开发区列为汽车零部件出口加工区，随着汽车零部件出口加工区在沈阳开发区的全面启动，汽车及零部件产业集群将进一步发展壮大。

（作者单位：沈阳经济技术开发区管委会主任）

抢抓振兴机遇 实现跨越发展

王 延 东

1992年10月21日，国务院批准在辽宁省营口市鲅鱼圈区设立国家级经济技术开发区——营口经济技术开发区。2004年，营口经济技术开发区实现GDP 80亿元，同比增长33.1%。工业总产值164.2亿元，增长32.1%；区属规模以上工业产值72.9亿元，增长47.5%。全口径财政收入按新口径计算完成2.87亿元，增长44.1%。人均GDP达到2.67万元，人均住房面积达到26.5平方米，人均绿地面积达到23平方米。城市居民人均可支配收入8400元，农民人均纯收入4500元。

东北老工业基地振兴战略的深入实施，为营口经济技术开发区的大发展、快发展创造了新的机遇、提供了新的舞台。在当前和今后一个时期，我们将围绕“建设亿吨大港、打造百万人口新城区”的发展目标，站在新高度、谋求新发展。充分利用东北老工业基地振兴的有利契机，以打造产业集群、提高城市化水平、建设和谐社会为主题，以加强执政能力为重点，实施“六大发展举措”（实施大规划、建设大港口、引进大项目、发展大工业、繁荣大商贸、搞活大旅游），加速创建“三大基地”（钢铁冶金基地、塑料制品基地和现代物流基地），做大做强“五大产业”（机械制造、新型建材、纺织服装、矿产品加工、农产品深加工），大力发展“六个行业”（石化、仓储、旅游、房地产、交通运输、基础设施），加速“新区南移、工业北上、城市东扩”进程。从2004年到2006年，利用三年时间实现开发区经济总量再翻一番，努力把营口经济技术开发区建设成为对外开放的先导区，新型工业化项目的集聚区，港口城市经济的示范区，向临海现代化大城市迈进。

为实现上述目标，我们将重点抓好以下三个方面工作：

积极发挥对外开放优势，强化产业承接，努力建设东北老工业基地振兴的先导区

国家振兴东北老工业基地战略的全面实施，相继出台了一系列的鼓励政策，为开发区的进一步发展创造了难得的历史机遇。我们将深入研究、认真把握、主动对接，使国家振兴东北老工业基地战略成为开发区新发展的新动力，努力把开发区建设成为东北老工业基地振兴的先导区。

一是坚持项目为纲，突出抓好招商引资工作。坚持走出去与请进来、外引与内联相结合，突出重点区域、重点产业，加大东北三省老工业基地和环渤海经济圈主要产业基地的招商力度，积极主动接触大公司总部、采购中心、研发中心，主动与大企业升级改造相衔接，采取有效措施加强交流与合作，实现对接升级。特别是要围绕鞍钢冶金工厂等大项目抓招商引资、抓产业集聚，尽快形成产业链条，做大做强地区支柱产业。围绕港口建设抓项目引进，围绕园区抓建设。进一步建立和完善符合国际惯例的投资促进体系和管理服务体系，做好招商项目的筛选、储备和推介工作。积极吸引国际资本、民间资本以及先进技术和高素质人才，大力发展高新技术产业和现代制造业，在对外开放和项目引进上有新突破。

二是培育产业集群，构建特色产业基地。以发展港口经济为目标，加快鞍钢冶金工厂、

电厂二期工程建设，积极推进中国第三冶金建设公司和鞍钢附属企业集团等企业投资项目的开工建设。大力发展冶金石化、装备制造、机械加工等产品关联度高的产业，把开发区北部临海临港区域规划建设为鞍钢冶金项目服务的配套企业园区，全力打造冶金石化产业集群和临港产业基地。以伊斯帕特钢铁和米高化工等大项目为牵动，规划建设东部工业区，打造东部工业群。以点带面，梯次推进，重点建设沿高速公路工业带和滨海大道沿线工业走廊，构筑起开发区大工业的整体框架，加快形成工业主导型的经济增长格局。

三是依托现有企业，与老工业基地企业的新项目搞好对接。通过信息咨询、敲门招商等有效形式，及时了解和掌握老工业基地内大企业改造、异地联合项目的有关计划情况，通过各种途径与开发区内的规模以上工业企业进行对接，为其提供上、下游配套、科技联合、集团联盟等服务。为老工业基地企业异地搬迁、产业升级改造，提供承接地和信息扶持服务，吸引和集聚外地企业在开发区发展壮大。

四是以建设“和谐开发区”为目标，进一步优化服务环境和社会环境。举全区之力营造快捷顺畅的“大通关”氛围、廉洁高效的行政氛围、安全稳定的社会氛围和健康丰富的生活氛围，让广大投资者在这里生活舒心、工作安心、事业顺心，并获取丰厚的投资回报。

积极发挥港口集散优势，强化功能配套，努力建设东北老工业基地振兴的服务区

营口港是东北地区最近的深水出海口，这里四季不冻，功能完备，与港口相配套的海关、出入境检验检疫部门和外轮代理、理货、供应等服务机构一应俱全，已经成为东北地区经济交流的重要枢纽。营口港是营口开发区得天独厚的优势，也是营口开发区对外开放的一张最具吸引力的“名片”。加快港口的基础设施建设，进一步提高港口的集散能力，提升港口的服务功能和综合竞争力。目前，港口三期工程已经基本竣工，新建了拥有三个5万吨级泊位和107万平方米的集装箱专用码头、拥有一个8万吨级成品油泊位和两个3万吨级液体化工品泊位的成品油及液体化工品专用码头、拥有一个7万吨级泊位、一个20万吨筒仓的散粮专用码头和100万平方米的物流园区等工程。2005年，港口将进一步加大基础设施建设力度，规划建设仙人岛液化天然气、30万吨原油及商品原油罐区工程、20万吨级深水航道等工程。工程竣工后，港口的年接卸能力将进一步提高。到2008年，营口港货物吞吐能力将达到1亿吨，进入亿吨大港行列。

依托港口优势，大力发展港口经济。结合东北老工业基地的产业和产品特色，我们在临港、沿高速公路等区域动迁近400万平方米的村屯，依托港口优势，先建市场，后建工厂，大力发展以港口运输、商品配送和电子商务为支撑的现代物流业，重点发展造船、石油化工、冶金和有色金属、精密工程等临港工业。以发展仓储运输及加工业为重点，开发建设临港仓储服务加工区。以北方五金商贸城等项目为牵动，加快建设木材、粮食、钢材、汽车、小商品批发等专业市场的培育和建设。以中韩客轮通航为依托，建设韩国货市场。把商贸物流这篇文章做优、做活，努力形成大商贸、大流通、大服务的格局，把营口开发区建设成为东北老工业基地的商品集散地和现代物流中心。

积极发挥产业园区优势，强化企业对接，努力建设东北老工业基地振兴的示范区

从2005年开始，我们将建设50公里长的开发区城市外环路、34公里长的城市内环路和8.5平方公里的南部新城区。通过环城公路网和新城区的建设，全面加快东部地区工业发展和城市东扩、新区南移步伐。围绕城市总体规划和环城公路网的建设，科学规划、重点建设五个产业园区。一是以冶金及配套产业为主的冶金产业园区；二是以矿产品加工为主的矿产品加工工业区；三是以造船、自备码头的大企业为主的临海产业园区；四是以石化、塑料等为主的重化产业园区；五是以纺织、服装、印染等为主的轻工业产业园区。同时，制定一定的鼓励、扶持政策，促进项目的引进和建设，坚持统筹兼顾、分类指导、统一管理、综合服务，使各产业园区的发展齐头并进，发挥整体集合优势，为东北老工业基地的企业和项目落户提供坚强保障，为开发区经济的快速发展提供有力支撑。

（作者单位：营口经济技术开发区
管委会主任）

珲春边境经济合作区在振兴东北中的作用

韩兴海

珲春地处东北亚的中心地带，周围不但有日本、韩国两个较发达的国家，有市场和资源潜力巨大的俄罗斯这样的大国，还有朝鲜、蒙古两个经济开始起步的国家，这些国家所形成的周边环境对东北地区的对外贸易、直接投资等经济的发展将产生极大的影响，是东北老工业基地振兴的重要因素。珲春边境经济合作区作为图们江下游地区多国合作开发的核心和前沿，就是要利用与俄罗斯、朝鲜、韩国等国家毗邻的独特区位优势，通过开辟第二条东北出海大通道将俄朝日韩蒙等国联系起来，通过多国边境经济合作建立跨国自由贸易区，通过扩大对外开放获取更多的国际经济资源和发展机遇，以此发挥珲春合作区在振兴东北中的重要作用。

在振兴东北中发挥作用的客观优势和初具的条件

珲春边境经济合作区是目前全国惟一集边境经济合作区、出口加工区和中俄互市贸易区“三区”一体的国家级开发区。

这里中、俄、朝三国陆路相连，既是我国直接进入日本海的惟一通道，也是我国从水路到达俄罗斯、朝鲜东海岸、日本西海岸的最近点。借助周边相邻国家俄罗斯的波谢特港、扎鲁比诺港、海参崴港和朝鲜的先锋港、罗津港、清津港等众多港口，这里不仅是中国介入东北亚经济合作圈的纽带和桥梁，更是中国东北一条新的出海大通道。

中央《关于实施东北地区等老工业基地振兴战略的若干意见》中提出了“改造对俄贸易铁路通道和边境口岸设施”和“依托珲春口岸扩大与俄罗斯等国的经贸合作”的意见，这是国家将一个县级城市放在东北地区的全面振兴战略中加以高度重视的具体体现，不仅说明了在振兴东北战略中珲春重要的战略地位，也表明了国家利用珲春推进图们江下游地区多国开发的决心。

从该区发展的基础条件看，作为吉林省实施开放带动战略的前沿，经过13年的建设和开发，口岸建设内外通道四通八达，基础设施日臻完善。完成了2.28平方公里起步区的供水、供电、通讯、供热、道路等“七通一平”基础设施建设，兴建了标准工业厂房、海关监管中心、保税仓库、边贸市场、娱乐商城、星级酒店、休闲广场、学校、医院及写字楼、住宅楼等配套设施。珲春出口加工区成为全国15个首批出口加工区试点之一。珲春合作区形成了以纺织服装、林产品加工、矿产加工、农副产品加工为主要特色的优势产业。工业经济保持较快增长，已占到全市工业生产总值的71%，GDP以平均每年40.5%的速度递增。

在振兴东北中发挥重要作用的现实意义

从联系中、俄、朝、日、韩五国纽带的角度看，珲春边境经济合作区依托对俄、对朝边境口岸，积极扩大与俄罗斯、朝鲜、韩国、日本等国的经贸合作，在"引进来"吸引发达国家资本进入的同时，加快实施"走出去"战略，鼓励有实力的各类所有制企业进行跨国投资与经营，积极开展多种形式的国际经济合作，建立海外能源、原材料和生产制造基地，带动商品、技术和劳务的出口，努力促进东北亚区域经济一体化进程。因此，珲春的区位优势非常明显。

从建立东北第二条出海大通道桥头堡地位看，建设一条从长春—图们—珲春—扎鲁比诺东北第二条出海物流大通道，不仅是图们江地区国际合作开发的基本载体，更是我们"借港出海"、实施振兴东北战略的关键，必将改善图们江地区的国际经济贸易合作赖以推进的交通运输条件，也为中、俄、朝、蒙、韩、日以及世界各国进行国际投资、国际贸易、国际旅游等经济活动提供良好的交通运输条件，进而建立中、朝、俄、韩、日乃至欧美等国际海上货物运输通道，构架东北亚陆地与海洋最便捷的国际贸易枢纽和桥梁。而建设新的出海通道主体部分的核心就在珲春。

从对振兴东北所起的战略作用看，珲春的开放，能极大地推动东北"两省一区"经济的快速发展。由于珲春靠海而没有出海通道，就使吉林省、黑龙江省以及内蒙古东部地区成为近海的内陆区域，近海的区位优势无法实现。开辟出最近的出海大通道，就可以使上述地区的地缘经济劣势转化为发展经济的最佳区位优势。如果能成功打通东北出海大通道，就等于在中国的最北方又多了一个"大连港"，开辟出了中国东北地区第二条出海大通道。这样，就使中国东北乃至东南沿海发达地区与俄罗斯的港口紧密联系起来，既可以把东北地区丰富的木材、矿产、石油等资源产品通过海上港口转运至中国沿海地区，实现中国内贸货物的海上运输，又能通过这些港口将货物运至韩国、日本和欧美等世界各地，实现外贸货物的海上运输，从而带动东北亚地区经济的发展和振兴。

在振兴东北中发挥重要作用的措施与对策

一是将依托珲春建立东北第二条出海大通道建设列入国家基础设施建设重点工程。

二是将珲春合作区列为东北振兴中重点发展的工业区。

三是充分发挥自身的比较优势，狠抓项目建设。

四是利用区位和政策优势，着力发展对日、韩的加工贸易。

五是由国家出面，加强与俄朝协商，尽早建立中俄朝自由贸易区。

（作者单位：珲春边境经济合作区管委会主任）

凝聚高新技术产业
致力于发展高附加值服务业

刘家平

国家级经济技术开发区已走过了20年辉煌路程，2004年12月，在国家级经济技术开发区工作会议上，吴仪副总理代表国务院对国家级经济技术开发区提出了“以提高吸收外资质量为主、以发展现代制造业为主，以优化出口结构为主，致力于发展高新技术产业，致力于发展高附加值服务业，促进国家级经济技术开发区向多功能、综合性产业区发展”的发展方针，这对国家级经济技术开发区20年来始终贯彻的“三为主、一致力”方针赋予了新的内涵，提出了更高的目标，指明了下一步发展的方向。

国家提出的“三为主、二致力、一促进”发展方针，标志着国家级经济技术开发区按照科学发展观，在努力增创对外开放新优势、产业提升新优势、科技创新新优势、可持续发展新优势和管理体制新优势上，开始了新的二次创业。面对国家级经济技术开发区新的发展形势和要求，上海漕河泾开发区根据自身的发展现状，结合在发展高新技术产业方面取得的经验和优势，围绕贯彻“三为主、二致力、一促进”发展方针、如何“致力于发展高新技术产业和高附加值服务业”，做了认真的研究，提出了一些新的发展思路。

一、漕河泾开发区发展高附加值服务业的基础和条件

高附加值服务业作为工业化发展到比较发达阶段产生的产业，其发展都建立在高附加值、高新技术制造业基础之上。上海漕河泾开发区经过20年的发展，在引进以先进技术为主的外资项目，发展以现代制造业为主的工业项目，创造以高新技术产品出口为主的外向型经济，以及致力于发展高新技术产业等方面形成了自己的特色和先发优势，为进一步发展高附加值服务业打下了良好基础，并创造了有利条件。

1. 集聚了一大批高附加值和高新技术企业

上海漕河泾开发区始终把发展高新技术产业作为自己明确的产业定位，坚持引进和促进信息技术、生物医药、新材料、航天航空等产业项目在开发区落地发展，在1100多家国内外企业中，集聚了一大批高附加值和高新技术企业，并在高新技术产业领域已成为跨国公司转移高科技、高附加值加工制造、研发中心和其服务外包业务的重要承接基地；具备了成为高新技术产业、现代服务业和高素质人才聚集区的能力。

2. 具备了良好的经济基础和水平

上海漕河泾开发区在对外开放和发展中，坚持发挥产业先进性和功能性优势，基本完成了集约化的经济积累。在1984年至2004年间，累计引进外资33.5亿美元，实现工业销售收入2625亿元，实现税收110亿元，产品出口141亿美元；其中2004年，上海漕河泾开发区实现销售收入628.9亿元，实现GDP 241.7亿元，实现税收16.6亿元，产品出口达到55亿美元；其产业经济总量在土地单位面积、人均GDP等经济效益方面列全国国家级

经济技术开发区前茅。应该说，漕河泾开发区发展高附加值服务业有了良好的经济基础。

3. 形成了良好的高新技术产业服务环境

上海漕河泾开发区在过去的20年里，紧紧依托上海现代化城市建设的大环境，积极建设、营造和优化高新技术产业投资、创新、发展的区域环境，在服务项目、服务投资、服务企业、服务政府、服务市场等方面，建立和完善了“一站式服务”、“技术创新支撑服务”等基础性服务环境。近年来，上海漕河泾开发区先后建立了ISO9001服务质量体系、ISO14001环境质量体系、海关电子账册报关系统、企业客户服务系统、数字园区网络系统，并积极开展生态型、循环性产业园区和技术创新服务平台建设。知识产权、风险投资、管理咨询、信息化服务等一批知识密集型服务业已见端倪，一个具有漕河泾开发区明显特色的开发区服务品牌和服务需求市场已基本形成。

二、发展高附加值服务业是上海漕河泾开发区的必然选择

发展高附加值服务业，是实现国家级经济技术开发区发展战略的重要途径，也是上海漕河泾开发区贯彻落实科学发展观，推动经济增长方式转变的必然选择。我们认识到，加速发展高附加值服务业，有利于漕河泾开发区发挥自身优势，有利于凝聚高新技术产业，有利于增强开发区综合服务功能。为此，我们依托上海加速发展现代服务业大环境、切实推进与产业相关的高附加值服务业发展，将做好以下几个方面的工作：

1. 加强研究和制定“高附加值服务业”发展规划

上海漕河泾开发区发展高附加值服务业，应做到“两个战略”结合，首先要与“上海加速发展现代服务业战略”相结合；其次要与漕河泾开发区发展战略相结合。另外，要从两个方面进行研究，一是如何营造“高附加值服务业”发展环境；二是如何把“高附加值服务业”培育成为新的经济增长点。目前，我们针对已形成的建成区（3.4平方公里）、西区（1.8平方公里）、浦江区（8.6平方公里）“三个区域”鼎立发展的格局，利用开发区高新技术产业集中的优势，确定了实施高新技术产业和高附加值服务业的“两个轮子”发展策略，加强了高附加值、高科技商贸和服务功能的研究和规划，重点对“国际现代商务区”和“科技绿洲”、“浦江高科技园”项目进行规划建设。强调漕河泾开发区新一轮发展要体现：土地资源反映集约化利用，物态建设展示现代化风貌，内涵发展突显软件化服务，使漕河泾开发区在全面实施上海“科教兴市”主战略、加速发展现代服务业中有新的发展特色。

2. 凝聚高新技术产业，重点发展高附加值服务业

漕河泾开发区在坚持发展高新技术产业的同时，近年来又引进了一大批具有产品研发、产品服务、产品设计、技术培训、企业解决方案咨询等功能的项目，集中在微电子、信息服务、软件、生物医药、新材料、轿车等产业领域。根据国际产业转移的态势，漕河泾开发区在下一步发展中，将着力凝聚高新技术产业，注重构建高新技术产业链，做大做强信息技术、生物医药、新材料、航天航空等四个支柱产业，提高其产业经济增加值和附加值，重点引进跨国公司的技术和产品研发、产品销售、技术服务、软件开发、管理咨询、信息服务等知识密集型服务产业，大力培育具有自主知识产权的技术创新企业，逐年提高高附加值服务业增加值在开发区经济中的比重，使漕河泾开发区进一步成为以高新技术制造业为基础、高科技产业研发为核心、高附加值服务业为支撑的现代经济功能区。

3. 精心营造高附加值服务业的发展环境

发展高附加值服务业除了要有规模化产业经济基础外，还必须要有与高附加值服务业配套的发展资源和环境。为此，漕河泾开发区面对加快发展高附加值服务业形势，除了利用建设高新技术产业投资环境和服务高新技术产业的经验外，我们将从六个方面开展工作。

第一，通过建设“国际现代商务区、科技绿洲、浦江高科技园”的重点项目，高质量的规划建设好高附加值服务业项目入驻环境；

第二，在加强完善开发区投资环境基础上，通过整合社会和市场服务资源，重点吸引一批国际商务、管理咨询、金融服务、风险投资、专业技术、人力资源、信息服务、现代物流等服务业，建立开发区增值服务公共平台；

第三，依托信息化技术，加大“数字园区”建设步伐，改变开发区传统服务方式，实现开发区服务和企业交流信息化；

第四，培育以漕河泾开发区服务运营管理为核心的“国家级开发区品牌”，为服务上海、服务全国有所作为；

第五，引导、组织高附加值服务业人力资源、培训资源，加强高附加值服务业人才培养，营造适应高素质人力资源的工作和文化环境，构筑高附加值服务业的人才高地；

第六，研究和开发“服务新产品”，从降低企业运行成本出发引导开发区服务消费，大力培育高附加值服务业市场需求空间。

三、发展高附加值服务业任重而道远

高附加值服务业作为当今经济全球化中重要的支柱性产业经济，已被我国列入全面建设小康社会、实现国民经济可持续发展的新兴产业。为了在激烈的国际竞争中赢得主动，保持国家级经济技术开发区在我国对外开放和经济增长中的区位优势，“致力于发展高附加值服务业”具有十分重要的现实意义和战略意义，这是关系到国家级经济技术开发区进一步提高水平和质量、走可持续科学发展道路的重大课题。

当前，由于各国家级经济技术开发区基础条件不一样、发展不平衡，对发展高附加值服务业还有一个从认识到发展的过程；因此，在开发区发展高附加值服务业的宏观和微观环境中，需要国家和各所在城市政府在政策、市场、政府、人才、法律、技术、资金等方面创造一定的条件，给予必要的扶持，并争取在以下几方面进行突破。

——在行业主体上，要打破垄断、促进跨行业竞争，积极鼓励外资、民资参与高附加值服务业发展；

——在行业引导上，要在金融、信息、文化、现代物流业等领域扩大开放，使国家级经济技术开发区有先行优势；

——在行业政策上，要建立和完善促进高附加值服务业发展的政策体系，特别在人才、税务、工商等方面进行重点扶持；

——在法律制度上，要加强法制建设和社会诚信体系建设，制定和完善促进发展的法律、法规规章；

——在市场环境上，要构筑政府宏观调控与市场经济运营的环境，鼓励服务消费，开拓市场空间；

——在开发区服务上，要完善国际投资环境服务，提高产业规划、功能规划水平和质量，从服务产业入手，发挥开发区中介平台作用，整合社会资源，开展增值服务。

高附加值服务业作为现代经营管理理念和网络信息技术相结合发展起来的知识与技术相对密集的产业，我们要对其形态、特征和规律有一个科学全面的认识，并要有强烈的发展意识、忧患意识和客观环境条件意识。漕河泾开发区将坚持科学发展观，落实“三为主、二致力、一促进”发展方针，认真总结经验，发挥先发优势，不断改革，不断创新，致力于发展高新技术产业和高附加值服务业，实现开发区的二次创业。

（作者单位：上海漕河泾新兴技术开发区发展总公司总经理）

突破“瓶颈”促发展　强力推进再创业

辛继平

上海虹桥经济技术开发区（以下简称虹开发）作为最早建立的14个国家级开发区之一，经过20年的艰苦奋斗，开拓发展，取得了令人瞩目的成就。在仅有0.65平方公里的土地上，虹开发以商贸中心为特征，已建成大型展览展示中心、商务办公楼宇、高星级酒店及公寓等建筑25幢，建筑总面积138万平方米。有2000多家中外企业代表处和跨国公司入驻，吸引外资25.26亿美元，平均每平方米引进3000美元，每平方米创造税金近4000元人民币，每平方米创造利润近6000元人民币，对国家、对地区做出了显著的贡献。然而，区内可供开发建设的土地基本用完，土地的匮乏成了发展的“瓶颈”。对于承担着开发区开发建设经营管理职能的虹联公司来说，如何突破这一瓶颈成为推进再创业中面临的严峻课题，也是公司领导班子在理论联系实际的学习中一直思考和着力解决的问题。为此，上世纪末特别是进入新世纪以来，我们以强烈的使命感和责任感积极探索，大胆实践，在突破“瓶颈”上做足文章，在再创业中倾注全力。经过坚持不懈的努力，“瓶颈”制约的窘境得到有效突破，企业发展充满后劲，开发区继续呈现勃勃生机。2004年虹联公司利润总额比董事会确定的计划指标超156%，国有资产保值增值率达22.02%，投资回报率达54.64%。政府有关方面审核后认为，这样的经济效益在国资企业中是不多见的。

一、从指导思想上求突破，充分体现再创业全面协调、持续发展的特点

我们是在贯彻落实科学发展观的大背景下实施再创业，因此突破“瓶颈”必须符合科学发展观的要求，决不能以牺牲长远利益为代价追求眼前利益；决不能以损害全局利益为代价追求局部利益；决不能以抛弃后代人的利益为代价追求经济效益的提高；决不能以破坏社会生态环境为代价追求经济指标的增长；决不能以削弱精神文明政治文明为代价追求物质文明。尤其是虹开发以商贸中心为特征，是中外商社的密集区，每年举办商品交易会100多个，参展的中外客商超过100万人次。同时开发区还兼有外事活动和旅游居住功能，区域内的领事馆达20多个。能不能顺利推进再创业，不仅关系到开发区本身的招商引资水平，而且直接影响上海形象和国家声誉。所以，我们再创业的指导思想十分明确，这就是要在科学发展观统领下，坚持全面、协调、可持续发展，坚持经济、社会和人的全面进步。

二、从发展战略上求突破，充分体现再创业挖掘潜力、增强后劲的特点

针对虹开发“袖珍型”的特点，在制定发展战略时，我们着眼长远，从长计议，把开发潜力、保持后劲放到突出位置。近年来，通过深入调研、咨询专家、全员讨论，确立了“立足虹桥、完善虹桥，走出虹桥、发展虹桥”的再创业战略。“立足虹桥、完善虹桥”目的在于把“虹桥”这块风水宝地建设成为能够面向国际市场、服务于上海和长江三角洲的多功能开放型现代化的精品开发区，让其所具有的商贸中心功能发挥得更充分；“走出虹桥、发展虹桥”，就是要抓住机遇，开拓奋进，进一步发挥自身优势，克服虹开发区域狭小的先天不

足，实现空间形态的扩张和经营管理领域的拓展。

三、从操作思路上求突破，充分体现再创业内外联动、整体推进的特点

虹桥开发区是沪上十大新景观、十大新夜景和文明示范区。但鉴于第一次创业中建成的楼宇设施等硬环境和商贸、信息服务等软环境已经难以适应时代的发展和客户的需要，近年来，我们把“完善虹桥”作为立身之基，根据开发区功能定位和时代要求，对区内园林绿化、市容环境、道路交通、景观灯光等方面通盘规划，分步实施。我们按照ISO14000环境管理体系要求认真制定并实施以“营造一流商贸环境，建设虹桥美好园区”为主题的环境方针和目标，对区内深度改造进行整体规划、分布实施，不断提升开发区形象水平；按照信息化、智能化、人性化的要求，加快开发区硬件设施更新改造的步伐，适当增建商业设施，积极引进IT技术，增强开发区综合配套功能。与此同时，我们充分挖掘“虹桥”这块品牌的价值含量，依托资源优势，近年来先后参与了上海国际汽车城、上海郊环高速公路以及浦东联洋社区房地产等重大工程项目的投资与建设，从而初步形成了区内区外整体推进、主业辅业联动发展的格局。未来几年，我们将继续以区域性土地开发为主线，探索带“壳”参与上海国际汽车城的区域开发，寻求以多种形式扩大虹开发的区划范围；探索带“壳”参与地区“大虹桥商贸圈”建设，建设上海西部更大区域规模的涉外商贸中心。

四、从实施举措上求突破，充分体现再创业效益优先、以质取胜的特点

根据科学发展观要求，再创业应该追求发展数量和质量的统一，发展速度和效益的统一，必须着力提高经济运行质量。为此，我们既坚定不移地调整结构，拓展项目，更注重改革和发展的质量与效益。我们按现代企业制度要求健全决策机制，完善决策程序，加强对投资发展项目的可行性研究，同时进一步发挥专家学者的咨询、参谋作用，灵活运用前期预测、效益评估、比选择优以及公开招标等科学决策手段，确保投资决策的科学性；我们推行全面预算管理，强化财务监督职能，并探索建立资本预算制度，以实行资金流动性、安全性和盈利性的最佳结合；我们还充分利用市场规律和现有金融货币政策，拓宽融资渠道，降低筹资成本，增加理财收益。在深化改革中，我们对房产和物业等核心业务或优势业务实行“抓大做强”，房产开发已跻身于本市“房地产开发企业五十强”，物业经营管理已通过国家建设部一级资质审核；对一些因缺少经营活力等原因而导致业绩不良的企业实行“放小搞活”；对区域性土地开发和经营性市政设施建设等符合公司发展方向的基础业务做到“进而有为”；而对不适应公司发展方向或者没有发展前景的企业则实行“退而有序”。由于我们把效益和质量放在再创业的重要位置，公司连续数年完成和超额完成了董事会下达的目标任务。我们将继续强化质量效益观念，进一步搞好资产经营和资本运作，始终保持经济发展的良好态势。

五、从根本理念上求突破，充分体现再创业以人为本、与时俱进的特点

以人为本是科学发展观的核心，也是我们再创业的根本理念。强调以人为本，就要把调动员工的主动性、积极性、创造性放在重要位置，就要努力为中外客户提供优质高效的服务。近年来，我们聚精会神搞建设，一心一意谋发展，以再创业成果鼓舞和激励员工。公司不仅在经营业态上逐步实现了由房地产单元经营向以房产经营、成片土地开发、参与城市基础设施投资建设为主的多元经营的转变，在收入结构上逐步实现了由单一土地收益向综合投资收益的转变，而且利润总额每年以10%左右的幅度在递增。经济实力的壮大，为不断改善员工的收入福利状况创造了条件，成为增强凝聚力的重要物质基础。与此同时，我们加强

企业文化建设，争创文明单位。尤其是2004年以来，我们以庆祝国家级开发区和公司成立20周年为抓手，以开展保持共产党员先进性教育活动为动力，围绕“总结过去、展望未来、开拓奋进、再创辉煌”精心组织党建和企业文化建设系列活动，大大激发了全员自豪感和投身再创业的热情和干劲。为了更好地服务于客户，根据虹开发以外贸为特征、其特定的外贸群体对服务标准要求高、选择范围广的特点，我们注重提供全方位人性化服务，重点强化区域服务体系，除了为客户更好地提供管理、餐饮、休闲、绿化服务外，我们还将适应形势发展和客户需求，进一步完善法律、商务等咨询代理服务，进一步搞好物业管理的延伸服务，积极介入和开拓商贸信息、商贸结算、商贸法律、商贸人才交流以及会展等现代服务业领域，努力为区内入驻企业提供“一条龙”综合服务，使优质服务、高效服务、配套服务成为开发区的重要亮点。

突破“瓶颈”推进再创业，我们刚刚起步。但重要的是，“坚冰已经打破，航道已经开通”，我们将义无返顾，全力以赴地向既定目标挺进。

（作者单位：上海虹桥开发区联合发展有限公司总经理、党委副书记）

提高吸收外资质量 转变经济增长方式

宣炳龙

昆山经济技术开发区（以下简称昆山开发区）坚持以邓小平理论和“三个代表”重要思想为指导，顺应宏观调控形势，贯彻落实科学发展观，着力转变经济增长方式，经过广大干部群众的共同努力，克服各种困难，各项工作取得新的进展。2004年，招商引资在项目用地比上年减少53%的情况下，新增注册外资8.88亿美元，与上年基本持平。实际到账外资5.88亿美元，比上年增25.98%，创历史最好水平。全年完成工业总产值1260亿元，比上年增48.24%，其中电子信息产业完成产值739亿元，比上年增58.60%。昆山开发区已被列为全国首批9个电子信息产业基地。开发区完成进出口总额198.66亿美元，比上年增67.56%，其中出口113.91亿美元，比上年增78.33%。

在大好形势面前，昆山开发区也清醒地看到：外部环境正在发生变化，开发区面临着许多挑战。一是资源的挑战。昆山开发区创办以来，走的是资源型招商的道路。如今，土地资源日益减少、电力和劳动力资源都非常紧张。从长远看，水资源的短缺也十分严峻。二是“候鸟经济”的挑战。昆山开发区是外商投资的集聚地，外向型经济的比重达到90%以上。由于各种因素的制约，特别是人员工资水平的提高，商务成本的增加，外资企业会不会象候鸟那样远走高飞。三是信息化的挑战。昆山开发区东邻上海，西连苏州，依托明显的区位优势，吸引了大量外资。而今，随着高速公路的普及，信息技术的发展，地理位置的优势已风光不再。四是城市基础设施的挑战。近几年来，昆山开发区经济快速发展，外来人员大量增加，城市基础设施的承载力出现了不堪重负的饱和状态，对未来的跨越有很大的影响。

面对新的机遇和挑战，昆山开发区今后的发展思路是：牢固树立和全面落实科学发展观，以转变经济增长方式为根本途径，坚持集约开发，优化产业，调整结构，提高利用外资水平，促进经济全面协调可持续发展。奋斗目标是：用过去20年四分之一的时间和四分之一的资源，创造前20年的经济总量，实现老百姓收入翻一番，再造一个开发区。工作中突出“四大重点”。

一、打造国际先进制造业基地

昆山开发区的制造业发展，从劳动密集型起步，逐步向资金和技术密集型转变，如今已形成电子信息、精密机械和民生用品三大主导产业。在今后的发展中，昆山开发区要充分发挥优越的基础设施条件和良好的产业配套基础，以提高土地资源的集约利用为重点，围绕打造国际先进制造业基地，注重提高吸收外资质量，从原来的规划跟着招商走，转为招商跟着规划走，变招商引资为招商选资，并实行项目评估制度，从技术层次、资源消耗、生态影响、配套需要以及对地方财力贡献等因素考量项目。

三大主导产业的发展方向分别为：电子信息产业主攻TFT－LCD、IC及封装、软件等核心技术项目，拉长产业链，形成项目群，提升信息产业的技术层次，把电子信息产业做强做大，成为国内一流、国际领先的电子信息产业基地；精密机械重点引进汽车发动机、模具和汽车电子等核心技术和优势产品，围绕汽车7大件编织汽车产业链，使昆山开发区真正成为名副其实的汽车零部件生产基地；民生工业注重吸引欧美著名品牌企业，提高科技含量，形成高档次、高附加值、多样化的产品结构，在国内外市场占有一席之地。在提升吸收外资质量的同时，充分发挥留学人员创业园和生命科技园等特色功能园区的载体作用，积极培育有自主知识产权的原创型科技企业，力争在今后5年内，培育5—10家拥有自主知识产权的企业在境外上市，扩展民营科技企业的发展空间。

二、加快发展现代服务业

加快现代服务业的发展步伐，不仅有利于减少土地、电力等资源消耗、缓解人力资源紧缺的矛盾，而且有利于提升城市功能，实现产业升级，打造国际先进制造业基地。在昆山开发区，现代服务业已经有了一个良好的起步，特别是随着台商的大举进入，台资医院、学校、电子商务、人力资源中介、律师、会计事务所纷纷开了进来，为制造业的发展提供了有力的支撑。但总体而言，服务业的水平依然不高，且比重过低，与打造国际先进制造业基地的要求相距甚远。

历史和现实的经验证明，昆山的发展离不开上海。在工业化进程中，昆山开发区抓住紧靠上海的区位优势赢得了先机。同样，在发展现代服务业过程中，昆山开发区要进一步确立“接受上海辐射、呼应上海发展”的指导思想，依托上海，接轨上海，服务上海，融入上海，继续发挥其区位优势，实现服务业发展的新跨越。为此，昆山开发区2003年着手规划建设了一个总部经济园区，运用这一载体，优先发展包括现代物流、信息咨询、金融保险、教育卫生、会展商贸和各类中介机构在内的、直接为生产企业配套的生产型服务业，全面加快国际商务区、物流保税园区的建设步伐，促进公共型服务业和消费型服务业的共同繁荣，实现与制造业的互动发展。目前在总部经济园区内，华东物流、华东商贸城、华东医疗中心等一批现代服务业项目已正式启动，拉开了昆山开发区发展现代服务业的新的序幕。

三、提升资源集约利用效应

开发区的所在城市——昆山，是个资源相对贫乏而工业化、城市化程度又相对较高的城市，从实现经济社会全面协调可持续发展和人与自然和谐发展的需要出发，必须长时期增强全民的资源节约意识，通过法律规范、政策引导、市场竞争、提高资源利用的综合效应，建设资源节约型社会。面对严峻的资源形势，昆山开发区已明确，要在长时期内以提高土地资源的集约利用为重点，大力促进省电、省煤、省水等资源节约型产业，引导和鼓励企业发展循环经济，以最少的资源代价获取最大的投资和产出效益，坚定不移地走科技含量高、经济效益好、资源消耗低、环境污染少、人力资源得到充分发挥的新型工业化道路。

在土地使用上，昆山开发区已经建立起了集约用地机制，按照市政府规定的用地标准，每亩土地的投资额不少于50万美元，其中出口加工区每亩土地的投资强度不低于60万美元。为集约利用土地资源，提高土地的投入产出效应，昆山开发区今后将严格实施统一的用地价格管理和用地标准管理，根据产业发展需要，实行定性定量供地，并积极开源节流，鼓励企业使用标准厂房，建造多层厂房，充分挖掘存量土地资源的集约利用潜力。去年以来，开发区花费2亿元资金，通过政策引导、协商收购，搬迁了26家投资强度低、占用土地多、污染物排放量大的劳动密集型企业，而后将用这些老厂的土地，发展更高层次的产业。这是昆山开发区集约用地思路的新举措。

四、推进老企业增资扩股

老企业增资扩产毋须占用大量土地，且投资少，见效快，有利于促使外资企业生根立足。昆山开发区主要采取两项措施，实施这一工程。一是牢固确立服务是第一投资的理念，倡导和实行诚信服务、个性化服务和契约性服务，使投资者感到在开发区一切都方便，增强企业再投资信心，充分利用原有资源，发展总部经济和研发机构，实现增资扩股，扩大产能。2004年，昆山开发区通过对几十家重点企业的优质服务，全年增资额达到4.4亿美元，占引资总量的50%。2005年新年伊始，开发区召开了一个有100多家外资企业董事长、总经理参加的情况通报会，推介了招商引资的一些构想，并与10家大企业签订了契约式服务合同。这10家企业表示，要超额完成2005年的目标任务，在不增用土地、稍增加劳动力和能源消耗的情况下，增资4亿美元。二是延伸和拉长产业链，为企业营造最低生产交易成本环境。组织集群化生产是降低商务成本、增强综合竞争力，促进外资企业生根发展的有效举措。昆山开发区在推进电子信息产业过程中，通过引进龙头企业，组成以大企业为核心、大中小企业配套的专业化生产体系，形成了产业集聚、企业集群的明显优势。昆山开发区今后将更加注重产业环境的配套，注重产业的链接和延伸，以大项目为龙头，大中小配套，上下游联动，做强做大电子信息产业，发展壮大汽车零部件产业，提升扩展民生用品的品牌产业，进一步提高吸收外资的质量水平，促进区域经济全面协调可持续发展，为“以区兴市”和“两个率先”作出新的贡献！

（作者单位：昆山经济技术开发区
党工委副书记）

从港区联动试点向自由贸易区转型的实践与探索

陈 贞 新

随着经济全球化，特别是我国加入WTO后，我国保税区的发展在区域定性、管理体制、功能定位和设区原则等方面面临众多挑战。保税区如何创新发展思路，构筑新的比较优势，实现更加开放、更高水平发展，是当前迫切需要解决的问题。对此，国家在多方论证基础上，先后批准宁波等8个保税区进行港区联动试点，促进港区合作，试行更加自由的投资贸易政策和更加灵活的管理方式，并将选择部分运作好的试点区域逐步向以发展国际物流为主的自由贸易区转型。

一、港区联动试点的特点及作用

港区联动试点是指通过加强保税区与临近港区合作，在港区划出部分区域作为保税物流园区，实行保税政策和按“境内关外”地位进行管理，简化相关手续，方便货物在区、港和境内外之间快速流动。港区联动试点主要参照国际自由贸易区运作惯例，在总结保税区现有发展经验和存在不足的基础上，在区域定位、功能政策、管理体制等方面进行调整和完善，尤其是在海关监管模式、区内企业进出口经营权、国内货物进区退税等方面实现突破，是对现有保税区的发展和完善，并为保税区向自由贸易区过渡做准备。港区联动试点主要有以下特点：

（一）区域开放性

长期以来，保税区的定性不明确，有的管理部门定性为“境内关内”，有的定性为“境内关外”，导致政策不统一、不配套、不平衡，保税区政策表面上十分优惠，实际操作困难。港区联动试点主要针对上述不足，明确港区联动试点区为“境内关外”特殊区域，海关、检验检疫、税务、外汇管理等部门都按这一定位制订政策，进行管理。

（二）政策特殊性

港区联动试点区为保税区的功能延伸区，实行鼓励进出口的税收导向政策。除享有保税区“免税、免证、保税”等政策外，国内货物进区视同出口，可以办理出口退税，区内交易免征增值税，基本实现物流无税或保税运作。

（三）功能单一性

港区结合、物流主导是港区联动试点的主要原则之一。试点区域大多选择在港口条件较好、物流发展具有一定基础的区域进行。试点区域即为保税物流园区，物流主导十分明确。将其功能细分，主要具有国际转口、国际中转、国际采购、国际配送等四大功能。港区联动试点的目的，主要是通过物流发展的政策设定、监管方式改革等，进一步降低口岸交易成本，提高口岸物流流转效率。

（四）监管便利性

试点保税物流园区为海关监管的特殊区域，海关监管效率直接决定其运行效率。由于试点区域“境内关外”定性明确，便于海关对其实行“一线放开、二线管好、区内宽松”的监管模式，并采用先进的技术手段，建设科学合理的区域信息化系统操作平台，园区与境外之间及区内企业之间实行无人监管电子核放系统，一线按国家进出口管理规定进行监管，并实行无纸化报关，使监管方式适应物流发展需要。

港区联动保税物流园区可以充分发挥上述功能政策优势，构建专业化、社会化物流服务平台，强化对周边区域的服务、辐射、带动作用。

一是强化港口竞争力。保税物流园区克服了我国大陆港口“整进整出”监管模式，允许国内货物报关进区和境外到港货物在区内自由分拆、二次集拼和转运，拓展了海运集拼功能，有利于吸纳国际集装箱中转运输，强化周边国际港口竞争能力。

二是强化制造业竞争力。保税物流园区可以解决国内加工贸易料件深加工流转问题，促进周边加工贸易聚集和发展，可以建立原材料配送和产成品出口快速通道，为制造业提供完整的物流服务链。

三是带动周边产品出口。保税物流园区依托优越的区位条件、完善的物流设施、“进区退税”的特殊政策和“境内关外”便利的监管环境，有利于吸引国际国内知名采购中心入区，建设国际采购、分拨中心。

四是促进保税区向自由贸易区转型。港区联动试点具有明显的过渡性，发展目标就是向自由贸易区转型，这为保税区功能政策完善和开放能级提升提供了极好的契机。

二、促进宁波港区联动试点的发展举措

宁波具有优越的港口条件，雄厚的开放型解决发展基础和较好的港区联动实践经验，实施港区联动试点具有得天独厚的优势。宁波港区联动试点的实施，对提升宁波外向型经济发展的竞争力、促进宁波保税区与宁波港口一体化发展并向自由贸易区（港）转型具有重要意义。为加快宁波港区联动试点，近期应采取以下举措：

（一）确立管理体制

根据宁波港区管理实际，为加快港区试点进程和促进向自由贸易区转型需要，建议建立三级管理体制。一是成立宁波市港区试点工作领导小组，由市政府牵头，市有关管理部门参与，负责制订港区联动试点政策、确定规划和定位、协调试点及转型过程中有关问题。二是保税区管委会作为市政府派出机构负责试点区域行政管理。保税区管委会与港务集团间建立正常的协调机制，如工作例会制度和联合调研制度，双方不能协调统一的问题由领导小组审定。三是按市场运作方式建立区域开发机制，由港务集团、保税区为主设立公司进行开发建设，并适时引进若干国际知名的采购商和第三方、第四方物流商入区经营。

（二）制定区域规划

进出宁波港四期的货物主要是进、出口贸易和国内支线转关出口货物，没有国内非保税货物，试点区内货物为已清关的出口货物、进口保税货物和转口免税货物，因此，在四期码头与港区联动试点区域之间不需要设立国内货物通道，海关可按“境内关外”定位及“一线放开、二线管好、区内放活”的监管模式进行管理，港区可以以一体化方式进行规划，从而为试点区域实现U字型封关运作和今后向自由贸易区转型提供硬件基础。同时，对首期试点区域后方用地进行规划控制，为物流园区进一步发展预留宝贵的空间。

（三）细化政策和操作管理办法

试点区域政策及管理与保税区既有相似的地方，也有许多不同方面。从货物离境退税改为出口退税，海关、外汇管理、国税等都应制定相应管理办法，明确操作流程和应提供的商业单证。在监管方式上，引入风险管理机制，实行信用管理制度，对企业按资质、资信进行分类，对信誉企业实行以自律为主的管理，对经审定的信誉企业实行分批发货、集中报关制度，海关在进行风险分析基础上进行少量抽查。上述类似管理办法的制定，有利于将试点优惠政策落到实处。同时，进行政策和管理创新，探索“前仓后厂”、“前仓后店”运作模式，通过货物或有关商业单证在试点区域流转，将有关优惠措施延伸到宁波港二期、三期及宁波保税区、宁波开发区等周边区域，实现政策功能利益趋大化。

（四）组织区域信息化管理系统开发

按“境内关外”定位设计物流监管及运作流程，针对“一线放开、二线管好、区内自由”的特点，组织区域信息化管理系统开发，建立海关及其他管理部门与区内企业的联网和电子数据共享系统，强化试点区域货物全程动态监控，推进电子报关、报检、报税和“无纸化”作业，并与宁波保税区、宁波出口加工区及宁波市口岸通关中心信息系统接口，在软件上提供宁波各口岸联动发展的条件。

（五）明确发展重点，确立发展特色

试点区域依托宁波港口物流和宁波及周边腹地物流基础，重点发展以采购江浙货物出口为主的国际采购中心、以满足周边市场需求为主的进口分拨中心、以宁波港为基地的国际国内转口贸易中心和以服务周边加工贸易的生产资料配送中心。在服务功能上，以口岸国际物流业为核心功能，发展贸易、海运、理货、船代、货代、仓储、商展、信息、金融等业务，为进出口贸易、国际转口贸易提供便利、优质和低成本的物流服务。在运作主体上，除继续

发挥宁波港务集团规模化经营优势外，积极吸引国际航运集团和综合物流骨干企业入区，充分利用其现代化管理手段、高质量服务水平、同货主良好关系和高科技网络技术优势，促进物流园区货源、箱源和箱流的扩大，促进区域物流功能体系化、物流流量规模化、物流服务专业化。

三、促进向自由贸易区转型的战略选择

根据国际《京都公约》专项附约四第二章规定，自由贸易区是指“缔约方境内的一部分，进入这一部分的任何货物，就进口关税而言，通常视为在关境之外”。自由贸易区的特点可概括为自由、便利、通达、境内关外，其实质就是促进贸易投资自由化。与自由贸易区相比，我国港区联动试点在功能政策、管理方式、开放程度等方面有较多的差异，具有明显的过渡性。港区联动试点目标模式即“境内关外、适当放开；物流主导、综合配套；港区结合、协调发展；统一领导、属地管理”，试点目标即向自由贸易区转型，重点要做到“五个接轨”：

（一）功能政策接轨

为增强自由贸易区的竞争优势，应制定更具竞争力的税收政策，通过国家立法的形式在关税、流转税和所得税等方面实行豁免，营造物流运作成本优势。实行更加自由的外汇政策，除经常项下外汇自由兑换和支付外，放开区内及与境外之间投资项下的外汇管制，外汇管理重点放在二线上，并进行离岸金融试点；实行更加开放的企业准入制度，除国家禁止投资的以外，对各类投资者不设定差别性政策，所有投资者享有同等待遇，并赋予企业进出口经营权。

（二）管理模式接轨

参照国际自由贸易区管理惯例，结合我国实际，按管理机构权威性、精简性、高效性的总体要求，我国自由贸易区管理宜实行三级管理模式，即中央政府宏观决策层、地方政府中观协调管理层和专职机构微观操作层。针对目前保税区由职能部门牵头、八部委参与的共同管理模式的弊端，建议由国务院综合管理部门如商务部牵头负责对保税区的管理，并成立由商务部、海关总署、发改委、国税总局、外汇管理局、检验检疫局、工商总局等部委参加的自由贸易区协调委员会，负责自由贸易区的设立审批，研究发展总体规划，制订鼓励发展政策，指导、监督自由贸易区建设。在地方管理层面，成立市政府自由贸易区领导小组，负责地方资源支持，协调解决存在的问题。自由贸易区管委会作为地方政府的派出机构，全面负责区域的经济、行政管理和港口职能管理，同时按港区一体的要求，增加港政管理等职能。

（三）监管方式接轨

参照国际自由贸易监管机制特点，建立“一元化”独立监管机制，区内仅设立海关一家监管机构，检验检疫、外汇管理等口岸管理部门撤至区外，在“二线”按进出口有关规定进行管理。在海关机构设置上，做到自由贸易区与临近的港口由同一海关管理，在监管方式上完全按“一线放开、二线管好、区内自由”模式进行管理，真正体现“境内关外”定位的特点和优势。

（四）区域发展接轨

一是促进宁波试点区域与宁波保税区、宁波出口加工区等现有境内关外区域联动发展。二是拓展宁波自由贸易区（港）覆盖范围，将宁波港一期、二期、三期港区和镇海港区以及拟建的宁波空港物流园、金塘岛港区纳入保税港区体系。三是与上海外高桥保税区、张家港保税区及长三角内出口加工区、保税物流中心实现联动，货物按简便方式在各保税区域内流转，促进长三角自由贸易区的建立，并以此为中心进行试点，按有关国际协议，构建中国与东盟自由贸易区先行区，从更高层次上促进区域市场一体化发展。

（五）物流人才接轨

引进国际化物流管理理念、管理模式和优胜劣汰的人才竞争机制，吸纳国内外优秀的物流管

理人才入区，特别是通过产学研的结合，以跨国物流企业为主体，培养一批从事物流理论研究与实务的专门人才，实现物流产业的聚集促进物流人才的聚集，以物流人才的聚集促进物流产业的聚集，实现产业与人才的良性互动。

（作者单位：宁波保税区发展研究中心主任）

区域经济发展的成功实践

——关于海口保税区发展模式的研究报告

曲大利

海口保税区是中国改革开放的产物，是由国家海关监管的特殊经济区域，也是海南和海口现代化建设的一个缩影。海口保税区 1992 年 10 月 21 日经国务院批准成立，1993 年 4 月 13 日经海关总署封关验收正式运行。10 年来，海口保税区人艰苦创业，大胆创新，探索出一条具有海南特色的保税区发展之路，逐渐形成了在全市重要的工业基地。

一、十年创业，风风雨雨，海口保税区经济实现了跨越式发展

海口保税区所走过的十年，经历了一条不平凡的发展道路，它在海南经济发展第二次高潮接近尾声的时候起步，在消化泡沫经济后遗症的低潮中寻找最佳的发展模式，既有高潮迭起，低谷徘徊，也有缓慢推进，快速发展。客观地分析其发展阶段，可以帮助我们更准确地认识海口保税区的成功与得失。从它的发展历程来看，大致可以分为三个阶段。

1. 基础设施建设阶段（1993 年至 1997 年）。1993 年 4 月 13 日，正值海南建省办经济特区五周年之际，海口保税区正式封关运作，而此时，正是国家开始实施宏观调控政策的前夕。1993 年 6 月 24 日，针对当时全国金融秩序紊乱，投资过热、通货膨胀加剧等经济生活中出现的突出问题，党中央、国务院联合发出《关于当前经济情况和加强宏观调控的意见》。国家宏观调控措施开始实行之后，海南过热的房地产热潮和证券股票热潮迅速降温，全国各地的银行将大批资金从海南抽走，大量在建和预备上马的项目立即陷入停顿，保税区的开发建设受到直接的影响。在保税区成立的最初五年，仅有 14 个生产性企业入区。所以，虽然第一个五年保税区的工业产值的平均增长速度达到 50%以上，但总规模很小，直到 1997 年，全区的工业总产值仅达到 5.23 亿元，这一阶段实际上只是保税区的基础设施建设和土地开发经营阶段。

2. 功能开发阶段（1998 年至 2000 年）。1997 年是海口保税区发展的重要转折点。特别是时任海南省委副书记、常务副省长汪啸风同志和省委副书记、海口市委书记蔡长松同志视察保税区后，省、市政府决定对海口保税区实行财政返还优惠政策，给保税区的发展注入了巨大活力。这一政策规定：保税区上缴的税收，除中央收入外，从 1997 年开始，通过财政决算，全部返还给税区，作为省、市政府的资本金投入，一定五年不变。保税区从海南和海口的实际出发，重新界定了保税区的功能，明确了发展的功能定位，即以发展高新技术产业为主导产业，以此带动物流、保税仓储等相关产业的发展。作为全市工业发展的重要基

地，在这一时期由于获得了省市领导的高度的重视，省市政府优惠政策的大力支持，保税区有了更多的发展机遇，一批工业项目陆续落户保税区。这一阶段的工业产值年均增长速度达到了10.3%，为海口保税区进入快速发展阶段创造了条件。原国务院特区办公室主任葛洪升同志在视察海口保税区工作时，对我们这一功能定位给予了赞同。

3. 快速发展时期（从2001年至现在）。经过“九五”期间的调整，海口的社会经济逐渐进入健康发展的轨道，产业结构以“两地一中心”为目标迈上了新的台阶。保税区作为海口的主要工业基地，也相应地进入快速发展的新阶段。一大批高新技术项目陆续进入保税区，产业领域扩展到制药、电子信息、机电加工等。经过一到两年的建设，逐渐地在保税区及周边地区形成了一个高新技术产业群。2001年保税区的工业总产值首次达到10亿元，2002年迅速上升到13.3亿元，如果包括它辐射的区域在内，则在全市工业中更具有举足轻重的作用。2002年三区合一（保税区、金盘工业区和高新技术产业区）的工业总产值达到54.32亿元，占到全市工业产值的1/3。

总之，海口保税区经过十年来的艰苦创业和大胆探索，已经从昔日的基础设施建设、土地经营开发、以商贸业带动加工业开发，进入了创新性的功能开发，海口保税区经济的快速发展，对周边地区和全市经济发展产生了较强的聚集和辐射效应，逐步成为海南省海口市的投资热点，为海口市经济的发展做出了新的贡献。

二、因地制宜，大胆探索，海口保税区走出了一条创新区域功能，发展特色经济的新路子

国家设立保税区的初衷是将保税区作为与国际经济运行惯例接轨的重要平台，拉动外向型经济发展的重要载体，科技创新和高科技产业化的重要基地。所以将保税区的基本功能定位为出口加工、保税仓储和国际贸易。国家虽然规定了保税区的发展方向和基本原则，但并没有限定具体的发展模式和发展阶段。国务院发展研究中心对外经济研究部部长张小济，在青岛中国保税区发展高层论坛会议上指出：“全国15个保税区的区位、港口条件、区内产业结构和发展水平有很大差异，各个保税区的发展目标无需强求一致”。实际上全国各地保税区的发展模式都各有特点，发展方向各有侧重，外向型经济的发展程度也不平衡，都是根据自身依存的大环境的实际情况做出的发展选择。如深圳保税区由于其毗邻港澳、联接内地，以珠三角为依托，承接港澳的产业转移，因此出口加工成为其发展重点，2003年实现工业总产值547亿元，同比增长40%；上海外高桥保税区则以长三角地区为其经济腹地，以中国内地的金融、贸易中心——上海大都市为其支撑点，利用其固有的资源和优势，大力发展国际贸易，2003年进出口货物总值为209亿美元，同比增长75%；厦门保税区因其面向台湾，南接珠三角，北承长三角，沿海港口众多，陆地交通便利，把仓储物流作为主导产业，2003年物流业进出口额达17亿美元，位居全国之首；同样大连、天津、张家港保税区都是利用自身的区位优势和经济基础，创造了各具特色的发展之路。

纵观全国保税区的发展，都有其独特的依托优势：其一都有一个强大的经济依托体。如珠三角、长三角、京津冀、东北重工业基地等，这些经济体都为当地保税区的发展注入了强劲的活力，提升了保税区对资金和项目的吸引力，成为其发展的坚实基础。而海口保税区的发展相比较而言，底子很薄，起点很低，没有一个很好的依存体。特别是在1988年建省之前，海南一直是一个基础薄弱、资源匮乏、相对封闭和落后的小岛。建省之初，由于国家赋予海南特区省一些优惠政策，海南掀起了一股前所未有的投资热潮，但资金大多投向了房地产项目和证券市场，虽然这一轮的投资热潮带动了海南的城市化发展，但工业化投资依然很少，而国民财富增加最直接、最根本的根源

在于工业，因此，在1993年国家宏观调控措施开始实行、泡沫经济骤然破灭之后，海南没有形成可以自主产生持续效益的工业经济。海口保税区也正是在这股投资热潮接近尾声的时候开始起步，在面临全国性的经济低迷、投资萎缩的低潮中，海口保税区在负债经营中举步维艰。

其二大多是重要港口城市。如大连港、天津港、上海港、宁波北仑港、厦门港等，大多是优良深水港，这些港口自中国明代以来，就是中国重要的通商贸易口岸，也是我国最早开放的沿海港口城市，港口基础设施完善、综合配套条件较好。而海口保税区虽然也临港，但没有大型港口，现有港口的综合配套服务条件较差。港口的规模条件与上述其他港口无法相提并论。不在同一起跑线上。此外，海南虽然四面环海，但由于其不在国际自由贸易的主航道上，不是过境货物的必经之路，地域优势不明显。同时由于海洋阻隔了与内地的陆路交通，本地的工业经济规模很小，进出岛的货物数量有限，客观上限制了仓储和贸易的发展。

建区之初，面对这样的发展环境，海口保税区也一度将功能定位为出口加工和保税仓储，但从实践探索的结果看，确实不如人意。从进出口贸易额看，十年间，保税区进口货物总额为34870万美元，而出口额仅1593万美元，进出口逆差太大，比例严重失衡，这说明在出口加工和转口贸易中，复出口的货物比例太小，绝大部分进口货物在国内消化了，并没有实现加工增值、出口创汇的功能目标；从招商引资来看，在保税区“以商贸业带动加工业”的初始阶段，虽然入区注册企业的总数达到231家，但都是一些依靠政策支撑、投资规模很小的商贸企业，既没有形成产业群体，也没有产生规模效益，更没有市场竞争力和可持续发展能力。据统计，1994年到1996年，保税区三年的工业总产值仅为7.88亿元，财税收入仅为0.12亿元。

面对这种情况，保税区要发展，必须兼顾现实性和前瞻性。我们立足于海南经济基础薄弱、没有产业群体，加工生产能力不高，发展现代物流产业条件不足的现状，确立了“分步走”的发展战略，在招商引资过程中，采取引进项目分档次，产业结构多层次，实施过程分步骤，稳步推进，滚动发展的策略。以引进见效快、收益高的“短、平、快”项目起步，着力构筑自己的工业经济基础，培植税源，加快资金积累，补充开发建设中的资金缺口。这是海口保税区发展过程中一个必经的基础阶段，是我们最终建立国际性的物流分拨中心和出口加工制造中心的必要铺垫，是一个过渡期。这一战略决策得到了中央和省、市各级领导的认同和支持。

从1997年以来，在省市领导的大力支持下，我们把国家赋予海口保税区的功能优势、政策优势、体制优势与海口当地的具体实际紧密结合，因地制宜、实事求是地对保税区的功能进行动态演变和扩展，重新界定了当前形势下海口保税区的区域功能，明确了建立“科技型”保税区的发展模式，提出了以发展高新技术工业为主导产业，以此带动物流、仓储等相关产业的发展的思路。从此之后，海口保税区的发展终于步入了快车道，各项经济指标成倍增长。统计资料显示，1997~1999年，虽然入区注册企业总数与前3年相比有所减少，但实际引进的工业项目22家，比建区初3年增长了2倍；2000~2002年新入区工业项目达46家，比建区前3年增加了5倍，1997~1999年区内工业产值达19亿元，比1994~1996年增长了2倍多，2000~2002年，工业总产值达31亿元，比1995~1996年增长了近4倍。1997~1999年财政总收入达到1.23亿元，比建区初三年增加了近10倍，2000~2002年，财政收入达到4.58亿元，比建区初三年增加了37倍。自区域功能创新以来，海口保税区财政税收以年均38%的速度快速增长，创造了海口市跨越式发展的先例。由于财政收入的大幅度增长，使保税区有了充裕的资金进行基础设施建设和优化投资环境，一个按科学化、智能化、生态化高标准建设的园区已经呈现在投资者的面前，保税区对资金、技术、人才的吸引力显著增强。在2003年，中和药业、康利药业、海汽等12个大型项目入区，保税区的招商引资出现了可喜的势头。保税区的功能也得到了扩展和延伸，以保税区为中心的南海大道工业走廊已初具规模，以高新技术产业为主导的海口工业经济已具雏形，保税区发展模式的成功创新，对周边地区的辐射和带动作用日趋明显，作为海口工业经济重要支撑的格局已经逐步形成。

综上所述：纵观国内各保税区的发展模式，探索海口保税区十年的发展阶段、发展模式及其地位与作用，我们可以得出如下结论：

其一，保税区作为我国改革开放的先行先试区，其发展是一个历史的过程。在不同的时期、不同的阶段、有其不同的创新内涵。此外，不同的保税区有不同的资源优势，不同的发展原则，不同的功能目标；

其二，保税区要发展，必须要正视它所依赖的外部环境，必须要立足本地实际，因地制宜，实事求是地确立功能定位，必须把国家的政策与当地的实际结合起来，创造性地开展工作，探索具有自身特色的发展路子；

其三，保税区的区域功能定位不是固定不变的，必须保持一种动态的演变，才能使它具有长期适应性和前瞻性；

其四，保税区发展的评价没有可比的绝对值，应以其自身的成功发展和对周边地区经济发展的辐射带动作用为指标。

三、立足现实，“港区联动”，使海口保税区向“港区一体化”发展

“港区联动”是将保税区的政策优势与港区的区位优势进行整合，从而实现保税区与港口的优势互补、功能结合，促进保税区与港口的共同发展。

“港区联动”的目标是区港合作，使保税区的功能与港口运作产业相联系，发展港口经济，它具有规模大、辐射强、产业包容面广的特点，主要包括港口运输、港口仓储、港口加工、港口服务等四类，是以国际贸易为轴心的产业群。但“港区联动”应是一个管理模式，并不是一个地理概念。其核心内容主要是在功能和产业的对接上，而不是区域的迁移和重建上。从海口保税区的地理位置看，距离海港也只有2到3公里，是海陆空航路的中心地带。参照全国保税区现有的做法，我们完全可以在港区划出部分区域作为保税区专用港口，在码头与保税区之间建立一个快速直通道，货物可以先验后装，由海关监管。这样码头既能满足保税区业务的需要，也可以作为内外贸公用。如果将码头完全划入保税区，或者说重建所谓“港区合一”的保税区，既使不需要进行保税的外贸进出口物资及内贸运输受到一定程度的影响，同时也增加了海关监管的难度。近年来，我们已经按照国务院批复“海口保税区可在港口建立保税仓”的文件精神，在港口规划出了400多亩保税仓储用地，正在筹建临港保税仓，现已完成了总体规划，封闭围网，土地平整等工作，海口保税区正向“港区一体化”推进。其基本思路是：总体规划一体化，功能拓展一体化，产业连接一体化，物流运作一体化，海关监管一体化。

四、着眼未来，把握机遇，把海口保税区建成海南省的国际物流分拨中心

没有现代化的物流业，就不可能有高效的区域合作，就不会有产业链的延伸。现代物流业是把产销联系起来的大动脉，保税区的快速发展离不开现代化的物流环境。海口保税区实现其长远发展目标，就要适时发展物流业，把物流业作为一项主体功能来开发。我们提出这样的思路，是基于以下三个方面的理由：

首先，海口保税区经过十年的发展，现在已形成“电子信息、生物制药、机电制造”三大产业群。在2001年，海口市又将保税区成功的发展模式进行推广，将保税区的功能进行延伸，大胆构建“三区合一”的新型区域经济，在区域内调整产业布局，进行资源整合，实现优势互补，把发展医药产业，打造全国一

流的“生物药谷”基地作为海口保税区和国家高新区的主导产业。现在又实行“五区合一”，各区产业布局不同，在海口市范围内已形成了以保税区为中心的小型区域经济圈，经济总量得到了大幅提升。2004年首次引进了名列世界500强第46位的韩国三星集团光纤光缆项目，还有一些世界知名企业的项目也正在洽谈之中，预计到2005年，园区工业总产值将达到200亿元，可占到全市工业总产值的50%以上，外向型经济格局将逐步形成。同时，海口保税区在参与区域经济合作中，有机会承接其他合作省份的产业转移，进一步扩大海口制造业的覆盖面，提升产业聚集度，提高对物流、仓储等第三产业发展的支撑度和派生能力。粤海铁路的建设，也将使海南的陆路交通状况得到根本性的改善，最近国家批准在海南实行第三、四、五航权的试点，港澳的航班，经停海南之后，可以直接飞到除北京、上海、广州之外的其他城市，这是非常特殊的航权安排，对海口保税区发展物流产业将起到了推动作用。

其次，目前国内区域经济合作在更大的范围内展开，在继“长三角”、“珠三角”等区域经济之后，“9+2”泛珠三角区域合作全面启动，在“9+2”的区域范围内，由于产业的差异性非常明显，经济互补性很强，存在着产业分工、资源优化配置的广阔前景。海南由于其得天独厚的自然资源优势和大特区的政策优势，面临很好的发展机遇，要利用在区域分工中，可以借助合作伙伴的技术、资金、市场、信息、人才的机会，实现低成本的快速发展，缩小与沿海发达地区的差距，成为泛珠三角区域经济大产业链条中重要的一环。

再次，到2010年中国——东盟自由贸易区（10+1）将建成。这项中国与东盟10国的区域性组织的自由贸易安排，对亚洲尤其是东亚经济合作与国际关系的发展，将产生重大影响。在2004年就要启动的由中国、老挝、缅甸、泰国、柬埔寨和越南六国参加的大湄公河次区域合作尤其显得重要。次区域合作是中国——东盟自由贸易区构建的一个组成部分，在次区域合作中，与东盟国家接壤的云南、广西两地的地缘优势明显，某些项目业已启动。此外，连接东亚七国的陆路大通道泛亚铁路今年就要开工，所有这些都将从客观上为海南经济的发展提供了难得的先决条件。从另一个角度讲，积极参与区域经济合作，在合作中求得自身的发展，已成为欠发达地区实现跨越式发展的最佳途径，海南也必须走这条路。海南处在两地最具活力，最有潜力的经济区域之间，北临珠三角，南以海与东盟各国为邻，是“10+1”的前沿，地域优势将显现出来，这将是海南参与区域经济合作的关键时期，是我们在更大范围内实现发展，参与国际竞争的机遇。

面对以上千载难逢的战略机遇，海口保税区要努力建成与国际惯例接轨的南海进出口货物重要供应基地和国际商品分拨配送中心，在现阶段应主要抓好六个方面的工作：

1. 制定高起点的保税区物流发展规划和发展战略。要邀请国内物流方面的有关专家，制定海口保税区和高新区发展物流业的总体规划。规划要着眼于三港建设，即海港，空港、信息港建设，以加速物流、信息流、资金流的流速。规划应体现五大发展战略，即竞争优势战略，功能深化战略，资源外取战略，率先接轨战略，体制创新战略。

2. 抓住契机，全面启动秀英港保税区仓储建设。要把秀英港保税仓建成我省的一个区域性汽车零部件物流中心及医药产品物流配送中心，使保税区和高新区的物流量有更大的突破，继而拓展其他货物的物流配送功能。

3. 提高政府工作效率，建设快速通关通道。要大力发展电子商务，建立高性能的公用物流信息平台和信息网络。依靠海关、商检、港口、航运公司、物流公司等，整合社会资源，吸引各方参与，共同优化物流业的运营环境。

4. 完善保税区物流产业需要的公用物流基础设施建设。提高对外交通的通过能力和通达度；构建合理畅通的区内交通网络，以及容量足够、功能齐全的仓库、堆场、货运站、保税查验场等。鼓励发展第三方物流，包括公共仓储、公共运输、公共配送、公共分拨中心，综合物流服务。对第三方物流企业，在申请开业、仓库选址、设施租赁、信息服务、后勤保障等方面给予全方位的支持。

5. 要建设适应保税区物流业发展的软环境。一是要全面提高管理水平，简化审批手续，规范服务程序，为企业提供一流服务；二是要加快法治环境建设；三是要积极争取出口货物入区退税政策；四是要设立扶持企业发展的基金，对为保税区物流发展做出贡献的企业给予支持。五是要未雨绸缪，加大对物流专业人才的培养，搞好物流产业政策、物流学术研究等软件方面的建设，使不断更新的物流理念和技术能得到及时推广和应用。

6. 我们要对保税区现有企业进行清理。凡不符合保税区投资条件的项目，要逐步整顿出局，进一步优化产业结构，提高区内土地单位面积的含金量和产值率，为保税区未来物流产业的发展奠定坚实的基础。

（作者单位：海口保税区管委会主任）

关于提速发展张家港保税区现代物流业的几点思考

徐元华

近年来，张家港保税区紧紧依托自身综合优势，大力发展物流业，初步形成了以化工物流为主要特色的现代物流发展格局，物流业已逐渐成为保税区最具潜力、最具生机的产业。随着我国加入 WTO 与国际接轨日益加快，国际流量经济的快速发展，给保税区现代物流业的发展提供了难得的机遇。

一、发展张家港保税区现代物流业的紧迫性

现代物流业作为继劳动力、自然资源之后的“第三利润源泉”，逐步以一种全新的产业成为推动经济发展的“加速器”，能否有效地组织并发挥其功能将在很大程度上决定整体经济的运行质量和效率。就张家港保税区而言，积极发展现代物流业，对于建立长三角世界制造业基地，实现长江流域中西部与沿海地区、苏南与苏北协调发展，加快保税区向自由贸易区转型，辐射和带动区域经济的快速发展，都具有现实的紧迫性。

1. 是融入国际经济大循环，建立长三角世界制造业基地的需要

我国长江三角洲地区成为世界制造业转移的重要承载区。在这一历史机遇下，上海把建设世界制造业中心作为打造国际经济中心的重要支撑加以筹划，着力构筑上海工业新体系；江浙两省则谋划建设面向全球的国际制造业基地。“以上海为龙头，江浙为两翼”的长三角世界制造业基地的发展态势日益明显。

张家港保税区是江苏省惟一的保税区，地处沿江中部，拥有国际物流的保税优势、经济发达的苏南腹地以及较为完善的立体交通体系。实施区港联动、打造国际化现代物流中心，是加快国际制造业基地建设的重要基础和战略需要，也是推动江苏乃至整个长江三角洲地区在更高层次、更广领域、更深程度融入国际经济大循环的需要。

2. 是加快沿江开发开放，实现中西部与

沿海地区，苏南与苏北协调发展的需要

随着长江流域开放度的不断加深和江苏沿江开发开放的不断深化，长江流域中西部和苏中、苏北地区日益膨胀的进出口需求，迫切需要一个载体充当“输送站”的作用将中西部和苏中、苏北地区的“经济流”输向国际市场，又将设备、技术、资金、原料等国际生产要素送向中西部和苏中、苏北地区。这一“输送站”就是区域性物流中心。

张家港保税区是长江经济带这一我国重要的生产力轴线上惟一的内河港型保税区，也是国内市场与国际经济接轨和融合的桥梁。以张家港保税区为中心区域的江苏境内的长江沿江经济带具有巨大的发展潜力和优势。通过发展现代物流，构筑国内市场走向国际市场的大流通通道，并发展成为东部高新技术产业集聚向中西部实施产业转移和辐射带动的基地，有利于发挥中西部与沿海、苏南与苏北的互补共赢效应，推进中国西部大开发战略，实现中西部与沿海、苏南与苏北的协调发展。张家港保税区担当这一“输送站”的角色势在必然。

3. 是保税区提升功能，加快转型的需要

我国的保税区是由海关监管的，具有中国特色的特殊经济区域。随着经济全球化和区域经济一体化的日益加剧，特别是自我国实施开放型经济战略以来，保税区内企业的业务从简单逐步向多样化、复杂化转变，迫切需要保税区为进区的企业提供国际化生产和国际化流通的贸易便利和贸易自由，并提供与之相适应的通关便利和货币自由。为此，把保税区的核心管理原则由提供“保税”向提供“自由和便利”转变，管理技术向围绕自由和便利原则转型，是适应更多跨国生产和流通企业集聚保税区的需要，也是适应我国实施开放型经济战略的需要。

张家港保税区目前的开发成效虽然比较明显，但是，它的功能充其量仍仅发挥了20%左右，束缚了保税区辐射带动效应的更大发挥。通过发展现代物流业来调整保税区的功能与相关政策，实际上就是实现保税区向自由贸易区的转型，给保税区的发展带来巨大的发展机遇。

4. 是发展临港经济，推动张家港区域经济发展的需要

随着世界经济区域化、国际化的日益加剧，以港口为依托的临港产业正日益成为推动区域经济发展的“动脉”，对于提升港口城市的核心竞争力发挥着越来越重要的作用。近年来，张家港市沿江地区发展迅猛，已形成了全国最大的电炉钢、不锈钢板、粮油深加工、浮法玻璃、中轻型客车以及港口机械、造船、汽车配套件等制造业生产基地。2004 年初，张家港市委市政府提出了建设现代化中等港口城市的目标，位于张家港市境内的张家港保税区，实施区港联动，大力发展现代物流产业，既可以为张家港市临港产业的发展提供完善的现代物流服务支撑，也可以为张家港市港口经济的发展提供功能完备的物流平台，促进区域经济的提升，为张家港市争当“两个率先”排头兵发挥巨大的推动作用。

二、发展张家港保税区现代物流业的条件和优势

保税区是我国开放度最大的特殊经济区域。特殊的保税功能和便捷的海关监管模式，为保税区发展物流提供了良好的条件。张家港保税区经过 10 多年的发展，为加快发展现代物流业打下了良好的基础。

1. 有良好的物流基础。据海关统计，2004 年，张家港保税区实现进出区货物总量 471 万吨，比上年增长 20%；进出区货物总值 43 亿美元，增长 69%；实现海关关税及代征税 29 亿元，增长 66%。目前，张家港保税区羊毛进口量为全国进口量之最，化工品吞吐量也为全国吞吐量之最。同时，随着张家港保税区开发建设的不断深化，贝尔、司德达等知名跨国公司纷纷落户保税区开展商品贸易，将国外仓库转移到保税区，实现与国内客户的“零距离”服务，积极开拓国内市场，保税区仓储分拨货物品种明显增加。

2. 有集聚的特色效应。张家港保税区是我国惟一的以化工物流为特色的保税区。目前，在保税区注册的化工企业有600多家，其中包括美国雪佛龙、杜邦、陶氏、日本旭化成等10多家世界500强企业，拥有各类化工仓储企业12家。2004年，张家港保税区化工品的进出区货运量占园区进出区货运总量的60%以上，化工品税收量占80%以上，仓储物流发展强劲。已成为华东地区最大的液体化工品分拨、集散基地。张家港保税区化工物流的特色与国际产业的第三轮转移（重化工产业）正好形成对接。

3. 有配套的物流载体。目前，张家港保税区及其配套区江苏扬子江国际化学工业园，拥有长江岸线5.5公里，建有万吨级码头9座，年吞吐能力超1000万吨；拥有大小储罐203个，仓储容量达45万立方米，货量周转达每日1000吨以上。同时，张家港保税区拥有发达的物流交通网络。地处长江流域经济走廊的咽喉，沿长江黄金水道可连接以上海、南京、武汉、重庆四大城市为中心的7个经济圈及28个开放城市。紧邻的国际商港张家港，是长三角地区重要的物资中转港，已开通国际航线19条，与世界上140多个港口有货运往来。顺畅快速、辐射国内外的物流运输系统，有利于加快物流速度，促进国际物流在保税区的分拨和集散；更有利于将国内外两种资源、两个市场密切结合起来，推动以多式联动为核心的国际物流高速公路的发展。

4. 有广阔的物流腹地。张家港保税区位于长江三角洲经济圈内。这一经济圈占全国土地面积的1%，人口的6%，却占全国GDP的17%，在中央政府的税收中占21%。高新技术产业发达，外资含金量高，世界500强企业已有400多家入驻，已成为世界六大城市经济群之一。广阔的经济腹地和巨大的物流市场潜力为保税区现代物流业提供了广阔的发展空间。

5. 有高效的物流监管。张家港保税区海关以“监管最有效、手续最简便、服务最满意”为目标，建立了保税区物流信息化管理系统，给区内每家仓储企业都设置了电子审批台账，所有进出区货物的申报、入库、转让、出库全部实行电脑化操作。目前，在张家港保税区内，仓储货物结转手续只需半小时即可办结。在围网隔离设施及码头作业区安装监控装置，建立了“闭路电视综合监控系统”，对区内的各仓储现场、卡口、码头船舶进出、货物装卸情况进行远程实时监控。方便快捷的监管模式为保税区物流业的发展创造了条件，也为外商投资企业的生产经营提供了便利。

三、发展张家港保税区现代物流业的几点构想

保税区现代物流业的发展和有效运作是一项系统的工程，需要交通、仓储、工商企业、信息技术、市场、环境以及人才等众多基础设施条件和客观因素的紧密结合。根据张家港保税区的实际状况和功能需求，将依托优势，紧紧把握建设区港联动保税物流园区和沿江中部构建国际化物流枢纽的两大历史性机遇，提速壮大现代物流产业，建立区域性流通与全国性流通、国内流通与国际流通相结合的大流通格局，积极向自由贸易区转型，致力打造“一个中心”，做强“一大特色”。

一个中心，即依托苏南，连接苏中、苏北、辐射长三角，放眼中西部，走向全世界，通过3~5年的努力，使张家港保税区发展成为长江流域规模最大、集聚效应最强、效益最好的现代物流集散中心。

一大特色，即立足于张家港保税区目前的液体散化在国内领先甚至在世界液体化工现货市场也有一席之地的发展现状，紧紧依托化工码头、江苏扬子江国际化学工业园以及美国杜邦、陶氏等世界化工巨子和保税区化工品交易市场，致力打造液体散化优势，努力建成名副其实的长江流域惟一的专业液体散化物流中心，并争取成为全国海关化工品价格中心之一，做大做强张家港保税区液体散化特色。为此，要努力做好下列工作：

1. 抓好三个配套，提升物流发展层次

与国际物流配套。按照物流技术国际化、物流服务国际化、货物运输国际化、包装国际化和流通加工国际化等标准，加大对第三方物流企业的引进，利用第三方物流来提升供应链的管理层次。采取政策上的扶持，把引进与选择有机结合，既以做大做强一批专业化的第三方物流企业为突破口，提高现代物流专业化水平；又对物流企业的引进有所侧重，不能不分大小、不分档次，突出跨国物流企业的引进，构建以跨国物流企业为重点，国有控股物流企业和民营物流企业并存的多元化并存的物流企业体系。在物流企业的引进阶段，同时搞好内部资源的整合，加快物流发展进程。目前，世界最大的化工物流企业荷兰孚宝已投资1.8亿美元在张家港保税区发展专业化的物流服务。

与产业发展配套。按照产业链的要求、集约开发的要求、环保的要求以及可持续发展的要求，张家港保税区已累计引进各类企业2872家，投资总额达37.2亿美元，其中三资企业289家，注册外资14.1亿美元，实现利用外资15亿美元，产业集聚效应形成了一定的规模。下一步，要以扬子江化工园为载体，致力引进世界五百强的化工巨头企业，引进精细化工、生物工程、石油化工企业、打造专业化的产业链和产业集群，以此拉动园区物流需求量。

与周边物流基地配套。以积极融入长三角无障碍物流圈为立足点，统一规划，合理布局，建立多功能、高层次、集散功能强、辐射范围广的现代物流中心，以差异化的发展理念主动与上海建立国际航运中心的发展战略相对接，积极参与江浙沪两省一市现代化物流发展联合体的打造。

2. 抓牢三个支撑，构筑物流发展平台

载体：完善的基础设施，是现代物流发展的必要条件。

信息：信息是现代物流的核心要素。现代物流是建立在信息平台上的，没有信息化就没有物流的现代化。

通关：快捷的通关速度，是保税区发展现代物流的关键要素。

3. 抓实三个关节，深化物流服务功能

物流园区：港口经济与自由贸易区或保税区的功能相互配套，彼此依存，互相促进，是国际上成功的自由贸易区的通行模式。

配送中心：依托保税区现行的政策和功能优势，加强与边防、国检、海关、港务、外汇等部门的协作，畅通金融、运输、信息服务、中介服务等多个环节，建立国际物流配送中心；进一步提升保税区的功能。

物流市场：进一步扩大化工品交易市场的影响力，努力建成名副其实的全国最大的液体化工品交易市场。同时，加快纺织品原料等专业商品交易市场的建立，不断健全仓储市场、货运市场以及包装、装卸、搬运等辅助性市场，完善物流市场体系，为现代物流提供有效的交易平台。

（作者单位：张家港保税区管委会常务副主任）

坚持可持续发展
建设生态型开发区

常　健

在中国，循环经济建设作为国家经济发展目标，得到了政府的高度重视。胡锦涛总书记在2003年中央人口资源环境工作座谈会上明确指出："要加快转变经济增长方式，将循环经济的发展理念贯穿到区域经济发展、城乡建设和产品生产中，使资源得到最有效的利用。最大限度地减少废弃物排放，逐步使生态步入良性循环。"循环经济发展建设已成为中国社会经济发展模式的必然选择。

循环经济强调最有效利用资源和保护环境，表现为"资源—产品—再生资源"的经济增长方式，做到生产和消费"污染排放最小化、废物资源化和无害化"，以最小成本获得最大的经济效益和环境效益。

随着开发区建设进入高速增长后的调整时期，引入循环经济理念，坚持可持续发展的科学发展观，将成为开发区下一步发展的指导方针。笔者通过对上海、江苏等地开发区调研，总结出我国目前开发区建设循环经济有两种类型和两种途径。即已经建成的开发区，产业结构单一，资源环境压力巨大的类型；新建立的开发区，完全以循环经济的理念进行园区规划的类型。这两种类型的开发区搞循环经济的途径各不相同，具有代表性的是江苏的张家港保税区和上海化工区。

2003年，江苏省把张家港市列为循环经济试点城市，张家港保税区面临产业结构调整的重要任务。在调整园区结构时，引入循环经济理念，在招商引资方面进行了重要的理念创新，提出了"绿色招商"的概念。"绿色招商"理念的创新，带来了产业布局的变化。近年来，园区已经成功吸引了一批国际化工旗舰项目和"龙头"企业入驻，由此带动了一大批"下游"企业纷纷抢滩工业园。由此，一个个"唇齿相依"的产业链逐步形成。目前，园区已形成化工、粮油、机电、纺织四大特色产业链。

上海化工区自2001年1月开工建设以来，从科学规划入手，在提高技术起点、引进先进项目、全面推行清洁生产和全过程污染控制的同时，充分借鉴世界级大型化工区的成功经验，实现了化工区"专业集成、投资集中、资源集约、效益集聚"的整体优势。该园区是目前国内运用循环经济理念，进行总体规划、建设的典范。

为实现园区的整体性可持续发展，努力处理好三个层面的关系：

首先是企业层面。积极推进清洁生产和资源循环利用，通过改进工艺技术、设备和原材料以及内部各工艺、装置之间的物料循环，形成企业内部的清洁生产和资源循环利用过程，从源头削减废物和污染物的产生，并妥善处置生产过程中产生的危险废物，有效控制化工生产对环境的污染和危害。

其次是开发区层面。在整个园区依据循环经济和项目产业链，把不同的企业联结起来、形成共享资源和互换产品或副产品的产业共生组织，这是对传统工业管理的挑战。根据建设循环经济的要求，化工区内的生产装置产品前后连接、产品相互交换、副产品回收利用，使得上游企业的产品甚至“废料”成为下游企业的原料和能源，实现原料利用率最大化，并尽可能地减少了污染排放。

再次是区域层面。化工区的发展不仅是在经济上带动周边区域发展，而且要在发展经济的同时，保护和改善生态环境，促进人与自然和谐，推动整个区域走上生产发展、生活富裕、生态良好的文明发展道路。

由此可以看出，无论是老的开发区还是新的开发区，只要树立循环经济理念，把实现可持续发展作为开发区的发展目标，就一定走出适合自己特色的发展之路。

1. 要加强循环经济的教育和宣传，提高社会和企业的资源意识、环境意识。各级政府及有关部门要把与循环经济有关的管理理念和法律常识纳入宣传教育计划，充分利用广播、电视、报刊、网络等新闻媒体，开展多层次的、多形式的舆论宣传和科普教育。

2. 建立循环经济示范工业园区，为循环经济建设提供良好环境。建立循环经济示范工业园区，将不同行业、不同企业通过政府引导的方式进行工业生态的链接，减少运距、降低成本、统一政策，克服市场机制尚不完善的弊端，推动循环经济的发展。

3. 完善管理体制，为循环经济建设提供体制保障。强化综合经济部门在循环经济建设方面的协调能力，理顺循环经济管理体制，明确国家发改委在循环经济建设中的综合协调作用。

4. 依靠科技进步，为循环经济建设提供技术支撑。加快发展循环经济的清洁生产技术、环境污染治理技术、资源综合利用技术和产业上下游链接技术的开发研究和推广应用。

5. 加强政策引导，为循环经济建设提供优惠条件。制定废旧物资回收的优惠政策，对废旧物资的回收、运输、综合利用等单位给予税收优惠待遇；对废旧物资综合利用的产品实行优惠价格；对循环经济建设过程中的设备投资、技术改造的费用，可以通过税前列支项目重新安排；利用废气发电的上网电价及购买电价给予优惠等等。

6. 加大对污染物排放的治理力度，推进企业的综合利用工作。大幅度提高现有的废弃物排放费标准，至少在现有基础上提高三到四倍，使企业自觉自愿地进行资源的再生利用和减少排放；改革排污费的征收办法，征收的排污费不再返还企业，主要用于购置、安装、维护企业排污的监测设备等。

7. 搞好试点工作，为循环经济建设积累经验。在充分总结由国家环保局抓的一些试点单位经验的基础上，扩大试点范围；把循环经济理念贯穿到试点的每个环节，认真搞好试点规划。

8. 制定政策法规，为循环经济建设提供法治保障。加快立法进程，尽快扭转循环经济建设过程中的混乱局面。

9. 加紧制定循环经济指标体系，为循环经济建设提供信息支撑。国家统计局、环保局应尽快制定一套循环经济统计指标，以法定形式进入统计体系，通过法定渠道，收集循环经济相关信息，为循环经济建设提供信息支撑。

10. 拓展对外开放领域，扩大国际交流与合作。在资金、技术、人才、管理等方面积极开展国际交流与合作。拓宽利用外资渠道，利用产业导向和优惠政策，鼓励外资投资循环经济建设项目，鼓励外商设立循环经济研发机构，积极开展有关项目的合资合作。

（作者单位：国家发改委经济体制与管理研究所）

坚持科学发展观
积极构建“和谐开发区”

王 秀 臣

构建社会主义和谐社会，是我们党提出的又一重大治国方略。其基本特征，就是“民主法治、公平正义、诚信友爱、充满活力、安定有序、人与自然和谐相处”。作为奋斗目标，需要经过长期不懈地努力才能逐步实现。而国家级开发区作为中国特色社会主义建设的重要组成部分，在继续成为改革试验区、开放示范区的同时，也理应成为构建和谐社会的示范区。

当前，烟台开发区面临的主要矛盾：一是国家要求进一步提高开发区发展水平与自身的现实发展仍具差距的矛盾；二是加速工业化、城市化进程与失地农民增多的矛盾；三是综合环境水平还不能与跨国公司迅速进入的情况完全适应的矛盾。我们将抓住上述矛盾，坚持以科学发展观统领全局，在构建和谐社会上积极探索、努力走在前面，率先走出一条生产发展、生活富裕、生态良好的文明发展之路。具体做到“三个统一”：

一、坚持又快与又好发展的统一，夯实物质基础

和谐社会本质上是富裕社会，贫穷不会产生和谐。因此，构建和谐社会的前提还是要发展，而且是要又快又好地发展。烟台开发区经过20年的不懈奋斗，经济社会发展取得长足进步，但与先进开发区相比还有差距，客观而言，开发区还处在追赶型发展阶段。为此，我们将在科学发展的同时，认真落实“三为主、两致力、一促进”的办区方针，继续把效率作为生命线，“打造外资密集、内外结合、带动力强”的经济增长带。重点提升“三个层次”：一是提升制造业发展的层次。以建设胶东半岛先进制造业高地为目标，按照“做大做强、联手打造”的核心思路，加快主导产业集聚化、龙头企业规模化和高新技术产业化。重点做大做强机械汽车、电子信息两大主导产业，抓好汽车、手机、电脑、工程机械、造船五大产品集群，加紧实施“112牡丹花培育工程”，即加速培育壮大“十朵金花”、“十朵银花”和“二十朵铜花”企业，并通过发展特色产业和“大企业经济”，提高产业素质和层次，形成核心竞争力。二是提升对外开放的层次。没有大项目的持续进入，就没有开发区的今天和明天。我们将把结构调整的重点放在增量上，定位在招商引资目标的实现上。紧紧抓住新一轮国际产业转移机遇，坚定不移地主攻世界和国内“两个500强”，坚定不移地推进产业配套招商，重点引进高新技术、大型基础性和装备性项目，着力建成韩日大公司投资密集区和长江以北重要的台资集中地。以烟台出口加工区B区封关运作为契机，进一步优化出口产品结构，促进加工贸易转型升级。年内，全区进出口总额完成42亿美元，其中出口20亿美元，机电产品出口比重提高到60%以上。三是提升发展循环经济的层次。始终遵循“低投入、低消耗，高产出、高效益”的发展模式，建设资源节约型、环境友好型社会。推进节能降耗和清洁生产，控制环境污染，提高资源利用率，争当发展循环经济的排头兵。在通过

ISO14000环境管理体系认证的基础上，争取今年下半年国家生态工业示范园区挂牌。

二、坚持效率与公平的统一，突出解决好失地农民问题

国家级开发区在加速推进所在地区城市化和新型工业化的进程中，普遍遇到失地农民不断增多的问题。如何兼顾好这部分人的利益、处理好得失矛盾，是开发区面临的突出任务。我们感到，按照“三个代表”要求，关注民生、善待群众，不是恻隐之心，而是政治责任；不是策略安排，而是价值取向；不是权宜之计，而是根本要求。

解决好失地农民和弱势群体的问题，关键要正确处理效率与公平的关系，既要坚持效率、加快发展，又要注重再次分配的公平公正，让发展成果惠及群众。在实际工作中，我们在坚持做好教育工作的同时，主要运用经济手段，破解“三农”特别是失地农民的“四难”问题：一是建设农民居住小区、经济适用房和廉租房，解决“住房难”问题。新规划建设10个农民居住小区，年内将有两个小区交付使用，上半年另有三个小区启动建设，到明年将有2000户农民搬进新居。除此以外，财政还投资1000万元抓紧建设500套廉租房，力争在今年汛期前完工，以妥善解决躲迁户无固定住所的问题。二是出台就业扶持政策，解决“就业难”问题。以区内技术学院等为基地，对失地农民中的适龄就业人员免费培训，提高就业技能；对公益性岗位的就业，向失地农民倾斜；在重大项目的谈判中，把安排失地农民就业作为限制条款，以确保失地农民失地不失业。三是加大帮扶和保障力度，解决群众“生活难”问题。农村帮扶工作已连续实施6年，通过落实“三个一”制度，即工委、管委每名领导成员和各部门各单位联系一个村，帮扶一个困难户，每年突出解决一个实际困难和问题，进一步密切了党群干群关系。另外，还加大对失地农民社会保障的财政倾斜力度，做到无缝覆盖、应保尽保，并逐年提高最低生活保障线，确保人人过得去，争取人人过得好。四是加大财政转移支付力度，解决“发展难”问题。在投入3620万元、提前两年实现“村村通油路”的基础上，将支持的重点放在规划区边缘地带和开发建设暂时涉及不到的村庄。主要采取财政转移支付和重点企业结对帮扶两手措施，计划三年内拿出2000万元，支持这些村建设水利设施、农产品批发市场等，解决一村一户办不了、办不好的大事和难事。通过加大工业“反哺”农业、城市支持农村的力度，全区农民人均纯收入由2002年的3602元，增加到2004年的5565元，年均增收1000元；2003年以来，在矛盾多发的情况下，信访总量每年下降15%。

三、坚持外树形象与内塑精神的统一，努力打造一流的综合环境

开发区国外投资者多、外来创业和务工人员多的实际，构成了典型的移民城市特征。社会群体构成的复杂性，决定了开发区推进经济建设、政治建设、文化建设、社会建设“四位一体”的紧迫性。也就是说，既要不断满足外来投资者的创业需求，又要不断满足区内居民的生活需求；既要创造兼容并蓄的文化特色，又要永葆开发区的社会主义特征。一方面，不断加大城市建设和社会事业的有效投入，创造富有吸引力和竞争力的对外形象。随着工业化进程的加快，开发区的城市化已是大势所趋。近两年来，我们围绕建设烟台高标准城市新区，累计固定资产投资200亿元，基础设施投资50亿元，分别占建区20年的45%和62%，形成了比较完备的基础设施供应体系和富有滨海风情的现代城市形象，这使我们在吸引大项目投资方面受益匪浅。今年，我们将再投入5.7亿元，进一步完善基础配套，提升建成区档次，再添一批城市建设的新亮点。按照一流标准，加快建设图书馆、档案馆、文体中心等一批公益设施，还清旧账、不欠新账，拉长社会事业这条“短腿”。另一方面，坚持搞好党的先进性建设和先进文化建设，创造富于凝聚

力、说服力和生命力的区域精神。以保持和发展党的先进性引领社会和谐。抓住党员先进性教育活动开展的有力契机，解决好党员干部队伍中存在的突出问题，切实提高组织群众、凝聚群众、服务群众的本领，提高处理和管理社会事务的水平，提高化解社会矛盾、协调社会利益的能力。把先进性建设与服务型政府建设结合起来，积极推行管委会ISO9000贯标认证，激励广大党员干部带头提供标准更高、水平更高、质量更高的服务。以先进文化建设促进社会和谐。牢固树立阵地意识，坚持马克思主义在意识形态领域的指导地位。突出先进性和包容性，树立“既要善待穷者、又要关爱富者，既要扶助弱者、又要支持强者，既要关心群众、又要保护投资者”的理念，切实做到尊重劳动、尊重知识、尊重人才、尊重创造，形成鼓励人们干事业、支持人们干成事业的浓厚氛围。

（作者单位：烟台经济技术开发区党工委书记、管委会主任）

艰苦创业铸就坚实基础
科学发展实现新的飞跃

唐文峰

上个世纪90年代初，当党中央、国务院把进一步扩大对外开放的目光投向了有着巨大潜力的长江流域时，重庆经济技术开发区（以下简称重庆开发区）把握住了这次千载难逢的历史机遇，1993年4月，被国务院批准为西部第一个国家级经济技术开发区。十余年来，重庆开发区始终坚持“三为主、一致力”的发展方针，牢固树立发展为执政兴国第一要务的理念，突出“两手抓”，围绕发展抓党建，抓好党建促发展，励精图治，大胆创新，求真务实，抢抓机遇，顽强拼搏，艰苦创业，实现了跨越式发展，在历年国家级经济技术开发区综合指标考评排名中，始终位居西部第一，领跑西部开发区。

一、艰苦创业打造西部一流

面对西部经济技术开发区与东部开发区相比，在地理位置、硬件设施、经济实力、管理水平等方面都处于弱势的严峻形势，差距就是动力。重庆开发区人敢于正视不足，善于找准比较优势，勇于拼搏进取，抢抓重庆直辖、中央西部大开发战略以及重庆建设北部新区，将重庆出口加工区、重庆开发区置换区、拓展区设于北部新区鸳鸯镇、礼嘉镇的重大历史机遇，坚持发展就是硬道理，聚精会神搞建设，一心一意谋发展，集中建设基础设施，精心营造投资环境，大胆创新管理体制，全力搞好招商引资，着力培植经济增长点，使昔日的农地荒坡变成了如今欣欣向荣的现代化工业新区，并成为重庆对外开放和外向型经济的窗口、生产力快速集聚与经济高速发展的重要增长极、发展高新技术产业推动科技进步的重要基地以及中国西部最具投资价值的地区之一。

一是创新思路，快速打造投资环境。重庆开发区既不沿边，又不靠海，靠什么来招商引资、吸引投资者？党工委、管委会毅然作出决定：“全力打造一流的投资环境”。投资环境是开发区发展的永恒主题，是保持区域优势、提升综合竞争力的核心所在。“栽好梧桐树，引得凤凰来”，思路决定出路。重庆开发区致力于政策性的突破和制度创新，克服基础设施建设资金的“瓶颈”制约，努力探索国债资金、社会投资和利用外资三者有机结合的途径，改变传统的投资方式，采用BT、BOT等方式进行开发建设，缓解资金压力，创造性地走出了一条良性的投融资开发建设新路子，全面提速和加大了南区“七通一平”、北区“九通一平”硬环境建设步伐，精心打造一流投资环境。在2001年南区约4.5平方公里土地全面开发建成以后，挥师北上，确定了“南北并进、两头作战”的方针和“一年起好步，三年大基础，五年见成效，十年交答卷”的工作步骤，迅速拉开了北部园区大规模开发建设的序幕。仅用不到一年的时间，建成了西部第一家出口加工区，并于2002年8月经海关总署等国家八部委联合验收合格正式封关运行。与此同时，在短短的三年时间里，北区征用土地近30平方公里，为启动区域七条“金系列”主干道和重点项目提供了用地需求。随着金开大道和金渝大道两条主干道路及其区间道路的建成，目前，北部园区的交通道路主骨架以及能源管网已基本形成，市政设施配套齐全，投资环境日臻完善。截至2004年底，全社会固定资产累计完成投资245亿元，建成道路70余公里，市政综合管网328公里，修建标准厂房20万平方米，转非安置房25万平方米。产业投入159亿元，老区企业全部建成投产，新区100余家内外资企业也相继投产，投资强度达到10.72亿元/平方公里，其中基础设施3.53亿元/平方公里。目前，重庆开发区北区十里汽车城、环保产业园、金山工业园、中央商务区以及都市风貌展示区建设如火如荼，并已具雏形。

二是创新方法，招商引资成效显著。重庆开发区及时把握国际资本流动和国际产业结构转移的新趋势，加强对国内外产业布局和投资形势的分析研究，主动适应经济全球化的趋势，创新思路，探索新路子、新方法，充分利用国家级经济技术开发区、出口加工区的优惠政策、体制优势及名牌效应，内外并举，抓大选小，致力于吸引投资规模大、科技含量高、产业链长的龙头项目，采取境外招商、产业招商、中介招商、职务招商等多种招商方式和全面贯彻“亲商、富商、安商”的招商服务理念，引进了一大批先进技术企业落户。截止2004年底，区内已引进22个国家和地区的投资者，兴办外资企业391家，投资总额21.37亿美元，单个项目投资规模平均达到550万美元，投资1000万美元以上的大项目45个。福特、可口可乐、爱立信、本田、BP、罗兰、伟世通、麦德龙、江森、李尔、铃木、东洋、电装、大金、关西、台塑、顶新等全球500强和国际知名企业，以及长安、力帆、隆鑫、嘉陵、美心、华能、保利、龙湖、联想置业、福耀玻璃、中汽西南、奥林匹克等国内知名企业已先后入区落户，并已初步形成了以电子信息、汽车摩托车、生物医药、精细化工及新材料、绿色食品、服装制造等六大产业群为支柱的园区经济格局。12年来，重庆开发区经济呈现持续高速增长势头。全区主要经济指标一直保持两位数的增长水平，1993~2004年，总收入由24.1亿元增加到272.4亿元，年均增长26.53%；GDP由5.8亿元增加到77.13亿元，年均增长26.52%；工业总产值由6.91亿元增加到210.42亿元，年均增长36.41%；税收总额由1.36亿元增加到16.10亿元，年均增长31.6%；预算内可支配财力由1995年的979万元增长到2004年的6.50亿元，年均递增59.4%，9年累计实现税收80.20亿元、实现预算内可支配财力20.31亿元。主要经济指标增速比重庆市平均水平高出一倍以上，历年在国家级经济技术开发区综合发展环境评价排名中位居西部第一。重庆开发区已成为中外投资者考察、投资的首选之地以及重庆现代工业和外资企业最为密集的地区，国家级开发区的示范、辐射和带动作用日益明显。

三是创新体制，提升区域整体竞争力。作为改革开放的新生事物和重庆对外开放与国际接轨的前沿阵地，重庆开发区始终坚持不懈地创新体制，推进“小机构、大服务”、“精简、统一、高效”，并符合外向型经济和国际惯例的“服务型政府”建设。通过大刀阔斧地实施机构改革，改变干部任命及劳动用工方式，实行聘任制、雇员制和竞争上岗，对直属国有企业进行股份合作制改造，精简了机构，激励了人才的竞争；通过实行一个窗口对外、一站式办公、一条龙服务，提高了工作效率；通过建立首问负责首接首办的承诺服务制、区内企业巡访和重点企业联系的主动服务制、变按职责服务为保姆式按需服务的延伸服务制以及“企业无事不插手、企业有事不撒手”的周到服务制，体现了“投资者是上帝”的服务宗旨；通过率先在西部国家级经济技术开发区和重庆市行政管理机关中实施ISO14000国际环境管理体系并通过认证，获得了“绿色通行证”，提升了环境综合竞争力。同时，重庆开发区始终不遗余力地抓好党的建设，以党纪、政纪教育来提高干部职工的思想觉悟；以改革公务用车制度，促进增收节支，加强了廉政建设；以各种规章制度、法制建设规范和完善了综合发展环境；以认真做好促进农转非安置和就业工作维护和确保了社会稳定以及辖区经济社会协调发展，切实做到了投资环境“硬件更硬、软件更灵”。目前，重庆开发区已建立起一套完善的服务体系、健全的法律体系、简便快捷的办事程序和一支具备丰富开发经验、精干高效廉洁的干部队伍，区域整体竞争力日益凸现。重庆开发区已发展成为重庆市乃至西部地区基础设施环境最好、政策环境最适宜、投资者反映最佳的区域之一。

二、新的征程实现新的飞跃

当前国家级经济技术开发区整体迈入了一个发展提高的新阶段，重庆开发区也迎来了新的起点、新的征程，今后一个时期的奋斗目标是：以邓小平理论、十六大精神和“三个代表”重要思想为指导，坚持以发展为第一要务，全面树立和落实科学发展观，按照“三为主、两致力、一促进”的发展方针，与时俱进，开拓创新，齐心协力，抢抓机遇，实现“二次创业”新一轮飞跃发展。全区总收入、地区生产总值、工业总产值、入库税收等主要经济指标年均增长20%以上，到2007年，分别达到520亿元、140亿元、470亿元、30亿元；到2010年，分别达到900亿元、240亿元、800亿元、52亿元，努力把重庆开发区建设成为促进国内发展和扩大对外开放的结合体；成为跨国公司转移高技术高附加值加工制造环节、研发中心及其服务外包业务的重要承接基地；成为高新技术产业、现代服务业和高素质人才的聚集区，成为促进经济结构调整和区域经济协调发展的重要支撑点；成为推进重庆市城市化和新型工业化进程的重要力量；成为体制改革、科技创新、发展循环经济的排头兵；成为重庆高新技术的产业基地、都市发达经济圈的核心增长极和都市风貌展示区。到2010年肩负起“再造一个重庆工业”的重任，构建和谐社会，并率先全面实现小康社会。

“雄关漫道真如铁，而今迈步从头越”。为了实现新的飞跃，重庆开发区将采取以下思路与措施：

一是树立和落实科学发展观，努力构建全面小康的和谐社会。以人为本，着力抓好“就业工程”、“健身工程”、“安居工程”、“敬老工程”和“社保工程”等五大民心工程；认真组织实施转非人员的就业培训和就业服务；千方百计解决民生问题，促进其就业；努力使农转非居民失地不失业，能充分就业、身心健康、居者有其屋、老有所养、享受社会保障和社会救助。确保社会稳定和区域社会经济协调发展，努力构建全面小康的和谐社会。

二是进一步完善招商引资机制和方式，提高招商引资成效。面对经济全球化、中国加入WTO、走新型工业化道路和实行更加严格的土地管理政策等的新形势，招商引资将及时调整思路，在与重庆市各特色园区“错位”发展的同时，搞好“定位”，进一步拓宽引资的领域和区域，提高引进项目的档次，注重引进高新技术和开发创新，继续致力于吸引投资规模大、科技含量高、高附加值、低能耗、产业链长的龙头项目、研发中心和服务外包业，进一步提高利用外资的质量和水平，推动结构调整和优化升级，提高发展水平。

三是继续做好土地这篇文章，倍加珍惜土地，坚持走集约利用土地之路。土地是开发区赖以生存和发展的根本，十分珍惜和合理利用每一寸土地，是实施可持续发展战略的客观要求，要继续编制和执行好土地利用规划，使其资源效益最优化；要严格按照投入、产出核定和供应项目建设用地，用好每一寸土地，原则上每亩土地的投资强度不得低于200万元人民币，工业产值不得低于400万元人民币，原则上对投资额不到500万元人民币的工业项目不单独供应土地；要更多地建设工业标准厂房，让部分技术先进、产品市场前景好而投资规模不大的企业尽可能进入标准厂房；要加速土地使用权的转变，按照急先缓后的原则，合理安排，精心组织，确保基础设施、主干道路和重点项目的建设土地供应；要根据规划开展分类整治和出让土地，在高标准搞好土地深加工，实现储备土地价值的最大化的同时，着力抓好土地出让工作，为开发建设积聚建设资金。

四是要始终坚持体制创新，增强核心竞争力。要不断完善集中精简、灵活高效、亲商务实的管理体制和运行机制，继续坚持不懈地推进“服务型政府”建设，着力于打造高效廉洁的政务环境、公平诚信的市场环境、公正公开的法治环境、优质便捷的服务环境、洁净优美的生态环境、崇尚礼仪的人文环境，使经开区成为重庆市乃至西部基础设施环境最好、政策环境最适宜、投资者反映最佳的最符合国际惯例的示范区，努力为区内各类市场主体提供公平竞争环境和良好服务环境，增强核心竞争力。

（作者单位：重庆经济技术开发区党工委书记、管委会主任）

加强组织领导　把握发展大局

郑有光

党的十六届四中全会指出：“党领导经济工作，主要是把握方向，谋划全面，提出战略，制定政策，推动立法，营造良好环境”。作为基层党委，我们结合本地实际，在工作中深刻领会中央精神，以开展保持共产党员先进性教育为契机，切实加强和改善党委对经济工作的领导，把握发展大局，确定经济社会发展的基本思路和工作重点，认真落实科学发展观，努力构建和谐社会，推动经济社会全面协调发展。

一、理清发展思路

思路决定出路，没有好的发展思路，就难以制定加快发展、切合实际的工作措施。我们以科学发展观统领经济社会发展大局，逐步形成了切合我区实际的比较系统的基本工作思路。2002年以来，区委根据经济社会发展的不同阶段，相继提出了以“一中心（区域物流中心）、两基地（现代制造业基地、科技成果转化基地）、三重点（西接东拓、沿江开发、城市化）”为主要内容的新一轮创业思路和“两个率先”（率先基本实现现代化、率先全面建设小康社会）的中长期奋斗目标。去年，我们按照省委、市委的部署，围绕如何在“建设海峡西岸经济区、做大做强省会中心城市”中发挥优势、突出特色、选准定位的问题，多角度、多层次、全方位地对我区经济社会发展各个领域、各个主要环节进行了系统的调研和讨论，立足自身优势和潜力，立足海峡西岸经济区发展大局，站在全国区域经济布局和经济全球化的高度来认识马尾的发展空间、发展定位、发展途径，提出了“建设海峡西岸产业聚集新高地”的战略构想。以产业集聚、科技创新为重点，经过5~8年的努力，实现“十百千亿工程”（即打造一批十亿元企业、若干个百亿元企业，年销售收入突破千亿元），其中高新技术企业产值达70%以上，物流产业的增加值占全区GDP15%以上。

二、创新发展理念

我区早在设立初期，就提出了“马尾的事，特事特办，马上就办”的理念。随着经济全球化和我国加入WTO，我们与时俱进地提出了要“按国际惯例办事，与世界市场接轨”以及“企业优先”、“项目优先”、“效益优先”和“亲商、安商、富商”等先进的理念。近年来，全区各级党组织和广大领导干部切实从我区实际出发，更加自觉地坚持以科学发展观为指导，牢固树立以人为本的思想，始终坚持以提高吸收外资质量为主，以发展现代制造业为主，以优化出口结构为主，致力于发展高新技术产业，致力于发展高附加值服务业，促进我区向多功能、综合性产业区发展。在贯彻落实中央“五个统筹”要求时，区委提出了“五个发展”新理念，即努力实现速度、质量、效益同步发展，二、三产业协调发展，城乡一体化发展，经济社会全面可持续、跨越式发展，群众得到更多实惠发展。在“围绕财政抓经济、围绕效益抓发展”的理念指导下，区内企业普遍盈利，税性收入占全区财政总收入的比重不断提高，财政负债明显下降，经济运行进入良性循环。

三、营造发展氛围

随着国际市场竞争的加剧，招商引资的拼抢已到了白炽化的程度，兄弟开发区发展的势头迅猛，给我们带来很大的压力。面对形势逼人，不进则退，慢进也是退的局面，区委加大改革力度，强化发展意识，深化干部人事制度改革，打破用人老套路，扩大视野，到项目建设一线发现选拔干部，把德才兼备，注重实效，群众公认的干部选拔到各级领导岗位上来。这样既调动了干部的积极性，推动了事业的发展，也增强了选拔的准确性。同时，加大了公开选拔领导干部和轮岗交流力度，解决了干部“能上能出”的问题。激发社会创造活力，坚决破除各种障碍，调动一切积极因素，使一切有利于发展的创造愿望得到尊重、创造活动得到支持，创造才能得到发展、创造成果得到肯定。扎实推进“阳光工程”，全面落实反腐倡廉工作“六个机制”，进一步从源头上预防和治理腐败，健全工程建设项目招标投标制度，完善政府采购制度的管理。克服“小富即安、小胜即喜”的思想，摆脱一切思想束缚，比思路、比举措、比成效，不断增强优患意识、机遇意识、超前意识和责任意识，在党员干部中形成了想干事、能干事、干成事的氛围，形成了风正气顺、人和业兴的良好局面。

四、破解发展难题

近年来，我区面临加快发展的一些困难和问题，区委统一思想，形成合力，把宏观调控作为新的发展机遇，调整优化经济结构，挖掘内在潜力，千方百计加快发展。一是突破“三大瓶颈”。我们大力盘整存量土地和闲置厂房，坚持以项目定用地、以投资额定用地，有效缓解了用地紧张问题；科学调度，错峰用电，鼓励企业节能，有效保证了工业企业有序用电；搭建银企合作平台，帮助企业解决生产经营中的资金困难问题，为企业落实了近2亿元的资金需求，有效缓解了银根紧缩、加息等带来的影响。二是突破重大项目。我们集中精力“招大商、招好商”和产业链招商，新引进项目的规模、档次进一步提高。去年引进千万美元以上项目8个，新增跨国公司投资项目4项，投资近8.2亿美元的PDP项目立项获国务院批准，标志着我区利用外资水平又创历史新高。三是突破名牌产品。我区飞毛腿公司锂离子充电电池获“中国名牌产品”殊荣，实现了市、区“中国名牌产品”零的突破，一批企业获得省、市级名牌称号。四是突破发展空间。经国务院批准，福州开发区规划面积从原来的10平方公里扩大到23平方公里，给我们带来了新的更大的发展机遇。五是突破公用事业改革。我区自来水公司与汇津水务合资，实现国有资产溢价5000万元，不但盘活了资产，实现国有资产增值，而且创公用事业改革之先，为全省、全市公用事业改革提供成功的借鉴。

五、完善发展环境

环境是生产力，环境是竞争力，是建设海峡西岸产业聚集新高地的服务平台。我们在建设适度超前基础设施的同时，认真贯彻《行政许可法》，加快政府职能转变，把强化服务企业作为工作的重中之重，努力打造全程服务、主动服务、规范服务、廉洁服务、高效服务、优质服务政策环境。从“一个窗口收费制”、“办事限时制”到全面推行全程无偿代办制、重点项目领导包点制、企业服务110制等一系列工作机制，基本形成了项目洽谈立项、建设审批、生产经营前、中、后三道环节一体化服务体系，达到了政府与企业“零距离”目标，塑造了“效率开发区”环境；从获得“全国绿化百佳区”殊荣到顺利通过ISO14001环境管理体系国际、国内双认证，塑造了“生态开发区”环境；从创建“平安马尾”活动到获得“全国社会治安综合治理先进集体”殊荣，塑造了“平安开发区”环境；从获得“全国科技先进区”、“全省文明城区”、“全国首批社区建设示范区”殊荣，到发掘、弘扬船政文化，建设爱国主义教育基地，塑造了“文明开发区”环境，综合投资环境不断完善优化。

六、聚集发展合力

合力来自于服从工作大局。区各套班子自觉把思想和行动统一到中央和省、市委各项决策部署上来，形成盯住发展、谋划发展、致力发展、加快发展的共识，牢固树立起全区一盘棋观念，紧紧围绕中心工作，在服从服务大局中找准位置，发挥作用，协调配合，心往一处想，劲往一处使，拧成一股绳。合力来自于狠抓工作落实。我们无论是抓经济建设，还是抓党建、精神文明和维护安定稳定工作，都将其分解成一个一个项目，落实到位，责任到人，立足实际，从基层抓起、从基础抓起、从责任制抓起，对确定下来的工作，实行层层分解，一级抓一级，一级带一级，一级对一级负责。合力来自于维护群众权益。我们注重提高群众的生活质量和水平，始终把群众利益放在第一位，较好解决了失地农民生产就业和生活保障问题，建立了区、镇（街）、社区三级就业保障服务体系，以“三保五救助”为基本内容的城乡社会保障救助体系正在形成。正是开发区经济和社会发展的成果惠及全区人民，才广泛地动员和组织了各方力量参与开发区建设，凝聚起班子合力、上下合力、干群合力和社会合力。

（作者单位：中共福州经济技术开发区委员会书记）

心系失地农民　共建和谐家园

——浅析合肥经济技术开发区失地农民基本生活保障和失地劳动力就业工作的思路与对策

刘 自 强

合肥经济技术开发区经过12年的建设发展，经济总量已跃居国家级开发区先进行列，综合投资环境跻身49个国家级开发区第9位，主要经济指标连续4年位居中西部国家级开发区之首。

在发展初期，合肥经济技术开发区走的也是征地实行一次性补偿的路子，依法支付给当地政府和群众相关费用，征地、拆迁、安置等工作均由相应的县、乡镇和村负责，但由于体制不顺和各级组织的利益纠纷，往往是费用给了，地出不来，群众拿不到钱，项目开不了工，极大地影响了投资环境，直接制约了开发区的发展。1997年，在成功实施行政管理体制和机构改革之后，随着管辖区域的确定、运行机制的明确和管理权限的到位，16个行政村32000多名农民被划为开发区管理，征地、拆迁、供地的效率得到极大提高，投资环境也得到根本改观，但同时，失地农民的住房安置、保障和就业问题也随之出现。开发区工委、管委会没有将失地农民视为包袱和负担，而是作为财富和资源，把带领农民致富和维护好、发展好失地农民的根本利益作为立身之本，纳入开发区发展“三个主旋律”的指导思想。在工作中，开发区深入研究新形势新任务，大胆解放思想，坚持用系统的思维、改革的思路、创新的手段，破解和化解土地征用、拆迁补偿、房屋安置、失地农民就业和基本生活保障等等难点和焦点问题，在全国开发区中较早建立了失地农民基本生活保障体系及合作医疗和大病统筹制度，顺利实现了“两个安置”（房屋安置、劳动力安置）和“三个转变”（农业向工业转变、农村向城市转变、农民向居民转变），初步建立了新型的城市管理体制和运行机制，为国家级开发区解决失地农民问题提供了新的模式和实践经验。

一、大胆创新，以社区开发建设破解拆迁安置难题

1998年初，开发区在充分研究政策，吸取经验教训的基础上，出台了《关于在开发区组织实施社区开发建设的通知》，并以此为总纲，制订了《开发区征地拆迁安置暂行办法》、《开发区房屋拆迁安置实施细则》等一系列规章，通过社区开发建设统揽全区的征地、拆迁、安置各项工作。一是对社区建设进行统一规划、统一计划、统一政策、统一建设、综合开发、分区实施，同时明确各项费用按每亩30000元实行包干，专款专用。二是在住房安置和建设方式上，实行统拆统建，集约利用土地。不仅立足于解决农民安居和未来人口的聚集，而且为入区项目配套加工、仓储运输、三产服务预留了发展空间。与“自拆自建”相比，“统拆统建”节约了4倍的土地，节省了6倍基础设施建设资金，使土地和资金价值最大化。截止目前，7个社区已累计完成建筑面积130万平方米，累计安置9163户，基本确保所有拆迁户都入住新居，实现了超前建设，拆迁和安置同步。三是加强队伍建设，为社区

发展提供智力支撑。挑选有开拓精神、善于管理的干部负责社区建设，同时将村“两委”负责人融入社区管理机构，组建优势互补、相互促进的社区领导班子，并引进了近200名大中专毕业生，作为社区工作者队伍充实到社区建设一线，在负责开展规划、建设、征地、拆迁、安置等具体工作的同时，锻炼一支对工作充满激情、精于和群众沟通、善于做基层工作的实用型队伍，为社区健康发展奠定人才基础。四是塑造社区文化，提升社区品位，凝聚人心人气。完善社区文化广场、社区活动中心、卫生服务中心等文化设施建设，组建社区合唱队、曲艺队、书法会、象棋会等组织，放映广场电影，开展普法、卫生、计生教育，组织大规模的“社区文化艺术节”文艺调演，充分展示群众的才艺和才智，形成积极、热情、健康、向上的社区文化氛围。

实施社区开发建设，使失地农民实现了安居乐业，也使他们的心与开发区紧紧地连在一起，征地难、拆迁难等问题迎刃而解，投资环境得到保证。2000年初，海尔集团投资10亿元在开发区建设其总部以外的第一个工业园，占地600余亩、涉及4个村民组158户农民的征地和拆迁工作，在短短12天内就全部完成，创造了惊人的“开发区速度”。

二、以人为本，建立失地农民终身生活保障体系

十多年持续快速稳定的发展，使开发区的经济实力有了很大提升，也给开发区以工业反哺农民、让失地农民共同分享工业化、城市化、现代化的成果，提供了必要的条件和基础。同时，在进行征地拆迁和社区开发建设过程中，开发区也充分吸取了传统模式的经验教训，摒弃了“发光、用光、分光、吃光”的做法，坚持将劳动力安置补助费、给予村集体的土地补偿费等统筹集中起来，实行专款专用，专门用于失地劳动力的生活保障、就业、大病统筹等关系到失地农民切身利益的大事上。对于资金的不足部分，则由实行财政“兜底”。

实施失地农民基本生活保障制度。为使广大失地农民都能分享到发展成果，管委会于2004年初制订出台了《合肥经济技术开发区失地农民基本生活保障暂行办法》。该办法明确由村集体资产、开发区财政共同出资，建立失地农民基本生活保障资金，将失地农民按年龄段分类，按照分类给予不同的保障措施。一是建立供养制度，对男56周岁、女51周岁以上的失地农民，每人每月发放供养费120元，确保“老有所养”。二是实施教育补助，对18周岁以下的失地农民，分4到5年给予每人10000元的教育补助，专门用于其接受教育所需，做到“幼有所教”。三是实行“待供养”制度，对凡男在40周岁以上56周岁以下、女在35周岁以上51周岁以下的失地农民，一律发给《待供养卡》，在达到供养年龄时，即可享受供养待遇，让他们“心有所安”。四是推行失业补助，对凡未就业的失地劳动力，均发给失业补助，解决燃眉之急。开发区失地农民基本生活保障制度实施一年多来，已发放各类补助资金6241万多元。

推行失地农民医疗保障制度。借鉴合作医疗的经验，于2005年初出台了《开发区失地农民医疗保障制度试行方案》，在全区推行新型医疗救助和大病统筹制度。该制度的特点是全员参加，全面覆盖；大病统筹、帮困救困；明确程序，严格管理。目前，开发区的合作医疗和大病统筹制度实施工作正在稳妥向前推进，全区32000多名失地农民不久即可从该项制度受惠，真正解决“难言之隐”，实现“病有所医”。

建立多层次的扶贫帮困机制。对于失地农民中的特困群体和弱势群体，开发区建立了多层次的帮扶和救助机制。一是“养”，即建立提前供养制度。对因严重精神疾病或残疾而全部或大部分丧失劳动能力的失地农民，直接列为供养人员，按月发给供养补助。截止目前，已对92名失地农民实行了提前供养。二是“救”，即开展社会救助和救济。通过民政、工会、共青团、妇联等组织，建立政府救济和社会捐助的长效机制，对认定的特困户和困难家庭实行定期救助和定期补助，使他们尽快走出生产、生活的困境。三是“帮”，即开展结对帮扶活动。从工委、管委会领导，到区属各单位，均与特困家庭“结对子”，定期上门了解情况，进行慰问，并及时解决问题。同时，还积极宣传发动区内企事业单位与困难群体开展对口帮扶，仅联合利华一家就资助了15名困难家庭的大学生，为他们提供大学期间的学费。四是“扶”，即通过扶助脱贫解困。对困难家庭中有就业能力和愿望的成员，通过免费提供就业信息、免费推荐就业岗位、免费进行技能培训等政策措施，提高就业能力，并优先推荐至合适岗位，通过解决家庭成员的就业问题，增强困难家庭的“自我造血”功能，逐步实现自我保障、自我发展。

三、多管齐下，推动失地劳动力就业和创业

就业是失地农民最根本、最有效的保障手段。开发区始终将促进失地农民就业作为中心任务之一，千方百计抓就业。按照政府强力推动、政策引导支持、市场机制运作的总体思路，多方位拓展就业渠道，努力实现充分就业。截止今年上半年，6986名失地劳动力经开发区推荐就业，自主创业、自谋职业的近万人，开发区失地劳动力就业率超过70%。

构建失地劳动力就业政策体系。一是制定《开发区促进失地劳动力就业的若干意见》，对失地劳动力就业实行政策引导。对吸纳失地劳动力就业的单位，根据合同期限给予相应奖励；对成功介绍失地劳动力就业的中介机构给予补贴；自主创业和自谋职业的失地劳动力，可优先优惠租赁或购买社区经营场所，并减免行政事业性收费；对凡是办理了城镇职工基本养老保险的，不论其就业形式，均给予每人每月80元的社会保险补贴。二是出台《开发区公益性岗位管理实施意见》，把区内保洁、保绿、保养、保安等公共事业岗位及区属单位的后勤服务岗位等确定为公益性岗位，明令这些岗位必须使用失地劳动力，为失地劳动力特别是文化程度较低的大龄失地劳动力就业提供了现实途径。目前，开发区在公益性岗位就业的失地劳动力已超过1000人。三是实行征地转户，为统筹城乡就业做好铺垫。2004年初，经上级批准，开发区33067名失地农民一次性转为城镇户籍，标志着“农民变居民”正式完成。

完善失地劳动力就业服务体系。一是改革社区管理体制，打造就业服务平台。适应城市化发展要求，于2005年初实施了社区管理体制改革，将原7个社区建设管理中心整合为4个社区管理委员会（街道），统筹管理辖区社会公共事务；同时，依法定程序撤销原16个行政村，组建21个小区委员会（社居委），将农村社会管理体制转变为新型城市基层管理体制。在4个社区管理委员会设立劳动保障科和就业服务中心，小区设劳动保障协理员，初步建立了以区人才劳务中心（区就业服务管理中心）为龙头，以各社区就业服务中心为依托的就业服务网络。在服务内容上，社区就业服务中心实行求职登记、失业登记、职业指导、职业介绍、信息发布、基本生活保障费用审核、优惠政策兑现审核等“一条龙”服务，“一站式”办结。二是加强信息建设，提供基础支撑。利用征地转户和实施失地农民基本生活保障的契机，开展了大规模失地劳动力状况调查，掌握了失地劳动力的基本情况、文化程度、技能特长、从事职业、求职意向、培训需求等多方面的第一手资料，各社区均在此基础上建立了失地劳动力台账，同时还开发了专业管理软件，提高了就业工作的针对性、目的性和有效性。三是发展中介组织，发挥市场作用。利用区内大型工业企业、劳动密集型企业集中的优势，积极引进有实力的劳务中介组织、劳务代理公司，通过规范管理发挥他们在促进失地劳动力就业方面的积极作用。开发区规定，区内劳务中介组织和劳务代理公司必须优先推荐开发区失地劳动力就业；劳务代理公司聘用失地劳动力不得低于70%；必须按月向主管部门和社区管理委员会报送岗位信息、职业介绍信息。同时还建立了严格的目标管理和考核制度。经过几年的发展，中介组织已成为推动失地劳动力就业的重要力量和渠道。

强化失地劳动力培训工作。针对失地农民的实际情况，出台《合肥经济技术开发区失地劳动力培训工作实施意见》和具体方案，按照“政府引导支持、群众自主参加、市场机制运作”的指导思想，分类开展培训工作。一是全面开展引导性培训。统一教材和宣传材料，利用夜校、知识讲座、家长学校等灵活有效的形式，分小区开展以开发区区情、城市生活常识和基本规则、劳动者权益保护、应聘注意事项等为主要内容的宣讲和培训，培训对象为全体失地劳动力。二是有针对性地开展技能培训。一类是“订单培训”。培训应用人单位需求和计划，将培训与就业、培训与职业资格认定、职业技能鉴定紧密结合，培训合格后直接进入工作岗位。另一类“定点培训”，认定若干专业培训机构作为协作单位，失地劳动力可按照本人意愿申请在这些机构进行培训，培训合格并取得毕业证书或职业资格证书后，实行自主就业。三是开展创业咨询服务。对部分具有一定的技能、知识或经济基础，希望开办经济实体或进行创业的失地劳动力，经本人申请，组织开展开业指导、政策服务、办事程序咨询以及企业注册、登记、税收、运行等过程中的相关法律、法规知识等，帮助其解决在开业之前的实际困难。四是明确培训政策，规定凡是自愿参加培训的人员，可以享受最多2次、每次不超过500元的培训补助，从政策上推动失地劳动力培训工作。

办好教育，提高新增劳动力的基本素质。要解决将来的就业问题，就必须从现在的教育抓起。为此，开发区提出了“不让一个孩子失学”的口号，持续增加投入，大力提升教育水平。从1998年开始，每年都投入大量资金改造教育硬件设施，把原来的2所农村初中、11所农村小学整合为1所普通高中，1所职业与成人教育中心，2所初中，7所小学，学校教育教学设施在合肥市也堪称一流。同时，大刀阔斧改革学校用人制度，教职工实行全员聘用制，学校负责人实行竞争上岗，建立岗位管理、能进能出、能上能下的人事管理体制。按照高标准要求招聘新教师，不断补充新鲜血液，提高教育教学水平。此外，充分发挥职业与成人教育中心的主渠道作用，接纳没有升入高中读书的孩子进入中心，通过学习取得高中或技校学历，并使失地农民子女掌握一定的文化知识和专业实用技能，提高就业本领。从实行行政管理体制改革以来，开发区教育水平和质量一年一个台阶，为从源头上解决城镇新增劳动力的就业问题奠定了良好基础。

（作者单位：合肥经济技术开发区
人事劳动局）

和谐社会视野中
和谐开发区的构建

王 天 意

“和谐社会”的提出，是十六届四中全会的一大理论贡献，是我党新时期的一面理论旗帜，也是我们今后相当长的一个时期内必须为之奋斗的目标。

构建社会主义和谐社会，适应了新世纪中国社会发展的客观要求，体现了中国人民的根本利益和共同愿望。我们不难发现，从2002年十六大提出“全面建设小康社会”，到2003年十六届三中全会提出“科学发展观”和“五个统筹”，再到2004年十六届四中全会提出构建“和谐社会”，这一系列命题的提出，反映了我党对经济社会发展认识的逐步深入，体现出我党越来越明显的以人为本和全面发展的执政理念。

开发区作为中国改革开放的桥头堡，在多年来风雨兼程的历程中，无论是在理论上还是在实践中，都一直处在中国发展的最前沿。毫无疑问，在构建社会主义和谐社会的伟大实践中，开发区理应继续走在最前沿。

一、构建和谐开发区是构建和谐社会的必然要求

关于社会主义和谐社会的内在要求，胡锦涛总书记作了系统地概括，指出和谐社会应该是“民主法治、公平正义、诚信友爱、充满活力、安定有序、人与自然和谐相处”的社会。

和谐社会既是一种社会状态，也是一种社会理想。和谐社会与物质文明、精神文明、政治文明之间相辅相成，构成了有机统一的四位一体。和谐社会是进行物质文明、精神文明，政治文明建设所追求的一种社会目标，同时也是深化三个文明建设的社会条件。胡锦涛强调：“要通过发展社会主义社会的生产力来不断增强和谐社会建设的物质基础，通过发展社会主义民主政治来不断加强和谐社会建设的政治保障，通过发展社会主义先进文化来不断巩固和谐社会建设的精神支撑，同时又通过和谐社会建设来为社会主义物质文明、政治文明、精神文明建设创造有利的社会条件。”

从和谐社会的内在要求以及与三个文明建设的相互关系来看，构建和谐开发区是构建和谐社会的必然要求。

1. 从经济的角度说，构建和谐开发区是构建和谐社会的必然要求。国家的稳定与社会的和谐历来是执政者治国理政的重要目标，但这个目标的实现要有物质基础，只有生产力发展了，经济发展了，老百姓的衣食无忧、生活安定了，构建和谐社会的目标才有可能实现。否则，离开物质文明，和谐社会就是空中楼阁。

开发区是中国先进生产力的发祥地，是地方财富的生产地，是充分就业的承载地，是地方经济发展的龙头。没有开发区的兴旺发达和财富聚集，城市将失去发展的动力，充分就业将失去依托，地方经济将失去活力，和谐社会也将失去物质基础。从这个意义上说，构建和谐开发区是构建和谐社会的必然要求。

2. 从政治的角度说，构建和谐开发区是构建和谐社会的必然要求。和谐社会的政治保障是不断发展的社会主义民主，是不断完善的社会主义法制。只有民主发展了，法制完善了，人民群众才有可能在充分自由的基础上享受社会的和谐，这种自由与和谐才有了制度保障。否则，离开民主而追求和谐只能是管制，没有法制而追求和谐只能走向反面。

开发区是中国社会主义市场经济的开拓地，是中国民主的开拓地，也是中国法制的试验场。开发区具备这种特质，是因为它具有多元经济结构的特征，这种特定的经济基础决定了开发区有一种追求各种市场主体平等参与和竞争的渴望，这需要以民主的发展和法制的完善为支撑的市场经济制度的完善。从这个意义上说，开发区的民主法制建设是推动一个地方政治进步的重要因素，而和谐开发区的构建对一个地方和谐社会的构建则具有一种政治上的示范作用。

3. 从文化的角度说，构建和谐开发区是构建和谐社会的必然要求。先进文化是和谐社会的精神支撑，对一个地方而言，发展先进文化就是要通过不断提高公民的思想道德素质和科学文化素质，逐步形成开放、文明、友爱和诚信的良好社会风尚，逐步增强地方的凝聚力、吸引力和竞争力。

开发区不仅仅是先进生产力的发祥地，也

是先进文化的发祥地。优秀的企业都很注重以良好的企业文化来吸引社会公众的眼球，打造“注意力经济”，如：道德诚信的经营理念，敢为人先的开拓意识，积极向上的精神风貌，爱厂如家的主人翁精神，等等，这些都是先进企业文化所追求的目标。从这个意义上说，以先进文化支撑构建和谐开发区既是开发区企业自身发展壮大的需要，它原本也就是构建和谐社会的重要组成部分。

4. 从社会的角度说，构建和谐开发区是构建和谐社会的必然要求。构建和谐社会的一个重要目标是协调好各种社会关系，疏导并控制社会不满情绪，消除不和谐因素。改革开放以后，我们在效率优先的原则下取得了长足的发展，但也在兼顾公平不够的情况下出现了不少矛盾，诸如：生存危机、分配差距、保障缺失、安全危机、政策不当和腐败现象等问题的存在，导致了社会不满情绪的滋生，不满情绪滋生后便以牢骚式宣泄、背逆式宣泄、暴力式宣泄来表现，从而影响了和谐社会的构建，更严重的是危及社会的稳定。

开发区的社会关系较为复杂，如劳资关系，政企关系、企业与社会公众的关系等，这些关系如果协调不好，就有可能也滋生矛盾，引发事端。正因为如此，党和政府也历来把企业与农村并列，作为维护社会稳定工作的两个重点。从这个意义上说，开发区协调好各种关系，维护区内的稳定与和谐，就是为地方的和谐社会的构建做贡献。

二、构建和谐开发区应遵循的几个重大原则

构建和谐开发区必须准确把握社会主义和谐社会的精神实质，要克服一些模糊认识，并在实践中遵循以下四个原则。

1. 必须遵循坚持讲效率的原则。效率优先的提出是对计划经济时代不讲效率的平均主义的抛弃，它符合市场经济的基本规律。效率优先是我党多年来一直强调的，毫无疑问，坚持讲效率也将是我们今后必须长期遵循的原则。在对和谐社会的诠释中，存在一些误区，一些人在强调公平正义时对效率优先产生了疑问，并强调“社会主义和谐社会所需要的公平正义，其本质内容，就是能有效地促进剥削的消灭和两极分化的消除”（傅治平：《和谐社会学习读本》33—34 页）。这种观点似是而非。应该说，防止两极分化，实现共同富裕的确是社会主义的目标。但“促进剥削的消灭”的提法是值得怀疑的，什么叫“剥削”？“剥削”的界限是什么？这很容易混淆视听！如果以企业有利润就叫剥削的话，那世界上不存在没有剥削的企业，因为追求利润是企业生存的前提。笔者认为，“剥削”这个词要慎用，我们还是要强调企业依法获取利润，还是要用“三个有利于”来做为评判是非得失的标准，还是要以能调动积极性和激发创造性来衡量和谐社会的构建，如果对和谐的诠释得出了对“坚持讲效率”原则的否定的话，那这种诠释肯定是歪曲了和谐社会的本意。

十六届四中全会在诠释和谐社会时指出：“既要保护发达地区、优势产业和先富群体的发展活力，又要高度重视和关心欠发达地区、比较困难的行业和群众。”这充分肯定了坚持讲效率的原则。开发区内存在多种经济成份的企业，而企业都是在效率优先的原则下经营的，我们应当正确把握和谐社会的本质，在构建和谐开发区的进程中毫不犹豫地继续遵循讲效率的原则。

2. 必须遵循坚持讲公平的原则。坚持公平正义，消灭两极分化，实现共同富裕是社会主义的本质要求，也是构建和谐社会的一个重点目标。我们一直倡导“效率优先，兼顾公平”、但在实践中，的确存在不少问题，有些地方片面地强调了“效率优先”，而忽视了“兼顾公平”，这种倾向导致现实生活中出现了不少问题和矛盾：话语权的不平等，竞争机会的不平等，贫富差距进一步拉大，弱势群体的权益难保障，等等，如果这些问题不能有效地解决，势必会影响到“效率优先”原则的贯彻，严重时甚至影响社会的长治久安。构建和

谐社会，坚持公平正义就是要扭转政策向强势群体日益倾斜的天平，就是要创造一种机会均等和扶贫济困的和谐机制。

开发区内企业林立，如何引导企业遵循讲公平的原则，切实维护广大职工的正当权益，杜绝对劳动者的侵权，这既是一个难题，也是我们义不容辞的责任。构建和谐开发区既要鼓励和支持资方为开发区积极贡献力量，又要充分发挥包括知识分子在内的工人阶级推动开发区建设的作用；既要保护资方的权益和发展活力，又要高度重视和关心困难职工，在开发区内形成一个团结互助、扶贫济困的良好风尚，形成平等友爱、融洽和谐的人际环境。

3. 必须遵循坚持讲法治的原则。法律是调整社会关系的一种强制性的规范，是全体公民必须遵守的行为准则，以法治国是我们必须坚持的治国方略，也是构建和谐社会的最终制度保障。

构建和谐开发区必须遵循坚持讲法治的原则，要用法律来调整区内各种社会关系，依法来化解区内各种矛盾和不和谐的因素，尤其要侧重做好三个方面的工作，其一是开发区管委会坚持依法行政，依法保护劳资双方的权益；其二是资方要依法经营，在法律许可的范围内获取利润；其三是要引导职工守法，依法表达自己的利益诉求。

4. 必须遵循道德诚信的原则。道德诚信是社会信任的基础，齐美尔说："没有人们相互间享有的普遍的信任，社会本身将瓦解"。道德是公民应该自觉遵守的一种行为规范，它虽然不像法律那样具有强制性，但它可以通过传统的、习俗的力量，通过社会舆论和公众评价来发挥独特的作用，无论是哪一种社会形态，道德的作用都不可或缺。以德治国同样是我们必须坚持的治国方略，也是构建和谐社会的核心内容之一，和谐社会所追求的"民主法治、公平正义、诚信友爱、充满活力、安定有序、人与自然和谐相处"，在很大程度上需要道德来支撑。

构建和谐开发区必须遵循道德诚信的原则，首先，要讲社会公德，以道德诚信来规范区内的各种行为，展示开发区良好的社会风尚；其次，要讲职业道德，以道德诚信来协调企业与社会的关系，树立区内企业良好的声誉和品牌形象；再次，要引导区内员工自觉维护家庭美德，以此形成千百个和谐社会的细胞——和谐家庭。

三、协调四种关系，追求四种和谐，构建和谐开发区

构建和谐开发区是一项复杂的系统工程，需要调节好区内的各种关系，使之达到一种和谐的状态。其中，最重要的是要协调四种关系，追求四种和谐。

1. 协调好劳资关系，实现资方与员工之间的和谐。从和谐社会的视角看，资方与员工之间的矛盾是企业的主要矛盾，也是开发区内的主要矛盾，构建和谐开发区，协调好劳资关系是关键。一般地说，资方与员工的关系中，资方处在强势，员工处在弱势。妥善地协调好劳资关系，既要对企业主有所规范和约束，又要对员工有所规范和约束，就企业主而言，要遵守有关保护劳动者方面的法律法规，给予员工公平的待遇和机会，重视员工的安全和保障，注重员工的福利、培训和精神生活，尤其要杜绝各种形式的侵权。就员工而言，要遵守法律和区内、企业的规章，自觉维护企业的利益和区内的和谐，不得有损害园区和企业的行为。

2. 协调好政企关系，形成企业与政府之间的和谐。理顺政企关系是发展社会主义市场经济的前提，构建和谐开发区，必须协调好政府与企业关系。当前在政府与企业两者的关系中，政府处在强势，企业处在弱势，两者关系的协调必须以法律为准绳，重点约束政府的行政行为。一方面，政府要坚持依法行政，要侧重发挥公共服务和市场监管的职能，既要依法对企业是否合法经营进行有效的监管，又不得包办和干涉企业自身经营范围内的事务。另一方面，企业作为法人既有依法经营和依法纳税的义务，同时，也享有在法律范围内独立经营不受政府干涉的权利。

3. 协调好企业与社会的关系，形成企业与社会的和谐。企业的行为与社会公众的利益息息相关，同时，企业的生存与发展离不开社会公众。在企业与社会的关系中，企业是主要方面，协调好企业与社会的关系要特别强调对企业的规范。企业必须坚持诚信和守法的原则，向社会提供价格合理、质量过硬的产品。要坚决打击企业向社会销售假冒伪劣产品和坑蒙拐骗的行为，要坚决打击企业囤积居奇、扰乱市场牟取暴利的行为，使企业在坚持经济效益和社会效益相统一的前提下形成企业与社会的和谐。

4. 协调企业与自然的关系，形成企业与自然的和谐。协调人与自然的关系是构建和谐社会的重要一环。人与自然的和谐，最重要的是企业与自然的和谐，因此，构建和谐开发区必须高度重视协调企业与自然的关系。构建和谐开发区必须坚持科学发展观，着眼于生态与环境的保护，着眼于可持续发展，要坚定不移地以发展循环经济为导向，要求区内企业普遍建立清洁生产机制，切实走出“先污染后治理、先破灭后恢复”的误区，追求经济效益和环境效益的统一，实现企业与自然的和谐，使人们在享受经济发展成果的同时，也能拥有良好生存环境，拥有自己美好的家园。

（作者单位：海口市委党校科研开发部
主任、副教授）

落实科学发展观　构建和谐开发区

文树勋

长沙经济技术开发区始建于1992年8月，2000年2月被国务院批准为国家级经济技术开发区。长沙经济技术开发区坚持科学发展观，充分发挥独特的区位优势、基础优势、产业优势和品牌优势，以先进机械制造和电子信息产业为主导，以招大引强为重点，以发展产业集群为核心，以高效集约用地为目标，以人与自然和谐统一为归宿，以群众是否满意为评价依据，不断做大做强开发区，努力构建和谐开发区，初步走出了一条高速度、高科技、高效益的新型工业化发展路子，赢得了“湖南工业看长沙，长沙工业看星沙”的美誉。

目前，长沙经济技术开发区引进了包括9家世界500强企业和三一、远大、长丰等国内知名企业在内的工业企业127家，其中年产值过亿元企业25家，10亿元企业6家。2004年全区地区生产总值突破100亿元，达100.3亿元；工业总产值突破210亿元，达210.1亿元；税收突破11亿元，达11.3亿元。园区工业总产值超过全省4个地州市水平，工业增加值超过全省6个地州市水平。园区投资环境综合评价指数列中西部16个国家级开发区第二名。按已建成区7.02平方公里计算，每平方公里实现工业总产值30亿元，实现税收1.6亿元，单位面积经济效益接近沿海国家级经济技术开发区水平，成为首批通过国土资源部审核的国家级开发区，也是全国“集约用地先进单位”。

一、优化园区产业结构，园区经济和谐发展

产业是工业园区发展的核心和生命线。多年来，长沙经济技术开发区致力于培育自己的主导产业和骨干企业，形成了独具特色的产业

结构，初步构建了横向成群、纵向成链的产业集群，努力打造“产业兴区”的新优势。目前，园区初步形成了“两业为主、多元推进、物流配套”的产业发展格局，初步形成了以先进机械制造产业和电子信息产业为主导，以新型材料产业、生物工程产业、印刷包装产业为补充，现代物流为配套的产业格局。园区经济结构不断优化，各类企业相互补充，竞相发展，和谐并进。一是主导产业特色突出。特别是先进机械制造和电子信息产业覆盖了全区50%以上的企业，2004年两大产业共实现工业总产值180.3亿元，占全区工业总产值的85.9%。二是骨干企业核心带动力显著。2004年，全区年产值500万元以上的骨干工业企业80家，完成产值209.4亿元，占全区的比重达99.7%，占全市规模工业的30%。全区年产值亿元企业25家，其中年产值10亿元以上的企业6家，比去年增加3家，完成产值150亿元。三是产业集群初步形成。围绕先进机械制造和电子信息两大主导产业，开发区积极引进并扶持相关中小型企业为骨干企业配套，为主导产业和骨干企业提供配套产品，以节约企业成本，延长产业链，做大产业群，初步形成了具有比较优势的产业集群。四是非公有制经济已经成为园区发展的主力军。民营企业、外资企业、中外合资企业等非公有制经济成分成为园区企业的重要组成部分，为数不多的几家国有控股企业其资本构成也趋向股份化、多样化。因此，区内没有老工业基地国企改革、人员分流的巨大压力和包袱，开发区管委会可以轻装上阵，放手开展工作，园区经济发展充满活力。

二、优化综合投资环境，管委会和企业和谐发展

在开发区，管委会与企业按政企分开的原则，职责明晰，相互配合，分工合作，企业负责围墙内的事情，专心生产经营，管委会负责园区基础设施建设和为企业提供政务服务，努力优化综合投资环境，为企业打造良好的发展平台。

一方面管委会不断完善园区硬件配套设施。截止2004年底，开发区累计完成基础设施投入36亿元，平均每平方公里3亿元，构建了完善的道路网、供水网、排水网和与此配套的学校、宾馆、物流配送、金融、保险、休闲娱乐中心等，形成了功能齐全、配套完善的基础设施优势。围绕“大工业、大物流”的发展定位，加大了城市道路交通建设的力度，初步构建了县城和开发区60平方公里的城市骨架网络。完善了满足“大工业、大物流”需要的交通网络和信息平台，扩大了企业产品运销半径，降低了企业运输成本。围绕“大能源、大配套”的建设要求，加大给排水、供电、供气、信息网络等服务配套设施建设的力度。目前，区内已建成日供水能力20万吨的自来水一座，日处理污水8万吨的污水净化中心一座，建成五座110KV，两座220KV变电站，日供电能力达45万千瓦时，为企业的发展提供了强有力的能源支撑平台。围绕“大工业、大服务”的发展要求，开发区积极发展高附加值服务业，为企业提供良好的生活服务平台。近年来，金融、保险、证券、商务中心、中介服务、学校、医院、高档休闲中心等应运而生，蓬勃发展。白天工业区生产热火朝天，一派繁忙；晚上生活区人流如织、车水马龙，工业区与服务区水乳交融，相得益彰，相互促进，园区城市品位不断提高，人居环境更加优越，获得了“中国人居环境范例奖”和“全国文明县城”、“全国卫生县城”、“全国生态县城”等称号，目前正在创建“全国园林城市”。

另一方面管委会不断优化政务服务环境。按照“小政府、大公司、企业化运作”的办区理念，并以此为指导，管委会改进组织体系和工作方法，推进制度创新，完善原有规章制度，做到了政策透明化、决策科学化、工作程序化、管理制度化。

三、高效集约利用土地，加强环境保护，工业生产与资源利用、环境保护和谐发展

多年来，开发区坚持科学发展观，由外延式粗

放型发展向内涵式集约型发展转变,注重土地资源的集约利用,不以过度地开发资源和破坏生态环境为代价,促进开发区可持续发展。

一是坚持以项目促开发,避免土地闲置浪费。开发区自成立以来,在批准的12平方公里范围内,全部进行统一规划,滚动开发,分步建设。在开发建设过程中,始终坚持以项目促开发的原则,按照既定的开发区总体规划,分期分步开发。在项目引进中,我们注意做好前期论证,严把项目进入关。在招商上,以工业项目为主,注重项目质量,不盲目追求项目数量。对那些技术落后或资金不足的项目严把关,避免造成土地资源及人财物的浪费。今年以来,我区专门出台了《投资项目准入及用地有关规定》,对企业用地进一步规范,土地使用面积与投入产出、税收挂钩。在开发区不是企业想买多少地,开发区就提供多少地,而是有选择地有条件的引进项目,从而实现了从"招商引资"向"招商选资"的转变。对一般项目区别情况限制供地,特别是对资源粗加工企业和有污染的项目从严控制。对于落户区内的项目,根据其规模和性质,严格控制土地用途和动工、竣工期限,有效杜绝了企业借项目之名圈地,促进了集约、合理用地。

二是坚持政府垄断土地一级市场,规范土地市场秩序。为更严格的控制土地使用,节约每一寸土地,我区严格实行土地用途管制,积极推行建设项目用地全程监管制度。开发区土地管理由国土部门一支笔审批、一条龙服务。用地供应标准实行一把尺子量到底,做到国土部门参与建设项目决策论证、批后跟踪管理。特别是自国家实行宏观调控政策以来,开发区管委会加强了对区内土地的日常清理和处置力度,全面清理闲置用地,对因市场因素造成经营不善的企业,开发区积极想办法对土地进行盘活,开发区帮助引进新的企业合资合作,使土地发挥出更大的经济效益。对一些产生税收不多、占地面积较大的企业,通过有偿收回土地的方式,盘活土地资源,2004年我区共收回闲置、利用效率不高的土地320亩,重新安排了新的项目。

三是坚持发展循环经济,维护生态环境。首先,在园区发展规划中,坚持《环境保护法》、《水土保持法》等法规为指导,以人为本建设园区,严格控制污染型企业入园,对已入园的企业坚持实行"三同时"环保达标,从源头上、措施上、制度上减少废气、废水、废渣及噪音污染,实施"蓝天碧水"工程,加强园区的绿化与美化建设,形成了优良的投资环境和优美的人居环境。其次,在招商引资过程中,园区除坚持"提前介入"、"一票否决"、"各部门协调配合"等环境管理的手段与原则外,还注意将"循环经济"、"清洁生产"等理念引入管理之中。禁止排污总量大、缺乏有效治理措施的企业进驻园区,有效地控制了新增排污总量,确保了园区的可持续发展。再次,加强工业废弃物的回收利用,改善区域环境。开发区于2003年建成一座规范化的垃圾处理场(预计可处理园区未来30年产生的垃圾)和一座日处理能力8万吨的污水处理厂,投入运行后,有效地改善了园区环境质量。随着园区的不断扩展,开发区在"十一五"期间,规划再建两座污水处理厂;建一个空气质量自动监测子站;通过优惠政策招商建设一个废物回收公司,对可利用工业废物进行筛分、清洗、加工,将废物变成工业原料。

四、坚持团结干事,共谋发展,开发区和长沙县和谐共处

全国开发区均没有统一的管理模式,长沙经济技术开发区这些年来一直是长沙市政府的副厅级派出机构,实行"封闭管理,独立运作、开放式运行"的管理模式,主要负责开发区的基础设施建设和招商引资工作。经开区下设招商、产业、财政、建设、国土、规划等十二个机构,为入区企业和投资商提供高效快捷的政务服务。2002年市委常委会明确提出:将经开区由市直管改为市、县共管,并委托长沙县管理为主,区、县主要领导交叉任职,经开区党工委书记兼任县委书记,经开区管委会

主任兼县委第一副书记，县长兼经开区管委会第一副主任。这样一来，区县之间协调沟通的力度更大了，区县之间团结干事、共谋发展的合力增强了。近年来，区、县之间本着“团结务实、共谋发展”的思路和原则先后解决了区县财政分成体制、经开区单独设立金库、区县土地利用规划、区县重点工程建设责任分工、区县各部门机构的权限划分、区县拆迁安置职责划分等方面的重大问题。

五、坚持以人为本依法拆迁安置，管委会与失地农民和谐共处

开发区在开发建设过程中，始终把做好失地农民的拆迁安置工作、切实维护农民权益作为头等大事来抓，让开放开发的成果真正惠及于民，确保管委会与失地农民和谐共处。开发区根据土地管理法的有关规定并结合开发区实际，制定了有利于农民长治久安的安置补偿政策，保证了农民征地补偿和安置补助款定期、按时、全额到位。1992 年开发区部分土地征用后，在星沙镇等 5 个村办理了“农转非”手续，推行了村改居工作，先后投资近 5 亿元完成了 6 个安置区的建设；投资 2.5 亿元新建中小学校，较好地改善了拆迁户的居住和就学环境。近年来，开发区认真贯彻落实中央有关精神和长沙市人民政府 60 号令，集中建设安置小区，采取统一规划，统一建设的办法建设了泉塘、灰埠、松雅 3 个小区，共安置拆迁户 8000 多人，使拆迁户安居乐业、有所作为。对于生活困难的拆迁户，按照“应保尽保”的原则，全部纳入城市最低生活保障的范围。为进一步解决拆迁农民的后顾之忧，2004 年长沙经济技术开发区又出台了《关于进一步做好拆迁安置工作有关问题的通知》，明确规定拆迁户中符合条件的未就业人员，凭乡镇人民政府劳动社会保障和最低生活保障站的证明，发放《拆迁户优待证》，对拆迁户从事个体经营的，在办理证照登记手续时免收各种管理类、登记类和证照类等各项事业性收费。通过税收减免、教育培训、机会优先和劳务输出等手段，为无地农民搭建起促进农民就业和创业的平台。管委会还规定，对于开发区内 50 万元以下的基建业务，优先承包给拆迁户。县城和开发区招聘的环卫工人、勤杂工、保安等也优先拆迁户。

（作者单位：长沙经济技术开发区管委会主任）

关于进一步规范国家级经济技术开发区管理体制的几点思考

马卫刚

国家级经济技术开发区在 20 年的改革实践中形成了各种类型的管理体制：一是准政府的管委会体制。管委会作为政府的派出机构，其主要职能是经济开发规划和管理，为入区企业提供服务。二是开发区与行政区管理合一的管理体制。其特点是开发区和行政区的管理职能合一，或者是两块牌子一班人马。三是以企业为主体的开发体制。其特点是通过设立一个管理公司来规划、开发、管理开发区，开发公司实际上承担了一定的政府职能，进行公共事业开发。这些体制模式的共同特点是机构设置精简高效，以“小管理、大服务”为目标取向。历史的实践表明，国家级开发区的管理体制亟待规范完善，深化国家级开发区的管理体制仍需理顺多方面的关系。

一、国家级开发区现行管理体制存在的四个需要研究关注的问题

（一）行政管理体制改革缺乏相应的法律依据

由于国家对开发区管理机构和运行机制尚未有明确的规范和界定，对开发区所赋权限经常处于一种因大的形势变化引发随意性调整，从而造成开发区行政管理体制的波动，使开发区的新型精简管理体制经常处于向旧体制复归的状态中。主要表现在：一是行政运作由相对自主、主动变为随从、被动。一些上级政府职能部门对开发区的指导和领导方式习惯于按现行行政区实行“趋同化管理”。国家及省、市对赋予开发区的所在市同级政府管理权限因形势所变时放时收，一时的改革放权经常会因清理整顿等因素而“一刀切”地收回。二是经济管理权、财税统筹权由相对集中转为“软性分解”。近年来，国家和省市先后对工商、税务、技术监督、规划、环保等管理机构实行了垂直领导；地方人大发布的《开发区管理条例》作为地方性法规赋予管委会的权限很容易被中央主管部门的行政规章和红头文件所强调的纵向集中管理所分解，一些原本下放给开发区管委会行使的职能权限很容易上收，有些虽未上收但须逐事逐项上报“确认”、“审核”。权限分解所导致的必然结果，就是增加了协调环节和行政成本，增大了协调难度，导致工作效率降低。

（二）法律地位不明确

中央虽以中发［1984］13号文件形式赋予了开发区管委会经济管理职能，各省为促进开发区发展，由省人大颁布了《开发区管理条例》，明确了开发区管委会的行政管理权限。但由于《国家级经济技术开发区管理条例》未制订出台，对于开发区的性质、地位、管理体制等始终未从国家法律或行政法规上予以明确，使得开发区的社会组织地位和体制、机制、政策缺乏稳定性、规范性，极容易导致开发区管理体制和运行机制受到旧体制或外部因素的“同化”。对于开发区的功能定位、管理模式、组织原则和组织形式始终未从法律法规上予以明确。《开发区管理条例》需要通过《地方各级人民代表大会和地方各级人民政府组织法》的修改完善相衔接配套，以免造成《开发区管理条例》的规定与现行法律法规相冲突，使《开发区管理条例》难以执行。

（三）现行审批管理体制不利于开发区发挥示范带动作用

一是国家级开发区享有省级外商投资项目审批权，但投资限额以上的项目在报国家有关部委审批时是分头审批：项目建议书是视项目属性实行行业归口审批，可行性研究报告是由国家发改部门审批，而合同和章程是由商务部门审批，而且这三个环节的审批存在先后顺序，投资方往往需要奔波于各部委之间，审批时限过长，不利于项目尽快落户和形成现实生产力。二是国家对国家级开发区的土地审批权限没有明确规定，农用地转用、土地征用需全部到省以上人民政府审批，从而必然使项目建设进度受到一定程度的影响，不利于促进项目集中。三是开发区管委会与地方政府的趋同化项目审批权限引致了开发区与非开发区之间的恶性竞争。

（四）政策体制存在“三大矛盾”

一是宏观层面政策体制创新滞后与发挥开发区改革开放先行先试权之间的矛盾。国家现行对开发区的政策体制仍是停留在开发区建区之初的水平，仅仅是对出口导向型和科技型企业实行税收扶持，或是在对赋予国家级开发区的审批权上有所松动，均未触及到体制创新的层面，开发区在改革开放中的先行先试权名不符实。二是新领域的开放与旧体制的复归之间的矛盾。在经济社会转型的过程中，我们仍然习惯于以计划经济体制管理开放型经济，这就导致我们在按照WTO的有关承诺对外商开放新兴产业领域的过程中，往往会出现每多开放

一个领域就多一个部门审批管理，新领域的开放伴随着旧体制复归的现象。三是产业政策导向与投资体制之间的矛盾。国家虽然制定了产业政策，出台了《外商投资产业指导目录》，对于鼓励类和不需要国家综合平衡的允许类项目可以由地方自行审批，但按新颁布的投资体制政策，许多项目又需要报发改委系统核准，而且对于项目审批单一强调投资规模划分，而不是根据项目性质或投资方式来划分。

二、规范国家级开发区管理体制需要理顺三方面关系

（一）理顺开发区管委会与垂直管理部门的关系

为在国家级开发区建立“精简、统一、效能”的内部运行机制，理顺开发区与省以下垂直管理部门的关系，应对国家级开发区进行规范化管理，实行“集成式管理、规范化运行”，为开发区的发展创造更加宽松的行政管理环境。一是依法明确对开发区管委会的授权。明确开发区党工委、管委会作为所在城市党委、政府派出机构的行政级别，即低于所在城市党委、政府半格，高于同类区市政府及部门半格，代表当地政府对开发区实行统一领导、统一规划、统一政策、统一管理，行使所在城市人民政府行政审批、经济协调与管理、相关社会事务管理等职能。开发区少数需要所在市有关部门履行手续经所在省有关部门批准的事宜，所在市直有关部门应委托放权管理。二是明确垂直管理部门的管理方式。对实行省以下垂直管理的土地、规划、工商、质量技术监督、环保等与招商引资紧密相关的部门改由开发区管委领导，将上述部门成建制地更设为开发区内设机构，人、财、物统一归开发区管委会管理，业务上接受上级主管部门指导、监督。国税、地税等派驻开发区机构，受派出部门和开发区管委会双重领导。或者实行委托代管，相关垂直管理部门将开发区范围内的有关行政管理事项委托给开发区管委会或其职能机构管理，双方签订委托责任书，实行“授权委托、备案监督”。三是规范各项收费、检查。实行集成式管理后，任何行政事业性收费部门不得另行到开发区所属企事业单位进行收费，任何部门不得另行组织到开发区的企业进行各种检查。按国家规定确实需要检查的，须委托管委会代行。

（二）理顺开发区与行政区的关系

对两区不能简单评论合、分问题，要明确主导关系以引导政策创新。开发区在建区之初以单纯的经济功能区为目标取向时，尚能被当作“孤岛”来管理，但发展到一定的程度，在工业功能外新增了服务业和众多社区居民后，就必须考虑与周边地区及整个城市的协调发展问题。应科学设置国家级经济技术开发区管委会与所在行政区的建制模式，以形成互惠互利、共同发展的合作态势。一是鼓励条件成熟的国家级经济技术开发区与所在行政区联合进行管理体制创新，发挥国家级经济技术开发区对经济体制创新的引导作用，“输出”行政管理体制创新成果，引导行政区以开发区体制为改革方向进行管理体制创新，推进政府职能转变，率先建立现代行政管理体制。二是适当充实社区管理力量。鉴于不少开发区目前管辖区域的社会事务日趋增多，应当充实社区管理方面的机构人员，也可参照新加坡裕廊工业区的做法，“充实块块、精干条条”，强化企业和中介机构，防止政府行政机构扩大。

（三）理顺开发区与上级主管部门的关系

国家、省、市等开发区的上级主管部门，应当把开发区作为特定的经济区域实行先行先试，合理地划分事权，尽可能把本级所拥有的经济与社会管理权限以法定的形式交给开发区行使，建立事权集中、管理统一的领导体制。一些不便下放的权限，也可以采取变通办法处理，使开发区机构的设置有较大的决断权、处置权，以提高决策效率。实行区域内的统一管理，上级领导机关对开发区工作的指导、监督应该是从宏观上、战略上和政策上，而不是具体的、事务性的领导，以体现开发区充分享有权责统一的自主管理权。

三、规范国家级经济技术开发区管理体制需要明确的三个问题

（一）确立国家级开发区及其管委会的法律主体地位。

以国务院行政规章形式制定《国家级经济技术开发区管理条例》和实施细则，通过法规形式明确国家级开发区管委会作为一级特殊开放经济区域的行政管理机构的地位，享有所在城市市级经济和行政管理权限，为保证开发区管理体制的科学性、规范性和相对稳定性提供法律依据。关于目前国家级经济技术开发区不是独立的一级政府的问题，建议修改《地方各级人民代表大会和地方各级人民政府组织法》，从法律上明确经济技术开发区作为特殊开放经济区的法律地位和其管委会的法律主体地位。同时，开发区所在省人大应根据形势发展的需要，制订或修订《开发区管理条例》，把开发区的规格地位、领导权限等涉及体制的重大问题，以地方人大立法的形式确定下来，使所赋予的开发区的规格地位、权限等不单纯以领导人的更换和形势变化而轻易改变，确保开发区的权、责能保持相对稳定性。

（二）全面推进国家级开发区率先建立现代行政管理体制

建议组织、编制部门与国家级开发区主管部门对开发区的机构设置问题进行调研，对条件成熟的开发区由上级编办和有关部门共同审核确定机构和编制，全面推进国家级开发区行政管理体制和机构改革，明确管理体制和管理职能，对党政领导体制设置实行制度化、法制化，将开发区正式列入国家和地方政府行政序列，为开发区发展提供可靠的组织保证。任何上级机关未经国务院批准不得擅自要求开发区对口设置机构或实行垂直管理。按照机构编制设置规定，实行统一规范的印章管理制度，由国家主管部门统一刻制开发区管委会印章，统一冠以“市人民政府国家经济技术开发区管理委员会”的法定规范名称，以增强开发区管委会的权威性。

（三）赋予国家级开发区较大的经济社会管理权

按照减少层次、高效办事的原则，允许国家级开发区采取单列、直报、备案等方式行使经济管理权限。一是放宽外商投资项目审批权限。赋予国家级开发区所在地省级审批权限，以利于外商投资项目向国家级开发区集中。对符合国家产业政策的鼓励类和不关系国计民生及宏观生产力布局的允许类外商投资项目，取消项目投资额度限制，改按外资方式确定审批权限。同时，改进审批方式，对具备条件的国家级开发区，利用现代信息技术手段，试行“联网审批、限时办结”模式，缩短审批时限。二是放宽土地审批权限。在土地利用方面给予国家级开发区一定的灵活度，简化用地审批手续，如“先安排用地，后申报审批”，“批量用地，定期（如半年）报批”。对国家级开发区的建设用地实行总量控制，指标单列，按项目自主审批，并赋予一定限额的农用地转用、土地征用和供地审批权。允许国家级开发区不限具体项目预先批准征用一定数量的土地作为招商引资的周转用地。三是实行通关制度改革。在具备条件的国家级开发区内批准设立直通式进出口货物分拨中心，将口岸的功能延伸到开发区，由开发区海关进行监管。在具备条件的国家级开发区启动加工贸易的现代化联网监管模式，使加工贸易企业分享到新模式带来的更高通关速度。

（作者单位：青岛经济技术开发区
管委会副主任）

做好新时期开发区建设工作的几点体会

苏景文

秦皇岛开发区作为国家首批、河北省唯一的国家级开发区，经过20年的发展，已经成为河北省重要的经济增长点和吸引外资最密集的区域之一，在促进所在地区经济结构调整和区域经济社会协调发展中发挥了“窗口、示范、辐射、带动”作用。

一、坚持以高起点规划引领和谐，为区域发展提供科学指导和保障

多年来，秦皇岛开发区结合紧邻秦皇岛母城区的特点，科学、合理、适度超前地编制开发区的总体规划，严格按照规划实施开发建设，基础设施日渐完善，功能配套更趋合理。同时，全力推行“阳光规划”，对重要地段规划、重大规划、重大基础设施建设的方案进行公示，加大公众参与力度，确保对规划执行情况的公众监督。当前，我们结合扩区工作，着眼区域长远发展，以编制开发区经济社会发展“十一五”规划为契机，进一步建立和完善了专业规划、近期建设规划、控制性详规、修建性详规等不同层次的城市规划体系，更加注重区域合理布局和经济社会功能配套，更加注重创造人民和谐的生活空间和宜人环境，更加注重社会文明和可持续发展，坚持用科学性、超前性和权威性的区域规划指导扩区开发建设，努力构建起一个环境优美、功能完善、现代经济发达的现代化多功能综合区宏伟蓝图。

二、坚持以高标准建设实现和谐，全力打造最优硬件投资环境

项目建设是开发区的生命线。经过20多年的开发建设，秦皇岛开发区区内道路网络四通八达，水、电、气、热等管网全线贯通，一个承载项目建设大发展的基础设施框架已经形成。面对新形势，我们不断深化对环境建设内涵的理解和认识，把环境建设的重心转移到打造现代化新经济平台上来、转移到提升产业配套环境上来、转移到和谐社会建设的全局上来，紧紧围绕招商引资和项目建设这一中心工作，正确处理客观需求与适度超前的关系、建设规模和利用效率的关系、自我完善与资源共享的关系，坚持高起点规划设计、高标准开发建设、高效能配套管理，全力抓好基础设施建设，重点实施了黄河道西延伸、杨庄户跨铁路高架立交桥、开发区投资服务中心等一大批亮点工程。开发区硬件环境的建设水平不断提高，区域环境持续优化，吸引了美国通用电气、英国TI、德国西门子、日本旭硝子、韩国LG以及中信集团、中粮集团等一大批国际国内知名大公司在这里投资兴业，初步形成了粮油食品加工、汽车零部件、临港重大装备制造、金属压延、高新技术等五大特色支柱产业，产业聚集能力大大增强。

三、坚持以高品位环境体现和谐，全面提升环境建设管理水平

多年来，秦皇岛开发区下大力实施“绿色战略”，努力建设“环境优美、文明整洁、秩序井然、经济繁荣、生活舒适、极具特色”的人居环境，从而带动外向型经济发展。两年多来，秦皇岛开发区投入建设资金9.15亿元，以开放广场、森林体育公园、投资服务中心广场为重点，进行了52项城市绿化景观和标志性建筑建设，建成区绿化覆盖率达到42%，人均公共绿地14平方

米，幢幢建筑、处处小品、座座园林布局合理、相映成趣，全区呈现出“白天是景点、晚上是亮点、节日是看点”的崭新形象。2001 年 6 月，秦皇岛开发区通过了 ISO14000 环境体系认证，并被国家环保总局批准为 ISO14000 国家示范区，成为河北省首家、全国第六家 ISO14000 国家示范区，2002 年 5 月被省政府授予环境保护模范区称号，一个以现代风格建筑为主导，配套设施完善的园林式工业区的雏形已经形成。目前，秦皇岛开发区正积极推进国家级生态工业园区建设，大力发展循环经济，构建节约型的产业结构和消费结构，积极探索走出一条经济效益好、环境污染少、人力资源又得到充分发挥的新型工业化道路。

四、坚持以高效能开发推进和谐，实现土地的科学管理和集约利用

实施集约、合理、高效的土地开发，是开发区落实科学发展观的现实体现，也是构建和谐开发区的内在要求。秦皇岛开发区在项目建设用地中，始终坚持以项目促开发，有选择地引进科技含量高、投资规模大、经济效益好的项目，提高土地的产出效益；出台《秦皇岛开发区加强土地管理的若干意见》，严格控制项目容积率、投资密度、建设周期等一系列指标，合理压缩企业绿地规模，最大限度地提高工业用地的投入产出水平；积极推广使用标准厂房，加强标准厂房的建设力度，2005 年全区开工建设的标准厂房规模达到 5 万平方米，集约节约的土地开发产生了良好的经济和社会效益。据统计，秦皇岛开发区每平方公里基础设施投入为 2.03 亿元，实现合同利用外资 3.1 亿美元；每平方公里工业用地实现工业产值和生产总值分别达到 66.56 亿元和 11.55 亿元，土地收益达到 1.20 亿元/平方公里，与所在城市的工业用地比较效益达到 591.12%。

五、坚持以高水平服务促进和谐，不断优化区域政务环境

投资环境是生产力，是竞争力，投资环境更是和谐社会的有机组成和载体。经过多年的努力，秦皇岛开发区建立健全了“项目审批服务全过程、项目建设服务全方位和企业投产服务全天候”的“三个服务体系”，已经形成了较为完善合理的政策、政务、人文、法制环境，区域经济的核心竞争力不断增强。2005 年，为进一步提高建设系统服务水平，我们积极推进了在建项目服务中心建设，通过整合审批职能，简化办理手续，压缩办理时限，进一步增加审批行为透明度，促进了机关工作职能的转变，服务方式的创新和工作效率提高。另外，建设系统涉及的管理、执法权限比较宽泛，组建建设系统综合执法大队，是整合各项行政执法职能、统一行政执法行为、强化对建筑市场执法的有效途径。我们在综合执法大队建设中，重点对执法大队人员、制度、工作职责、工作范围予以明确，大力推进行政执法责任制、过错追究制和评议考核制，做到执法有依据，行为有规范，权力有制约，把依法行政落实到建设行政行为的各个方面、各个环节，促进建设系统政务环境的不断优化和提高。

六、坚持以高强度稳定保证和谐，切实维护广大人民的根本利益

随着开发区开发建设工作的深入推进，建设领域面临的热点、难点问题日渐突出，拆迁安置、征地补偿、工程质量和安全、工程款和农民工工资的支付等等，这些都是社会影响大、人民群众关注的问题。问题处理得好坏，直接关系着社会的稳定和发展建设的大局。在工作中，我们充分认识到做好信访工作的重要性和紧迫性，认真研究和解决涉及群众利益的遗留问题和矛盾苗头，及时消除诱发群体性事件的不稳定因素。一是积极推行工程款支付担保制度，建立健全农民工工资支付监控体系，进一步巩固“清欠”成果；二是认真研究征地补偿安置政策，规范征地拆迁工作程序，按照《土地法》的有关规定，做到足额补偿到位，切实保障农民利益；三是以对人民生命财产安全负责的态度，高度重视建设行业的安全生产，树立百年大计、质量第一的思想，把工程质量和安全生产作为工程建设管理的永恒主题，防止重大安全事故发生；四是建立应付突发事件预警机制，完善综合应急预案和专项预案，强化综合应急队伍建设，构建起应付社会突发事件的有效机制，切实维护好、实现好、发展好人民群众的根本利益，确保改革、发展与稳定大局，为开发区快速发展营造良好的氛围。

（作者单位：秦皇岛经济技术开发区管委会副主任）

优化产业结构、集约使用资源、完善服务功能

——上海闵行经济技术开发区的发展之路

陈妙法　董绍诚

回顾近20年的历程，闵行开发区认真贯彻国务院关于改革开放的方针和开发区工作的指导思想，在改革开放、加快发展中充分发挥“试验场”和“示范区”的作用。2000年，针对开发区发展面临的周期性矛盾，我们提出“二次创新”的思路，率先谋求开发区发展模式的转型上进行了积极探索。

招商引资方面：大规模的招商引资已经完成，累计引进来自19个国家和地区的163个项目，合同投资额25亿美元，平均单项投资超过1500万美元。进区项目中，世界著名跨国公司投资的40多家，其中世界500强投资的37家。

产业结构方面：经过不断优化调整，已形成了三大主导产业，即：以轨道交通、电站设备为代表的机电产业，以血制品、常用药品为代表的医药医疗产业，以食品、饮料为代表的轻工产业。有50余家企业在国内同类产品中市场占有率名列前茅。

土地使用方面：土地开发利用率达到100%，占地面积最小而单位面积产出高。2004年，按纯工业用地计，每平方公里销售收入超过125亿元，上缴税收超过15亿元，累计吸引投资超过11亿美元，人均劳动生产率超过81万元。在全国工业开发区中，连续几年单位面积上缴税收和企业利润名列第一位，销售收入名列第三位。

经济效益方面：截至2004年底，累计完成工业销售额1961多亿元，实现利润216多亿元，实缴税金240多亿元（其中关税78亿元）。国家在闵行开发区基础设施建设方面累计投入约10亿元，与累计上缴税收之比为1:24，相当于投资一个开发区，创造了24个开发区。

（一）发展企业集群，推动产业升级，提高引进外资的质量和效益

闵行开发区的项目和产业经历了创建初期的“自然集中”、加快发展的“产业集聚”阶段，在三大主导产业基本构架形成、土地基本利用完毕的条件下，我们把集约使用土地资源与产业结构调整有机结合起来，在招商引资中强调招商选资，把技术含量高并具有持续增长潜力的企业作为发展产业集群的载体，用既有的土地资源求得更高的产业能级和经济效益。

一是以招商选资推动产业结构优化升级。在招商工作上，始终把招商选资作为公司的首要重点工作抓住不放，把技术含量高并具有持续增长潜力的企业作为发展产业集群的载体，

以提升开发区招商引资的质量和效益，推动产业结构优化升级。

二是加强关联企业衔接和研发能力的配套。作为世界著名跨国公司的ABB，2004年低压电机项目已经投产，最近其高压电机也落户闵行。同时，我们还为其他类型的发电机项目保留了土地。这样ABB在闵行开发区的企业将达到3家，并且技术衔接、能级提高，使企业经营管理的集约化与土地资源使用的集约化达到了有机统一。

三是支持和鼓励优势企业增资扩能。更加重视技术含量高、集群化潜力大和具有持续发展能力的项目。首先，重点发展以轨道交通、电站设备为代表的机电产业。其次，积极吸引以世界500强企业为主的跨国公司进区。500强企业占全区现有企业数的40%，2002年其主要指标平均占开发区的60%，2003年占70%，2004年占75%，今年上半年占80%，预计3年后将达到90%。第三，以现有入区的优势企业为龙头推进企业的集群化发展。以世界500强为龙头，形成三菱、强生、圣戈班、西门子、ABB、世界著名品牌饮料、汽车配件、医药、富士施乐、YKK等10个企业集群或核心企业。

（二）通过“精耕细作”集约使用资源，提高土地利用的综合效率

土地资源的极其匮乏成为闵行开发区长期持续发展的一个“瓶颈”。在接受国际产业转移过程中，我们抓住产业、企业具有生命周期而土地资源能够重复使用、永续利用的规律，对有限的土地资源实行精耕细作，最大可能地放大集约使用土地带来的综合效应，积极推进经济增长方式的转变。

一是按“批项目、核土地”的要求规划利用土地。十分强调项目的合理布局和预期的综合效益，坚决杜绝可能出现的企业圈地行为。在项目审批中，严格把好合理用地、科学用地作为基本前提，坚持按项目的实际需要规划利用土地。对于有增资扩股或新增项目意向、要求预留地块的，则采取预约的方式，明确土地预约的期限（一般为1—2年），防止土地的闲置。

二是搞好产业空间布局与土地利用规划的同步调整。为产业结构优化升级和产业集群发展提供相对充分的资源条件，我们坚持优胜劣汰、优化资源配置。实践中，采取6种方式进行用地结构的调整和资源的重复使用。包括：调整功能回购、动迁回购、拍卖回购、协议回购、违约回购、到期回购等。近年来，已累计回购厂房约22万平方米；回购再利用的土地约33万平方米，占可利用土地的15%。尤其是2002年以来，共回购厂房约16万平方米；回购再利用的土地约28万平方米，占可利用土地的13%。在产业布局、土地利用同步调整中，我们坚持把开发区的经济效益放在集约使用资源的大局中加以考虑，资源配置、资金投入向优势企业倾斜。2003年，富士施乐复印机项目在原址扩大生产能力并增资10亿日元，建设第二工厂，准备将全世界90%的数码复印机在闵行开发区生产。为此，我们补贴资金动迁和置换了周边的5家企业，提供8000平方米土地和1.3万平方米厂房。占用土地资源增加了约50%，生产能力和经济效益却增长了3倍以上。

三是通过落实政策，积极推进“零地块”招商。向开发区内企业大力宣传市规划部门发布的《上海市对郊区工业用地的规划》，从提高地块的建筑密度和建筑容积率的角度，帮助企业分析、决策，寻求发展空间，在不增加土地利用面积的情况下扩大生产规模，总体上可以再提高土地的利用率约10个百分点。如世界著名的拉链生产企业之——YKK公司，在不增土地的情况下，在原厂区增建了7000平方米的厂房。生产能力由原年产拉链4亿条增至7亿条，增长了75%。

（三）不断完善服务功能，进一步改善综合投资环境

近年来，闵行开发区的软硬环境持续改

善。我们参与投资3个亿的轨道交通5号线正式运营，投资7000万元建设的生态公园正式对外开放。开发区还顺利通过了ISO14001认证。同时，开发区管理办公室、外商投资服务中心、外商投资企业党建工作指导委员会、开发区工会等在企业化运作的模式下，对开发区两个文明建设同步发展、协调推进进行了积极有效的探索。

一是把加强和改善服务的理念贯彻开发建设、经营管理的全过程。二是推进建立服务管理的长效机制。三是保持开发区“天蓝、地绿、水清、路畅”的硬环境。近年来，为改善开发区生产、生活和生态环境，每年投入的基础设施管理、维护资金约为3500万元。同时，积极做好天然气置换、电力供应及节电轮休的组织协调工作，保证了企业的正常生产。此外，在推进ISO14000体系的共建活动中，已在考虑ISO9000体系、“生态工业园区”、“数字园区”的创建工作。

（作者单位：上海闵行联合发展有限公司董事长、总经理）

树立和落实科学发展观
努力推动开发区在新起点实现新发展

初 宝 杰

2005年，东营开发区管委会面对新的发展形势和机遇，解放思想，开拓进取，全区经济、社会各项事业呈现出持续、协调、快速发展的良好态势，主要经济指标的增幅都在60%以上。1～7月份，全区实现业务总收入59.3亿元，同比增长62%；完成GDP 19亿元，同比增长66%；规模以上工业企业完成销售收入33.2亿元，同比增长85.6%；完成工业增加值13.5亿元，同比增长111%；完成税收1.3亿元，同比增长83%；实现地方财政收入5938万元，同比增长60%；实现进出口总额3.12亿美元，其中出口2.05亿美元，同比增长28%。新批准进区项目40个，总投资28.3亿元。引进了投资9.7亿元的科达建材项目、投资3.7亿元的高原第二工业园项目、投资4亿元的大明工业园项目、投资3.5亿元的海洋工业园等一批大高外项目。世界500强美国杜邦公司最大的海外投资项目钛白粉项目进展顺利，目前正在进行地质钻探。截至目前，全区累计批准进区加工制造业项目384个，项目总投资287亿元。

在工作中，突出实施了“大、快、高、优”四大战略。

一、以“大”求强

一是思想大解放。从事开发区事业，创新无止境，没有创新就没有活力，也就没有动力。工作上的持续创新需要思想上的不断解放，我们组织干部职工和区内骨干企业老板，分批次分层次地到外地参观学习，开眼界、长见识、增胆识，做到思想上不落后，措施上有创新。树立了困难面前有我们，我们面前无困难的信心和勇气。二是引进大项目。各地开发区的经验证明，一个大项目带动辐射作用是一群小项目所无法比拟的。没有大项目就撑不起开发区的未来，对外就没有说服力、影响力。我们坚持将引进大项目作为开发区招商引资的第一要务，成立了完全市场化运作的投资促进公司，组建了五支产业招商小组，充分发挥美国杜邦公司等大项目的影响和优势，千方百计引进大项目，吸引了一批大高外项目入区建设，开发区经济规模迅速膨胀。三是培植大企业。在注重引进大项目的同时，认真做好现有企业的扶大促优工作。对区内投资规模大、科技含量高、发展前景好，想干事、能干事、干成事的企业，给予重点扶持，帮助其做大做强。培育出了科英激光电子公司、高原工业园、方圆工业园、大海工业园等优势企业。

二、以“快”致胜

一是加快推进项目运作速度。建立完善了项目入区前的考察评审制度，严格控制不符合产业规划、不符合环保要求和弄虚作假的项目入区，提高项目落地成功率。推行项目代办制和职业化代理制，最大可能地缩短项目开工前的审批服务时限。健全了项目推进服务机制，全力服务调度进区项目，对于进区的重点项目都跟上一个由管委会领导挂帅的项目推进服务小组，及时帮助项目单位协调解决有关问题，确保其早日建成投产。二是加快推进胜利油田工业园建设。胜利油田工业园是开发区的一大亮点和特色，我们紧紧抓住油田存续企业改制的战略机遇，及时掌握油田企业改制的信息，吸引了一批油田改制企业到油田工业园投资建设。目前，入园项目已达到28个，总投资46亿元。三是加快繁荣第三产业。统筹加工制造业与第三产业的关系，大力发展物流业和金融、保险、中介等现代服务业，按照营造一流投资环境的要求，打造人流、物流、信息流平台，为投资者创造了一流的生产生活环境。

三、以“高”保质

一是高起点规划。我们委托世界最大的规划设计公司日本日建设计以及美国百泰、英国巴硕、新加坡裕廊等国际一流的规划设计公司，修订编制了开发区的总体规划、各类专业规划和控制性详规，打造开发区的“百年规划”。二是高标准建设。全面落实“一项工程两个方案”制度，严把基建工程招投标关，各项工程均面向全国招投标，增加招标的透明度；严把工程管理关，明确发包方、承建方和监理公司三方责任，严格落实责任制；严把工程审计关，在建立审计公司库，对所有工程实行二次审计的基础上，由工程造价咨询公司提前介入，加大事前、事中的监控力度，发挥资金的最大效益。在确保工程质量的前提下，千方百计抢进度，确保项目建设需要。三是高效能管理。加快搞好市政配套工程，提高区内绿化、亮化、美化水平。深化“文明城市”创建工作，加大城市管理行政执法力度，进一步改善城区面貌。四是高效益经营。加强开发区总体策划和推广，将开发区作为一个企业来经营，努力拓宽融资渠道，加快城市化进程。继续加大经营性土地招拍挂力度，对重点地块做好包装，适时推向社会公开出让。加大土地储备力度，为今后的发展留足空间。集约利用土地，进一步完善对土地用途、容积率、投资强度、开发建设进度等方面的约定，严肃查处低效利用土地行为；对于投资额在1000万元以下的项目不再供地，一律进标准厂房集中建设；探索小项目园区运作的成功模式，集中摆放中小项目；鼓励进区项目建设多层厂房，在工业区外集中开发建设单职工公寓；实行项目竣工报验制度，对于达不到规定建设密度和投资强度的，坚决收回其多占土地。依法加大土地清理力度，对于严重违反开发建设期限的土地坚决收回，累计收回闲置土地2200余亩，土地集约化利用程度进一步提高。

四、以“优”创新

一是优化服务环境。不断完善行政审批服务大厅功能，推行项目审批服务“一条龙”程序，打造一流的“政府超市”。深入开展了“信用开发区”建设和“平安开发区”建设，营造了“重商、亲商、安商”的良好服务环境。在去年通过ISO14001环境管理体系认证的基础上，组织开展了ISO9001质量管理体系和OHSMS18001职业健康安全管理体系认证工作，进一步规范行政服务标准和程序，提高行政服务质量和效率。二是优化干部职工队伍。深入开展人事管理制度改革，切实加强干部职工的引进、培养、使用和管理工作，努力打造与国际接轨的高效能团队。三是优化基层组织。认真开展了保持共产党员先进性教育活动，狠抓基层党建，党工委的向心力和凝聚力、党员队伍的创造力和战斗力得到显著提高，为开发区下一步发展提供了坚实的政治保障。

在今后的工作中，开发区将牢固树立和落实科学发展观，立足新起点，实现新发展，尽快把开发区建设成为现代化的新城区，为全市经济建设做出更大的贡献。

（作者单位：山东省东营经济开发区
党工委书记、管委会主任）

增强科技自主创新能力 提高国家级开发区发展水平

——学习党的十六届五中全会精神体会之一

中国开发区协会

党的十六届五中全会通过的《中共中央关于制定国民经济和社会发展第十一个五年计划的建议》（以下简称《建议》），提出了我国今后五年的发展目标，指导方针和总体部署，对我国实现全面建设小康社会的宏伟目标，有着重要的现实意义。《建议》强调指出，必须提高自主创新能力。实现长期持续发展要依靠科技进步和劳动力素质的提高。要深入实现科技兴国战略和人才强国战略，把增强自主创新能力作为科学技术发展的战略基点和调整产业结构、转变增长方式的中心环节，大力提高原始创新能力，集成创新能力和引进消化吸收再创新能力。温家宝总理在《关于制定国民经济和社会第十一个五年规划建议的说明》中指出：“自主创新是提升科技水平和经济竞争力的关键，也是调整产业结构、转变增长方式的中心环节。要把增强自主创新能力作为国家战略，致力于建设创新型国家。要大力开展具有自主知识产权的关键技术和核心技术，努力提高原始创新，集成创新和引进消化吸引再创新的能力。”把提高自主创新能力，提高到战略高度，这是《建议》的一个重要亮点。我们要认真学习贯彻党的十六届五中全会精神，千方百计地提高自主创新的能力，把国家级经济技术开发区的发展提高到一个新的发展水平。

一、充分认识提高自主创新能力的重要性

中央领导同志多次强调自主创新的重要性，胡锦涛总书记指出：“把科技进步和创新作为经济社会发展的首要推动力量，把提高自主创新能力作为调整经济结构，转变增长方式，提高国家竞争力的中心环节，把建设创新型国家作为面向未来的重大战略。”温家宝总理指出：“国家高新区要承担起新的历史使命，进一步发挥高新技术产业化重要基地的优势，努力成为促进技术进步和增强自主创新能力的重要载体，成为带动区域经济结构调整和经济增长方式转变的强大引擎，成为高新技术走出去参与国际竞争的服务平台，成为抢占世界高技术产业制高点的前沿阵地。”这不仅是对国家高新区的要求，而且也是对一贯致力于发展高新技术产业的国家级经济技术开发区的要

求。

提高自主创新能力，就是要深入开展原始创新，集成创新和引进消化吸收再创新。所谓原始创新，就是通过科学研究和科学实验获得的科学发现和科学技术的发明创造。所谓集成创新，就是通过对现有技术的有效集成获得综合技术创新成果。所谓引进消化吸收再创新，就是在引进国外先进技术和适用技术的基础上，通过消化吸收进行改进提高，获得自有的核心技术成果。自主创新，不仅是科技创新，还包括产业创新和产品创新。

当前，经济全球化的趋势更加明显，科学技术日新月异，国际竞争日趋剧烈，必须大力增强核心竞争力。这种核心竞争力来自于自主创新能力，也是国家级经济技术开发区今后生存和发展的强大推动力。国家级经济技术开发区经过20年的建设发展，取得了显著成效，成为发展经济的新增长点和发展高新技术的重要基地。但在提升核心竞争力，赢得持续快速发展中，还有不少问题需要解决。如国家级开发区引进技术密集型项目逐年增加，但在引进的基础上进行消化吸收再创新还不够，拥有核心技术和自主知识产权的产品还不多。改变这种状况，由“中国制造”向“中国创造”迈进，关键在于提高自主创新能力。又如开发区的经济增长方式主要还是物质驱动型增长方式，就是经济的增长，主要靠扩大物质要素的投入，以低廉的劳动力、消耗资源和污染环境为代价获得比较优势，生产世界分工中的低端产品。但我国资源短缺，能源、淡水、土地、劳动力等生产要素价格不断上涨，“比较优势”在不断弱化，开发区经济发展必须由物质驱动型经济增长方式向创新驱动型经济增长方式转变，从主要依靠物质投入转向主要依靠技术进步上来，也必须提高自主创新能力。再如国家级开发区的产业结构也必须优化升级，现在劳动密集型的工业较多而技术密集型的工业较少；一般服务业多，高附加值的现代服务业少；高消耗、粗加工、低端的产品多，具有核心竞争力的、拥有自主知识产权、世界知名名牌的产品少，为了改变这种状况，增强国际核心竞争力，也必须提高自主创新能力。

二、调动各方积极性，努力增强自主创新能力

温家宝总理在《建议》中指出：“提高自主创新能力，必须着力抓好以下几点：一要加快建立以企业为主体、市场为导向、产学研相结合的技术创新体系。二要改善技术创新的市场环境，加快发展创业风险投资，加强技术咨询、技术转让等中介服务。三要实行支持自主创新的财税、金融和政府采购等政策，完善自主创新的激励机制。四要利用好全球科技资源，继续引进国外先进技术，积极参与国际科技交流与合作。五要加强知识产权保护，这是需要特别强调的问题。保护知识产权，对鼓励自主创新，优化创新环境具有十分重要的意义，也有利于减少与国外的知识产权纠纷。要建立健全知识产权保护体系，加大保护知识产权的执法力度”。提高自主创新能力，是一个复杂的系统工程，要做好上面五个方面的工作，必须充分调动有关各方面的积极性，集聚力量，筹统协调，互相配合，才能形成提高自主创新的强大推动力。

一是要充分调动企业的积极性。企业是提高科技自主创新能力的主体。企业直接面向市场，最了解市场的需要，自主创新不仅需要科学研究和技术开发，而且更重要的是要把科技成果转化为生产力，就是要通过企业把最新的科研成果与市场需求结合起来，制造成有使用价值的产品，企业是把科技成果转化为产品的主体。同时，企业也只有不断增强自主创新能力，才能生产出具有竞争力的新产品，在市场竞争中立于不败之地。所以，首先必须调动企业的积极性，使企业充分认识自主创新的主导地位，增加资金投入，增强人才培养和研发中心建设力度，把提高自主创新能力放在一个重要位置。

二是要充分调动科研机构的积极性。科研机构（包括高等院校的科研机构和企业的研发

中心）是提高科技自主创新能力的关键。科学技术是第一生产力。如果说企业是创新产品的制造者，那么，科研机构是科技成果的主要提供者，没有科研成果，哪来成果转化。特别是原始创新，要经过多少科研人员进行研究探索，不断反复试验，才能取得科研成果。科研机构有较高素质的科研人才，有较完善的试验设备，在科研方面有较强的“比较优势”。在科技自主创新中，必须充分重视科研机构的作用。科研机构在根据国家经济社会发展需要，大力加强基础研究和高技术前沿研究的同时，也应根据市场需求，与企业协调配合，加强应用技术的研究开发，在科技自主创新中发挥应有的作用。

三是要充分发挥高等院校的积极性。高等院校是提高科技自主创新能力的基础。提高科技自主创新能力，必须深入实施科教兴国战略和人才强国战略，培养一大批创新型的人才队伍。从根本上说，加快科技发展，全面推动经济振兴和社会进步，都取决于劳动者素质的提高和大量高素质人才的培养。要加快教育的投入和教育结构的调整，大力发展职业教育，提高高等院校的教育质量。

四是要充分发挥政府部门的积极性。政府部门是提高科技自主创新能力的保证。政府部门是提高科技自主创新能力的领导者和组织者。科技自主创新体系的建立需要有关政府部门进行组织协调，特别是关于国家经济和国防安全的大型科技项目，涉及到各行各业，各个领域，必须组织跨行业、跨地区的攻关，决非一个企业一个科研机构所能完成的。同时，建立科技自主创新的激励机制，提供科技自主创新的政策和资金支持，制订科技发展和自主创新的规划，进行创新型体制的改革等方面，政府部门有大量工作要做。

三、采取有力措施，为建成创新型开发区而努力

国家级经济技术开发区不仅要建成经济高速发展的开发区，而且要建成创新型开发区。国家级开发区经过20多年的发展，经济综合实力进一步增强，科学技术迅速发展，以高新技术产业为主的集群已经初步形成，科技研发资源比较丰富，在这个基础上，进一步提高自主创新能力，建成创新型开发区，是完全可以做到的。要把提高自主创新能力作为贯彻落实科学发展观、推动开发区更快更好发展的重要环节切实落到实处。

一是要对提高自主创新能力作出部署。要对开发区的企业的自主创新能力进行调查研究，根据市场需求和经济技术发展需要，制定科技发展规划和科技自主创新项目计划，根据开发区现有基础和发展优势，明确科技自主创新的重点，列出原始创新、集成创新和引进消化吸收再创新的项目。

二是要建立科技自主创新体系。要增强企业作为科技自主创新的主体意识，增加资金投入，建立研发中心。要进一步充实和完善开发区的留学生创业园和科技园区以及科技孵化器，加强科技自主创新和新产品开发力度。要整合研发资源，加强开发区内外的高等院校和科研机构的分工协作，形成以企业为主体，产学研相结合的科技自主创新体系，有计划有步骤地完成科研发展规划和科技自主创新的各项任务。

三是要积极引进国外先进技术和研发中心。强调提高自主创新能力，不是说可以放松引进先进技术，而恰恰相反，应更加积极有效地引进国外的先进技术，特别是跨国公司的研发中心，为消化吸收再创新打下良好的基础。一般来说，引进消化吸收再创新与原始创新比较，可以节省时间和人力物力，能更快地获得创新成果。

四是要有计划有目的地建立一支自主创新的人才队伍。政策确定以后，人才是决定性因素。要在国内外招聘少数急需的尖端科技人才，在全国各高等院校培育一批后备人才，同时要加强在职科技人才的培养，使他们不断掌握先进的科技知识，增长聪明才智，不仅成为科技自主创新的有力推动者，而且成为剧烈竞

争的国际市场开拓者。

五是要大力营造良好的创新环境。首先要建立自主创新的激励机制，对在自主创新中作出显著成绩的企业、科研机构、高等院校和科研人员给予重奖。其次要制订扶持自主创新的政策，在资金、税收等方面给予优惠。如设置自主创新投资基金和贴息贷款，或在税收方面给予适当减免。再次要建立和健全知识产权保护体系，加大保护知识产权的执法力度，切实加强知识产权的保护。同时要加强自主创新的宣传报道，形成人人关心支持、参与自主创新的社会氛围。

不断提高国家级开发区党建工作水平

——全国国家级开发区第十五次党建工作研讨会综述

中国开发区协会

2005 年 6 月 23 日在太原市召开的全国国家级经济技术开发区第十五次党建工作研讨会，是在全党进行保持共产党员先进性教育活动的新形势下召开的，具有特殊的意义。

这次研讨会共收到各国家级开发区撰写的论文 63 篇。论文内容丰富，议题广泛，涉及国家级开发区领导班子执政能力建设、文化建设、干部队伍建设、新型社区建设、基层党组织建设、非公有制企业党组织建设，以及国家级开发区落实科学发展观，推进国家级开发区共产党员先进性教育活动的开展，新时期发挥党员干部和基层党组织的先锋模范作用，新形势下发挥国家级开发区工会、共青团、妇联等群众组织的作用等多方面的内容。充分体现了当前一个时期各国家级开发区党建工作的新经验，体现了保持共产党员先进性教育活动的新成果，既具有一定的理论性，又具有较强的操作性，对进一步做好国家级开发区党建工作和国家级开发区的建设发展，将起到积极的促进作用。

全面加强开发区党的执政能力建设

代表们认为，开发区之所以能取得辉煌的业绩，其重要原因，就是各开发区不断强化党的执政能力建设，坚持贯彻落实科学发展观，抓住机遇，走出了一条具有中国开发区特色的发展道路。

沈阳经济技术开发区党工委书记谷春立在发言中指出，全面加强党的执政能力建设，一是要明确发展思路，提高总揽全局的执政能力；二是要坚持发展是第一要务，提高项目建设的执政能力；三是要加强环境建设，提高营造良好投资发展环境的执政能力；四是要创新领导体制和工作机制，提高科学、规范、廉洁的执政能力。他说，要充分发挥开发区党工委总揽全局的领导核心作用，审时度势，把握方向，推动发展，适时提出新思路、新理念、新目标，统领开发区经济和社会快速发展。他们经过大讨论，找差距，确定了工业发展的新思路，科学发展的新思维，率先领跑的新定位，“五位一体”的新战略。在开发区改革振兴发展中，党工委适时提出了建设和谐开发区的目标，以强化基层组织建设为重点，以构建和谐机关、和谐城区、和谐乡村、和谐企业为载体，以保持共产党员先进性教育活动为契机，全面推进和谐开发区建设。党工委在每一个关键时期都确立指导思想，使开发区发展的方向更加明确，思想更加统一，步伐更加一致，扎实有效地推动了开发区经济社会的快速发展。

哈尔滨经济技术、高新技术开发区党工委，坚持以发展为第一要务，从理念创新、机制创新和环境创新入手，切实加强领导班子的思想政治建设，不断探索市场经济条件下提高领导班子领导能力的新途径，推动了开发区各项工作的健康发展，收到了明显成效。开发区管委会先后被黑龙江省委、省政府授予小康建设红旗集体，省级文明单位标兵和省级绿色机关标兵荣誉称号。他们增强班子领导能力的主要做法：一是认清责任，靠创新理念谋划快发展。他们认为，开发区党政“一班人”，只有牢固树立三种观念（责任观念、全局观念、科学发展观念），用全新的理念谋划快发展，才能不负党和人民的重托。他们适时提出了实施开发区“二次创业”，到2010年在工业经济总量上再造一个哈尔滨。二是迎接挑战，靠创新机制推动快发展。通过创新招商引资体制机制，创新干部考核评议机制，创新管理手段，提高班子的驾驭能力和领导水平。三是面对竞争，靠创新环境保证快发展。他们牢固树立服务为本的宗旨，采取切实有效的措施，努力提升环境，全力塑造服务型政府新形象。他们经过九个月的有效推进，顺利通过了ISO9001质量体系和ISO14001环境管理体系认证。

全面加强非公有制企业党的建设

国家级开发区是非公有制经济较多的经济区域，各开发区党工委坚持把非公有制企业党建工作纳入党的建设总体规划，摆上重要议事日程，及时部署，大胆实践，全力抓好非公有制企业党建工作，达到抓好党建促进经济建设的目的，这方面各开发区已经积累了丰富的经验。但也出现了一些新情况和新问题，需要积极探索，逐步解决。

乌鲁木齐开发区党工委的负责同志介绍，该开发区现有非公有制企业900家，其中建立各级党组织的有20家，仅占非公有制企业的2.2%。而非公有制企业的党员近906人，占全区党员人数的62.1%。他们认为，加强非公有制企业的党建工作，发挥广大非公企业党员先锋模范作用，就必须把保持共产党员先进性作为关键环节抓紧抓实，认真解决当前非公企业党建工作中普遍存在的党员发展难、党员管理难、党员发挥作用难、组织生活开展难、与企业之间沟通难的矛盾。而非公企业党员保持先进性的根本途径是，一要开展先进性教育活动，促进保持党员先进性的自觉性；二要加强组织领导，带动非公企业党组织和党员提高先进性意识；三是党员要在工作中自觉践行先进性要求；四是通过生产和领导岗位，发挥党员先进性作用；五是选准配强负责人，使其成为党员保持先进性的典范。

加强外企党务干部建设，是加强非公有制企业党建工作的重要措施。昆山开发区目前已建立4个区域外企党总支，7个企业党总支，103家企业党支部，在册党员1322名，党的工作覆盖率达100%。昆山开发区党工委在会上介绍了加强外企党务干部建设的经验，主要是：把握一个“活”字，不断完善党务干部用人机制。突出一个“能”字，不断提高党务干部综合素质。坚持一个“实”字，不断改进党务干部工作作风。强调一个“严”字，不断健全党务干部奖惩机制。他们通过这支队伍，加强了外企的党建工作，有力地推动了开发区的和谐发展。

全面加强党建和精神文明建设

武汉开发区十分重视党建和精神文明建设工作，在加快经济发展的同时，初步探索了一条“求所在，求实效，求创新”的适合开发区特点的党建和精神文明建设新路子，构建起企业、街道社区和机关建设三大板块党建和精神文明建设全面抓的工作新格局：一是适应改革与发展的需要，构建非公有制企业党建和精神文明建设工作的新格局。现在全区非公有制企业的党建工作已基本形成了工委直接管理，企业所属行业管理、企业投资主体管理三大组织管理体系。二是适应城市化进程需要，构建新型社区党建工作和精神文明建设新格局。他们将全区30个自然村集并组建成11个城市社区，基本实现了农村变城市，农民变居民的历史性转变。目前，11个新型社区已全部成立了党组织和居委会，社区党建工作逐步走上了正轨。三是适应执政能力建设需要，构建机关党建和精神文明建设新格局。开发区管委会机关党委会同有关部门不断建立健全机关岗位责任制、廉洁从政制度、学习制度等，落实全心全意为人民服务的宗旨，规范了机关党员的服务行为，提高了机关行政效率。

太原开发区按照党的十六大指出的"坚持党的思想路线，解放思想，实事求是，与时俱进，是我们党坚持先进性和增强创造力的决定性因素"这一指导思想，坚持党的思想路线，发挥党工委的领导核心作用，充分发挥基层党组织的战斗堡垒作用，以人为本抓党建，抓好党建促发展，取得显著成效。他们根据实际工作重点的不同，全区建立了工委、党委（管委会机关党委，企业党委和社会事业局党委）、党支部三级党建网络，党群工作机构健全，制度不断完善，活动形式多样。他们认为，只有不断学习，才能与时代同步，开发区党工委和管委会适时提出了创建"学习型开发区"的实施意见，党员领导干部带头学习，通过中心组学习，党支部的政治理论学习，外出考察、党校学习、英语和电子政务培训、专业知识学习等多种形式，领导班子发奋有为，廉洁高效，提高了驾驭市场经济的领导能力，广大党员和职工，不断更新知识结构，充分调动了他们的积极性和创造性，有力地促进开发区的经济社会发展。

开发区招商引资正孕育新变化

——国家级经济技术开发区第九届国际投资年会综述

唐华东

2005年4月19日至20日，国家级经济技术开发区第九届国际投资年会在长沙经济技术开发区召开。来自国务院有关部门官员专家，国家级经济技术开发区、出口加工区负责人，及部分跨国公司代表230多人出席了会议。会议以"投资、合作、创新、发展"为主题，认真总结了开发区招商引资的成功经验，深入探讨了开发区招商引资面临的新形势和新思路，成为各开发区招商引资开展合作交流的良好平台。

一、开发区招商引资取得了显著成绩，积累了许多宝贵经验

开发区招商引资是开发区发展的生命线，是开发区生存和发展的基础。多年来，开发区在招商引资方面不断探索新的形式，取得了十分显著的成绩。2004年，全国国家级经济技术开发区共吸收外商投资136.07亿美元，比去年同期增长31.74%，高出全国实际利用外资增幅18.42个百分点。2004年全国国家级经济技术开发区实际利用外资占全国实际利用外资比重达到22.44%。开发区利用国内投资也大幅度增长。一些开发区利用内资占到总投资的一半以上。

开发区招商引资也积累了不少宝贵经验，成为今后进一步发展中可以借鉴的重要理念。一是坚持把招商引资作为开发区建设和发展的生命线，高度重视招商引资工作。每个成功的开发区，都将招商引资工作列为开发区工作的头等大事，主要领导亲自抓招商引资工作。开发区年度总结中，招商引资情况是必备的内容。二是坚持投资环境是招商引资的生命，不断改善投资环境。对于开发区投资，投资者看中的是投资环境，其中，硬环境是招商引资的基础，软环境是招商引资的关键。三是坚持专业化招商，完善开发区招商引资运作机制。许多开发区制定专业招商计划，成立专门招商机构，安排专业招商人才，从事专门招商工作，形成较为有效的招商工作机制。四是坚持大项目带动和产业链招商方针，积极推动以商引商，走大项目带动和产业链招商路子。不少开发区的产业园走向专业化，产业规模不断得到壮大。

二、开发区招商引资面临新的形势

目前，开发区发展面临着新的形势，既有挑战，也有机遇。面临的挑战有三：

一是开发区政策优势正逐步弱化。上世纪90年代末开始，国家相继取消了改革开放初期赋予开发区的财政返还等特殊政策优惠。随着加入世界贸易组织，吸引外资的政策优惠开始趋于弱化。近年来，我国开始实施区域经济社会协调发展的政策，区域政策均等化趋势明显。随着开发区的政策优势正在减弱，开发区的发展逐步由政策主导型转入市场化阶段。

二是开发区招商引资的竞争更加激烈。周边国家甚至发达国家都在进一步改善投资环境，纷纷建立自由港、经济特区，以及采取更加优惠的政策措施等形式吸引跨国投资者。如韩国最近提出：吸收高科技外资项目，将享受七免三减半税收优惠。这对于我国开发区招商引资构成挑战。

三是国家加强对新建项目的土地、城建和环保管理，包括土地利用规划、城市建设规划和环境评价指标，凡不符合规划和指标要求的，都将被淘汰。过去推行的“省级权限”、“特事特办”做法都将面临新的挑战。这无疑给开发区招商引资工作带来了新的影响。

另一方面，开发区发展也面临着新的发展机遇。一是目前全球性产业转移方兴未艾，来华投资数量持续保持增长，制造业投资比重更是持续上升，这对开发区招商引资是难得机遇。二是随着我国进一步扩大制造业、服务业开放，大型跨国集团开始争相把研发中心、营运中心和地区总部转移到中国，服务业外包正在瞄准中国，而开发区已经是许多跨国公司的主要制造基地，必然给开发区产业升级带来新的机遇。三是多年来，开发区形成的人才优势、科技优势、环境优势和管理优势对于开发区招商引资构成了巨大的吸引力。

三、开发区招商引资需要转变思路

随着开发区招商引资形势的变化，开发区招商引资出现了新的特点。一是由过去依靠政策优势招商向依靠综合环境优势转变，不断增强开发区自主招商的能力。二是招商引资主体由政府主导型向政府指导企业运作转变。三是招商引资领域由单一制造业向制造业为主、二三产业并举转变，积极实施产业链招商。四是招商引资方式要由单一的组团出访方式向灵活多样的组合招商方式转变。五是招商引资目标取向由数量型向质量型转变，从过去的“招商引资”开始向“招商选资”转变。

在新的形势下，开发区招商引资要与时俱进，开拓进取，扎实做好招商工作，保持开发区经济社会持续健康协调发展。会议认为，开发区招商引资工作要做好以下几个方面的结合：

1. 要把招商引资与集约利用土地紧密结合起来，努力提高招商的质量和水平。在招商引资工作中，应当贯彻落实十分珍惜和合理利用每一寸土地的基本国策，谋求集约发展之路，精打细算、精益求精，保证引进项目的质量，以求最大限度地发挥土地的利用效益。一是提高准入“门槛”。在土地资源有限的情况下，开发区要把好项目引进关，要求进入园区的项目必须是科技含量高、投资规模大、经济效益好、污染程度低的项目。适当提高准入

“门槛”，不但不会影响投资项目的引进，实际上有利于招商，尤其是有利于高素质项目的引进。从目前一些开发区的招商引资情况来看，在适度提高项目准入“门槛”后，项目进入势头不减，不是土地等项目，而是项目等土地，往往是一块地有好几个项目在抢争。二是实行供地量与投资额、产出效益以及建筑密度、容积率等指标挂钩。对于项目申请用地，从项目投资总额和投资密度上进行严格控制，要求达到一定的标准，才能供应土地。要坚持规划先行，科学规划，并在规划设计条件上，明确项目用地建筑密度及容积率，防止多占少用、浪费土地资源。要鼓励厂房向空中延伸，限制平铺式厂房的建设设计。三要大力促进老企业增资扩股，提高单位土地投资产出。注重研究老企业的生产经营状况和行业发展动态，针对前景好、效益高、可替代进口的企业，积极提供服务，引导企业增资扩股。

2. 把招商引资与完善投资软环境结合起来，不断提高开发区对投资的吸引力。目前许多开发区的硬环境都达到了“五通一平”以上的水平，有的开发区达到了“九通一平”水平，不少开发区通过了ISO14000环境体系认证。对于投资者来说，硬环境是投资的前提，软环境才是决定投资的关键。目前，开发区要加强投资软环境的建设，不断提高服务质量和水平。要继续转变招商引资观念，弘扬“项目是生命线”、“投资者是上帝”、“为投资者提供方便，让投资者赢得利润”思想。坚持依法行政原则，严格按照土地使用、城市建设和环境保护等方面的要求，开展招商各个环节工作。要不断改革招商引资的管理体制，不断完善“集中统一，充分授权”管理模式，进一步提高投资促进的行政效率。要在人才使用、技术服务、物流配套、资金融通等方面给予投资者更多支持和保障。

3. 要把招商引资与产业发展结合起来，积极推动现代制造业、高附加值服务业发展和产业集群化。一要注重引进项目上游的研发环节，使开发区主导行业与科技制高点紧密结合，具备国际领先的科技创新能力。二要注重推动高附加值服务业的发展，大力引进金融服务业、现代物流等第三产业项目，完善开发区各项功能。三要抓好产业链招商，促进产业集群化。围绕开发区产业发展重点和行业龙头项目，带动一批上下游项目和关联项目的进驻，引导产业向开发区聚集，形成若干特色产业群，从而提高开发区的产业竞争力。

（作者单位：中国开发区协会副秘书长）

开拓进取　扎实工作
推动出口加工区持续快速协调健康发展

——全国出口加工区工作会议综述

任　欢

2000年9月，根据我国加工贸易发展的特点，借鉴国际加工贸易的管理经验，党中央、国务院作出了设立出口加工区试点的重要决策。经过5年多的积极探索，出口加工区已经成为我国政策最优惠、通关最快捷、设施最完善、管理最规范的特殊监管区域，是经济全球化背景下连接国际国内两个市场、两种资源的重要桥梁，也成为了我国承接国际产业转移的重要平台。

五年来出口加工区在促进加工贸易发展，引导加工贸易升级等方面取得了显著成效，积累了一定的经验，同时在建设和发展过程中也显现出一些突出的问题。为了在总结五年工作的基础上，明确出口加工区今后的指导思想、工作重点和发展目标，2005 年 11 月 24 ~ 25 日，经国务院批准，由海关总署和商务部联合召开的全国出口加工区工作会议在杭州举行。吴仪副总理出席会议并作重要讲话，海关总署牟新生署长作了会议总结。海关总署副署长盛光祖、商务部副部长易小准在会议上做了主题发言。国务院有关部门和部分省（区、市）分管负责同志，以及各地出口加工区管理机构负责人参加了此次会议。

创新实践中打造“金字招牌”——出口加工区 5 年发展的成就回顾

从 2000 年 4 月 27 日国务院批准首批出口加工区试点至今，全国共批准设立了 57 个出口加工区，分布在 23 个省区市的 51 个城市中，总规划面积 141 平方公里，形成了以长江三角洲地区为主，珠江三角洲和环渤海为辅，兼顾东北地区和中西部地区中心城市的格局。截至 2005 年 10 月，全国出口加工区累计进出口总值 1057 亿美元，年均增长 7.9 倍，预计今年进出口将突破 500 亿美元。5 年来出口加工区共引进外资项目 827 个，外商投资总额 136 亿美元，成为投资最密集、出口加工企业最集中、单位产出最高的特殊经济区域，也成为各地招商引资、招商选资的“金字招牌”，并成为承接全球 IT 等高新技术产业转移的重要基地。其中，上海市出口加工区内开展进出口业务的企业虽不到全市加工贸易企业总数的 2%，但进出口值却占全市加工贸易进出口值的三分之一。江苏出口加工区的投资项目中 95%以上集中在 IT 产业，上海出口加工区的笔记本电脑、掌上电脑、高档服务器、网络通讯基站等高新技术产品出口额也占到了总值的 94%。

吴仪副总理指出，5 年来我国出口加工区取得显著成就，得益于发扬“大协作”精神下的良好的工作机制；得益于在规范管理和服务方面的有法可依、有章可循；得益于出口加工区在运行中能始终坚持服从大局，严格按照国家宏观调控政策办事。商务部副部长易小准认为，出口加工区试点为我国加工贸易发展探索了新模式，取得了良好的经济和社会效益，同时也表现出鲜明的特点。总体而言，出口加工区在五年的发展中，主要取得了以下四方面成就：

（一）优化存量布局，引导增量入区，对区外开放型经济发展起到辐射作用

5 年来，出口加工区凭借其独特的政策优势和通关环境，吸引了大量加工贸易企业入区投资建厂，实现了对加工贸易存量的优化和对增量的规范。目前，出口加工区在全国加工贸易进出口总额中比重已经超过 8%，上海、江苏等出口加工区密集地区，进出口额分别占两省（市）加工贸易进出口总额的 32%和 15%。并且，在区内超大型项目、资金技术密集型企业的带动下，一些发展较好的地方也在加工区周边地区形成了较为完整的产业链、供应链。这种产业集聚效应，不仅对地区经济有直接的拉动作用，而且也促进了其他行业和产业的共同发展。

（二）创新监管模式，提高集约程度，对加工贸易健康发展起到良好的示范作用。

出口加工区实行围网封闭，变加工贸易“放养”为“圈养”，同时创新了海关对加工贸易的监管模式，监管更加严密、配套管理更加规范，企业通关更加便捷，经营环境更加宽松，这不仅强化了海关对整体区域的管理，降低了监管风险和监管成本，同时也更好地满足了企业需求，提升了管理效能。如江苏昆山出口加工区封关面积为 2.86 平方公里，每平方

公里吸引投资4.6亿美元，实现产值133.2亿元，远远高于全国平均水平。

（三）提升产业层次，增加技术外溢，对加工贸易产业升级起到了良好的导向作用。

出口加工区自创立伊始就有较高的起点，主要立足于发展机电产品出口，不断增大新技术产品出口的比重。从全国范围看，入区发展的企业多以从事电子信息产品生产为主，如英业达、英特尔、日立、中芯国际等一批资金技术密集型企业都落户出口加工区。跨国公司的投资，不仅将先进的电子产业制造环节和高端技术向我国转移，而且大幅提升了国内同行业的生产技术水平和产业层次。与此同时，东部地区IT产业的快速发展还带动了西部地区的发展，如英特尔封装测试项目从上海转移到成都出口加工区，成为西部承接沿海地区外资转移的一大突破，推动了东西部地区的产业梯度转移。

（四）形成产业集群，发展区域经济，对吸引高新技术、高附加值投资项目发挥了聚集作用。

通过鼓励和引导高新技术产业和技术含量较高的下游企业入区，出口加工区以点带面，吸引了大量上游配套厂商聚集在周边地区，逐渐成为区域性加工贸易龙头，在带动国产料件出口的同时，也提高了国内配套水平，形成了加工贸易产业集群，促进了区域经济的发展。2005年1～10月，上海、江苏、浙江3省市的15个出口加工区围网面积27.5平方公里，进出口总值440亿美元，每平方公里出口16亿美元。这种高投入、高产出的模式是国内其他任何区域都无可比拟的。

统一思想共创“亮点窗口”——深刻理解办好出口加工区的重大意义

面对当前国内外经济形势发生的新变化，特别是我国加入世界贸易组织“后过渡期”的新形势和加工贸易发展的新特点，更好地适应国际产业转移和跨国公司战略转变的新情况，进一步促进出口加工区健康发展便成为今后推动加工贸易转型升级、促进国内产业升级和外贸持续发展的重要举措之一。为此，根据吴仪副总理的讲话精神，必须统一思想，提高认识，进一步明确办好出口加工区的重大意义。做到以出口加工区为示范，规范加工贸易管理，促进加工贸易持续快速协调健康发展；做到以出口加工区为先导，优化产业结构和商品结构，推动加工贸易产业升级；做到以出口加工区为依托，充分发挥其辐射作用，加快转变对外贸易增长方式，带动区域经济发展。

（一）办好出口加工区是提高我国对外开放水平的必然要求。

出口加工区在直接面向国际市场的发展中，5年来已经显现出相当的产业聚集效应，并形成了贸易和投资的良性循环。今后，进一步办好出口加工区可以抓住新一轮全球生产要素优化重组、产业转移和服务业外包的重大机遇，不断提高利用外资的质量，优化产业结构，提升出口加工制造能力，扩大外贸出口，推动我国开放型经济向更高层次发展。

（二）办好出口加工区是增强我国国际竞争力的迫切需要。

随着经济全球化和区域经济一体化的深入发展，特别是面临我国周边许多国家和地区也在竞相吸引外资、大力发展加工贸易、出台一系列优惠政策的新的激烈竞争局面的关键时期，保持吸引外资政策的稳定性和连续性格外重要。引进外资工作就要按照国家产业政策导向，加大吸收高新技术、高附加值和现代服务业的力度，注重消化和创新；同时也要不断优化吸引外资的形式，将办好出口加工区作为促进我国贸易向更高水平发展和增强国际竞争力最为有效的措施之一。

（三）办好出口加工区是引导加工贸易转型升级的重要载体。

出口加工区处在加工贸易和保税监管改革的前沿，是投资和贸易便利化的先导区。与区外相比，出口加工区更有利于加工企业提高技术开发和创新能力，优化产品结构，提升产品档次；有利于提高加工贸易深加工程度，延长增值链条，扩大产业聚集和辐射效应；更为重要的是，通过出口加工区可以大力吸引低能耗、高环保、高效益的电子信息技术、生物医药、新材料和环保型出口加工业的发展，能够加快和优化我国加工贸易的产业结构。

（四）办好出口加工区是更加有效利用土地资源的有益尝试。

出口加工区从规划到建设，主要立足于已批准的国家级开发区或条件较好的省级开发区。这种不另辟土地的发展模式，不仅提高了单位土地的投入和产出，而且还开创了集约用地发展经济的良好模式。

党的十六届五中全会指出，“要继续发展加工贸易、着重提高产业层次和加工深度，增强国内配套能力，促进国内产业升级。”出口加工区作为承载加工贸易发展的特殊区域，就应以加工贸易升级做为其发展的核心任务和目标，充分发挥出口加工区的示范、导向和辐射作用，有效利用出口加工区的政策优势、通关优势和环境优势，扩大并完善出口加工区的保税加工和保税物流等功能，科学规划出口加工区布局，切实加强区内产业引导，积极促进区域经济协调发展。

目标要求中明确“要点工作”——对出口加工区未来发展的具体要求

吴仪副总理在会议上指出，今后一个时期出口加工区的发展目标是：“努力建设成为承接跨国公司转移高科技高附加值加工制造环节、研发中心的重要基地；成为承接国际现代服务业转移，开展保税物流业务的重要节点；成为面向国际市场，汇集大型下游高新技术龙头企业的聚集区；成为率先实现加工贸易转型升级的先导区、示范区。”

为实现上述目标，今后必须要坚持科学规划、合理布局；要坚持高起点的建设标准；要坚持健全法规、完善功能；要坚持规范管理、高效服务。当前和今后一段时期，为加快出口加工区的建设和发展，应着重做好几方面工作：

（一）分类指导，制订完善出口加工区的发展规划、审批标准和考核指标

要着眼于全国加工贸易发展全局，制订长期发展规划，避免盲目发展和过度竞争，海关总署应积极会同各联合审批验收部门，根据东西部地区发展实际，建立科学的出口加工区经济发展综合指标，对批准设立的出口加工区进行检查和考核，完善并严格执行出口加工区准入和退出机制。各级地方政府要高度重视申办出口加工区的前期工作，落实好预入区的项目、建设用地和建设资金。

（二）打破瓶颈，积极拓展出口加工区保税物流等功能

要按照“加工制造为主，保税物流为辅”的功能定位，在现有保税加工功能基础上，研究增加出口加工区的保税物流功能，积极探索发展第三方物流和引入研发中心。允许进区的物流公司不仅服务于区内企业，而且可将物流配送业务拓展到区外，促进出口加工区加工制造和现代物流协调发展。海关总署可按照“先试点，后推广”的原则，积极稳妥地启动改革试点，放大出口加工区内仓储企业的中介作用，使出口加工区成为国际采购、全球配送等国际物流的载体，并可积极引进国际国内的物流公司，以及研发、采购、销售中心和区域总部，以促进出口加工区加工制造和现代物流协调发展，促进产业链和供应链的有机衔接。

（三）深化改革，进一步健全海关保税加工和保税物流监管制度

为推动加工贸易更好地发展，下一步要继续深化保税加工和保税物流监管制度改革，对各类特殊监管区域和场所进行功能整合，从外延扩张向功能优化转变。研究拟订《保税监管区域条例》，使现有各类特殊监管区域都能基本具备保税加工和保税物流两大功能，并实施统一的配套政策和管理措施，形成监管和服务“双到位”的综合型海关保税监管区。海关总署应积极推动改革创新，实现各类特殊监管区域的功能整合、政策整合和监管模式整合。同时，海关总署将遵循一体化规划、集约化开发

的原则，研究整合包括出口加工区在内的各类特殊监管区域的管理系统，建立统一的信息平台，通过平台实现物流分拨配送，提高物流效率，促进区域经济的协调发展。

（四）完善管理，改进服务，千方百计合力打造出口加工区优于区外的政策优势

一是要抓紧研究和修订区内企业边角料处理、设备报废等政策规定和管理措施。二是配合特殊监管区域功能整合，实现各类特殊监管区域优惠政策叠加和整合。三是完善对出口加工区加工贸易的管理办法，同时尽快研究提高区外加工贸易准入门槛，严格区外加工贸易审批。四是对高污染、高能耗、资源性等产品逐步实行降低出口退税率、不予出口退税、加征出口税、禁止出口等限制措施，保证区内政策规定和管理措施要比区外更加优惠、便捷，引导加工贸易增量和区外加工贸易逐步向区内转移。五是统一实施国内货物进入保税监管区域的退税和内销补（征）税政策，以及区内外商投资企业的各类减免税收优惠政策。六是探索更为便捷、高效的区内外资登记管理新模式，切实提高区内外商投资企业的出资率。七是完善出口加工区外汇管理政策规定，调整服务贸易价格结算政策，简化结汇管理，放宽购汇限制。八是强化出口加工区信息化管理，推行方便企业的服务措施，进一步提高通关效率。九是加快省级开发区清理整顿进度，完善有利于出口加工区发展的用地政策。海关总署也要认真研究区内外政策的互补平衡问题。

（五）加强领导，促进出口加工区全面健康发展

出口加工区的良好发展，离不开坚强的组织领导与部门间的协调合作。会议认为，要继续发挥好部际联席会议制度的作用，及时研究解决出口加工区发展过程中遇到的困难和问题。作为出口加工区的主管部门，海关总署要加强调查研究，认真履行监管职责，全力做好服务工作。依托电子口岸，构筑部门间的执法互助体系。积极探索中国保税区出口加工区协会、中国开发区协会以及有关行业协会、进出口商会、会计师事务所、审计师事务所等社会中介组织参与出口加工区管理的新形式。各地政府要切实担负起出口加工区发展的责任，把出口加工区作为本地区发展开放型经济的一个重要“抓手”，摆到政府工作的突出位置，抓好、抓实、抓出水平，使出口加工区成为本地区引资窗口和技术高地。同时，也要从地区经济发展的全局角度，合理布局，充分发挥出口加工区的作用，加大财政投入，为出口加工区发展提供财力保障。

开拓进取　扎实工作　推动出口加工区持续快速协调健康发展

我国出口加工区实际运行时间不长，还处在起步探索阶段，存在着因发展不平衡所引发的实际问题：有的出口加工区虽批准多年，但至今尚未通过验收；有的出口加工区功能单一，不能很好适应加工贸易和开放型经济发展的需要和要求，对延伸产业链、提高附加值的制约日益明显；有的出口加工区比较优势不明显，政策实施繁琐，具体落实有难度；有的出口加工区对企业进区要求条件高，挫伤了部分企业入区的积极性，也给出口加工区的招商引资带来难度。这些问题是发展中的问题，要在发展中逐步研究解决。

此次出口加工区会议，明确了今后一个时期发展的总体要求、发展目标和指导原则，部署了进一步规范和推动今后发展的工作重点，达到了统一思想，提高认识的目的，坚定了继续办好出口加工区的信心和决心，必将对推动出口加工区持续快速协调健康发展起到重要的作用。

（作者单位：中国开发区协会）

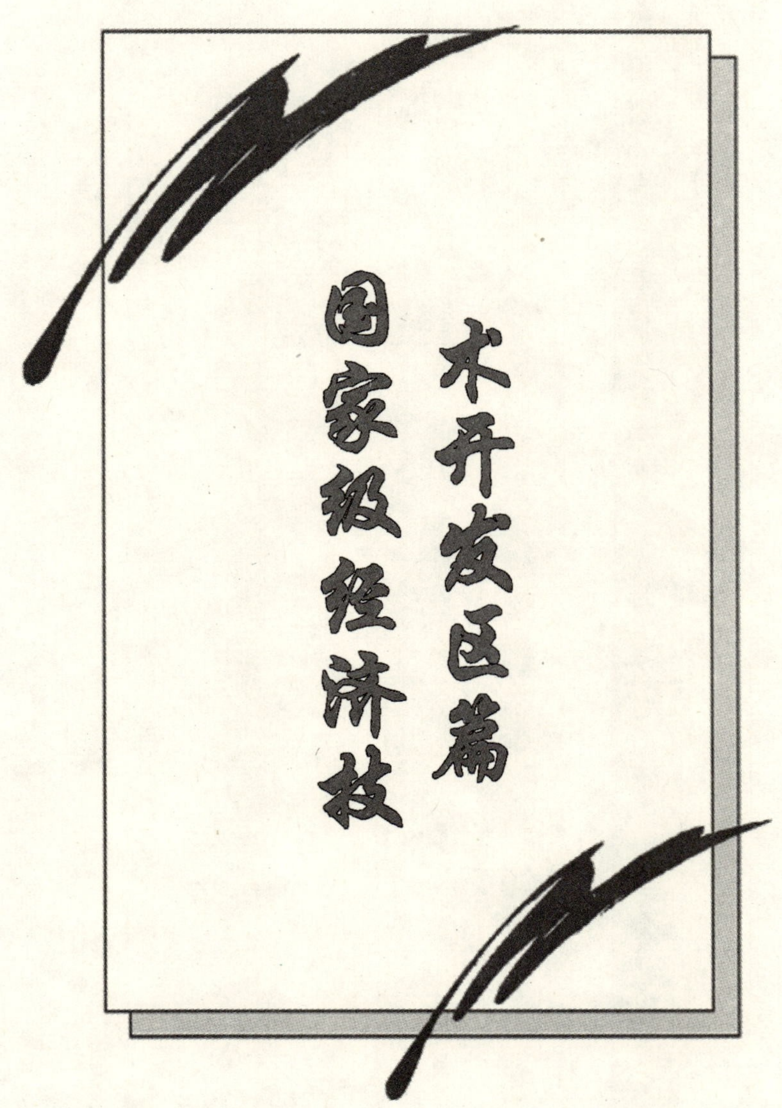
国家级经济技术开发区篇

大连经济技术开发区

DALIAN ECONOMIC & TECHNOLOGICAL DEVELOPMENT AREA

【经济发展】 2005年，大连经济技术开发区（以下简称大连开发区）加大改革管理体制力度，有效整合区域资源，经济建设和社会各项事业保持了良好的发展势头。全区实现GDP 450亿元，同比增长30.9%；完成工业总产值962亿元，同比增长25%，其中规模以上工业实现总产值825亿元，同比增长22.9%；完成进出口总额100.3亿美元，同比增长22%，其中出口总额50.1亿美元，同比增长25%；完成固定资产投资100.2亿元，同比增长40.5%；实现合同外资16.7亿美元，同比增长85.6%，实际使用外资10亿美元，同比增长85.2%（按新口径核算为3.5亿美元，同比增长40%，完成市政府责任目标的131%）；实现税收总额50.31亿元，同比增长66.5%；实现综合财政收入25.34亿元，同比增长37%，其中一般预算收入15.2亿元，同比增长37.4%；实现社会消费品零售总额50.5亿元，同比增长15%；全年接待游客425万人次，同比增长22%（其中金石滩接待海内外游客340万人次，同比增长20%），旅游收入7.1亿元，同比增长27%（其中金石滩3.25亿元，同比增长20%）；农村居民人均纯收入7695元，同比增长9.2%。

工业生产稳步增长，产销率保持较高水平。2005年，全区实现工业总产值962.4亿元，同比增长25.0%，其中规模以上工业完成总产值825.4亿元，同比增长22.9%，占全市规模以上工业总产值的33.1%。重点企业、重点行业拉动作用明显。2005年，全区排名前60位产值大户完成工业总产值715.5亿元，占全区的74.3%。产值超亿元的企业有78家，比去年同期增加26家，合计完成工业总产值766.4亿元，占全区工业总产值的79.6%。规模以上工业总产值排名前五位的支柱行业（石油加工、通信设备计算机及其他电子设备制造业、黑色金属冶炼及压延加工业、机械制造、电器机械制造）完成工业总产值538.2亿元，同比增长27.3%，拉动全区工业总产值增长15个百分点，五大行业合计工业总产值占全区工业总产值的55.9%，比上年同期上升4.1个百分点，说明全区工业行业集中度进一步增强。工业产销率始终处于较高水平。规模以上工业实现产品销售收入808.7亿元，同比增长24.7%，产销率98.0%，上交税金总额26.7亿元，增长7.1%。大连西太平洋石油化工有限公司、辉瑞制药有限公司被辽宁省政府授予“2005年度外商及港澳台投资企业纳税十大企业”荣誉称号。企业用水用电量均衡增长，工业耗水量2415万吨，增长21.1%。工业耗电量16.25亿千瓦时，增长17.0%。全区规模以上工业实现利润总额22.8亿元。

出口结构进一步改善。全区完成进出口总额100.3亿美元，同比增长22.3%。其中：进口50.2亿美元，同比增长8%；出口50.1亿美元，同比增长25%。按出口贸易方式，一般贸易出口5.52亿美元，增长49%；加工贸易出口44.58亿美元，增长23%。全年全区实现产品出口的企业有405家，其中出口额超过1000万美元的有56家，共实现出口43.2亿美元，占全区出口额的85.8%；出口超过1亿美元的企业有7家，共实现出口27.1亿美元，占全区的53.9%。出口市场呈现多元化，出口产品共覆盖99个国家和地区，比去年同期增加了8个。企业出口国家的集中度有所降低，排名前12位的国家和地区的出口比重由去年同期的92.5%下降到91.7%，外贸出口居前三位的国家和地区分别是日本、韩国和中国香港。机电产品和高新技术产品在出口产品中的主导地位逐渐增强，全年实现机电产品出口25.38亿美元，同比增长20.1%，占全区出口总额的50.7%；高新技术产品实现出口16.9亿美元，同比增长24.2%，占出口总额的33.7%。

高新技术产业稳步发展。为优化开发区的产业创新环境，大连开发区管委会于2005年10月先后发布了《促进科技产业发展的暂行规定》、《促进科技产业发展的暂行规定实施细则》、《高新技术企业、项目、产品认定管理实施细则》、《技术研究开发机构管理暂行办法》、《科技企业孵化器管理办法》、《科技计划项目管理办法》等促进科技产业发展的系列配套政策，重点支持科技创新服务体系的建设，支持高新技术项目产业规模化、高新技术交易规模化、重点项目配套产业规模化，为全面促进开发区科技产业发展，构建出一个健全、宽松、和谐的政策环境。全年新认定高新技术企业8家，高新技术项目15个，区级研发机构5个。高新技术企业实现产值110亿元，比上年增长39.0%，占全区工业总产值的11.4%。组织了112项国家、省及市的科技计划项目申报，其中列入国家创新基金的项目2项、列入省创新基金项目4项。截至2005年底，全区累计认定高新技术企业198家，高新技术项目130项，区级研发机构18个。

招商引资创历史最好水平。管委会把招商引资作为全区工作的重中之重来抓，加强了招商引资工作的领导，理顺了招商体制，强化了部门联动机制，狠抓了项目建设配套服务，取得了明显效果。全年新批外商投资项目184个（其中增资项目68个），3000万美元以上项目15个（其中增资项目4个），1000万美元以上项目34个（其中增资项目9个），项目平均投资规模611万美元。主要特点：一是新批项目的投资规模大质量好。大众发动机、中远船务、THK直线导轨、SKF轴承、松下通讯、美明外延片和利优比压铸等项目的投资规模都在5000万美元以上，千万美元以上项目普遍具有较高的技术含量，有些项目已达到世界领先水平。二是投资国家和地区不断增加。对日招商取得较好成果，除THK、松下和利优比等新项目外，罗姆电子、日清制油及莫莱克斯电子等老企业的项目增资都有较大的规模。韩国企业投资活跃，斗山发动机、大洋商船、东方精工等项目进入，对韩国中小配套企业的引进发挥了较强的牵动作用。欧美地区投资项目数量取得历史性突破，德国、瑞典、荷兰、意大利、美国均有千万美元以上项目落地。在已开工建设重点项目中，欧美投资项目占50%。三是新的产业群已见雏形。一汽大众发动机、蒂森凸轮轴、利优比压铸、吉布斯汽车部件等项目落户，以及斗山发动机、大洋商船、东方精工、PX、PTA等项目破土动工，为开发区发展汽车零部件、修造船及精细化工产业发展奠定了基础。

固定资产投资稳步增长。2005年，全区完成固定资产投资100.2亿元，比上年增长40.5%。其中，基础设施及公共性设施完成投资21.9亿元，增长46.4%；项目建设完成投资59.7亿元，比上年增长38%，占全区投资完成额的59.6%；外资项目完成投资40.2亿元，增长68.6%；房地产开发投资持续上升，完成投资18.6亿元，比上年增长40.2%。基础（公共）设施完成投资、项目建设投资、房地产开发投资占全区固定资产投资的比重分别为21.8%、59.6%和18.6%。

征地动迁和回迁房建设增势强劲，全年征地费、动迁补偿费和动迁房建设完成7.7亿元，占基础设施投资总额的35.1%。项目建设投资大幅提高，如一汽大柴、大众一汽发动机等项目的投资额均超过5亿元。合资企业和独资企业的项目投资出现较高的增幅，分别比去年增长36.9%和88.9%。房地产投资增长较快，全年共完成投资18.6亿元，其中完成住宅投资15.5亿元，占房地产总投资的83.3%。商品房屋销售面积69.3万平方米，增长16.1%，金湾实业、华安房地产、盛和房地产投资均突破2亿元。

【投资环境】 为完善城市功能，提高大项目承载能力，提升城区形象，2005年，大连开发区提出了城市建设“一年小变样、三年大变样”的工作要求。按照大连新城区标准编制了城区规划。加大了城区基础设施建设力度。加快文化广场、西山居住区、金马路地下通道、红星村改造等重点工程进度，文化广场歌剧院春节前投入使用，金马路地下通道主体工程已完工。金马路沿线建筑物改造工程进展顺利。完成了管委会办公区改造及事业单位综合楼新建工程方案招投标工作及专家评审工作。电力、交通、给排水、燃气、热力等工程建设进展顺利。调整了基本建设管理体制，财政投资新建、续建项目189个，完成投资8.9亿元。建立了区、街、社区三级城市监督管理体系。出台了《开发区城市市容管理暂行办法》、《金马路车辆停放管理办法》，建管结合、疏堵结合的长效机制正在形成。

【招商引资与利用外资】 大连开发区把招商引资作为全区工作的重中之重来抓，加强了招商引资工作的领导，理顺了招商体制，强化了部门联动机制，狠抓了项目建设配套服务，取得了明显效果。全年新批外商投资项目184个(其中增资项目68个)，3000万美元以上项目15个（其中增资项目4个），1000万美元以上项目34个（其中增资项目9个），项目平均投资规模611万美元。主要特点有：一是新批项目的投资规模大质量好。大众发动机、中远船务、THK直线导轨、SKF轴承、松下通讯、美明外延片和利优比压铸等项目的投资规模都在5000万美元以上，千万美元以上项目普遍具有较高的技术含量，有些项目已达到世界领先水平。二是投资国家和地区不断增加。对日招商取得较好成果，除THK、松下和利优比等新项目外，罗姆电子、日清制油及莫莱克斯电子等老企业的项目增资都有较大的规模。韩国企业投资活跃，斗山发动机、大洋商船、东方精工等项目进入，对韩国中小配套企业的引进发挥了较强的牵动作用。欧美地区投资项目数量取得历史性突破，德国、瑞典、荷兰、意大利、美国均有千万美元以上项目落地。在去年已开工建设重点项目中，欧美投资项目占50%。三是新的产业群已见雏形。一汽大众发动机、蒂森凸轮轴、利优比压铸、吉布斯汽车部件等项目落户，以及斗山发动机、大洋商船、东方精工、PX、PTA等项目破土动工，为开发区发展汽车零部件、修造船及精细化工产业发展奠定了基础。

【体制改革】 围绕建立有利于新市区建设和经济社会协调发展、有利于增强内在活力的管理体制和运行体制，大连市委、市政府决定，2004年10月，大连开发区与大连金石滩旅游度假区合并，2005年12月，与大连出口加工区合并，形成“三区合一”的管理体制。2005年6月，成立大连开放先导区党工委，领导开发区、保税区和高新园区、党的建设、精神文明建设等工作，三区分别设立管委会党组和机关党委。

为突出招商引资在各项工作中的重要地位，进一步理顺招商体制，2005年7月，管委会决定，按照有利于引入竞争机制和分配激励机制、有利于建设专业化招商队伍等原则，调整原招商机构设置，撤消招商中心，在经济贸易局内设招商一局、二局、三局、四局。招商一局负责对日招商工作，招商二局负责对韩招商工作，招商三局负责对欧洲、美洲和大洋洲招商工作，招商四局负责对港、澳、台、东南亚招商和国内招商工作。在经济贸易局内设办公室、商贸物流处、中小企业处、项目管理处，负责与职能相关的业务工作。

为强化对金石滩国家旅游度假区的管理，根据《大连经济技术开发区管委会 大连出口加工区管委会 大连金石滩国家旅游度假区管委会机构编制方案》（大编发［2004］71号），开发区管委会决定，于2005年9月设置大连金石滩国家旅游度假区发展管理局（大连经济技术开发区旅游局、金石滩风景名胜区管理局），主要负责金石滩旅游度假区经济发展、招商、城市管理等工作。内设综合处、旅游管理与促进处、招商处、风景与城市管理处4个处。

【管理与服务】 2005年，大连开发区狠抓软环境建设，取得了显著成效。一是政务环境进一步完善。深入推进审批制度改革，经过多次清理，将原来的252项行政审批事项缩减到140项。扩大"一站式"办公规模，服务项目由152项增加至282项，9个部门、20多个收费项目实现了"一口收费"。建立了行政效能行风建设投诉中心，开办了"行风热线"，社会关注的行风热点问题有所改进。管委会通过了中国质量认证中心ISO9001质量管理体系认证，促进了行政管理、执法和服务水平提升。二是政策环境进一步完善。出台了大连开发区《促进科技产业发展暂行规定》系列政策、《促进光电子产业发展若干规定》，落实鼓励模具产业发展配套政策。为促进大项目落地，强化招商引资联动机制，成立了项目前期推进工作领导小组和在建项目跟踪服务小组，跟踪协调招商洽谈或者项目建设过程中出现的各种问题，实行特事特办，加快了项目洽谈和落地的进程。三是强化了制度建设。修订了《管委会工作规则》，为推进管委会工作制度化、规范化、科学化提供了制度保证。制定并实行机关、镇街工作综合考评办法，为全面加强工作目标管理和绩效考核建立了平台。制定了《机关公务人员公共服务行为规范》及《到企业检查、为企业服务暂行规定》，为规范执法行为、提高服务意识提出了要求。落实了党风廉政建设责任制，认真解决损害群众利益的突出问题。建立了督查督办专门工作机构，狠抓了工作落实。四是服务效率有所提高。管委会机关、街镇以及事业单位大多数工作人员的精神面貌有了明显的改善，很多部门的同志为了确保重点工作进度，经常加班加点，勤恳工作，促进了行政效率不断提高。

【党的建设】 一是加大党务工作指导力度。指导2个镇党委和15个机关党组织的换届工作；组织人力编辑了4.5万字的《党的基层组织工作手册》，对基层党建理论、基层党组织工作程序、党建工作方式等方面进行规范，形成了对基层党建工作有力的指导。二是把握六大领域党建工作特点，促进基层党的建设不断向宽领域、深层次拓展。围绕经济建设中心任务加大党建力度，不断增强基层党组织的凝聚力和战斗力，充分发挥各级党组织的战斗堡垒作用。

保持党员先进性教育活动取得明显成效。按照中央、省市委和开发区党工委的统一部署，全区从2005年1月27日起开展了保持共产党员先进性教育活动，全区有798个基层党组织、1.7万名党员参加了教育活动。截至2005年末，第一、二批教育活动已基本完成，第三批教育活动进入学习动员阶段。从活动情况看，较好地实现了"提高党员素质、加强基层组织、服务人民群众、促进各项工作"的目标。

【精神文明建设】 一是以创建全国文明城市为重点，精神文明建设取得新成效。按照"以创促建、重在建设、注重长效、造福百姓"的原则，全面落实《开发区创建文明城市工作方案》各项要求，加强对东山、金源北里、临港、西山等7个社区的检查指导。制作大型路街宣传板、标语50多块（幅）、印刷宣传品20多万份，组织各类专项宣传教育活动30场次，由于措施得力，工作突出，使开发区荣获大连市创建文明城市突出贡献奖。二是加强学习型城市建设，推动群众性精神文明建设活动深入开展。深入开展以《公民道德建设实施纲要》为内容的公民道德教育实践活动。以创建学习型党组织为重点，深化各类学习型组织创建工作和市民学习活动。为推动全民学外语活动，确定了大连民族学院等10所院校为外语培训基地，聘请包括外教在内的54名外语志愿者。启动了五彩城外语广场，社区外语讲坛蓬勃开展。积极开展“市民学外语活动日”、“外语资格考试”等活动，组织先导区“市民学外语文艺展演活动”，全区15个单位的100多名市民参加了演出，受到了市委宣传部有关领导的称赞；积极开展向社区、村组、学校捐书活动，开发区各机关、事业单位、街道等广泛发动，捐赠图书3万余册，为市民百姓送去了精神食粮。

（大连经济技术开发区管委会）

秦皇岛经济技术开发区

QINHUANGDAO ECONOMIC & TECHNOLOGICAL DEVELOPMENT ZONE

【经济发展】 2005年，秦皇岛经济技术开发区（以下简称秦皇岛开发区）在以产业集聚为重点进行招商引资，以优化质量和结构为宗旨进行项目建设，做大经济总量，做优主导产业，做强大型企业，实现超常跨越，迈上“十一五”发展新起点的思路指引下，以迎接竞争和挑战的精神风貌，艰苦奋斗，奋勇争先，取得了经济发展来之不易的成果。全年实现GDP920491万元，同比增长22.6%；完成工业总产值2359923万元，增长16.33%；实现工业增加值549321万元，增长20.9%；完成税收收入90747万元，增长19.9%。

【投资环境】 2005年，秦皇岛开发区全年完成基础设施建设各类投资近7亿元。市政建设：修筑道路7502米，新建道路兴凯湖路、永定河道、重庆东道、天津东道、新疆路等；铺设两污管网7382米，自来水管网3800米、燃气管网5.6万米、蒸汽管网2300米、热力管网4200米；敷设电力线路15.5万米、通信线缆48.7万米。房建：竣工厂房199811平方米，公共设施52247平方米、住宅198116平方米（其中外国专家公寓15925平方米）。环境建设：新建公园3.6万平方米、河堤3238米、绿地30.68万平方米。建成区绿化覆盖率达42.82%，绿地率达38.13%，人均公共绿地12.42平方米。城市功能日趋完备，配套能力逐渐增强，承载大项目的能力明显改善。

投资软环境更加优化。出台《促进高新技术产业发展暂行规定》等政策。在发展高新技术产业，培育主导产业，招商引资，引进技术资金人才等方面，在国家政策和法律法规许可的范围内，实行优惠政策，营造良好的政策环境。继续完善土地出让“招拍挂”等政务公共制度，打造法治政府，行政管理权最大化，行政控制和干预最小化，营造素质化的政务环境。提高投资服务中心效率，在投资服务中心设立企业协调部，开通8019119企业服务热线，帮助企业解决生产中遇到的问题。各职能部门延伸服务职能，扮靓“窗口”，促进招商环境由体制优势向服务优势转变，营造规范的服务环境。

【招商引资与利用外资】 2005年，秦皇岛开发区新批准外商投资企业21家，总投资32753万美元，合同外资18866万美元，实际利用外资16666万美元。落地外资项目中总投资3000万美元的2个：中德合资企业中德科能技术有限公司和韩国独资的三养健能仕食品有限公司。外资投资企业的特点是独资化趋势明显，总投资中2/3为独资。全年批准内资项目287个，到位内资309345万元。落地内资项目中注册资本超1亿元的有6个，其中天威保变总投资4.68亿元，北大荒麦芽总投资3.86亿元。

【对外贸易】 2005 年，秦皇岛开发区全年完成进出口总额 149608 万美元，同比增长 57.9%，其中出口 58298 万美元，增长 31.4%；进口 91310 万美元，增长 81.2%。这三项指标的增幅在全区各项指标中为最大，对外贸易成为全年工作的一个亮点。山海关船厂实现出口创汇 10968 万美元，主要出口国家地区为韩国、香港、新加坡、希腊、俄罗斯、德国。秦皇岛首钢板材有限公司出口创汇 8532 万美元，主要出口国为韩国、日本。秦皇岛戴卡轮毂制造有限公司出口创汇 1.2 亿美元，美国通用、福特、戴姆勒—克莱斯勒，德国奥迪、大众、奔驰、宝马，日本本田、丰田汽车厂均成公司稳定的客户。秦皇岛金海粮油工业有限公司出口创汇 4156 万美元。秦皇岛正大有限公司出口熟食制品 1.4 万吨，创汇 4000 万美元，出口国家地区为日本、南非、中东、俄罗斯、香港。

【高新技术产业和重点企业】 2005 年，秦皇岛开发区有高新技术企业 51 家，高新技术产品 67 种，高新技术企业完成工业产值 35.9 亿元、销售收入 27.16 亿元、利税 4.07 亿元、工业增加值 15.77 亿元，分别占全区工业的 17.1%、12.6%、38.8%、33.1%。1 家企业研发机构被认定为国家级企业技术中心，5 家企业研发机构被认定为河北省级企业技术中心。秦皇岛开发区出台促进激励政策，每年拨出可支配财政的 4%，设立高新技术发展基金，全年申请国家高新技术产业扶持基金 1224 万元。

秦皇岛金海粮油工业有限公司：2005 年中国 500 家外商投资企业、河北百强企业。成立于 2000 年，新加坡丰益公司与国内合资，全年加工大豆 166 万吨，生产食用油 24.6 万吨，实现销售收入 51.6 亿元，利税 3271.6 万元，出口豆粕、豆皮和脂肪粉等 6.57 万吨，出口创汇 4156 万美元。口福牌大豆食用油被评为中国名牌产品。

秦皇岛首钢板材有限公司：2005 年中国 500 家外商投资企业、河北百强企业。成立于 1992 年，全年生产钢材 73.9 万吨，实现销售收入 30.57 亿元，工业增加值 3.67 亿元，出口创汇 8532 万美元。公司被评为全国双爱双评先进企业、全国企业信息工作先进企业、河北省企业文化建设先进单位。

中国—阿拉伯化肥有限公司：2005 年中国 500 家外商投资企业、河北百强企业。成立于 1985 年，突尼斯、科威特与国内合资。全年实现工业产值 21.05 亿元、销售收入 18.97 亿元、利润 9664 万元。撒可富牌三元复合肥被评为中国名牌产品。

秦皇岛正大有限公司：2005 年河北百强企业。成立于 1995 年，泰国正大集团与国内合资。全年生产肉鸡 10 万吨，实现工业产值 16 亿元、销售收入 16 亿元、利税 3000 万元、出口创汇 4135 万美元。正大秦皇牌速冻调理禽肉熟食品被评为中国名牌产品，总经理赵守宁被评为 2005 年中国农产品加工业十大新闻人物，企业被评为河北省民族团结进步先进企业。

秦皇岛戴卡轮毂制造有限公司：2005 年河北百强企业。成立于 1988 年，2003 年在秦皇岛开发区注册，香港与内地合资。生产高级轿车轮毂。全年生产轮毂 631 万件，实现销售收入 17.96 亿元、出口创汇 1.2 亿美元。戴卡牌铝合金轮毂被评为中国名牌产品。

中信渤海铝业控制有限公司：2005 年河北百强企业。2005 年由原渤海铝业有限公司分离而成立。全年生产铝型材 7547 吨，实现销售收入 1.5 亿元，利税 4621 万元。被评为全国建设系统 3A 级企业。

哈尔滨动力设备制造有限公司秦皇岛分公司：成立于 2002 年，为国有企业。全年生产 9FA 燃气轮机 9 台、300 兆瓦汽轮机 8 台，实现工业产值 4733 万元、产品销售收入 4748 万元、利税 199 万元。

山海关船厂：成立于 1972 年，2000 年在秦皇岛开发区注册，国有大型一类企业。全年实现工业产值 10.24 亿元（其中修船产值 6.40

亿元、造船产值3.43亿元)、工业增加值1.97万元、产品销售收入8.08亿元、利润2940万元、出口创汇10968万美元。年内为韩国三星重工建造7万吨举力浮船坞，是目前国内建造的最大浮船坞。

旭硝子汽车玻璃（秦皇岛）有限公司：成立于2003年，日本旭硝子集团独资。生产汽车安全玻璃，占有国内市场15%份额。全年实现销售收入4.51亿元。产品出口日本，创汇1.24万美元。

奥格集团有限公司：成立于1984年。生产各种优质浮法玻璃、各种PVC塑料异型材及塑钢门窗。全年实现工业产值2.24亿元、销售收入2.58亿元、税金1312万元。

海湾安全技术有限公司：成立于1993年，原为民营，现为外商独资。生产消防电子、可视对讲、楼宇自控产品。全年实现销售收入4.73亿元、利税2.08亿元、出口创汇233万美元。年内公司在香港联合交易所主板上市。被评为2005年中国软件产业最大规模前100家企业。

【社会事业】 2005年，秦皇岛开发区贯彻“以人为本”理念，大力推进与经济发展水平相适应的社会事业的繁荣进步。办有报纸《秦皇岛日报·开发区周刊》，电视节目《开发区新闻》，期刊《旅游纵览》、《秦皇岛开发区年鉴》。多次举办高规格的讲座、文艺晚会、摄影大赛等活动。全区有自办高级中等学校13所，在职教师695人，在校学生8700人，形成较完备的普通基础教育体系。有包括4所综合性医院在内的各种医疗机构134个，执业医生和乡村医生252人。有较完备的计划免疫、传染病防治、妇幼保健等公共卫生事业体系。有各类运动场所68个，场地面积17.41万平方米。有包含优抚、社会救助，老龄工作、社区工作、民族宗教工作等民政工作体系。全区辖3个街道办事处、2个乡（处）、50个居(村)。总人口48094人。2005年出生人口475人，人口出生率11.14‰，自然增长率7.83‰，符合政策生产育100%。

【管理与服务】 国土资源管理：全年征用土地117.53公顷，出让土地7.2公顷，收缴出让金1.82亿元；收回超期开工土地5.3公顷；对36.6公顷土地实施收购储备。工业用地工业产值66.56亿元/平方公里、GDP11.55亿元/平方公里，收益1.2亿元/平方公里。工业用地容积率0.55，建筑系数39.1%。

规划建设管理：完成东区旅游度假区等总体规划5个、用地及市政规划64个，办理建设项目选址28个。报批4个批次及永顺泰麦芽、德泰隆机械等5个单独选址项目用地合计161公顷。发放《建设用地规划许可证》29个，总面积71.43万平方米。全年在建工程158项，建筑面积134.7万平方米。

企业管理：对投资额1000万元以上的重点工业项目跟踪管理，按月填报进度表，及时掌握运行情况。建立在建项目联系网络，对基本情况做到底数清、进度清。贯彻落实《秦皇岛市发展民营经济考核办法》，明确责任，完成工作指标和经济指标。

财政管理：多措并举，确保财政目标的实现，全年完成财政收入10.49亿元，创历史最好水平。完善财政投资评审制度，对专项财政资金进行监控。集中资金保障重点经费需求。严格控制支出，大力压缩非生产性支出。规范外商投资企业财务管理。

税收管理：加大执政力度，加强征管稽查，堵塞税收漏洞。科技兴税与规范管理并重。努力构建和谐税企关系。国税完成税收52629万元，地税完成税收38118万元。

劳动人事社会保障管理：实施民心工程推进就业再就业，新增就业岗位3065个，实现再就业404人。加强社会保障体系建设，失业、企业养老、基本医疗保险分别扩面470人、876人、1517人。

审计管理：加强对重点领域、部门、项目、资金的审计。对教育经费、社保资金、国土资金、排污费使用情况进行审计。检查财政财务资金使用的合法性。完成对创元公司、开元公司、动力公司、秦开物业公司、山开物业公司、东方娱乐城、东区铁路公司7家国有企业审计，防止国有资产流失。

科技质量管理：全年组织企业申报国家、河北省各类科技计划37项，21家企业26个项目申报成功，获得扶持资金1208万元。推进孵化基地建设，现已建成孵化基地3家，孵化面积5.8万平方米。积极推进认证工作，在孵企业获得国家专利61项，通过河北省科技成果鉴定26项，高新技术企业20家，软件企业3家。积极引导企业走质量效益型发展道路，已有4项产品被评为中国名牌产品，14项产品被评为河北省名牌产品，3家企业荣获河北省质量管理奖，5家企业被评为河北省质量效益型先进企业。

环境管理：加强污染排放监督管理，现场监察776次。开展清理整治违法排污企业专项行动，对重点企业挂牌督办。对区内72家排污企业征收排污费75.3万元。全年污染治理投资13.79亿元，污水、工业固废处理率均达100%，三尘（煤尘、水泥粉尘、锅炉烟尘）一烟（饮食业油烟）得到有效控制。本着自主自愿原则，继续推进区内企业环境管理认证工作，全区共有24家企业通过ISO14001认证。

【扩区16.08平方公里获得国家批准】 1984年10月和1992年11月，国务院先后两次批准秦皇岛开发区规划面积1.9平方公里和5平方公里。截至2004年底，累计批准外资项目544个、内资项目2775个，外资总投资333543万美元，到位内资1155846万元。工业用地全部摆满项目，土地成为扩大发展的瓶颈。2002年10月，秦皇岛市政府将临近开发区的海港区和抚宁县的13个村划入开发区，2003年5月获得河北省政府的批准。2005年2月，河北省政府正式向国务院提出开发区扩区申请。商务部、建设部、国土资源部予以严格审核后报请国务院批准。三部于2005年11月9日正式复函河北省政府，批准秦皇岛开发区扩区16.08平方公里，区域四至范围为，建成区以西，102国道以南，抚宁县深河以东，海港区公富庄以北。

【机构设置与管委会领导】 中共秦皇岛开发区工作委员会下设机构：纪律检查工作委员会、工委办公室、政法委员会、区直机关工委、企业工委、工委组织部、工委宣传部、信访办公室“双创”办公室、老干部科。秦皇岛开发区管理委员会下设机构：管委办公室、招商局、经济发展局、建设规划管理局、财政局、劳动人事社会保障局、审计局、城市发展局、社会发展局、政策法制局、科技局、教育局、农村工作局。人民团体有：工会联合会、共青团工作委员会、妇女联合会。

秦皇岛开发区工委书记田永生，副书记胡英杰、宋兰香、唱进章、苏景文、周雁；管委主任胡英杰，副主任田永生、苏景文、赵福宏、刘晓毅、邵宏根、王亚洲、李颖熹、扈秋宁、吕宝全。

【出口加工区】 2005年，秦皇岛开发区进一步完善投资环境，投资18812万元建成9号标准厂房、多层标准厂房B、C座。修订了《秦皇岛出口加工区投资指南》，使海关、检验检疫、外汇管理以及投资程序、优惠政策、投资服务等方面的内容更详细，更具操作性。全年批准外资项目2个，总投资300万美元，合同外资300美元，实到外资140万美元。主要企业有：秦皇岛一心西服有限公司，日韩合资，产品全部出口日本。秦皇岛关东针织有限公司，日本独资，生产长筒连裤袜等针织品，全部出口日本。秦皇岛飞凯特金属制品有限公司，日本独资，生产钢丝绳索具等产品，全部出口。加工区全年实现进出口总额1036万美元。

（秦皇岛经济技术开发区管委会地志办）

烟台经济技术开发区

YANTAI ECONOMIC & TECHNOLOGICAL DEVELOPMENT AREA

【经济发展】 2005年，烟台经济技术开发区（以下简称烟台开发区）全年完成GDP280亿元，完成工业总产值640亿元；实现财政总收入41.8亿元，实现区级财政收入8.5亿元。工业主导地位进一步突出，全年新投产工业企业183家，其中外商投资企业63家，累计分别达到1153家和407家。全区产值过亿元企业达到53家，比上年增加7家。其中，10亿元以上企业12家、20亿元以上7家、50亿元以上2家，全年工业利税过1000万元以上44家。经济结构进一步优化，二、三产业拉动当年GDP增长29.7个和3.8个百分点。2005年，烟台开发区每平方公里工业用地项目总投资达到1.93亿美元、工业增加值产出11.4亿元，税收产出2.3亿元。

【投资环境】 截至2005年底，烟台开发区共建设快、慢车道等沥青路面196万平方米、人行道68万平方米，敷设各类管网1075公里，建设各类厂站14座，基本达到供电、供水、供热、通讯等“九通一平”，能够满足项目建设和居民生活需要。倾力打造政策环境优势，被国家发改委、国家环保总局等5部委批准为全国循环经济试点单位，是山东省唯一入选的试点园区，同时也是全国进入试点名单的三个国家级开发区之一；资源再生加工示范区获准“圈区建设”。智力支撑平台日益完善，留学人员创业园区建成8万平方米国家级孵化器，设立了“博士后科研工作站”，国家抗癌新技术研究基地和省现代中药固体分散工程技术研究中心等重点实验室。全区建有省级金沙滩旅游度假区，区内高档住宅小区、国际学校、涉外医院等生活文化设施齐全。一批公益、商贸设施相继投用，海滨旅游度假区建设全面启动，区域承载力不断增强。全区绿化覆盖率达到40%，在全省率先通过ISO14000国家示范区认证，被联合国环境署和国家环保总局确定为“中国工业园区环境管理示范区”。

【招商引资与利用外资】 2005年，烟台开发区全年引进项目275个，其中外商投资项目107个，完成合同外商直接投资7.8亿美元，增长50.5%；实际外商直接投资2.9亿美元，增长124.9%。新引进1000万美元以上项目34个，2000万美元以上25个，总数分别达到162个和107个。日清制粉、伟世通等企业落户，使全区世界500强企业达到35家。截至2005年底，进区投资的国家（地区）达到37个，韩国、香港、美国、日本和台湾投资额列前5位，合计投资项目806个。累计引进项目2844个，其中外商直接投资967个，完成合同外商直接投资38.5亿美元，实际外商直接投资20.8亿美元，外资到位率达到54%。

【对外贸易】 2005年，烟台开发区对外贸易发展迅速，进出口企业发展到273家。2005年完成进出口总额56.3亿美元、其中出口24.1亿美元。全区出口产品结构进一步优化，当年机电产品、高新技术产品出口比重分别达到65.2%和70.1%。全年出口1000万美元以上企业29家、5000万美元以上企业6家、1亿美元以上企业2家，其中浪潮乐金出口7.5亿美元。

【高新技术产业】 2005年，烟台开发区规模以上高新技术产业产值达到316亿元，占规模以上工业总产值54.4%；规模以上高新技术产业实现利税25亿元，占全区工业利税总额70%；高新技术产品出口16.9亿美元。截至2005年底，全区共取得自主知识产权1851项，平均年增长25%以上；取得科技成果648项，其中129项达到国际先进水平，155项处于国内领先水平或填补国内空白，186项达到国内先进水平。烟台麦得津生物工程股份有限公司开发的国家一类抗肿瘤药物“YH-16”，技术水平处于国际领先，被评为全国十大科技新闻和山东省发明一等奖。烟台氨纶股份有限公司开发的“芳纶1313、1414”和烟台龙源电力技术有限公司开发的“用于直接点燃电站煤粉锅炉的等离子点火装置”都具有国际领先水平，获得国家科技进步二等奖。

【社会事业】 在加快开放开发的同时，烟台开发区认真落实科学发展观，按照构建和谐社会的要求，坚持以人为本，将经济发展与社会事业发展有机结合。围绕统筹城乡发展，高度重视和解决失地农民问题，抓好以城带乡、以工促农、反哺农业、回报农民等措施。2005年，全区城市居民人均可支配收入16000多元、农民人均纯收入6200元，城乡恩格尔系数分别为30%和35.5%。大力实施就业再就业工程，年末全区就业人数达到11.1万人，同比增长25.3%。社会保障体系更加完善，累计有4.4万名职工参加养老保险社会统筹。金融业在调控中健康运行，年末金融机构存款余额95.3亿元，贷款余额59.9亿元。

【管理与服务】 按照“小政府、大社会”的管理模式及市场经济规律界定政府职能，建立“项目引进一条龙、项目建设全方位、项目投产经常性”三大服务体系，形成自上而下促动服务转变的“倒逼”机制。设立投资服务中心，围绕进区项目，实行“一条龙”办公，办理投产项目从申报立项、注册登记、开工建设、基础配套，直到建成投产等各个环节的手续，实行全过程跟踪服务。推行直接责任制、服务承诺制和服务代理制，变被动服务为主动服务，变随意性服务为规范性服务。集中规范清理各种收费，实行一个“窗口”统一收取，强化监督稽查机制，建成了与国际接轨的低投资成本、低收费区域。2005年9月，管委会通过英国劳氏公司ISO9001质量管理体系认证，标志着管委的行政管理和公共服务质量达到国际水平。

【出口加工区建设】 烟台出口加工区是经国务院批准设立的全国首批15个出口加工区之一，规划面积2.96平方公里。2003年9月，海关总署报经国务院批准，对烟台出口加工区原规划面积进行置换调整，在烟台经济技术开发区设立出口加工区B区，规划面积2.26平方公里。2005年8月，顺利通过海关总署等九部委联合验收，开始实行“封关运作”。14栋标准厂房、海关办公楼、卡口及监管仓库等设施陆续投用，海关、商检等职能部门已经入驻园区开展业务。区内按产业划分为机械、电子、医药、食品、轻纺等多个功能区，主要摆放投资额大、技术含量高、附加值高和大进大出项目。2005年底，B区已完成注册企业近20家、注册资本近7000万美元。

【机构设置与管委会领导】 烟台开发区有16个工作部门，公务员编制120名，达到了精简、统一、高效的目的。实行公务员管理制度，先后实施了县级干部排序管理、中层干部竞争上岗和全员末位交流淘汰三项改革，建立了与岗位目标责任制考核挂钩的激励机制和绩效分配机制。国税、地税、工商、海关、商检、国家安全局、技术监督局等省市垂直管理单位在区内均设有派驻机构。

烟台经济技术开发区工委书记、管委会主任王秀臣，工委副书记、管委会副主任陈文晔，工委副书记谭维忠，管委会副主任高明经、高松敏、苏智、孙夜晓、刘尚勇、王宏峰、李国友、刘建民。

（烟台经济技术开发区管委会）

青岛经济技术开发区

QINGDAO ECONOMIC & TECHNICAL DEVELOPMENT AREA

【经济发展】 2005年，青岛经济技术开发区（以下简称青岛开发区）实现GDP372.3亿元，增长28.2%，其中第一产业实现增加值3.6亿元，增长-18%；第二产业增加值252.8亿元，增长29%；第三产业增加值115.8亿元，增长29%。一二三次产业在生产总值中的比重为1:67.9:31.1。工业总产值808亿元，增长33.4%；完成工业增加值227.8亿元，增长41%。全口径一般预算收入32.38亿元，区域性地方财政一般预算收入17.9亿元，增长31.1%。金融系统存款余额186亿元，贷款余额174亿元。社会消费品零售额44.6亿元，增长16%。职工年平均工资20510元，增长20.8%；农民人均纯收入6946元，增长15.2%。据商务部最新排名显示，青岛开发区综合经济实力列国家级开发区第4位。

【投资环境】 截至2005年末，全社会基础设施累计投资近300亿元，建成了青岛前湾港、黄岛油港、胶黄铁路、环胶州湾高速公路、轮渡码头、国际国内电话交换站、移动通讯基站等一批大型交通通讯能源设施以及区内的道路、供排水、供电、供热、供气等市政环保设施。

2005年青岛港港口吞吐量1.87亿吨，集装箱吞吐量630.7万标箱，在北方各集装箱港口中稳居第一。同时，外贸吞吐量保持全国第二位，铁矿石进口量保持世界港口第一位，原油进口量保持全国沿海港口第一位。胶黄铁路全长43公里，与胶济铁路相接，与全国铁路联网。与胶济铁路电气化改造同步的胶黄铁路电气化改造已经展开，届时胶黄铁路的运输能力将进一步提高。由青岛开发区至青岛老市区的环胶州湾高速公路，全长66公里。从济南到青岛的济青高速公路312公里，与环胶州湾高速公路相连。贯通中国南北的环海公路干线同三高速公路（黑龙江同江至海南三亚）经过开发区，青岛段已建成投入使用。青岛流亭国际机场距开发区53公里，通过环胶州湾高速公路可直达，汽车行程约40分钟。目前开通国际航线的国家和地区有：汉城、釜山、大邱、香港、澳门、新加坡、福冈、东京、大阪、法兰克福，另外有开往泰国曼谷的包机旅游航线。青岛开发区至青岛老市区之间有渡轮和快艇相通，有黄岛—青岛、薛家岛—青岛2条主航线。轮渡30分钟、快船12分钟可抵彼岸。

青岛开发区的电源来自山东省电力网，区内的黄岛发电厂装机容量67万千瓦。正在筹建增加装机容量60万千瓦的扩建工程。建成220千伏安变电站1座，110千伏安变电站4座，35千伏安变电站3座，可实现双回路供电。开发区有三个热源厂，供气（热）能力为710吨/小时，可为工业提供生产用蒸汽，并为单位和居民提供集中供热。区内新奥燃气公司可为企业提供管道天然气，供气能力为10万立方米/日。有高家台、小珠山、殷家河、管家楼4个净水厂，综合供水能力为16.3万立方米/日。区内有泥布湾和镰湾河二个污水处理厂，污水处理能力为6.5万吨/日。全区交换机总容量达13.25万门，可以办理电报、传真、数据等各项通信业务，在山东省内最先达到电话区标准，与国内外实现直接通信联络。宽带网络覆盖全区，区内中国移动和中国联通的移动电话均实现了无缝隙覆盖。

【招商引资与利用外资】 2005年，青岛开发区新批准外资项目167个，其中世界500强企业投资项目5个、增资项目5个，过千万美元项目40个，过亿美元项目4个。实际利用外资7.1亿美元（商务部确认），实际到位内资61亿元。截至2005年底，已有55个国家和地区的客商来投资，累计引进三资项目1935个，实际利用外资50.9亿美元。引进投资过千万美元项目337个，投资过亿美元大项目11个，世界500强投资项目50个。

【对外贸易】 2005年，青岛开发区实现外贸进出口（不含保税区）32.9亿美元，增长46.6%，其中外贸出口17.5亿美元，增长29.2%。

【社会事业】 科教兴区战略加快推进，青岛开发区荣获全国科技进步先进区称号，通过全国科普示范城区评估验收。实施教育均衡发展战略，教育综合水平全面提升，高考成绩连创新高，在全市率先创建为山东省教育工作示范区。全区拥有山东科技大学、中国石油大学（华东）、青岛理工大学、青岛职业技术学院、青岛港湾职业技术学院、北京电影学院教学基地等8所高等院校，在校学生7万余人。拥有中小学校43所，其中普通高中1所，职专1所，初中8所，小学33所。拥有各级各类民办学校67所，学历教育学校10所，非学历教育学校57所。有区成人中专、教师进修学校、业余体校各1处。大力实施人才强区战略，全区人才总量达5.8万人。文化事业发展加快，荣获山东省社会文化先进区称号。金沙滩文化旅游节成为青岛重要节庆品牌。全区有线电视用户达7.5万户。

医疗卫生事业不断发展，医疗技术水平有新提高。中医院新病房楼扩建工程完工，公共卫生综合服务楼开工建设。计划生育利益导向机制和信息化管理建设工作全国领先，荣获全省计划生育优质服务先进区和全国婚育新风进万家活动先进区称号。全区拥有区级综合医院和中医医院各1处，街道办事处医院4处，疾病控制机构1处，卫生监督机构1处，妇幼保健机构1处，基层血站1处，疾病控制与卫生监督工作站5处。

全区人民生活质量和水平明显提高。建立了农村社会化基本养老保险制度，全区参保农民达4万余人，1.3万人开始领取养老金。全面推行新型农村合作医疗制度，参保农民达9万人。

【管理与服务】 青岛开发区积极实施政府管理体系“五项工程”和“四型机关”建设、“双学三创”等活动，初步建立起精干高效、运转协调的行政管理体制。区政府及43个区直单位通过ISO9001质量管理体系认证，政府科学化、规范化管理再上新台阶。稳妥推进了政府机构改革和事业单位人事制度改革。调整理顺了投资促进体系，积极推进行政综合执法改革，组建了行政执法局。公用事业改革稳步推进。投融资体制改革加快，利用多元化投资方式建设了恒源热电、镰湾河水质净化厂等一批城市基础设施项目。持续深化行政许可制度改革，将1054项许可事项精简为102项，启动了“一站式”服务机制。加快推进“零收费区”建设，面向工业企业的区属收费项目由334项减少到2项。积极推进财政预算管理体制改革，政府采购范围不断扩大，一级预算单位已全部纳入会计集中核算。

【城区建设】 唐岛湾综合改造、“五项精品工程”、嵩山隧道、嘉陵江路立交桥和黄河路立交桥等工程成为城市建设新亮点，滨海公路开发区段、长江路、黄河路、江山路和昆仑山路等城区骨干道路的建设或改造工程相继完工，管家楼净水厂、泥布湾污水处理厂、薛家岛安子码头和开发区长途汽车站等一批城市功能项目投入使用。顺利完成行政区划调整，成功扩大开发区区域规划面积，全面启动了北部工业区开发建设。农村城市化进程加快，村庄改造面积累计达180万平方米，村庄改造捆绑式开发实质性启动。建成区面积达到61平方公里。规范完善了土地市场秩序，集约利用土地取得新成效。

【高新技术产业和重点企业】 高新技术产业快速成长，高新技术企业达110家，高新技术产品225种，高新技术产业产值占全区规模以上工业总产值的76.3%。品牌经济效应显现，市级以上名牌产品88个，其中中国名牌17个；新创中国驰名商标1个、省市著名商标6个。

海尔开发区工业园，青岛市首批规划建设的“十大工业园区”之一，总投资58亿元。园区内的主要项目有特种冰箱、特种冷柜、整体厨房、微波炉、热水器、洗碗机、彩色钢板、物流立体仓库、机器人等，已形成200万台商用空调、400万台特种冰箱、100万台特种冰柜、150万台热水器以及洗碗机、燃气灶、微波炉等厨房家电产品40万台的生产能力。2005年，海尔工业园完成总产值190亿元。

海信信息产业园是海信集团“3C”（电子、通讯、计算机）产业的集中生产基地，青岛市首批规划建设的十大工业园之一，总投资20亿元。园区内主要产品：第三代移动通讯产品、数字集群通讯系统、高性能光通信模块、移动警务系统、公安与智能交通系统、城市公安综合信息系统、PDP等离子电视、LCOS多媒体高清晰投影电视平台、多媒体液晶投影电视、家庭智能网络集中控制系统、卫星数字电视机顶盒、有线数字接收机顶盒、网络多功能机顶盒、HDTV机顶盒、高清晰度或专业投影电视、高清晰度多媒体液晶高档显示终端等产品。2005年，海信信息产业园共实现工业总产值156亿元，销售收入125亿元，实现利税4.2亿元。

澳柯玛工业园，总投资11亿元，是中国最大的冰柜生产基地之一。拥有年产电冰柜、电冰箱、展示柜300万台的生产能力；年产空调器150万台的生产能力。2005年，澳柯玛工业园共实现工业总产值63亿元，销售收入64亿元。

国风生物海洋药物工业园，由青岛国风药业股份有限公司投资兴建，规划占地1000亩，2000年9月正式动工，总投资7亿元，主要包括海洋药物、生物工程产业及现代中成药的研究开发及生产。一期工程海洋药物生物工程中心已建成投产，此工程被列为国家重大技术改造项目之一。二期工程即将开工，主要生产以海洋资源为原料的抗肿瘤、抗心衰药品。

丽东化工由LG芳烃有限公司与青岛凯联集团红星化工有限公司共同投资建设，总投资5.4亿美元。主要生产国内市场需求巨大的二甲苯、苯和甲苯等芳烃类产品，年产PX70万吨，年销售额56亿元，是青岛市建设石化基地、培植石化产业集群的龙头项目。

新都（青岛）理光有限公司由世界500强企业韩国新都理光株式会社投资设立，项目总投资2000万美元，注册资本1000万美元，合同外资2000万美元。主要经营办公信息自动化设备及相关配件、消耗品的生产和销售。年产各种型号激光打印机60万台，打印机用墨盒240万个，年产值约1亿美元。

欧地希机电是DAIHEN株式会社投资设立的独资企业，主要从事焊接机、机器人、变压器及其机械器具的生产、销售和售后服务。

浦项不锈钢由韩国浦项和青岛钢铁集团合资建设，总投资2.7亿美元，年生产不锈钢板卷35万吨。2005年，浦项不锈钢有限公司共实现工业生产总值22亿元，销售收入21亿元。

上汽通用五菱是由上汽集团、美国通用汽车公司、柳州五菱汽车有限责任公司三方合作的大型中外合资企业。一期总投资3.7亿元。

【机构设置与管委会领导】 工委（区委）设置工作部门7个，部门管理机构1个。工作部门为：青岛市纪委青岛经济技术开发区工委、黄岛区纪律检查委员会机关，工委（区委）办公室，组织部，宣传部，统一战线工作部，政法委员会；区直机关工作委员会。部门管理机构为：信访局。

管委（区政府）设置工作部门24个，部门管理机构1个。工作部门为：发展和改革局

(物价局、中小企业局)、教育体育局、科学技术局、公安分局、司法局、财政局、劳动和社会保障局、城市建设局、规划分局、国土资源管理局、行政执法局、交通局、农村经济发展局、海洋与渔业局、安全生产监督管理局、对外贸易经济合作局、卫生局、审计局、统计局、旅游局、工商分局、环保分局、质量技术监督分局、药品质量监督管理局。部门管理机构为：法制办公室。

管委会主任姜杰。

（青岛经济技术开发区　吴　锋）

宁波经济技术开发区

NINGBO ECONOMIC & TECHNOLOGICAL DEVELOPMENT ZONE

【经济发展】　2005年，宁波经济技术开发区(以下简称宁波开发区）按照科学发展观的要求，认真贯彻落实省、市对外开放工作会议精神，主动应对各种挑战，着力突破要素制约，合力抗击台风等自然灾害，全区经济社会保持平稳健康较快发展的态势。全年实现GDP 235亿元，同比增长33.1%；完成财政收入49.2亿元（出口退税前口径)，增长29.3%；实现工业增加值150亿元，增长25%；实现工业产值663亿元，增长31.6%。

2005年，宁波开发区固定资产投资增势强劲。全年完成固定资产投资200.1亿元，同比增长38.5%。一是大项目拉动作用明显。投资额超10亿元的在建大项目11个，投资达111.1亿元，占全区投资总额的56%。二是外商投资企业成为投资主体。外商投资企业完成固定资产投资144亿元，增长67%，占全区的比重达72%。三是基础设施投入力度加大。全年投资42.5亿元，增长5.3%，其中电力、燃气投资达32.6亿元。

【投资环境】　2005年，宁波开发区加大服务力度，不断改善投资环境。一是实行联合审批制度，改革投资服务运行体制。结合第三轮行政审批制度改革，积极开展了联合审批工作。制订了项目联合审批实施细则，对涉及多个部门办理的行政审批事项，采取“一门受理、抄告相关、同步审批、限时办结”的联合审批方式，并实行主办单位负责制，切实简化了审批程序，缩短了审批环节和时限，提高了行政审批服务的质量和效率。二是在全区开展了ISO9001行政管理体系认证的各项工作，顺利通过了中国方圆标志认证中心的审核并获得证书。同时，在顺利通过ISO14001环境管理体系认证复审基础上，进一步开展了ISO14001环境管理体系国家示范区创建和申报工作，并通过了省级验收。三是以2005年度外商投资企业服务月活动为龙头，开展经常性为外商服务的调研、现场办公、专题会议、综合协调、检查督促等活动，使一批多年来悬而未决的影响投资环境的问题得到了解决。

2005年，宁波开发区继续拓展发展空间，东区的开发建设全面启动。为了拓展发展空间，开辟开发建设新战场，掀起新一轮开发建设高潮，按照“统一领导，科学规划，合理布局，适度开发，有序推进，持续发展”的原则，坚持开发建设与环境保护并重，明确产业发展定位，全面启动了开发区东区和白峰岭南、岭北岸线的开发建设。同时积极抓住国家级开发区扩区机遇，贯彻落实省、市外经贸工作会议精神，启动扩区工作，努力创造开发建设新条件。

2005年，宁波开发区加快推进城市化进程，城区形象显著提升。现代化滨海新城区的核心区域初步形成，中心公园、体艺中心、曼哈顿商业广场的经营和管理进一步完善，凤凰山主题公园投入试营业，丽晶超五星级酒店、国际购物中心、航运大楼等中心区重大项目建设加快推进。首创并引进“中国女排主场”，成功承办了中国国际女排精英赛、世界女排大奖赛和中国乒乓球俱乐部超级联赛，极大提升了知名度、美誉度和影响力。实施交通畅通工程，内外衔接、城乡互通的城乡交通网逐步形成。

【招商引资与利用外资】 积极调整策略，转变思路，“三外”工作再上新台阶。一是招商引资取得新突破。及时调整策略，转变招商重点和方法，切实提高投资强度和项目档次，在产业链招商、三产招商和“以外引外”等方面取得新突破。全年新批外商投资企业97家，合同利用外资10.5亿美元，实际利用外资6亿美元，分别占全市的25%和26%。二是外贸出口结构逐步优化。出台并实施了以鼓励加工贸易和代理出口为重点的政策措施，着力于优化结构，全区实现进出口总额54.8亿美元，其中实现自营出口25亿美元。三是外经工作取得重大进展。全年新批境外企业15家（其中境外加工贸易等项目4家），对外承包劳务合作营业额1.8亿美元。在全市表彰的2005年度12家“走出去”先进企业中，宁波开发区有6家企业榜上有名，占了半壁江山。区内企业申洲国际、敏实集团在香港主板成功上市。

积极推动结构调整，先进制造业基地初具规模。一是狠抓重大项目的引进和开工建设。全年共引进千万美元以上大项目27个，新开工项目50个。逸盛化工、三菱丽阳腈纶等项目建成投产，东海春晓气田陆上终端顺利点火，台塑石化一期、宝新不锈钢四期、宁波港四期集装箱码头、宁波热电股份有限公司三期工程、宁波开发区热电有限公司扩建工程、LNG等项目进展顺利。二是按照“构建企业小循环、产业中循环、区域大循环”的思路，以科技创新和技术改造为抓手，在宁波钢铁、中华纸业三期、逸盛化工等企业开展了循环经济试点，加强了对重点企业的监管，实施了北仑电厂、铝压铸、电镀等重点企业、行业的整治，生态建设成效显著。三是积极实施科技创新战略。大力发展精密机械、电子信息、汽车及零配件、生物医药、新材料等高新技术产业，科技对经济发展的拉动作用日益增强。科技合作取得新进展，出台了《宁波开发区科技合作专项资金资助实施细则》，安排科技合作专项资金近1000万元，与浙江大学等高校、科研所合作项目42个，引进科技成果20多项，创办工程硕士教育基地6个，建立了国家火炬计划北仑注塑机基地，国家级塑机检测中心正式运作，海天集团股份有限公司技术中心被国家有关部委认定为“国家认定企业技术中心”。吉利汽车、贝发笔业等企业技术创新势头良好。全年新增高新技术企业11家，累计达39家，实现产值167.6亿元，同比增长95%。

【社会事业】 2005年，宁波开发区坚持统筹协调发展，社会各项事业全面推进。大力推进农村劳动力素质培训和转岗就业工作，全年共培训18869人次，实现就业10634人。进一步健全城乡社会保障体系，社会救济、社会福利、社会优抚和社会互助等各项制度逐步完善。被征地人员养老保险累计参保人数已达7万余人，农民大病合作医疗保险参保率达94.4%。对全区医疗卫生机构进行全面规划，明确定位，分批改造，健全覆盖城乡的三级医疗卫生服务体系。结合拆迁安置和城乡教育发展规划，完善城乡教育体系，在全省标准化学校建设中走在前列，教育水平不断提高。

（宁波经济技术开发区管委办　穆大平）

湛江经济技术开发区

ZHANJIANG ECONOMIC & TECHNOLOGICAL DEVELOPMENT ZONE

【经济发展】 2005年，湛江经济技术开发区（以下简称湛江开发区）完成GDP 43亿元，同比增长24%；工业总产值104亿元，同比增长22%；出口创汇3.8亿美元，同比增长3%；实际利用外资941万美元，下降77%；财税总收入4.9亿元，同比增长15%；固定资产投资16亿元，同比增长79%。2005年，湛江开发区石油化工、特种纸业、农海产品加工、纺织服装等支柱产业不断壮大，企业竞争力明显提升。中海油湛江分公司新建了污水处理项目，为公司的进一步发展创造了更优越的条件，全年共生产加工燃料油53万吨，进入广东工业50强。冠豪高新公司在原有3条涂布生产线基础上又安装了第4条涂布生产线，该生产线目前为世界最先进，单机生产能力亚洲最大，总生产能力将达16.5万吨，公司的国际排位进入前9名，牢牢占据特种纸行业领头羊位置，正朝着打造中国特种纸航母的目标奋进。农海产品加工业继续发挥优势，呈现特色产业亮点，国联水产荣获省农业龙头企业称号，亚洲海产荣获湛江市农业龙头企业称号，并同时被评为市优秀农业龙头企业；国联水产、亚洲水产、水产网厂等三家企业向广东省有关部门申报渔民转产转业资金，获得了广东省财政的资金扶持；湛纺集团的年棉花进口从4万~5万吨增至8万吨以上，占全国的30%~40%份额。

【投资环境】 湛江开发区努力规范市场经济秩序。工商、物价部门把好市场价格关，清理查处乱收费现象。财政部门为理顺各方面的关系不遗余力，税务部门优化税收执法服务，组织税收收入。安全生产部门加大安全生产监督管理力度，全面整改存在重大安全隐患的企业，较好地完成湛江市政府下达的年度控制指标任务，防止了重大安全事故的发生，被广东省政府评为“消防工作先进单位”。政法机关坚持服务经济，大力防范和打击各种经济犯罪活动，为经济发展保驾护航，公安部门坚持“严打”方针，在破大案、团伙案、追捕逃犯上狠下功夫，大力整治突出治安问题，全年共破获刑事案件252件，破案率达40%；检察院通过办案挽回经济损失90320元；法院依法调处经济发展中出现的各种矛盾纷争，充分发挥民事行政司法工作对市场经济的调节规范作用，全年共办结各类民事案209宗；综治、信访等部门深入基层调研、接访，开展“百日百案矛盾纠纷排查调处”专项活动，努力把矛盾纠纷化解在基层，化解在萌芽状态，预防和减少群体性事件发生。街道办经常组织人员深入到各个村（居）委员会排查各种不稳定因素，及时掌握治安动态，发现问题及时处理，尽最大努力化解矛盾，维护农村的稳定。国资公司强化对国有企业的监管，协助三帆公司处置北海土地回收资金900万元。为区内困难国企军转干部35人发放了生活困难补助费，解决了后顾之忧。为进一步完善开发区的硬环境建设，各部门紧密配合，共同努力，先后修建了乐怡路、永平南路、园岭路、乐金路、昌平路和龙平南路，解决了包括冠豪高新、国联水产、可口可乐、百事可乐等企业以及沿途社区、单位、部队的交通、排污及照明问题，协助市政府建设绿塘河带状公园及渔港公园等主题公园及大型公共园林绿化地，为湛江市创建国家园林城市做出了贡献。

【社会事业】 2005 年，湛江开发区社会事业扎实推进，健康发展，成绩显著，精神文明建设上新的台阶。一是加大教育投入，加快学校建设步伐，努力提高教学质量。区一小的教学楼、运动场、工贸职中物理实验室、化学实验室和运动场相继建成投入使用，公办学校添置了多媒体教学平台。组织青少年进行爱国主义读书活动，并获得国家教育部机关工委和团中央组织部等单位联合颁发的“全国优秀组织奖”。在高考方面，升学率远高于湛江市平均水平，创造了历年高考的最好成绩；二是新型农村合作医疗工作成效显著，被湛江市评为先进单位；医疗卫生水平不断提升，进一步健全了突发性公共卫生事件应急处理和快速反应机制。三是推进文化村建设。龙潮村举办了湛江开发区首个农民文化节，营造了浓厚的文化氛围，得到了市领导的大力支持和充分肯定。四是进一步夯实人口与计划生育工作基础，不断扩大宣传教育覆盖面，加强流动人口的清理和管理，认真落实计生目标管理责任制，完成了湛江市下达的各项计生任务。五是创建示范社区工作取得初步成果。全区五个社区均已完善各项组织的建设，海滨北社区被评为广东省示范社区先进单位。六是全区各街道、社区、农村按时 100%完成市政府下达的档案规范化建设任务，其中乐华街道办是湛江市第一个获省特级综合管理的街道办，平乐下村是全市第一个获省特级综合管理的村委会。

【管理与服务】 2005 年，湛江开发区面对人民币汇率升值、企业融资困难、欧美等国家的技术壁垒、国家对部分产品取消退税政策等不利因素，积极帮助企业走出困境。一是采取政企对话的方式，定期与有关企业对话，及时了解企业在生产中的难题，受到了企业的欢迎；二是召开全区重点企业座谈会、全区外经贸会议及出口企业座谈会，通报情况，分析形势，讲解政策，促进企业出口，扭转形势，保证全年任务完成；三是为协助企业解决融资难的问题，专门组织了银企接洽座谈会，全力向银行推介企业，尽最大努力解决企业融资难题；四是加快兑现往年出口奖励，调动企业积极性，共兑现了 930 万元给企业；五是重点协助落户开发区的几个重点工业项目——湛江中富容器有限公司、湛江创恒电子科技有限公司、湛江翔峰容器有限公司等办理了各项规划报建手续，协助喜利得（中国）有限公司、湛江国联水产开发有限公司办理了厂区扩建工程的规划报建手续，使以上工业项目能在较短时间内得以顺利开工建设；六是建立了项目跟踪责任制、首问负责制、服务承诺制，及时解决投资者反映的各种问题，为投资者提供快捷高效的服务。

【高新技术产业和科技创新】 科技创新体系更加完善，自主创新能力不断增强。2005 年，湛江开发区积极构建以企业为主体的技术创新体系，有力地推动全区高新技术产业的发展。一是成功申报省级高新技术企业 3 家，全区省级以上高新技术企业达到 20 家，占湛江市的 25%；成功通过国家火炬计划重点高新技术企业评审 2 家，全区国家级高新技术企业达到 6 家，占湛江市的 67%。二是有 1 家市级工程研发中心和 2 家市级技术开发机构通过验收，全区市级工程研发中心达到 7 家，占湛江市的 55%；1 家通过广东省工程技术研发中心验收，使开发区省级工程研发中心达到 2 家，占全市的 33%。三是新增高新技术产品 16 个，使开发区高新技术产品个数达 79 个，占全市的 29%；高新技术产品产值达 36.34 亿元，增加值 10.22 亿元，利税额 3.07 亿元，分别占湛江市的 41.5%、38.9%和 33%。四是积极组织企业申报国家中小企业创新资金项目、火炬计划、工业攻关项目、星火计划项目和参加湛江市科技招标项目，其中成功中标湛江市科技招标项目 3 项，在全市各县（市、区）排位第一。

【机构设置】 中共湛江经济技术开发区委员会和湛江经济技术开发区管理委员会内设职能部门为：党委、管委会办公室；组织人事局；

经济发展局；科技与招商局；规划国土建设局；纪委机关、监察局；社会事业管理局；财政局。还有市政管理局、机关事务管理局、国有资产经营公司三个事业机构。

（湛江经济技术开发区　屈康智）

天津经济技术开发区

TIANJIN ECONOMIC－TECHNOLOGICAL DEVELOPMENT AREA

【经济发展】　2005年，天津经济技术开发区（以下简称天津开发区）经济继续保持健康快速增长，全年实现GDP 642.29亿元，同比增长25.2%，其中第二产业增加值541.28亿元，增长29.3%，第三产业增加值101.02亿元，增长4.1%。全员劳动生产率24.11万元，增长13.2%。

财政收入保持快速增长。全年完成财政收入141.33亿元，同比增长23.5%，其中税收收入133.25亿元，增长27.3%。实现地方财政收入51.43亿元，增长11.1%。在地方财政收入中增值税15.96亿元，增长15.9%；营业税9.53亿元，增长17.4%；企业所得税12.23亿元，增长23.2%。财政支出59.44亿元，下降10.9%。

2005年，天津开发区工业经济继续保持快速增长。全年实现工业增加值538.64亿元，同比增长29.4%；实现工业总产值2305.19亿元，增长26.5%，其中外商及港澳台投资企业完成2247.18亿元，增长26.6%。

大中型企业对全区经济的带动作用突出。全区工业产值超过1亿元的有166家，比上年增加28家，产值合计占全区的94.8%；产值过10亿元的企业31家，比上年增加9家，产值合计占全区的76.5%。以摩托罗拉、三星系列企业等为龙头的电子企业群和以天津一汽丰田汽车为龙头的汽车及零部件制造企业群发展势头强劲，生产规模快速扩张。新投产的企业增长势头良好，为开发区进一步发展提供了新的活力。

重点行业快速增长，支柱作用明显。全区电子通讯、机械制造、生物医药、化工、食品饮料等支柱产业共完成工业总产值2139.91亿元，同比增长27.9%，占全区工业总产值的92.8%，比上年提高0.9个百分点，对全区的经济贡献率为96.5%。其中以汽车制造为主的机械行业完成产值493.88亿元，同比增长51.2%，占全区总量21.4%，比上年提高了3.5个百分点。以移动通讯、新型电子元器件、视像设备、汽车电子和微电子为主体的电子通讯行业完成产值1446.09亿元，同比增长24%，占全区总量的62.7%。重点产品生产规模不断扩大。全年移动电话产量达到6832.26万部，增长40%；轿车产量13.13万辆，增长56.3%；液晶显示器398.88万部，比上年增长1倍；大规模集成电路5.46亿块，增长14.2%。新型电子元器件、汽车电子产品、酶制剂等科技含量高、附加值高的产品生产规模大幅增长，对开发区工业产品的升级和结构调整提供了强有力的支撑。

2005年，天津开发区金融业体系进一步完善。香港汇丰银行、韩国朝兴银行等外资金融机构，东信恒安保险经纪等私营金融机构相继进入开发区，成立了国内第一家非法人制中外合资创业投资基金——赛富成长基金，金融业集聚效应进一步显现。到年末，全区共有各类金融机构46家，其中银行类机构22家，银行营业网点96个，各类保险机构10家。上市公司5家，其中境外上市公司1家。

2005年末，天津开发区金融业规模持续壮大。各金融机构人民币存款余额368.34亿元，其中企业存款262.29亿元，城乡居民储蓄存款95.69亿元，外币存款余额11.22亿美元。全区金融机构人民币贷款余额434.78亿元，其中短期贷款余额218.61亿元，中长期贷款余额165.31亿元，外币贷款余额3.81亿美元。全年金融机构现金收入512.80亿元，现金支出538.23亿元，收支相抵现金净投放25.45亿元。保险业实现快速增长，全年保费收入3.24亿元，其中财产险保费收入3.13亿元，人身险保费收入1000万元。全年保险赔款1.04亿元，其中财产险赔款1.01亿元。证券市场各类证券成交额977.16亿元，其中股票交易额617.31亿元。

2005年，天津开发区第三产业继续稳步发展。全年实现增加值101.02亿元，同比增长4.1%。交通运输、仓储邮政业实现增加值4.1亿元，批发和零售业实现增加值68.39亿元，住宿和餐饮业实现增加值2.72亿元，房地产业实现增加值13.83亿元。全年各种运输方式共完成货运量1426万吨，同比增长30.5%，货物周转量17.82亿吨公里；旅客发送量3135.49万人次，增长19.4%，其中津滨轻轨全年共运送旅客676.58万人次，增长56.3%。年末全区共有客货运输单位335家，其中货运单位319家；拥有营运车辆4202部，其中货运车辆3617部。邮电业保持稳步发展。全年全区完成邮政业务总量800万元，比上年增长33.3%，发送信函45万件。

2005年，天津开发区批发和零售业规模继续扩大。开发区企业全年完成社会消费品零售总额85.92亿元，同比增长9.5%。限额以上贸易企业全年实现商品购进总额384.52亿元，增长6.1%；商品销售总额392.87亿元，增长9.9%。其中，金属材料类商品销售额97.32亿元，增长10.2%；汽车类商品销售额56.43亿元，增长1.4%；石油及制品类商品销售额29.16亿元，增长52.2%。

【投资环境】 2005年，天津开发区基础设施保障能力不断增强。全年基础设施投资完成30.65亿元，同比增长29.3%。历年累计基础设施投资完成233亿元。年内先后建成2号110千伏变电站一期、热源厂二厂增容等一批重点基础设施项目，五号热源厂二期、天然气储配站一期、岳龙水进区、海水淡化一期等项目正抓紧建设，为全区经济社会全面快速发展提供了坚实的保障。

西区建设快速推进。2005年，随着京津塘高速公路开口工程、津滨高速公路开口工程等一批路桥工程相继竣工，东区九大街延长线至北大街全线通车，西区对外交通联络体系进一步完善。110千伏电站、起步区调峰锅炉房的投入使用，地表水调节湖已建成使用，投资环境进一步优化。2005年，西区有新开工建设企业10个，已投产企业有6个。

2005年，天津开发区城市承载功能继续完善。新建了第二体育场、遗址公园、第三消防站、新城区派出所等公建项目，泰达市民文化广场、泰达时尚广场、泰达医院改扩建、司法服务中心、第二中小学、金融街地下车库及美食广场等项目正抓紧实施，生态宜居型滨海新城区建设正顺利展开。

2005年，天津开发区区域投资环境持续优化。按照“有限目标、逐步逼近”策略，顺利完成改善投资环境10件实事，促进了开发区综合投资环境的改善。西区投资服务中心建成并投入使用，各职能部门的延伸服务进一步完善。

2005年，天津开发区区域环境质量保持良好。建成2号环境空气质量自动监测站。全年环境空气质量达到或好于国家二级空气质量标准的天数为293天，达标率为86.1%，主要污染物为可吸入颗粒物。区域环境噪声为53分贝，交通噪声平均值为65.9分贝，比上年下降0.9分贝。开发区污水水质保持平稳，污水处理厂出水水质达标率为93.6%。重点水污染源在线监控率达95.7%，烟气在线监测率达100%，水质在线监测率达52%。

生态环境建设顺利推进。2005年10月，经国务院同意，天津开发区被国家发改委等六部委批准为“国家循环经济试点”单位，筹建了泰达循环经济促进中心。积极开展“中欧环境管理合作计划”试点项目，并通过欧盟委员会对该项目的评审、验收。不断完善生态工业链，提高资源能源利用效率，推进生态工业园建设。ISO14001环境管理体系认证推广工作稳步推进，到2005年末，全区已有48家企业通过ISO14001认证。

2005年，天津开发区城市环境保护取得新进展。圆满完成创建“国家环境保护模范城市”任务。全年新增绿地面积50.23万平方米。截至2005年，全区绿化面积814.66万平方米，其中公共绿地面积309.80万平方米，建成绿化绿地率28.2%，绿化覆盖率31.6%，人均绿地面积77.59平方米/人。

2005年，天津开发区土地拓展取得新进展。东区加强旧城改造和闲置土地清理，完成第一批闲置土地的清理工作。西区继续稳妥地推进征地拆迁和土地开发，有力地保障了项目和建设用地需求。

【招商引资与利用外资】 2005年，天津开发区新批外商及港澳台投资项目223家，办理增资项目244家，项目投资总额（含增资）42.63亿美元，同比增长25.4%，合同外资金额25.95亿美元，增长35.5%，实际使用外资金额12.85亿美元，增长35.4%。全年登记注册内资企业1198家，注册资本37.67亿元，增长41.1%，其中注册私营企业1012家，注册资本28.57亿元，增长49.6%。

利用外资项目质量明显提高。全年新批外商及港澳台项目投资规模在1000万美元以上的有39家，其中超过亿美元的项目有2家，新批项目平均规模1144.8万美元；新批跨国公司项目48家；新批《财富》全球500强项目6家。乐金渤海、锦湖轮胎、勤威工业、第一澳元柔性电路、富士康精密工业、SEW－精密机械、丰爱汽车座椅部件、约翰迪尔、肯纳金属、超汇桂盟传动、优顿精细化工、亚克力化工科技等工业项目的投资，使得天津开发区主导产业进一步壮大，产业聚集进一步增强。

外资企业增资踊跃。全区全年外商及港澳台项目增资总额17.1亿美元，其中合同外资金额11.02亿美元，平均增资规模700.8万美元。增资额超过1000亿美元的项目有25家。在罗姆半导体、拉法基铝酸盐、卡博特化工、电装电子、平和汽配、丰田通商钢业、丰田一汽模具等一批大项目相继增资的同时，中小企业的增资势头强劲，为天津开发区的进一步发展注入新活力。

到2005年末，天津开发区累计批准来自74个国家和地区的外商及港澳台投资企业4067家，项目投资额290.43亿美元，合同外资金额228.84亿美元，实际使用外资金额134.01亿美元，项目平均投资规模714.11万美元。其中投资规模超过1000万美元的项目有428家，投资规模超过1亿美元的项目有17家。2005年《财富》全球500强企业中，共有来自境外10个国家和地区的57个跨国公司在天津开发区投资，投资企业达123家。一大批国际著名跨国公司，2005年末，全区共有内资企业9185家，注册资本420.89亿元，其中私营公司7033家，注册资本总额215.16亿元，注册资本在1000万元以上的内资企业达1027家。

【对外贸易】 2005年，天津开发区继续完善大通关环境，加强与相关职能部门的沟通协调，从制度上推动开发区投资环境的改善。进一步提升企业运营服务，逐步实现了重点企业服务的个性化。不断完善为企业服务的长效机制，努力降低企业运营成本，促进了对内、对外贸易的快速发展。大力拓展公平贸易，努力培育完善的区域市场环境。

2005年，天津开发区进出口继续保持快速增长。全所实现进出口总值254.38亿美元，同比增长20.1%，其中外商及港澳台投资企业完成244.02亿美元，增长19.1%。进口总额114.68亿美元，增长14.7%，其中外商及港澳台投资企业完成108.36亿美元，增长13.6%。出口总额139.71亿美元，增长25%，其中外商及港澳台投资企业完成135.66亿美元，增长23.8%。加工贸易全年实现出口130.23亿美元，一般贸易出口实现9.45亿美元。全区工业产品外销率48.9%。

骨干企业出口带动作用显著。2005年，全区实现产品出口的企业有575家，比上年增加94家，其中出口额超过1000万美元的有70家，比上年增加16家，出口总额132.83亿美元，占全区出口额的95.1%；出口额超过1亿美元的企业有16家，比上年增加3家，共实现出口额114.87亿美元，占全区的82.2%。

对外贸易联系日益紧密。全年与天津开发区发生贸易关系的国家和地区有158个，比上年增加6个，其中出口产品涉及的国家和地区156个，比上年增加8个。对美国出口保持快速增长，美国继续保持我区第一大出口目的国地位，全年实现出口46.90亿美元，增长23.7%，占全区出口总额的33.6%。对欧盟出口实现高速增长，全年实现出口37.18亿美元，同比增长58.6%，占全区出口总额的26.6%。其他主要出口目的地中，日本占7.8%，香港占6.3%，韩国占5.2%。

主要出口产品保持快速增长。移动电话、液晶显示器、半导体器件、彩色电视机、摄像机等主要产品出口金额均实现较快增长。高新技术产品全年出口112.81亿美元，同比增长25.2%，占全区出口总额的80.7%。机电产品出口130.51亿美元，增长24.7%，占全区出口总额的93.4%。

对外商贸合作积极推进。天津开发区积极组织企业参加了第七届中国国际高新技术成果交易会等系列活动，广泛与国内外协会、商会、贸易组织、贸促机构建立合作关系，扩大交流，为企业创造更多的贸易机会。截至2005年，天津开发区已与韩国首尔通商振兴院、澳中协会、香港贸发局、美国商会天津分会、韩国商会天津分会、澳洲商会、荷兰商会等建立了合作关系。

对外交流活动频繁。2005年，第六届亚欧财长会议在天津开发区召开。开发区先后举办了第三届国际制造业（手机）配套采购洽谈会暨论坛、2005中国泰达生物论坛、2005中国汽车产业发展国际论坛、第四届PECC国际贸易投资博览会、AVAR2005第八届反病毒国际大会等高层次大型会议，有力地推动了天津开发区与国内外的交流与合作，为提高开发区影响力，树立开发区形象提供广阔平台。

【社会事业】 2005年，天津开发区启动了第二中小学建设。通过整合和改革，区域教育资源的规模和层次得到提升，教育管理的水平和质量不断提高。2005年末，天津开发区共有各级各类学校10所，其中民办学校3所；在校学生2.06万人，比上年增长17.1%，其中外籍学生628人；教师1202人，其中外籍教师112人；教育培训机构7所，幼儿园7所。开发区居民及流动人口子女九年制义务教育入学率100%，高中阶段入学率97%。全年各级各类学校在各学科竞赛中共获国家级奖项57项，市级奖项428项。

2005年，天津开发区卫生服务体系继续完善。泰达医院异地重建工程正加快实施，成立了“泰达急救中心”。全区医疗废物集中收集处理率100%。全区共有综合性医院1所、专科医院1所、社会办医机构11所、企业保健站45家，各类卫生技术人员750人，其中拥有高级职称的卫生技术人员45人，病床760张。全年诊疗14.8万人次。

天津开发区共有常住人口10.5万人。户籍人口2.65万人，比上年增加4700人，增长21.6%。全年人口出生率为2.59‰，人口死亡率为0.2‰，人口自然增长率为2.3‰。

2005年末，全区共有从业人员28.83万人，比上年增加3.02万人，增长11.7%。其中东区从业人员14.89万人，增长14.6%；外商及港澳台投资企业从业人员20.13万人，增长12%。全年全区从业人员劳动报酬65.61亿元，增长25.2%，其中外商及港澳台投资企业47.54亿元，增长18.5%。全区从业人员人均月劳动报酬2052元。

2005年，天津开发区人力资源保障能力不断提升。全年引进高级人才54名，其中院士6名，博士后30名。全区累计引进高级人才388名，院士20名，现有在站博士后46名。全区有本科及以上学历就业人口4.2万人，中级及以上就业人口2.1万人。

【管理与服务】 天津开发区区域法制环境不断优化。新颁布了《天津经济技术开发区协议出让工业用地管理暂行规定》。到2005年末，天津开发区共有现行有效的行政规范性文件85项。

2005年，天津开发区管委会被中央精神文明委评为“全国文明单位”，编制完成了天津开发区“十一五”规划，完成全国第一次经济普查。政府内部管理继续得到完善，完成了ISO9000质量管理体系的换证审核工作。全面开展了城区环境综合治理工作。继续推进应急突发事件指挥系统建设，危机处理能力稳步提升，公共服务型政府职能不断完善。

【高新技术产业】 2005年，天津开发区高新技术产业快速增长。全年实现工业总产值1431.52亿元，同比增长30.5%，占全区工业总产值的62.1%，比上年提高1.9个百分点。生物医药、新能源、新材料等产业增长迅速，对全区高新技术产业发展带动作用明显。经济效益进一步提高。全年实现销售收入2352.15亿元，增长27.3%，其中外商及港澳台投资企业实现2290.82亿元，增长27.3%。产销衔接良好，产品销售率为102.0%，比上年提高0.5个百分点。规模以上工业企业实现利润175.91亿元，经济效益综合指数为288.7，总资产贡献率20.4%，成本费用利润率7.7%，工业全员劳动生产率29.3万元，增长18.5%。

高新技术产业发展顺利。2005年，泰达华生生物园被认定为天津市首家科技企业孵化器，全区认定高新技术企业20家，认定高新技术产业孵化器2家，新确认先进技术企业6家。截至2005年，天津开发区共有国家级集成电路设计企业和集成电路生产企业4家。全年技术交易总额6946.18万元，技术合同登记97份，科技成果鉴定登记完成12项。

【固定资产投资和城市建设】 2005年，天津开发区固定资产投资继续平稳增长。全年完成全社会固定资产投资180.32亿元，同比增长15%，其中外商及港澳台项目完成投资107.96亿元，增长19.9%。全区开工房屋面积280.62万平方米，竣工房屋面积110.78万平方米。到2005年末，全区全社会固定资产投资累计完成1197.02亿元。历年累计房屋开工面积1506.16万平方米，竣工房屋面积926.93万平方米。

2005年，天津开发区工业项目固定资产投资保持快速增长。完成工业项目投资125.17亿元，增长30.6%，占全区固定资产投资的69.4%，比上年提高8.3个百分点。全年工业项目固定资产投资额超千万元的项目有114个，超过亿元的项目24个。丰田三期、摩托罗拉汽车电子、三星通信新工厂、锦湖轮胎、乐金渤海化学、卡博特化工、金耀生物园等一批项目的建设有力的拉动了工业投资的增长。

【科技和信息化】 2005年，天津开发区科技促进工作成果显著。召开了第二届科技工作会议。全年投入科技发展金和科技风险金2.5亿元。成功申报了国家（天津）通信产业园、国家（天津）片式元件产业园、国家（天津）集成电路产业园等3个国家电子信息产业园，成为全国惟一拥有三个电子信息产业园的区域。引进了重型技术装备国家工程研究中心、细胞产品国家工程研究中心、天津市食品加工工程中心等3家工程技术研究中心，新建了9家企业博士后工作站，2个博士后创新试验基地。截至2005年，开发区共有23家工程技术研究中心，11家企业技术中心和37家跨国公司研发中心，43个企业博士后工作站，7个高科技创业孵化基地，5家风险投资公司，累计投入科技发展金和科技风险金14.5亿元，为开发区研发转化基地建设提供了强大的科技支撑。

2005年，天津开发区自主创新能力进一步提高。有21个项目列入国家各部委科技计划，共得到国家经费支持6190万元。全区为48个国家和天津市重点科技项目提供配套资金1536万元。全年有20家企业列入天津市重点专利企业，3种产品入选天津市重点扶持专利产品。全年专利申请量340件，其中发明专利120件。截至2005年，全区企业共拥有专利1230件，其中发明专利434件，内资企业拥有专利898件。

（天津经济技术开发区管委会办公室）

连云港经济技术开发区

LIANYUNGANG ECONOMIC AND TECHNOLOGICAL DEVELOPMENT ZONE

【经济发展】 2005年，连云港经济技术开发区（以下简称连云港开发区）主要经济指标快速增长，全年实现GDP 65.53亿元，同比增长25.03%；完成工业总产值176.62亿元，增长19.08%；财政总收入11.13亿元，增长39%，其中一般预算收入4.72亿元，增长47.1%；固定资产投资33.82亿元，增长186.51%。基础设施投入翻两番，临港开发框架初步形成。全年完成基础设施建设投资14.8亿元，增长329.8%；临港区域近30平方公里基本具备项目入驻条件。一大批项目进区落户，全年协议注册外资38895万美元，增长62.3%；实际利用外资12237万美元，增长88.2%，增幅列全省国家级开发区第二名；市外内联客方到位资金8.82亿元，增长114.1%。全区新批外资项目49个，总投资7.43亿美元，其中超千万美元项目23个；新批内资工业项目79个，总投资147.8亿元，其中过亿元以上项目20个。年内已竣工投产项目9个，总投资16.3亿元。在建投资2000万元以上的工业项目16个，总投资16.2亿元。

【投资环境】 为打造完善的投资环境，连云港开发区始终坚持规划引领。2005年编制完成了临港产业区入海水道以东片区、大浦工业区以北片区等多个片区的控制性详细规划和新东方大道两侧城市设计，初步完成了高校科技产业园、保税物流园和昆山、江宁等功能园区规划，启动编制了中云片区控制性详细规划、开发区产业布局规划、242省道景观设计、开发区中心区城市设计及道路景观提升设计，进行了民房拆迁安置规划的专题研究。在规划指导下，为确保三年内建成正在开发的临港区域道路框架，继续全力加快基础设施建设。抽调精兵强将进行了为期一个多月的集中拆迁会战；为加快建设进度，共组织50多支施工队伍昼赶夜干；针对土地拨（征）用、回填土石源、建设资金等发展瓶颈，千方百计破解难题。全年重点开工建设了新东方大道、新港路、花果山北路、碱厂南路等总长80公里的35条道路；实施场地回填17550亩，完成场地回填10861亩，正在回填6689亩，回填土方1100万立方米；实施建筑面积9.85万平方米，累计完成6.02万平方米；拆迁房屋约11万平方米；新增绿化面积80万平方米。完成了两台5万千瓦的虎山变电所主体建设，开工建设了晨兴环保热电厂、东区污水处理厂。基本完成了出口加工区二期基础设施建设。进一步强化了开发区电子商务平台建设。全面推行ISO14000环境管理体系认证工作，全区通过认证的单位达11家。高度重视增强城市服务功能，高起点规划布局了一批生活、休闲、娱乐、文化和教育设施。加快建设总建筑面积近100万平方米的久和国际新城，以及旺旺家园、龙禧·深蓝广场等房地产商业开发项目，开挖了大浦湖，启动开挖昌圩湖。克服在盐碱地上植树难问题，努力增加新区绿量；对通信大楼、徐连高速公路、科隆公寓等一批标志性建筑物进行了亮化。启动建设“别有洞天”假山、西入口开发区标志牌，完成了蝙蝠山瀑布模型制作和“美猴王”雕塑设计方案。

【招商引资与利用外资】 进一步夯实招商基础工作，启动制作全景式规划沙盘和东部城区未来三维动画宣传片。利用各种关系，广泛编织招商网络，进一步延伸对日韩、北美、欧洲、港澳台和长三角、珠三角等国家和地区的信息触角。先后组织了近80批次外出招商团组，广泛宣传推介开发区的投资优势。努力发挥驻韩国、昆山等招商办事处作用，不断扩大信息扇面。改革招商方式方法，实行组团式开发新模式，与昆山、江宁开发区联手，通过市场化运作，分别建设昆山工业城和江宁工业园。昆山工业城已有总投资2850万美元的2个项目准备入区，另有总投资约5000万美元的3个项目正在推进之中。江宁工业园先期4.5平方公里的启动区正在紧张施工，共有4个总投资达1.5亿元的项目有意落户工业城。

【对外贸易】 2005年，全区共实现进出口总值98748万美元，同比增长32.8%，其中进口71085万美元，同比增长31%，出口27663万美元，同比增长37.37%。三资企业出口23895万美元，同比增长34.2%，三资企业进口63701万美元，同比增长46.5%。核心企业对全区出口拉动作用明显，增长点增多。2005年，全区有产品出口企业117家，比上年增加37家；出口超1000万美元6家，共完成出口总值15246万美元，占全区出口总值的55.1%，其中，升德升电子、东方国际集装箱两家公司出口达9405万美元，占全区出口总值的34%，对全区出口增长的贡献率达45.6%，拉动全区出口增长17.1个百分点。外贸企业出口发展迅猛，2005年，全区有产品出口的外贸企业达29家，比上年净增13家，出口总值完成3360万美元，比上年增长150%。

【社会事业】 教育、文化、卫生等各项社会事业得到进一步发展，和谐开发区建设取得新成效。出台并落实了对农村计划生育家庭优惠奖励政策，全区计划生育率达99%以上。深入开展“法制开发区”、“平安开发区”创建活动。以扶持镇街工业园建设为着力点，加快镇街工业化进程。朝阳工业园路网工程已开工建设，猴嘴和中云两个工业园正在进行场地回填，中云工业园已有3家企业落户，8家企业取得了规划定点。实施劳动力培训工程，完成劳动力培训1157人次，实现就业、再就业3502人。坚持一手抓开发建设，一手抓维护社会稳定。切实兑现《关于帮扶弱势群体的若干意见》等各项帮扶政策措施。规划建设总建筑面积9.5万多平方米、可提供706套安置房的安置小区，已有274套竣工。

【管理与服务】 用足用活市政府《关于进一步促进连云港经济技术开发区发展的意见》等一系列倾斜政策，力争开发区的事情在区内办结。完成了建筑面积4000平方米的开发区行政审批中心主体工程。积极提倡并推行白天尽量不开会、星期六全部不休息、白天没完晚上干等务实举措。扎实开展了作风集中教育整顿活动。进一步完善了服务企业制度体系。大力培育亲商富商文化，从思想上强化、在工作中实践“让投资者获取理想的效益是我们共同的追求”、“先投资者之忧而忧，后投资者之乐而乐”等开发区理念。

【高新技术产业和重点企业】 2005年，全区共完成高新技术产业产值61.2亿元，占全区工业产值34.7%，比上年提高了4.5个百分点，同比增长26.1%，高出全区产值增幅4个百分点。全区已建成国家重点高新技术企业7家，省级高新技术企业11家，市级高新技术企业6家。全区工业产值超亿元企业19家，比上年净增4家，实现产值117.6亿元，占全区规模以上产值72.6%，10亿元以上企业3家。由于重点企业的支撑，重点行业增长较快，全区食品、医药、化工、电子、纺织五大支柱产业共完成工业产值146.7亿元，比上年增长33.3%，比全区产值增幅高12个百分点，占全区工业产值的比重达到90.9%。全区产品市场占有率全国同行业最大的工业企业达18家。

【机构设置与管委会领导】 连云港开发区内设机构设置为办公室、纪工委、党群工作部、建设局、财政局、经济发展局、社会事业局、招商一、二、三、四局、总工会等12个部门。

开发区领导班子成员为：郗同福（中共连云港市委常委、区党工委书记2005年8月任、管委会主任2005年8月免）、李国章（区党工委书记2005年8月免）、唐国海（管委会主任2005年8月任、党工委副书记2005年11月任）、徐开信（副书记、副主任）、曹卫东（副书记2005年12月任）、杨光留（副主任）、邱家海（副主任）、易爱平（副主任）、陈永良（副主任）、武心明（副主任）、王强（副主任）

【出口加工区建设】 2005年，连云港出口加工区内注册企业共5家，投产企业3家，项目总投资4530万美元，从业人员1400多人，全年实现进出口额4411万美元，同比增长920.7%。开展的主要工作：一是建立了企业巡访制度，根据入驻企业情况，实行区内企业月度走访和不定期政策宣讲制度，及时帮助企业解决运作中存在的问题。二是强化工作协调推进机制，建立了周例会制度，加强与海关的沟通，延伸了出口加工区政策服务功能。还设立了“24小时预约通关”、“分批进货，集中报关”等特色机制，确保了出口加工区物流畅通，使出口加工区高效、便捷、快速的通关优势得到了切实发挥。三是制定、完善卡口进出管理办法，全年共办理各类人员进出卡口证件2623个，办理车辆证件20个，卡口共验放车辆约8000辆（次），进出标准集装箱2407个，临时进出人员3万人次，进出境货运量总计1.1万吨。四是进一步加强安检人员管理，提高了安检人员业务素质和安检工作效率和工作质量。五是设立区内数据统计网络，每月对统计数据进行分类、汇总，形成了完整的出口加工区统计资料。

【体制机制创新】 在2004年以“三制一化”为主要内容改革的基础上，2005年，连云港开发区又进一步取消了所有招商人员固定工资和固定福利，实行从招商实绩中提取工资、福利和招商费用的举措。从2005年底的考核考评开始，首先从经济上打破干多干少、干好干坏一个样的局面，在科学考核、全面评价的基础上，着重把个人收入与工作量、工作难易程度、工作质量、工作效率更紧密地挂起钩来，进一步拉开收入分配档次。同时，花大力气完成了12家直属企业及其54家下属子公司的改制；基本完成了全区11家生产经营型事业单位改革，多形式分流102人，进一步激发了内生活力。

【“十五”发展回顾】 新世纪的头五年，连云港经济技术开发区开发建设实现了历史性新突破，经济步入了科学发展、加快发展的新轨道，整个区域呈现出和谐发展的新局面。综合实力跃上新台阶，区域拉动力明显增强。“十五”期间，全区累计实现GDP 227亿元，是“九五”的2.86倍，年均增长22.5%；工业总产值619亿元，是“九五”的2.6倍，年均增长44.4%；财政总收入32.8亿元，是“九五”的3.7倍，年均增长38.6%；固定资产投入68.9亿元，是“九五”的2.5倍，年均增长44.9%。2005年GDP、财政总收入、规模以上工业总产值分别占全市的14%、20%和47%。基础设施投入呈几何级增长，总体形象明显改观。“十五”期间，基础设施投入22.1亿元，是“九五”的6.6倍。2005年投入是2000年的40倍。新办了国家级出口加工区，倾力实施临港开发，临港区域近30平方公里已基本具备项目入驻条件。经国家院批准，规划面积扩大了12平方公里。招商引资大幅攀升，项目集聚明显加快。“十五”期间，共引进外资项目217个，项目总投资17.28亿美元，实际利用外资4.15亿美元，分别是“九五”的1.05倍、3.25倍、1.47倍。镇街经济明显壮大，2005年，朝阳镇实现财政总收入6240万元，中云街道办事处实现3908万元，猴嘴办事处较上年也有大幅度增长。全区农民人均纯收入达5450元。社会事业全面进步，教育、科技、文化、体育、卫生等各项社会事业有了新发展。全区计划生育率超过了省示范区水平。

（连云港经济技术开发区
李发新、赵长宇）

广州经济技术开发区、广州高新技术产业开发区、广州出口加工区、广州保税区

GUANGZHOU DEVELOPMENT DISTRICT

【经济发展】 2005年，广州经济技术开发区、广州高新技术产业开发区、广州出口加工区、广州保税区（以下简称广州开发区）经济保持持续稳定增长。全区实现GDP 652.94亿元，同比增长16.66%；实现工业总产值1608.24亿元，同比增长20.64%；实现财税总收入156.76亿元，同比增长16.56%，其中税收收入146.35亿元，比上年增长23.32%；完成固定资产投资127.74亿元，同比增长28.07%；地方一般预算财政收入43.17亿元，同比增长26.30%。全区每平方公里“七通一平”土地面积创造GDP 20.02亿元、创造税收收入4.49亿元；全区人均GDP 34.02万元（按常住人口计算），同比增长8.07%。

工业发展势头强劲，效益明显。2005年，全区工业总产值达到1608.24亿元，同比增长20.64%，新增工业总产值269.75亿元，其中规模以上工业企业实现工业总产值1591.26亿元，同比增长19.79%，占全区工业总产值的98.94%，全区实现工业增加值505.32亿元，同比增长11.34%。全年规模以上工业企业产品销售率达到97.81%。全年工业企业经济效益综合指数为391.95%。工业企业实现利润164.48亿元，同比增长13.48%。全区每亿元工业总产值创造增加值3142万元，每亿元工业总产值创造利润946万元，经济效益明显。

工业生产呈现五个特点：一是重点企业拉动明显。区工业总产值排名前50名的工业企业合计完成产值1269.71亿元，占全区总量78.95%，其中年产值100亿元以上的企业有3家，产值50亿元以上的有6家，产值超亿元的有160家，比上年增加了32家，共完成产值1504.49亿元，占全区工业总产值的93.55%，实现工业增加值482.59亿元，占全区GDP的73.90%。二是外源型工业企业是工业经济增长的强大引擎。2005年，全区外资工业企业424家，生产增势强劲，外资工业企业产值总量和增速均居各种经济类型企业之首。全区外资工业累计完成工业总产值1522.92亿元，同比增长23.80%，占全区工业总量的94.69%。三是工业重型化特征日超明显。重工业在全区经济中的主导作用日益增强，轻重工业的比重由上年的48.06∶51.94调整为43.92∶56.08。重工业完成工业总产值901.9亿元，同比增长33.98%，轻工业完成工业总产值706.34亿元，同比增长6.25%，重工业增速比轻工业快27.73个百分点。四是支柱产业发挥重要作用。通讯及电子设备、黑

色金属冶炼及压延加工业、化学原料及化学制品制造业、交通运输设备制造业、食品制造业、电气机械及器材制造业等六大支柱产业产值占全区产值的比重继续保持80%以上，对拉动全区工业经济增长发挥重要作用。全年完成工业总产值1297.05亿元，同比增长15.98%，产值占全区总量的80.66%，同比下降3.01个百分点。五是工业生产注重节能。全区全年综合能源消费量为410.08万吨标准煤，消耗每度电产出的产值为44.37元，比上年高出1.74元，增长4.10%。

第三产业快速发展，产业结构进一步优化。2005年，华美汽车用品专业市场、联强运营中心、普洛斯和雅川物流中心等一批第三产业项目落户开发区。全区限额以上贸易企业56家，商品销售总额242.72亿元，增长58.66%，占全区销售收入的91%，其中批发销售213.98亿元，增长65.87%，零售贸易销售额28.74亿元。全年商品销售总额超亿元的企业有26家。交通运输邮电业实现增加值53.17亿元，同比增长13.27%，占第三产业增加值39.74%。批发零售贸易业完成增加值45.53亿元，比上年增长1.51倍，占第三产业增加值34.02%。

【投资环境】 区域投资环境进一步优化。2005年，广州开发区认真组织编制了《广州开发区国民经济和社会发展“十一五”规划纲要》和8个专项规划；组织开展了萝岗中心区城市设计国际咨询活动和九佛农业高新示范区规划等12项重点地区规划设计竞赛，区域总体规划基本完成，广州开发区作为广州市副中心的定位和未来发展蓝图更加清晰、明确。

固定资产投资稳步增长。全年固定资产投资首次突破100亿元，达到127.74亿元的历史新高，同比增长28.07%，其中基础（公共）设施投资42.3亿元，同比下降9.55%，工业项目投资81.43亿元，同比增长67.67%。全年厂房竣工面积达104.36万平方米。

基础设施建设和区域环境进一步完善。全年新建和改造道路54公里，“青山绿地”和“蓝天碧水”工程取得阶段性成果，完成了13个采石场整治复绿任务，全年新增和改造绿地面积231公顷，完成河涌整治和绿化9.12公里。积极开展国家环保模范城市创建工作，深入开展“六乱”整治，清拆各类违法建设14.3万平方米，区容区貌进一步改善，区域环境更加美化、净化。建成区的绿化覆盖率达到15.3%，国家环保总局和国家科技部正式授予广州开发区“ISO14000国家示范区”称号，广州开发区成为广东省第一个被正式授予国家环境示范区称号的区域。夏岗街道获得市卫生模范街区称号。

重点建设项目进展顺利。2005年，“广州科学城基础设施”、“广州国际生物岛”等一批重点建设项目顺利推进。广州科学城实现固定资产投资43.66亿元，比上年增长2.62%，占全区固定资产投资34.18%，其中基础设施投资28.25亿元，比上年下降7%；工业项目投资12.5亿元，比上年增长29.69%。截止到2005年，广州科学城累计完成固定资产投资165.12亿元，其中基础设施投资116.47亿元，工业项目投资40.1亿元。广州出口加工区全年完成基础设施投资2.46亿元，比上年下降24.86%，自2000年以来累计完成基础设施投资6.39亿元。广州国际生物岛基础设施投资3.93亿元，截止到2005年，国际生物岛累计完成基础设施投资6.67亿元。重点基础项目的顺利推进为企业的进驻创造了良好的发展环境。

【利用外资和对外贸易】 秉承“一切为了投资者，一切为了企业”的理念，广州开发区继续加大招商引资力度，重点发展精细化工、汽车、生物医药、电子信息等支柱产业，做大做强产业链。2005年实现合同利用外资13.54亿美元，同比增长2.8%；实际利用外资6.81亿美元，同比增长3.9%。全年新批外商直接投资项目183个，平均引进每个项目合同外资额达到740万美元，比2004年（516万美元）高出224万美元，其中新引进1000万美元以上的项目89个，3000万美元以上的项目17个，

5000万美元以上项目9个。新引进世界500强企业项目7个，全区世界500强企业总数达93家，项目引进的水平和质量不断提高。企业筹建工作成效显著，全年筹建企业突破300家，达到313家，其中投（试）产企业132家。

对外贸易增长势头强劲。在“十五”期间外贸连续5年保持25%以上的快速增长的优势下，2005年全区外贸进出口总额137.92亿美元，同比增长28.58%，其中出口总值达62.51亿美元，同比增长31.43%，进口总值75.41亿美元，同比增加26.32%。出口结构更加优化，实现四项突破：一是全区出口总额突破50亿美元，达到62.51亿美元，同比增长31.43%；二是外资企业出口突破50亿美元，达到56.66亿美元，同比增长33.52%；三是加工贸易出口突破50亿美元，达到51.82亿美元，同比增长31.67%；四是高新技术企业出口突破10亿美元，达到12.51亿美元，同比增长15.37%。外商投资企业担当出口主力军，全区外贸出口超1亿美元的9家企业，有8家为三资企业。

【高新技术】 2005年，全区认真贯彻全国高新区工作会议和省、市创新大会精神，在加快推进以广州科学城为重点的园区建设的同时，着力加强科技创新体系建设，不断完善管理和服务，为高新技术产业发展提供良好的发展环境，高新技术产业得到快速发展。2005年全区实现高新技术产品工业总产值577.30亿元，同比增长20.50%，占全区工业总产值的35.90%。全年认定高新技术企业109家，高新技术企业工业总产值为428.21亿元，同比增长1.9%，占全区当年工业总产值的26.62%。

高新技术园区不断壮大。2005年广州高新区实有科技企业3079家，实现营业总收入976.71亿元，比上年增长17.43%，实现工业总产值728.59亿元，同比增长18.74%。截至2005年年底，高新区已认定高新技术企业671家。高新区引进中专以上专业人才81751人，占高新区期末从业人员（114287人）的71.53%；其中科技人员23343人，同比增长16.58%，占中专以上专业人才的28.55%。高新区科技活动经费支出53.41亿元，同比增长22.61%，其中研发经费支出24.85亿元，同比增长30.55%，占科技活动经费支出46.53%。天河科技园、黄花岗科技园、民营科技园等特色产业化园区发展迅速，2005年三个园区实现营业总收入399.47亿元，同比增长了27.22%，占高新区总收入的40.89%。

科技创新能力显著增强。一批国内外著名的跨国企业和企业集团相继进入并建立研发机构，其中国家发改委批准的基因药物工程国家工程研究开发中心落户广州科学城；索尼公司在科学城建设华南地区总部和营运中心；意法微电子设立IC设计中心；汤姆逊公司、三星和摩托罗拉公司建立电子及通讯产品研发中心。全区累计引进或设立各类科技研发机构130多家，其中国家级3家，省级9家，索尼、汤姆逊、摩托罗拉、汉高、拜耳等一批世界500强企业均在区内设立了研发中心和技术服务中心。2005年，全区专利申请256件，同比增长27%；专利授权137件，同比增长36%。

“产业基地”建设步伐加快。积极开展“国家生物医药产业基地”和“国家火炬新材料特色产业基地”的申报工作，继续推进“国家电子信息产业基地”的建设。到2005年底，全区共有电子信息企业150家，年产值超过390亿元；生物医药企业115家，年产值达205亿元；新材料企业110家，年产值达322亿元。申报“国家知识产权试点园区”获得批准，知识产权宣传和执法力度不断加大。先后与中山大学、华南理工大学、中科院等高校和科研机构建立科技项目合作双向互动机制，推动其科技项目实现产业化。新办高新技术企业97家，新引进留学人员科技项目34项，内资科技项目106项，注册资金10.6亿元。新增科技企业孵化场地面积6.8万平方米，在孵企业473家，新进孵化企业255家，同比增长117%。区内企业获得国家、省、市项目资助额创历史新高，达到6480万元，带动科技投入 5.4 亿元，涌现出一批高水平科技成果，一批重点高新技术企业迅速发展壮大。高新技术产业在区域经济发展中的份额进一步增大，科技进步对区域经济的拉动作用进一步增强。

高新技术产业稳步发展。以电子信息、生物医药、新材料为主的高新技术产业步伐加快，全年实现高新技术产品工业总产值 577.30 亿元，比上年增长 22.50%，占全区工业总产值的 35.90%。其中电子信息产业实现工业总产值 388.34 亿元；生物医药产业实现工业总产值 14.78 亿元；新材料产业实现工业总产值 16.99 亿元。

【管理与服务】 城市管理和服务水平进一步提高。2005 年广州开发区认真贯彻《依法行政实施纲要》，继续推行服务型机关创建工作，有针对性地加强对行政事业单位执法人员的培训，执法监督和行政效能监察不断加强，机关工作人员依法行政的意识和能力进一步提高；继续深入推行 ISO9001 质量管理体系，完善内部规章制度，2005 年又有 8 个单位通过外审机构的跟踪评审，贯标覆盖面进一步推大，基本覆盖全区机关、事业单位、街道；完善政务督办系统，强化工作落实和目标责任考核，进一步完善“一站式”服务和企业筹建制度，为企业排忧解难，提供优质高效的服务。筹建企业对管委会行政满意度达到 99.3%，同比提高 0.5%，生产性企业的满意度达到 98.7%。

不断加大“三农”工作力度。积极推进农村基础设施建设，完成 1187 户新分户农户的搬迁工作，加快石桥新村、玉树、黄陂新村二期建设，农村地区生产生活环境得到改善。大力扶持农村集体经济发展，农民生活水平进一步提高。积极推进基层民主自治和社区建设，顺利完成了东区、萝岗、联和街区域内 13 个行政村“村改居”工作，完成了 21 个社区居委会换届选举和 515 个经济社换届工作，一批素质较高的干部充实到基层组织中。永和、镇龙、九佛片区工作扎实，有了一个良好的开端，干部群众对发展的信心明显增强。

【党的建设和社会事业】 党的建设取得了新成绩。切实加强理论武装工作，深化对邓小平理论，“三个代表”重要思想、科学发展观的学习教育，全区党员干部践行科学理论的自觉性显著增强。2005 年区党委中心组的理论学习被广州市评为优秀。深入开展了保持共产党员先进性教育活动，党员素质进一步提高，各级党组织建设不断强化，解决了一批关系群众切身利益的问题，建立健全了党员永葆先进性的长效机制。进一步加强了干部队伍建设，扎实推进了“十百千万”工程，先后选派了两批共 51 名干部下基层驻农村。完成了社区党组织的换届选举，提高了基层党组织人员的整体素质。深入推进了固本强基工程，非公经济组织、社区党建和农村党建有新进展。认真贯彻落实中共中央《建立健全教育、制度、监督并重的惩治和预防腐败体系实施纲要》，全面落实了党风廉政责任制，加强源头治理，加大反腐败力度，查办了一批腐败案件。深化了纠风工作，加强了行政监察，解决了一批损害群众利益的突出问题。加大审计监督力度，共查处违规和管理不规范资金 19954 万元，上交财政 3637 万元。

和谐社会建设取得新成效。积极推进教育强区的创建工作，投入 5.3 亿元进行学校布局调整，新建或改扩建项目 12 项；投入资金 1400 万元，进一步完善学校的设施设备；投入 640 万元进行学校信息网络铺设工程建设；面向全国公开招聘了 70 名教师，进一步充实了师资力量。推动公共文化设施的升级改造和农村文化活动场所建设，举办了萝岗荔枝节、永和群众文艺汇演等群众性文化活动，进一步活跃和丰富群众的文化生活。继续加强了社区卫生服务网络建设，全面推行新型农村合作医疗制度，全区超过 10 万人参加了合作医疗，参合率达到 78%；建立起突发公共卫生事件应急处理机制和区公共卫生信息系统。人口和计划生育工作稳步发展，全区计划生育率达 95.96%，顺利完成了市里下达的任务。全面实行最低生活保障制度，把城市居民最低生活保障标准从 300 元/月提高到 330 元/月；农民最低生活保障实现“应保尽保”；重视残疾人工作，做好特困人员基本医疗救助和重大疾病医疗资助审批工作，资助特困户进行危房改造，解决了一批特困人员看病难、住房难等问题。退休人员社会化管理工作稳步推进，形成了“两级政府、三级管理、四级服务”的社会化服务体系。就业工作成效明显，全年共培训就业人数5122人，安置本区户籍人员就业2855人，超额完成全年计划。

社会治安形势保持稳定。有效整合了社区各种群防群治力量，始终保持对刑事犯罪的高压态势，遏制了多发性案件的发生，加大对法轮功等邪教组织及黄赌毒等打击力度，全年共立刑事案件1093件，同比下降6.8%。进一步加强了禁毒工作，全年没有出现失控在册吸毒人员。继续加大对出租屋的管理力度，出租屋合格率达98.8%，居全市首位，提前一年完成市下达的整治任务。信访工作得到加强，全年信访案件结案率99%，妥善处置了一批由于劳资、征地拆迁等引发的矛盾纠纷；全年没有发生重、特大生产安全事故。开展质量技术监督和食品药品的专项整治工作，进一步规范市场秩序。

【机构设置与管委会领导】 广州开发区实行“四区合一”的管理体制，即广州经济技术开发区、广州高新技术产业开发区、广州出口加工区、广州保税区等四个国家级开发区合署办公，四块牌子，一套人马。

广州开发区党委书记、管委会主任凌伟宪，党委副书记徐咏虹，管委会副主任刘悦论、江宁理、卢锦洪、王伟兵、朱秉衡、李红卫。

（广州经济技术开发区、广州高新技术产业开发区、广州出口加工区、广州保税区管委会）

福州经济技术开发区

FUZHOU ECONOMIC AND TECHNICAL DEVELOPMENT ZONE

【经济发展】 2005年，福州经济技术开发区（以下简称福州开发区）全面落实科学发展观，积极主动融入“建设海峡西岸经济区”和“做大做强省会中心城市”大局，克服经济结构转型的“阵痛”，转变经济增长方式，经济增长的速度虽然放慢，但经济增长的质量和效益没有下滑。2005年共实现GDP 135.35亿元，增长15.3%；工业总产值271.38亿元；财政总收入15.7亿元，增长12.9%；社会消费品零售总额14.68亿元，同比增长14.7%；全社会固定资产投资总额31.1亿元，同比增长13.3%；城市居民人均可支配收入12249元，同比增长9.3%；农民人均纯收入6850元，同比增长9.5%。2005年各项主要经济指标的完成，促使“十五”计划的全面超额完成。GDP、工业总产值实现预期目标，财政总收入完成计划的132%，全社会固定资产投资完成计划的181%，城市居民人均可支配收入完成计划的105%，农民人均纯收入完成计划的102%。

【投资环境】 福州开发区地处台湾海峡西岸闽江下游，区位优势突出，是福州的水上门户。距闽江入海口34公里，至台湾基隆港149海里，至高雄港248海里，至香港492海里。区内马尾港是福州港的主体港，福州港主要集装箱码头和客运码头都分布在马尾港区，现有万吨级码头泊位10个（其中集装箱专用泊位

3个，国际客运泊位1个），5000吨级泊位2个；另外，长安港区还有在建、待建万吨级码头泊位13个，已开辟至日本、新加坡、中国香港等30多个国家和地区的航线。马尾港历史悠久，是全国集装箱枢纽港、台湾海峡两岸船舶直航试点口岸和“两马”（马尾与马祖）民间经贸文化交流与合作口岸。

福州开发区交通十分便利，距福州市中心10公里，沿闽江北岸修建的江滨大道，把马尾与母城福州紧密相连；纵贯祖国南北的沿海大通道“同三线”（黑龙江同江到海南三亚高速公路）、104国道与江滨大道在此交汇。福（州）马（尾）铁路可通往全国各地，建设中的福（州）温（州）铁路和福（州）厦（门）铁路将穿区而过。福州长乐国际机场与马尾一江之隔，年吞吐量4500万人次，从马尾经青洲大桥到机场仅30分钟车程，是距机场最近的福州城区。

建区以来，福州开发区基础设施和市政建设的力度不断加大，累计投入70多亿元，集中力量建设了一批事关全局和长远发展的基础设施重点项目。区内通讯、道路、供电、供水、供气、污水处理、防洪排涝等主要配套设施完善。宽带铺设覆盖率100%；日供水能力达14.5万吨，水质指标达到国家一类水标准；区内共建有6家燃气企业，年供应燃气量2.3万吨；2座污水处理厂，日处理污水能力4万吨。加大水利防洪设施投入，江滨大道堤防能力达到百年一遇防汛标准。实施城区绿化美化工程，新增各类绿地34万平方米，优良空气天数稳定在330天以上。此外，区内还有保险、金融、口岸通关等各种配套服务机构，随时为投资商提供方便快捷的服务。

福州开发区始终把投资软环境建设作为区域经济发展的核心竞争力来培育。2005年，继续完善全程跟踪无偿代办制、“企业服务110”、企业家工作午餐制等制度，组织开展“企业服务月”和“问题落实月”活动，扎实推进“诚信马尾”、“平安马尾”建设，深入开展机关作风整顿工作，“企业优先”、“项目优先”和“亲商、安商、富商”的理念深入人心。同时，为进一步拓展利用外资领域，优化产业结构，鼓励发展跨国公司服务外包项目，还专门出台了鼓励投资服务贸易、服务外包项目和扶持重点产业、企业发展的两项《若干规定（试行）》，决定每年筹集5000万元以上扶持资金，重点扶持高新技术企业和年产值达10亿元以上的重大项目给予重点扶持，对通过国际、国内质量体系认证的企业以及列入国家、省、市财政专项奖励的项目给予配套奖励。

【招商引资与对外贸易】 2005年，福州开发区大力实施产业链招商，招商引资质量和水平明显提高，外经外贸增长势头强劲。全年新批外资项目31项，总投资3.52亿美元，合同利用外资1.34亿美元，实际利用外资0.7亿美元；其中千万美元以上项目9项，增资项目18项。总投资20多亿元的中铝瑞闽铝板材、投资5000万美元的华映TFT－LCM增资项目以及华映CRT、飞毛腿电子、国脉科技、冠林科技、省船舶设计院等一批企业研发中心落地成为招商引资的新亮点。九州通、海湾储运等一批物流企业以及国脉科技、朗讯、汽车销售、连锁超市等一批服务外包与商贸项目的引进，使得第三产业的结构水平和发展规模都得到巨大提升。2005年新增外贸企业35家，全年实现出口10.59亿美元，首次突破10亿大关，同比增长42.7%，其中出口超千万美元的企业达25家，比上年增加8家，福州轻工、日立、华闽出口总值均达1亿美元。

【对台工作】 2005年，福州开发区按照中央和省、市委对台工作的要求，充分发挥对台工作的“前沿”优势，抓住两岸出现沟通互动新局面的有利时机，投入200万元对福州港客运站进行装修改造，满足了台胞落地办证的要求。“两马”（马尾、马祖）直接往来和对台小额贸易快速上升，全年累计完成“两马”客运直航533航次，同比增长7.24%；进出境旅客36031人次，同比增长70.57%，创历史新高。对台小额贸易货轮557艘次，监管进口台货

1.24万吨，同比增长171.76%；贸易金额达1723.64万美元，同比增长108.37%；征收各类税费3443.9万元，同比增长102.24%。

“两马”民间交流日益频繁，“两马同春闹元宵”成为对台工作的一个品牌。正月期间，“两马”继续携手共同举办第三届“两马同春闹元宵”活动，引起众多国内外新闻媒体广泛关注。“海交会”期间，台湾水果首次通过海上直航从马尾口岸“登陆”，台湾农副产品进入大陆市场正常机制正在形成。福建居民赴马祖地区旅游在马尾正式启动，开放福建居民赴马祖旅游工作取得实质性突破。

台商在福州开发区的投资呈逐步升温、良性循环的良好势头。截至2005年年底，全区累计引进台资项目219项，总投资15.4亿美元，合同台资7.2亿美元，实际利用台资8.7亿美元，占福州市实际利用台资的42.3%，占全区实际利用外资的40%。大同集团、统一企业、东和钢铁、永丰馀纸业等台湾排名前50位的工业企业以及清禄集团、顶益食品等一批在岛内有影响、有声誉的大公司先后在福州开发区落户，并带动了上下游配套企业形成了以显示器、电子枪等产品为主导的配套产业群，初步实现了“以台引台”。目前福州台商投资区已全部摆满项目，正申请向闽江出海口方向扩大延伸。

【新区建设】 2005年1月10日，经商务部、国土资源部、建设部正式函复福建省政府，同意福州开发区扩大发展规划面积13平方公里。福州开发区总面积达23平方公里。2005年新扩区长安片引进了20多个项目，首期A区2平方公里已摆满项目，B区、C区的基础设施已全面完成，琅岐片过江供水等一批基础设施正在抓紧推进。2005年5月11日，信息产业部批准福州开发区为首批国家电子信息产业园，即国家（福州）显示器件产业园。显示器件产业园已引进了以华映光电为龙头企业，包括日本NEC、JVC、韩国LG等26家上下游企业，投资总额达15亿美元，产值占福建省电子工业产值的11%，成为全球最大的显示器生产基地和全国四大电子信息产业带的重要组成部分。2005年6月3日，国务院办公厅复函海关总署，同意在福州开发区设立出口加工区，规划面积1.14平方公里。出口加工区首期启动的0.5平方公里的道路管网、隔离设施、海关监管设施正在加紧建设，可望在2006年8月通过验收封关运作。

【高新技术产业与重点企业】 2005年，全年新增高新技术企业5家，获省、市科技进步奖12项，新入驻火炬创业园企业23家，新增孵化企业29家。截至2005年年底，全区引进和培育55家高新技术企业，民营科技企业21家，累计开发高新技术产品660项，2005年全区完成高新技术产业产值120.43亿元，占全区工业产值44.0%，新大陆、国光电子、鸿发电子等企业的一些技术、产品填补了国内空白，上润、国光等企业正在抓紧申报研发中心，表明福州开发区制造产业正由“加工制造”逐步向“自主创新”转变。上润精密仪器公司研发的高压线载电流无线遥测器获国家发明专利，鸿发光电子技术有限公司研发的3.5～82mm自动聚集一体化摄像机在十五届全国发明展览会上获得金奖，新大陆POS通过PBOC和国际最新的EMV认证。

重点骨干企业发展良好。2005年，全区工业产值达1亿元以上企业33家，其中产值5亿元以上企业8家，10亿元以上企业4家，分别是华映光电、日立媒体、飞毛腿电子、中铝瑞闽。由于重点企业的支撑和拉动，重点行业增长较快，电子信息、机械冶金、船舶修造、轻工纺织、水产饲料、食品饮料、生物医药等七大产业集群支柱作用明显。

重点项目建设进展顺利。2005年，全区完成重点项目投资20亿元，占固定资产投资的64.5%，建成或基本建成23项，主要项目有华映显示、中铝瑞闽技改、LG新生产线、冠城大通、三爱药业、人造板厂等项目。

【社会事业】 2005年，福州开发区科教文卫等各项社会事业也得到全面协调发展，精神文明建设和民主法制建设取得明显成效。全面推进素质教育和课程改革，大力加强9年义务教育，整合优化教育资源，高考上线率达83.2%。全面整合船政文化资源，加快船政文化景点二期工程建设和改造，马尾船政文化遗址群被中宣部列入第三批全国爱国主义教育示范基地，被建设部评为中国人居范例奖，并成为福州四大文化旅游品牌之一。建成开发区剧院、中国马江举重基地，以及38项基层文化设施。建立突发公共卫生事件应急处理机制，完善社区卫生服务网络，满足城乡居民基本卫生服务需求。人口与计划生育工作整体水平进一步提高，连续七年保持省级计生一类先进区，并获得省级计生优质服务先进区称号。创建“平安马尾”成效显现，人民群众对社会治安满意率达92.5%，被中央综治委、人事部评为“全国社会治安综合治理先进集体”。以开展保持共产党员先进性教育活动为契机，以提高执政能力为重点，以开展“先锋行动”在马尾活动为载体，党的思想、组织、作风和制度建设得到进一步加强。

【机构设置与管委会领导】 福州开发区工委内设机构为：纪律检查委员会、办公室、组织部、宣传部、统一战线工作部、政法委员会、台湾工作办公室、机构编制委员会办公室、区直机关工作委员会。福州开发区管委会内设机构为：办公室、发展和改革局（统计局）、经济发展局、教育局、科技发展局、公安局、监察局、民政局、司法局、财政局、人事劳动和社会保障局、国土资源局、建设局、城市管理执法局、交通局、农村发展局、文化体育局、卫生局、人口和计划生育局、审计局、环境保护局。

福州开发区工委书记郑有光，管委会主任林新国。

（福州经济技术开发区管委会）

上海闵行经济技术开发区

SHANGHAI MINHANG ECONOMIC & TECHNOLOGICAL DEVELOPMENT ZONE

【经济发展】 2005年，上海闵行经济技术开发区（简称闵行开发区）新进和增资项目18个，投资总额达1.72亿美元，同比增长19%；新增土地使用面积逾10万平方米，用于优势企业扩展。全年完成销售收入311亿元，增长21%；实现利润32亿元，增长0.3%；实缴税金（含关税）39亿元，增长21%。2005年每平方公里工业用地销售收入逾125亿元。人均劳动生产率达到91.8万元。在全国工业开发区中，闵行开发区单位面积实缴税收和销售收入分别在全国开发区中名列第一和第三位。至2005年底，闵行开发区累计引进项目168家，其中投产的有143家，占85%，投资总额26.34亿美元，平均单项投资超过1500万美元。区内项目全部为外资企业，涉及19个国家和地区，有40多家跨国公司，全球500强企业中有40家进驻，开发区有近50家企业在国内同类产品中市场占有率名列前茅。累计销售收入2271.61亿元，实现利润248.5亿元，实缴税收278.97亿元（其中关税88.29亿元），开发区19年实缴国家的税收与国家的投入（约10亿元）之比大于24倍。

闵行开发区在发展中已形成机电产业（以轨道交通、电站设备为代表）为主导，以医药医疗产业（以血制品、常用药物为代表）和轻工产品（以食品、饮料为代表）为辅的三大产业。经过产业结构不断优化，开发区的招商引资有数量规模向结构效益的转型，在自然集中、产业集聚基础上，逐步向企业集群化发展，已形成了三菱、强生、圣戈班、西门子、ABB、医药、世界著名品牌饮料（可口可乐、百事可乐）、汽车配件、富士施乐、YKK 等十个企业集群及核心企业。由世界 500 强投资的企业的主要经济指标在开发区中比重已达到 80%。

【投资环境】 为了营造同国际接轨的优良投资环境，适应闵行开发区工作重点从开发和招商为主向服务和管理的转变，着力提升开发区软硬件水平，推进闵行开发区生产环境，生活环境和生态环境不断完善。年内闵行开发区通过了 ISO14000 环境管理体系新版换证；通过了 ISO9000 质量体系认证，并经上海市经济委员会、上海质量技术监督局、上海市环境保护局三家权威机构批准荣获 ISO9000、ISO14000、《上海市质量与环境双优园区》光荣称号。

【实施“十一五”规划】 在实施“十一五”规划期间，闵行开发区要全面贯彻落实科学发展观，按照国办《关于促进国家级经济技术开发区进一步提高发展水平若干意见的通知》的精神和市委、市政府“两个长期坚持”、“两个优先”的战略，在“优化闵行、开拓临港、发展闵联”的第二次创业中，进一步贯彻“三为主、两致力、一促进方针、充分发挥窗口、示范、辐射和带动作用；进一步贯彻科教兴市主战略，积极推进经济增长方式转变；进一步深化改革、主动创新，积极探索基础性资源市场化条件下工业开发的运作模式，从而形成新的发展优势、竞争能力、品牌效应，为上海的社会经济发展再作新贡献。一是经济效益持续增长，到 2010 年，闵行开发区销售收入将达到 600 亿元，实现利润 60 亿元，上缴税收 75 亿元，分别比 2005 年增长 93%、86%、95%；其中，临港园区销售收入将达到 100 亿元，利润 10 亿元，上缴税收 15 亿元，分别占开发区总量的 17%和 20%。二是园区建设协调推进发展。努力把闵行园区建成国家级开发区中单位面积产出最高和最为集约、精致的成熟园区之一，土地利用率力争在提高 10 个百分点；力争在引进项目（含增资扩股）20 个，约 10 亿美元，全面行成 13 至 15 个企业集群或核心企业。闵行开发区临港园区完成 3.85 平方公里的招商引资工作，积极引进一批世界跨国公司。三是两个文明建设同步发展。完善闵行开发区党建、工建体制；力争建成上海市文明单位。

（上海闵行联合发展总公司）

上海虹桥经济技术开发区

SHANGHAI HONGQIAO ECONOMIC & TECHNOLOGICAL DEVELOPMENT ZONE

【经济发展】 2005 年，上海虹桥经济技术开发区（以下简称虹桥开发区）全年实现销售收入 72.5 亿元，其中三资企业 68.4 亿元，开发区利润 9.3 亿元，税金 4.8 亿元。到 2005 年底，开发区累计进区项目 148 个，其中三资企业 139 个。累计总投资达 31.72 亿美元，其中三资企业项目总投资30.74亿美元，合同外资26.01亿美元，实际利用外资24.91亿美元。开发区营业收入562亿元，利润总额55.8亿元，上缴税金33.1亿元，外汇收入39.8亿美元。

【投资环境】 虹桥开发区全力推进区内深度开发，着力打造精品开发区，加大投入，改造硬件设施，投资1000多万元改造新虹桥大厦，这一工程已全面竣工，相应的配套设施也得到了大修改造。完成了4700平方米办公用房的重新装修及租赁场地的设备维修。1000多平方米的新虹桥中心广场配套项目工程已开工建设。在环境管理方面，实施了对ISO14000环境管理体系新版的培训，并对开发区体系文件进行了修订和重新发布。加强了内审和外审，通过了换证审核。新虹桥中心花园被命名为2005年度上海市文明公园，开发区再次被命名为上海市文明标志区域。

上海国际汽车城项目2005年共完成投资额5.1亿元，其中市政项目4.4亿元、自营项目5200万元、对外投资1800万元。

在市政基础设施方面，完成了吴淞江蕴藻浜两岸绿化景观工程及安智路从博园路至东吴淞江桥的人行道彩道板铺设、非机动车道沥青摊铺以及桥上上水、电信、有线等管线安装和路灯电缆、基座安装。汽车博览公园项目已基本建成并形成景观效果，具备开园条件，工程优良品率为100%。汽车城大厦工程完成土建，开始设备安装和装修，该工程获得“市优质结构奖”、“市安全文明工地奖”。五号地块代建项目，全部完成6个单体土方工程以及商场、酒店、公寓、教堂的4个单体地下部分工程。颖奕高尔夫俱乐部项目，已建成试营业。高尔夫别墅项目已完成前期前期准备工作。

【招商引资与利用外资】 2005年，虹桥开发区新批准三资企业12个。有住友电工硬质合金咨询（上海）有限公司、兆彦咨询（上海）有限公司、上海东采咨询顾问有限公司、亚网管理顾问（上海）有限公司、上海三机工程咨询有限公司、恩梯恩（中国）投资有限公司、上海津轻餐饮有限公司、希杰发玛（上海）咨询有限公司、蝶理（中国）商业有限公司、八木丽服贸易（上海）有限公司、西雅衣家（中国）商业有限公司、安妥思管理咨询（上海）有限公司。总投资12002万美元，其中引进合同外资6470万美元，实到外资额1974万美元，营业收入亿元，利润亿元，上缴税金亿元，外汇收入亿美元。

【管理与服务】 虹桥开发区构筑了独特的管理和服务机制，市政府商贸审批机关外经贸委、外资委以及上海市对外投资促进中心、外商投资促进中心、上海跨国采购中心、上海跨国采购促进中心等机构就设在区内，另外开发区还加强了区政管理和物业管理。由于开发区良好的商贸氛围和完善的服务条件，入驻办公楼的中外商社已超过2000家，其中国内有上海东方国际集团、中国化工进出口公司上海分公司等大型贸易公司，国外有美国澳尔玛全球采购中心、3M公司、英国零售巨头Tesco等数家跨国集团等商务机构。开发区每年举办商品交易会100多个，参展的中外客商超过100万人次。入驻世贸商城常年商品展示厅的中外企业已超过500家。

（上海虹桥联合发展总公司办公室）

上海漕河泾新兴技术开发区

SHANGHAI CAOHEJING HI－TECH PARK

【经济发展】 2005年，漕河泾新兴技术开发区（以下简称漕河泾开发区）经济发展态势强劲，各项主要经济指标再创新高：全区实现销售收入930.7亿元，同比增长48%；工业总产值836亿元，增长48.3%；GDP 329.8亿元，增长36.4%；税收收入19.6亿元，增长18.1%；出口总额83.1亿美元，增长50.3%；进口总额65.4亿美元，增长19.2%。至年底，开发区拥有各类高科技企业千余家，累计引进外商投资企业510家，世界500强企业在开发区内投资设立了60余家高科技企业，累计投资总额34.1亿美元。经认定的高新技术企业197家。开发区信息（微电子、光电子、计算机软硬件）、新材料、生物医药和航天航空等高新技术支柱产业快速发展，其中信息产业发展尤为突出，年销售收入达到开发区总销售额的80%以上，出口总额超过开发区出口总额的90%。至年底，开发区拥有集成电路企业57家，实现年销售收入52.54亿元；光通信及网络设备企业117家，年销售收入57.52亿元；计算机软硬件企业166家，年销售收入646.99亿元；电子器件及数字电子企业90家，年销售收入20.24亿元；新材料、能源及化工企业53家，年销售收入44.79亿元。

【投资环境】 园区信息化投资环境进一步改善。2005年，开发区继续改善信息化投资环境。开发区总公司ERP招商与建工模块及其系统集成经国家版权局批准获得软件著作权，完成了以资金流为重点的ERP系统集成补充方案，其他已开发模块在应用中也得以改进。开发区于12月21日通过市信息委企业信息化园区示范工程试点验收，成为3家示范单位之一。同时，开发了客户服务管理系统开通了客户声讯系统，用信息化手段提高为客户服务的水平。

设立资源交换平台，积极创建循环经济生态工业园。2005年，开发区继续落实ISO9001质量管理体系、ISO14001环境管理体系及ISO14000国家示范区的实施、保持和持续改进工作，在此基础上，积极推进循环经济生态工业园区建设。年内完成调研与培训工作，编制创建规划，在开发区门户网站设立资源交换平台，以促进企业间工业废物的交流与再利用，从而达到减少污染、提高资源利用率、节约资金的目的。建成环保型洗车场，并正探索新芝公司中水利用项目的实施。

“科技绿洲”加快开发进度。2005年，开发区内中英合作项目“科技绿洲”经多轮谈判，完成了中英双方股权结构调整的全部法律程序，中方收回所有股权，英方实施品牌管理，并提供咨询服务。股权调整后的“科技绿洲”加快了开发进度，顺利引进飞利浦创新科技园项目，包括飞利浦照明电子全球研发中心、东亚研究实验室、数字系统实验室、工业技术中心、消费半导体创新中心、心电与监护系统中国研发中心等，年投入研发经费达4000万欧元，其一期工程已于7月开工。园区内另一重要项目“双子楼”也于9月开工，将引进多个地区总部、研发中心等项目。

积极拓展科技创新服务与对外合作。为了进一步提高自主知识产权技术成果转化的力度，开发区科技创业中心与上海市政协科技成果转化促进会于9月开发区庆祝成立20周年之际签订合作协议，共建“科技成果转化示范基地”。同时，创业中心与市科促会制订了示范基地的基本工作制度，三年行动计划和的工作计划，重点在于孵优扶强，争取每隔一至二年间能培育出一至二家有自主知识产权、市场份额大、有自己品牌的高新技术企业。至年底，创业中心已开始为企业开展宣传、展示、沙龙、培训等活动。

【招商引资与利用外资】 2005 年，开发区新引进各类项目 222 项（包括新经济园注册型项目 114 项），其中：内资项目 185 项，注册资本 10 亿元；外资项目 37 项，注册资本 5300 万美元。2005 年进区项目产业结构变化较大；工业制造业项目明显萎缩，只占总量的 5%，比上年减少 6 个百分点；第三产业项目比重从上年 89%上升到今年的 95%：其中批发零售业项目约占第三产业项目的 20%，而以软件、通讯和计算机服务领域并兼具研发功能各类贸易、科技等现代服务业项目占全部三产项目的六成以上；投资、咨询、物业管理及中介服务机构约占三产项目 20%。

年内由市外资委新批准设立外商投资企业 15 家，增资项目 16 项，新增投资总额 6587 万美元，新增合同外资 3686 万美元，全年实际利用外资 3145 万美元。至 2005 年底，开发区累计吸引外商投资企业 510 家，累计投资总额 34.1 亿美元，合同外资累计达到 12.4 亿美元。

年内，一批技术层次高、投资规模大、影响力深的著名跨国公司相继入区。飞利浦每年投入 4000 万欧元研发经费打造涵盖六大研发中心的科技创新园；3M 公司投资 4000 万美元建设其全球第五个技术研发中心；思科公司投资 3200 万美元建中国研发中心；美国伟士通进区设立亚太总部、研发总部和延锋伟士通技术中心；法国佛吉亚集团进区成立地区管理总部和研发中心；日本本田汽车全资的本田技研工业投资公司定位建设成为“中国本部”等。此外，通用、泰科、朗讯等已进区的外资项目也纷纷增资扩建。在吸引外资的同时，开发区还引进了南瑞集团、诚丰数码等一批技术新、层次高的内资项目。

【出口加工区】 2005 年，漕河泾出口加工区完成工业总产值 389.2 亿元，比上年增长 1.8 倍；出口总额 45.8 亿美元，比上年增长 3 倍；进口总额 28.6 亿美元，比上年增长 78%。进出口总额位列全国出口加工区第三。

截至年底，出口加工区共引进重大外资项目 7 个，投资总额 3.61 亿美元，合同外资总额 1.25 亿美元，实际利用外资 1.24 亿美元。其骨干企业英业达集团在出口加工区新投资设立 4 家企业，产品涵盖笔记本电脑、服务器、手机、无线个人数字助理机、计算机辞典等产品，构成了加工区高新技术产品出口的主体。

【现代服务业集聚区】 漕河泾现代服务业集聚区的启动成为开发区 2005 年开发建设的一大亮点。12 月 21 日，漕河泾现代服务业集聚区首期工程正式开工，陈良宇、韩正等市领导出席仪式。

该集聚区位于漕河泾开发区中心位置，东起虹梅路中环线，西至古美路，南沿漕宝路，北临宜山路。项目总占地面积 23 万平方米，总建筑规模 80 万平方米，包括地下建筑面积 20 万平方米，地上建筑面积 60 万平方米（其中，科研、办公用房面积 40 万平方米，酒店式公寓和 SOHO 式小型办公用房面积 10 万平方米，商贸、商务和综合配套服务用房面积 10 万平方米）。

作为漕河泾开发区“十一五”期间开发建设的重点项目，漕河泾现代服务业集聚区按照国际化、高科技、生态型的标准，定位于总部经济、研发设计、创新孵化、综合服务“四个平台”的功能目标，力争建设成为既具有现代化区域形态、又具有高新技术服务特色的高附加值服务业集聚区。

（漕河泾新兴技术开发区　张源）

温州经济技术开发区

WENZHOU ECONOMIC & TECHNOLOGICAL DEVELOPMENT ZONE

【经济发展】 2005年，温州经济技术开发区（以下简称温州开发区）认真贯彻落实科学发展观，按照“奋勇争先、走在前列”的要求，全面推进开发建设、招商引资、经济发展、环境提升等各项工作，经济总量持续快速增长，经济运行呈现出良好态势。2005年完成GDP 78.32亿元，同比增长17.82%；工业总产值201.51亿元，增长21.58%，实现工业增加值56.02亿元，增长21.7%，三产营业额119.92亿元，增长18.42%。财政总收入11.03亿元，增长1.9%，其中地方财政收入5.30亿元，增长10.84%。

2005年温州开发区启动了工业发展“23456”计划，有重点突破，大力度推进，着重培植一批大产业、大企业、知名品牌。通过加强经济运行监控和经济分析，提高扶优扶强服务质量，重点骨干企业的支撑和拉动作用进一步突出。超亿元产值的企业有50家，比2004年增加9家，其中年产值超10亿元企业有3家，这50家企业完成工业产值141.41亿元，同比增长25.1%，占全区工业总产值的70%。狠抓工业性投资，技术改造取得新突破。全区完成固定资产投资35.41亿元，同比下降7.22%，其中工业性投资完成12.29亿元，同比增长36.23%，在建技术改造项目44项，计划总投资6.14亿元，2个项目被列为国家级产业化项目，实际完成投资额2.2亿元，同比增长7%。名牌战略继续推进。新增中国名牌产品2种，省名牌5种。

【投资环境】 在全国国家级开发区综合投资环境考核中，温州开发区名列第17位，继续位居中游水平。2005年，温州开发区正式获得ISO14000国家示范区称号。温州开发区全面实现发展重心向滨海园区战略转移。历时三年多，温州开发区滨海园区的开发建设向纵深推进，起步区6平方公里市政建设“七通一平”基本建成，内外交通道路网、地下管网基本完整畅通，路灯、交通标志、绿化景观等工程相继竣工验收，燃气工程、珊溪水利供水工程顺利接入，71路公交线路开通，污水处理厂一期2万吨投入使用，污水处理厂二期3万吨、垃圾中转站等开工。总建筑面积达30.5万平方米的企业职工宿舍建成投用，目前入住务工者1万多人，社区公益配套日益完善，起步区雏型基本形成。园区二期10平方公里基础设施建设已全面铺开，首期4万平方米的标准厂房已启动建设。滨海园区内共有92家企业进场建设，56家企业开工投产，共完成工业产值36.59亿元，比上年增长51.36%。园区各类项目竣工面积达135万平方米，在建面积48万平方米。

【招商引资与利用外资】 温州开发区积极实施招商引资“一号工程”，坚持“以民引外，民外合璧”，形成“以外为主、以大为主、以质取胜”的新格局，在项目用地异常紧张的情况下，招商引资工作取得了可喜的成绩，全年共引进项目33个，总投资32.5亿元，其中外资项目30个，总投资37489万美元，合同外资14214万美元，实际利用外资6329万美元。在引进项目中，注重产业结构调整、产业层次提升，将供地量与投资额、产业效益以及建筑密度，容积率挂钩，加快做好“腾笼换鸟”的文章，把有限的土地向世界500强企业、大的跨国公司、尖端产业倾斜，利用外资质量有了进一步的扩大和提升，单个外资项目平均投资额超过1000万美元，合同外资额接近500万美元。引进的有石英震荡器、镀膜玻璃，镀铝纸等科技含量较高的项目，基本摒弃合成革、鞋等传统行业。可口可乐、百安居建材超市、正大集团易初莲花等3家世界500强企业项目均已进场。温州开发区作为温州市利用外资主战场的作用进一步得到发挥，获得市招商引资“一号工程”金奖。到2005年底止，温州开发区共引进项目1040个，总引资201.3亿元，其中外资项目279个，投资总额15.17亿美元。合同利用外资5.5亿美元，实际利用外资2.19亿美元。

【对外贸易】 2005年温州开发区对外贸易呈现持续快速增长的势头，全区进出口总额达8.29亿美元，同比增长24.3%，其中出口总额6.89亿美元，同比增长30.8%，进口总额1.4亿美元，创办境外公司5家。

【社会事业】 2005年温州开发区积极推进和谐园区建设，社会各项事业不断进步。以区容区貌、环境卫生、市政建设和市民文明行为为重点，以机场路景观、邻里中心、职工公寓和社区建设为亮点，清脏治乱，治污绿岸，集中打好文明城市创建攻坚战。深入实施文明企业、文明社区、文明行业等文明园区创建活动，企业职工和居民文明综合素质有了新的提高。19家企业被评为区级文明单位，其中2家企业被评为市级文明单位。切实加强平安开发区建设，把抓基层、抓基础、抓基本作为平安建设的着力点，开展了“百业千企”创安活动、安全生产铁网行动，创造健康有序的生产生活环境。15家企业获得平安创建先进单位。积极实施人才兴区、科技兴企战略，“123”招才引智工程成效显著，引进培养各类专业人才1126名，其中中高层次人才300余人。继续实施“万名职工培训计划”，培训员工5000多人，企业岗前培训率达80%。继续开展“和馨行动”，实施劳动管理长效机制，共有150家企业签订了集体合同和工资集体协议，较好地落实了劳动信访结案率和工资清欠率双百目标，社会保障体系进一步完善，全年全区参加社会保障保险单位达757家，参保人数13100多人。认真落实温州市“139扶贫攻坚计划”，募捐善款460多万元，区内十多家企业与永嘉、泰顺欠发达乡镇结对脱贫。社区文化、教育、计生、体育等社会各项事业进一步加强。

【管理与服务】 2005年温州开发区启动开展了以提高资源综合利用效率为核心，以党政机关为表率，以工业企业为重点，以社区家庭为基础的节约型循环型园区创建活动。在倡导节约型社会和节约型政府建设的影响下，进一步强化了财政管理职能，启动财政绩效评估考核，严格公务用车、公务接待，严格控制各种政府机关运转费用，行政经费开支得到有效控制。深化机关效能建设，推行政务公开，全面开通电子政务系统，进一步落实重点重要工作目标责任专项考核，建立健全干部考核体系。通过ISO9000质量管理体系审核加强机关政务运行和行风建设，群众对机关行风建设和党风、政风建设、办事效率、廉政建设等方面的满意率达90%以上。机关干部素质进一步得到提升。公务员更新知识培训受训率达100%，大专学历比率从3年前的79%提升到90%。认真组织全区机关和企事业单位共163个支部、1204名党员，参加了第一批、第二批以实践“三个代表”重要思想为主要内容的保持共产党员先进性教育活动。基层党组织建设进一步提高，新组建党支部12个，发展了132名预备党员，85名预备党员转为正式党员。评选表彰“五好”党组织活动先进党组织14个，优秀共产党员100名。建立非公企业党建工作者人才库，启动开展了非公有制经济代表人士综合评价试点工作，形成了《非公有制企业党组织在建设和谐企业中作用发挥的调查与研究报告》。顺利完成了温州开发区总工会和团委的换届工作。狠抓党风廉政建设责任制，积极构建反腐倡廉惩防体系，出台了《温州经济技术开发区惩治和预防腐败体系实施细则》。

【高新技术产业和重点企业】 2005年温州开发区高新技术企业产值比重稳中有升，企业技术创新能力不断提高。各级高新技术企业达到46家，完成产值50.8亿元，同比增长23%，占工业总产值的25.4%；温州高新技术产业园区高新技术创业服务中心积极打造国家级品牌知名度与规模效应，入驻企业达到45家。其中留学人员企业12家，在孵项目共计78个。

【机构设置与管委会领导】 温州开发区管委会是市人民政府的派出机构，由市人民政府授权在开发区范围内行使相关的市级管理权限。温州开发区管委会设立11个职能部门和2个群众团体，分别是中共温州经济技术开发区纪律检查委员会、中共温州经济技术开发区委员会办公室（人民武装部）、管委会办公室、经济发展局、安全生产监督管理局、招商局、规划建设局、人事劳动局、市政环保局、社会发展局、财政局（温州市地方税务局开发区中心分局）以及总工会和团委。市直属派驻开发区机构7个，分别是工商分局、地税分局、国税分局、质监分局、社保分局、国土资源分局、行政执法分局。

温州开发区党委书记陈宏峰（温州市副市长兼），党委副书记、管委会主任戴国森，党委副书记、管委会副主任汤光耀，党委副书记张元斌，管委会副主任白楠生、戴若舒、陈叶挺。

（温州经济技术开发区管委会）

昆山经济技术开发区

KUNSHAN ECONOMIC & TECHNICAL DEVELOPMENT ZONE

【经济发展】 2005年，昆山经济技术开发区（以下简称昆山开发区）在中共昆山市委、昆山市人民政府的领导下，坚持以邓小平理论和“三个代表”重要思想为指导，党员先进性教育为动力，认真落实科学发展观，用“两个率先”统领全局，围绕“一个目标”，突出“三个重点”，攻坚破难，扎实工作，经过广大干部群众的共同努力，各项事业全面推进，经济社会协调发展，年初确定的主要目标顺利实现。

全年完成工业总产值1760亿元，实现销售1731亿元，同比分别增长39.6%和38.9%。特别是电子信息产业发展迅速。全年产值突破1000亿元大关，达到1114亿元，占全部工业总产值的比重由上年的53%上升到63%。在电子信息类企业中，产值超10亿元的有11家，超50亿元的6家，超100亿元的2家。笔记本电脑年产量占全球的20%，达到1500万台，比上年增64%。数码相机产量730万台，比上年增122%。全年进出口总额完成282亿美元，其中出口160亿美元，同比分别增长41%和39.6%。全年出口额超过1000万美元的企业有100多家，其中超1亿美元的企业有25家。仁宝电子科技（昆山）有限公司、仁宝资讯工业（昆山）有限公司和纬创资通（昆山）有限公司3家企业，入围2004～2005年中国进出口前200强。2005年，昆山开发区全口径财政收入33.2亿元，其中地方一般预算收入14.16亿元，同比分别增长20.7%和25.3%。民营企业全年新增注册资本12.37亿元，比上年增长23%。外向配套销售收入35.5亿元，增长29%。出口加工区全年完成进出口总额183.9亿美元，其中出口105.2亿美元，同比分别增长60%和53%，在全国已经封关运作的37个出口加工区中位居第二。昆山留学人员创业园分别被评为“苏州市文明单位”和“江苏省博士后管理工作先进单位”。

【投资环境】 全年昆山开发区完成固定资产投资115亿元，比上年增长19%，增幅回落5个百分点，其中基础设施实际完成工程量27亿元，与上年基本持平。主要工程项目有：改扩建道路22.2公里，新增污水管网13.6公里，新建路灯29公里，新增绿化面积115万平方米，项目配套填土235万立方，河道清淤11万立方米。以龙腾项目为龙头的光电产业园全面启动。占地3.4万平方米，建筑面积6.5万平方米的海关新大楼进入装修阶段。港东污水处理厂基本竣工。50万高压线迁移稳步推进。东部城市副中心的时代大厦、会展中心、总部经济园区相继开工建设。动迁农民安置力度得到加强。全年拆迁农户1421户，拆除面积30万平方米；在建动迁房跨年度面积133万平方米，新开工面积48万平方米，至年底竣工面积100万平方米，交房面积91万平方米，安置动迁户1735户，是历史上最多的年份之一。

【招商引资与利用外资】 昆山开发区着眼于发展高新技术产业，调整优化结构，转变经济增长方式，在项目用地比上年减少39%的情况下，全年新增合同外资9.29亿美元，实际到账6.31亿美元，分别比上年增长4.6%和7.2%。项目投资仍以工业为主、台资为主。全年新批工业项目73个，合同外资7.94亿美元，占全部合同外资的85%；新批台商投资企业46家，合同外资5.62亿美元，占全部合同外资的60%。新批项目呈主导产业集中、投资规模趋大、增资项目占多、服务业开端良好的特点。工业项目以光电、电子和精密机械为主，新增投资占总量的80%；在新批项目中，投资额1000万美元的有28个，其中上亿美元的项目3个；有81家外资企业增资4.19亿美元，占全部合同外资的45%；全年新批服务业项目19个，合同外资1.35亿美元，比上年增长62%。并引进了一批核心技术项目。一期工程总投资6亿美元、合同外资2亿美元的龙腾光电5代TFT－LCD生产线项目，获国家发展和改革委员会和商务部批准，这是继北京京东方、上海上广电之后，国内第三条5代TFT－LCD生产线，主要从事笔记本电脑、PC显示器、液晶电视TFT－LCD显示器的研发、生产、销售，设计生产能力为月产9万片液晶面板，至2005年底23万平方米的钢结构生产厂房基本建成，正在抓紧安装设备。与龙腾项目配套的德芯电子，紧接着也落户昆山开发区，并于11月初开工奠基。这是一家采用0.35～0.13微米技术的大规模集成电路企业，总投资预计为4.98亿美元，项目竣工投产后，月产能为3.5万片芯片，光电产业将成为昆山开发区加快发展的新的“增长极”。

【社会事业】 昆山开发区坚持以人为本理念，突出富民、稳定两个重点，通过深化人人有技能、个个有工作、家家有物业的“三有工程”，实施加强基层基础工作的“基石工程”，发展三大合作组织，完善农村保障体系，扩大就业，拓展物业，鼓励创业，加快富民强村进程。全区14个行政村和8个村社区，全年经济总收入7865万元，其中纯收入4446万元，同比分别增长12%和15%。新增富民合作社4家，扩股5家，增股1601户，累计入股3795户，占总农户的28%，入股金额6606万元；新建股份合作社1家，量化经营性资产2144万元。富民合作社全年新建标准厂房、打工楼8万平方米，当年竣工投入使用4.87万平方米。全年举办各类培训班18期，参训农民1367人，举办劳务专场4场，推荐就业1219人；新增物业户2223户；农民人均纯收入达到9494元；比上年增长15%。建立健全社会治安管理长效机制和突发事件快速反应处置机制，加大社区综合整治力度，加强两外人员管理。对区内3500多名境外人员的居住地加强安全防范，技防设施安装率达到90%以上；设立4个外来人口登记站，配专职协管员453人，登记外来人口21万人，采取多种形式建造打工楼，集宿率达到70%。增设主要路段、路口治安岗亭24个，落实农村家庭小技防，安装报警器2192台，做到防患于未然，使各类社会矛盾得到及时化解。

【党的建设】 按照市委的统一部署，昆山开发区分两批开展了以实践“三个代表”重要思想为主要内容的保持共产党员先进性教育活动。全区4个直属党委的27个机关支部和下属5个街道党委、25个党总支、249个基层支部的5641名党员参加了这一活动。经过学习动员、分析评议、整改提高三个阶段，广大党员的思想觉悟有了提高，组织建设得到加强，较好地解决了党组织和党员队伍中存在的一些突出问题，取得了实实在在的效果，推动了各项工作的开展。在“三结对、三服务”活动中，开发区各个部门各个单位与163家内外资企业、90户贫困户结成对子，走访困难家庭1022户，爱心资助68.6万元。全年发展新党员187人，新建党总支18个、党支部23个。新建工会组织71家，发展新会员1.51万人。通过加强纪检和专项审计，推动党风廉政建设，挽回经济损失530万元。建立建筑工人工资担保制度，帮助讨回工资1723万元。劳动人事部门全年举办各类人力资源市场52期，引进各类人才2.5万人，其中应届大中专毕业生1万人，向企业输送技术型劳动者1.2万人，受理劳动争议235起，审结224起，劳资纠纷下降20%，社会稳定得到有效保障。

（昆山经济技术开发区管委会）

营口经济技术开发区

YINGKOU ECONOMIC AND TECHNOLOGICAL DEVELOPMENT ZONE

【经济发展】 2005年营口经济技术开发区（鲅鱼圈区）（以下简称营口开发区）实施“新区南移，工业北上，城市东扩”战略，各项经济指标再创历史新高。开发区GDP首次突破100亿元，实现104亿元，比上年同期增长30%；区属规模工业产值首次突破100亿元，实现105亿元，增长47.8%；全区全口径固定资产投资实现103亿元，增长105.5%；全口径财政收入（含熊岳）实现5.7亿元，同比增长37.9%；其中地方财政收入实现2.7亿元，同比增长34.6%；城市居民人均可支配收入9200.28元，同比增长9.5%；社会消费品零售总额实现30.1亿元，同比增长19.2%；全区居民储蓄存款余额实现42亿元，同比增长17.6%。全区实现了经济总量的整体性扩张，主要经济指标连续5年保持了30%以上的高速增长。临港工业、外资工业、物流仓储业、旅游产业快速发展。骨干工业牵动作用明显，经济结构调整效果显著。初步形成以矿产、粮食、木材、皮革、服装加工为主的具有一定的出口创汇能力的五大产业群。

【投资环境】 营口港是中国北方地区最大的深水不冻港，也是东北第二大港，现有生产泊位35个。其中万吨级以上的泊位22个，已与40多个国家和地区的140多个港口实现通航。2005年吞吐量达7537万吨，集装箱78.7万标箱，进入全国十大港口行列。港口生产再创历史新高。其中进口化肥、进口矿粉、出口钢材、出口非矿四大散杂货的运量已位居全东北各港之首；营口港地理位置优越，东侧有哈大铁路、哈大公路、沈大高速公路三条交通动脉并行纵贯南北，中部有疏港铁路、疏港公路横穿东西，南北距大连、沈阳机场各距200公里左右，陆路连接东北三省，交通运输十分便利；建在区内的设计发电能力180万千瓦的华能营口电厂，一期工程两台30万千瓦燃煤机现已并网发电，二期工程两台60万千瓦机组正在建设中。地处半岛背靠辽宁中部八大城市群和广阔东北腹地，矿产木材、粮食、水果、水产的资源丰富，劳动力资源充足，资源深加工潜力巨大。全区海岸长25公里，青龙山公园、亚洲植物标本园、月亮湖海洋公园、望儿山、烽火台、仙人岛、金沙滩海滨浴场、熊岳温泉等景观，构成了山、海、林、泉交相辉映的海滨旅游度假胜地。

【招商引资与利用外资】 2005年，营口开发区充分利用党中央、国务院振兴东北老工业基地这一战略机遇，努力克服国家土地、资金等宏观调控措施带来的影响，创新思维、科学决策，实施了提升引进项目质量的工作措施，采取多种渠道寻找项目源，把引进高科技项目、世界500强项目作为重点，力求招商引资实现新突破。制定出台了《2005年营口开发区招商引资、外贸出口奖励政策》，从人力、财力、物力等各方面对招商引资工作给予支持，充分调动各方积极性。采取主动出击、走出去战略，在开展主题招商重点推荐在谈项目的基础上，有针对性地到日本、韩国以及欧美等国家进行招商；通过开发区奥利安公司引进英国ISPAT镀锌板项目、鲅鱼圈耐火材料引进英国威苏威集团投资的耐火材料项目的基础上，推进“以商招商”，特别是在引进世界500强上下功夫。积极参加广交会、高交会、厦洽会等大型经贸洽谈会，利用振兴东北老工业基地这一战略机遇，有针对性地到山东青岛、威海，江苏无锡、昆山，浙江温州、义乌、永康、余姚等地进行国内招商，吸引那里已经形成原始积累并有意向外扩张的内、外资企业到开发区落户。积极拓展新的招商引资渠道和方向，利用开发区媒体和互联网，建立信息窗口，宣传开发区，扩大对外影响。先后建立了绿色工业园、冶金工业园、塑料工业园和海洋渔业产业化园区等，充分发挥、调动专业招商部门的招商引资积极性，实现工业园区建设现代化、管理规范化、项目摆放合理化，使不同类别的项目均能找到最佳的生产经营场所，从而全力推动了项目进程，使得部分新批项目实现当年洽谈、当年签约、当年开工。

通过实施以商招商、园区招商、网上招商、上门招商等多种招商形式，全方位扩大开发区的知名度，重点突出二业园区的招商优势，使得冶金项目、三冶集团、余姚不锈钢、德国诺玛、印度塔塔、俄罗斯米高化工、北方糖业等一批重大项目落户开发区，实现了重大项目引进历史性的突破，开创了招商引资工作的新局面，全年全区新上固定资产投资500万元以上项目124个，其中投资5000万元以上项目27个，亿元以上项目15个。全区合同外资额实现35455万美元，同比增长32.9%；外资实际到位9371万美元，同比增长29%；内资资金实际到位19.7亿元，同比增长13.1%。全区出口创汇4.6亿美元，同比增长31.4%。

【社会事业】 营口开发区教育事业发展迅速，素质教育全面推进，教育教学改革不断深化，“双高普九”工作稳固推进，义务教育阶段办学质量和条件不断提高，先后被评为省依法治教示范区、省艺术教育示范区、省德育教育示范区、省基础教育课程改革实验区。全区5所农村初中全部进入省标准化初中行列。调整优化教育资源，调整撤并学校6所，投入资金700万元，全面完成了学校危房改造工作。高考再创佳绩，全区高考本科升学率达到85%，高于全省平均升学率20个百分点。国际学校建设顺利，英语培训部已投入使用。体育事业蓬勃发展，兴建了一批群众体育健身场所和设施；承办了“步步高杯”中国男子排球甲A联赛和“红运杯”乒乓球超级对抗赛；成功获得了CBA中国男子篮球联赛辽宁盼盼队主场比赛的承办权。医疗卫生事业再上新台阶。投资1.2亿元的区新中心医院已开工建设。构筑起较为完整的公共卫生体系，以区中心医院，区第二人民医院为主体的医疗急诊急救网络健全，以开发区防疫站、妇幼保健所为中心的预防保健网络覆盖面广，现全区有医疗卫生机构500多家，卫生技术人员1500人，有各种大型高精尖医疗设备近百余台件；全面开展了综合治理出生人口性别比百日行动，计划生育率和出生婴儿性别比等指标均达到省市要求。读书周、广场文化月等活动，塑造了开发区文化品牌和新时期开发区人的精神风貌。社区建设卓有成效。筹资300万元，按省级标准规划建设社区办公及活动用房7个。通过民主选举的方式，选举了社区工作人员138人，招聘了一批企事业单位的优秀人员充实到全区26个社区。社区工作人员大专以上文化的占63%，综合素质明显提高。

【管理与服务】 在项目审批上实行“一站式”办公，成立项目联合审批小组，在为外企服务中，认真履行服务承诺制，不断协调解决企业在生产生活中遇到的困难和实际问题；召开有关部门参加的座谈会10余次，征求外资企业对全区各部门的意见和建议，分析整理、认真采纳。协调、调度好工业园的开发建设，创建招商引资新载体。按照“精简、统一、效能”的原则，通过减少办事环节，缩减办事时限，加强办事环节衔接，建立起规范、科学的操作流程；进一步完善和落实岗位责任制、服务承诺制、限时办结制、首问责任制、一次性告知制等制度，提高各行政机关工作效率；规范各项工作制度，严格内部管理，拓展服务外延，丰富服务内涵，进一步完善服务机制；强化队伍建设，通过教育和培训，提高职工的业务水平和岗位技能；对于不适应相关岗位的工作人员进行调整，把那些素质高、业务精、责任心强的职工优先充实到重要工作岗位上来。全面树立现代化服务型政府新形象。

【港口建设】 总投资6亿元人民币的营口港鲅鱼圈港区3个成品油及液体化工品码头于2005年11月竣工投入使用，该项后方罐区A港池、仙人岛港区建设相继开工，“十一五”建设项目拉开序幕。鲅鱼圈港区四期工程深水航道工程分别获国家发展和改革委员会的批复，列入国家总体规划之中。

加强大通关工程建设，营口电子口岸经过7个月的筹备于2005年12月15日正式开通。该电子口岸是辽宁电子口岸的试点项目，是实现联网报关、网上支付、实行加工贸易的电子账册，便于网上查询，加强进出口贸易海关管理，打击走私，提高海关税收。使鲅鱼圈口岸服务达到国际一流水平，并在东北地区重要城市建设内陆港口，广大港区互动范围，增强营口港对东北腹地的辐射功能。

【园区建设】 2005年，营口开发区新批准外商投资企业78个，合同外资额3.5亿美元，各工业园区全年累计引进项目70个，总投资达28.3亿元。工业园区为开发区创造了经济原动力，正在成为开发区发展道路上不可或缺的重要经济元素。按照“路网为先，标准为高，效益为主，发展为本”的原则，城投公司为工业园区融资，对园区内的水、电、路、气、通讯等进行建设，实现“五通一平”，使入园企业从签约到开工时间大大缩短。

绿色工业园区。2005年，园区土地全部出让完毕，全年共签约项目16个，协议投资总数4.6亿元人民币。新开工项目11个，共动迁项目用地8.5万平方米，企业服务区用地11.69万平方米，绿化面积1万平方米，栽种树木4000余株，铺设彩色人行道板1600平方米，新铺边石1000余延长米。

冶金工业园区。2005年，新开工建设项目11个，完成全年计划数10个的110%，总投资达4.6亿元（其中鞍钢冶金工厂项目投资未计算）。园区4平方公里的整体规划已完成；园区6.3万千伏安的变电所经过建高压塔、架线等紧张施工现通电运行；全长1900米的自来水管线工程已施工通水；园区A－A道路工程全长1220米已开工建设，预计2006年6月建设；富虹铁路专用线工程长3.2公里，已进入施工阶段。

塑料工业园区。园区开发总面积为110万平方米，分A、B、C三区开发，A区商贸加工区，B区为专业加工区，C区为科技发展区。园区引进规模项目11个，固定资产投入1.6亿元，外资实际到位450万美元。A区项目已经落满。B区开发区域正在筹建中。园区在完善了园区主路网的基础上，又投资建设了三条消防通道，共计7800平方米；铺设硬覆盖8000平方米。同时对已投入运营的企业设广场砖，对园区内不合理的电气线路进行改造和维护。

海洋渔业产业化园区。2005年3月28日，管委会决定设立营口经济技术开发区海洋渔业产业化园区。园区东临滨海大道，北与盖州市接壤。根据渔港总体规划设计规范对相关配套设施的要求，本着合理布置水域、码头岸线、陆域，并留有足够发展空间的原则，将园区规划为修造船区、加油区、水产品加工区、冷藏区、海产品交易区、渔需物资供应区、管理服务区、商服综合区等功能区。“建设、招商、管理工作”齐头并进。扩大对外宣传力度，选准土地开发的切入点，迅速拓开招商引资的局面，让资产变成理念，降低渔港建设资金的使用程度，缩短投资回收期。

【机构设置与管委会领导】 营口开发区党工委内设机构有：办公室、组织部、宣传部、纪工委、政法委、统战部。管委会内设机构有：办公室、规划建设局、安全生产监督管理局、监察局、对外贸易经济合作局、劳动人事局、财政局、交通局、审计局、城市管理综合行政执法局、环境保护局、农村经济发展局、计划生育与卫生局、教育文化体育局、项目办招商局、动物卫生监督管理局、民政局、司法局、公安局。

营口开发区党工委书记张洪武，管委会主任张洪武（2005年1月离任）、王延东（2005年1月任职），党工委副书记、常务副主任申群（2005年12月离任）、岳书民（2005年12月任职），党工委副书记张吉栋、孙兴义（2005年8月离任）、曾凡忱、彭尹（2005年1月离任），管委会副主任闵忠贵、艾卫平、姜郡大（2005年10月离任）、祁瑞（2005年10月任职）、谭姝（女）、张子玉、韩玉堂。

（营口经济技术开发区管委会）

福清融侨经济技术开发区

FUQING RONGQIAO ECONOMIC & TECHNOLOGICAL DEVELOPMENT ZONE

【经济发展】 2005年，福清融侨经济技术开发区（以下简称融侨开发区）积极转变经济增长方式，不断提高经济增长的质量、效益，加快产业集聚步伐，推进资源节约型开发区建设，实现了经济较快增长和社会事业的长足进步。

2005年融侨开发区经济运行健康稳定增长，完成工业产值403亿元，同比增长10.4%，约占福清全市工业70%；出口36.28亿美元，同比增长6.21%，约占福清全市88%。全区年产值超亿元企业达到29家，其中超100亿元1家，超50亿元2家。从1987年至2005年底，全区累计批准企业458家，总投资27.9亿美元，完成工业总产值2036亿元，出口172.86亿美元，财政收入38.87亿元。

【投资环境】 截至2005年底，融侨开发区陆续完成了清宏路（福融—福通）工程建设和福环路改建，道路绿化和路灯建设同步配置；完成太城溪桥梁及引道工程、清宏路（福政—福玉、福通—福人）、福环路（清宏—清昌）道路工程及路灯照明、绿化美化等一批配套设施建设；完成福玉路（西环—清宏）、清宏路（福玉—福融）人行道改造工程；完成清盛大道沥青路面修补工程等道路基础设施维护。区内环境的绿化、美化和整治取得一定成效，配合道路拓宽，联合宏路镇政府、城管执法局等单位拆除违章搭盖，加大治理整顿，福玉路、福政路等重点路段脏乱差现象得以有效遏制。环境保护力度持续加大，积极协助福清市环保局处理环境污染纠纷，重点加大龙江、虎溪、太城溪整治，妥善协调、合理补偿、拆除一批污染环境的禽畜养殖设施。协助宏路镇积极稳妥推进在建路段农民拆迁安置，切实维护群众利益。在区内各主要路口设立了指示路牌，方便了企业经营和群众办事。

2005年，融侨开发区继续从节约每一分地入手，全面推进节约型开发区建设。加强土地资源的集约利用，对停产企业的厂房，通过牵线搭桥，促其拍卖、转让、出租。严格控制土地审批面积，厂房努力按产业标准要求达到规定的层数，提高容积率和单位面积投资强度，努力做到“零征地招商”和少征地招商。2005年增资的27个项目中有24个是零征地，新批的38个项目中又有31个是零征地（含内资招商）。

为有效缓解政府性财政资金紧张的局面，融侨开发区利用吸引民间资金参与工业建设的新办法，引进民间资金建设标准厂房取得新突破。继2004年引进宏信公司投资2800万元人民币，建设标准厂房3万平方米，2005年又引进融旗公司投资3000万元人民币，建设标准厂房近4万平方米。

融侨开发区为企业提供服务的广度和深度得到新的拓展，进一步细化、强化服务措施，重点围绕福耀浮法玻璃、冠捷扩建工程、南铝三期、龙顺纺织等重点在建项目，认真夯实服务和促进工作。同时，致力于服务好在产企业，深入企业调处劳资纠纷82起，调处工伤事件26起，办理失业保险280多人；积极发挥基层工会作用，新组建工会12家，吸纳工会会员2000多名，进一步改善了劳资关系，促进企业和社会和谐稳定。努力为企业用工牵线搭桥，认真组织人才招聘活动，促进各类形式的校企对接，为企业提供急需专业人才近千名，有效缓解了部分企业用工难问题。协助捷联电子、冠捷电子、华日汽配、宇信电子、天宇钢铁、正天实业、环宇塑胶、融峰制衣、冠辉食品、锦隆纸品、冠茂金属、丰盛鞋业、冠良汽配等企业办理工业用地行政划拨转出让手续。

【招商引资与利用外资】 2005年，融侨开发区进一步转变招商引资方式，借助电子产业优势，促进产业集聚，全年吸引各类投资2.2亿美元，同比增长31%；合同外资1.05亿美元，同比增长13%；实际利用外资1.05亿美元。其中，新批项目38个，总投资1.24亿美元；注册资本6890万美元，合同外资5083万美元；增资项目27个，总投资9443万美元，注册资本5548万美元，合同外资5424万美元。

【管理与服务】 融侨开发区管委会机关各项制度建设不断取得新进展，陆续修订、完善岗位责任制度、绩效考评制度，积极营造和衷共济干事业的氛围。2005年，管委会机关按照ISO9001质量管理体系标准进一步加强干部队伍建设，提高行政水平，是福清市首个将ISO质量管理体系导入机关管理的市直机关。

2005年，开发区新组建党组织11家，新发展党员25名，培养入党积极分子83名，组建工会7家，吸纳工会会员500多名。

【高新技术产业和重点企业】 融侨开发区主要支柱产业有：电子、玻璃、塑胶、食品、铝业、化纤等。其中，电子工业是融侨开发区的主导产业，也是福清市的重要支柱产业。开发区电子信息产业发展迅速，工业总产值由2001年的101.6亿元发展到2005年的319.17亿元，增长214%；占全区工业总产值的比重由2001年的67.3%提高到2005年的79.16%。

2005年，在区内原有以冠捷、捷联为龙头，福强精密印制线路板、冠茂金属制品、正茂塑胶制品、台龙电子、冠福电子配件、冠华精密模具等37家企业组成的显示器产业链已初步形成的基础上，又新增了华冠光电、冠鸿科技、融旗标准厂房、良维科技、福誉电子、迪川包装等电子配套企业6家。开发区内已构成以CRT、LCD显示屏为终端，融主控板、升压板、转轴、轴芯、偏转线圈、铝电解电容器、印制板、注塑、模具等生产于一体的显示器加工配套产业体系。显示器产业规模居福清市工业首位，其中冠捷、捷联显示器产量居世界第一。

2005年，冠捷公司荣获“福州市百家重点工业企业”、“全国外商投资‘双优’企业”、“全国十大高出口创汇外资企业”等称号；冠捷LM720A型43.2cm彩色液晶显示器产品获福州市科技一等奖，成为设立该奖项以来的第一家福清企业。冠捷科技名下主要有冠捷电子（福建）有限公司和福建捷联电子有限公司两家公司。捷联新厂区于2004年11月动建，计划于2006年4月份竣工，该项目土建总投资1.5亿元，总建筑面积10.24万平方米，其中研发中心建筑面积1.80万平方米，专门厂房8.44万平方米。新厂区已安装3条LCD－TV生产线，月产液晶电视5万台，2条LCD生产线，月产32万台。根据冠捷公司预计，该项目投产后冠捷科技集团年可新增液晶显示器400万台、液晶电视70万台，新增产值近35亿元。捷联电子有限公司被中国外商投资企业协会评为“全国十大出口创汇企业”，名列第10位。

2005年8月，中华映管（百慕大）股份有限公司与冠捷投资有限公司联手打造的福建华冠光电有限公司在福清市注册成立。福建华冠光电有限公司是一家高科技企业，总投资5200万美元，注册资本2250万美元，其中华映百慕大占80%，冠捷电子占20%，其主要产品为17″、19″IT液晶显示模组，客户以冠捷（AOC）为主。一期3条线已全部安装投产，其中1号线达产80%，2号线达产70%，3号线达产60%。此外，二期计划再上3条线，2006年4月份投入生产。6条线全部投产后预计月产量可达54万片，2006年可新增产值2亿元。

2005年，福耀集团浮法玻璃二、三号生产线相继点火投产。至此，该公司总投资约18亿元人民币的三条现代化浮法玻璃生产线已全部投入生产。2005年已生产优质级汽车玻璃40多万吨。在中国建筑材料工业协会、国家统计局工业交通统计司联合公布的中国建材百强企业名单中，福耀集团高居第8位，在玻璃行业排名中位居首位。

南方铝业（中国）有限公司创建于1992年，系印度尼西亚金锋集团和日本神友商事株式会社在融侨开发区共同投资兴建的大型现代化铝加工企业。南方铝业占地约24万平方米。首期注册资金为3000万美元。一期工程总投资6000万美元，二期总投资2780万美元。2005年，三期工程的厂房基建工程已完成，设备安装也已基本完成。三期设备采用排名世界首位的德国阿森巴赫轧机，铝箔板宽幅最宽达1.55米（二期1.1米），轧制速度1100米/分（1、2期700米/分），1、2期为单开卷，而3期为双开卷，轧制速度快、产量大，全部达产后，年可生产24000吨铝箔。2005年该公司产值5.2亿元，2006年预计可达7亿元。

【特色产业】 融侨开发区显示器产业园于2005年5月顺利获国家批准，成为全国首批31个国家电子信息产业园之一，目标要建成我国显示器重要的生产和研发基地。2005年6月3日福清出口加工区获得国务院批准，初步规划面积0.81平方公里。重点引进电子信息、光机电、精密机械、汽车制造、精细化工等高附加值、高出口创汇企业。一期1327亩填方造地工程，已顺利通过竣工验收；二期800亩填方造地于2005年11月20日正式施工，填方工程预计将于2006年3月底左右完工。此外，出口加工区基础设施建设的前期工作也正在进行。已修建经九、经十两条道路，两条道路宽12米，长度分别为1014.36米和1122.34米。

【机构设置和管委会领导】 融侨开发区党工委、管委会合署办公，下设办公室、财政局、国土规划建设局、劳动人事局、经济贸易发展局，其中劳动人事局加挂党群工作部的牌子。开发区管理机构定编30人，其中行政编制20人，机关事业编制10人。机构定级仍旧保持副处级，领导干部予以高配。

（福清融侨经济技术开发区管委会）

东山经济技术开发区

DONGSHAN ECONOMIC & TECHNOLOGICAL DEVELOPMENT ZONE

【经济发展】 2005年，东山经济技术开发区（以下简称东山开发区）党委、管委会认真贯彻落实党的十六大精神和“三个代表”重要思想，坚持以科学发展观为指导，以保持共产党员先进性教育为动力，以“三为主、二致力、一促进”的发展方针，全力推进招商引资、项目建设、产业升级、环境完善、服务优化等重点工作，各项事业取得较大成效。2005年主要经济指标完成情况：规模工业产值8.44亿元，出口创汇6322万美元，财政收入3666.44万元，本级财政收入1711万元，固定资产投资12105万元。

【投资环境】 东山开发区投入基础设施建设资金近2亿元，先后完成了“开发区10平方公里总体规划”、“首期开发3平方公里控制性详细规划”。投资建设了6条总长20公里的区内主干道及排雨、排污、供水、供电、通讯等配套设施。首期开发3平方公里内的食品加工区、轻型工业加工区、电子工业区实现“五通一平”。建成通用厂房3万平方米，开发存量土地1000多亩，可供客商投资、租赁使用。区内主干道全面实现亮化、绿化、洁化、美化。村镇创业园区一期已实现“五通一平”，二期的选址和规划设计也着手进行。开发区污水处理厂和全区ISO14000环境质量体系认证工作也全面铺开。针对国家土地政策的调整，开发区用地变紧变难的形势，严格实行规范化集约利用土地，一是建立进区项目用地把关审核机制。对新引进的入区项目，按照调整后的容积率、绿化率、投资规模等指标进行审核把关，提高土地综合利用率。二是开展土地清理，盘活存量。三是严格按照省、市规定的建设项目用地控制指标的要求，整合开发区土地资源，保证重点建设项目用地需要。

【招商引资与利用外资】 招商引资始终是东山开发区所有工作的重心。2005年，东山开发区坚持“大招商，招大商，才能大发展”的理念和内外资并举、全员参与、奖罚分明的原则，进一步提高招商引资的质量和数量。一是在招商区域上，主攻中国台湾、中国香港、美国。二是在招商结构上，兼顾内外资。既把外资作为招商引资的重点，也重视内资特别是民营企业的引进。三是在招商策略上，实行产业招商、就地招商，外出招商等多措并举。积极参加“第九届漳台经贸恳谈会”、“5·18海交会”、“第九届中国国际投资贸洽会”等大型招商活动，组织专门招商队伍分赴东莞、汕头、泉州等地洽谈、跟踪项目。同时依托区内现有企业作媒介，加强以商引商。2005年批准外资项目11个，合同外资额7241.6万美元，实际利用外资2471万美元，注册资本3724.6万美元。内资项目8个，总投资4866.88万元。

“第九届漳台经贸恳谈会”签约项目6个，总投资4150万美元；“6·19”海峡两岸关帝文化旅游节签约项目3个，总投资1140万美元；“第九届中国国际投资贸洽会”签约项目6个，总投资8433万美元，项目引进质量和规模的逐步提高。

【企业发展】 继续抓好水产品加工、饮料芦笋加工、金属塑料制造等优势产业的发展。扶持海魁水产、龙生水产、华昌食品、英特食品、欧凯塑胶、椿益塑胶等一批企业，帮助企业挖掘潜力，扩大生产规模，做强做大，增创产值；鼓励和支持绿沅食品、南华塑料、绿泉食品、华远食品、东强罐头等减产或停产企业调整生产规模，增加生产种类，提高生产能力，增加生产总量；精心培育好全联冷冻、江南轻工、合泰金属等一批新投产企业。促使海魁水产通过欧盟注册，华远食品公司“陵岛牌”白芦笋被福建省政府授予“福建名牌产品”称号、英特食品公司打赢反倾销官司，成为福建省企业应诉美国反倾销案中第一家获得“零税率”的企业，绿沅食品获得QS准入证，江南轻工、合泰金属、专芳箱包等三家企业进入规模工业企业行列。

【社会事业】 深入开展保持共产党员先进性教育活动，进一步提高全区党员的素质，增强党组织的凝聚力和战斗力。抓好非公有制企业党建工作，2005年新建一家非公有制企业党支部，发展非公企业党员4名，培养入党积极分子24名。积极开展创建“党建工作先进单位”活动，进一步加强党委及各支部班子、思想、制度、组织等方面的建设，健全和完善各项基础工作。扎实抓好党风廉政建设和反腐败工作，组织全区党员、干部学习《建立健全教育、制度、监督并重的惩治和预防腐败体系的实施纲要》，取得良好的学习效果。积极开展创建“平安东山”、“平安单位”、“平安企业”活动，成立开发区综治委、开发区派出所、保安服务部、治安巡逻队，以欧凯、海魁、椿益等3家企业为试点，逐步在全区推广“平安企业”创建。开发区管委会被东山县委、东山县政府授予“平安单位”称号，区内企业椿益塑胶制品公司荣获2003～2005年度综治和平安创建“先进单位”。加强排查调处各种矛盾纠纷。及时排查调处开发区建设发展过程中的矛盾纠纷，及时处置企业、群众投诉或反映的问题和县纪委、信访部门批办、督办的问题，努力把矛盾纠纷消灭在萌芽状态，维护区域的安定、稳定。加强精神文明建设，在全区范围内开展环境卫生大整治专项统一行动，加大对区内环境卫生的整治力度，努力优化投资环境。积极开展文明单位创建活动，抓好计生工作，强化对开发区干部职工计生工作的管理，深入计生挂钩村，搞好计生工作。积极开展创建和谐劳动关系园区工作，在全区企业中广泛宣传、组织发动，做好创建的前期准备工作。抓好非公制企业基层工会组织的组建。加强安全生产工作，有效防止安全事故的发生。继续深入开展“求真务实抓落实”活动，在全区营造想发展、谋发展、促发展的良好氛围。严格绩效考评、政务公开等项制度，加强对各部门效能建设情况的监督检查，在改进机关工作作风，提高办事效率等方面取得良好成效，形成真抓实干、优质高效的良好的工作机制，推动开发区各项工作的贯彻落实。

【项目建设】 全面实施项目带动战略，形成抓发展就要抓项目，抓项目就是抓发展的浓厚氛围，以村镇创业园区、轻型工业加工区为载体，继续实施“飞地工业”政策，立足于快启动、快建设、快投产、快增效的目标，集中精力抓好一批项目的建设。村镇创业园区的全联冷冻建成投产，证顺金属、康泰科新无纺、恒荣海产、福来水产、添盛水产正在加紧建设步伐，村镇创业园区产业聚集效应凸显。全年新投产项目有全联冷冻、江南轻工、金公主玩具、宝捷电池、顾地塑钢、金贝贝防护用品、嘉庆建材等7家；增资项目1个，即长景饰品；扩建项目1个，即英特食品公司。在建项目9个，分别是证顺金属、康泰科新无纺、泰林轻工、福乐玩具、康乐家具、恒荣海产、福来水产、添盛水产等。2万平方米标准厂房的筹建工作已着手实施，厂房建设用地 30 亩已征用完成，厂房图纸已完成设计。

【管理与服务】 制定主要领导挂钩规模工业企业责任制、企业民主评议、项目联合会审、24 小时办证、办事程序公示、服务导引、项目跟踪服务等管理制度，坚持做到办事“少环节、少层次，高节奏、高效率”。设立开发区会计核算中心，统筹使用全区资金，确保资金使用效益，为全区各项工作的开展提供有力的资金保障。继续开展“工业发展年”活动，认真贯彻落实挂钩规模工业企业责任制，深入企业排忧解难、扶持发展。

【机构设置与管委会领导】 东山开发区内设置的机构有：党委会、管委会、工会工作委员会、党委办、管委办、财政局、国土资源管理局、环保局、经济发展局、建设发展总公司、团委会、城监中队、企业服务中心。

东山开发区管委会主任黄云山，党委书记、管委会常务副主任林加和，党委副书记许必胜，管委会副主任李明利、杨东黎。

（东山经济技术开发区管委会）

沈阳经济技术开发区

SHENYANG ECONOMIC & TECHNOLOGICAL DEVELOPMENT AREA

【经济发展】 2005 年是沈阳经济技术开发区（以下简称沈阳开发区）圆满完成“十五”计划目标的关键一年，也是加速推动经济结构调整和产业结构优化的重要一年，更是工业经济和环境建设呈现强势发展的一年。开发区主要经济指标呈现持续增长态势。一是经济总量继续保持高速增长。2005 年开发区完成 GDP 158.5 亿元，同比增长 29%。其中：第二产业增加值 143 亿元，增长 25.6%；第三产业增加值 15.5 亿元，同比增长 30%。二是工业经济继续保持稳步增长。2005 年开发区完成规模以上工业总产值 492 亿元，同比增长 29.3%；实现利税总额 40.9 亿元，同比增长 26.5%；工业产品产销率 96.5%，同比增长 0.5%。三是财政、税收收入继续保持较快增长。2005 年开发区完成地方财政收入 10.3 亿元，同比增长 25.5%；税费收入 16.6 亿元，同比增长 11.5%，其中国税收入 10.9 万元，同比增长 8%，地税收入 5.4 亿元，同比增长 21%。四是利用外资继续保持全市领先。2005 年开发区完成协议投资总额 230.5 亿元，同比增长 94.1%；协议利用外资额 10.2 亿美元，同比增长 169.9%；实际利用外资额 2.75 亿美元，完成年计划的 119.6%。五是固定资产投资继续保持快速增长。2005 年开发区完成固定资产投资 65.1 亿元，同比增长 44%。其中：基础设施投资 10 亿元，同比增长 38.9%；工业投资 55 亿元，同比增长 56.7%。

【招商引资与利用外资】 2005 年沈阳开发区重点围绕装备制造、汽车整车及零部件、医药化工、食品饮料及包装、纺织染整等十大产业集群建设，有效采取国内与国外招商并举、外企总部与民营总部并举、集中攻关与分散访问并举的招商方式，大力开展“走出去”招商、“敲门式”招商、会展招商、以商招商、网上招商等行之有效的招商手段，开发区招商引资成果显著。一是新批项目多。2005 年开发区新批准进区项目 179 个，同比增长 44.4%；协议投资总额230.5亿元，同比增长94.1%，其中三资项目96个，同比增长74.5%，协议投资总额12.2亿美元，同比增长84.2%；内资项目83个，协议投资总额13.1亿元。二是引进大项目多。2005年开发区共引进工业类项目166个，同比增长52%。从项目投资规模看，超千万美元的三资项目47个，同比增长123.8%；超五千万元人民币的内资项目32个，同比增长45.5%，其中投资额超亿元的项目20个，同比增长54%。三是开工项目多。2005年开发区新开工投产项目80个，数量为历年最多。四是增资项目多。2005年开发区共有35家企业增资扩股，其中外资企业30家，增加外资3876万美元，内资企业5家，增加内资1.9亿元人民币。五是洽谈项目多。2005年开发区共接待来自美国、英国等30多个国家和地区的考察洽谈团组174批次，4315人次，共洽谈项目200余个，为历年之最。六是储备项目多。开发区共有各类储备项目205个，其中工业类项目200个。

【投资环境】 2005年沈阳开发区紧紧围绕招商引资和项目建设工作，以建设资源节约型、生态环保型工业园区为立足点和着眼点，在高水平规划，高标准建设的同时，继续加大基础公用设施的投资力度，大力优化区域投资发展环境，开发区的城区功能日趋完善，区域面貌日新月异。一是道路改造工程进展顺利。2005年开发区投资8169万元，完成了三期、民营工业园、铸锻工业园内10多条主要道路改造工程，施工面积达383719平方米，道路长度达18458延长米。二是给排水工程全面启动。2005年开发区投资10375万元，完成了中央大街、开发大路等街路的排水管线66589延长米，新铺设了给水管线16330米，实施了一期泵站、余良泵站、细河改造工程，启动了西部污水处理厂、13号路污水泵站、南区排水泵站、水源井、净水厂扩建等建设工程。三是电力工程改造大力实施。2005年开发区投资9663万元，完成了220千伏迁移工程、电力改造工程、10千伏电缆进线工程、农电线路迁移工程、光缆迁移工程。四是绿化工程稳步推进。2005年开发区投资185万元，实施了开发大路等街路的树木补植和单位庭园绿化工程，共植树18万株，新增绿化面积88万多平方米，绿地率达35.62%，绿化覆盖率达40.21%。五是标准厂房建设步伐加快。2005年开发区投资4100万元，建设完成了9个标准厂房，建筑面积达7万多平方米。同时还陆续开工了太平洋制罐等标准厂房建设，施工面积3万多平方米。此外，铁路、桥梁、通讯、供热、燃气等建设工程也在紧锣密鼓地进行中。

【管理与服务】 2005年沈阳开发区以为投资者提供最佳创业发展环境为目标，不断创新服务理念，增强服务意识，完善服务体系，改进服务方式，提升服务水平，开发区的服务环境得到进一步优化，"亲商、富商、扶商、安商"的投资氛围得以充分体现。一是机关环境建设明显改善。以开展保持共产党员先进性教育活动为契机，全面加强机关制度建设，规范管理服务，使机关办公秩序井然有序；健全机关三个办公楼的消防安全管理体系，增设消防服务设施，使机关服务功能日趋完善；开展区情报告会、业务技能培训及丰富多彩的文体活动，使干部队伍的精神面貌焕然一新，开发区的综合服务环境明显提升。二是机关行政效能明显提高。管委会各综合服务部门不断创新服务理念，完善服务体系，服务意识进一步增强，服务方式进一步改进，服务水平进一步提升，服务效率进一步提高；海关、工商、商检、税务部门全力为进区企业提供便捷式服务，开通绿色通道，成立中认北方实验室，极大地方便了投资者，降低了企业的投资成本，受到了企业的高度评价；公安、检察院、法院通过规范司法行为，强化审判监督，提高工作透明度，有效维护了投资者的合法权益，保证了开发区社会稳定。

【机制创新】 2005年沈阳开发区以科学发展观统领经济发展全局，科学谋划开发区未来发展。一是围绕全面建设中国先进装备制造中心、全力挺进一流国家级开发区的目标，认真贯彻民主集中制，强化民主决策意识，提高民主决策水平，保证了决策的科学化、民主化；二是本着科学决策、依法决策、民主决策的原则，积极推行“三会”制度，即：建口专项调度会议、主任办公会议、规委会议，健全了科学民主的决策机制；三是在充分发扬民主、集思广益、科学论证的基础上，立足科学发展，着力自主创新，制定出台了一系列切实可行的决策措施，为实现开发区工业经济持续、快速发展奠定了坚实基础。

【区域发展格局】 2005年沈阳开发区按照“东优、西专、南聚、北强、中研发”的总体发展格局，在充分体现新型工业园区特点、遵循工业经济发展规律、注重可持续发展的基础上，着眼于新区、主工业区未来工业的发展方向，以世界性、战略性、前瞻性的眼光，运用自主规划与专家视野相结合的方法，科学规划了四大功能区，即：主工业区、研发中心城、现代物流园区和生态旅游居住区。此外，为强力开展招商引资工作，开发区全面启动了民营工业园、台湾工业园、宁波工业园、铸锻工业园、重化工业园、仪器仪表工业园、模具工业园等，规划建设了欧洲工业园、汽车及零部件工业园、发电及动力设备工业园、轨道交通工业园、工程机械工业园等。

（沈阳经济技术开发区 金炜）

杭州经济技术开发区

HANGZHOU ECONOMIC & TECHNOLOGICAL DEVELOPMENT AREA

【经济发展】 2005年是杭州经济技术开发区实现工业经济、招商引资“三年倍增”目标的关键一年，是狠抓工业化和城市化“两轮驱动”成效显著的一年，也是实施“工业兴区、科教强区、环境立区”三大战略全面推进的一年。开发区积极应对中日两国政治气候不利局面，主动顺应国家宏观调控政策，坚持发展是硬道理，以创新之举破解难题，促进综合实力跃上新台阶。

2005年全区实现GDP 170.9亿元，按可比价格计算，同比增长24.69%。其中第二产业增加值149.11元，同比增长23.85%；第三产业增加值20.08亿元，同比增长30.07%。三次产业比重从上年0.9∶92.44∶6.66调整为1.00∶87.25∶11.75。按常住人口计算，人均GDP为80685元。按国家公布的2005年人民币对美元平均汇率8.1917计算，人均GDP达到9850美元。

2005年全区实现财政总收入36.33亿元，同比增长7.46%。其中预算内地方财政收入9.02亿元，同比增长32.06%。全年实现税收收入26.03亿元，同比增长26.14%。工业企业实现利润38.11亿元，同比增长29.28%。

全年新批外商投资项目66个，办理增资项目37个。完成合同外资6.52亿美元，同比增长25.26%；实际利用外资3.2亿美元，同比增长10.28%。全年完成进出口总额67.54亿美元，同比增长41.82%。其中进口总额28.23亿美元，同比增长27.39%；出口总额39.31亿美元，同比增长54.7%。

工业依然是推动开发区发展的主引擎，全年完成工业总产值725.94亿元，同比增长

43.96%。完成工业销售产值721.02亿元，同比增长41.58%。完成工业增加值141.41亿元，同比增长28.19%。全区规模以上工业企业完成总产值719.04亿元，占杭州市规模以上工业企业总产值的13.25%，比上年提高1.19个百分点。全年新增企业开工项目79个，开工面积97.06万平方米，竣工面积91.2万平方米。新增投产企业28家；新增产值上亿元企业20家。经济发展的后劲明显增强。

现代服务业迎来蓬勃发展的新阶段，已初步形成了大文化产业、商贸物流业、房地产业和金融服务业四大主导产业。全区2005年实现服务业增加值20.08亿元，同比增长30.07%，其中四大主导产业合计实现增加值16.53亿元，占83.32%。与此同时，贸易流通市场进一步繁荣，下沙商贸城、金沙数码港、物美超市等大型商业项目正式营业，引进普洛斯物流项目，启动保税物流中心（B型）的建设等，全年全区批零贸易及住宿餐饮业实现销售总额达40.07亿元，同比增长16.13%。在开发区“二产”快速增长的情况下，“三产”比重仍由2004年的6.66%上升到11.75%。

农业生产稳步发展。全区完成农林牧渔业总产值2.68亿元，同比增长32.28%。其中农业产值1.15亿元，牧业产值0.95亿元，渔业产值0.58亿元，同比分别增长26.4%、62.5%、9.6%。农民人均纯收入10999元，同比增长11.62%。效益农业培育成果显著，农产品结构进一步优化。

【投资环境】 2005年，杭州开发区始终抓住“环境立区”和推进城市化的工作主线，按照“国际化、现代化、人文化”和“追求完美、不留遗憾”的要求，全年投入基础设施建设资金4.74亿元，同比增长91.5%。经过努力，已建成贯穿开发区的沿江景观大道及部分景观绿化工程，全面完成建成区块（11号路以西）架空线路的“上改下”工程及亮灯工程，新增绿化面积60万平方米。与此同时，下沙路综合整治工程、高教园区中央景观带工程、德胜快速路工程等重点基础设施投资项目进展良好，带动了全区固定资产投资的快速增长，全年完成固定资产投资83.79亿元，同比增长43.18%。2005年全区新开工项目117个，同比增长39.29%。新增开工面积318.08万平方米，同比增长76.26%。新增竣工面积187.98万平方米，同比增长13.95%。

浙江杭州下沙高教园区全面建成。截止到2005年底，高教园区累计完成投资67.21亿元，占计划总投资的97.16%，累计竣工面积432.74万平方米。目前高教园区在校生已达12.11万人，占计划在校人数的80.73%。高教园区的全面建成，为开发区提升投资环境，加速城市化进程落下浓彩重墨的一笔。

公建配套进一步完善。开发区已形成日供电能力50.32万千伏安；日供水能力15万吨；供热总能力每小时360吨；储气能力195吨，天然气每小时最大流量10174立方米，年供气总量7560吨的能源保障体系。

大力实施开发区环境综合整治与建设。2005年先后建成生态公园、高教西区公园等，新增绿化面积72.43万平方米。2005年底，建成区内绿化面积已达到1017.68万平方米，其中公共绿地面积269.85万平方米，建成区绿化覆盖率达到29.5%。与此同时，全面推进区内单位开展环保ISO14001认证工作，全年认证单位26家，累计认证单位70家，使得开发区环境进一步改善。

截至2005年底，开发区累计已开发土地面积34平方公里，其中工业开发面积20.83平方公里，高教园区面积10.91平方公里。建区以来累计完成固定资产投资370.03亿元。累计建成道路总长度125.48公里，道路总面积4.09平方公里，建成河渠45.77公里，桥涵78座。

【招商引资与利用外资】 2005年杭州开发区克服国家宏观调控、中日政治气候、资源要素制约、项目审批方式改变等多种因素叠加的困难，实现了在拼搏中求跨越。全年新批外资项目66个，增资项目37个。引入总投资14.74亿美元，同比增长36.02%；合同外资6.52亿美元，同比增长25.26%；实际利用外资3.2亿美元，同比增长10.28%，超额完成了杭州市委、市政府下达的目标任务。

在投资环境日臻完善和土地资源日趋稀缺的情况下，开发区一手抓主攻大项目，坚持有地优用、有地快用，一手抓“选商引资”，注重节约用地、集约用地，成功收回丘比食品、诚亿电子两宗76亩闲置用地。继续实施项目评估联席会议制度，先后否决一批投资强度小、技术含量低、不符合税源经济和集约用地要求的项目，确保引进项目的质量。2005年，开发区引进千万美元以上投资的大项目38个，是历年来引进大项目最多的一年，项目投资密度从2004年34.5万美元/亩提高到47.1万美元/亩，在浙江省位居第一，在国家级开发区中也跃入前列。

外资企业增资势头强劲。全年增资项目37个，合同外资1.75亿美元，成为开发区招商引资重要的增长极；实际利用外资2.99亿美元，占全区实际利用外资的93.56%。增资项目增资额在千万美元以上的企业达11家，充分显示出进区外资企业在开发区的成功发展以及对开发区未来前景的信心。

内资招商力度加大。2005年开发区共引进内资项目127个，总投资22.51亿元，注册资金8.08亿元。其中工业项目24个，注册资金4.21亿元。

截止到2005年底，开发区累计批准外商投资项目436家，总投资69.09亿美元，合同外资42.08亿美元，实际利用外资19.27亿美元。累计引进内资项目1710个，注册资金61.77亿元。随着投资环境的不断优化，开发区已形成良好的产业集聚优势、区位环境优势和人才智力优势，吸引了一大批跨国公司的进驻。据统计，在美国《财富》杂志公布的2005年度世界500强企业中，已有来自9个国家和地区的31家跨国公司在杭州开发区投资了48家企业。开发区已成为杭州市对外开放、招商引资的“排头兵”和“主战场”。

【对外贸易】 2005年，杭州开发区积极推进对外贸易发展，为企业开拓国际、国内市场提供便利条件，使全区对外贸易取得跨越性增长。

2005年，开发区完成进出口总额67.54亿美元，同比增长41.82%。完成进口总额28.3亿美元，同比增长27.39%。完成出口总额39.31亿美元，同比增长54.7%。其中港澳台及外商投资企业完成出口总额38.36亿美元，同比增长55.6%，占开发区出口总额的97.56%。

加工贸易出口快速发展。开发区充分依托出口加工区的政策优势，积极推进保税物流中心的申报和建设，加快创建加工贸易基地品牌。全年完成加工贸易出口33.8亿美元，同比增长58%，占开发区出口总额的85.98%。

大企业对出口的拉动作用突出。2005年，全区出口企业达到148家，其中出口额在千万美元以上的企业27家，实现出口37.4亿美元，占全区出口总额的95.14%。出口额在亿美元以上的企业3家，实现出口28.68亿美元，占全区出口总额的72.96%。

贸易领域进一步延伸。2005年，与开发区有贸易关系的国家和地区达到129个，其中出口产品涉及的国家和地区达到127个。开发区企业继续延伸出口市场，以美国、日本、欧盟等发达国家和地区为最大出口目的地。全年实现对美国出口14.75亿美元，同比增长112.8%；对日本出口11.3亿美元，同比增长131.1%；对欧盟出口5.3亿美元。

出口产品结构更加多样化。机电产品和高新技术产品出口的主体作用明显。全年机电产品出口额33.07亿美元，同比增长58.6%，占全区出口总额的84.58%。高新技术产品出口额28.33亿美元，同比增长73.95%，占全区出口总额的72.44%。

【社会事业】 2005年，杭州开发区以“打造下沙新城，构建和谐社会”为目标，在经济快速发展的强力支持下，按城市化标准全力推进社会事业的发展，取得可喜的成果。

科技工作成效显著。开发区深入实施“科

教强区”战略，大力发展高新技术产业，积极推动产学研合作，加快高新技术产业孵化器基地建设。2005 年已建立起以杭州市高技术企业孵化器有限公司和杭州生物医药孵化器有限公司为主体的孵化基地，已建成面积 1 万平方米，在建面积 1.8 万平方米。此外，推进大学城科技园、休斯顿高科技园、新加坡科技园等载体建设。至 2005 年底，杭州开发区经申报批准，已拥有高新技术企业 26 家。

教育事业全面进步。开发区现有各级各类学校 21 所，其中大学 14 所，中学 3 所，小学 4 所。在校学生共计 126532 人，各类各级教职员工 8534 人。其中专职教师 6840 人。由于 2005 年下沙高教园区全面建成，使得开发区的教育能力和层次大大提升，高等教育水平位于浙江省前列。

文化生活健康繁荣。开发区着力培育“务实进取、开放兼容”的人文精神，充分调动区内企业和高校的积极性，开展了一系列企业文化、校园文化和社区文化的建设活动。在此基础上积极筹办开发区首届职工文化艺术节，推出了丰富多彩的文体活动，营造了文明、健康、向上的文化氛围。随着文化事业的蓬勃兴起，区内文化娱乐场所继续增加，2005 年底已达 184 个，比上年同期增加了 16 个。

卫生事业更加完善。全区共有医疗机构 37 个，其中综合医院 3 所，卫生院 1 所。区内浙江省东方医院是三级甲等医院，还设有杭州市东部地区最完善的急救中心。医疗机构拥有床位 390 张，医生 257 人，达到每万人配有床位 21.4 张，配有医师 11.6 人的水平。

社区建设全面起步。在全力推进城市化工作中，开发区下沙街道顺利完成 9 个行政村的“撤村建居”工作，至此，12 个行政村均建立居民社区组织。在建成区内设立的白杨街道，也已完成全部 4 个社区建设并全面运作。2005 年，两个街道都以打造和谐开发区为目标，开展了职工艺术节、邻居节等丰富多彩的活动，经济建设、城市管理、社会各项事业全面发展。

社保体系初步构成。2005 年底参加保险（社会保险、失业保险、医疗保险）的企业已达 551 家，总人数 3.74 万人，同比增长 29.39%。开发区还成立帮扶救助中心和街道、社区 9 个帮扶救助站，开展了一系列扶贫帮困活动，全年发放救助款 170 万元，救助 700 余人。

就业形势十分稳定。截至 2005 年底，开发区就业人员共计 112308 人，其中工业企业从业人员 73125 人。职工劳动报酬有较大幅度提高，企业从业人员平均劳动报酬 28048 元，同比增长 12.06%。开发区还组织 4 期失土农民上岗技能培训，累计开发就业岗位 3.9 万个，在杭州市率先实现“零”待业家庭目标。为提升职工素质，开发区职工素质教育培训项目扩展到 4 大类 70 余个，全年受训企业职工达 4805 人。

公用事业日趋健全。2005 年新增公交线路 3 条，新投入使用公交车 150 辆。年底公交总营运线路 25 条，线路总长 456 公里，营运车辆 600 辆，全年客运总量 3037 万人次，同比增长 11.7%。全年邮电业务总量达 122.44 万件，总收入 939 万元。电话线路总容量已达 25 万门，累计开通量 9 万门，同比增长 28.57%。网络宽带总容量达到 2 万门，同比增长 42.86%。

【管理与服务】 2005 年杭州开发区以创新思维和改革的举措推进管理与服务再上新台阶。一是从创建“学习型”机关为抓手，每月两次对机关工作人员实行培训教育，从经济知识、科技知识、管理知识到礼仪知识，全面提升干部队伍的综合素质。同时根据区内工作重点或阶段性任务，多次选调干部下派锻炼或轮岗交流，既培养干部多元化能力，又在实践中考察、锻炼干部。二是改革完善行政管理体制，理顺部门职能，对组建多年的投资服务中心、会计核算中心，从人员、场地、职责、职权进一步充实、修订并予落实。与此配套，改革行政审批制度，简化审批程序和审批环节，修编完善公共服务规定和机关各局室办事指南，使投资服务中心真正起到“一站式办事、一条龙服务”的作用，效果明显。三是改革行政效能评估监督机制，建立起全过程目标管理跟踪系统和绩效考核体系。四是积极开展了党员先进性教育、机关效能建设、机关创“满意单位”等一系列活动，层层推进，环环相扣，使开发区机关各部门的责任意识、竞争意识和服务意识形成浓厚的氛围，凝聚起构筑“服务型政府”的强大合力。正是由于开发区采取了有效的改革举措，不断提高办事效率和服务质量，才以良好的软环境推动了全区2005年经济、社会各项事业的新跨越。

城市管理工作步入正轨。在2004年设立“城市管理办公室”专职机构的基础上，2005年建立起城市管理联席会议和城市基础设施作业养护例会制度，加大了城管督查和考核力度。开发区行政执法大队也对全区范围的无证设摊、“黄鱼车”、违法建筑等加大稽查和打击力度，有效地维护了开发区的城市形象。

社会治安综合治理成效显著。开发区创新社会治安综合治理的工作体制，建立起综治办、拆违办“两办合一”的工作机制，成立了下沙街道、白杨街道综治中心，理顺关系，形成网络，明确职责。大力开展各类联合执法和专项整治行动取得了阶段性成果。区公安分局在首创高教园区“校园110”经验后，再次建立起“企业110”联动机制，得到公安部的高度重视与肯定，并实现了多年来开发区刑事案件和治安案件的首次下降。

政府处理紧急公共事件的能力进一步增强。开发区周密部署，积极应对，抗击了2005年夏季“麦莎”、“卡努”两次台风的袭击，确保了一方平安。此外，在市有关部门的支持配合下，开发区还稳妥细致地处理了民间反日示威游行等政治敏感事件，维护了社会稳定，为各项事业的健康发展创造了良好的环境。

【出口加工区建设】 2005年杭州出口加工区实现工业总产值135亿元，同比增长24%，其中高新技术电子信息类工业总产值为121亿元，同比增长21.3%。进出口总额27.4亿美元，同比增长23.4%，其中出口额15.2亿美元，同比增长24.6%。进出口总额在全国57家出口加工区中位居第4。全年引进外商投资项目3个，增资项目1个，总投资1990万美元，合同外资1220万美元。至2005年底，出口加工区累计竣工厂房面积31.6万平方米，其中标准厂房24.4万平方米，自建厂房7.2万平方米。区内企业从业人员9000人，同比增长46.2%。

2005年杭州出口加工区经济保持稳步增长，区内东芝笔记本电脑的龙头地位依然显著，经济结构逐步从单一的产业制造向研发延伸并开始转型升级；出口产品仍然保持着较强的竞争力，自主品牌的出口开始崭露头角。

至2005年底，出口加工区内26家企业中20家已投入生产，加工区管理部门积极贯彻“服务型政府”的宗旨，不断强化服务效能，提高办事效率。一是坚持并完善“单一窗口作业”的管理模式，继续实行“企业月度走访制度”等行之有效的管理服务制度，优化了加工区软环境；二是加强与海关、国检、国税、消防、电力等部门协调机制，扩大政府服务范围、延伸政府服务功能，使加工区企业在一年中遇到的困难、问题得到迅速、便捷的化解；三是搭建公共信息平台，完善加工区海关电子报关辅助系统，完成了加工区出入证管理软件开发工程并顺利投用，提升了加工区电子政务管理能力。更新了海关办事大厅显示屏，增加了触摸查询系统，为企业尽可能多地提供方便。四是努力改善物流环境，积极推进保税物流中心（B型）项目建设。为促进加工区乃至整个开发区的物流企业发展，在省市领导及相关部门的支持下，正式向国务院和海关总署申报“保税物流中心（B型）”项目，同时设立了“杭州出口加工区保税物流中心投资管理公司”，开始实施各项基础设施的建设工作。

（杭州经济技术开发区　汤峻）

武汉经济技术开发区

WUHAN ECONOMIC & TECHNOLOGICAL DEVELOPMENT ZONE

【经济发展】 2005年，武汉技术经济开发区（以下简称武汉开发区）经济强劲增长，综合实力明显提升。全年实现GDP148.91亿元，同比增长27.43%，完成规模以上工业总产值（现价）384.06亿元，增长47.94%；实现全口径财政收入27.42亿元，增长34.17%；实现固定资产投资66.75亿元，增长26.13%；合同外资32885万美元，出口创汇27247万美元。根据商务部公布的《国家级经济技术开发区2005年度主要经济指标年报》，武汉开发区工业总产值、工业增加值、税收收入、实际利用外资等指标在中西部20家国家级经济技术开发区中继续保持领先，巩固了武汉开发区在中西部开发区的龙头地位。

2005年，武汉开发区汽车产业快速增长。全年实现产值233.85亿元，同比增长61.25%。其中汽车整车企业完成产值185.89亿元。神龙公司全年共生产轿车141661辆，实现产值131.63亿元；东风本田共生产CR－V车25619辆，实现产值52.52亿元；汽车零部件企业实现47.96亿元。

2005年，武汉开发区电子电气业迅速壮大。海尔热水器和冷柜、美的空调、冠捷等一批新项目投产，全年共实现产值86.39亿元，占全区规模以上工业产值的23.03%。

2005年，武汉开发区经济运行质量稳步提高。主要表现在税收占财政收入的比重显著提高，全年共实现全口径财政收入27.42亿元，其中税收收入为25.46亿元，占财政收入的92.85%。

新投产企业有力拉动了经济增长。在建项目中工业项目完成投资50.57亿元，同比增长25.59%。美的空调、冠捷科技、海尔冷柜、海尔热水器等新增项目相继建成投产，实现产值32亿元，拉动经济增长13.5个百分点。

【投资环境】 2005年，武汉开发区一大批基础设施项目的建设，使投资硬环境得到进一步改善和优化。全年基础设施完成投资8.5亿元。二号工业园、体育中心二期等各项基础设施建设进展顺利，梅子路、长江路等道路建设正在推进。

区域绿化取得新进展。完成枫树、全力组团、318国道沌口小区等新建道路绿化，共植树73605株，新增绿化面积46.13万平方米。

城市管理迈上新台阶。拆除违法建筑10325平方米，取缔违章摊点241处，查处乱堆乱放368处，拆除违规广告14处255块，有8个社区达到无违社区标准，4个社区成为拆违先进区。全区道路194.55公里、面积401万平方米干净整洁，有4条道路被评为“市民满意标杆路”，2条道路被评为“市民满意达标路”。完成了堤防的整治绿化工程，种植了4000棵防浪林，开发区被评为全市堤防管理先进单位。

环境保护取得新成效。开展了全区管网清查及雨污分流整改工作，保证了全区584公里排污管网畅通。完成了开发区ISO14000环境管理体系复评工作，污水处理厂已建成并进行试生产，垃圾处理厂通过预验收并进入试生产阶段，二号工业园污水处理工程、晨鸣污水排江工程进展顺利。

企业和居民多年来反映较多的服务配套环境有了明显改善。列入全市重点项目的南太子湖大桥已实现全长1150米的栈桥贯通。新开通了213、501两路公交车和2条电动小汽车示范公交线路，解决了318国道以西几条主干道路的路灯问题，金凯购物中心顺利开业，以湘隆时代商业中心和神龙商业网点为依托，泰康路商业一条街正在形成。

【招商引资】 2005年，武汉开发区新批项目75个，投资总额57.1亿元。其中新批外商投资项目47个，合同外资32159.12万美元，完成年计划的146%，投资规模过1000万美元的项目有11个。实际利用外资3.02亿美元（市口径），完成年计划137.27%。新批内资工业项目18个，项目投资总额21.18亿元，完成年计划132.37%。新开工建设项目28个，项目投资总额70.69亿元。

2005年，武汉开发区适当提高项目准入门槛，保证引进项目的质量。在产业发展上坚持“有所为、有所不为”，在招商方式上变“招商引资”为“选商引资”，变“大招商”为“招大商、招优商”。严把项目入口关。在土地资源有限的情况下，谋求集约发展之路，最大限度地发挥土地利用效益，严格控制技术水平低、资本密度低、土地利用率低、能源消耗高、环境污染大的项目引进，着力引进产业关联大、带动力强的龙头项目，以及一批高科技、高税收、高就业、高效益、高投入的优质项目。

2005年，武汉开发区坚持大项目兴区，培植战略性产业。新引进神龙股份、八千代等汽车零部件项目21个，投资额21.15亿元，继续做大做强汽车产业。同时，围绕唯冠、冠捷等主机厂，不断延伸产业链，引进了日本名幸电子项目、翰宇彩欣显示器面板项目等10多个配套项目，使区内为电子电气产业配套的项目达到了20多个。开发区电子电气产业开始凸现战略支撑地位，成为第二大支柱产业，改变了开发区一车独撑的局面。

2005年，武汉开发区尝试“无地招商”，拓展招商引资内涵式增长。注重研究已入区企业的生产经营状况及所属产业的发展状态，对那些市场前景好、效益好的企业，建立联系人制，重点走访，专题研究，积极提供政策扶持，鼓励其增资扩产。对中小型项目，鼓励租赁开发区标准厂房和单层厂房。今年进入高科技产业园、民营工业园的有芜湖顺成电子、青岛泰诺福伦机械、吴江均龙电子等10多家中小企业。

2005年，武汉开发区大力引进世界级研发中心，完善开发区自主创新功能。在加大引进国内外高科技项目的同时，积极引进了康明斯东亚研发中心项目、法雷奥照明湖北技术中心有限公司、东风股份研发中心等项目。

【社会事业】 开发区各项社会事业稳步推进。以全面实施素质教育为重点，进一步提高了教育质量。神龙小学被评为市级示范小学，开发区一高中正在积极申报省级示范学校，目前已接受了专家考评，开发区职业技术学院教学条件和环境有了较大提高，开发区中小学幼儿园及职业教育体系得到完善。计生、民政、文化等工作均被市直部门评为达标单位。

以实施“883”行动计划为契机，进一步加大社区建设力度，完成了金荷、绿岛、升官渡三个新建社区居委会的组建工作，使目前的社区组织增加到16个。建立3个社区卫生服务中心、7个社区卫生服务站，完善开发区社会卫生体系。利用体育中心及各场所的设施，积极引导居民参与各种广场文化、企业文化、社区文化等文体活动。

建立了被征地农民的保障体系。出台《武汉经济技术开发区关于对被征地农民实行养老生活补助的实施意见》，对符合条件的被征地农民按月发放生活费；对特殊困难家庭近190户进行了临时性救助，救助资金达10万元。按照“应保尽保”的原则，向1151户、4506人发放了低保金28.868万元。

启动了建区以来最大规模失地劳动力职业技能培训。区街共出资50万元，采取“企业开订单，学校出菜单，政府来买单”的方式，对911名当地18～30岁失地劳动力进行了专项技能培训。同时，劳动部门举行3场专门针对当地劳力的推介招聘会，帮助受训后的失地劳力上岗，全区新安置失地劳动力2410名。

做好社会稳定工作。建立了以村为主、街道加强领导和督查、公安部门参与的快速反应机制，使建筑工地现场秩序得到有效维护，全区上访、扰乱工地现象明显减少。

【管理与服务】 2005年，武汉开发区招投标管理得到加强。全年实施建设工程合同总价款24.44亿元。建设工程的招标率达100%，公开招标工程技术标实行标准化评审率达100%，公开招标工程实行工程量清单招标率达100%，合同备案审查准确率100%。

行政审批工作进一步规范，安全管理得到加强。全年完成报建项目125个，发放施工许可证215项，办理竣工结算98项，合同价款6.9亿元，工程结算金额7.08亿元。共受理建设工程安全监督项目308项，造价28.16亿元。开展安全工作检查数百次，查处并及时消除安全事故隐患554起。

（武汉经济技术开发区管委会办公室）

长春经济技术开发区

CHANGCHUN ECONOMIC & TECHNOLOGICAL DEVELOPMENT ZONE

【经济发展】 2005年，长春经济技术开发区（以下简称长春经开区）完成GDP 230亿元，同比增长19.8%；工业总产值547亿元，增长20%；全口径财政收入22亿元，增长10%；固定资产投资50亿元，增长1.28倍；进出口总额10.5亿美元，增长72%；实际利用外资4.1亿美元，增长13.6%；实际利用内资31亿元人民币，增长14.8%。

2005年，长春经开区的一些汽车零部件企业因受一汽集团的影响，销售困难，生产出现下滑。在这种情况下，长春经开区沉着应对，科学调度，狠抓经济运行工作，全区的工业经济在逆境中实现了稳定增长。一是培育支柱产业，强化对重点企业的服务力度，如帮助大成集团搞好企业内部的道路配套；协调大成集团和荟冠集团的合作，增加大成集团的玉米运输收储能力；积极将大成集团纳入长春经开区国家批准的范围内（目前正在国家审批之中），大成集团全年实现产值107亿元，同比增长64.6%；规模以上工业企业新增产值60亿元，增长46.2%，比长春市工业增幅高40个百分点。二是狠抓新的经济增长点，全力抓好西门子威迪欧、一汽丰田发动机、采埃孚等企业厂房建设和服务，促其尽快投产，当年实现新增产值12.75亿元。三是鼓励企业积极开拓国内、国际两个市场，出口产品的结构已由过去单一的粮食、工艺品出口转变为赖氨酸、氨基酸等粮食深加工产品以及液晶显示屏、汽车空调、汽车玻璃、滤清器、汽车轮胎等机电产品的出口，特别是长春轮胎有限责任公司在保持一汽传统市场同时，积极开拓国内、国际两个市场，实现出口1884万美元，增长1.35倍。全区规模以上工业企业出口达到35家，出口总额完成1.43亿美元，增长1.04倍。

【投资环境】 按照“优化产业结构、搞好生态绿化工程，创造适宜于生活与发展的良好空间，保持城市的可持续发展”的要求，在结合长春市总体规划的基础上，完成了长春经开区总体规划纲要、分区规划的编制。委托清华大学、同济大学对东方广场、世纪广场进行了城市形象设计。全年基础设施完成投资1.7亿元，建设了北海路“排水三支线”吐口工程、热电二厂至乐东居住区一次网等道路、排水、电气、热力、园林绿化彩化工程，积极为项目配套，保证了项目单位建设需求。加大了环境监察力度，整治违法排污企业，确保了全区工业企业达标排放率保持在90%以上，空气质量、区域环境噪声等各项指标均达到了国家的相关要求，通过了ISO14001环境管理体系复评，再次获得北京华夏认证中心颁发的国内环境管理体系（EMS）证书和英国皇家认可委颁发的国际尤卡斯（UKAS）证书。在全市创建“全国文明城”活动中，长春经开区被评为先进区。

在软环境建设方面，长春经开区从亲商、安商入手，出台了开发区工作人员服务规范40条，成立软环境建设投诉中心，实行重点项目调度会制度、领导联系重点企业制度、定期召开重点企业座谈会制度等，切实为企业排忧解难。在辖区投资者、企业管理人员、人大代表、政协委员和社会各界代表参加的政行风抽查评比中，长春经开区的窗口单位满意率达到98.25%。

【招商引资】 长春经开区积极探索“飞地招商”、“合作开发”等新模式，招商引资工作取得新的进展。与浙江供销社签订了投资20亿元以BT方式建设长春玉米工业园区的基础设施建设合同；积极推进长铃集团与河北中兴公司合作，利用长铃集团现有生产场地和已建成的涂装线，生产2万辆皮卡车；妥善解决了与恒力汽车存在的合同纠纷问题，恒力汽车在未来4年将投资15亿元开发专用车等4个产品；长经开股份公司与新加坡易联、吉宝置业和裕朗工业区合作建设“新加坡工业园”、“新加坡城”，完成了合作公司的注册。全年共引进企业294户，其中内资企业273户，外商投资企业21户，投资总额7.5亿美元。全年开工项目33个，其中已建成15个，总投资27亿元，预计达产后可实现产值79亿元，利税30亿元。

【社会事业】 经省政府批准，长春经开区组建了临河街和东方广场两个街道办事处；出台了《长春经济技术开发区被征地农民基本养老保险实施方案》、《长春经济技术开发区关于进一步做好征地转非人员就业工作的若干意见》等6个意见和办法，为做好“三农”工作建立了有效的保障机制；经过调研，党工委通过了《长春经济技术开发区关于一揽子解决农民问题的意见》，为从根本上解决好历年来遗留的农民问题奠定了基础。在资金极为紧张的情况下，建设农民回迁楼16万平方米，缓解了被征地农民长期得不到回迁的矛盾；继续对生产生活确有困难的被征地农民发放暂借款，全年为18634名被征地农民发放暂借款3627万元。积极解决农民就业问题，建立了管委会、村、社区三级就业信息网络，全年安排被征地农民就业1040人。高度重视信访工作，建立了社会稳定联席会议制度，每月集中研究一次信访问题，被征地农民到省、市及上京的上访量与往年相比明显下降，越级上访案件比上年下降80%。兴隆山镇在不占用新的耕地、不改变土地用途的前提下，加强产业结构调整，积极发展农村经济，镇域经济得到切实加强。全区教育、卫生、民政、武装、双拥以及社会治安综合治理等各项社会事业得到了全面发展。

【体制改革和机制创新】 2005年，长春经开区全面推进体制改革和机制创新。一是规范了决策程序。确定了党工委会议、主任办公会议、委务会议、稳定工作联席会议、重点工作调度会议、专题会议、领导碰头会议等7个例会制度，明确了每个会议的议事内容和具体要求，建立了新的决策机制；为强化党务、政务管理，制定了《中共长春经开区工作委员会议事规则》、《主任办公会议规程》等6项规章制度，规范了议事程序，突出了集体领导，增强了决策透明度。二是规范了各项管理。制定了2006年《国民经济与社会发展计划》、《招商引资和项目建设计划》、《财政预算计划》、《基础公建计划》、《资金平衡计划》等5个计划；为规范招商引资行为，相继制定了《城市基础设施配套费收费管理办法》、《七通一平标准》、《南区土地出让指导性价格》等一系列管理制度，提高了工作效率和透明度；根据机构调整方案，印发了机关16个部门的“三定”方案，重新界定事业单位的业务范围和27个事业单位的人员编制，严格把好用人关；完善了各项财务、资金管理办法，严格把好理财关；对全区固定资产和办公用品进行了清理核查，摸清了家底，制定了相应的管理制度。三是认真处理历史遗留问题。本着“尊重历史、面对现实、掌握政策、积极稳妥”的原则，妥善处理了清产核资、招商引资、征地拆迁、工程欠款和担保产生的诉讼等五个大方面的近百个问题。

在机制创新方面，按照“以经济建设为中心，以招商引资为重点”的定位，机构、编制、人员向经济建设部门倾斜。机关部门由原来的25个调整为16个，精简比例为36%；人员由257名调整为142名，精简比例为44.75%。经济建设部门占机构总数的比例由原来的35.29%提高到50%；人员编制数由原来的37.82%提高到54.23%。事业单位由原来的37个调整为27个，减少27%；人员由原来的928人，调整为489名，精简比例为47.3%。根据省税改办文件精神，兴隆山镇税费改革的配套改革已经完成。直属国有企业改制本着“成熟一个，改制一个”的原则，加快改制步伐，年底前基本完成东皇实业公司、赛得招投标公司、建筑设计院、驻大连办事处等4家国有企业的改制工作，人才中心、环卫处等事业单位实行了企业化管理。

【党的建设和精神文明建设】 长春经开区认真开展保持共产党员先进性教育活动，共有15个党委、17个党总支、208个党支部的3420名党员参加了两批先进性教育活动。按照“提高党员素质，加强基层组织，服务人民群众，促进各项工作”的目标要求，认真开展了学习动员、分析评议、整改提高三个阶段的教育。在先进性教育活动中，开展了“双提”（提高办事效率、提升服务水平）和“双包”（单位包村、党员包贫困户）主题实践活动。由于“规定动作不走样，自选动作有特色”，使先进性教育活动真正做到了“两不误”、“两促进”，群众满意率达到了98.2%。配齐配强了中层干部队伍，采取竞争上岗的办法，选拔了8名副处级领导干部；调整交流了中层干部队伍，按照机构改革和体制创新的要求，对中层干部进行了247人次的调整任命；重新理顺了基层组织关系，撤销了社会事业发展局党委、驻区企事业单位党委，成立了临河街道党工委、东方广场街道党工委，机关党委撤销支部9个，新成立党支部8个。纪检工作认真贯彻《建立健全教育、制度、监督并重的惩治和预防腐败体系实施纲要》，着力构建“三位一体”反腐倡廉整体工作格局，落实了党风廉政建设责任制，保持了长春经开区干部队伍的良好形象。加强了对外宣传工作，为开发建设营造了良好的舆论氛围，在国内外各新闻媒体发表宣传稿件238篇。工会工作切实加强自身建设，新建基层工会26家，发展会员3524人；妇联召开了妇女第二次代表大会，成功进行了换届；共表团继续推进青年文明号创建活动，有4个单位被评为全国和省市青年文明号。

【机构设置和开发区领导】 长春经开区党工委和管委会内设机构包括：党工委办公室、管委会办公室、纪工委办公室、政策研究室、人事劳动局、财政局、国有资产管理办公室、经济发展局、招商引资办公室、建设发展局、规划局、环境保护局、社会发展局、文教局、国土资源分局、城市管理行政执法局。

长春经开区党工委书记、管委会主任由长春市市长助理黄文华担任。党工委副书记、纪工委书记阚云忠。管委会副主任有：王绍川、许铁志、陈德新、林崇哲、孙洪健。

（长春经济技术开发区管委会办公室　田中华）

哈尔滨经济技术开发区、哈尔滨高新技术产业开发区

HARBIN ECONOMIC & TECHNOLOGICAL DEVELOPMENT ZONE HARBIN HIGH & NEW TECHNOLOGICAL DEVELOPMENT ZONE

【经济发展】 2005年，哈尔滨经济技术、高新技术产业开发区（以下简称哈开发区）继续突出发展集中区，着力优化投资环境，全力提升引资水平，大力培育新兴产业，努力做强主导产业，开发区经济运行质量不断提高。全年实现GDP 201亿元，增长30.7%；工业总产值702亿元，增长30.5%；税收28.2亿元，增长15.9%，开发区在全市经济发展中的带头和带动作用日益显著。

【招商引资】 2005年，哈开发区进一步深化理性招商，积极引进产业投资者，重点推动国内著名企业、世界500强和跨国公司项目，通用磨坊、巴特勒等重点跟踪项目进展顺利，联合食品、斯达玻璃钢等项目签约，上好佳、康师傅等项目增资，百事可乐、永安制罐等项目开工，美康食品、嘉吉饲料、宝泉岭肉业等项目投产。积极推进载体招商，全力促进市内、区内企业与国际资本合资合作，完达山乳业、鑫达集团等项目与外商合作成功。积极推进组团招商，航空工业园、韩国工业园、香港工业园等项目策划取得进展。全年实现合同外资额3.26亿美元，增长7.2%；实际利用外资1.9亿美元，增长12.8%；内资项目协议额45.1亿元，增长28.7%；内资实际到位25亿元，增长10.2%；新引进工业项目58个，其中，签约超千万美元生产型项目8个，开工6个；签约超亿元人民币生产型项目6个，开工2个，开发区在全市招商引资代表的作用日益突出。

【投资环境】 2005年，哈开发区全力推动了国家级开发区、高新区的保级和规划用地四至范围落实工作，顺利通过国家审核。完成了2.6平方公里的征地组件报批工作，获得了国家批准。高起点完成了工业新区规划论证工作，编制了火炬创业园等各种专项规划。高质量完成了机电工业园、对俄产业园的配套工程，开工建设了松花路等15.3万平方米的道路。高标准推进了生态型园林城市建设，绿化覆盖率达到35%。完成了争创国家生态工业示范园区的前期工作，启动了循环经济的各项工作，开发区成为全市发展循环经济试点单位。规范了入门审批服务，完善了“一表制”，开发区投资服务中心在保持全国人民满意公务员集体荣誉的同时，又获得全国巾帼文明岗称号。完善了服务功能，在迎宾路工业集中区开通了公交线路，增设了银行分理机构。建立了开发区人才网，完善了中介服务体系，开发区在全市投资服务高地的作用日益凸现。

【孵化经济和高新技术产业】 哈开发区继续加强孵化器的建设，新建了海外学人创业二园等孵化基地，新增孵化场地2.46万平方米。加速了孵化项目产业化进程，输送6户高新技

术企业进入工业集中区购地建厂。强化了对高新技术企业服务，为186个项目争得专项资金1.45亿元。推进了技术创新体系建设，亿阳信通等4户企业技术中心建设顺利。推动了国家科技重点专项课题的研究，哈高科、完达山等承担的国家“十五”科技重点专项课题通过国家验收。加强了知识产权服务，区内企业获得自主知识产权达到2020项。推动了703所、兽研所及哈工大组团项目，珍宝制药、完达山制药、精细位移检测系统、哈高科大豆三期等项目投产。全年实现高新技术企业产值568亿元，增长26.2%，开发区在全市高新技术产业基地的作用更加突出。

【特色发展】 2005年哈开发区全力推动老工业基地改造项目，哈电表厂改造项目开工建设、哈印铁制罐改造项目主体厂房竣工，哈东轻厂改造项目破土奠基，哈一工具改造项目正式投产。积极投身“哈大齐”工业走廊建设，编制了开发区工业新区的总体规划，机电工业园12个项目开工建设，省市在机电工业园隆重举行了“哈大齐”工业走廊建设启动仪式。抢抓对俄合作升级机遇，强化了对俄科技合作，举办了中俄人才智力合作论坛，召开了中俄科技合作项目对接会，促成了一批对俄合作项目。加强了对俄经贸合作，辟建了对俄合作产业园，当年入驻对俄合作企业10户。完善了对俄跨国贸易直销通道的建设，在海参崴举办了中国哈尔滨出口商品展览会。全年实现出口过货额2209万美元，开发区在全市对俄合作桥头堡的作用日益明显。

【行政效能管理】 哈开发区不断加强规范管理，强化了电子政务，完成了ISO双认证的贯标工作，通过了英国劳氏公司第三次监审。加强了调查研究，聘请麦肯锡公司帮助策划了发展战略，完成了“十一五”发展规划及有关课题的调研。创新了干部培训模式，先后输送两批同志赴香港理工大学培训。完善了干部管理考核体系，完成了公务员考核和奖惩兑现。加强了与各驻区机构的协作，提高了行政效能。实施了突发事件应急预案，在哈尔滨水污染事件中确保了区内企业生产生活的正常进行。强化了入区企业生产和在建项目施工的安全管理，全年未出现重大安全事故。完成了高新房屋公司、供热中心的改制，哈高科第一批国有法人股成功出让，收回资金2亿元。加强了财政、审计、统计等专项工作，夯实了档案、保密、后勤等保障工作，开发区再次成为市级优秀目标管理单位。

【党建和精神文明建设】 哈开发区积极开展保持共产党员先进性教育活动，全区52个企事业单位的152个基层党组织和1350名党员认真参加了活动，全面完成了两批先进性教育活动任务，广大党员的党员意识、执政意识、先进意识和服务意识明显增强，基层党组织的创造力、凝聚力和战斗力显著提高。加强了学习型组织建设，推进了先锋工程，新组建基层党组织6个、工会130家，开发区领导班子科学、民主决策能力和机关干部依法行政能力普遍提高。狠抓了党风廉政建设，开展了警示教育，严查了违纪违法案件。推进了文明创建工作，22家单位荣获省、市、区级文明单位称号，开发区文明和谐、创新发展的形象得到进一步展现。

【机构设置和管委会领导】 哈开发区党工委和管委会机构稳定，维持了2001年12月哈经开区和哈高新区合并之初的管理机构，共有内设机构21个（含市派出的规划、土地分局）和机关党委，其中党工委内设机构4个：办公室、组织部、党群工作部、纪工委；管委会内设机构17个：招商局、经济合作局、对俄合作局、投资服务中心、建设局、企业服务局、人事劳动局、审计局、统计局、财政局、高新技术发展局、资产经营局、政策研究室、信息化办公室、机关服务中心、规划分局、土地分局。

哈尔滨开发区党工委书记、管委会主任李志恒；党工委副书记郭树范、刘明俊；管委会副主任刘玉奎、冯耀东、师逸、费聿海、张立成。

【“十五”工作特点】 总结哈开发区“十五”

时期特别是二次创业第一阶段的工作，有四个突出的特点：一是体制机制创新步伐最快。两区合并以来，在市领导带领下，广大干部职工积极运筹，使开发区获得了前所未有的体制权限。科学谋划，确定了开发区二次创业的发展思路和阶段目标。以人为本，建立了较为科学的招商机制、服务机制，打造出一支高质素的专业团队。二是软硬投资环境最好。累计投入基本建设资金33.7亿元，开发建设土地18平方公里。成立了企业服务局，实行了一站式服务，通过了ISO国际双认证，开发区在全市投资服务高地的地位真正确立。三是招商引资效果最佳。累计实现合同外资额11.6亿美元，占全市的50%以上，年均增长21%，实际利用外资6.7亿美元，占全市的50%以上，年均增长21.5%，分别是“九五”时期的2.2倍和1.85倍；累计开工254个工业项目，是两个开发区前十年总和的16.9倍；外商投资建设的项目中生产型项目比重连年大幅提高，由2002年的30.4%提高到82%以上。四是工业经济发展最快。累计实现工业总产值2214.8亿元，第二产业增加值566.9亿元，高新技术企业产值1828.1亿元，分别是“九五”时期的3.03倍、3.26倍和3.75倍；不含哈飞、东安，工业集中区产值从2002年起连续4年翻番，实现了比2001年新增200亿元的预期目标。经过四年的二次创业，哈开发区在国家商务部、科技部有关国家级开发区的排名稳中有升，在全国开发区竞相创一流的竞争中赢得了尊重。

（哈尔滨经济技术开发区、哈尔滨高新技术产业开发区管委会）

重庆经济技术开发区

CHONGQING ECONOMIC & TECHNOLOGICAL DEVELOPMENT ZONE

【经济发展】 2005年，重庆经济技术开发区（以下简称重庆开发区）把加快发展作为第一要务，按照重庆市委、市政府“能快则快尽量快”的要求，开足马力加快发展。全区实现总收入318.61亿元、GDP 73.09亿元，同比分别增长30.44%、27.70%，其中北区分别为146.26亿元、30.17亿元，同比分别增长55.95%、40.32%；完成工业总产值215亿元，同比增长18%；其中北区110.4537亿元，同比增长26.44%；实现预算内可支配财力12.49亿元，其中北区11.95亿元，同比分别增长92.08%、163.08%；入库税金22.62亿元，其中北区15.65亿元，同比分别增长40.50%、54.93%。全社会固定资产投资139.00亿元，其中北区完成投资95.40亿元，同比分别增长50.64%、39.25%。全年各项主要经济指标增速居全市前列，在54个国家级开发区综合评价中排名第13位，西部位居第一。

【投资环境】 2005年，重庆开发区努力推进重点工程和基础设施建设，投资环境日臻完善。一是扎实抓好规划工作，完成龙井湖公园、黄桷公园控规、北部新区经开园排水规划的编制和鸳鸯、礼嘉组团控规调整的初审工作。二是加大基础设施建设力度。全区通车道路88公里，其中2005年完成全系列道路

11.35公里、其他道路24.68公里、在建未通车12.1公里，已完成设计或正在设计的道路85.1公里；完成平场面积9平方公里、标准厂房26.4万平方米、综合服务楼2.1万平方米，在建安置房40万平方米。三是抓好其他功能性项目建设。汽博中心一期、龙湖南湖郡体育公园、保利高尔夫北球场已经基本建成，金山国际商务中心一期建设进展顺利，国际学校、重医附一院北部医疗中心、儿童医院正按计划进行前期工作。四是在迎接亚太城市市长峰会期间，按照市里“绿化、净化、美化、亮化”的要求，在全区范围内开展了城市环境综合整治活动，营造了整洁优美的环境，展示了开发园区优美的城市风貌。

【招商引资与利用外资】 2005年，重庆开发区充分发挥体制精干、机制灵活、产业配套、交通便捷等综合环境优势，采取登门招商、中介招商、关系招商等方式，取得了招商引资的明显效果。全年共引进外商投资企业26户，合同投资总额62亿元，完成年度计划和市考核目标的222%，其中三资企业合同外资14300万美元，完成市考核目标的143%；实际到位外资11500万美元，为市考核目标的10倍。其中投资总额上1000万美元的有4个，包括伟世通空调、和记黄埔、渝汇制衣（香港查氏）、雅马拓等世界500强和国内外知名企业。内外并举，一批功能型、总部型、劳动密集型、外向型内资企业如绿地东原、中石化惠通、招商局物流等也入驻开发区。全年共引进内资企业559户，注册资本金总额达到11.2亿元人民币。进一步完善招商项目管理制度，加大入驻项目跟踪力度，全年共引进项目143个，投产项目118个，动工率达到86.7%。在开发区已签约的130个项目中，伟世通发动机控制系统、福耀玻璃、百力通等73个项目已经顺利投产，卡福、博泰等33个项目正在开工建设，动工率达到82%。

【对外贸易】 2005年，重庆开发区对外贸易增势强劲。全年累计完成进出口总额7.26亿美元，比上年同期增长13.06%，其中出口总额1.25亿美元，比上年同期增长56.17%。出口企业中外商投资企业仍占主导地位，集体和私营出口企业不断壮大，分别占全区出口总额的61.33%、18.64%。一般贸易仍是主流，加工贸易快速增长，出口总额分别比上年同期增长40.52%和27.84%。

【社会事业】 重庆开发区认真落实科学发展观，在加快经济发展的同时，大力发展社会事业，为构建和谐开发区夯实基础。一是认真做好民政救济和优抚安置工作，全年全区累计享受低保金达2868户，累计享受低保金人数达5936人，共发放低保金总额40.9万元，低保覆盖率达100%。开展多种形式的双拥优抚活动，切实做好重点优抚对象及8023部队退役军人的稳定工作。二是以提高人民群众生活质量为出发点，精心实施了“五大民心工程（即就业、安居、社保、敬老、健身）”。区、镇（街）、村（居）三级联动，加大培训就业工作力度，全年共培训农转非6683人，帮助4368名农转非人员实现了就业，提前完成了年初确定4000人的就业工作指标。安居工程推进顺利，全年竣工农转非安置房46.13万平方米。街镇敬老院正加紧建设，春节前“五保”老人入住，实现了“老有所养、老有所乐”。社会保险工作再上新台阶，养老保险新增5432人，完成目标任务的135%；工伤保险参保单位709户，参保人员达4.7万，超额完成市政府目标5000人；失业保险年度新增参保单位136户，新增人员5200人，使参保单位达500户，参保人员达32000人；医疗保险新增投保13436人，总参保单位已达379户，参保人员共达45517人。加强基金征收，五大险种年度累计征收保险费达20056万元，其中基本养老保险费14180万元；医疗保险费4373.77万元，失业保险费1200万元；工伤保险费274万元；生育保险费28.5万元。认真落实城市居民最低生活保障制度，出台了《重庆开发区管委会关于实行农村最低生活保障制度（试行）》，社保工程取得较大突破。三是加快公共卫生服务设施建设，已经办理重医附一院项目的审查意见书，积极协调镇街社区卫生服务中心建设，协调落实丹鹤、南山社区卫生服务站用房问题；安排镇街及相关单位开展除“四害”工作；开展了以打击非法行医、食品卫生安全为主要内容的卫生综合执法工作。四是狠抓教育管理工作，完成了学校布局规划调整；镇街在建的6所中小学基础设施建设和教育技术装备配置按计划如期推进；配合市教委、北部新区管委会搞好了国际学校管理团队招标工作，育才经开中学已于9月1日建成开学，引进名校初见成效。五是认真贯彻落实“人口与计划生育”基本国策，积极开展优生优育和生殖健康服务，继续保持低生育水平。六是成功召开了重庆开发区首届群众体育运动会和全国开发区公关年会，展现了开发区人拼搏进取的精神风貌，扩大了重庆直辖市和开发区在全国的影响。龙湖体育公园和保利高尔夫球场建设按计划正常推进，开展全民健身活动成效显著，被评为全国先进单位。

【管理与服务】 2005年，重庆开发区积极创新管理体制和运行机制，着力建设精简、高效、服务型政府。一是顺应投资体制改革的新形势，根据《国务院关于投资体制改革的决定》精神，结合开发区实际，制定出台了《关于贯彻实施市政府108号文及其相关文件的通知》，对涉及的国土、规划、环保等内设机构在实施项目核准、备案职能方面做了进一步明确，理顺了管理关系。二是按照精简、高效的原则，积极创新工作方式，建立并实行项目洽谈介入制度、项目预审制度等新的工作制度，精简办事环节，提高办事效率。三是强化政府服务职能，按照《行政许可法》和《北部新区投资服务规范》以及北部新区改善投资软环境誓师大会的要求，进一步加强南北行政服务中心的管理，主动做好从项目进入到建成达产整个过程的服务工作，不断增强窗口服务功能，提高办事效率和依法行政能力，使企业在开发区享受到方便快捷的服务。四是积极为区内企业排忧解难。在全市夏秋季电力紧缺情况下，积极协调行业部门，有效缓解了用电高峰期企业用电难问题，并为部分企业办理电价优惠相关手续。通过协调还使企业提出的闭路电视、环境卫生、交通饮食、厂区治安、物业管理等问题得到了较好的解决，为企业营造了一个良好的发展环境。

【高新技术产业和重点企业】 2005年，依靠技术创新，重庆开发区高新技术产业发展势头迅猛。高新技术企业全年实现总产值155.27亿元，销售收入162.70亿元，税金总额13.76亿元，利润总额11.41亿元，分别占全区工业比重的71.91%、80.57%、71.34%和79.57%，比上年同期均有较大增长。全年共签定技术合同42项，技术合同成交金额4498万元。2005年，重庆开发区重点企业继续保持了持续高速增长的发展势头。年产值千万元及以上重点企业全年生产总产值277.83亿元，销售收入293.22亿元，税金总额16.51亿元，利润总额16.79亿元，分别占全区的88.01%、89.75%、72.98%、99.55%。销售收入上亿元的企业达到47个，利润总额上千万元的企业22个，税金总额上千万元的企业16个，有5家企业进入重庆工业50强。一批明星企业如长安福特、扬子乙酰、爱立信科技、隆鑫工业、迪马汽车、美心集团、顶益食品等，成为全区工业经济的支撑力量。

【机构设置与管委会领导】 重庆开发区管委会共有直属部门20个，分别是办公室、纪工委（监审局）、组织部、宣传部、总工会、团工委、妇联、计统局、财政局、经贸局、产业发展局、建设局、市政局、交通局、安监办（法制局）、社会发展局（农办）、劳动和社会保障局、教育局、北区行政服务中心、南区行政服务中心。直属企事业单位5个，分别是建管站、土地储备中心、市政环卫处、就业办（人才交流中心）、金泰公司。重庆市派驻机构12个，分别是开发园工商分局、开发区工商分局、国税局、地税局、环保分局、规划分局、质监分局、海关、开发园土房分局、开发区土房分局、公安分局、消防支队。受重庆市北部新区委托，重庆开发区全面代管一镇两街，即礼嘉镇、鸳鸯街道和翠云街道。重庆出口加工区管委会下设三个部门，即综合管理办公室、开发建设管理处和经济贸易管理处。

重庆开发区（重庆出口加工区）党工委、管委会领导班子成员共7人，分别是党工委书记、管委会主任唐文峰，党工委副书记、管委会副主任王明瑛，党工委副书记李作华，管委会副主任高志明、谢克毅、陈炯，出口加工区副主任韩宝昌。

【出口加工区建设】 重庆出口加工区于2001年6月15日经国务院批准设立，位于北部新区经开园，规划面积2.8平方公里，首期开发建设1平方公里，其中0.4平方公里的起步区于2002年8月28日建成并通过海关总署、外经贸部、国土资源部等国务院八部委联合验收合格，实现封关运行。出口加工区管委会与开发区管委会实行“一套班子，两块牌子”的领导体制。

2005年，重庆出口加工区克服内地发展加工贸易区位劣势等不利因素，把握机遇，扬长避短，不断完善投资环境，提高服务质量，使全区工业经济呈现健康、快速发展的良好势头。全区共实现工业总产值1.89亿元，同比增长146%；实现出口交货值1.84亿元。完成产品销售收入1.84亿元，同比增长163%。产品销售率达97.35%，同比增长35.72%。全年实现利润95.3万元，同比增长417%。全区已投产的8家企业累计实现进口720万美元，同比增长47.1%；出口2145万美元，同比增长153.3%；进出口总额2865万美元，同比增长114.4%。其主要特点：一是机电产品出口势头强劲。2005年，全区出口2145万美元，其中，机电产品出口1637万美元，同比增长96%，占同期出口额的76%。二是产品出口市场多元化加速形成。2005年，全区产品出口国达到17个，比2004年增加9个，主要分布于日本、美国、英国、澳大利亚等，出口市场多元化格局正在形成。三是民营企业发展迅猛。全年累计实现出口1625万美元，同比增长105.7%，占同期出口总额的76%。民营企业出口大幅提升，实现出口520万美元，同比增长809.7%。四是进口保持平稳增长。全区5家企业有进口实绩，进口额为720万美元，同比增长231万元，增幅达到47.1%。进口原辅材料占主要份额，为进口总额的70%。五是工业企业投资增幅明显。2005年，园区完成固定资产投资8470.51万元，同比增长146.75%。其中工业企业完成投资8466.01万元，同比增长162.2%。六是外商投资企业仍是经济增长主要动力。2005年，在各种经济类型中，外商经济增势强劲，累计完成工业增加值4632.7万元，占全部工业的比重为94.5%，同比增长176.8%。七是在优化投资环境上做了实实在在的努力。重庆出口加工区管委会把企业当“上帝”，采取切实可行的措施，不断改进服务态度，提高办事效率和服务质量，努力为企业营造良好的发展环境。第一，先后完成了区内高压塔的搬迁、土地的平整和验货平台整改及用水管网的改建等工作，为招商引资提供坚实的保障。第二，积极推进多渠道招商，全面了解重庆市加工贸易企业和出口型企业情况，有针对性地进行电话联系和上门拜访招商。第三，积极参加闽籍企业在渝投资合作对接会、驻渝港资企业座谈会、厦洽会等各种主题推介活动，全面介绍加工区的发展，讲解区内各项投资优势。同时与外经委商务代表小组建立联系机制，探索多渠道招商，提高招商工作效率。2005年成功引进的香港查氏集团在渝投资的重庆渝汇制衣有限公司，预计投产后出口创汇可达1000万人民币。第四，坚持巡访企业制度和定期召开情况通报会，积极为企业排忧解难。深入对企业存在的问题和困难以及职工关心的热点、难点问题进行调研，并积极协调解决。全年协调解决企业产品报检、采购设备、工商年检和基本建设等困难和问题80余起，保障了企业正常生产活动。定期通报国家最新出台的政策法规、高新技术和资金扶持等项目申报的有关情况，编发《出口加工区信息》14期、《加工贸易动态》5

期，使国家的加工贸易发展动态和新颁发的加工贸易政策文件得以及时传达给企业。第五，邀请市检验检疫局、市退税局、国税局、市外管局、环保分局等有关部门，深入加工区现场办公或培训，对企业在生产经营活动中遇到的问题提出切实有效的解决方案。第六，组织区内企业进行有关国际市场开拓扶持资金、高新技术产品和高新技术企业的申报工作。重庆润际合金有限公司的“合金产品”荣获市高新技术产品称号；重庆利时德汽车部件有限公司顺利通过了汽车及其配套产业的专业认证—ISO/T16949质量管理体系的认证评审。

（重庆经济技术开发区管委会）

萧山经济技术开发区

XIAOSHAN ECONOMIC & TECHNOLOGICAL DEVELOPMENT ZONE

【经济发展】 2005年，萧山经济技术开发区（以下简称萧山开发区）紧紧围绕全年目标任务和“加快发展、提升发展、持续发展”的总体要求，努力克服宏观调控和要素制约带来的困难影响，以科学发展观为指导，攻坚克难，经济保持快速增长。全年实现工业总产值206亿元，比上年增长22.6%；GDP 55.48亿元，同比增长19.2%；工业利润12.08亿元，同比增长15.68%；税收7.03亿元，同比增长40.82%。

重点产业发展明显加快。萧山开发区轻纺服装、机械制造、建材家具、电子电器、精细化工、医药食品等6大行业发展加快，总量不断做大。轻纺服装实现产值70.61亿元，同比增长76.10%，占总量比重的32%；机械制造实现产值44.70亿元，同比增长6.10%，占总量比重的21%；建材家具实现产值31.16亿元，同比增长17.80%，占总量比重的14%；电子电器实现产值12.74亿元，同比增长16.90%，占总量比重的6%；精细化工实现产值10.75亿元，同比增长36.40%，占总量比重的5%；医药食品实现产值10.43亿元，同比增长24.70%，占总量比重的5%。

骨干企业作用日益突出。萧山开发区2005年实现工业产值达亿元的企业有65家，占全部投产企业的21.38%；产出总量达152.64亿元，占开发区产出总量的70.57%。有17家企业被评为萧山区“百强企业”。工业产值达5亿元以上的企业7家，其中汉帛（中国）公司达到了8.08亿元；获利达5000万元以上的企业有6家，其中松冈机电公司达到了1.28亿元；骨干企业贡献突出，上缴（统计账面）税收2000万元以上的企业有8家，其中汉帛（中国）公司达到了7321万元。

【投资环境】 2005年，萧山开发区管委会积极探索和创新“小政府、大社会、大服务”的管理模式，着力提升开发区投资环境。制订出台了《关于进一步促进开发区经济发展的若干政策意见》，对世界500强企业及高新技术项目落户，对区内企业吸引国内外资金、强强联合、集约用地，对投资创办商贸服务型企业等提出了一系列的政策措施，促进了招商引资和经济发展。进一步强化安全环保工作，制订了开发区生态与环境污染、危险化学品事故两个应急预案；进一步落实安全生产责任制，推进安全质量标准化考核和实行ABC分类管理；

加强环保监控，进一步改善了开发区的环境质量。

区内基础设施环境不断优化。以“双创”活动为契机，不断加大投入力度。2005 年新建绿地 2.3 万平方米，修复沥青路面 6 万余平方米、道路板块 4800 多平方米，维修路灯灯杆 2600 支。对江东园区启动区块内尚未配套的 5.69 平方公里进行基础设施规划设计，规划实施道路、桥梁、污水外排、电力、河道整治、绿化、天然气配套等七大工程。通过市场化运作，市北区块内老化、陈旧的路牌、公交候车厅得到更新。顺利通过了省环科环境认证中心对开发区管委会 ISO14001 运行情况的监督审核。加强社会综合治理，区内社会环境保持稳定。

【招商引资与利用外资】 2005 年萧山开发区新批外商投资企业 29 家，办理外资增资项目 29 个，引进外资总投资 6.24 亿美元，合同外资 2.72 亿美元，实际到位外资 1.58 亿美元。其中合同外资、实际到位外资分别比上年增长 3%、7%，分别占萧山全区的 46.5%、50.6%。引进市外协议内资 9.01 亿元，实到市外内资 3.47 亿元，分别完成全年目标任务的 150%、105%。

引进世界 500 强投资项目创历史新高。引进瑞典爱立信、德国 ZF 齿轮集团、日本双日株式会社、日本丰田通商等世界 500 强企业 4 家，均为在浙江的首次投资项目。一批大项目相继审批或洽谈成功。如总投资 4000 万美元的日本独资普利适优迪车桥项目，是萧山区迄今为止外资投资最大的汽车关键零部件研发、生产项目。总投资 4020 万美元的日本独资格凌水研项目，是目前浙江省内引进的首家较大规模的环境保护技术研发和服务的外资项目。达利（中国）有限公司在不新增建设用地的前提下，新增合同外资 4340 万美元，总投资达到 10980 万美元，成为国内最大的丝绸服装生产企业。爱立信网络技术、ZF 汽车变速箱、普利适优迪车桥、格凌水研环保等一批项目的引进，填补了开发区乃至萧山的产业、行业空白。

集约招商成效明显。2005 年萧山开发区新批的 29 个外资项目中有 18 个项目未新增一亩土地；29 个增资项目和所有内资项目均未新增用地。同时，引进项目的质量和投资密度显著提高。投资密度平均每亩达 41.4 万美元，比 2004 年的每亩 25 万美元提升 66%。

【对外贸易】 2005 年萧山开发区外贸出口强劲，增速加快，实现自营出口 9.6 亿美元，同比增长 18.38%，出口总额占萧山区比例达 29.21%。涌现出一大批出口型骨干企业。2005 年共有出口企业 114 家，占投产企业的 37%。实现出口额达 6000 万美元以上企业有 4 家，分别是：汉帛（中国）公司达 10105 万美元；达利（中国）公司达 8165 万美元；华越家具公司达 7379 万美元；汉欣家具公司达 6937 万美元。

【社会事业】 社会保障体系不断健全。开展“劳动管理诚信企业创建”评比活动，加大人才服务力度，推进社保全覆盖，区内参保人数达 25381 人，安置再就业 1023 人，分别完成萧山区下达任务的 117%、102%。恩希爱、庆丰、永田三家企业被浙江省劳动保障厅评为“诚信企业”。

教育、文体、卫生事业快速发展。组建萧山首家以外来务工人员为对象的教育集团，努力构建起开发区全民终身教育体系。积极组织开展群众性的文化体育活动，举办了萧山开发区第二届男子篮球赛和首届建设者风采暨“国庆”文艺演出，促进和活跃了区内职工群众的文化体育生活。依法加强对食品卫生的监督管理，确保区内群众食品和饮食安全。编写《卫生防病简报》，广泛开展健康教育活动。

维护区内政治社会稳定。外来人员管理得到全面落实，2005 年共办理暂住证及暂住登记 88193 人，办理境外人员临时户口登记 718 人次。成立钱江农场社区，规范农场辖区管理。加强了劳资、文化、市场、卫生、城管等督查管理。认真处理信访上访，妥善化解各类矛盾纠纷。

【管理服务】 2005年，萧山开发区企业管理从原来的平面管理转向分级分类管理，在对开发区现有企业进行综合分析排列的基础上，进行A、B、C类三级分类管理指导，A类企业重点是上水平，打品牌，提升核心竞争力；B类企业重点是挖潜改造，增强后劲，加快发展；C类企业重点是强化管理，健全机制，提高效益。实现服务创新，强化“三零”服务理念，做到“工作衔接零距离、办事环节零障碍、服务质量零缺陷”；强化上门服务，在项目申报、政府咨询等方面，主动为企业排忧解难，进一步提升工作效能。2005年萧山开发区管委会经常组织走访企业，为企业办理国产设备抵免税及各类变更手续1000多批次，并完成了开发区首次经济普查。

针对电力供应紧缺问题，切实加强有序用电管理，在努力争取用电指标、搞好企业自备发电的同时，对重点时段、重点企业、连续用户等不同情况，分门别类、合理地制定用电方案；针对项目用地不足的困难，积极开展扩容申报和征地拆迁工作，帮助企业盘活存量土地，建造多层标准厂房，缓解土地紧张状况；针对企业贷款难的现状，努力搭建服务平台，举办银企联谊活动，把筛选出来的一批好企业、好项目推荐给金融单位，争取其信贷支持。

【高新技术产业和重点企业】 2005年萧山开发区批准国家级、省级高新技术企业各1家，省级先进技术企业4家，累计开发区有省级先进技术企业13家，占萧山全区的81%；创业中心被命名为省级科技企业孵化器，德意成为开发区首家省级博士后工作站。友成模具公司和友佳机械在香港成功上市。杭州国家软件产业基地拓展区块新引进企业6家，其中软件企业5家，专利2项。

【空间拓展】 2005年，萧山开发区空间拓展工作得到有效推进。桥南区块3400亩土地征迁取得进展。萧山区成立了桥南区征迁工作领导小组及征迁工作指挥部。完成农户房屋评估581户，占应评估户数的82%，安置小区规划设计全面展开。同时，南沙大堤废堤获得了钱塘江管理局的批准。市北区块2.7平方公里公建用地开发建设开始启动。区块控制性详规已编制完成，并报区政府批准。签订了519亩安置小区的征地合同，有关征迁前期工作顺利推进。江东区块申报和征迁工作有进展。完成产业发展规划编制。上报了国家级开发区和省级开发区扩容请示。进行了江东二期征迁政策调研，为下步征地拆迁和安置区建设奠定了基础。

【机构设置与管委会领导】 萧山经济技术开发区管委会是萧山区人民政府的派出机构，代表区政府对经济技术开发区实行统一领导、统一管理。管委会机关由党政办公室、招商局、经济发展局、国土规划建设局、人事劳动局、社会事业发展局、政策研究室、直属党委共8个内设机构组成。

开发区党工委书记王伟民，管委会常务副主任叶永浩，副主任周茂昌、章燕梁。

（萧山经济技术开发区管委会）

广州南沙经济技术开发区

GUANGZHOU NANSHA ECONOMIC & TECHNOLOGICAL DEVELOPMENT ZONE

【经济与社会发展】 2005年广州南沙经济技术开发区（以下简称南沙开发区）经济增长势头强劲。全年全区实现GDP 123亿元，增长28.9%；工业总产值达到248.8亿元，增长34.1%；完成固定资产投资163.7亿元，增长92.1%；实际利用外资4.05亿美元，增长30.8%；外贸出口总值12.73亿美元，增长37.0%；进口总值15.06亿美元，增长23.1%；农业总产值14.88亿元，增长4.4%；农民人均纯收入达7465元，增长4.3%。

第二产业拉动作用强大，所占比重明显提升。2005年，全区第一产业实现增加值7.77亿元，增长4.6%，拉动经济增长1.8个百分点。第二产业实现增加值88.67亿元，增长39.7%，拉动经济增长20.8个百分点；其中，工业拉动经济增长15.4个百分点，建筑业拉动经济增长5.4个百分点。第三产业实现增加值26.51亿元，增长6.7%，拉动经济增长6.3个百分点。三次产业的比例为6.3:72.1:21.6，与2004年的7.8:65.7:26.5相比，第一产业比重下降1.5个百分点，第二产业比重上升6.4个百分点，第三产业比重下降了4.9个百分点，显示出第二产业增长势头强劲。

农业生产平稳增长。2005年全区实现农、林、牧、渔业总产值14.88亿元，增长4.4%。其中种植业产值5.91亿元，增长4.9%；林业产值0.48亿元，增长3%；畜牧业产值1.11亿元，增长11.4%；渔业产值7.02亿元，下降4.2%；农林牧渔服务业产值0.36亿元，增长23.6%。

工业经济快速发展。经过三年多的大开发建设，部分新建的工业项目已建成投产，逐步形成新的生产能力，以及部分原有企业增资扩股，扩大生产能力，共同推动了全区工业经济的增长。2005年全区实现工业增加值65.57亿元，占全区GDP的比重为53.3%，增长29.4%，拉动全区经济增长15.4个百分点。全年全区完成工业总产值248.80亿元，增长34.1%；工业销售产值246.72亿元，增长34.78%。规模以上工业企业完成产值240.55亿元，增长35.92%；规模以上工业企业实现销售产值238.47亿元，增长35.55%。按行业分，完成工业产值超过十亿元的行业分别为化学原料及化学制品制造业，电力、热力的生产和供应业，燃气生产和供应业，纺织业，通信设备、计算机及其他电子设备制造业，这五个行业共完成工业产值160.97亿元，占规模以上工业企业产值的66.9%。按经济类型分，内资企业完成工业产值26.6亿元、增长32.8%；港、澳、台商投资企业完成工业产值126.7亿元，增长21.5%；外商投资企业完成工业产值87.3亿元，增长72.2%。按轻重工业分，轻工业产值74.4亿，增长29.3%；重工业产值166.2亿元，增长38.1%；轻重工业产值比例为30.9:69.1。

港口运输取得突破。2005年，全区港口吞吐量3491万吨，增长7倍。其中，进口2318万吨，增长6.4倍，出口1174万吨，增长9.4倍。散货吞吐量1728万吨，增长13.8倍。集装箱吞吐量119.99万标准箱，增长3.6

倍。其中，进口 60.58 万标准箱，增长 3.3 倍；出口 59.41 万标准箱，增长 2.9 倍。

商业销售逐步活跃。全年实现社会消费品零售总额 19.51 亿元，增长 20.5%。其中限额以上企业实现零售额 3.50 亿元，增长 20.1%；限额以下企业实现零售额 0.49 亿元，增长 21.3%；个体户实现零售额 15.51 亿元，增长 20.6%。批发零售贸易业实现零售额 15.97 亿元，增长 19.6%。其中，限额以上企业实现零售额 3.19 亿元，增长 19.6%；限额以下企业实现零售额 0.33 亿元，增长 19.6%；个体户实现零售额 12.46 亿元，增长 19.6%。住宿餐饮业零售额 3.53 亿元，增长 24.8%。其中，限额以上企业实现零售额 0.32 亿元，增长 24.8%；限额以下企业实现零售额 0.16 亿元，增长 24.8%；个体户实现零售额 30565 万元，增长 24.8%。

进出口贸易。2005 年，进出口总额 27.79 亿美元，增长 29.1%；其中，出口 12.73 亿美元，增长 37.0%；进口 15.06 亿美元，增长 23.1%。对外贸易的快速增长有利于带动开发区工业企业的生产，区内有出口业务的规模以上工业企业 85 家，占规模以上企业的 52.1%；全年完成出口产品产值 100.92 亿元，增长 39.8%。

【投资环境】 2005 年，南沙开发区城乡道路主骨架路网建设快速推进。全年实施城建项目 117 个，计划总投资 20.5 亿元，实际完成投资 19.8 亿元，超过 2002 年至 2004 年完成的实际工程量的总和，创历史新高。实施道路桥梁建设项目 73 个、总长 280 公里。完成了沙仔大桥、黄阁大道、进港大道、JFE 配套道路、环岛西延长段、黄阁北路等 15 个路桥建设项目，通车里程达 81 公里。正在推进的路桥项目 50 个，里程 153 公里。南沙港快速路、市南路拓宽工程已建成通车，南沙港快速路榄黄支线将于近期完工；地铁 4 号线南沙段已全线动工，预计 2006 年建成；亭角立交主体工程已经通车；总投资 5.5 亿元、连接南沙岛与龙穴岛的凫洲大桥已动工建设，计划于 2007 年初建成通车；总投资超过 10 亿元的新蕉门大桥和凤凰三桥项目正全面加紧设计工作，将于 2006 年动工建设；全长达 25 公里的万环西路也在 2005 年初动工建设。

以减灾防灾为重点的各项水利工程建设全面启动。按照外江堤防 50 年一遇（其中重点堤防 200 年一遇）的防洪标准和区内河涌排涝 20 年一遇 24 小时暴雨不成灾的标准，全面启动以减灾防灾为重点的各项水利工程。全年投入 1.2 亿元，推进西涌水闸至公堡涌水闸段环岛外江堤防综合整治工程和沙仔岛、小虎岛、汽车基地、钢铁基地等重点地区的防洪排涝整治工程，启动了 21 宗水闸重建工程的勘测、规划、设计工作，基本完成防灾减灾工程的前期设计工作。蕉门河整治工程完成投资 9456 万元，部分地段已初步形成景观。启动了总长 10.14 公里的城市防洪工程和 4.7 公里的海堤加固工程。

城区建设取得新进展。完成了占地面积 200 亩，建筑面积 23 万平方米，可容纳逾万人居住的广州丰田汽车生活区建设。投资 4.7 亿元建设了建筑面积为 28.6 万平方米的黄阁麒麟新村农民安置区一期工程。广隆安置区、珠江产业工人生活区也正在建设中。南沙口岸联检大楼工程已完成 70% 的工程量，将于 2006 年 3 月交付使用。黄阁公交站已经建成，并开通了 6 条公交线路。小虎特勤综合消防站工程进展顺利，将于 2006 年 6 月建成投入使用。启动 11 座 22 万伏和 11 万伏变电站建设，其中龙穴岛、黄阁、丰收、小虎等 4 座 11 万伏变电站以及鱼飞－JFE 钢厂 22 万伏输电工程已建成并投入使用。虎桥 20 万千瓦变电站将于 2006 年上半年建成并投入使用。

绿化环保工作顺利推进。占全市三分之一工程量的 73 个石场采石场复绿工程全面完工。大角山滨海公园（亲水公园）已完成配套设施建设，园林园建工程正在推进，计划 2006 年 2 月底正式开放。南沙污水处理厂一期已完成 90% 的土建工程。南沙垃圾焚烧发电厂一期工程已经完成前期工作。投资 460 万元的广州市环境监控中心南沙分中心（一期）的建设已进入调试验收阶段。对42个企业进行了环保执法检查，违法排污企业得到了有效整治。

【招商引资与重点项目】 2005年，南沙开发区合同利用外资50410万美元，增长3.2%；实际利用外资40565万美元，增长30.8%；新批外资项目45个，增长2.3%。平均每个外资项目利用外资1120万美元，高于全市平均水平。新批内资工业项目14个，投资总额11.75亿元人民币。新引入新日本石油、丰田汽车、丰田通商、电装、丸红、道达尔等6家世界500强企业，使落户开发区的世界500强企业发展到26家。重点筹建工业项目53家，涉及投资总额39.68亿美元，其中超3000万美元的项目有16家，超1亿美元有6家。

汽车基地方面，首期年产30万台的广汽丰田发动机项目已于2005年11月实现了整机生产下线并出口；年产20万台发动机的二期项目已进入工厂上盖建设阶段，将于2006年6月份投产。首期年产10万台的广州丰田整车项目正进行设备安装，将于2006年上半年正式投产。钢铁基地方面，年产40万吨热镀锌板的广州JFE钢板有限公司项目于2006年1月份投产。造船基地方面，年造船能力达300万吨的龙穴岛造船基地已获国家发展和改革委员会批准并开始建设。重型机械装备基地方面，三菱重工东方燃气轮机项目已建成投产，制造核电设备的东方电气项目正在全面建设，计划于2006年3月份建成投产。高新技术基地方面，生产光电子元器件的广州南沙慧视通讯科技项目已投入生产。广州中国科学院工业技术研究院正式成立，重点实验室和国际研发中心按计划快速推进。港口物流基地方面，广州港南沙港区提前半个月完成年集装箱吞吐量超过100万标准箱的任务，全年累计完成108万标准箱；6个5万吨级集装箱泊位码头正在抓紧建设，将于2007年全部建成并投入使用；龙穴岛物流园区的基础设施建设正加紧推进，其中保税物流中心项目首期0.57平方公里范围内的基础设施和市政配套工程已经完成。石化产业方面，日本东漕、新日本石油、法国沙多玛、新加坡泰山集团、瑞士龙沙、广州立白等10多个项目建设按计划推进。

【管理与服务】 2005年，南沙开发区城市管理水平进一步提高。加大对违法建设和违法用地的查处，有效遏制农民“抢建”的势头。全年共查处违法建设案件876宗，建筑面积约32万平方米；查处各类“六乱”案件8447宗，查处余泥洒漏97宗。加强建筑工地监控管理，加大对无证施工行为的查处力度，安全文明施工管理工作取得了较好成效。开展进港大道及蕉门河中心区金洲涌整治及景观改造，营造优美的城市环境。推行道路社会化管理模式，已有20条道路的维护管养工作通过公开招标的方式实现了社会化管理。落实安全生产、食品安全、消防责任制，牢固树立“安全责任重于泰山”的观念，积极开展安全生产和防火安全检查，整治安全隐患。强化食品安全检测和市场准入监管，在全区食品企业开展卫生安全法律法规教育。加强出租屋管理，落实出租屋整治，84%的出租屋达标。开展出租屋租赁登记备案，为规范管理打下了良好的基础。

投资软环境进一步改善。从项目谈判、项目审批到企业筹建实行专人跟踪，建立集服务和管理于一体的“打包式”审批服务体系，为投资者提供“一站式”的投资促进服务，在47个工作日内完成工业项目审批。区领导、区工作部门与重点企业建立挂钩联系制度，开通24小时企业服务热线电话，定期到企业召开现场办公会议和政府与入驻企业恳谈会，及时解决企业建设和生产过程中的问题。通过优质高效的服务工作，营造良好的投资氛围，推动企业增资扩股，实现二次招商和以商引商。

【高新技术产业】 2005年，南沙开发区高新技术产业向前迈进了一大步，一批高科技研发机构项目落户开发区。一是由市政府与中科院合作的广州中国科学院工业技术研究院项目完成了项目立项，该项目计划组建9个研发中心以及1个教育培训机构。其中，与中科院光电所共建激光与光电子研发中心，与广东工业大学、莫斯科工业大学共建装备制造技术研发中心，与德国弗朗霍夫学院合作共建中德物流与自动化制程研究中心等3个研究机构已经成立。前两个研发中心项目已成功申报为省级重点实验室。二是香港科技大学在南沙资讯科技园内设立了微电子封装研究院和嵌入式系统设计院。三是结合产业发展，一批创新能力很强的大企业正在开发区筹建研究开发机构。如瑞士龙沙公司成立了研究和开发医药及精细化工中间体和活性成分的研发中心（有9个实验室，与瑞士总部的研发中心处同一级别），东方电气集团正在筹建核电设备设计研究中心（要建成国家级的核电设备设计研究中心，计划2006年年底开始正式运作），安捷利公司正在筹建柔性电路工程技术研究开发中心等。

【社会事业】 2005年，随着开发力度的不断加大，南沙开发区各项社会事业也取得了可喜的进展：教育基础设施建设不断完善，再就业工作不断加强，农村社会保障体系逐步健全，医疗卫生基础设施建设取得新进展，按三级甲等医院标准规划建设的南沙中心医院已经进入设计招标工作阶段。

教育基础设施建设不断完善。2005年末，全区共有小学40所，中学10所（其中公办完全中学2所，民办完全中学1所）。2005年，南沙开发区重点完成了广州市南沙第一小学的新建和南沙二中的改造。按省一级标准规划设计的广州市南沙第一小学已竣工并投入使用，学校建筑面积为2.12万平方米，学位1620个。南沙二中新增建筑面积8080平方米，使总面积达到3万平方米，学位1944个。此外，麒麟新城配套小学土建部分已封顶，南沙区中心小学通过省一级评估。

医疗卫生基础设施建设取得新进展。2005年，南沙开发区大力完善公共卫生体系，区卫生监督所、区疾病控制中心正在积极筹建中。按三级甲等医院标准规划建设的南沙中心医院已立项，现正与广州市第一人民医院合作进行设计招标工作。

农民就业渠道不断拓宽。2005年开发区推进村居劳动保障工作平台建设，基本完成镇（街）劳动保障服务中心建设；卓有成效地推进农村富余劳动力转移就业工作，开办了各类技能培训班，共1190人参加了培训，培训后就业率为62%；举办农村劳动力转移就业现场招聘会，提供职位5322个，全年实现农村富余劳动力转移就业1384人。城镇就业工作得到加强。全区城镇登记失业人员共986人，其中609人已重新就业，再就业率为61.8%；“4050”失业人员123人，其中79人已就业，再就业率为64.2%，取得了明显的成效。

农村社会保障体系逐步健全。开发区积极推进农村合作医疗工作，参加农村合作医疗92295人，占全区农村居民总数的85.9%。服务困难群众力度不断加大。突出抓好以“五项民心工程”为代表的一批群众满意工程，下拨了冬令救济款8.8万元，对784户2250人特困户、五保户安全过冬提供了保障；为830户2410人的困难群众提供了城市居民最低生活保障。

（广州南沙经济技术开发区管委会）

惠州大亚湾经济技术开发区

HUIZHOU DAYAWAN ECONOMIC AND TECHNOLOGICAL DEVELOPMENT ZONE

【经济发展】 2005年惠州大亚湾经济技术开发区（以下简称大亚湾开发区）完成GDP 53.2亿元，增长23.1%；惠州港吞吐量1089.6万吨，增长1.5%；国、地两税总量57.9亿元，增长35%；地方财政一般预算收入3.2亿元（不含中海壳牌税收收入1.1亿元），增长33.8%；合同利用外资3.4亿美元，增长50.7%；实际利用外资3.9亿美元，增长30.2%；外贸出口总额3.7亿美元，增长21.5%；完成固定资产投资155.2亿元，增长6.8%。

工业生产稳步增长。实现工业总产值72.6亿元，增长40.4%；完成工业增加值17.2亿元，增长37.1%，工业增加值对全区GDP的贡献率为32.3%。现有企业不断增资扩产，永昶集团、合正电子、鼎富电子、宝兴钢铁、东风本田、东风易进等区内重点企业不断扩大生产规模，有力地推动了全区工业经济快速发展。电子工业和汽车零部件制造业仍是推动全区工业增长的主力。全区电子工业实现总产值32.3亿元，增长25.5%，占全区工业总产值的44.5%；汽车零部件制造业实现工业总产值19.5亿元，增长52.2%，占全区工业总产值的26.9%。西部工业区发展步伐加快。完成工业总产值62.1亿元，增长44.3%，占全区工业总产值的85.6%，以电子信息产业、汽车零部件制造业和钢铁工业为主的工业走廊已初具规模。

第三产业发展步伐加快。第三产业实现增加值21.3亿元，增长18.3%。全年房地产开发完成2.3亿元；商品房屋销售建筑面积6.3万平方米。完成社会消费品零售总额5.2亿元，增长16.4%。新增私营企业132家，注册资金1.8亿元；新增个体工商户848户，增长28%。旅游业持续见旺，全年接待旅游总人数70万人次，增长7.7%；旅游企业总收入4200万元，增长10.5%。

财税金融运行稳健。国地两税完成57.9亿元，增长35%。其中，国税收入完成51.2亿元，增长37.6%（剔除海关代征税47.9亿元，总量为3.3亿元，增长21.4%）；地税收入完成6.6亿元，增长17%。地方财政一般预算收入3.2亿元（不含中海壳牌税收收入1.1亿元），增长33.8%；地方财政一般预算支出3.6亿元，增长21.6%。全区银行年末存款余额33.3亿元，比年初增长12%，其中居民储蓄存款15.2亿元，比年初增长12%；银行贷款39.1亿元，比年初增长68%。

【投资环境】 大亚湾开发区位于广东省惠州市南部，毗邻深圳、香港，地属经济活跃的珠江三角洲经济区范围。开发区自然条件得天独厚。拥有国内难得的天然深水避风良港，有大片地势平坦的工业腹地，淡水资源充足，旅游资源丰富，是中国南部沿海一处极佳的海陆结合点，是发展临海型大工业和现代旅游业的理想之地。经过多年的开发与建设，开发区已经初步形成了比较完善的港口、道路、供水、供电、通讯等基础设施网络，完全能够承载大工业发展的需要。投资软环境也日益得到优化。中海壳牌南海石化、中国海油惠州炼油、广东

LNG惠州电厂、东风本田等一批大项目已相继建设或投产，一座现代化的滨海石化新城区正在崛起。

【招商引资与利用外资】 一是签约项目规模大、档次高。全年新签外资项目38宗，总投资6.4亿美元，增长51.2%，项目平均投资额达1700万美元。其中独资项目有28宗，占73.7%；投资超过1000万美元的有13家，涉及投资额达4.1亿美元，占新签项目投资总额的64.4%；世界500强企业3家，分别是日本住友株式会社、普利司通株式会社和美国礼恩派国际集团。二是利用外资大幅增长。全区合同利用外资3.4亿美元，增长50.7%，完成年度计划的133.8%；实际利用外资3.9亿美元，增长30.2%，再创建区以来新高，总量和增幅均居惠州市前列，其中外商直接投资3.5亿美元，增长37%。三是现有企业积极增资扩产。全区有19家企业增资扩产，涉及增资额11999万美元，增长46.1%。

【对外贸易】 全年完成外贸出口5.1亿美元，增长49%，其中直接出口3.7亿美元，增长21.5%。在外贸直接出口中，三资企业出口22800万美元，增长77%；一般贸易出口1606万美元，增长75.9%。

【管理与服务】 大亚湾开发区重点推进了一批路、桥建设，加大了市政设施、烂尾楼盘活及绿地维护管理和环境卫生整治力度，扎实开展迎接“国家园林城市”复查及创建“全国文明城市”活动，有效提升了城市形象。与此同时，通过强化招商引资职能单位和窗口单位服务意识，理顺招商体系，改进工作作风，服务质量得到提高，投资环境明显改善。

石化区建设得到有力推进。规划方面，《石化区总体规划》已上报省政府审批；《东马港区总体规划》正报省交通厅审批；《东部控制性规划》、《西部控制性规划》通过专家评审。重点项目建设方面，中海壳牌南海石化项目已竣工，进入开车阶段；中海油惠州炼油项目已于2005年12月15日动工建设；惠州LNG电厂项目进展顺利，已完成总投资的41%；华德油库完成一期2座10万立方米原油罐及相应配套设施工程建设。中下游项目建设和招商方面，三菱丽阳MMA项目已完成整个工程量的71.9%；裂解汽油综合利用、百利宏精细化工项目、苯酚/丙酮系列项目相继动工建设；SBS、SBR、表面活性剂、PTA、丙烯酸及酯、炼油配套三剂、飞扬精细化工等项目已明确投资意向；PS、PTMEG、MEK等项目正在紧张洽谈。配套工程方面，大亚湾引水工程全线贯通并顺利供水；惠大铁路进港线正在紧张施工建设；工业气体项目建成投产；公共管廊项目完成首期主体工程建设；石化区净水厂、污水处理厂和热电联产（蒸汽）等相关配套项目正在积极推进。此外，土地平整、填海造地以及市政设施建设扎实推进。

【高新技术产业】 大亚湾开发区从事高新技术产品生产的企业有20家，获得广东省高新技术企业称号的有9家；高新技术产业完成总产值51.8亿元，增长34.3%，占全区工业总产值的71.4%。

【社会事业】 大亚湾开发区组织广大党员干部深入学习“三个代表”重要思想、十六届四、五中全会精神，开展“四观”、“理想、责任、能力、形象”以及保持共产党员先进性教育活动，领导干部的政治素质和业务素质得到进一步提高；通过组织开展“万众评公务”、“行风评议”和“纪律教育月”活动，贯彻实施“六条禁令”，全面推行服务承诺制度，机关作风得到进一步好转；深入开展两个《条例》和反腐倡廉示范、警示教育活动，党风廉政建设得到进一步加强；全面实施固本强基工程，农村基层党组织、机关党组织和企业党组织基础得到进一步夯实。积极开展矛盾纠纷排查调处工作，及时化解了不稳定因素。坚持严打整治斗争不动摇，严厉打击各种刑事犯罪活动。坚持不懈地抓好安全生产工作，全面落实安全生产责任制，进一步加强了惠州港油气库区等重点部位的安全监管力度。继续加大资金投入力度，基础教育管理得到加强。积极开展各种文化艺术活动，不断丰富群众的精神文化生活。进一步加强对医院和医务人员的管理，加大对医药市场的监督力度，卫生事业获得健康发展。扎实推进新型农村合作医疗工作，全区农民参保率超过76%。

【机构设置和管委会领导】 大亚湾开发区设纪委、法院、检察院和26个工作部门。

中共惠州市委常委、惠州大亚湾经济技术开发区区委书记李秀峰，区委副书记、管委会主任邓木林，区委副书记、管委会常务副主任曾远翔，区委副书记叶启灵、张勇辉，管委会副主任胡贵容、李迅、吴欣、李印铸、卢伟航、廖巍。

（惠州大亚湾经济技术开发区管委会）

北京经济技术开发区

BEIJING ECONOMIC – TECHNOLOGICAL DEVELOPMENT AREA

【经济发展】 2005年，北京经济技术开发区（以下简称北京开发区）经济继续保持快速增长，综合经济实力跃上新台阶。全年实现GDP 250.2亿元，同比增长60.2%；其中工业增加值223.22亿元，同比增长71.1%；完成工业总产值（现价）1150.41亿元，同比增长114.94%；工业企业利润总额69.95亿元，同比增长49.17%；完成销售（营业）收入1260.18亿元，同比增长86.53%。出口总值56.94亿美元，同比增长144.92%。财政收入（含出口退税、免抵）51.7亿元，同比增长25.03%；其中税收收入（含出口退税、免抵）47.07亿元，同比增长54.81%。固定资产投资122.51亿元。

截至2005年底，已出让土地平均投资密度1009万美元/公顷，年平均创税收461万元/公顷，年平均创造产值1.67亿元/公顷。万元工业产值耗水1.04吨，万元工业总产值综合能耗0.03吨标煤。

【投资环境】 2005年北京开发区内在施工地79项，建筑面积达141.3万平方米。全年总计完成征地755公顷，目前累计完成征地约1736.4公顷，占应征土地的69.2%。全年总计完成拆迁约57.51万平方米，搬迁农民户457户，搬迁企业近400户，共53.03万平方米，清登清退农村土地664公顷。配合市交通委完成了成寿寺路四环至五环段改扩建工程，相关城市道路、过街天桥、博兴三桥、东区天然气管线拆改和部分照明工程等建设基本完成，完成各类管线66公里，投资5.8亿元。完成核心区绿化22万平方米，南部新区绿化21万平方米。全区新开项目128项，建筑面积128.5平方米，道路长27.7公里。新增3条公交线路，更新原有车辆，增加40辆新型公交车。

《北京经济技术开发区外商独资企业项目实施工程招标备案试行办法》开始实施后，项目招标手续办理时间可缩短约一个月，有效促进项目尽早开工建设。北京开发区还出台了《北京开发区建筑准入管理规定》和《北京开发区建设工程劳务工资管理暂行办法》，旨在维护开发区良好的建筑市场秩序，维护农民工合法权益。

【招商引资与利用外资】 2005年北京开发区新批企业437家，投资总额21.89亿美元，新批三资企业投资总额10.98亿美元，同比增长

45.02%。企业增资额8.48亿美元。合同利用外资7.38亿美元，外商实际投资6.13亿美元。引进世界500强企业6家共投资项目8个，使开发区内世界500强企业投资项目总数达到67个。截至2005年底，北京开发区共批准企业1800家，批准企业累计投资总额109.13亿美元，其中三资企业投资总额84.43亿美元，累计合同外资金额32.96亿美元，累计外商实际投资24.3亿美元。

在2005年5月23日开幕的第八届科博会上，北京开发区由67家企业组成参展团，展示了各企业的高科技产品。开发区展团以高新技术产业和现代制造业为主题，通过举办展览会、论坛、项目推介和签约等活动，全面展示了开发区。在科博会组委会组织的展会十大热点评选中，开发区馆获得“最具人气展区奖”。在本届科博会上签约的项目涵盖了电子信息业、先进装备制造业、新能源、生物制药以及高附加值现代服务业等行业，投资企业来自美国、日本、德国、英国、芬兰、韩国、中国台湾和香港等8个国家和地区，外资企业占总签约总数的68%，属于开发区重点鼓励的项目达98%。

【对外贸易】 全年进出口总值119.52亿美元，比上年增长93.16%，其中进口总值62.58亿美元，比上年增长62.02%；出口总值56.94亿美元，比上年增长144.92%，占全区销售（营业）收入的36.45%，出口总值比2000年增长40.17倍。全年机电出口总值56.01亿美元，比2004年增长148.38%，占全区出口总值的98.37%。出口国家或地区主要是香港、美国、芬兰、匈牙利、德国、马来西亚、韩国、泰国、印度和新加坡。全年外商及港澳台投资企业出口总值56.59亿美元，比2004年增长145.75%，占全区出口总值的99.38%。

【管理与服务】 2005年5月10日北京开发区企业信用信息系统开通并投入使用。该系统是以区内各类企业在工商行政管理部门的登记注册信息为基础，以开发区工委、管委会各部门和驻区各职能局提供记录的各类企业信用信息为内容，为行政机关信息共享、为社会各界查询企业信用信息提供服务的计算机管理系统。

开发区成立了整治违法排污企业专项行动协调小组。这项行动对企业的环境行为进行统一监管，监督检查并淘汰企业落后的生产设备、工艺和产品，监管企业安全生产，严防环境污染事故的发生，对施工工地进行监管，对环境违法行为进行监察，取缔无照营业的不法排污企业，对扬尘和噪声扰民的工地进行查处。

开发区隆盛工业园通过建设部、北京市建委及市小区办的两次考核验收，获得了“全国示范工业区”的称号。这是北京市第一家获此称号的工业园。为创建示范工业区，负责工业园物业管理的北京经开投资开发股份有限公司物业管理分公司对工业园的设备、设施的操作规程做出了严格的规定，并定期进行巡回检查及维护保养。

2005年4月21日，北京知识产权保护园在北京开发区揭牌，开发区成为北京市首家示范园。为设立示范园，开发区根据有关要求开展了大量工作，包括建立知识产权保护快速反应机制，开通知识产权信息网，开展相关的宣传和培训工作等。开发区将与市知识产权局建立执法协作机制，构建开发区良好的知识产权保护法制环境。

2005年7月，国家信息产业部授予北京开发区国家通信产业园称号。以星网工业园为代表的北京通信产业园的聚合效应已经开始显现。已经吸纳了19家国内外著名企业入驻，其中投资额超过1000万美元的企业有9家。这些企业的产品从手机连接器到天线再到电池模组等等一应俱全，从手机的组装到出货只需一天的时间，形成了一个完整的移动通信产业链。

由劳动局、工会、企业协会组成三方协调机制，建立协调工作会议制度、重大劳动关系问题通报制度、劳动关系动态信息沟通制度、劳动争议调解工作制度、劳动仲裁工作制度、劳动争议重要案件集体分析制度。三方定期分析劳动关系发展中的新情况、新问题，使劳动管理工作具有超前性、主动性。开发区还成立了困难职工帮扶中心，下设就业帮扶中心和法律援助中心，为职工再就业提供咨询指导、技术培训、岗位推荐，为职工维护自身权益提供法律援助。

【社会事业】 北京开发区以社区居委会的选举和成立作为社区建设的基础环节，将逐步建立与开发区实际相适应的现代化社会管理和公共服务体系，这对于推进开发区城市管理体系的改革，提高开发区城市管理效能都是非常重要的。

北京开发区成立了职业教育园，坐落于凉水河边，占地45公顷，建筑面积25.4万平方米。职教园设置电子信息、生物化工及医药、汽车制造及维修、光机电一体化、轻工服装等5大类20多个专业，配套设施是职业技能培训与实验实训中心。

在2005年首都精神文明建设工作大会上，北京开发区有十家单位获表彰。其中，获得首都文明单位标兵称号的单位是：资生堂丽源化妆品有限公司、SMC（中国）有限公司、中华人民共和国北京经济技术开发区海关。获得首都文明单位称号的单位是：北京首信诺基亚移动通信有限公司、北京松下电工有限公司、揖斐电电子（北京）有限公司、北京振远护卫中心第十支队、北京市公安局开发区分局机关、北京市工商局行政管理局开发区分局机关、北京市地方税务局开发区分局机关。

【高新技术产业和重点企业】 全区共有高新技术企业407家。高新技术企业工业总产值（现价）为963.56亿元，同比增长64.76%，占全区经济总量87.47%；总收入965.04亿元，同比增长61.67%，占全区经济总量76.17%；其中，产品销售收入935.25亿元，同比增长69.74%，占全区经济总量的87.13%。

2005年组织申报了约30个科技项目，已被认定了15个；2005年度区内5家企业的项目获评国家级火炬计划项目，5家企业的项目获评北京市火炬计划项目，2家企业的产品列入国家重点新产品计划；协助市科委完成对云电英纳公司“三相35kV/2kA超导电缆系统”成果鉴定工作，该项目综合技术水平被鉴定为国际先进水平，标志着我国超导技术的电力应用跻身世界前列。

北京中纺锐力机电有限公司承担的国际标准项目《纺织机械降噪的设计措施》，获得2005年度首批中关村科技园区先进标准制定工作专项资助资金40万元。该公司申报的2005年度国家高技术研究发展计划（863计划）“电动汽车主题－EQ611HEV混合动力城市公交车用电机及控制系统”课题获得批准。

百泰生物药业有限公司是中国和古巴合资的高新技术生物医药企业，公司设计和建造了中国第一个哺乳类动物细胞大规模培养的生产基地。百泰生物的主要产品“泰欣生”填补了我国生物制药的两大空白：哺乳类动物细胞大规模培养生产重组蛋白类药品和中国治疗性人源化单克隆抗体。

根据《北京市企（事）业专利试点工作管理办法》和《关于实施中关村科技园区企业“专利引擎”计划的通知》的要求，北京开发区专利引擎单位试点工作历时一年，已于2005年12月20日结束。北京诺赛基因组研究中心有限公司、北京英纳超导技术有限公司、北京同仁堂股份有限公司等10家公司参加此项计划，获得相关资助。各公司专利意识得到加强，对公司的知识产权如专利、商标、版权和商业秘密进行了总调查，撰写了《公司知识产权报告》、《技术秘密清单》等文件，制定了《公司知识产权管理办法》等管理制度。技术人员的专利发明热情大大提高，专利发明的数量和质量都超过往年。

泰豪科技股份有限公司在开发区占地25亩的一期研发中心日前已经建成并投产智能化柴油发电机组。泰豪科技股份有限公司是江西省和清华大学“省校合作”发展起来的高科技企业。公司经国家科技部认定为“国家火炬计划重点高新技术企业”，并被国家工商总局评定为全国首批公布的520家“重合同、守信用”企业。泰豪公司积极发展自主知识产权技术产品，同时重视引进跨国公司先进的工艺技术和发挥军工企业完备的生产能力，在智能建筑领域，公司拥有设计、制造和安装智能中央空调、智能发电机组、智能电力设备等楼宇智能化电气产品的综合实力。该公司在开发区研发中心厂房主要生产智能化柴油发电机组，机组以三波发电机及其控制系统为核心，集本机监控、现场机房监控、远程计算机监控（三遥）为一体的高自动化智能电站。在市电停电15秒内（可调）自动供电。外电源恢复正常时，能自动停机，并设有现场和远程监控；水温过高、油温过高、油压过低、超速、失压过载及短路，启动失败保护装置等，当机组发生上述故障时，可发出声、光报警并且自动停机。

【机构设置与管委会领导】 北京开发区工委内设机构有：组织部、宣传部、纪工委、监察局、企业党委、团工委、工会，管委内设机构有：投资促进局、经济发展局、建设发展局、社会发展局、城市管理局、财政局、人事劳动和社会保障局、审计局、发展研究与法制办公室。

北京开发区工委书记王火，管委会主任张伯旭（2005年7月任）、鲁勇（2005年7月免），副主任王金玲、贲勇、赵昕昕。

（北京经济技术开发区　王玉婵）

乌鲁木齐经济技术开发区

URUMQI ECONOMIC AND TECHNOLOGICAL DEVELOPMENT ZONE

【经济发展】 乌鲁木齐经济技术开发区（以下简称乌鲁木齐开发区）发挥优势、努力拼搏，全力打造经济实力雄厚、综合投资环境一流、具有新疆特色的改革开放先行试验区、外向型经济示范区、新型工业核心集聚区，经济实力不断增强，经济发展呈现出高速发展势头。

2005年，乌鲁木齐开发区实现GDP 20.8亿元，同比增长13.1%，完成工业总产值40.6亿元，同比增长40.9%；完成工业增加值11.8亿元，同比增长37%；完成固定资产投资10.4亿元，同比增长35.9%，完成批发零售贸易销售50.4亿元，同比增长41.2%；完成全口径财政收入5.3亿元，同比增长13.5%；其中本级财政收入3亿元，比上年增长9.7%.

【投资环境】 乌鲁木齐开发区于1994年8月25日经国务院批准正式设区，区址位于乌鲁木齐西北方向，总规划面积16.22平方公里（含一期4.3平方公里；二期9.87平方公里；北新区2.05平方公里），具有良好的产业承载能力。开发区依托市区，紧邻国际机场。距铁路货运北站仅2公里，城市快速公路穿越开发区，六条公交汽车线路通过市中心区，具有便捷的交通条件；开发区规划布局合理、基础设施完善、环境优美、特色显著、企业集中，客货运输便捷。邮政、电信、金融、商贸城、星级酒店、特色饮服设施等配套齐全，有良好的服务功能。开发区一期已全部开发完毕，2005年，开发区二期范围内“六通一平”基础设施已初步完成。精简、统一、高效、透明的办事方式，敞开式办公，一条龙服务，无行政收费，快捷通关服务等，给开发区发展不断带来新的活力。乌鲁木齐开发区先后与北京大学、西安电子科技大学、中科院新疆理化所联合创建了大学科技产业园和成果中试基地，建立了博士后工作站、台州工业园区等发展平台，为企业投资兴业和技术创新提供了强有力的支撑。

乌鲁木齐开发区在发展外向型经济中具有良好的地缘优势。新疆与8个国家接壤，有一类口岸16个，二类口岸11个，周边国家市场发展良好；乌鲁木齐市市场发育程度目前高于周边国家城市，新疆对中亚、西亚、南亚对外贸易出口占国家对该地区进出口额的70%以上，在中亚经济圈中具有重要的战略地位；国家实施能源和安全战略，使西部大开发成为国家经济发展战略的重中之重；新疆具有无可替代的能源优势，是国家重要的原材料生产基地；以乌鲁木齐为龙头的天山北坡经济带集中汇聚了全疆工业发展的资源、资本、技术、信息、人才等生产要素，乌昌经济一体化的实施，给开发区开辟了更大的发展空间。在发展中，开发区投资环境日趋完善，已形成了专业化、规模化、集约化的产业带和相互配套的产业链，已具有突出的产业聚集优势，成为了乌鲁木齐工业的核心区和加工制造业高地，成为了特殊经济功能区和承接产业、技术转移的主要载体。目前开发区已成为了沿海名优产品进入中亚、南亚和欧洲的出口基地、新疆的高新技术产业基地、新疆资源深加工基地，成为了新疆国际商贸城中向西开放、具有西部特色的外向型经济窗口和西北地区综合投资环境一流的外向型经济示范区。

【招商引资与利用外资】 乌鲁木齐开发区紧紧依托新疆资源、地缘优势和综合环境优势，大力实施资源转化战略，不断强化招商引资力度，逐步实现了招商多元化。积极试行了区位优势招商、诚信招商、媒体招商、上门招商、以商招商、以园招商以及借助中介机构、上级部门和合作单位进行外脑招商等多元招商方式，注重开发大项目源，实现了由单个项目招商向产业集群招商的转变，由直接利用外资向直接与间接并举利用外资转变，在三个方面实现了新的突破，一是“量”的集聚，二是“质”的提升，三是挖掘潜力、延伸产业链。

截至2005年，开发区累计批准内资工业项目251个，投资总额71.88亿元；累计批准外商投资企业90家，投资总额6.85亿美元，合同外资2.28亿美元，实际利用外资1.1亿美元。其中开发区二期累计新批准工业项目59个，投资总额26.25亿元，达产后预计工业产值可达91.3亿元。

2005年，开发区新批项目24个，投资总额27.6亿元，同比增长108.1%，其中新批内资工业项目17个，投资总额6.7亿元。项目涉及数控模具、高低压成套设备、农产品（果蔬）深加工、玻璃制品、热收缩膜、软包装印刷、医疗制品、塑料管材、橡胶、螺旋焊管、调味酱、数码印刷等。新批外商投资项目7个，累计已达93个。外商投资总额达2.57亿美元。合同外资金额4514万美元，同比增长131%。外商来自英国、丹麦、土尔其、韩国、日本、哈萨克斯坦等国家。项目涉及移动通信终端产品、铅锌矿开发、食品加工、环保异味清除剂、粮食储藏加工等。2005年，开发区外商投资企业完成工业产值12.2亿元，同比增长43.5%。外商实际投资3907万美元，是上年度的7.3倍。年内新开工外商投资企业4家，累计已达34家。

由新疆德海塑业发展有限公司牵头建立的台州民营工业经济示范区，是开发区以商招商的成功实践。主要以模具和塑料制品为主导产业，其规划面积460亩，拟投资6亿元人民币，建成可增加产能12亿元。已先期安排了4个项目进区，投资总额达1.95亿元人民币。

乌鲁木齐开发区充分发挥特有的区位优势和环境优势，利用亚欧大陆桥和向西开放优势，努力开拓中亚、西亚国际市场，已初步形成多方位、多领域的对外开放格局，特别是世界500强企业中韩合资西凯移动设备有限公司的进入，填补了我国西北地区手机生产的空白，对新疆电子工业的发展将产生积极的影响。

【对外贸易】 充分利用新疆丰富的资源优势和地缘优势，借助开发区口岸这一对外贸易发展平台，联合东部地区企业发展出口贸易。由于国家出口退税政策、汇率变化及欧元疲软等不利因素影响，乌鲁木齐开发区进出口贸易与上年相比，出现了不同程度的下滑，但开发区外商投资企业及加工贸易企业出口额仍保持了较高的增速。年内完成进出口贸易总额为4.14亿美元，同比下降12.2%，其中完成出口贸易总额3.62亿美元，同比下降11.2%，进口贸易总额5259万美元，同比下降18.3%；在出口额中，外商投资企业完成1.9亿美元，同比增长26.2%；加工贸易企业完成1.89亿美元，同比增长27.2%。加工贸易企业完成出口额1.9亿美元，同比增长27.2%。

【高新技术企业和重点企业】 乌鲁木齐开发区坚持科技兴区，积极引导企业以高新技术改造和提升传统产业，努力建设现代制造业承载基地和高科技、高附加产品的研发、制造中心。通过环境建设，韩国SK手机、金风科技、金牛生物、维吾尔药业等一批高新技术企业落户开发区。开发区把引进吸收消化国外先进技术和先进工艺作为快速提升自身发展水平的捷径，一批企业通过走引进吸收再创新的发展道路，产品快速进入新疆和中亚市场；与北京大学、西安电子科技大学、中科院新疆分院联合建立的高新科技产业园发挥了产学研一体化的作用。开发区已有高新技术企业13家，其中2005年批准的2家；1家国家级工程技术研究中心、10余家企业研发中心，承担国家“863”项目、“火炬项目”、“星火项目”12项，自治区科技计划项目17项，部分科技项目已实施产业化，其中2005年开发区企业和研发机构取得自治区科技项目2项，取得市科技项目4项，拥有自主知识产权企业19家，专利申请67项；专利授权45项；经国家人事部批准，设立了博士后工作站，现建有三个分站。开发区高新技术企业产值占开发区工业企业总产值的30%。

开发区紧紧依托新疆资源和地缘优势，强化招商引资力度，充分发挥资源优势，引进了一批利用新疆资源的企业，已初步形成了发挥本地资源优势的加工转化基地。目前，形成了以乌苏啤酒、统一食品、拉依姆别克为主的食品饮料产业；以美克股份为龙头的家具制造基地、以全风科技为主的风力发电设备制造基地。2005年新能工业园、台州民营工业园落户开发区、韩国SK手机、哈立德食品、天宁绝缘子、泰开电器、德阳纸业等一批企业建成投产。2005年，开发区食品饮料业占工业总产值的25.5%；机电产品制造业占24.3%；化工及塑料制品占14.1%。重点企业产值已占总产值的86.5%。

【出口加工区建设】 2003年3月10日，国务院批准设立国家级乌鲁木齐出口加工区，区址位于开发区二期建设用地内，总控制面积3平方公里。首期规划为1平方公里，首期围网面积0.4平方公里。2005年7月28日，乌鲁木齐出口加工区顺利通过了国家海关总署等九部委联合验收。年内海关乌鲁木齐出口加工区办事处正式成立并进驻。已有新疆福溢食品有限责任公司、新疆好美佳家私木业、新疆伊真肠衣有限公司、乌鲁木齐中亚食品研究开发中心（有限公司）等四家企业进区发展，批准投资总额已达13952万元，初期出口能力为1332万美元。年内已作好了增扩围网面积0.3平方公里的计划，并将继续增盖出口加工区内的标准厂房。

【管理与服务】 乌鲁木齐开发区以产业发展规划为导向，在招商中量化指标，各综合部门都结合实际确定了优质服务的要求，把亲商服务融入了各个工作环节，同时对重点项目追踪服务，寻求重点突破。通过加强软环境建设，全面提高了服务质量。开发区在自治区率先建立了“一站式”联合办公大厅，对招商项目实行会审会批同步并联作业，同时在联办厅设立了投资咨询台，简化手续，缩短办事时间。开展了以提高工作效率，提升服务质量为主旨的机关效能建设，在管委会机关和涉及公共服务的事业单位，继续实行“首问责任制”、“服务承诺制”、“否定报备制”“重点项目绿色通道制度”、“效能督查制度”，形成了良好的投资服务机制和综合软环境。在各项管理工作中，坚持依法行政，不断巩固综合治理成果，社区文明程度不断提高。

结合迎接新疆维吾尔自治区成立五十周年大庆活动，2005 年，进一步加强了环境管理和绿化美化，新增公共绿地 10.9 亩，新增单位（庭院）绿地 47 亩，义务植树新增绿化面积 20 亩。开发区已建成绿地面积达 5.2 万平米，成为全市环境质量最好的片区。为进一步改善综合投资环境和人居环境，年内大力整顿和规范了市场经济秩序，对涉及生产安全、健康安全和环境安全的行业进行了全面检查。对涉及人民生命安全和群众反强烈的违法经营活动采取有力措施进行了集中整治和取缔，同时加强了消防安全、生产安全的管理。对文化市场进行了有序不间断的检查整顿，使文化市场不断净化。年内有步骤地开展了流动人口登记管理，消除治安隐患。通过综合治理和监控，预防和控制“三股势力”破坏活动，通过综合性治理，严厉打击各种刑事犯罪，全力维护人民群众生命财产安全，维护保障了社会秩序的安定。

【社会事业】 乌鲁木齐开发区以经济建设为主，在狠抓经济建设的同时，开发区对文化教育事业每年都在加大投入。为促进社区稳定，促进经济发展，开发区年内在全区范围内深入开展了诚信城市建设和“三个文明”创建活动，有力促进了社会事业的蓬勃发展。积极开展了劳动就业和社会保障工作，积极完善街道社区就业服务体系，通过职业技能培训增设公益性岗位，扩大了就业渠道。年内全区完成安置城镇就业 1942 人，完成年度任务的 108%。低保工作作到了应保尽保。救灾救济工作有序开展，双拥优抚工作走上经常化、制度化。信访工作密切联系群众，积极为来访群众排忧解难，做到件件有着落。认真落实优抚安置政策，扎实开展双拥工作。加强了宗教场所管理，确保了宗教活动依法有序开展。以建立文明、有序、祥和的新型社区为目标，加强了基层组织建设和社区基础建设。投资新建了喀什西路、中亚南路社区居委会办公楼，在部分社区年内兴建了图书馆，为居民提供了新的文化阵地。

诚信城市建设取得实效。通过建立了企业诚信征信制度，加强宣传和落实。2005 年开发区已有 57 家企业被命名或保持为 2004～2005 年度信用 AA 级企业。

2005 年，乌鲁木齐开发区精神文明创建工作再上新台阶。有 8 个单位在复验中再次荣获自治区级文明单位，4 个单位荣获市级文明单位。科技园社区以高分荣获自治区级“绿色社区”成为全市 5 家自治区级“绿色社区”之一，铁路花园社区、白石桥社区通过了市级“绿色社区”的验收。

【机构设置与管委会领导】 乌鲁木齐开发区内设机构有：党工委办公室、管委会办公室、经贸招商局、土地规划管理局、建设房产局、环保环卫绿化局、财政局、人事劳动社会保障局、监察审计局、街道办事处、出口加工区管委会办公室。

乌鲁木齐开发区党工委书记、管委会副主任朱建平，管委会主任、党工委副书记蒙志鹏，管委会副主任武永胜、刘震、杨金鹏、丽捍。

（乌鲁木齐经济技术开发区管委会）

合肥经济技术开发区

NATIONAL HEFEI ECONOMIC & TECHNOLOGICAL DEVELOPMENT AREA

【经济发展】 2005年，合肥经济技术开发区（以下简称合肥开发区）坚持以邓小平理论和“三个代表”重要思想为指导，认真落实科学发展观，牢牢抓住发展第一要务，按照合肥市委提出“基础和条件好的地方，要多挑担子，多做贡献”的要求，抢抓机遇，加快发展，深化改革，争先进位，全区经济社会事业取得令人瞩目的成绩，圆满完成了“十五”目标任务，不仅在合肥市经济发展中继续发挥领跑作用，而且实现了在国家级经济技术开发区中“领跑中西部，进军前十强”的奋斗目标，使开发区在发展速度、贡献份额、实力位次等方面有大的提升。

2005年，合肥开发区实现工业总产值330亿元，GDP 124.7亿元，税收收入17亿元，比“九五”末分别增长了6.7倍、6.7倍和8倍。完成固定资产投资56亿元，实现出口3.83亿美元，民营科技园实现技工贸收入15.2亿元，确立了在合肥市经济发展领跑地位。“十五”时期，全区工业总产值、GDP和综合财政收入年均分别增长了51%、51%和55.3%，是同期全市平均增速的4倍、4倍和3倍。全区经济外向度不断提升，进出口总额、出口额分别实现年均增长25%和34%，比“九五”末分别增长了2.1倍和3.4倍。

【投资环境】 合肥开发区以“投资环境最佳、创业环境最佳、人居环境最佳”为标准，加快基础设施建设，不断优化投资环境，到“十五”末，累计完成全社会固定资产投资265亿元，建成区面积达到53平方公里。“十五”期间，建成了具有国际水平的安徽国际会展中心、合肥首家五星级明珠国际大酒店、合肥首家4A级风景区—徽园、易初莲花超市等一批提升开发区形象和影响力的城市景观和服务设施。进一步优化投资软环境，2005年一次性通过了ISO9001质量管理体系和ISO14001环境管理体系认证。在商务部国家级经济技术开发区综合投资环境评价中，合肥开发区连续4年位居中西部16个国家级开发区之首。

【招商引资与利用外资】 项目是开发区的生命线。“十五”期间，合肥开发区加大招商引资力度，创新招商方式，主攻“高大新”项目。截至2005年底，累计引进项目410个，其中外资项目88个，合同外资5亿美元，实际利用外资5.6亿美元；引进内资项目322个，投资总额220亿元。外资项目来自23个国家和地区，其中千万美元以上的项目84个。引进了日本日立、三菱、住友电工、住友重工，英国联合利华，美国可口可乐、摩根士丹利，法国布依格，泰国正大等18家世界500强企业。2005年4月，日本日立建机将其中国总部迁到合肥开发区，加上前期英国联合利华中国总部入驻，开发区已成为世界500强企业中国总部的新选择。

【产业发展】 合肥开发区形成了以江淮汽车、安凯客车为代表的汽车产业；以日立建机、合力叉车、TCM叉车为代表的装备制造产业；以海尔、长虹、华凌、美菱、美的电器为代表的家电电子产业；以联合利华为代表的日用化工产业；以华泰食品、统一食品、可口可乐为代表的食品产业等五大产业集群；2005年，五大产业集群实现工业产值304亿元，占全区的93.2%。由于产业集群的快速发展，吸引配套企业纷至沓来。五大产业集群引来并建成主体企业15家，吸引100多家配套企业入区发展，产业积聚效应明显。仅家电电子产业群就集聚了海尔、美的、华凌、美菱、长虹五大家电知名品牌，产品有彩色电视机、空调器、电冰箱、电冰柜、洗衣机及其他小家电等多类型，构筑了家电研发—零部件制造—整机组装—物流—售后服务为一体的家电完整产业链。家电产品种类和品牌集中度跃居全国开发区之首，成为全国三大家电基地之一，并将着力打造中国微电子产业基地。

“十五”末，全区规模以上工业企业达到78家，其中亿元以上企业35家，10亿元以上企业10家。在2005年中国制造业企业500强中，合肥开发区的海尔、佳通、日立、江汽、合力、国风等6家企业榜上有名；在全市工业企业30强中，该区又有17户企业名列其中。江淮汽车集团和昌河汽车公司位居国内同行业10强；日立建机（中国）有限公司和安徽合力叉车股份有限公司位居全国装备制造业首位；安徽佳通轮胎产销量稳居全国第一；TCM叉车居全国同行业第三位；合肥海尔工业园是海尔集团在亚洲最大的B2B2C生产基地，海尔洗衣机、空调、彩电在国内市场占有率分别列第一、第二、第六位；合肥华凌的小冰箱、小家电出口居国内第一。

【社会事业】 合肥开发区坚持统筹协调发展，以“两个安置”为抓手，稳步推进社区建设。到2005年末，累计完成社区建设140万平方米，9500户祖居居民住进新社区，累计培训祖居居民一万人次，安置就业约9000人，初步建立了祖居居民医疗和基本生活保障体系，祖居居民收入逐年增加，人均纯收入由建区初期的1700元提高到2005年的6000元。顺利依法完成16个村的集体资产处置和撤销村民委员会的工作，成立了4个社区管理委员会和21个小区委员会，建立了新的城市社区管理模式，失地农民全部转为城市居民，实现了“农业向二三产业转变，农村向城市转变，农民向城市居民转变”。全面推进构建和谐社会各项工作，社区环境和精神文明建设进一步完善和加强，全区文化、教育、卫生、社会治安、创建等工作取得新成效。

【高新技术产业和重点企业】 合肥开发区在发展过程中，始终坚持走科技创新之路，建立了以市场为导向、企业为主体、大学和科研院所为人才智力支撑，政府为引导，官产学研相结合的科技创新体系，管委会每年用于支持企业技术创新的经费超过5000万元。注重营造良好的科技创新环境，建设了合肥大学城，入驻高等院校已达16家，在校大学生超过9万人。2005年全区实现高新技术产品产值超过150亿元，开发区高新技术产业显示出企业规模大、技术水平高、经济效益好、产业重点突出、发展前景好、集成和原发性开发能力强的鲜明特色。在确保五大产业集群稳步发展，高速增长的同时，开发区着力于转变经济增长方式，不断培植新的经济增长点，初步形成了“微电子、住宅产业化、生命科技”三大新型产业。

【机构设置与管委会领导】 自1997年被列为全国首批行政管理体制和机构改革试点单位以来，合肥开发区始终坚持“小政府，大社会”的管理模式。管委会下设两办七局：工委办公室、管委会办公室、财政局、经贸发展局、社区管理局、社会发展局、人事劳动局、建设发展局，城市行政执法分局。

合肥开发区工委书记、管委会主任杜平太，工委副书记、管委会副主任李兵，管委会副主任李平、王厚亮、汪晴、邵文革。

（合肥经济技术开发区管委会）

郑州经济技术开发区

ZHENGZHOU ECONOMIC & TECHNOLOGICAL DEVELOPMENT ZONE

【经济发展】 2005年，郑州经济技术开发区（以下简称郑州开发区）按照“项目拉动、板块经营、资本运作、集约发展”的工作思路，坚持科学发展观，顺应宏观调控，努力克服土地短缺、资金紧张带来的困难，突出招商引资，狠抓项目开工，整合区内资源，完善基础设施，经济社会协调发展，各项工作取得了显著成效。累计实现GDP 37.6亿元，同比增长20.3%；实现工业总产值53.1亿元，同比增长14.6%；实现工业增加值16.8亿元，同比增长13.4%；实现工业销售收入50亿元，同比增长21.3%。实现财税收入4.8亿元，同比增长21.5%；实现财政收入1.6亿元，同比增长27.8%。

【招商引资与外向型经济】 2005年郑州开发区以招商引资为龙头，确立了“高水平是财富，低水平是包袱”的招商理念，对新进区项目实行供地量与投资额、产出效益以及建筑密度、容积率等指标挂钩，项目质量不断提高。累计新引进工业、经贸、孵化类项目353个，实际利用外资3507万美元。投资21亿元的安彩液晶玻璃项目、一期投资9.6亿元的中铝板材项目先后入区并开工建设。全区外向型企业发展加快，对外贸易大幅提高，累计完成进出口总额4922万美元，同比增长106.8%，其中出口总额3958万美元，同比增长72.3%。

【项目建设与企业服务】 郑州开发区将中铝板材、安彩液晶玻璃等10个工业项目列为全区工作重点，对各项目实行责任分包，每周定期召开工作例会，研究解决项目推进过程中遇到的有关问题。同时，一方面千方百计筹措资金，保证重点项目征地款、附属物补偿及时到位；另一方面由管委领导挂帅，组织有关部门组成项目推进领导小组，盯守工地，现场办公，及时解决问题。通过开展整治企业周边环境专项活动，宣传教育与依法打击并举，进一步优化了施工环境，确保了项目顺利施工。全区新开工工业项目9家，投资21亿元的安彩液晶玻璃项目、一期投资9.6亿元的中铝板材项目、投资2000万美元的南亚塑胶项目先后开工建设；中信税控机先期租赁厂房开始试生产，博赛生物试剂项目、友利华液晶显示器项目设备安装完毕。全区完成固定资产投资12.1亿元。

郑州开发区党委、管委把企业服务工作纳入党政联席会议议事日程，定期研究涉及企业的有关问题。党政领导对区内60家重点企业实行分包，建立了企业联系制度，定期到区内企业调研，动态把握企业生产经营状况，协调解决企业发展中遇到的问题和困难。同时，制定了“加快重点企业发展意见”、“加快非公有制企业发展意见”、“进一步加强和改善企业服务意见”，通过加强引导、政策扶持、优化服务，激励企业调整产品结构，提高自主创新能力，提升市场竞争力。通过开展整治企业周边环境专项活动，有效净化了企业周边环境，保障了项目顺利施工。

【资源整合】 通过土地清理，新安排河南世通科技、康立鑫电力电气等25个项目进区。通过盘活土地，郑州世通科技公司管网项目盘活了原安泰混凝土项目，停放多年的原海灵酒店烂尾楼，由中铁七局收购为公司总部并完成改造，河南京遥食品、新味来食品进驻闲置厂房开始生产；充分利用留学人员创业园、高新技术创业中心两个国家级园区政策平台，共引进不占地中小型科技企业153家，注册资金7.6亿元，实现税收3500万元。以上中小型高科技企业将成为未来新的经济增长点。按照集约发展的工作思路，郑州开发区研究制定了《关于推广使用标准厂房加强工业企业集约用地的实施办法》，通过政策引导和资金扶持，鼓励企业建设标准厂房，集约利用土地，着力提高土地单位面积产出比。

【市政建设与管理】 依托管委建投公司，实现融资2亿元，不断加大基础设施投入，累计投入道路、热力、绿化建设资金1.92亿元，续建和新建成道路17条（段），敷设热管网2116米，完成绿化面积15万平方米，水、电、气管网进一步延伸。第三大街、第八大街实现与郑东新区的道路对接；第一大街、郑尉公路西段、第四大街等道路建成通车，进一步优化了丹尼斯物流、家宝医药、郑州11中、博科生物、森源电器、同强混凝土等企事业单位周边环境；航海路东延800余米，为中铝板材项目开工建设创造了有利条件；第九大街、经南四路建成通车，在满足安彩液晶玻璃、中信税控机、兴财计算机、九州通电子商务等一批项目建设要求的同时，形成了新的项目走廊，为电子信息产业聚集发展奠定了基础。

按照郑州市创建工作要求，结合开发区实际，相继完成了航海路综合改造、第八大街及主要道路绿化、街景游园、开发区公园等项建设工程，新建花园式单位和绿地达标生活区71个，完成绿地建设18.2万平方米，新建和改造公厕7座，整治“五小”单位45家，设置健康教育专栏62个，设置创建工作大型公益广告5块。创建取得初步成效。

【社会管理与党的建设】 2005年初，郑州开发区成立了人口与计划生育办公室，配备专职人员，全面加强辖区人口与计划生育管理工作。先后拨出10万余元专项资金，完善了村室建设，落实了计划生育优抚对象的奖励。同时，加大社会抚养费征收力度，加强对流动人口的管理，初步形成了“党政共同领导、部门具体指导、各方积极配合、教育惩处并举”的综合治理工作局面。

深入开展“平安开发区”创建活动，严厉打击各类违法犯罪分子，依法维护企业权益，保护农民切身利益；坚持区领导信访接待日、下访和包案制度，建立了管委会、办事处两级社会矛盾纠纷调控网络，化解矛盾20起，“大防控、大调解”的工作机制初步形成；认真落实安全生产责任制，加强对建筑工地、仓库等特殊行业和重点区域的防范和监控，全年开展安全生产大检查活动4次，整改各类隐患260余处，确保了全区安全生产。

按照市委统一部署，结合开发区实际，先后在辖区53个基层党组织、1064名党员中深入开展先进性教育活动，达到了预期效果。以此为契机，全区党建工作以建立组织、开展活动、发挥作用为重点，不断扩大工作覆盖面，圆满完成了农村“两委”换届工作，为农村的改革、发展、稳定奠定了坚实的组织基础。通过在辖区农村开展“双联双增”活动，在非公有制经济组织中开展“五建”活动，新建党支部5个；确定培养对象96人，发展党员63人，按期转正28人，为党的建设注入了新的生机与活力。认真落实党风廉政建设责任制，把党风廉政建设纳入领导班子、领导干部目标管理，不断加强对管委各部门特别是部门一把手和农村“两委”干部的日常监督。在党员干部开展反腐倡廉警示教育活动，进一步增强了广大党员干部的廉洁自律意识，筑牢了抵御腐败现象侵蚀的思想道德防线。工会、青年团、妇联等群众组织，充分发挥桥梁与纽带作用，配合中心工作，齐抓共管，积极开展活动，有力地促进全区经济社会健康发展。

【出口加工区】 2005年是郑州出口加工区封关后正式运营的第二年，已建成13万平方米综合办公楼、1008平方米监管仓库、12615平方米验货场地、1200平方米消杀场地、8万平方米标准厂房以及围网、巡逻通道、卡口和监控设施，累计引进工业项目22个，协议投资额9.7亿元，开工工业项目2个，投产企业6家；完成固定资产投资3.4亿元；批准外商投资企业10家，合同利用外资5035万美元，实际利用外资62万美元；出口创汇730万美元。主要行业涉及电子信息、机械加工、皮革制造、玻璃制造、运动器械等。2005年，加工区成功引进投资10亿美元的芯片项目、投资1000万美元的神采应用微系统项目，以IT业为支柱的产业格局即将形成。

【机构设置与管委会领导】 郑州开发区党委、管委内设机构为：党政办公室、招商局、人事劳动局、财政审计局、规划建设环保局、土地分局、行政执法局、社区管理服务局、服务效能监察中心、企业服务中心、行政服务中心、工会、人口与计划生育管理办公室。

郑州开发区工委书记林建刚（2005年10月免）、张延明（2005年10月任）；副书记李东明、李殿卿、刘国正（2005年4月任）。管委会主任林建刚（2005年10月免）、张延明（2005年10月任）；副主任李东明、李殿卿、时云辉、张胜利（2005年10月免）、赵长根、黄楠、向昀、张士成。

（郑州经济技术开发区管委会）

成都经济技术开发区

CHENGDU ECONOMIC & TECHNOLOGICAL DEVELOPMENT ZONE

【经济发展】 2005年，成都经济技术开发区（以下简称成都开发区）经济快速发展，全年实现GDP 72亿元，同比增长20%；实现工业增加值30亿元，增长30.4%；完成入库税金5.4亿元，增长38.5%；完成固定资产投资33亿元，增长32%；出口创汇5760万美元，增长87%。

【投资环境】 成都开发区创建于1990年7月，2000年2月被国务院批准为四川省惟一的国家级经济技术开发区，控制性规划面积9.94平方公里。开发区位于成都市东的龙泉驿区，距成都市中心地段约13公里，处于成都市城市向东发展的主体区域，是四川省和成都市对外开放、城市建设和工业经济的重点，现代制造业基地。

成都开发区内道路、通讯、供水、供电、供气等基础设施及城市配套服务设施已日臻完善，基本具备接纳现代化大工业进区建设的条件。累计引进项目500多个，协议资金总额120多亿元，到位资金100多亿元。建成投产项目200多个，已初步形成机械制造业、新材料业、电子信息业及食品饮料业四大产业集群。

2005年，成都开发区加快新区基础设施建设。在完成土地利用规划编制工作的基础上，邀请相关部门和有关方面的领导、专家对土地利用规划进行了评审，并按规定程序上报审批。分区规划已获得市政府批准。根据土地利用规划和城市建设规划，积极推进新区控制性详规的编制，抓紧制订新区基础设施建设计划，新区5.6平方公里内以道路、供电设施为重点的基础设施项目建设正式启动。总长

19.1公里的10条20米至60米宽的主干道及管网配套设施已正式开工建设。

成都开发区继续加强规范化服务型政府建设。以优化投资软环境为着力点，针对工业项目有别于一般服务对象的特点，单设“投资服务中心”，国土、建设、计经、环保、供电、供气、供水等相关职能部门派员到投资服务中心办证大厅现场办公，实行前置服务、专业服务、对口服务、个性化服务。坚持首问负责制、主办负责制和一站式服务工作制度，优化服务，方便进区企业办事，投资软环境进一步改善。成都开发区进入市委、市政府表彰的2005年度投资软环境建设先进单位行列。

【招商引资】 2005年，成都开发区按照项目年的工作部署和支柱产业—大项目—产业链—制造业基地招商思路，通过举办中国·成都第十九届国际桃花节成都经济技术开发区招商引资洽谈会，组团参加国家商务部、中国开发区协会和省、市组织的重大招商活动，以及赴东部地区举行投资说明会等形式，加强重点区域、重点对象、重点项目和延伸产业链招商，全力跟踪落实在谈项目等工作措施，有力的促进了一汽技改搬迁、天兴山田增资、银河集团、成都云内动力有限公司搬迁、九芝堂成都生产基地、立邦涂料（成都）有限公司等一批影响较大，市场前景看好，产业特色明显的项目落户，并有TRW、车用柴油发动机等一批重大项目在谈。特别是一汽搬迁项目的成功引进，使经开区在重大产业化龙头项目的引进上实现重大突破。全年共引进项目107个（其中外资项目3个），协议投资总额115亿元，到位资金49.5亿元；合同利用外资9955万美元，同比增长3.6倍；实际利用外资3144万美元，同比增长28%。

【项目建设】 以培育汽车、工程机械整车制造为主的机械制造业、电子元器件制造业、医药及食品加工为主的产业集群为着力点，通过建立健全项目建设速度与效益同优惠政策挂钩激励机制和违约项目退出机制，优化项目建设服务、动态分析项目实施情况，分类管理、加强督促等系列措施，加快项目建设步伐。先后有成都一汽技改、天兴山田车用部品公司、桂盟传动成都有限公司、光明光电股份有限公司光明工业园、一通密封有限公司、四川派普承动检测公司、巨龙新材料有限公司、成都飞烨实业有限公司等17个项目开工建设，有川石压缩机、松尔科技、集信建材、宏业置业等四个项目实施了二期续建工程。有成都蓝风丽多日化有限公司、成都沃托玛腾机电有限公司、四川万星实业有限公司、四川汽车工业集团公司等14个项目竣工。

【国家（成都）电子元器件产业园申报】 从成都开发区的实际出发，依托已进区的一批电子元器件企业和集群发展电子元器件产业的较好基础，抓住国家信息产业部将在全国增补评选“国家电子信息产业园”的机会，在成都市委、市政府的统一部署下，在省、市相关部门的具体指导和帮助支持下，积极推进国家电子元器件产业园申报工作。认真做好接受国家信息产业部专家组来蓉评审的相关材料准备，经过专家组的实地考察和评审，2005年9月7日国家信息产业部《关于国家无锡新区等3个城市和地区为国家信息产业园的决定》，批准成都经济技术开发区为国家电子信息产业园，具体名称为“国家（成都）电子元器件产业园”。

（成都经济技术开发区管委会办公室）

长沙经济技术开发区

CHANGSHA NATIONAL ECONOMIC AND TECHNOLOGICAL DEVELOPMENT ZONE

【经济发展】 2005年，长沙经济技术开发区（以下简称长沙开发区）紧紧围绕“进军二十强”的战略目标，按照“一个坚持、两个优化、三个突出、四个加强”的整体工作思路，精诚团结、开拓奋进，全面贯彻落实科学发展观，主动适应、积极抢抓国家宏观调控、银根紧缩和土地从严控制新机遇，努力克服各种困难和矛盾，沉着冷静、积极应对，区内呈现了经济发展快、建设投入大、投资环境好、入区项目优的良好局面。全年全区实现GDP 123.4亿元，同比增长22.51%；完成工业总产值280.3亿元，同比增长28.66%；其中规模以上工业总产值实现246亿元，同比增长30.8%；实现企业税收14.4亿元，同比增长25.7%；完成固定资产投资39.9亿元，同比增长45.9%；完成出口总额4.5亿美元，同比增长28.12%。园区每平方公里实现工业总产值30亿元，实现税收1.7亿元，单位面积经济效益接近沿海国家级经济技术开发区水平，被评为全国“集约用地先进单位”。据统计，长沙开发区2005年规模工业增加值和规模工业销售产值超过全省6个地、州、市（益阳、邵阳、张家界、永州、怀化、湘西等），在中西部16个国家级开发区中名列第二，在全国54个国家级经济技术开发区中排名21位。长沙开发区在长沙工业化进程中，较好地发挥了窗口和示范区作用，成为了长沙乃至全省工业化建设的重要增长极和核心驱动力之一。

【投资环境】 长沙开发区在坚持高标准高起点作好园区规划的同时，按照国家级开发区20周年大会的精神，转变思路，变过去单纯的工业区规划为城市新区规划，大力推进道路工程和其他水、电、气、通讯等配套设施建设。2005年，全区投入基础设施建设资金达5.1亿元（含征地拆迁安置补偿费用），其中基础设施建设投资3.6亿元，全年共启动建设大项工程38项（84个标段），其中64个标段全部竣工，完成道路路基19.08公里，完成道路硬化11.17公里，共移动土石方110万余方。完成了东四线、东八线、滨湖路、新安路、梨江东路、漓湘东路、319南北辅道等主干道路的路基工程；板桥安置小区的三个垃圾站、桩基础工程均已建成，拆迁户自建房已开工建设；望新撇洪渠已完成竣工；自来水厂进一步完善了供水网络建设；污水净化中心通过对水泵的级配调整和工艺技术的改造，污水处理能力有了较大提高。着力构筑新的发展大平台，提升全区城市功能与对外形象，为开发区实现长足发展打下了坚实的基础。

【招商引资与利用外资】 2005年，长沙开发区努力克服土地供应紧张和区域竞争日益激烈等各种不利因素的影响，不断创新招商引资方式，围绕产业招商，突出引大引强，招商引资工作取得了新的突破。全年共引进项目83个，其中外资新批项目13个，增资项目4个；全年完成合同外资1.95亿美元，同比增长28.8%，实现到位外资1.34亿美元，同比增长32.7%；完成市外境内资金12亿元，同比增长32.8%，其中省外境内资金2.73亿元，同比增长70.3%。全年招商引资呈现四大特点：一是突出了招大引强，积极引进战略投资者。一年内引进3家世界500强企业，即日本NEC、美国百事可乐和日本山井农林；投资1000万美元以上外资项目4个，投资5000万元以上市外境内资金项目5个。二是突出产业招商，产业配套能力进一步增强。新引进的项目如百事可乐、长丰联成、苏博泰克、赛普尔自动化工程设备等项目，主要是围绕开发区六大产业，特别是工程机械、汽车制造和食品饮料等产业，着力于一条条完整产业链的形成，逐步形成产业集群。三是入区企业大幅增值。开发区大力鼓励和扶持入区企业增资扩股，加大设备和技改投入，提高单位面积产出效益。到位外资中增资扩股部分达1.1亿美元，其中湖南HEG电子玻璃有限公司增值6500万美元、伊莱克斯（中国）电器有限公司增值3361万美元，东业（长沙）建设实业有限公司增值1025亿美元。四是投资结构不断优化。在加快发展工程机械、电子信息、生物工程、食品饮料、新材料等主导产业的同时，积极引进现代物流、中介服务等高附加值服务业和房产开发等项目，不断强化开发区的服务功能，提升园区形象与品位，使园区努力向现代化多功能综合性新城区方向发展。

【对外贸易】 经过十多年的发展，长沙开发区已初步形成了“两业为主、多元推进、物流配套”的产业发展格局，特别是先进机械制造和电子信息产业覆盖了全区50%以上的企业。2005年，全区规模以上工业企业达82家，比上年增加21家，完成年工业总产值占全区的工业总产值比重达91.1%，约占全市规模工业的三分之一；全区年产值亿元以上企业28家，其中年产值10亿元以上的企业7家，主导产业的发展带动了一大批配套企业的迅速发展，正在向横向成群，纵向成链的产业集群发展。长沙开发区外向型企业日益重视产业结构的优化调整和核心竞争力的提升，并努力开拓国外市场，已步入良性和快速发展轨道。2005年，全区完成进出口总额10亿美元，同比增长31%，其中出口4.1亿美元，同比增长34.1%。在对外出口上，一是出口大户继续保持增长，如LG、远大、金沙利彩印、三一重工等分别增长30.67%、3061.41%，2028.74%和112.63%；二是不少上年新开工企业也纷纷打开了出口大门，如维胜科技、新三昌电子等7家企业实现了出口额零的突破。外经工作方面，区内企业积极开拓国际市场，2005年新增境外投资项目2个，外派劳务150人；三一重工继在印度投资后，2005年又分别在摩洛哥、哈萨克斯坦、阿尔及利亚及印尼分设了办事处；此外瑞翔新材料今年也在刚果投资与外方合作。

【社会事业】 2005年，长沙开发区各项社会事业全面协调发展，社会和谐，政通人和。一是积极稳妥推进拆迁安置工作，全力构建和谐发展开发区。2005年，全区在国家宏观调控，土地从严控制的情况下，千方百计征回了4200亩土地。同时，坚持以人为本、关注民生的理念开展拆迁工作，严格按政策和程序办事，积极妥善地处理好了拆迁安置中的各种矛盾和问题，及时完成了长丰二期、物流园二期、联成模具等重点工程的拆迁工作，实现拆迁腾地3352亩，建成安置住房34栋，妥善安置了158户，539人的拆迁住户，为各项重点工程顺利推进奠定了基础。二是认真做好开发区的综治工作。自2004年治安综合治理委员会成立以来，长沙开发区克服困难，白手起家，在区内近两百家企业里建立了单位一名负责人一名信息员共一百多人组成的综治队伍。狠抓基层、夯实基础，加强综治工作的规范化建设，深入开展“安全生产月”和创建“平安园区”的活动。妥善处理突发事件，及时上报三本台账。在市综治委检查验收中，得到极高的评价。

【管理与服务】 长沙开发区始终按照实现开发区和企业“双赢”的原则，着力加强服务，不断优化投资环境，取得了很好的效果。一是积极争取上级领导和有关部门的支持，为开发区的发展创造良好的外部环境。如2005年春节后，市委常委第一次现场办公会的召开，解决了困扰开发区多年的财政、人事、机构设置等问题。在省委、省政府领导下，长沙开发区被列为省优化经济发展环境工作示范区和省优化办重要联络点，成立了省优化经济发展环境和机关效能建设理论研究基地，明确了“区外各行政主管部门不直接对区内企业实行管理”的优惠政策。二是苦练“内功”，不断提高服务水平。长沙开发区坚持“小政府、大社会”的行政理念，坚持对已经落户的重点项目和启动的重点工程实行“保姆式”、“零距离”、“星级宾馆式”服务；通过建立责任人联系制度，强化责任，加强督查，为企业提供全方位、全过程服务。另外，还实施重点项目驻警服务，加强社会治安综合治理，切实保障了外来投资者的人身、财产安全。

【高新技术产业与重点企业】 长沙开发区初步形成了“两业为主、多元推进、物流配套”的产业发展格局，特别是先进机械制造和电子信息产业覆盖了全区50%以上的企业。2005年，全区规模以上工业企业达82家，比上年增加21家，完成年工业总产值占全区的工业总产值比重达91.1%，约占全市规模工业的1/3；全区年产值亿元以上企业28家，其中年产值10亿元以上的企业7家，主导产业的发展带动了一大批配套企业的迅速发展，正在向横向成群，纵向成链的产业集群发展。同时，企业效益持续提高。2005年，全区税收过千万元企业16家，比上年同期增加3家；区内三一重工股份有限公司已跻身“全国百强民营企业”之列，在全国工程机械行业中处于领先地位，并被选为“全国首批股权分置改革试点企业”，三一集团梁稳根总裁获得2005年度中央电视台中国十大经济新闻人物，三一、远大集团被评为“中国最受欢迎企业”，园区骨干企业实力进一步增强，规模效应进一步显现，企业美誉度和知名度进一步提高。

在发展高新技术产业方面，2005年，长沙开发区有10个项目列入国家科技计划（中小企业创新基金项目、国家火炬计划、国家新产品计划等），5个项目列入了省科技计划。全区已拥有高新技术企业45家，完成工业总产值201.93亿元，占全区比重74.8%；在全国科技大会上，三一重工“混凝土泵送关键技术研究开发与应用”项目荣获国家科技进步二等奖；三一重工的三一品牌被国家工商总局认定为中国驰名商标；力元新材钟发平总裁获得中国十大科技新闻人物等等，区内企业自主创新能力和市场竞争力进一步提高。

【党建、工会与干部队伍建设】 2005年，长沙开发区以开展先进性教育活动为契机，围绕发展大局，狠抓了党组织建设和工会建设。一是以创建“四好”班子为目标，通过建立和完善中心组学习制度、民主集中制度、诫勉谈话制度、公开述职和民主评议等制度，组织开展领导班子民主生活会、双重民主生活会、领导干部下企业排忧解难等活动，狠抓了领导班子的思想、政治、作风建设，增强了班子的凝聚力、感召力、战斗力和创造力。二是大力加强基层党组织建设，全年共组建基层党组织18个，其中新组建非公有制企业党组织8个，发展新党员56人，举办入党积极分子培训班3期，培训入党积极分子近90人，先后有近300名党员主动亮出了党员身份，积极参与到先教活动中来，党组织的吸引力和凝聚力进一步增强，在“爱心助医”捐赠和春节“送温暖”活动中，全区共筹集捐款400多万元。三是坚持不懈地开展党风廉政建设和反腐败斗争，加强对党员特别是党员领导干部的廉洁从政教育。同时实施党风廉政和纪检监察目标管理，强化了干部任免、工程建设招投标、政府采购等易滋生腐败的重点领域的源头治理，加大案件检查、纠风和反腐倡廉宣传教育力度，切实加强效能监察和党风政风建设，经济发展环境进一步优化。四是工会组建工作取得突破性进展，年内新组建工会基层组织75家，全区工会基层组织达136家，新发展会员15000多人，会员人数增加到32000多人，职工入会率达94.8%。六是积极开展维护企业员工权益和送温暖工作，全区已有130家企业与员工签订劳动合同，全年共慰问病人、家属丧事、困难职工、拆迁特困户等共计100多人次，解决50多名拆迁户子女的就业、上学问题。七是开展了丰富多彩职工文体活动，组织举办了全区企业首届“创业乐园杯”男子篮球联赛和“主人翁之歌”大型文艺晚会，组织参加了长沙市第六届运动会，并获得“体育道德风尚奖”，被市委市政府授予“群众体育活动先进单位”。五是加大对干部的培训和考核力度，全年共组织开展反腐倡廉警示教育活动3次共502人次参加，组织、参加各类业务培训班15期，共培训180余人次，组织开展了任职干部转正考核、中层领导班子考核、年度考核等一系列考核工作，使干部队伍素质不断提高。

【机构设置与管委会领导】 2005年，长沙开发区共有内设机构8个：办公室、人力资源局（党群工作部）、监察室、招商合作局、产业发展局、建设发展局、社会发展局、财政局，市派驻机构5个：工商分局、国土分局、规划分局、环保分局、公安分局。

长沙开发区党工委书记杨光荣，党工委副书记、管委会主任文树勋，管委会第一副主任黎勇，党工委副书记、管委会副主任吴京生，党工委副书记谭迪强，管委会副主任卜华桂、陈新忠。

（长沙经济技术开发区管委会）

西安经济技术开发区

XI'AN ECONOMIC & TECHNOLOGICAL DEVELOPMENT ZONE

【经济发展】 2005年，西安经济技术开发区（以下简称西安开发区）深入贯彻落实“国际化、市场化、人文化、生态化”发展理念，以建设现代制造业基地和城市新中心为目标，以招商引资和产业发展为重点，努力探索实践，不断开拓创新，全面超额完成了市政府下达的各项年度目标任务，促进了开发区经济持续、快速、健康发展和社会事业全面进步。

2005年，西安开发区GDP、技工贸总收入、工业总产值、工业增加值等主要经济指标连续第三年保持40%以上的增长，达到2003年的2.8倍，合同外资、实际引进内、外资取得了前所未有的好成绩，地方财政收入、外贸出口势头良好，经济外向度进一步提高，实现了规模与效益的同步增长。全区累计完成GDP 101.5亿元，同比增长42.9%；完成技工贸总收入387亿元，同比增长43%；完成工业总产值245.5亿元，同比增长43.5%；完成工业增加值72.8亿元，同比增长42.7%；完成合同外资3.93亿美元，同比增长62.4%；实际引进外资1.71亿美元，同比增长59.6%；实际引进内资40.2亿元，同比增长274.4%；实现外贸出口1.59亿美元，同比增长72%；实现财政收入2.61亿元，同比增长32.2%；完成固定资产投资63.3亿元，同比增长40.4%。

据国家商务部公布的统计情况显示，在16个中西部国家级经济技术开发区中，西安开发区工业总产值、工业增加值实现数排名由上年的第4位升至第2位，税收收入由第4位升至第3位。西安开发区在中西部经济技术开发区中总体位次前移。

【产业发展】 2005年，西安开发区认真分析总结支柱产业发展现状，围绕商用汽车、机械电子、食品饮料、新材料四大支柱产业的重点企业和主要产品，强化产业集群招商，完备产业配套，构建和拉长产业上、下游之间，整体与零部件之间，制造业与生产性服务业之间的产业链，促进了全区支柱产业的不断壮大，加快了向产业集群跃升的步伐。在商用汽车领域，总投资16.8亿元的陕西省头号工程——陕重汽车项目正式建成投产，为其配套的发动机、车桥、零部件制造等方面的10余家企业陆续开工建设，开发区重型汽车生产基地初步形成。在机械电子领域，由世界500强公司领衔、依靠本地企业发展起来的ABB大功率整流器、西门子二期，西玛电机、西安高压电器研究所高低压开关、长征电力等几十家知名企业先后签约，加速了开发区机械电子产业扩张规模，聚集优势明显增强。随着金威啤酒的落户，食品饮料产业形成了“酒、肉、水、面、奶”产品齐备的食品饮料集群。西部钛业钛合金管材、西部金属、西部超导线材等项目的入区，进一步提升了新材料产业的竞争力，昭示着西安开发区新材料产业集聚效应的初步形成。

【招商引资】 针对全球工业化进程不断加快和招商引资竞争日趋激烈的现实，西安开发区坚持创新招商引资体制和方式，将招商引资的重点放在带动作用强的世界500强投资的企业和国内知名企业项目上，实现了招商引资规模与质量、引进大项目与知名企业两方面新的突破。全年共引进世界500强企业5家，引进投资额超过亿元的项目10余个。世界啤酒业三巨头之一喜力啤酒参股的金威啤酒项目总投资超过1亿美元，是开发区继陕重汽项目后引进的第二个大项目；西安康明斯发动机项目总投资超过4亿元，是迄今为止境外500强企业在开发区投资最大的项目；已签约的宝钛美特法力诺焊管项目投资强度达到100万美元/亩，成为西安开发区建区以来投资强度最大的工业项目；日立永济交流发电机项目和西部金属材料公司金属材料项目投资都超过了2亿元；中钢—西冶重组改造项目投资超过11亿元；BP太阳能电池出口项目一期投资1.5亿元。这些项目建成投产后，大部分将成为开发区年销售额超10亿元的企业，其中有些有望超过50亿元，成为支撑开发区经济持续快速发展的重要力量。

【城市建设】 在城市建设上，西安开发区从建设西安未来城市新中心的角度出发，以规划为先导，以专业化功能园区为重点，分三个层次进一步加大投资力度，着重解决城市重要设施的合理布点和有序建设，积极推进产业开发区向城市新区的跃升。在中心区围绕“上档次”，加大绿化美化和景观建设，凤城七路和朱宏路将于2006年3月通车，分别成为未央路—明光路、中心区—草滩园最重要的交通干道之一；集绿化、景观、照明、导视系统为一体的文景路示范段景观改造基本完成，为建设联通未来火车新客站的城市景观道路打下了基础；总投资5.8亿元的未央大道拓宽改造工作进展顺利，张家堡村等一批拆迁重点难点问题得到妥善解决，拆迁及环境整治工作基本完成，为下一步拓宽改造的全面实施创造了良好条件；占地800余亩、总投资2亿元的城市运动公园全面开工，将建成为全市集休闲、娱乐、健身、会所为一体的最大的生态化运动主题公园；未央广场改造工程全部完成，区域环境面貌得到极大改善；在草滩生态产业园建成了“一横八纵”9条道路，管线配套一次到位，为园区招商引资和加快发展奠定了良好的基础；在泾渭工业园围绕陕重汽建设生产，道路、学校、宾馆同步建设，进行了全方位配套。2005年，西安开发区建成和正在修建道路达29.6公里，总投资达2.37亿元，是开发区成立以来修建道路里程最长、投资最大的一年。

围绕建设人文化、生态化新城区的目标，西安开发区在中心区开工建设了国际实验中小学、长安医院二期工程等一批城市配套设施，西安中学已开学招生。引进和开工建设了人人乐超市、经发国际大厦等一批大型商业项目和白桦林居、雅荷春天、西安印象等一批高档次房地产项目，改变区域形象面貌，聚集人气和商气，为建设现代化新城区和西部金融商务中心奠定了基础。

在土地报批方面，充分利用农用地转用恢复审批的契机，及时全方位开展工作，全年上报土地6609亩，完成土地报批4776亩，是前6年报批土地面积总和的1.3倍，同比增长165%，为开发区招商引资和项目摆放提供了更加充足的土地空间。同时，成功地组织完成了两宗土地招拍挂活动，成交价格达到148万元/亩，创开发区历史新高。在国土资源部正式公布的第一批通过规划审核的开发区名单中，西安开发区榜上有名，出口加工区也列入了第二批通过规划审核名单。

【项目建设】 在项目建设方面，西安开发区将完善投资服务、落实项目开工、推进项目建设，作为促进开发区经济社会发展的关键环节和重要手段，通过领导联系协调、强化合同执行、严格监督管理等措施，努力实现招商引资成果向产业化方向转化，不断提高项目建设的规模、质量和水平，项目建设呈现出数量多、投资规模大、附加值高、建设速度快的特点以及工业、基础设施、服务业三大类项目结构优化、同步推进、协调发展的良好态势。全区工业项目开工52项，竣工工业项目22项，达产后可新增产值52亿元以上，创开发区工业项目建设历史最好水平。另外，开工和在建道路、景观、学校、公园、商场等基础和配套设施项目73项，总投资约106亿元。标志着开发区步入了建区以来项目建设最集中、力度最大、速度最快的时期。

【城市管理】 根据区域经济形势发展的需要，西安开发区在抓好招商引资、项目建设的同时，强化土地、规划、文化、教育、卫生、体育、环境等公共资源配置与管理，实施工作流程再造，实行社会公用事业的社会化、市场化运作。按照市上统一部署，顺利完成了开发区历史上第一支集城市管理众多综合行政执法权于一身的城管执法支队组建工作，执法范围覆盖草滩生态产业园和泾渭工业园，促进了开发区投资环境的改善。区内道路保洁、维修、绿化以及广告管理等工作已经步入了市场化运作的轨道。

在城市配套设施建设方面，积极引入政府约束与激励机制，创新性地提出和制定了《开发区公益性配套设施规划补偿机制》，通过采取充减建设项目的市政公用设施配套费、适度提升建设项目容积率等补偿手段，鼓励项目单位按照专项规划要求投资建设厕所、绿地、广场、停车场等公用设施，从根本上解决了过去公共设施建设中存在的数量少、标准低、布局不合理等难题，节约了土地资源和建设资金，达到了公用设施与其他开发建设项目整体规划、统一建设的目的。

根据开发区内在建项目多、城中村多、基础设施配套欠账多等实际情况，从建设西安城市新中心、提高城市管理水平的高度，提出了全力以赴争创“市级卫生区”的奋斗目标，重视和推进创卫各项工作，细化责任，落实到人，严格奖惩，定期检查总结，区域面貌有了很大改观，获得了省市创卫办有关部门领导和专家的好评。

【投资环境】 本着政企分开、政事分开的原则，2005年，西安开发区积极推进资金、人才、技术、信息等生产和投资要素的市场化、企业化和社会化管理与服务水平。与省开发银行合作，全面启动了中小企业投资担保工作，招商引资、金融服务、咨询服务、科技服务和人才服务五大平台更加完善，生产和投资要素的市场化配置程度进一步提高。同时，工商、税务、质监、公安、海关等支撑服务体系的分支机构陆续建立完善，干部队伍不断发展壮大，服务和管理水平显著提高。

【机构设置与管委会领导】 西安开发区内设机构有：管委会办公室（党工委办公室）、审计监察局（纪工委办公室）、策划宣传中心、财政局、经济发展局、规划建设局、国土房管局、城管执法局、公共事务局（人力资源与社会保障局）、招商中心、招商一局、招商二局、招商三局、投资服务局、出口加工区管理办、泾渭工业园管理办、草滩生态产业园管理办、市政市容中心、泾渭污水处理厂筹建办。

西安开发区党工委书记、管委会主任岳华峰，党工委副书记、管委会副主任彭炜，管委会副主任段永和、刘晋秦、聂仲秋、吕林学、冷劲松、杨安定。

（西安经济技术开发区管委会）

昆明经济技术开发区
KUNMING ECONOMIC & TECHNOLOGICAL DEVELOPMENT ZONE

【经济发展】 2005年，昆明经济技术开发区（以下简称昆明开发区）主要经济指标高速增长，经济运行质量稳步提高，增长方式进一步转变，资源节约型、环境友好型社会建设稳步推进。全年完成GDP 32亿元，比上年增长42%；实现工业总产值57亿元，比上年增长39%；实现销售收入112亿，比上年增长60%；财政总收入7.38亿元，其中地方财政收入2.1亿元，比上年增长27.7%。

【投资环境】 区域投资环境进一步优化。2005年，昆明开发区管委会围绕招商引资工作，先后制定和出台了《重点企业对口联系制度》和《关于进一步改进和完善项目服务协调机制的意见》等规范性文件，进一步改进和完善项目服务工作，为投资者和进区企业提供优质的服务，为开发区的招商引资工作和加快发展提供良好的保障。同时授权经济发展局牵头负责项目的服务协调督办，进一步简化办事程序，改善服务态度，变被动服务为主动服务，设立服务大厅，实行“一次性告知”、“一站式服务”，职能部门并联审批，提高服务质量和效率。此外，继续完善“委领导接待日”和“领导联系企业”制度，“亲商、富商、安商”的服务理念深入人心，有力促进了开发区综合投资环境的改善。

固定资产投资稳定增长。全年完成固定资产投资11.85亿元，同比增长90.14%。其中：公共基础设施及征地拆迁投资3.05亿元，工业投资7.44亿元，其他产业投资1.36亿元。

工业投资增幅明显。2005年昆明开发区工业项目完成投资7.44亿元，同比增长238.2%，工业项目投资占开发区固定资产投资的62.78%。云南CY集团技改搬迁项目、北方红外光电子产业基地项目、天达光伏硅太阳能电池产业化项目、雪兰牛奶技改搬迁项目等一大批工业项目相继开工，为开发区工业的发展奠定了坚实的基础。

基础设施投资增长较快，三大基地建设蓬勃开展。2005年开发区完成基础设施投资3.05亿元，占全区固定资产投资总量的25.74%，比去年同期增长41.95%。基础设施项目建设方面，2005年开发区先后完成光电子产业基地土地平整、信息产业基地3号、4号路建设、二期主干道联络线工程、信息产业基地展示厅建设、一期区路网维护及路灯亮化工程等，年末又启动了信息产业基地1号、2号路建设、3号、4号路延长线建设工程等，出口加工区土地征用工作正委托市国土资源局和官渡区政府进行。

城市公用事业综合能力不断提高。区内已形成日供水5万立方米/日，铺设了雨、污水管道，下水实现了雨、污水分流；供电方面开发区内现有雨龙变电站一座，容量为110千伏、2×5万千伏安，同时还将建设另外两座110千伏变电站；供气可通过城市煤气管网提供生产和生活用煤气，日供气能力40万立方米；全区程控电话装机容量为15万门，一期装机容量4万门已建成。

环境保护工作继续深入，环境指标保持优良。2005年开发区区域环境通过了国家环保总局评审，同时顺利地建设了13.5平方公里的“噪达区”。在区内大力推行清洁生产，节约利用资源，发展循环经济，促进了生态工业园区的建设。

【招商引资】 2005年，昆明开发区不断创新招商引资思路、办法和政策，切实突破项目的瓶颈制约，把招商引资视为开发区经济工作的生命线、新一轮发展的发动机。工作中改变传统的“守株待兔”方式，采取多项措施强化招商引资工作：一是调整机构设置，建立专业性招商引资部门；二是以产业链为基准展开招商，通过引进大项目带动大发展，突出引资重点，围绕省内的资源优势，紧盯国内外大企业、大公司的投资意向，主动出击进行“敲门”招商；三是创新招商的方式方法，探索招商引资市场化运作机制，采取部门合作、委托招商等形式，加大了招商工作的力量；四是集约经营土地，以保障供地支持引进大项目，以孵化器、科创园、标准厂房的建设来解决小企业进驻；五是加强招商引资人员队伍建设，探索建立竞争激励机制。

通过创新招商引资机制，切实做好重大项目的跟踪、协调服务，招商引资工作取得新的突破。全年共批准引进各类企业及项目115个，总投资28.47亿元，其中合同利用外资608万美元，实际引进外资到位504万美元。以省部合作项目为核心，聚集了北方红外、天达光伏、云电科技等一批项目，着力打造光电子产业基地；以特灵达集团、阳光数字、云南省数字电视公司等项目为基础，构建信息产业集群；以昆船集团、沈阳机床（集团）云南机床厂等项目，联合打造光机电一体化产业和制造业；此外，正在对大批产业配套项目和产业链关键环节项目进行跟踪服务，围绕“构筑产业集群、延展产业链”的思路，招商引资工作取得显著成效。

【产业结构】 鼓励高新技术产业发展，着力培育重点产业。信息产业基地和光电子产业基地的建立，从园区功能层面上强化了开发区产业发展的方向，使昆明开发区在传统烟草制品及配套产业、食品饮料业、医药等产业的基础上，进一步壮大和发展了电子信息产业，使开发区的产业层次不断向上提升，产业结构得到进一步调整，推动了高新技术产业蓬勃发展。截止2005年末，昆明开发区省级高新技术企业达到21家，高新技术产值超过16亿元，占到全区工业总产值的28%。全年用于鼓励科技创新和技术改造的扶持资金达到1769万元，减免企业税收1.1亿元，切实地推动了高新技术产业和其他产业的发展壮大。

通过一系列鼓励创新的政策，开发区吸引了新材料孵化器、民营科技孵化器、海归创业孵化器等科技孵化器的入驻，与原有的科技创新园一起，构成开发区相对完整的技术创新体系，有力地促进全区技术创新和管理创新。

实施“质量兴区、名牌兴企”战略。为鼓励进区企业不断提高市场竞争力，推出了《名牌产品奖励办法》，涌现出一批省级著名商标和公认名牌；“质量兴区、名牌兴企”正逐步成为昆明开发区区内涵式增长的重要途径。

【社会事业】 继续加大对教育卫生的投资力度，共安排财政资金922万元，促进了开发区公共教育和卫生事业的发展；加强建成区的管理，实施绿化、亮化、美化工程，努力建设人与自然和谐相处的绿色园区；出重拳，加大社会治安综合治理力度，有效控制和减少了发案，保证了良好的社会治安秩序；加大安全生产监督管理力度，全区全年无重大安全生产责任事故发生；改善交通环境，新开通两条公交线路，方便了区内群众出行，与昆明市交警五大队建立了交通管理协调机制，交通安全进一步加强；与驻区部队建立了良好的军民关系，拥军优属、拥政爱民的氛围更加浓烈；全年抗旱、防洪等关乎民生的大事得到切实保障。

社会群团组织作用进一步发挥，群众性文体活动深入开展，如职工越野跑比赛、职工读书演讲活动等，以及以顶新集团“康师傅”家庭日活动为代表的企业文化建设蓬勃开展，独具特色的开发区文化为开发区精神文明建设和经济社会发展注入了强大的动力，人文开发区、活力开发区的创建工作呈现生机勃勃的局面。

社会保障功能日益增强，全区参加基本养老保险的企事业单位职工比去年同期增长23.3%，“五险统筹”取得长足进展；劳动执法和劳动关系调整工作切实开展，有力地维护了广大职工的合法权益。

【管理与服务】 2005年，昆明开发区开展了《昆明经济技术开发区条例》草案的研究与制订，积极推动《条例》进入地方性立法程序；为加快三大基地的发展，展开了对三大基地优惠政策、招商引资、项目融资等相关课题的系统研究，形成了一批切实可行的投资促进政策；建立了管委会法律顾问室、组建了仲裁调解中心，法制环境进一步改善，依法治区、依法行政不断加强。

实施人才强区战略，搭建人才支撑服务平台，为全区产业发展提供人才保证；深化干部人事制度改革，不断加强干部队伍建设，采取竞争上岗的形式选拔任用干部，加大干部交流和轮岗力度；此外，制定了《机关工作人员末位管理办法》，对中层干部实行末位试用，一般干部实行末位待岗，有力地激发了全体机关工作人员的工作积极性。

围绕落实《昆明市行政机关工作人员行政不作为问责办法》，进一步加强了对管委会行政部门的内外监督。内部监督主要是完善一系列考核办法，加强内部审计、严格建设工程招投标制度和政府采购制度等；外部监督主要是加强企业对机关工作作风的测评，做好信访接待工作。此外，进一步提高执法人员依法行政的能力，实行执法过错追究制度和执法行为评议考核制度，有效地规范了执法队伍的执法行为。通过强化内外监督和行政执法，依法行政不断取得新进展，群众利益得到切实的保护，群众反映的突出问题得到有效解决，政风明显好转，服务型政府职能进一步完善，政府管理水平进一步提高。

【机构设置与管委会领导】 2005年昆明开发区的党、政内设机构为：办公室、工委工作部、工委组织部（与开发区人事劳动局合署办公）、总工会、经济发展局、投资促进局、建设局、人事劳动局、法制局（研究室）、社会事业局、监察审计局、安全生产监督管理局；昆明市有关部门派驻机构有：昆明市财政局开发区分局、昆明市规划局开发区分局、昆明市国土资源局开发区分局、昆明市质量技术监督局开发区分局、昆明市工商局开发区分局、昆明市国税局开发区分局、昆明市地税局开发区分局。

昆明经济技术开发区管委会主任董利华，中共昆明经济技术开发区工作委员会书记、管委会副主任戴速，工委副书记李志波，管委会副主任谭翔浔（2005年2月起）、段永明（2005年6月起）、吕天云。

（昆明经济技术开发区管委会）

南昌经济技术开发区

NANCHANG STATE – LEVEL ECONOMIC & TECHNOLOGICAL DEVELOPMENT ZONE

【经济发展】 2005年，南昌经济技术开发区（以下简称南昌开发区）坚持用科学发展观统领经济社会发展全局，全区经济发展呈现既快又好的发展势头，区域经济实现了历史性突破，主要经济指标实现了“五年翻三番”的计划目标任务。全年实现GDP 141.14亿元，同比增长53.21%；完成工业总产值316.67亿元，增长61.28%；完成工业增加值98.13亿元，增长76.08%；完成财政总收入17.92亿元，增长3.37倍；税收收入16.13亿元，增长2.21倍。全区产业结构不断优化，产业链条逐步延伸，已形成家用空调、电子信息、现代造纸、汽车制造四大主导产业，同时形成诚志股份生物医药、洪都钢厂钢管钢带、南昌硬质合金公司钨合金与江西金世纪新材料公司稀土材料、华源凯马机电园发动机机床等四大优势产业，以及包装印刷、医疗器械、食品加工、饲料等四大规模产业。2005年南昌开发区再获全省工业园区六大指标综合先进单位奖。南昌开发区在商务部关于国家级经济技术开发区2005年投资环境综合评价中，人力资源及供给、体制建设两个方面的类指数进入全国54个开发区的前10名。与第十个五年计划发展初期相比，全区工业的主导地位明显凸现，园区建设呈几何级数快速崛起，区域经济实力实现超常规跨越式发展，在中西部国家级经济技术开发区综合实力排位大步前移，为全区在第十一个五年规划时期更高层次上新的发展，奠定了坚实的基础。

【招商引资与利用外资】 2005年，南昌开发区实际引进外资2.09亿美元，同比增长32.7%；实际引进内资32.11亿元人民币，其中5000万元以上项目实际引进内资24.57亿元；出口总额2.33亿美元，增长3.42倍，全区招商引资工作超额完成市政府下达的三大目标任务，获得全市招商引资突出贡献奖。开发区对已进区项目的增资扩股进行了深挖潜能，外资进资中增资扩股部分达4113.6万美元，其中，晶湛（南昌）科技有限公司在原注册资金2998万美元的基础，增资4002万美元。由台湾咏倡企业集团投资8亿美元成立的富昌科技有限公司，是全省最大的外资企业，达产后具有36万片晶圆的生产能力，年产值6亿美元，年上缴税收4140万美元。另外，还促成台湾新索丽科技有限公司将其自身生产线搬至开发区，成为开发区出口创汇的一个新亮点。开发区还在优化项目投资结构上狠下功夫，积极促使了原内资企业江铃拖与印度马恒达拖拉机公司成立中外合资企业、江西西林科新材料有限公司与香港三和科技有限公司成立中外合资企业，新增外资1042万美元。开发区在新的招商服务大楼成立了区统一办证中心，为入区企业无偿代办企业登记、工商注册、进口设备报关、外商出入境签证等；并在招商过程中针对不同项目，争取国家政策倾斜，用足用好用活各项政策。

【投资环境】 按照建设现代生态型工业园区的定位，南昌开发区全年基础设施投入12.3亿元，分别完成枫林大街等十余条道路近2500平方米路面的修复，亮化芙蓉路等十余条主干道，铺设枫林大街及青岚大道5000米长的燃气管道，完成道路绿化28万平方米，新增公共绿地43.7万平方米。1月9日，省电力行业协会组织专家，对南昌开发区电力有限公司申请《供电营业许可证》有关条件进行了严格审查。根据国家有关供电营业许可证的管理规定和省政府加快工业园区电网建设实施意见的通知精神，1月17日省经济贸易委员会核准同意颁发区电力公司《供电营业许可证》，并对该公司供电营业范围予以确定：白水湖工业园约12平方公里，麦园工业园约18平方公里，其营业方式为直供供电，相应设立白水湖营业所和麦园营业所两个分支机构。南昌经济技术开发区电力有限公司是由省电力公司控股的具有独立法人资格的供电公司。2002年为解决开发区供电不足，南昌开发区在全国开发区率先自行建设220千伏专用变电所及配套设施。

【社会事业】 南昌开发区全区18万人口中农民有4万人，开发区把建设社会主义新农村作为兴区富民的首要环节来抓，区财政每年拨出100万元作为新农村建设基金，用于新农村发展。全区19个行政村，有16个村的土地被征用，开发区根据每户人口及经济条件，在自愿的基础上，全区统一规划建设“一户一宅”和农民公寓楼，建设资金自筹70%，国家和集体补助30%。目前农民新村竣工面积87万平方米，2600多农民已搬进了新村居住。年内有6个行政村建成了农民新村，农民人均居住面积比过去增加了20平方米，居住环境大为改善。5月31日全市创建文明村镇工作现场会的代表参观下罗农民新村，认为该村文明创建工作为全市树立了新的典范。下罗农民新村是由7个整体拆迁的自然村合并共建的，先后投入700万元完善基础设施和配套设施。下罗新村占地10公顷，316幢规划整齐、风格统一的三层别墅楼呈弧状整齐地排列，一户一宅新型现代化农民新村，每户建筑面积近300平方米。家家通了自来水，户户有了宽带网，村内道路硬化、路灯亮化、房屋美化，四周绿化、卫生洁化、秩序优化。下罗新村大力美化环境，设立健身广场、文化娱乐中心、休闲文化走廊、积极开展群众文体活动等方式，打造出新农村住宅区的新格局、新样板。下罗村集体投资村民入股，在105国道、枫林大街、双港大道建设下罗商业大厦、正元购物娱乐中心、凯丰大厦，全村集体经济收入增长到260万元，人均收入5300元。下罗村被评为全国创建文明村镇工作先进村及江西省“十大文明村镇”，全年有省内外十多个地区代表团前来学习考察，年底《经济日报》以《下罗村观念环境一起变》为题整版报道了该村建设社会主义新农村的经验。

【管理与服务】 南昌开发区驻区高等院校在校学生12万余人，占全区总人口的近三分之二。为适应新形势下维护高等院校园区稳定及建设和谐平安开发区的需要，南昌开发区在华东交大“校园110”的基础上，通过整合现有资源，建立“高校园区110”联动体系。其主要做法，一是建立“高校园区110”指挥中心，每天24小时值守班；二是建立“高校园区110”联动网络，成立公安、工商、城管、交警、消防等9个职能部门联动小组，以及10个高校联动小组和1个督查组；三是建立联动体系运行机制，指挥中心接到报警电话后，对需要求助解决的问题指令相关联动小组在15分钟内到达现场处置。该体系进一步延伸“校园110”的工作范围，建立职能部门的快速反应机制，有效地解决警力不足、反应不快、整治不彻底等问题。自“高校园区110”联动体系启动以来，区高校及周边发案率明显下降。2005年在南昌被评为年度社会治安综合治理先进单位的7所高校中，驻区的江西财大、江西农大、江西科技师范学院、华东交大榜上有名，占了4所。

（南昌经济技术开发区管委会
办公室　上官方）

呼和浩特经济技术开发区

HOHHOT ECONOMIC & TECHNOLOGICAL DEVELOPMENT ZONE

【经济发展】 2005年呼和浩特经济技术开发区（以下简称开发区）坚持以科学发展观统领全局工作，进一步加大招商引资工作力度，积极培植优势产业集群，加快科技创新步伐，不断优化综合投资环境，全面加强党的执政能力建设，负重前进，开拓创新，经济和社会发展水平得到新的提升。全年累计完成现价工业总产值186亿元，同比增长40.6%，其中规模以上企业完成现价工业总产值174亿元，同比增长34.5%；累计完成工业增加值60亿元，同比增长28%，其中规模以上企业完成55亿元；累计完成财政收入10.2亿元，同比增长18.48%。全年实现销售收入178亿元，同比增长33%，产品销售率为96.18%；综合经济效益达到304%，继续保持较高水平。每万元工业产值综合能耗达到0.055吨标煤。

2005年是“十五”期间的最后一年，2001—2005年期间，开发区工业总产值（现价）、工业增加值、财政收入和产品进出口总额以年均50%以上的速度增长，GDP和第三产业增加值以年均40%以上的速度增长，是建区以来发展最快的时期。2001—2005年，开发区累计实现的GDP、工业总产值、工业增加值、财政收入和进出口总额分别占建区13年总和的83%、87%、87%、85%和91%。2005年，规模以上工业总产值、工业增加值、财政收入约占呼市的比重分别为36%、33%、12.4%，成为推动呼市经济快速发展的重要增长极。在西部12个省市区的13个国家级开发区中，主要经济指标均位列第三位。

【投资环境】 围绕“营造比较成本新优势”，全力打造具有核心竞争力的综合投资环境。在硬环境建设方面，一是加快开发区空间拓展步伐，按照国务院对国家级开发区成片扩区的审批要求，在符合呼市的城市建设总体规划和土地利用总体规划前提下，编制了拟扩区——如意南区、金川南区的总体规划，逐级报国务院待批。积极探索区域经济合作新模式，搞好与周边旗、县、区的经济合作，为构建呼和浩特西部工业走廊奠定了基础。二是继续加大基础设施建设力度，努力开创比较成本新优势。

在软环境建设方面，不断完善综合服务功能，优化行政、政策、法律环境，以创新为突破口，不断推出优化服务的新举措，努力促进开发区企业健康快速发展。一是建立了“领导联系重点企业服务责任制”和“在谈、在建重点项目领导跟踪服务责任制”。指定专人对重点企业和重点项目进行协调并适时监控各阶段运行情况，全方位为企业提供及时有效服务。二是加强了工业经济运行调控协调服务。开发区领导经常带队深入企业调研，及时掌握企业生产经营情况和重点项目进展情况。对企业生产经营中的困难与问题，能帮助解决的，尽力帮助解决，解决不了的及时反馈有关部门协调解决，积极为企业创造有利的生产经营环境。三是简化办事程序，提高办事效率，方便企业办事。在项目审批、审核、备案方面，本着急企业所急，尽量简化办事程序，即来即办。此外积极为企业提供各类信息服务，及时将了解的信息和国家及自治区、呼市政府的有关政策、文件、法规通报给企业，在融资、技术合作、人才引进、申报项目、经贸活动、优惠政策等方面，主动为企业提供有价值的信息，拓宽了为企业服务的渠道。四是围绕入区企业和已形成的产业，进一步加大政策引导和扶持力度。随着电子信息产业、生物医药产业的不断发展壮大，孵化器项目的不断成熟，对于电子信息产业的发展建设，专门编制了“如意园区电子信息产业发展建设规划意见”，并积极申报创建国家级电子信息产业园。对于生物医药产业基地网络平台的建设工作，已制定具体实施方案，企业数据库软件的编写工作基本完成。完成了《呼和浩特经济技术开发区条例》的修订工作，修订后的《条例》，进一步明确了开发区的法律地位和管理职能，为开发区确立高效完整的运行机制提供了法律依据。

【招商引资与利用外资】 2005 年新批准项目 132 个，其中工业项目 18 个，外资项目 8 个。引进国内资金 46.17 亿元，实际利用外资 7829.73 万美元，新引进 10 亿元以上的项目有：青岛欧美投资集团总投资 29 亿元；一汽亿阳汽车总投资 30 亿元；华生高岭土总投资 10 亿元；中显集团总投资 5 亿元港币。新引进亿元以上项目有 14 个，其中深圳林江房地产新建 30 万平方米工业厂房总投资 6 亿元；中储物流基地总投资 1.2 亿元；创维彩电总投资 2 亿元；储元新泰总投资 4 亿元；移动通信总投资 3.3 亿元；蓄电池生产项目总投资 4 亿元。进出口实现较快增长。全年实现进出口总额 7 亿美元，比上年翻了三番。出口产品主要涉及电子信息产品、羊绒制品、金银制品等。

（呼和浩特经济技术开发区　王润平）

南宁经济技术开发区

NANNING ECONOMIC & TECHNOLOGICAL DEVELOPMENT AREA

【概况】 2005 年，南宁经济技术开发区（以下简称南宁开发区）完成 GDP 29.6 亿元，同比增长 47.52%；规模以上工业总产值 57.44 亿元，同比增长 32.08%；全社会固定资产投资 28.16 亿元，同比增长 80.2%；工业销售收入 53.07 亿元，同比增长 28.44%；财政收入 3.49 亿元，同比增长 29.45%。

【基础设施建设】 2005 年，南宁开发区运用“经营开发区”理念，整合利用土地资源，对园区实行滚动式开发建设，采取资本运作筹一点、财政拨一点、银行借一点的“三个一点”的办法，多渠道筹措基础设施建设资金，并以金凯工业园南部地区、银凯工业园、白沙商住区等园区为重点，全面清理整顿施工队伍，加强对每项工程的监管，加快施工建设进度，掀起了大开发、大建设高潮。全年完成基础设施建设投入 4.13 亿元（含征地拆迁补偿费），相当于 2002 至 2004 年 3 年基础设施建设投入的总和。完成征地面积 3425 亩，创建了规划总面积 10 平方公里的银凯工业园。完成城市道路和供水供电等基础设施项目建设 23 项，投资 7300 多万元，平整土地 2197 亩，修建给排水管 4000 多米，建设供电线路 1700 多米，修建高标准城市道路 3788 米，金凯路延长线、经四路、迎凯西路等园区道路相继建成通车。

【招商引资】 南宁开发区不断创新招商理念，

改进招商方式方法，拓宽招商领域，“内外兼修”地开展招商引资活动，对内，全力为投资者创造良好的软硬环境，努力营造投资创业热土；对外，制定并实行《招商引资项目人区评估的管理办法》，采取全员招商与专业队伍招商相结合、信息化招商与小分队招商相结合、形象招商与走出去招商相结合，还继续采取定向招商和以商引商等办法，同时以东区商贸企业为着力点，加快二次招商步伐，全力以赴大招商，不断扩大招商引资成果。全年引进项目95个，总投资32.26亿元，合同内资18.24亿元，实际到位内资9.15亿元；合同外资4529万美元，实际到位外资3309万美元，直接利用外资1101万美元。

【管理与服务】 以南宁市委、市政府组织开展的“工业企业服务月”、“商贸企业服务月”为契机和平台，开发区出台了促进商贸企业发展的15条优惠政策，搞活商贸业；采取管委会领导联系项目、专人跟踪项目机制，想企业之所想，急企业之所急，帮企业之所需；继续推行和不断改进ISO9001质量管理体系，建立廉洁高效的管委会办事机构；进一步完善证照办理“一条龙”、“一站式”等服务内容，为投资商提供“保姆式”服务；推出了客商服务“一票否决制”，规定管委会员工必须强化为企业和客商服务的思想意识，企业和客商提出的问题必须给予办理或答复，如出现推诿扯皮现象，一经查实，当事人当月评定为不称职，并在全体员工大会上进行通报批评，情节严重的给予纪律处分或安排待岗培训。进一步完善了“客商投资审批的一条龙服务、项目建设的全方位服务、项目竣工投产后的经常性服务”三大服务体系，营造了“亲商、安商、扶商、富商”浓厚氛围，推动企业加快发展。在年度服务质量调查中，驻区企业对管委会机关提供的服务满意率达到95.6%。

把实现南宁市委、市政府下达的“三个百亿”目标分解任务作为区域经济发展的助推器，做到“三个确保”，推出“六大举措”，提前18天在全市率先超额完成“三个百亿”目标分解任务。

“三个确保”，一是确保完成工业总产值年度任务，加大对入区企业协调的工作力度，促使企业尽早投产达产，适当加大生产规模，提高生产总量。切实帮助入区企业协调解决增加投入、扩大生产、技改增效过程中遇到的土地、水电、资金等问题，加快项目建设。二是确保完成全社会固定资产投资年度任务，进一步加大征地拆迁工作力度，保证更多的工业项目和基础设施投资项目按期开工建设。同时要加强对在建项目工作进度的督促检查。三是确保完成全年财政收入目标，一方面按照国家有关规定，加强征收监管，做到应收尽收；另一方面加强指导和服务，积极扶持企业做强做大，培植税源。

“六大举措”，一是对全面完成“三个百亿”目标任务进行总动员，并将目标任务进一步分解量化，与驻区企业分别签订目标责任状。二是严格执行“三个百亿”目标任务统计月报制度、通报制度、协调制度，及时检查分析完成任务的进度情况，研究协调解决工作中存在的困难和问题。三是将“三个百亿”目标任务完成情况与年度工作目标责任相挂钩。四是将“三个百亿”目标任务完成情况与月度考核、年度先进个人及先进集体考核结合起来。五是将“三个百亿”目标任务完成情况与加强领导班子建设、考核培养使用干部相结合。六是加大对“三个百亿”目标任务完成情况的宣传报道工作，及时宣传报道先进典型，励志树先，加油鼓劲，让全体员工都以饱满的工作热情，为完成“三个百亿”目标任务作贡献。

【企业发展与重点企业】 2005年南宁开发区有23个项目开工建设，总投资14.89亿元，其中商贸项目5个，总投资超过1000万元的14个；15个项目竣工投产，总投资3.64亿元，其中总投资超过1000万元的10个。入区企业进行科技创新和技术改造项目45个，累计投入资金3.92亿元，其中工业项目40个，总投资3.69亿元。

南宁漓源粮油饲料有限公司是经国家农业

部、发改委等八部门联合认定的农业产业化国家重点龙头企业。由桂林市力源粮油食品有限公司及该公司工会共同出资设立的粮油饲料生产企业。该公司在开发区建设南宁绿色食品加工配送基地工程项目，项目占地88亩，总投资6580万元。项目于2002年12月入区，年产18万吨生物饲料生产线于2003年7月投产，当年实现产值5449万元。2005年提供就业岗位150多个，技术员20人。2005年，该公司实现工业总产值29816万元，且产销两旺，产销率达到96.83%。

2005年10月15日，南宁开发区首个百货商业街—荣宝华商城商业街南北区隆重开业。荣宝华商城位于南宁市星光大道223号，由新加坡和马来西亚外商投资兴建，总投资5.5亿元，建筑面积近30万平方米，商业区面积16万平方米，项目以现代化商贸物流规划为基础，以日用百货、五金家电、副食品等为经营主题，前瞻性地设置了停车场、仓储、零担配送等配套设施，集商品交易、展示、餐饮、娱乐等于一体，年营业额可达100亿元以上，年利税8000万元。该商城商业街南北区于2002年11月动工兴建，2005年9月竣工，建筑面积约7万平方米，共有24栋商住楼，商铺552间，南区以经营五金、家电等为主，北区以经营日杂、日化、针棉、文体、副食品等为主。当日有230家经营户进驻商业街正式开业经营。

【机构设置】 南宁开发区管委会下设办公室、劳动人事局、财政局、经济发展局、建设发展局、招商局、城市管理局、社会事业局、安全生产监督管理局等8个部门和会计核算中心、后勤服务中心、质检分站、投资服务中心、土地供应中心、征地拆迁办公室、市政环卫站、招商中心、人才交流服务中心、信息中心等10个二层事业单位及园区建设投资公司、物业管理公司、房地产开发公司等3个直属企业。设立城市管理综合执法大队、工商分局、国税分局、地税分局、国土资源局、派出所等6个派驻机构。

（南宁经济技术开发区管委会办公室）

太原经济技术开发区

TAIYUAN ECONOMIC & TECHNOLOGICAL DEVELOPMENT ZONE

【经济发展】 2005年，太原经济技术开发区（以下简称太原开发区）完成工业总产值33.08亿元，同比增长100.61%；完成财政总收入1.22亿元，同比增长205.71%；机电产品出口8616万美元，同比增长1810%；高新技术产品出口4120万美元，同比增长2309.36%；当年实际使用外资3489万美元，同比增长40.97%；就业人数达2.35万人。据统计，太原开发区2003、2004、2005年主要经济指标增速在54个国家级经济技术开发区中名列前茅。

【投资环境】 太原开发区位于太原市东南部，距离首都北京500公里，全程高速4小时。区中心距太原飞机场2公里、太原火车站3公里、市中心10公里；区内国道纵横、交通便利，高速公路直达北京、天津、石家庄、西安、呼和浩特、郑州、济南等周边大城市，物流便捷，是商家投资的理想之地。

太原开发区按照总体规划和“有收益项目市场化引资，无收益项目财政投资”、“谁投资、谁受益”的原则，投资4.2亿元，全面启动了9.6平方公里内的道路、雨污水管网、供水、供电、供暖、供汽、煤气设施及管网、通讯网络、绿化、土地平整、污水处理、固体废弃物处理等基础及配套设施建设。目前，已完成三纵八横骨干道路网建设，主干路网基本形成，日供水能力已达到10000吨，给排水、热力、煤气、管网全部贯通，通讯设施、宽带网络、有线电视线路已随道路管网一并铺设，基本实现了9.6平方公里范围内“九通一平”。

【招商引资与利用外资】 从2002年7月到2005年底，共签约入区企业131家，其中规模以上生产型企业70余家，合同引进内资80亿元人民币，引进外资11亿美元。入区企业中有世界500强企业——富士康，有宏全国际、康师傅、蒙牛、福兴斯达等知名外商投资企业。在区内注册并生产的注册资金在1000万美元以上的外资企业有5家，其中富士康（太原）科技工业园项目总投资10亿美元，为山西省改革开放以来引进的规模最大、技术水平最高、与山西省产业关联度最强的外商投资项目。

【社会事业】 在加快开放开发的同时，太原开发区深入落实科学发展观，牢固树立“以人为本”理念，坚持经济发展和社会事业发展有机结合，着力构建和谐社会。一是高度重视解决失地农民问题，统筹城乡发展，出台和落实了一系列政策办法，从政策上引导农民规模化从事养殖业以及商业、饮食等第三产业，鼓励引导农民利用自身优势走自主择业、自谋发展的道路。二是构建就业培训体系，对农村转移劳动力进行加工技能、电脑应用、绿化、服装加工、保安、锣鼓等专业培训，使其拿到就业上岗“通行证”，并安排就业。三是成立工程协调中心、“金枫”运业公司等，所属各村组建工程服务队，为区内建设项目提供土方、物流等多种服务，解决部分村民的就业和收入问题。四是组建成立巾帼锣鼓队，参与社会化服务，解决了200个农村家庭妇女的收入问题。五是引导农民将征地补偿款投入到有收益保障的物业项目，增加收入。六是启动了“城中村”改造工作，建设社会主义新农村。从住宿、租赁、标准厂房或商业用房三个方面，彻底解决农民的生存与发展问题。

【管理与服务】 按照“封闭式管理，开放式运作”的新型管理模式运作，太原开发区设立了企业服务大厅，实行“一个窗口受理、一个窗口领证、一个窗口收费”，为入区企业提供便捷、高效的一条龙服务。区经济发展局、环保局、建设局、工商分局、质监分局、土地分局、规划分局、地税分局、国税局、物业中心等审批服务部门组成审批服务窗口，银行、人才交流中心、会计师事务所等机构为入区企业提供延伸服务。区纪检监察、投诉中心在大厅设置监督服务窗口，保证各项审批服务事项的落实；成立投诉中心，24小时受理企业各类投诉。加强部门协调，创新服务方式，建立了外商投资审批服务中心、企业项目建设服务中心、企业运行服务中心等三大服务体系。

【高新技术产业和重点企业】 为加快高新技术产业的发展，全面提高企业技术创新能力，太原开发区出台了《科技项目发展资金使用和管理暂行规定》。截至2005年，全区已有11家企业通过省级高新技术企业认证，2005年全区完成高新技术产业产值85849万元。

山西省政府把开发区建设作为推进产业结构调整、加快国家新型能源和工业基地建设的重要载体。太原开发区经过艰苦创业，重点引进发展了IT、新材料加工、装备制造、生物制药、食品及农产品加工、新型建材等六大主导产业，形成了富士康、通泽成套设备、蒙牛乳业、康师傅纯净水、青岛特种汽车、亚宝药业、宏全食品包装等国际、国内电子信息与通讯制造业、新材料加工业、装备制造业、生物制药业、食品加工业、农业产业化六大行业龙头企业。

世界500强——富士康科技集团是国际电子通讯及新材料加工龙头企业，也是全球电子制造服务业第二大领导厂商。2003年7月，富士康科技集团投资10亿美元开始建设太原科技工业园。园区规划面积1618亩，主要生产手机、笔记本电脑的镁合金结构件产品和电脑的散热器件、精密模具等。随着园区一期工程A、B、C三区陆续建成投产，2005年，园区实现工业产值12亿元，税收5000万元，就业人数达13700人。富士康项目被誉为山西省改革开放以来引进的规模最大、技术水平最高，产业关联度最强的外资项目。富士康产品制造加工，延伸了山西省铝镁资源丰富这一优势产品的产业链。

宏全食品包装（太原）有限公司是台湾宏全国际集团在太原开发区投资的独资企业。项目2002年11月3日奠基开工，首期投资2000万美元，总投资额4000万美元。首期工程项目主要生产PET耐热结晶瓶和配套代工灌装各类饮料、蔬果汁、运动饮料及乳酸饮品等。公司引进国外最先进的吹瓶及饮料灌装设备，采用全新钢骨结构现代化厂房，规划为PET耐热结晶瓶生产线，吹瓶与灌装线接轨，保障了产品质量安全卫生；电脑资讯化系统对公司的生产、经营活动进行有效管理，成为现代化企业的管理方式；瓶盖+标签+PET耐热瓶+饮料代工为客户提供最佳的全方位配套服务。2005年，公司实现产值6281万元人民币，上缴税金128.6万元人民币。

蒙牛集团是我国农业产业化龙头企业，也是全国成长速度最快的乳制品企业。2005年12月，蒙牛乳业选址太原经济区发展，占地150亩，投资3.5亿元人民币，注册资金1.1667亿元，建设一座现代化的日处理鲜奶720吨的新的生产基地。太原市周边地区奶牛养殖户的鲜奶将不再为卖不出去而发愁，经济区内的2000户农民也成为奶牛养殖和就业的直接受益者。

带动国内无缝钢管成套设备制造龙头企业——通泽成套设备公司，拥有250毫米无缝钢管连轧技术，国内惟一、在国际上也仅有德国德马克公司掌握。公司年产12万吨不锈钢和特种钢无缝钢管生产线实现年产值10亿元。抗高腐蚀的深井用不锈钢与特种钢无缝钢管技术大大提高了山西装备制造业的水平。

亚宝药业集团股份有限公司是山西省医药行业首家上市企业，全国中成药重点工业企业50强。公司实施以中药现代化为主，化学药和生物药为两翼的发展战略，先后与北京医科大学、山西医科大学、中国科学院生化工程国家重点实验室、中国医科大学等院校、科研单位建立了长期密切的技术合作，已在中药提取和化学合成方面取得了突破，掌握了透皮吸收、药物控释、超微滤、低温冻干等技术，并努力在中药标准化方面取得重大突破。集团总投资3亿元，在太原开发区投资兴建占地363亩的亚宝医药园。园区新建固体制剂生产线、软膏剂生产线、注射剂生产线以及超临界CO_2萃取中药提取生产线，全部采用国内目前最先进的自动化联动设备，并全部通过GMP认证。全部建成后，园区可实现产值10亿元，利税2亿元。

天津顶津食品有限公司是台湾顶新国际集团投资大陆的食品生产企业，也是国内食品行业的龙头企业。2005年11月，公司投资400万美元在太原开发区建设日生产能力为20万瓶的康师傅纯净水项目，带动了经济发展和劳动力就业、水、电、物流等事业的发展。

【机构设置与管委会领导】 太原开发区管委会内设机构为：综合办公室、财政局、经济发展局、国土建设局、招商局、环境保护局、社会事务局、人力资源局、综合执法局、政策研究室、新闻宣传中心、投诉中心。党工委内设机构为：纪工委、党务工作部、机关党委、企业党委、社会事务局党委。派驻单位有：公安分局、土地分局、规划分局、工商分局、国税局、地税分局、质监分局。

太原开发区党工委书记邵秋枫，管委会主任张金旺，党工委副书记邢淼，管委会副主任张彤、李峻、李春友。

（太原经济技术开发区管委会）

银川经济技术开发区

YINCHUAN ECONOMIC & TECHNOLOGICAL DEVELOPMENT ZONE

【经济与发展】 2005年，银川经济技术开发区（以下简称银川开发区）全面落实科学发展观，按照“围绕加快发展这个中心，坚持体制创新和科技创新，努力实现重点项目建设、招商引资、基础设施建设和筹集资金四个突破”的总体工作思路，一手抓调整合并，一手抓经济建设，积极探索新思路、新机制、新举措，抢抓新机遇，争创新优势，各项工作全面提速，经济运行保持了高效、快速、健康发展的良好势头。全年实现GDP 26.3亿元，同比增长16.4%；实现工业总产值46.2亿元，增长25.2%；完成进出口总额2.5亿美元，增长1.04倍；固定资产投资15亿元，技工贸总收入81亿元，本级财政收入1.5亿元。主要经济指标在中西部16个国家级经济开发区位居中上水平，在西北五省区位居前列，已成为众多企业和客商在宁夏投资的热土、创业的福地，宁夏最适宜发展、最适宜创业的工业新区。

至2005年底，银川开发区入区企业已达1400多家，其中工业企业170家，外资企业23家，高新技术企业30家，占宁夏高新技术企业的60%，是宁夏发展高新技术产业的重要基地；初步形成了以宁夏小巨人机床有限公司、宁夏共享铸钢有限公司为代表的机械电器制造产业，以宁夏佳通轮胎有限公司为代表的石油天然气化工产业，以宁夏实德新型建材有限公司、西北稀有金属研究院银川分部为代表的新材料产业，以宁夏启元制药有限公司、宁夏博尔泰力制药有限公司等为代表的生物医药产业，以宁夏移动公司、宁夏联通公司、宁夏电信公司等为代表的信息产业。

【投资环境】 银川开发区是宁夏惟一的国家级开发区，面积7.5平方公里。开发区地处自治区首府银川市，是国务院确定的欧亚大陆桥西陇海经济带重点开发城市和呼包银经济带中心城市，地理位置得天独厚，立体交通四通八达，基础配套设施完备，一站式服务方便快捷。位于银川市中心地带的一区（2.26平方公里），基础设施“九通一平”，小巨人机床、启元药业公司等一批高新技术产业在此汇集。二区（5.24平方公里）位于银川市老工业基地西夏区境内，这里大中专院校聚集、各类专业技术人才和工程技术人才众多，且毗邻银川火车站，包兰铁路、南环高速公路，两条铁路专用线、城市主干道路和天然气管线直接入区，银川市第三污水处理厂近在咫尺，发展工业的条件极为优越。2005年，银川开发区确定了“拉开大格局、构筑大框架、满足大项目”的建设总思路，全年投入资金3亿多元，加快推进二区12条道路建设，道路总长20.2公里，并积极协调水、电、暖、天然气等配套设施同步建设，基本实现了二区基础设施“七通一平”。投资800多万元，重点对二区已建成道路实施立体绿化，新增绿化面积10万平方米，为项目的引进和企业的发展创造良好的环境。同时，从企业投资强度、市场前景、科技含量、环境保护等方面，严格核定工业项目用地规模，鼓励建造多层厂房，降低土地消耗，有效提高了土地利用率。

【招商引资和利用外资】 2005年，银川开发区按照“近联、远引、外拓”的招商思路，改进招商机制，创新招商方式，招商引资成效显著。一是加强组织领导，建立招商引资责任制，确立了主要领导亲自抓、分管领导具体抓、招商部门全力抓的多层次全员招商工作格局。二是结合自治区、银川市出台的有关政策，修订完善了《开发区鼓励投资的政策规定》等六项政策规定，完善了政策体系；精心制作宣传光盘、《投资指南》和项目册，为招商引资工作奠定了基础。三是坚持用品牌招商、政策招商、环境招商、服务招商，主要领导亲自带队，先后参加了全国经济技术开发区20年成就展、东西部合作与投资贸易洽谈会、APEC循环经济会议、2005宁夏投资贸易洽谈会暨宁台经贸合作研讨会、中国光彩事业第一届西部（宁蒙陕甘）扶贫开发协作会等招商推介活动，结识新客商，联络新项目。全年共引进合同和协议项目48个，计划总投资56亿元，实际到位资金8.8亿元，康师傅、德国恩德、美国罗门哈斯、天净电力集团等一批国内外知名企业相继入区，极大地增强了开发区的发展后劲。

【管理与服务】 银川开发区实行“一套机构、两块牌子”，“封闭式管理、开放式运行、自主式开发”的管理模式，即开发区挂银川经济技术开发区和银川高新技术产业开发区两块牌子；开发区党工委、管委会为银川市委、市政府的派出机构，行使与开发区建设有关的省级经济管理权限，根据国家、自治区及银川市经济与社会发展的方针、政策、法规，研究制定开发区建设发展的重大问题。开发区设立了高效、便捷的服务大厅，实行首问责任制、限时承诺制、跟踪服务制、代审代办制，为投资者提供高效、快捷的“全程式”优质服务。开发区在认真执行国家、自治区和银川市各项优惠政策的同时，对投资规模大、科技含量高、市场前景好的项目，还采取特事特办的原则，在土地出让、财政扶持、产业发展等方面给予宽松的政策优惠。此外，开发区还创建了宁夏留学人员创业园、宁夏中小企业创业基地和宁夏软件园等一批创新孵化平台，设立了扶持高新技术企业发展基金、高新技术风险担保基金、优秀人才基金、种子基金等，积极鼓励、引导和扶持企业做大做强。开发区把抓大项目、重点项目，搞好服务作为第一要务。建立重点项目跟踪协调服务责任制，领导班子成员作为第一责任人，深入一线，靠前指挥，及时协调解决项目建设过程中遇到的困难和问题，确保重点项目顺利推进。今年确定的共享铸钢、大连实德、小巨人扩建、捷美化工、中小企业创业基地和西部光彩6个投资过亿元的重点项目全部建成。

【党建和精神文明建设】 2005年，开发区党建工作扎实推进，基层组织建设得到切实加强。一是以先进性教育为契机，组织全体党员一手抓教育，一手抓工作，顺利完成了第一、二批先进性教育活动，落实了第一批活动中提出的13项整改措施，达到了中央提出的提高党员素质、加强基层组织、服务人民群众、促进各项工作的目标。二是加强组织建设。组建成立了纪工委、调整充实了机关党委，新建改选党支部10个，所有具备建立基层党组织条件的企事业单位都建立了党的组织，形成了党工委、机关党委、基层支部三级联动，齐抓共管的工作格局。三是加强制度建设。坚持民主集中制的原则和科学决策程序，重大事项全部集体研究决定，有效提高了工作效率和决策水平。四是加强工会组织建设，对机关工会班子进行了调整，新建基层工会5家，规范基层工会51家；积极开展“双爱双评”、“创双优”、“知识型职工”活动；并配合自治区总工会成功举办了全国开发区和经济特区第十八次工会工作会议。五是加强党风廉政建设。按照“八个坚持、八个反对”的要求，标本兼治，纠建并举，使党风廉政建设责任制落到了实处。六是开展了“五创”和“守合同、重信用企业”及“优秀企业”评比活动，努力营造诚实守信的创业发展环境。

【机构设置和管委会领导】 2004年10月，银川经济技术开发区和高新技术产业开发区调整合并，按照“精简、统一、高效”的原则，银川经济技术开发区内设机构由原来的14个减少为8个，即“两办六局”：党政办公室、招商局、经济贸易发展局、财政局、规划和土地局、建设局、组织人事劳动局和政策法制办公室。设立建设开发区总公司、高新技术产业总公司、投资公司和物业公司4个直属公司。设立国税分局、地税分局、工商分局、公安分局、检察处和消防大队等派驻机构。

银川经济技术开发区党工委书记、管委会主任李文章。

（银川经济技术开发区管委会）

拉萨经济技术开发区

TIBET LHASA ECONOMIC & TECHNOLOGICAL DEVELOPMENT AREA

【经济发展】 拉萨经济技术开发区（以下简称拉萨开发区）是经国务院办公厅于2001年9月19日批准的全国第47家国家级经济技术开发区，是西藏惟一的国家级经济技术开发区，规划总用地5.46平方公里，分为A、B两区，首期开发A区2.51平方公里。

2005年，拉萨开发区把工作重点放在以开发建设为中心，以招商引资为突破口，积极稳妥地做好征地农民的善后处理工作，以改革的姿态，弘扬敢闯、敢干、敢为人先的精神，开发建设好开发区，使各项工作取得了一定成效。

土地是开发区开发建设的物质条件，土地的征用是开发区的基础性工作。开发区的土地征用工作在自治区、拉萨市两级党委政府的亲切关怀和大力支持下，在开发区所在地的党委、政府大力配合下，本着为发展西藏社会经济，确保全面发展，从大局出发，兼顾政治和经济的全面发展的原则，经过与群众积极接触，多次协商，慎重考虑各方面因素，共同商议，最终形成了共识，达成了一致意见，与每户被征地的村民签定了征地协议书。同时，为了给群众吃一个定心丸，采取各种积极措施，多方争取资金，做好投融资工作。作为首期开发建设的A区征地补偿费、青苗补偿及菜农补偿费共5279万元已经全部兑现到群众手中。另外，为了真正让被拆迁的农民搬得出、留得住、富得起，从稳定和发展的大局出发，增强工作的预见性，掌握工作的主动性，积极与当地政府进行接触，共商拆迁农民以后的安置问题，力争不出现大的问题，为群众选定了交通方便、条件优越的地段作为小康村建设地，解决了群众的后顾之忧。同时，我们还对拆迁范围内的农民房屋、院墙等进行了测量和评估，坚持公平对待，只要群众不满意的，反复耐心地进行测量和评估。并对测量结果在村中张榜公布，如果群众有异议的就重新进行测量，始终把群众的各项工作做细做扎实，一切工作都以群众满意不满意为基础，为搬迁工作奠定了一定的基础。

拉萨开发区发展产业方向是依托本地资源，以资源开发和加工为重点，生产具有竞争优势的藏药产业、医疗保健用品、食品加工、饮料、传统民族工艺产品、旅游产品和农牧产品深加工及高原农牧林产业化新技术的引进、开发、推广等；研究推广生物工程技术、节约能源开发技术和环境污染治理工程技术；积极鼓励发展电子信息、新能源和新材料等高新技术等基础设施和服务贸易等配套服务产业。

【投资环境】 拉萨开发区位于拉萨市西郊堆龙德庆县境内，距市中心9公里，距拉萨贡嘎国际机场45公里，青藏铁路从开发区A区内穿过，与拉萨火车站隔河相望，相距2公里，铁路货运站与开发区B区相邻，中尼、青藏公路临区而过，片区与市区连为一体，融入拉萨市“东延西扩，跨河发展”城市总体发展规划。

基础设施建设是开发区发展的最重要的关键环节，是开发区不可缺少的基础工作。拉萨开发区的基础和配套设施建设，既构成了投资的硬环境，直接关系招商引资工作的成效，也是作为拉萨市城市规划建设和发展的重要组成部分，关系到整个市区的“东延西扩、跨河发展”的战略全局。为此，拉萨开发区坚持把基础和配套设施建设作为立足之本，竭尽所能抓好基础及配套设施建设，努力营造良好的投资环境，坚持高起点、高标准、严要求，按照总体规划、滚动开发、逐步发展的原则，遵循“开发一片，建成一片，收益一片”的建设指导思想，以实现“七通一平”（“七通”为通市政道路、给水、排水、电力、电信、有线电视管线和天然气，“一平”为土地地貌自然平整）为目标，着手对A区的成片开发，重点搞好开发区内的重要道路、重点地段和公共绿地的园林绿化，以起到筑巢引凤的作用。作为首期开发建设的A区道路总长16.257公里，2005年7月1日全面复工建设，平均每平方公里投资2.5亿元。经过半年的建设，主干道的道路框架已经基本形成，路面工程完成率达到40%以上，基本满足了企业入驻的条件。

【招商引资】 项目是开发区的生命和灵魂，招商引资工作始终是开发区的一项重要工作。在抓基础设施建设的同时，拉萨开发区把招商引资工作列为经济工作的重点，实施全员招商，转变招商引资的旧观念，树立新理念，变形式上的招商为实质性的招商，变坐等招商为上门招商，建立招商代理制，注重招商实效，不搞花架子。主要采取走出去、请进来的办法，对一些有意向投资的商家，只要项目可行，符合开发区建设的要求，专门建立项目档案，派专人上门跟踪，为投资者提供详细的资料，方便投资者，提高服务质量。为扩大拉萨开发区在国内外的知名度，在已建成的开发区政府工作网站、制作开发区沙盘模型和广告展板及编制的拉萨开发区政策汇编和投资指南的基础上，大力加强对外宣传，提高对外形象，促进开发区对外招商引资工作。2005年底，在开发区内注册的企业有63家，注册资金3亿余元人民币。注册的主要企业有：西藏信得药业有限公司、拉萨迪康医药科技有限公司、四川川大华西药业股份有限公司、拉萨天道房地产营销策划有限公司、西藏自治区藏药厂、网通西藏分公司、拉萨诚信商贸有限公司、拉萨啤酒股份有限公司等。这些企业在2006年初就完全可以进区建设。同时，2005年还与多家企业签定了项目意向投资协议书，协议资金额近2亿元人民币，项目内容涉及贸易、医药、高新生物科技、物流等领域。

【管理与服务】 在管理机制上，建立了符合社会主义市场经济体制要求的高效率运行管理机制，根据西藏自治区政府授权，对开发区实行统一领导和管理；在管理职能上，管理开发区的各项行政工作和社会公益事业，协调有关部门设在开发区内的分支机构或派出机构；在管理任务上，负责开发区内的市政设施、园林绿化、市容环境、道路交通、景观灯光等的建设和维护；在管理标准上，参照内地开发区的成功经验，按照打造精品开发区的要求，力争把拉萨开发区建设成为西藏基础设施最好、环境最优的区域。

在服务上，秉承“为纳税人服务，让投资者满意”的工作理念，具有机制更活、效率更高、服务更优的特点，按照“高效、精简、服务”的原则，对入区项目从企业设立、开工建设、生产经营实施全程跟踪服务。

在优惠政策上，入区企业除享受自治区、

拉萨市的优惠政策外，开发区还将按照项目的具体情况在税收、土地征用等方面给予特殊优惠。

【党的建设】 思想解放的程度，决策眼光的高度，决定着一个地区经济发展的速度，拉萨开发区作为西藏改革开放的示范、辐射、带动的“窗口”和试验田，党的工作至关重要，党工委在开发区各组织中具有领导核心作用，把自身定位为立足于全党工作大局，集中精力把好方向，抓好大事，出好思路，管好干部，从政治上、思想上、组织上加强领导，确保党的路线方针政策在开发区内得以全面贯彻实施。明确提出了“团结奋进、开拓创新、务实苦干、抓好开发区开发建设”的基本指导思想和“统一规划、分期开发、滚动发展”的建设思路，确定发展目标，把基础设施建设和招商引资工作列入各项工作的首位，发挥开发区的洼地效应，建设一个优质的投资环境，创造良好的政策优势，强力实施工业强区战略，立足西藏独特的自然资源和传统产业，最大限度地激活拉萨各类产业的潜能，成功营造一个成本低、效益高、投资容易、生产方便的投资环境，实现本地和外来生产要素的迅速集聚。在实际工作中，严格按照职责划分，准确定位，突出党工委的领导核心作用，明确各职能部门的具体责任，从而既保证了党工委对各个工作领域的领导，又提高了职能部门工作的积极性。在干部选用上，牢固树立围绕发展选人用人的观念，坚决打破论资排辈、求全责备、平衡照顾等陈旧观念，选干部、配班子、引人才，一切围绕发展，一切为了发展，一切服务发展，不拘一格，广纳贤才，无论是党政干部，还是专业技术人员，无论是有所成就，还是具有发展潜能的人，只要是加快发展需要的，都是选拔的范围，引进的重点，让想干事、能干事、干成事的人有机会、有舞台、有位置。努力营造一个符合投资者要求的硬环境和服务软环境，为开发区的开发建设提供一个坚强有力的组织保证。

【机构设置与管委会领导】 2002 年 5 月，自治区人民政府编办批准成立西藏拉萨开发区管理委员会，属于拉萨市人民政府派出机构，对拉萨开发区的工作实行统一领导和管理。开发区管委会下设经济发展局、规划建设局、财政局和办公室。2004 年 4 月份，自治区国税局在拉萨开发区成立了分支机构，拉萨市工商局也派出了工作人员，实行办公、规划、建设、注册登记等一体化办公运行机制。2002 年 10 月，经中共拉萨市委批准，成立中共拉萨开发区工作委员会，作为拉萨市委派出机构，领导开发区党的工作。2003 年 7 月，在商务部的倡导下，由北京、上海漕河泾、天津、大连、广州、昆山和苏州工业园区等七家开发区与拉萨开发区作为股东单位，每家出资 200 万元成立了拉萨中开藏域投资股份有限公司，负责开发区内的基础设施建设。党工委、管委会的领导班子具体组成为：党工委书记、管委会主任黄羽天，党工委副书记、管委会常务副主任王勇，管委会副主任桑钟民、李宁、欧珠多吉。

（拉萨经济技术开发区管委会）

南京经济技术开发区

NANJING ECONOMIC & TECHNOLOGICAL DEVELOPMENT ZONE

【经济发展】 2005年，南京经济技术开发区（以下简称南京开发区）以“三为主、二致力、一促进”的发展方针为指导，积极解放思想、克难奋进，努力提高引资质量、做大做强产业，多项经济指标取得历史性突破。GDP突破100亿元，达到116.29亿元，同比增长46.14%；工业总产值和业务总收入均突破1000亿元，分别达到1045.04亿元和1068.68亿元，同比增长73.5%和68.1%。全年完成固定资产投资45.23亿元，同比增长61.49%；外贸出口32.48亿美元，同比增长40.29%；财政收入18.44亿元，同比增长11.75%；税收收入17.43亿元，同比增长13.14%。期末从业人数32190人，其中外商投资企业从业人数25393人。区内工业用地平均每亩投资强度50多万美元，最高的超过200万美元；每平方公里工业用地产出103亿元、出口4亿美元，土地集约利用程度进一步提高。

【投资环境】 在硬环境方面，全年南京开发区完成基础设施投资6.09亿元，同比增长104.2%。主要实施了综合环境整治工程，先后完成尧新广场、尧新大道、新港大道的道路、绿化、人行道、广告牌、站台、指路牌、信号灯及路灯的改造；全年完成绿化建设项目57个，新建绿化面积4万多平方米，改建绿地25万平方米，绿化景观效果得到改善。完成土方平整163万方；建成12000平方米的开发区三期两幢员工公寓；第三条蒸汽管线约6.8公里建成通汽；完成35千伏乌龙变电站改造工程，由原2×10000千伏安增容为2×20000千伏安；开工建设110千伏旺佳变电站；基本完成港华燃气二、三期的管网建设；开通了一条区内公交环线。在软环境方面，成立了开发区财政局，开始履行一级财政职能；组建了开发区人力资源协会；开发区被国家信息产业部命名为“国家（南京）显示器件产业园”；开发区工委、管委会围绕服务发展、服务企业，加强机关干部队伍建设和机关作风建设，积极与有关主管部门和业务单位加强沟通协调，在严格管理、规范运作的同时，努力帮助企业解决困难和问题，为企业提供全方位的优质服务。根据国家商务部的评价报告，南京开发区2004年综合投资环境在全国国家级经济技术开发区中排名第9。

【招商引资与利用外资】 2005年，南京开发区突出中心，积极开展形式多样的招商引资和对外交流活动，先后4次组团赴日本、韩国、欧洲等地招商，参加南京市政府在上海、北京等地举办的招商会以及在南京本地举办的“重洽会”、“金洽会”等，全年共接待到访外商119批次、港澳台客商24批次。通过优化投资环境，围绕产业链招商、紧盯大项目招商、促进老企业增资扩股等，全年共引进企业123家，投资总额105.69亿元，其中新批外资项目38个，增资和股权转让外资项目24个，投资总额9.88亿美元。全年合同利用外资5.23亿美元，同口径增长2.39%；实际利用外资2.02亿美元，同口径增长28.41%。在引进优质内资项目方面，共审批技改项目29个，技改项目总投资14亿元；引进千万元以上内联项目6个，完成内联项目总投资2.95亿元，引进南京市外资金2.35亿元。全年合同转让土地面积47.21万平方米，厂房租赁合同面积2.92万平方米。

【对外贸易】 2005年，南京开发区实现进出口总额82.46亿美元，同比增长66%。其中，外贸出口32.48亿美元，同比增长41%；进口总额49.98亿美元，同比增长88%。2005年外贸运行具有以下特点：一是重点出口企业出口增长强劲。乐金飞利浦、LG同创、瀚宇彩欣、夏普电子、乐金电子等离子5家公司分别出口120959万美元、79648万美元、32172万美元、26463万美元、19658万美元，同比增长67%、5%、107%、43%、909%，出口合计278900万美元，占全区出口总额的86%。二是机电产品和高新技术产品出口比重不断升高。机电产品出口306056万美元，同比增长49%，占全区出口总额的95%。高新技术产品出口293581万美元，同比增长54%，占全区出口总额的91%。三是出口队伍不断壮大，规模企业增幅明显。出口额超千万美元的企业16家，出口额309086万美元，同比增长50%，占开发区出口总额的96%。四是内资企业出口稳中有进。内资出口企业由2004年的11家增加到20家，出口15673万美元，同比增长36%，占全区出口总额的5%。五是医药化工产品成为外贸出口又一亮点。医药化工产品出口10120万美元，同比增长105%，占全区出口总额的4%。比较突出的有：江苏金桐公司出口7123万美元，同比增长68%；金桐石化公司出口2078万美元，同比增长11.71%。数据显示医药化工产品出口增长潜力较大，有望成为开发区对外贸易新的增长点。六是进口贸易高速增长。随着一批新企业的正式投产以及企业加工贸易的增加，进口设备、原材料也不断增加。三资企业进口495923万美元，同比增长89%；内资企业进口4288万美元，同比增长15%。

【管理与服务】 2005年，南京开发区工委、管委会围绕服务发展、服务企业，加强机关干部队伍建设和机关作风建设，积极与有关主管部门和业务单位加强沟通协调，在严格管理、规范运作的同时，努力帮助企业解决困难和问题，为企业提供全方位的优质服务。全年为38个外资项目办理项目核准和批准手续，为56家外资企业办理股权、经营范围等变更手续，新核准区内企业技改项目29个，对区内168家外商投资企业进行了联合年检。先后为115家外资企业申领和换发《外商投资企业减免收费优待证》，支持和帮助40多家企业申报国家、省、市科技项目，为29家企业办理财政扶持资金609万元，开发区财政预算及落实中央及省市财政转移支付3496万元。为企业办理建设工程立项批复31个，组织项目的初步设计审查25个，协助14家企业办理施工图审查，新批准开工项目23个，办理各类建设工程许可证、手续177个。对42个项目上报的环评出具预审意见，为20余家企业申领和换发排污许可证。征用土地1400亩，完善2000亩土地批后实施，帮助40家企业顺利通过土地预审，帮助26家企业领取土地证。加强市政公用配套设施管理，积极为企业做好供水、供电、天然气等市政服务。开展了安全生产的法制宣传、教育培训、检查监督等工作，全年未发生重特大伤亡事故。协调企业引进500名大中专毕业生及中高层人才，并及时办理人事档案托管、党团关系转移、落户等手续，发挥市人才中心开发区分部的作用，不断扩大进区企业人事档案托管的数量，努力为企业提供合同鉴证、出国政审、职称评审、继续教育等方面的人事代理服务。全年共接待劳动保障举报投诉案件226起，先后对区内160多家企业进行了以劳动合同、社会保险、工资支付、加班加点为重点的执法检查，督促企业及时足额缴纳各项社会保险，参保巩固率达85%以上，劳动争议仲裁全年共受理案件70起，结案66起。组织开发区巡回法庭，积极为企业提供法律咨询和服务。

【高新技术产业和重点企业】 按照致力于发展高新技术产业的方针，南京开发区大力引进高新技术项目和研发机构，积极建立科技企业孵化体系，努力为企业做好科技服务工作。截至2005年年底，全区共有高新技术企业105家，高新技术产品228个，产业领域涉及电子信息、生物医药、新材料等。全年高新技术产业实现工业总产值781.18亿元，同比增长60.28%，占全区工业总产值的74.63%；出口29.36亿美元，同比增长44.42%，占全区出口额的90.38%。其中平板显示产业实现工业总产值645.51亿元，同比增长83.44%，占全区工业总产值的61%；出口28.54亿美元，同比增长43.78%，占全区出口额的87%。

重点企业有：乐金飞利浦液晶显示（南京）有限公司先后分三期、四期进行两次增资，新增投资总额1.98亿美元，新增注册资本7800万美元，公司投资总额达到4.18亿美元，注册资本达到1.69亿美元，建成两幢标准厂房和20条TFT－LCD模组生产线，全年实现销售收入326.55亿元，外贸出口12.1亿美元，缴纳税收1.6亿元，年末职工人数3800多人；南京瀚宇彩欣科技有限公司实现销售收入93.65亿元；南京LG同创彩色显示系统有限责任公司实现销售收入80亿元；南京华新光电股份有限公司实现销售收入41.99亿元；南京夏普电子有限公司新增投资总额9900万美元，新增注册资本6000万美元，实现销售收入30.91亿元；乐金电子（南京）等离子显示有限公司实现销售收入29.45亿元；喜星（南京）电子有限公司实现销售收入27.21亿元；乐金化学（南京）信息电子材料有限公司新增总投5745万美元，注册资本新增1953万美元，增资后项目投资总额1.64亿美元，注册资本6091万美元，全年实现销售收入19.86亿元；金陵药业股份有限公司实现销售收入13.74亿元；仕达利恩（南京）光电有限公司实现销售收入12.02亿元；金桐石化有限公司实现销售收入11.2亿元。

【出口加工区建设】 2005年9月15日，南京出口加工区内企业翰林泰科电子（南京）有限公司货值17万美元的5万块手机电池在海关的监管下，按照转关作业程序，经南京禄口机场空运至韩国仁川。该次出口标志着南京出口加工区全面开展进出口业务。到2005年年底，区内有6家注册企业，投资达到3200万美元，全年实现进出口总额1041万美元。

一年来，在出口加工区的建设管理方面，主要开展了三个方面的工作：一是做好建章立制和规范运作。通过协调海关、商检、外管、国税等部门，先后明确了企业在备案、审批、办证等方面具体的操作程序，全年共对进出卡口的20578台（次）车辆、98532人（次）人员、55013吨货物实施了监管作业。二是帮助进区企业解决在开工建设和生产运作中碰到的物流难题、退税难题等，做好各项服务工作。三是在积极引进项目的同时，进一步完善配套设施。加工区全年完成基础建设投资1.9亿元，继续建设标准厂房，为美化区内环境，对标准厂房周边、区内主、次干道和海关巡逻通道两侧进行绿化美化，共种植各种苗木近50万株，草皮近2万平方米。

【机构设置与管委会领导】 中共南京市委南京经济技术开发区工委工作机构有：办公室、组织人事处、宣传处、机关党总支。南京经济技术开发区管委会工作机构：办公室、劳动工资处、政研室、经济发展局、招商局、建设处、财政局、社会事业处、监察室。群众团体：开发区工会工委、共青团开发区工委。南京经济技术开发区工委书记、管委会主任梁学忠，工委副书记倪德龙，副主任马利（女）、贾斌、陈千茂、周铳。

（南京经济技术开发区
张贤明　黄虎）

兰州经济技术开发区

LANZHOU ECONOMIC & TECHNICAL DEVELOPMENT AREA

【经济发展】 兰州经济技术开发区（以下简称兰州开发区）和兰州市安宁区实行“区区合一”的管理体制。2005年10月，兰州市委、市政府制定下发《关于进一步加快兰州经济技术开发区发展的决定》，为兰州经济技术开发区的发展提供了强大的政策保障。

兰州经济技术开发区已形成以航天器材、电子仪表和信息产品为主，建材、食品、机械和医药工业共同发展，具有一定规模和相当基础的工业体系，经济实力凸现。2005年，实现技工贸收入50亿元，同比增长40%；实现全部经济增加值11亿元，同比增长27%，其中实现工业增加值7.5亿元，同比增长35%；完成工业总产值28.9亿元，同比增长63%；实现出口创汇425万美元，与2004年基本持平；完成固定资产投资9亿元，同比增长28.3%；实现财政税收1.3895亿元，同比增长41.5%，超计划26.4个百分点。

【投资环境】 兰州开发区按照“一年打基础，三年见成效，五年初具规模”的目标，不断提升硬环境，改善软环境。历年基础设施投入约5亿元，辖区内基本实现了“七通一平”，区内水、电、气设施完备，供应充足。区内银行信贷、工商、税务、保险、法律咨询、证券、风险投资等服务网点密布，能为投资商提供全方位的服务。

另外，兰州市市级行政中心将西移至兰州市安宁区，兰州开发区（安宁区）将成为兰州市的政治中心，区域知名度、综合竞争力将显著提升，这必将带动兰州经济中心的西移，掀起兰州经济技术开发区开发和建设的新高潮。

交通条件便捷。兰州开发区距离市中心仅5公里，距西北地区规模最大、技术最先进的货运集散中心——兰州西货运站6公里，距兰州中川机场仅48公里。区内将建成西北最大的铁路枢纽编组站，规划建设的青藏铁路、兰渝铁路将连接构建西北和西南新通道，兰州作为西北重要工业城市的聚集、辐射和带动作用将逐步凸现，使兰州开发区具备显著的区位优势。

科技力量突出。兰州开发区（安宁区）是甘肃省高校聚集区和高科技人才密集区，全区有西北师范大学、兰州交通大学、甘肃农业大学、甘肃省农科院和甘肃电力科技园等30余所大中专院校和科研院所，有科技人员和在校大学生8万多人，这为开发区的发展奠定了雄厚的智力人才、科技孵化和教育培训基础，将源源不断为入区企业提供各类劳动力资源。

商贸物流发达。兰州是国家确定的三个商贸中心城市之一，商品辐射西部8个省区。国美电器、九州通医药、众友药业、兰州烟草物流、北京华联等全国性物流中心和连锁购物广场相继入驻开发区，一些便民购物商厦也在积极兴建中。

土地资源丰富。兰州开发区是兰州市城区内可供连片开发利用土地最多的惟一区域，有可开发利用土地约2.24万亩，规划建设的各园区都有上千亩的可开发利用土地。丰富的土地资源，使得开发区拥有其他区域不可比拟的发展空间。

【招商引资与利用外资】 2005年，兰州开发区引进各类合同项目37项。项目总投资达到13.6亿元；合同引进外资2980万美元；引进到位资金首次突破5亿元；落地项目22项。

【园区建设】 兰州开发区实施“一区多园”发展战略，即在开发区范围内合理规划行政商务服务园、高新技术产业园、生态农业园、沙井驿工业园。

行政商务服务园，规划总用地面积约2800公顷，以房地产建设为基础，重点建设农村宽裕型小康住宅、各类中高档次住宅、办公写字楼等。规划建设中央商务区，大力发展总部经济（楼宇经济），着重发展以现代物流业为重点的现代新兴服务业，加快引进“一部三中心”（公司总部、研发中心、采购中心、销售中心）。

高新技术产业园，规划面积227公顷，将依托现有企业的扩散和辐射，抓住东部地区资金、技术、产业扩张的机遇，加强与东部沿海地区的经济联合与技术合作，结合国家产业政策，优先发展以IT产业、生物医药产业为主的高科技产业，重点引进高新技术企业，培育高新技术项目，突出创业服务园、高科技孵化园、产业孵化园等重大项目招商，努力形成兰州利用外资的聚集区。

生态农业园，规划总面积320公顷，根据整体规划和园区自身特点，在区内规划建设休闲旅游、高新农业和珍稀花卉三个功能区。生态农业园将依托甘肃农科院、甘肃农业大学等科研院所的技术优势，建立一个集观光、娱乐、休闲、体育、民俗、购物等于一体的复合型高级观光休闲农业区，使之成为兰州市城市居民休闲、度假、观光、避暑的好去处，成为兰州开发区保护生态环境，提高生态效益的重要基地。

沙井驿工业园，可开发利用的土地约400公顷。将充分发挥土地资源优势，高起点规划，依托甘肃省、兰州市雄厚的机械制造加工、石油化工和新型建材等优势，立足西北市场，发展汽车制造业，建设大型石油化工产品交易市场和新型建材及新材料工业园，促进各类生产要素向工业新区聚集，使之成为兰州新兴工业和外向型经济的聚能带。

同时，兰州开发区内正在兴起的电力科技园、兰州交大科技园等已成为科技创新成果转化的基地、高新技术企业孵化基地和科技产业辐射与催化基地，这为开发区的发展提供源源不断的动力。

【管理与服务】 兰州开发区积极探索建立符合国际惯例的投资管理服务体制，按照“小政府、小社会”的管理模式，进一步转变政府职能，简化办事程序，建立高效、快捷、为投资者办事的“绿色通道”。同时拥有一支高效廉洁的管理队伍，受到越来越多的中外投资者的好评。

在项目建设方面实行“领导包片、部门包点、分解指标、落实任务、绩效挂钩”的办法，使各项服务落到实处。实行“限时办结制”和“一站式办公制”，加快行政审批手续，为入驻企业在土地使用、规划建设、财税、办理手续、证件发放、企业理财、对外合作以及项目包装、论证、推介等方面创造适宜的政策环境，提供快捷、实用、高效的服务。

对已落户的企业，兰州开发区专门成立协调服务小组，责任到人，保障项目顺利落地。同时实行审批代办制服务，代办和协办工商执照、税务登记、人才代理、特种行业登记许可证、高新企业认证、科技计划申报、科技成果鉴定等多项服务，为落户企业营造良好的投资和发展环境。

兰州开发区注重生态建设、投资环境与区域开发同步的国际理念，一手抓开发建设与招商引资，一手抓环境保护与环境管理，实现开发区可持续发展，积极营造适合投资者工作、创业的良好氛围。

【重点企业与重点项目】 兰州开发区内现有各类企业471家，其中工业企业247家（限上工业企业70家，高新技术企业16家），建筑企业9家，商贸企业105家，其他各类社会服务企业110家。其中工业经济所占比重超过

65%，成为开发区的主导产业。

兰州众邦电线电缆有限公司。该公司生产电线电缆上百个品种、上千种规格，已成为西部地区电线电缆产品系列最全、年产值过亿元的大型企业，产品行销甘肃、宁夏、西藏、新疆、青海等地区。公司已通过ISO9001质量管理体系认证、电工产品“CCCC”认证、电力产品入网认证、消防产品认证、电线电缆全国生产许可证等多项全国认证。投资9800万元的二期扩建工程正在进行。工程建成投产后生产的高技术集束电缆及预分支电缆，在甘肃省内尚属首家；110千伏高压三层共挤交联电缆将填补西部地区空白。

甘肃电力瑞华电气有限公司。该公司成立于2001年6月15日，是由甘肃电力明珠集团有限公司、瑞典国瑞华公司、甘肃电建实业公司、兰州倚能电力（集团）有限责任公司、甘肃电力变压器厂共同投资组建的中外合资电气制造企业，主要生产绿色环保型S11—M·R、S9—M·R系列卷铁芯无励磁调压全密封变压器、ZB系列组合式变电站、SH11系列非晶合金无励磁调压全密封变压器及控制设备等产品。公司被甘肃省科学技术厅认定为高新技术企业，并被甘肃省贸易经济合作厅评定为外商投资先进技术型企业，已通过ISO9001：2000国际质量体系认证，是西北地区最大的卷铁芯配电变压器生产企业。

兰州好为尔生物科技股份有限公司，是一家以研制、开发、生产和销售生物制品和乳制品为主的高科技企业，甘肃省最大的乳品加工企业。公司通过ISO9001国际质量体系认证，已被国家九部委认定为农业产业化国家级重点龙头企业和全国48家“中国学生饮用奶计划”定点生产企业之一，连续两年被评为全国食品行业质量效益型先进企业，是甘肃省惟一获得陇货精品、甘肃省名牌、甘肃省著名商标、兰州名品为一身的乳品企业。公司研发的具有自主知识产权的“免疫乳”，通过了省科技厅组织的成果鉴定，技术水平达国内领先，被国家科技部列为国家级火炬计划项目。

【机构设置和管委会领导】 兰州开发区管委会设有“一办七局一分局一公司”等10个部门，即党政办公室、人力资源开发局、财政局、经济发展局、建设和房地产管理局、环境保护局、招商局、对外贸易经济合作局，兰州市规划国土资源局开发区分局和兰州开发区新城投资建设发展公司。

兰州开发区党工委书记俞敬东（2005年7月任），管委会主任张淑菊，副主任张永财、谭生龙、李克荣、魏秀龙。

（兰州经济技术开发区管委会）

厦门海沧台商投资区

XIAMEN HAICANG INVESTMENT ZONE

【经济发展】 2005年，厦门海沧台商投资区（以下简称海沧投资区）经济运行总体状况平稳，经济质量不断提高。实现GDP 164.9亿元，增长23.6%；其中，第一产业完成2.3亿元，第二产业完成139.0亿元，第三产业完成23.6亿元；完成工业总产值464.1亿元，增长21.3%；实现财政总收入35.1亿元，地方级财力7.3亿元；城镇居民人均可支配收入达13154元，农民人均纯收入6198元。

工业经济快速成长。一批重点骨干企业不

断发展壮大，全区年产值10亿元以上的企业达12家，比上年增加3家，共完成工业总产值344.3亿元，占全区比重达74.2%。工业经济效益良好，产销率达96.9%；经济外向度稳中有升，工业产品外销率达30.5%。科技进步在经济发展中的支撑作用明显，高新技术企业产值占工业总产值的57%。支柱产业特色凸显，基本形成以化工、电子、机械为主导的产业体系，三大支柱产业共完成工业总产值361.5亿元，占全区比重达77.9%。

【投资环境】 2005年，海沧投资区积极推进基础设施建设，共完成投资12.9亿元。加快征地拆迁步伐，全面启动拆迁安置房项目建设，为项目建设提供发展空间，完成征地112.6公顷。杏海嵩公路吴冠段于“5.1”顺利通车，海沧港区6个10万吨级集装箱泊位于“9.8”开工建设，内湖整治、嵩屿港区、长庚医院等重点项目进展顺利。出口加工区的开发建设步伐不断加快，区内水电、道路、通讯等设施基本配套完善。

海沧已建成比较完善的投资硬环境，已累计完成基础设施投资134.7亿元。海沧投资区具有深水岸线10多公里，规划建设万吨级深水泊位36个，已建成可停靠第六代集装箱的5万吨级码头及10万吨级油码头、5万吨级化工码头、5万吨级散杂货码头等，另有13个大型码头在建。集装箱码头已开通到欧美、日韩、东南亚、中国香港、中国台湾等17条航线。

交通条件四通八达。海沧铁路与鹰厦铁路相连；319国道、324国道、福厦漳高速公路在海沧境内经过；海沧大桥将海沧与厦门本岛连成一片，距离厦门高崎国际机场仅15分钟车程。

水电供应充足。自来水日供水能力8万吨，原水日供水能力6万吨，污水日处理能力10万吨，建成60万千瓦的嵩屿电厂一期和220千伏、110千伏变电站9座，60万千瓦嵩屿电厂二期工程即将竣工投产，另有500千伏、220千伏、110千伏变电站多座正在建设之中。

实现公路、铁路、港口、通讯、供水、供电、污水处理等“七通”，供水、通讯、污水、排洪的管网接到地块周边的道路，供电接到区间开闭所，地块按规划平整。新阳工业区配套已基本完善，南部工业区、东孚工业区基础设施也已逐步配套。

建成从港区到南部化工园区的化工管廊，液体化工原料和化工产品可通过管道直接输送。供热系统逐步完备，新阳集中供热中心一期、南部集中供热中心已建成投入使用，分别为新阳工业区、南部工业区提供集中供热服务。新阳工业燃气厂建成投入使用。林德公司采用管道、槽车、气瓶等方式为海沧企业提供多种工业用气。

建成装机容量2万门程控电话系统，长途电话可直拨世界210个国家或地区及国内1800多个城市。银行、邮电、学校、医院等其他设施配套齐全。

【招商引资与利用外资】 牢固树立“项目就是生命线”的观念，把引进项目作为首要工作来抓。2005年，海沧投资区共批准外资项目71个，合同利用外资2.97亿美元，实际到资1.76亿美元；批准内资项目24个，合同利用内资29.4亿元。投资环境不断优化，已投产企业认可投资区在改善投资软硬环境所做的工作，投资信心增强，全年共批准增资项目39个，增资1.43亿美元。海沧投资区先后引进翔鹭纺纤、柯达感光、夏新电子、正新海燕、金龙客车、厦顺铝箔等一批科技含量高、生产水平先进、能形成产业链的重点项目，并带动关联企业落户海沧。外商投资来源于中国香港、中国台湾、加拿大、日本、英国、美国、新加坡、意大利、德国、澳大利亚等29个国家和地区。

【对外贸易】 2005年，海沧投资区实现进出口总额32.3亿美元，增长27.1%；其中出口17.5亿美元，增长25.8%；港口吞吐量达1219万吨，增长15.5%，占厦门市的25.6%；其中集装箱达111.1万标箱，增长49.5%，占厦门市的32.3%。

【社会事业】 2005年，海沧投资区加大对各项社会事业投入力度，经济社会统筹协调发展。

“科技兴区”战略稳步推进，建立健全科技创新服务体系，科技与经济社会发展结合更加密切；通过全国科技进步先进区验收；科技创业中心一期建设顺利推进，引进迪尔康等11家科技型中小企业；扶持一批科技研发项目，积极推动以企业为主体的应用技术开发；翔鹭纺纤技术中心被认定为国家级技术中心。

教育事业加快发展，稳步推进基础教育课程改革，扎实开展“双高普九”，优化整合教育资源，开办九年一贯制外国语学校海沧附属学校，延奎小学通过省级素质教育校验收，实验中学跃级通过省二级中学评估验收。教育基建项目顺利推进，东孚中学教学楼、兴港学校等项目建成投入使用，东孚中学职教综合楼、新阳中学二期等项目进展顺利。

文体工作成效显著。深入开展“温馨海沧”文化下乡活动，发动社会力量办体育，丰富广大群众的业余生活。结合投资区十五周年庆典，举办“澎湃海沧”大型文艺晚会。积极参加厦门市第17届运动会，取得良好成绩。加快文体设施建设，石塘综合文化站、图书馆、海发社区居民文体活动场所等投入使用，区文化中心“9.8”奠基，厦足中超训练基地基本建成。

卫生工作稳步发展。基本建立公共卫生体系，建立健全突发公共卫生事件应急机制，全面开展疾病预防控制、卫生监督和妇幼保健各项工作。东孚卫生院病房楼建成投入使用，公共卫生综合楼等项目进展顺利。大力推进农村合作医疗，基本住院保险参保率达95%以上，由财政出资为全体村民100%购买抗大病保险。

认真落实计生工作责任制，坚持责任、措施、投入三到位；强化计生基层网络建设，广泛开展计生宣传教育活动，加大计生综合执法力度，强化流动人口计生管理；顺利通过省、市计生优质服务区、省级一类先进区验收。

【管理与服务】 中共厦门市海沧台商投资区工作委员会及厦门海沧台商投资区管理委员会是投资区的管理与服务机构，负责投资区内招商引资、征地拆迁、配套建设、企业管理与服务等各项事务，具有与厦门市同级的经济管理权限，各项事务基本上不出区即可办好。投资区管委会下设经济贸易发展局、建设局两个职能部门。经济贸易发展局主要负责内外资项目立项事务，可审批3000万美元以下外商投资项目，并设有招商投资服务中心，为外商在海沧投资提供包括投资咨询、项目申请、报批、立项、开工建设、投产以及相关事宜协调在内的一条龙服务。建设局主要负责规划管理、土地征地拆迁、场平配套等相关事宜。管委会对重点项目实行主要领导负责制和项目联席会议制。投资区内其他经济和社会管理事务依托海沧区政府各职能部门办理。

【高新技术产业和重点企业】 海沧投资区已初步形成一批成规模的重点骨干企业，全区年产值亿元以上的企业达43家。其中，夏新电子、柯达感光等12家企业年产值超10亿元，共完成工业总产值344.3亿元，占全区工业总产值的74.2%；其中，翔鹭石化以78.13亿元居于首位。科技进步在经济发展中的支撑作用明显，高新技术企业产值占工业总产值的57%。

【机构设置与管委会领导】 海沧投资区下设经济贸易发展局与建设局两个职能部门，主要负责招商引资、规划、基础配套等工作。

海沧投资区党工委书记钟兴国，党工委副书记、管委会主任翁云雷，管委会副主任张灿民、周威榕。

【出口加工区建设】 2005年，海沧出口加工区发展势头良好。全年基建投资2036万元，完成1号排洪渠、2号开闭所建设，投资硬环境日臻完善；开展全过程、全方位、全天候、全免费服务，投资软环境不断优化；完成3栋通用厂房建设、启动8栋通用、专用厂房建设，满足招商引资需求；与周边村庄结成紧密合作伙伴，帮助农村富余劳动力就业，吸收村财资金投入通用厂房建设，实现政府、企业、农村共同发展。全年累计引进百得工业、奔马科技、海拉宏发等8个项目，合同利用外资1740万美元；进区企业发展状况良好，区内现有18家投产企业，2005年完成工业总产值18.25亿元，实现进出口总额3.15亿美元。

（厦门海沧台商投资区管委会）

海南洋浦经济开发区

HAINAN YANGPU ECONOMIC DEVELOPMENT ZONE

【经济发展】 2005年，洋浦经济开发区（以下简称洋浦开发区）工委、管理局认真落实科学发展观和构建和谐社会的治国方略，按照海南省委、省政府“一省两地”和“大企业进入、大项目带动”的战略部署，依靠已初步形成的港口运输、林浆纸、石油天然气等主导产业，全年实现GDP 31亿元，同比增长53%；完成工业总产值43亿元，增长2.77倍；固定资产投资75亿元，增长33.9%；税收总额9.9亿元，增长54.5%；地方财政收入5.01亿元，增长65.3%；港口吞吐量431万吨，增长98%。

【投资环境】 自开发以来，洋浦开发区基础设施建设共投入资金约60亿元。区内有15平方公里主干道路框架基本形成；从松涛水库铺设54公里管道，建成了日供25万吨的供水工程，并建成了日处理5万吨的自来水厂；年供气16亿立方米的天然气输气管道已开通，并为电厂、浆纸等项目供气；有15平方公里排水、排污地下主管网框架已基本形成，大型项目排污系统已建成投入使用；区内电厂总装机容量达86万千瓦，其中42万千瓦为浆纸厂自备电厂，已投入发电，区内建成了三级配电系统，可满足项目需要；区内开通了1650条中继线和6000门程控电话、3000部小灵通，移动通讯和公用数字数据网络等全部开通。洋浦港是天然深水避风良港，一、二期工程已建成3个3.5万吨、2个2万吨的泊位，拥有海南惟一的标准化集装箱专用泊位，已开通至香港的固定航班，洋浦港三期工程已全面开工建设；炼油厂已建设1个30万吨级的原油码头，1个10万吨、3个5千吨级的成品油码头；浆纸厂已建成2个2万吨级的专用码头，3个5千吨级码头，拟建3.5万吨、5万吨级码头各1个。洋浦正在形成“港口群”。

2005年，工委、管理局提出了“依托洋浦比较优势，利用国际国内资源加工生产国内紧缺的能源、原材料产品，以此替代进口，进而通过延伸产业链，发展高技术含量、高附加值产品，开拓国际市场，把洋浦发展成为我国重要的进口替代和出口加工基地”的发展指导思想；明确了洋浦“新型临海工业基地，现代保税物流中心”的发展定位；确立了打造油气化工综合开发产业集群、林浆纸印刷产业集群、现代物流产业集群的发展方针和“集中布局，上下游衔接，相关产业配套，环境友好，洁净式生产，循环式发展”的发展模式。

【高新技术产业和重点企业】 由印尼金光集团投资102亿元人民币建设的100万吨木浆项目已于2005年3月正式投产，年销售收入约50亿元。

由中国石化海南炼油化工有限公司投资

116亿元人民币建设的800万吨炼油项目将于2006年建成投产。预计年销售收入约320亿元。

由中海油公司控股的洋浦发电厂，经过技术改造，总装机容量达到44万千瓦，年发电量16亿~18亿度，额定效率提高了50%，达到当前国际先进水平。

【社会事业】 投资1.2亿的国家二级甲等标准的洋浦综合医院和投资1.4亿的洋浦中学已经启动，行政住宅小区和搬迁居民公寓楼示范小区也已全面动工兴建，将大大改善群众的就医、就学和居住环境；洋浦电视台已经投入使用，为群众提供了便捷的信息渠道；开展各种文体活动，极大的丰富了群众的文化生活。

【管理与服务】 洋浦开发区工委、管理局十分重视并切实加强班子和干部队伍的思想、作风建设。制定了《工委、管理局重大问题议事规则》，定期召开工委会议、局常务会议、局务扩大会议，凡涉及人事和金额较大的财物及大宗国有资产处置等问题以及规模较大的投资、工程、土地等项目和重大审批事项，全都上会研究，严格按程序办事。

全面推行政务公开、居务公开、厂务公开，实行“阳光作业”，增强群众的知情权、参与权和监督权。

创办了洋浦开发区投资服务中心，将涉及16家单位、231项的行政审批、许可和服务事项集中办理，集政策咨询、管理协调、投诉监察为一体，提供高效、便捷、规范、优质的服务；创办了洋浦经济开发区通关服务中心，实现了一个窗口对外，一站式办公，联合查验，大大提高了通关服务效率。

【民生工程】 2005年以来，先后投入4000多万元用于实施一系列民生工程，对5828名困难群众实行最低生活保障，对9162名失地居民子女实行免费九年义务教育，对400多名搬迁居民的在校大学生进行资助，对3554名纯女户及搬迁老龄人给予生活补贴，对15518名已搬迁的失耕失渔居民按月发放大米，为1000多户饮水困难的居民安装自来水，对2067人进行免费就业培训，安排就业1000多人次，对全区98.8%的居民实行了新型合作医疗。此外，还解决群众的生产困难和突出问题，对从事渔业生产困难的200多户居民，拨款为其修建码头一个；对拖欠十多年的1000多万元土地款，清理后及时拨付到位；对228名部队退役人员，分别给予发放生活补贴和一次性经济补偿。这些民生工程的实施，密切了党群干群关系，增强了党和政府的威信，为构建和谐洋浦打下了良好的群众基础。

【机构设置和工委领导】 洋浦经济开发区管理局是海南省政府的派出机构，在经济管理方面享有省级管理权。管理局机构精简，人员精干，依法行政，规范管理，推行“一体化”管理和“一站式”服务，提升服务品质，建立“精干、高效、廉洁、诚信、务实”的服务型政府，为企业发展提供良好的软环境。

洋浦设有海关、检验检疫等口岸联检机构，办事方便快捷。设立两级检察院、两级法院，经济案件无标的限制，区内可终审判决，可以更好的为投资者保驾护航，为投资者提供稳定的社会环境。

洋浦经济开发区工委书记、管理局局长丁尚清，工委副书记、纪工委书记官宏伟，工委委员、管理局副局长邢建国、王克强、邱宏民。

（洋浦经济开发区管理局）

宁波大榭开发区

NINGBO DAXIE DEVELOPMENT ZONE

【经济发展】 2005年宁波大榭开发区全面落实科学发展观，着力构建和谐社会，经济社会事业协调发展。全年实现GDP 76.5亿元，同比增长9.3%；工业总产值106.1亿元，同比增长32.4%；财政收入22.3亿元，同比增长33.5%；固定资产投资33.5亿元，同比增长13.6%；进出口总额10.27亿美元，同比增长12.5%，其中出口3.86亿美元，同比增长19.5%；港口吞吐量3336万吨，同比增长22%；关税收入125亿元，同比增长67.6%。

【投资环境】 基础设施建设稳步推进。完成第二大桥工程可行性研究报告和全区交通规划。完成南岗隧道连接线工程、灵石寺道路、信安路等建设。大榭大桥供水管正式供水，全区日供水能力达10万吨。建成110千伏开关站、万华110千伏专线、招商国际35千伏专线和东港电化110千伏专线等工程，动工建设三菱PTA项目110千伏专线，推进220千伏变电所前期工作。完成了全区防洪防潮规划修编，建成万华海堤、西岙河强排设施，防台抗洪能力进一步提高。

港口口岸建设再创佳绩。完成招商国际4#泊位对外开放，截至2005年底，建成3000吨级到25万吨级码头泊位25个，其中万吨级以上生产性泊位11个，全年实现港口货物吞吐量3336万吨，完成客运量77.3万人次，港口吞吐能力达到4400万吨。与此同时，开发区加快了港口资源整合步伐，调整了礁门、小田湾等岸线规划。

行政商务区功能逐步完善。行政商务区实现双回路供电，总投资2.1亿元按五星级标准建造的大榭国际大酒店竣工并投入营业，大榭医院、体育馆、文艺馆、游泳馆、有线台等生活配套设施齐全，为驻区机构、企业和全区居民提供较为舒适的服务。

生态建设力度加大。以生态建设和环境整治执法为重点，积极推进生态大榭建设。经过半年多努力，宁波大榭开发区建立了相对完善的环境管理体系，并于2005年3月3日通过了ISO14001环境管理体系认证，新增了一张国际通用的“绿色区域”名片，为招商引资和经济可持续发展注入新的活力。年底总投资为4000万元的污水处理厂一期工程竣工。12月28日，榭南污水提升泵站正式投入使用，彻底解决榭南工业区、居住区排污难的问题。此外，开发区还启动了环境监测站和空气质量自动监测站建设，开展了治理环境污染、维护社会稳定专项整治工作。

【招商引资与利用外资】 根据宁波大榭开发区在区域经济发展中的功能定位，立足区位优势和深水岸线资源优势，大力发展港口物流、临港石化、能源中转三大主导产业，开展定向产业招商。根据石化企业上下游产业关联度大的特点，依托已经落户的万华MDI、三菱化学PTA等龙头项目，积极开展上下游产业链招商，延伸产业链，提高资源的集约利用和综合利用程度，降低企业物流成本，促进产业和优势企业集群发展。充分发挥企业在招商引资中的作用，积极鼓励、引导区内企业通过国外实力雄厚的业内企业进行合资、合作，引进资金、技术、管理，扩大海外市场，增强企业综合竞争力。全年引进外资项目总投资7.33亿美元，合同利用外资15361万美元，同比增长21倍，实际利用外资7740万美元，同比增长174.3%；引进内资项目总投资13.46亿元，同比增长47.1%。三菱化学60万吨/年精对苯二甲酸（PTA）、招商国际集装箱码头两个重大外资项目相继获得国家发展和改革委员会核准并开工建设，巩固了临港经济的基础。

【对外贸易】 2005年全区进出口总额10.27亿美元，同比增加12.5%。其中，出口3.86亿美元，同比增加19.5%；机电产品出口18447万美元，同比增加11.62%，占区出口额的46.4%。高新技术产品出口比重有所上升，计5494万美元，同比增加23.93%。贸易结构有所调整，加工贸易增幅较快，2005年全区生产性企业自营出口1172万美元，首次超过1000万美元，同比增加19.35%；加工贸易出口993万美元，同比增加36.6%。

【社会事业】 宁波大榭开发区投资760万元建成社会治安监控系统，完善治安防控体系建设，推行外来人员集中居住管理，刑事案件发生率同比下降27.1%。初步建立了覆盖全区的安全生产责任管理网络，加大了安全监管力度。高度重视文教卫生事业发展，出台了减免中小学学杂费的教育政策，减免在榭就读的大榭籍小学和初中学生杂费，高中段学生减半收取学费。同时，每年拨款30万元，建立助学金制度，帮助在榭就读的家庭经济困难的中小学生（包括进城务工的农民子女）顺利完成学业。投入420万元购置医疗设备；健全公共卫生体系和应急救助体系；完善新型农村合作医疗制度，全区参保率达97%。计划生育利益导向机制正式运作，初步建立流动人口计生“一证式”管理。提高被征地人员生活补助费待遇标准，加大了社保扩面征缴力度。出台促进被征地人员就业的若干意见，启用了劳动就业服务中心，全年开发就业岗位2150个。

【管理与服务】 党建力度进一步加大。加强党风廉政建设和反腐倡廉教育，出台惩治和预防腐败体系实施意见，开展以机关全体党员干部为重点、以党风廉政教育活动月为载体的集中教育活动。按照上级党委统一部署，牢牢把握“走在前列、群众满意、确实有效”的要求，结合开发区实际，分两批组织全区76个党组织、1147名党员开展保持共产党员先进性教育活动。按照“两不误、两促进”的要求，注重将教育活动同开发建设相结合、同部门单位和工作实际相结合、同党员干部特点相结合，圆满完成教育活动各项任务。通过学习教育活动，全区党员统一了思想，进一步树立了科学发展观，增强了为人民服务的意识。

政府自身建设进一步加强。实施新一轮的机构改革，调整充实了社会治安、劳动就业等部门机构和人员力量。加强调查研究，建立健全科学民主的决策机制和职责明确的考核监督机制。深化机关效能建设，开展文明单位、文明机关创建活动，提高干部队伍整体素质，增强服务意识。加强对干部员工的教育和培养，建立健全政治理论学习的长效机制。进一步完善人事管理制度，出台领导干部任前公示、非领导职务聘用办法等，增强人事管理的透明度。

加强普法宣传教育，进一步推进依法行政工作。圆满完成“四五”普法各项工作，编制“五五”普法计划。聘请法学专家举办法律知识讲座，组织全区行政执法人员参加行政执法综合法律知识教育培训，组织开展行政处罚案卷监督活动，通过一系列普法教育和执法监督活动，增强广大干部依法行政意识，提高执法人员整体素质，规范了行政执法行为。

推进精神文明建设。召开全区宣传思想工作会议，强化形势政策教育和舆论引导，注重工、青、妇、团等群团作用，全年新建工会11家，新增会员1700多名。组织第二届社区文化活动月，开展登山、纸艺、健身等文体活动，丰富群众文化生活。

加强企业管理服务。贯彻落实国务院、省、市关于加快结构调整、转变增长方式和鼓励、支持、引导非公有制经济发展的意见，出台《关于支持企业加快结构调整、转变增长方式的若干措施》和《关于实施商标创牌战略的若干意见》。通过开展外商投资企业服务月活动，推行重点骨干企业扶导服务制，积极组织企业参加投洽会、广交会、浙洽会等经贸活动，改善软投资环境，支持企业开拓国内外市场。简化办事程序，提高办事效率，切实帮助企业解决生产、生活及经营活动中存在的困难和问题，为企业提供良好的行政服务。圆满完成第一次经济普查。

【重大项目】 2005年宁波大榭开发区按照已经明确的港口物流、临港石化、能源中转的产业定位和转变发展模式、建立循环经济的要求，推进重大项目建设，克服土地资源等要素的制约，总体建设取得可喜成绩。全年共有三菱化学PTA项目、万华工业园配套热电项目、恒信二期码头项目、中油奥里油罐区项目等15个项目开工建设，万华工业园MDI项目、东港电化等11个在建项目建成投产。其中万华工业园经过2年多的建设，累计完成固定资产投资31.55亿元，MDI项目16个装置全线竣工，一次投料成功，配套液体化工、煤盐码头已经交工，热电氯碱项目开始试运行；招商国际码头有限公司4#泊位投入商业运营，并开通了三条国际航线，3#泊位的水工工程通过竣工验收；宁波三菱化学有限公司PTA项目进展顺利，大型设备安装就位，已完成总进度的70%以上。中海油大榭石化有限公司二期项目签约，扩建规模为年产300万吨重交沥青项目，同时配套建设60万立方米储罐，项目总投资9000万美元；与此同时，芳烃项目签署了项目合作协议书；PTMG项目取得积极进展。

BP液化石油气（LPG）基地站项目。由英国BP公司投资建设，总投资为9650万美元，建成5万吨级和5千吨级液化石油气码头各一座，2个25万立方米地下储罐，年生产能力为160万吨LPG。该项目于2002年8月建成投产，为亚洲地区最大的液化石油气中转基地。

中海油大榭石化高等级道路沥青项目。由中海油气开发利用公司和香港利万集团有限公司等合资建设，一期投资4800万美元，建设一套年产75万吨高等级道路沥青生产装置，并配套建设5万吨级和3000吨级化工码头各一座。2002年6月开工建设，2003年6月建成投产，产品供不应求。二期计划在2007年前扩建沥青生产装置，形成300万吨/年高等级道路沥青生产能力，并配套建设10万吨级码头一座。该项目是原国家经贸部批准的高新技术成果转化项目，产品技术含量高，可替代进口，有利于缓解我国高等级道路沥青长期以来依赖进口的局面。

中石化原油中转基地项目。由中石化与宁波港务集团合资建设，计划建设三座25万吨级原油接卸码头和一座2万吨级出运油码头，储罐区总容量为200万立方米。目前已建成25万吨级码头和2万吨级码头各1座，罐区容量83万立方，总投资8亿元人民币。随着该项目的逐步建成投产，大榭已成为华东地区重要的油品集散基地。2005年吞吐量达到2683.71万吨，项目全部建成后原油中转能力为6000万吨。另外，斥资22.6亿元建设的以大榭为起点的甬—沪—宁输油管线工程已于2004年7月全线竣工，该管道由中石化投资建设，全长666公里，设计年输送能力为2000万吨。2005年管线输油1921万吨。

万华MDI及配套项目。由烟台万华聚氨脂股份公司投资建设，烟台万华是我国惟一、全球六家拥有MDI自主知识产权的企业之一，是国家重点扶持企业。一期工程16万吨/年MDI主体项目，投资约24亿元。一期工程投产后，规划再建设2套MDI装置，生产能力将达到60万吨/年，成为中国最大MDI生产基地。大榭MDI主体项目和主要配套项目于2003年8月开始建设，2005年8月，装机容量7.5万千伏的热电厂建成；同年9月建成日处理3600吨的废水处理设施；同年11月，全长340米，年设计吞吐能力500万吨的煤盐码头通过验收；同年11月23日，MDI项目主装设备试车成功，进入试生产，是目前国内建成的最大MDI生产装置。

三菱化学PTA项目。由日本三菱化学、三菱商事和伊藤忠商事三方组成的日方投资主体与中信集团公司合资建设，一期总投资

3.14 亿美元，注册资本 1.08 亿美元，规模为年产精对苯二甲酸（PTA）60 万吨。通过二、三期扩建，最终规模为年产精对苯二甲酸（PTA）260 万吨，总投资将达到 10 亿美元。该项目于 2005 年 2 月 1 日获得国家发展和改革委员会核准，6 月 8 日开工建设，计划于 2006 年 9 月建成投产。

招商国际集装箱码头项目。该项目由香港招商局国际港口控股（宁波）公司、宁波港集团公司和大榭开发区投资控股合资建设，总投资 34.5 亿元，注册资本 12.1 亿元，计划建设 3 个 10 万吨级和 1 个 7 万吨级集装箱专用泊位及相应的集装箱堆场、仓库及其他配套公辅设施，码头前沿水深 - 17 米，岸线长 1500 米，陆域总面积 163.50 万平方米，后方堆场 80.4 万平方米，设计年吞吐能力 240 万标箱。该项目于 2003 年 6 月正式开始筹建，计划在 2006 年底前全部建成投产。2005 年 2 月 18 日获国家发展和改革委员会核准。截至 2005 年底，4 # 泊位已投入商业运营，并开通三条国际航线，3 # 泊位的水工工程通过竣工验收。

中油奥里油中转储运基地项目。由 30 万吨级油码头和 50 万立方米的奥里乳化油储罐及相应的配套设施组成，项目总投资 6.5 亿元人民币，年中转奥里乳化汼 600 万吨。储罐项目由中油燃料油公司独资建设，码头项目由大榭投资控股公司、宁波港务集团公司和中油燃料油公司三方合资建设。项目已经国家发展和改革委员会批复，正在进行开工准备工作。

【机构设置与管委会领导】 宁波大榭开发区管委会为宁波市政府派出机构，内设办公室（外事办、信访办）、经济发展（安全生产监督管理）局、财政（地方税务）局、人事局、劳动和社会保障局、规划建设（环境保护、城市管理）局、交通（港口）局（口岸办）、社区管理（民政、人口和计划生育）局、文教卫生局、拆迁办公室等职能部门。国税、工商、国土、海关、检验检疫、边检、海事、公安、检察院、法院等垂直部门均在区内设置了分局或派出机构。

宁波大榭开发区管委会主任宣二牛，副主任潘朝阳、吴子富、杨学仕。

（宁波大榭开发区管委会）

苏州工业园区

SUZHOU INDUSTRIAL PARK

【经济发展】 2005 年是苏州工业园区实施新十年发展目标，全面推进新一轮开发建设的起步之年。园区认真开展以实践“三个代表”重要思想为主要内容的保持共产党员先进性教育活动，广大党员的政治觉悟和思想素质明显提高，各级党组织的凝聚力和战斗力不断增强。园区坚持以科学发展观统领全局和指导园区的开发建设，努力在科学发展、率先发展、协调发展方面走在前列，取得了又快又好的发展成绩。

2005 年园区实现 GDP 580.7 亿元，同比增长 21.0%；地方一般预算收入 41.5 亿元，同比增长 42.5%；进出口总额 405.6 亿美元，同比增长 44.1%；其中出口额 192.4 亿美元，同比增长 61.9%；全区实现工业总产值 1653 亿元，其中规模以上工业产值 1318 亿元；在岗职工平均工资 27854 元，农民人均纯收入 10697 元。2005 年园区综合实力进一步增强，率先达到了江苏省全面小康考核指标，综合发展指数经商务部考评位居国家级经济技术开发区前列。

【开发建设】 2005年苏州工业园区开发投入大、重大项目多、建设速度快，全年共完成固定资产投资357亿元，增长26.7%，其中工业投资153亿元，房地产投入100亿元，基础设施投入59亿元，公建投入37亿元。2005年园区进一步加强总规修编工作，先后组织开展30多项规划编制及城市设计，园区东部发展战略规划、阳澄湖国际休闲度假区详细规划、CBD城市规划设计、中央河国际商业步行街规划设计以及东环路街区改造城市设计等已经通过审定。按照“区外抓对接、区内抓完善、区镇抓统一”的要求，园区全力推进基础设施建设步伐，全年新开工道路55公里、竣工85公里，疏浚河道25公里，完成填土1400万方，铺设各类管网461公里，区镇主要基础设施对接并网工程基本完成，唯胜路、阳澄湖大道、312国道拓宽改造等快速干道全线贯通；自来水厂、污水处理厂二期扩建工程基本竣工投用，最高日供水和日污水处理量分别突破20万吨和12万吨；热电联供蓝天热电厂一期并网发电，新建20千伏开闭所20座；新开工各类建筑物面积873万平方米、竣工556万平方米。环境建设进一步加强，金鸡湖清淤取土、堆岛造林、驳岸景观和亮化工程全面完成，沙湖公园、白塘公园、风之园、金鸡墩等一批公园基本建成，园区区域环境更加优美。

【招商引资与利用外资】 全年新批利用外资项目443个，新增合同外资38.1亿美元，实际利用外资15.8亿美元；全区累计合同外资231亿美元，实际利用外资突破100亿美元。全年注册登记内资企业1830个，新增内资注册资本234.5亿元，全区累计内资企业注册资本734亿元。2005年有12家名列世界五百强企业的18个投资项目进入园区，338家外资工业企业先后开工建设，317家外资工业企业相继投产。

【科技创新】 2005年苏州工业园区全面启动“科技跨越计划”，园区科技创新工作取得突破性进展。全区高新技术产业产值达到892.9亿元，占全区工业总产值的54%，经认定的省级高新技术企业累计达到100家（2005年通过认定26家）。全社会研究与开发经费支出11.5亿元，占GDP比重2%，其中政府科技三项经费达到4000万元。围绕重点发展领域，园区先后建立了一批专业科技服务平台，不断提升科技服务能力，在建立IC设计和测试服务、软件测试服务、知识产权保护服务等三大公共服务平台之后，2005年苏州工业园区又新建了园区软件培训中心。与此同时，园区被认定为国家电子信息集成电路产业园，园区国际科技园被国家广电总局认定为国家动漫产业基地。园区还通过了科技部火炬中心组织的火炬计划汽车零部件产业基地的评审，区内拥有汽车零部件生产企业54家，包括金龙、东风、博世、德科等国内外知名厂商，其中有2家企业被认定为国家重点高新技术企业。园区还与中科院半导体所签订了共建苏州半导体研究中心的协议，区内一些企业也分别与东南大学、苏州大学、中科院化学所建立了产学研项目共10个，其中产学研联合体3家。2005年园区专利申请量达670件，同比增长74.5%。

【社会事业】 社会事业功能载体建设不断加快，国际科技园三期工程全面竣工，苏州独墅湖图书馆建成开放，全市第一家外资医院九龙医院投入运行；金鸡湖广场、湖滨新天地、左岸商业街、文化水廊等先后建成投用，科技文化艺术中心、金鸡湖大酒店等地标性建筑建设全面启动。全年园区服务业固定资产投入185亿元，同比增长26.9%，批准设立服务业企业1284家，新增服务业外资4.3亿美元、注册内资41.7亿元，服务业实现增加值143亿元，同比增长22.3%。2005年先后引进渣打银行、东亚银行等外资金融机构，美国UPS、日本近铁等国际物流企业，普华永道等国际知名专业服务机构。同时，相继吸引家乐福、世纪联华等大型超市，新加坡晋安酒店、法国埃蒂安、香港采蝶轩等宾馆及餐饮业进区投资。

【出口加工区建设】 2005年苏州工业园区出口加工区新进驻企业19家，投资总额3.7亿美元，注册外资1.6亿美元；累计进驻企业71家，投资总额14.4亿美元，注册外资6亿美元，其中B区累计进驻企业20家，投资总额5.2亿美元，注册资本2.3亿美元。2005年园区出口加工区完成进出口总额37亿美元，同比增长82%；其中进口额14.9亿美元，同比增长77%；出口额22.2亿美元，同比增长87%；全年进出区报关货值18.9亿美元，同期内销上缴关税增值税税款1.3亿元。

【保税物流园建设】 苏州工业园区海关保税物流中心（B型）于2004年10月正式开始试运作。2005年园区保税物流中心共受理进出口报关单证6.3万份，其中进口报关单3.1万份，出口报关单3.2万份；全年累计监管货运量30万吨，监管进出口总货值88亿美元，累计征收税款2.57亿元。园区保税物流中心吸引了众多国内外物流企业进入，在中心注册的物流企业达到16家，首期验收区内的7万平方米仓库已租赁完毕。园区保税物流中心的业务范围已辐射至苏州、无锡、南京、嘉兴、青岛、北京等地，18个省、直辖市的500余家生产企业通过该中心实施运作，进出商品种类从十多种扩大到几千种，物流中心已成为苏州市乃至江苏省重要的物流基地之一。

【借鉴新加坡经验工作】 根据中新联合协调理事会第七次会议确定的园区今后一个时期的借鉴重点，园区坚持“突出重点领域、培训重要骨干、拓展借鉴深度、立足区内为主”的借鉴方针，突出借鉴工作为园区开发建设服务，更加贴近园区经济社会发展的实际需要，2005年先后组织了法制管理、科技发展与产业提升、财政与税收管理、城市规划、土地管理、人力资源与职业教育管理和综合管理等7项课题的培训，园区管委会及有关单位共计139人赴新加坡学习。园区管委会与新加坡裕廊集团挂职培训按计划展开，双方各有2名专业管理人员到对方挂职见习。苏州工业园区发展咨询委员会召开第二次会议，与会专家就持续增强园区国际竞争力事宜集思广益、建言献策，取得了积极的成果。

【机构设置与管委会领导】 苏州工业园区职能机构有：工委管委会办公室、招商局、经济贸易发展局、科技发展局、规划建设局、城市管理局、国土房产局、地方发展局、财政局、劳动和社会保障局、组织人事局、教育局、社会事业局、政法委员会、国有资产监督管理办公室、借鉴新加坡经验办公室、独墅湖高等教育区管理办公室。

中共苏州工业园区工作委员会书记王金华，苏州工业园区管理委员会主任马明龙。

（苏州工业园区管委会）

保税区篇

深圳市保税区管理局

SHENZHEN ADMINISTRATIVE BUREAU OF FREE TRADE ZONES

【经济发展】 2005年，深圳市保税区以科学发展观统揽全局，按照“和谐保税区”、“效益保税区”的发展要求，秉承循环经济的发展理念，抓住有利时机乘势而上，有力推动了保税区经济持续、健康、快速、平稳发展。在三个保税区土地资源基本利用完毕，招商引资受到发展空间限制和各项经济指标在较高平台上运行的情况下，2005年保税区主要经济指标仍保持稳定增长。全年新批设立企业121家，其中投资总额达100万美元以上的企业有16家；批准投资额4.13亿美元，同比增长105%；实际利用外资1.01亿美元，同比增长13%，超额完成了市政府下达的计划任务。实现增加值168.5亿元，同比增长41.8%；实现工业总产值821.5亿元，同比增长15.5%；实现进出口总额306.9亿美元，同比增长21.5%，其中出口158.4亿美元，同比增长22.2%；实现税收总额32.3亿元，同比增长34.7%。在经济增长的同时，经济效益明显提高，万元增加值耗能0.03吨标准煤，同比下降31%，万元增加值耗水4.1立方米，同比下降29%，远远低于深圳市2010年调控目标值；每平方公里实现工业总产值283亿元，实现税收11亿元，成为名符其实的“高产田”。福田保税区和沙头角保税区分别被广东省外经贸厅评为2005年利用外资工作三等奖和四等奖。

【投资环境】 2005年，为了进一步改善和优化区内道路、交通等各项基础设施条件，为企业营造更为宽松和良好的投资环境，深圳市保税区管理局组织力量对福保联检场地、桂花路、4号隧道等改造工程进行了设计，并完成了前期准备工作；修缮了区内市政设施，协调海关对2号通道进行改造，完善通关设施，从8月1日起对2号通道实行通行证管理，人员、车辆进出保税区秩序明显好转。局机关、三个服务中心及集团公司通过定期和不定期走访企业、召开企业座谈会，驻区联检单位建立联席会议制度和健全统计分析制度等形式，深入、及时地了解企业的运作情况，积极协调企业与行政管理部门的关系，为企业解决错峰用电、区外办公设备入区、简化报检手续等问题，为驻区企业办理深港两地行驶标志447台(次)，促进企业稳定生产、高效运作。在管理局办公楼一楼大厅新设立服务窗口，进一步提升“一条龙”、“一站式”的服务水平。

【招商引资与利用外资】 2005年，深圳市保税区管理局在土地存量不足、招商竞争严峻的形势下，局机关各处室、三个服务中心结合所在区域产业发展的重点和特点，跟踪国内国际的投资取向，主动进行联系沟通，宣传保税区的有关政策和良好的产业发展环境。对于已在保税区投资的企业，通过召开座谈会和深入企业调研等多种方式，及时掌握已有企业的增产扩资动态，跟踪项目的落实。全年三个中心共接待国内外投资者咨询洽谈15000多家次，落实新批项目近70个，跟踪增资扩产项目近20个，这些招商引资前置服务工作有力地促进了项目的引进和保证了引进项目的质量。全年企业增加投资3.18亿美元，司比增长189%，新引进德国贝塔思曼、日本神户制钢、美国惠而浦等3家世界500强企业，区内500强企业累计达27家。

【转口与出口贸易】 2005年，深圳市保税区继续保持了外贸发展的强劲势头，全年实现进出口货物总值306.87亿美元，同比增长21.54%，占全市进出口总额（1828.6亿美元）的16.78%；其中，实现出口158.36亿美元，同比增长22.2%，占全市出口总量（1015.02亿美元）的15.6%，为深圳继续保持全国大中城市外贸出口“十三连冠”做出了贡献。

【仓储物流发展】 2005年，深圳市保税区物流发展增势迅猛，全年实现物流企业营业收入29.48亿元，同比呈现倍增态势；完成货物流量110.34万吨，同比增长22.42%；保税仓转货物进出口总量为153.01亿美元，同比增长16.95%，占全区进出口总额的50%，其中，保税仓转出口额53.49亿美元，同比增长12.22%，保税仓转进口额99.52亿美元，同比增长19.67%。全年累计有260多家物流企业进驻保税区，物流、仓转贸易额占保税区进出口总额的“半壁江山”。

【改革试点】 2005年，深圳市保税区管理局各项改革试点取得了重大进展。一是盐田港保税物流园区通过国家验收。由于保税物流园区有较强的政策优势和发展前景，目前已先后有中远、新兴、中海、腾邦、综合信兴、日通、住友、索尼等16家世界知名和专业物流公司申请入驻物流园区。入驻企业拟申请投资总额约23亿元人民币，购地约45万平方米；二是开始启动“空港联动”相关申报工作。深圳市保税区管理局在组织相关部门两次前往上海外高桥、天津、大连等保税区考察调研后，调研小组大胆借鉴上海等保税区发展经验，结合自身实际提出了“空港联动”发展思路。2005年8月15日市政府办公会议同意设立深圳市航空港保税物流园，并要求相关部门提出实施方案。深圳市保税区管理局委托综合开发院编制可行性报告，综合开发院已经完成《建立深圳航空保税物流园的构想》；三是积极探索保税区向自由贸易区转型的有关工作。该项工作2005年经请示市政府同意，委托国务院发展研究中心开展“深圳保税区向自由贸易区转型”的课题研究工作，目前国务院发展研究中心已经完成《保税区转型与建立自由贸易园区》课题研究成果，待进一步补充完善。

【精神文明建设】 2005年，深圳市保税区管理局以“认认真真搞好保持共产党员先进性教育”、“扎扎实实搞好党的建设”、“集中精力抓好执行力建设”为精神文明的三杆标杆，精神文明建设再上新台阶。一是认认真真开展保持共产党员先进性教育活动。按照市委的统一部署，保税区管理局上半年开展了为期4个多月的保持共产党员先进性教育活动。活动以“关键是要取得实效”和“真正成为群众满意工程”为目标，抓好学习动员、主题实践、集中整改、制度规范等各个环节，确保教育活动健康、扎实推进。二是扎扎实实搞好党的建设。在进行党的建设过程中，保税区管理局坚持党委集体领导，实行集体决策，努力提高决策的民主性、科学性。局党委驾驭全局的能力增强，抓大事、议大事效果明显，组织建设和作风建设迈上了一个新台阶，驻区企业党的建设得到了进一步加强。联合支部的工作结合驻区企业实际开展扎实有力、富有成效，保证了保持共产党员先进性教育的顺利进行，受到了市委领导同志的肯定和赞扬。同时，保税区管理局认真贯彻落实中央《建立健全教育、制度、监督并重的惩治和预防腐败体系实施纲要》和市委的《实施意见》，不断加强党风廉政建设，结合保税区各部门、各单位的实际，构建惩防责任体系，全年未发现违法违纪案件；三是大力加强执行力建设。市委、市政府作出《关于在全市掀起“责任风暴” 实施“治庸计划” 加强执行力建设的决定》后，保税区管理局及时成立了“强责、治庸、提能”领导小组，结合实际制定出台了掀起“责任风暴”，实施“治庸计划”的实施意见，提出建立主体明确、层级清晰、具体量化的岗位责任制，安全生产管理工作责任制等十大体系，落实市委、市政府提出的责任主体明确化、部门责任法定化、岗位责任具体化、责任层级清晰化、责任链接无缝化的要求，强化全体干部员工的责任意识、机遇意识，把握当前保税区发展的有利时机，扎实推进各项工作。同时，举办了“三局合一”四年多来，为期最长、规模最大、内容丰富、针对性强的局机关、中心处级干部和局属企业副经理以上管理人员培训班。

经过三项有针对性的活动，保税区管理局精神文明建设上了新台阶。工会、共青团、妇联等群团组织在局党委的领导下，围绕管理局中心工作，充分发挥桥梁纽带作用，以建设“和谐保税区”为目标，以创建“学习型保税区”为平台，举办了技术运动会、征文比赛、廉洁文明家庭等专题活动，通过开展创建“文明单位”、“职工之家”、“巾帼文明示范岗”、“青年文明号”等创建活动，丰富了员工的业余文化生活，激发了广大员工刻苦学习科学技术知识的积极性，对保持保税区社会经济的和谐发展起到了促进作用。计划生育工作克服人员少、经费少的困难，通过签订责任书、加大宣传力度，圆满地完成了年度工作指标，连续三年被福田区评为计生工作先进单位。

【重点企业】 长城国际系统科技（深圳）有限公司：该公司于2005年1月经深圳市保税区管理局批准设立，投资总额700万美元，注册资本350万美元，中外合资企业，主要进行生产和销售计算机硬件系统、相关的部件和组件以及软件系统；信息技术产品开发、展览和系统集成；总包技术服务；技术开发和转让；技术培训、测试、分析和咨询服务；为信息系统、网络系统及相关产品提供开发、设计、安装、维护、管理、售后等服务和相关技术服务；保税区内的分销和物流服务；国际贸易、转口贸易，保税区内企业间贸易，保税区内贸易代理；与保税区外具有进出口权的企业直接进行贸易；提供企业管理咨询服务，投资和业务咨询服务，信息管理、技术咨询服务和市场营销服务等业务。

深圳腾邦敦豪盐田港国际物流配送中心有限公司：该公司于2005年5月经深圳市保税区管理局批准设立，其中，DHL为世界500强。该公司注册资本2000万人民币，内资企业，主要进行国际中转、国际配送、国际采购、国际转口贸易、国际货运代理、货运分拨、货物配送、仓储服务业务、商业性简单加工、商品展示、经营进出口等业务。

深圳市怡亚通保税物流有限公司：该公司于2005年8月经深圳市保税区管理局批准设立，注册资本500万元人民币，内资专业物流公司，主要进行仓储物流、搬运装卸业务；从事货物进出口及技术进出口业务；转口贸易；商业性简单加工及物流和贸易咨询；承办海运、陆运、空运、快递进出口货物的国际运输代理等业务。

汇丰文件处理（深圳）有限公司：该公司于2005年10月经深圳市保税区管理局批准设立，投资总额1000万港元，注册资本1000万港元，港资企业，主要从事包装装潢印刷品的印刷经营活动。

矽谷学人科技（深圳）有限公司：该公司于2005年11月经深圳市保税区管理局批准设立，投资总额1000万港元，注册资本1000万港元，港资企业，主要进行半导体、集成电路的研发、封装和测试；液晶显示模块、塑胶材料等材料销售；宽带网络数字电视的研发、销售等。

联想信息产品（深圳）有限公司：该公司于2005年11月经深圳市保税区管理局批准设立，投资总额2800万美元，注册资本2000万美元，中外合资企业，主要进行生产和销售计算机硬件系统、相关的部件和组件以及软件系统；信息技术产品开发、展览和系统集成；总包技术服务；技术开发和转让；技术培训、测试、分析和咨询服务；为信息系统、网络系统及相关产品提供开发、设计、安装、维护、管理、售后等服务和相关技术服务；提供企业管理咨询服务，投资和业务咨询服务，信息管理、技术咨询服务和市场营销服务；国际贸易，转口贸易，区内贸易，保税区内贸易代理；与保税区外具有进出口权的企业直接进行贸易，从事货物及技术的进出口等业务。

飞利浦电子（深圳）有限公司：该公司于

2005年12月经保税区管理局批准设立，世界500强公司。投资总额200万美元，注册资本200万美元，外商独资企业，主要进行音响、家庭影院系列、DVD播放器、DVD录放机、录放机、电视录放机、音响系统、机顶盒、耳机、其他相关电子产品及有关元件的研发，产品开发，生产和销售，并提供产品售后服务，给予国内外的飞利浦关联公司提供后勤服务和管理服务，从事货物及技术进出口，国际贸易及转口贸易等业务。

惠而浦产品研发（深圳）有限公司：该公司于2005年12月经深圳市保税区管理局批准设立，世界500强公司。投资总额640万美元，注册资本320万美元，外商独资企业，主要进行微波炉、洗衣机、干衣机、冰箱、冷冻机、煮食炉、压缩机、洗碗碟机、空调以及车房装置设备的研究、开发、测试；提供技术咨询服务等业务。

（深圳市保税区管理局
李宗杰、杨春芳）

汕头保税区
SHANTOU FREE TRADE ZONE

【经济发展】 2005年，汕头保税区坚持以科学发展观为指导，以开展保持共产党员先进性教育活动为动力，努力推进区港工贸一体化发展战略，集中力量开展招商引资，致力推进仓储物流和出口加工业的发展，不断深化功能开发，扩大园区经济规模，促进区域经济平稳健康发展。

物流贸易快速发展。全年进出区货物总量107.39万吨，比上年增长31.86%，实现贸易总值4.1亿美元，其中仓储货值1.31亿美元，增长8.26%；进出口贸易额2.79亿美元，出口值3073万美元，增长93.03%。物流企业运作量和营业收入明显提高，全年实现进出口额8378万美元，增长11.81%，营业收入9亿元，增长28.67%。转口贸易有新的突破，全年实现转口贸易额2199万美元，增长2.47倍。

大项目的洽谈引进取得进展。全年共洽谈项目10宗，计划总投资8.14亿美元。其中投资规模达到1亿元以上的6宗。已入区落户运作的项目2宗，投资总额2000万元人民币。

企业增资扩产势头好。全年全区共有6家骨干企业增资扩产和技术改造，增资额1.79亿元。批准成立企业4户，投资总额448万美元。全年全区实现GDP 10.5亿元，工业产值12亿元。

财税工作在困难中保持平稳发展。财税部门克服个别税收大户停产等影响因素，积极组织收入，全年完成工商税收4029万元，扣除不可比因素，增长5.79%。其中国税收入2724万元，地税收入1305万元。企业缴纳海关关税4.8亿元。实现地方财政收入2992万元。

【投资环境】 2005年，汕头保税区进一步优化投资发展环境。向国家有关部门申请列入港区联动试点单位，努力促进区域发展。协调海关、外汇、外经贸、税务等部门关系，解决了区内企业加入全国电子口岸执法系统、进出口经营权和产品深加工结转等问题。协调解决广达大道的路灯配套建设问题，以及16路公交线路延伸到保税区，方便企业职工上下班。调整项目用地，满足PS项目的建设用地要求，解决项目入区落户的有关问题。各部门增强服务意识，实行“亲情化”服务，推行“阳光”办事制度，争创一流，进一步提高机关行政效能。工商部门做好动产抵押登记管理工作，全年办理动产抵押登记1082万元，帮助企业解决资金周转问题。

【招商引资和利用外资】 2005年，汕头保税区按照“引进大项目、促进大发展”的招商思路，全方位、多层次、宽领域地开展招商引资工作。首先是抓好大型临港项目的引进工作。管委领导亲力亲为抓重点项目，多次带领招商骨干赴香港、澳门、广州、深圳、惠州等地，主动上门洽谈项目，并积极调动各方面的积极因素加快项目的落实。投资19.9亿元、设计年产40万吨聚苯乙烯项目已通过省有关部门项目核准和公司名称核准，正在加紧落实建设资金。投资20亿元的造纸项目已于7月份在深圳招商活动上签订了投资协议书。其次是走出去、请进来开展招商活动。先后派出精干小分队，赴香港召开春茗座谈会、参加中国商品出口交易会、全国中小企业博览会等，广泛推介保税区，寻找投资合作机会。抓住威尔信公司在汕举行庆典活动的契机，组织新闻媒体大力宣传跨国公司在保税区投资发展的丰硕成果，在社会引起良好反响，提高了保税区影响力。引导企业加强与高校及研发机构的合作，促进联亿公司与台湾等地科研机构的技术合作，加快新产品的研发。积极创造条件，促进双骏公司与中科院、北京大学、中国药科大学的技术合作，切实做好生物制药项目上马建设的准备工作。第三是加强网上招商。重建保税区网站，增设10个新版块，网站内容扩充4倍，使网站内容更全面、形式更新颖。加强与商务网络的交流，与国内外商务、政务网站的链接达到22个，广泛发布招商经贸信息，扩大保税区的知名度和影响力。

【物流贸易】 2005年，汕头保税区围绕构建区港工贸一体化的发展目标，整合资源优势，抓好仓储物流功能的开发深化，以仓储物流功能的发展推动进出口贸易，拓展转口贸易功能，拉动区域经济的增长。英国威尔信公司实现销售额、配套件本土加工装配额、投资额三个连续快速增长，并逐步从物流分拨向现代物流、加工装配相结合的方向发展。全年实现销售额7.5亿元。1.5万平方米的大型钢结构仓储加工中心投入使用，举办了“威尔信（汕头保税区）仓储加工中心落成剪彩典礼暨威尔信亚太区经销商会议”经贸活动，充分展示发展成果。现该公司计划再购买100亩土地，兴建面积为3万平方米的装配中心和新产品研发中心，建成集研发、生产、物流于一体的基地。法国西电公司已在国内10个省设立代表处和销售代理，经营10个系列发电机组，产品畅销国内30个省（市），全年实现销售收入1亿元，同比增长42.9%。在跨国物流公司成功运作的示范带动下，德国拜尔、柯士达等知名物流集团相继落户汕头保税区。中国储运、日本三菱和法国香水等物流项目也正在洽谈落实之中。

【出口加工】 2005年，汕头保税区把办好现有工业企业，促进企业增资扩产，扩大以商引商效应，作为推进工业发展的重要途径。加大对在产企业的扶持力度，为企业解决政策运用、项目用地等方面问题，促成6家骨干企业增资扩产、滚动发展。如超声覆铜板厂投资3200万元进行设备技术改造后，生产规模和产品质量大幅提高，全年实现产值2亿元，同比增长49%；万顺高级包装材料公司投资近亿元引进德国、意大利10条新型生产线，开发环保型高级包装材料产品，扩大市场销路，全年完成产值3亿多元，同比增长25%。与此同时，管委会引导企业走科技创新的路子，重视自主创新和品牌效应，重视采用专利技术提高产品竞争力，重视提高内部管理来提升产品质量水平。如三宝光晶公司独创的湿法光晶云母提取新技术已申请发明专利和新型专利，通过了省级科技鉴定。洛斯特公司引进新生产线开发外用药品生产，完成西药厂的转型升级工作。一批企业开展行业技术认证和资格认证，提升产品市场竞争力，为企业增创新的效益。

【管理与服务】 2005年，汕头保税区加大力度展开各项区域管理工作。一是加强安全生产管理。高度重视安全生产工作，广泛深入开展宣传教育活动，强化安全生产意识。全面清理已登记注册的涉及公共安全、人身安全的市场主体的前置审批，对6户经营项目涉及前置审批的企业发出限期补交文件和办理变更的通知书。制订安全生产工作方案，与各有关单位签订安全生产责任书，实行安全生产行政责任问责制。区安委会多次组织安全生产大检查，及时消除事故隐患。配合供水部门，对区内的消防栓进行全面的维修和更新，保证消防用水。公安部门认真做好区域治安防范工作，构建治安防范网络，加强治安巡逻，确保一方平安。二是加强完善财税管理，促进经济平稳发展。财税部门针对我区个别重点企业停产、新建设项目少、税源偏紧的不利情况，加强配合、研究对策，组织力量摸查税源，加强税收征管，积极组织收入，促进税收稳步增长。加强财政管理，在“保重点、保稳定”的前提下，量力而行妥善安排各项支出，切实把资金用在刀刃上，全年财政支出比去年同期下降80.5%。在资金紧张情况下，还拨出专款5万元，并协调有关单位出资帮助潮南区乡村小学建设校舍。加强财政监督，认真清理建设领域拖欠工程款，与施工单位沟通协商，采取以地抵债结清工程欠款。全面完成区直属企业改制工作，全部追回、处置被个人借用、占用的汽车、住房，原直属企业财务已理结，改制后新经济载体——物业管理服务中心已开展经营运作，有效确保国有资产保值增值。三是抓好区域基础设施的建设管理。做好填海区域市政设施工程项目的前期准备工作，举办项目可行性研究报告专家评审会，办理项目可行性研究报告报审手续，争取上级支持，促使该项目列入国家开发银行第三批融资项目。抓好区域环境绿化工作，协助区内两家企业搞好厂区绿化工作，使企业获得市授予的“园林式单位”光荣称号。四是推进信用体系建设。召开企业经验交流会及表彰会，推广企业守法经营、促进发展的经验，表彰9家2004年度“守合同、重信用”企业，在全区营造正道经营谋发展的良好氛围。

【重点企业】 威尔信（汕头保税区）动力设备有限公司：是汕头保税区的物流龙头企业，投资劳斯莱斯发电机组仓储物流项目以来，经营业务发展较快，仅2004年、2005年就完成销售额15.5亿元，交纳税收1.879亿元。该公司2004年增资3000万元，建设1.5万平方米的大型钢结构仓储加工中心，于2005年11月建成投入使用。

（汕头保税区管委会办公室）

海口保税区、高新区

HAIKOU FREE TRADE ZONE

【经济发展】 2005年，海口保税区、高新区以扎实的项目引进为基础，在良性发展惯性的作用下，两区经济取得较好成绩，各项经济指标都获得快速增长。全年现实GDP 22.25亿元，同比增长175.71%（其中保税区9.07亿元，高新区1.35亿元，海汽三期工程11.83

亿元）；工业总产值 88.77 亿元，增长 2.01 倍。其中，保税区 30.25 亿元，高新区 5.17 亿元，海汽三期工程 53.35 亿元。实现工商税收 9.2 亿元，增长 1.61 倍。其中，保税区、高新区 3.6 亿元，海汽三期工程 5.6 亿元。

【投资环境】 2005 年海口保税区、高新区以进一步完善了道路、通讯、水电、排水、排污等“五通一平”基础设施建设，在海口“药谷”建成了 5 万平方米标准工业厂房，基本满足企业入区的要求。在此基础上，利用韩国三星项目举行开工庆典和“8.26”海口工业活动日为契机，在保税区和高新区进行环境卫生全面整治和绿化美化工作，使两区基本实现了“楼在树丛中，厂在草坪中”的具有热带滨海特色的宜人的绿化美化工业园区；在软环境建设方面，始终坚持树立“企业发展我发展，我与企业共兴衰”和“项目是生命线”的理念，按照“放水养鱼”的原则，以服务管理创新为动力，不断完善管理体制，强化服务意识，提高办事效率，逐步建立健全与国际惯例相衔接的且具有自身特色的服务管理体系，真正做到“亲商、招商、安商、富商”。具体操作上：一是修订、完善、健全了 40 多项规章制度，包括行政管理、理论学习、廉政建设、民主决策、行政管理、工程招标、业务培训、干部选拔任用等方面，并汇集成册；二是制定出台了《海口保税区（高新区）基本建设资金使用管理办法》和《海口保税区（高新区）投资项目管理实施办法》，从而使建设资金的使用和管理更趋合理化和规范化；三是成立了保税区、高新区财经工作小组和项目工作小组，加强了对资金和项目引进的管理和监督。

继续加大维护稳定的力度，努力营造公正公平、安定有序、健康文明、安居乐业的人文环境，为构建和谐园区打下坚实的基础。第一，积极调解劳资矛盾，在保护投资者和企业合法利益的同时，对区内各企业和建筑工地进行劳动用工大检查，对不办理社会保险、拖欠工资、不按规定发放加班工资等侵害员工或民工合法权益的行为坚决予以纠正；第二，认真贯彻“安全检查第一，预防为主”的方针，严格执行国家和省市有关安全生产的法律、法规，抓好重点企业，危险部位的安全检查和监管工作，有效地遏制各类事故的发生，确保企业生产和劳动者生命的安全。第三，组织丰富多彩的文体、参观和培训活动，逐步构建具有区域特色文化体系，不断提高干部职工的健康文明素质。如以“增强体质、展示风采、团结进取、共建和谐”为主题，开展了全区第七届运动会，为干部职工参与体育活动，增强健康体质，培养愉悦身心提供一个具有广泛群众基础的平台。

【招商引资】 2005 年，海口保税区、高新区以立足定位，瞄准方向，明确重点为招商工作宗旨，牢牢把握国内外发达地区产业发展、转移的最新趋势和动向，以海口“药谷”、狮子岭“飞地工业区”为新的招商载体，瞄准大公司、大企业，组织专门力量招商，强化项目跟踪服务；实施产业链招商，围绕制药等重点产业，以龙头企业为核心，吸引更多相关企业入区；继续拓展招商渠道，创新招商举措，充分发挥“以展招商”，“代理招商”、“走出去招商”，“以商引商”等各种招商手段的功效；提高企业准入门槛，确定投资强度不低于 100 万元人民币/亩，投入产出比不低于 1:2 的企业入区标准。2005 年招商效果显著，海南益尔药业有限公司、海南全星药业有限公司、海南正和生物制药有限公司等 20 个项目有意投资“药谷”二期，意向投资额达 23.13 亿元人民币。全球最大的多肽类产品科研和生产厂家—美国欣泰生物科技公司也有意进驻海口“药谷”，计划投资总额达 1500 万美元。在 2005 年“8.26”海口市工业活动日中狮子岭“飞地工业”共签约项目 18 个，投资金额 13.07 亿元，建成达产后，年可实现工业总产值 27.11 亿元。这些项目的成功签约，为园区下一步的发展奠定了坚实的基础。

【园区建设】 狮子岭“飞地工业区”。2005 年 6 月，市政府做出了借鉴“飞地工业”模式，加快狮子岭工业园区建设的决定。海口保税区及时组织实施了以下工作：一是通过招标选择设计单位，对狮子岭飞地工业园重新进行规划修编；二是做好园区原有基础设施的改造、维修的前期准备工作；三是配合设计单位做好园区路网设计工作；四是组织测绘单位对园区地形标高进行测绘；五是对园区的水、电进行维修，保证了区内现有企业生产、生活的正常需要，为即将入园企业提供良好条件；六是加强和四个区的协调工作，做好招商引资工作。“8.26”工业活动日以后，根据狮子岭飞地工业区的实际情况，海口保税区着重进行了以下工作：一是研究了狮子岭飞地工业园管理方面的问题，确定了狮子岭飞地工业园的组织管理模式；二是制订了狮子岭飞地工业园入园项目立项程序、土地流转办法、狮子岭飞地工业管理办公室各职能部门及各区飞地工业园办事处的工作职责；三是做好“8.26”签约项目的跟踪服务和后续的项目招商工作，市本级“8.26”签约项目5个，现在新增7个，已达12个，等待审批入园；四是配合省规划设计院完成了狮子岭飞地工业园的可行性研究报告和项目建议书。

海口“药谷”。“药谷”一期即核心区建设的各项工作进展顺利。基础设施建设方面，五条区内道路已有两条建成通车，另外的一、二、三号路路面工程已经完成；供水系统管网已铺设完毕，管道燃气主管网、电信主干网已铺设到位，两个供电开闭所已建成。标准厂房建设方面，该厂房共分4栋，2005年3月开工建设其中AD两栋5万平方米。其中，A栋2.5万平方米，拟一次性转让给山东齐鲁制药，该公司计划投资2亿元，主要生产抗肿瘤类、心脑血管类、生物技术类产品，达产后，预计年产值10亿元，税收近亿元。现已入区企业8家，开工建设的有6家，入区企业计划投资总额达8.45亿元，建成后可达年产值约66亿元。与此同时，“药谷”二期的开发建设已铺开。

港口保税物流园区和出口加工区。2005年，海口保税区、高新区先后赴张家港、上海、广州、深圳等地考察保税物流园区和出口加工区。在此基础上，进行资料收集，为选址做准备。同海南省交通厅进行了沟通，了解老城及马村港地区的未来发展规划。与此同时，与中远海南公司进行了合作意向洽谈。最后，初步形成了《建立海口保税区港口保税物流园区实现区港联动的研究报告》。“8.26”工业活动日中与中远集团签署了共同开发建设保税物流园区的意向性协议后，经不断联系和沟通，中远公司明确表示，将成立一个工作小组专门负责此项工作。并制定完成一个计划书，内容包括：公司总部及区域公司参加人员、投资计划、投资模式、各阶段工作安排等。计划书完成后，派人来海口，同市政府和保税区管委会进行进一步沟通，尽快完成该公司参与项目的可行性研究报告报中远集团批准后实施。二是同澄迈县政府就项目的用地预选址进行了沟通。项目的项目建议书和可行性研究报告由海南省有关单位已着手进行。项目的控制性规划正在招投标中。上述工作完成后，将进行该项目在省发改厅的立项和在海南省国土厅预选址工作。待项目申报的相关配套文件准备完成后便可正式申报。

（海口保税区、高新区管委会办公室
符旺松）

天津港保税区

TIANJIN PORT FREE TRADE ZONE

【经济发展】 2005年，天津港保税区经济在连续14年快速增长的基础上再创新高，经济运行质量和效益进一步提高。完成GDP 153.6亿元，同比增长37.1%。净增38.4亿元，增幅提高了4.7个百分点，占全市和滨海新区的比重分别为4.2%和9.6%，比上年提高0.4和0.8个百分点。第二、三产业保持快速协调增长态势，其中第二产业实现增加值15.6亿元，增长41.3%；第三产业实现增加值138亿元，增长36.7%。

全年实现财政收入24.7亿元，同比增长32.9%，增幅比上年提高20个百分点，创建区以来最高水平。其中工商税收收入20.8亿元，增长28.4%，主要税种增长20%以上。企业经济运行质量进一步提升，各类企业完成销售（经营）收入突破1000亿元，达到1060亿元，增长63.8%；实现利润总额67.7亿元，增长41.3%。

【投资环境】 全年完成固定资产投资62.1亿元，增长44.6%，创建区以来最高水平。其中，基础设施投资9.2亿元。到年底累计完成固定资产投资187.4亿元，竣工房屋面积245.1万平方米。基础设施日臻完善，海港保税区第二条燃气输送管道、调压站建成通气，大无缝工业园110千伏变电站实现供电，六号汪子逐步完善基础设施配套工程，京门大道拓宽改造如期完成，改善了区内和周边的交通环境。空港加工区铺设道路约80公里，完成道路绿化面积220万平方米，形成了8.5万千伏安的供电能力，完成了袁家河改造工程。

牢固树立“企业第一、服务第一、效率第一”的理念，强化政府的服务职能。进一步完善区域政策环境和法制环境，认真实施《天津港保税区条例》，提高依法行政水平。加快建设服务型政府，对新注册项目，实行全程义务代理服务和全程跟踪服务。项目引进“首站受理，全程代办”，项目建设“一家牵头，协同推进”，项目运营“专人负责，全方位服务”。服务企业工作进一步制度化、规范化，建立完善的企业走访、主任接待日、建立企业联系点、区情通报、问题投诉制度和企业后期服务快速反应机制，审批环节精简，办事程序公开、责任和时限明确。进一步发挥行政许可服务中心的作用，提供“一条龙”、“一站式”服务，使保税区成为法制环境最优、工作效率最高、经营成本最低、服务水平最好，与国际惯例接轨的一流开放区域。充分发挥驻区单位的作用，海关、检验检疫、外汇、国地税、公检法、消防、交管等部门协同配合，创新服务手段，提高办事效率和服务水平，加强综合治理，完善社会保障，营造了大通关的运营环境和安全、稳定、和谐的社会环境。

【招商引资】 2005年，天津港保税区完成合同外资额20.7亿美元，外资到位7.7亿美元，同比分别增长35.8%和36%。合同外资占全市总量的28.3%。全年新批外商投资项目338个，增长31.5%，项目质量和水平明显提高。新增外资项目投资总额38亿美元，增长59.8%，项目平均投资规模首次突破1000万美元，达到1125万美元，2000万美元以上项目49个。世界500强企业3家，吸引了美国联合科技、加拿大麦格纳、瑞士名门、日本川崎、香港东方海外和中集集团等一批跨国企业和上市公司。外资企业增资踊跃，科灵思再生铜材、太平洋汽车配件等30个外商及港澳台项目实现增资，增资总额2.9亿美元，其中合同外资额2.6亿美元，增长87.6%，单位项目平均增资规模871万美元。截至2005年底，保税区累计实现协议利用外资额107.6亿美元，外资实际到位48.5亿美元，有中外企业6500多家，世界500强在保税区投资了57家企业。

【对外贸易】 2005年，天津港保税区企业充分利用区域政策优势，积极开展进出口业务，促进了进出口总额的快速增长。实现进出口总额81.5亿美元，同比增长50%。其中，进口70.3亿美元，增长48.5%；出口11.2亿美元，增长58.5%。开展进出口业务的企业由上年的601家增至910家，增长51.4%。其中，开展出口业务企业623家，增长71.1%；开展进口业务企业596家，增长36.4%。企业出口多元化发展。2005年，保税区对152个国家与地区实现了贸易出口，比上年增加19个。出口贸易方式由原来的以保税仓储出口为主，发展为一般贸易与仓储贸易齐头并进。出口产品结构进一步优化，高附加值产品比重显著提高。企业出口商品共涉及1660个品种，主要出口商品包括电子产品、精密仪器、食品及服装等。高技术含量、高附加值商品出口额保持较高增长。电子产品、精密仪器出口额首次超过1亿美元，达到1.4亿美元，增长64.6%。

2005年，保税区从95个国家和地区实现进口，较上年增加13个。保税仓储进口继续推动全区进口额强劲增长。全年保税仓储进口额65.8亿美元，增长45.6%，对进口增长的贡献率为90.4%。一般贸易进口呈现较快增长态势。全年一般贸易进口额4.1亿美元，增长1.2倍，对进口增长的贡献率为9.5%。高新技术产品进口额快速增长。全年电信产品及电子配件产品进口额23.3亿美元，增长1.4倍，占全区进口额的33.2%。居进口额第二、三位的商品是汽车与食用油，进口额分别为8.6亿美元和2亿美元。

【物流建设】 2005年，天津港保税区加快推进服务中国北方国际物流中心的建设，通过吸引跨国物流公司和知名物流品牌入区经营，不断提升物流运作层次与集约化水平。全年完成进出区货物总值187.6亿美元，同比增长42.9%。物流企业完成营业收入286.1亿元，增长49.8%。海港保税区充分利用区位优势，突出保税特色，大力发展现代物流。销售分拨进口汽车5.1万辆，占全国总量的60%，继续保持领先地位。一批知名物流企业在仓储、采购、配送、分拨等功能拓展上取得新进展，经营规模有效扩大，并带动了电子产品及配件、电机、电器等主要货类进出区货物的显著增长。保税物流中心（B型）加紧筹建，为实现航空口岸功能优势与保税政策优势叠加，服务、辐射环渤海和“三北”地区奠定了基础。

天津保税物流园区于2004年8月16日经国务院批准成立，2005年3月31日通过国家验收，物流园区位于天津港保税区东部，紧邻集装箱码头，批准面积1.5平方公里，首期开发0.6平方公里，是国家“区港联动”、发展国际物流的试点区域。自2005年5月正式运营以来，一批知名企业将物流园区作为重要物流基地，开展深加工结转、来料加工、一般贸易征税进口、进口转关等业务。截至2005年底，在园区注册进出口企业82家，包括瑞士名门、新加坡锦佳、日本川崎等知名物流公司，辐射北京、江苏和“三北”地区等20多个省区市。累计办理进出区货物4933票，货值10.6亿美元，名列全国保税物流园区之首。其中，入区出口2543票，货值5.5亿美元；转关出区和进口国内2390票，货值5.1亿美元。涉及电子元器件、电机元器件、手机配件、电脑监视器等130余种货品。

【天津国际汽车贸易展览会】 2005年9月29日至10月5日，天津滨海新区管委会、天津港保税区管委会、中国进口汽车贸易中心主办的“第四届天津国际汽车贸易展览会”，在天津滨海国际会展中心和天津港保税区国际汽车城同时举行。此次展览会汇集了129家来自美、日、德、法、韩以及国产汽车企业的近百余种品牌的新款展车，展车总数600余台。展会期间，接待中外观众突破25万人次，现场售车2216部，交易额3.2亿元，合同交易额12亿元。国产车销售量占总销量的65%，其中，天津一汽售车500部，荣登本届展会现场售车量之首。本次展会在规模、内容、功能定位、宣传力度等方面均超过了历届展会，进一步拓展了中国进出口汽车绿色通道的功能，对国产汽车融入世界汽车发展潮流产生了积极推动作用，获得经济和社会效益双丰收。

（天津港保税区　张志强、迟建东）

张家港保税区

ZHANGJIAGANG FREE TRADE ZONE

【经济发展】　2005年，张家港保税区综合经济运行状况继续保持健康、快速、持续的增长势头，主要经济指标增长明显，在经济发展、功能开发、产业升级、服务优化等方面取得了显著的成绩。全年实现业务总收入1027.48亿元，同比增长28%，其中工业产品销售收入221.29亿元，增长39%；实现GDP 61.23亿元，增长25%；进出口贸易额31.65亿美元，与上年持平，其中进口贸易额27.21亿美元，出口贸易额4.44亿美元，增长59%；财政收入13亿元，增长15%。

【投资环境】　2005年，张家港保税区坚持高标准、大投入构建基础设施，努力营造一流投资环境。全年累计新开工项目68个，竣工项目69个；累计新增项目总投资18.33亿元，其中工业11.72亿元；完成固定资产投资26.83亿元，其中基础设施项目8.51亿元，工业建设项目18.09亿元。主要建设工程包括：共完成道路面积8.2万平方米，新增道路绿化面积49万平方米，拆迁农户300余户、拆迁面积6.5万平方米，实施的专项工程有道康宁、孚宝江堤加固、东物流区商务办公楼内外装修、苏润5万吨级集装箱码头、5千吨级件杂货码头等。在企业服务上，各职能部门以服务客商为己任，始终坚持“首问负责制”、“工作日办结制度”，开通24小时服务热线，对外商提出的问题、碰到的困难，急事急办，特事特办，寓招商于服务之中。

【招商引资与利用外资】　2005年，张家港保税区继续大力实施“走出去、请进来”战略，在招商引资上坚持以特色增强引力，以特色集聚优势，以特色放大效应。全年共引进外资项目50个，注册外资4.3亿美元，到账外资1.3亿美元。引进的50个外资项目中，总投资超500万美元以上的有25个，超1000万美元以上的项目21个，超2000万美元以上的项目16个。2005年主要有10个国家和地区在保税区注册投资。同时，全年开工项目不断，形成了洽谈一批、签约一批、开工一批的开发氛围。全年共开工项目42个，开工项目数为历史之最。

截至2005年底，保税区累计批准投资企业项目3153个，吸引投资总额47.5亿美元。其中，外商投资项目累计达到339个，吸引投资额38.5亿美元。累计合同外资达到25.6亿美元，注册外资18.4亿美元，到账外资16.3亿美元。

【物流建设】　2005年，张家港保税区现代物流业提速发展。全年实现进出区货物总量411万吨，进出区货物总值37亿美元，实现海关关税及代征税22亿元。物流企业营业收入取得新突破，82家从事物流业务企业，全年共实现营业收入33亿元，实现工商税收5959万元。化工物流特色优势进一步显现，保税区化工品交易市场2005年新增入驻企业60家，新增注册资本1.23亿元，化工品市场全年完成成交额200.2亿元，同比增长58%，被中国石油和化学工业协会、中国化工报评为“2005年度中国最具竞争力的化工品交易市场第一名”。特别是区港联动战略取得历史性突破。张家港保税物流园区作为继上海外高桥保税物流园区之后的第二批区港联动试点单位之一，批准规划面积1.53平方公里，在全国现有8个试点单位中面积最大。2005年1月28日，张家港保税物流园区顺利通过国务院联合验收组的验收，成为全国第3家正式封关运作的保税物流园区。保税物流园区具有国际中转、国际配送、国际采购、国际转口贸易四大功能，享有进区退税、区内货物自由流通、分批出区集中报关等优惠政策。全年保税物流园区注册物流企业36家，注册资金3889万美元，其中包括荷兰孚宝、博斯勒，日本日通，美国优尼科、顺兴，澳大利亚米歇尔，中国中外运等一批国际国内一流的第三方物流企业。另外，保税物流园区积极加强与国外物流企业的沟通，与日本住友、伊滕忠、三井、荷兰世天威等20多家投资商建立了有效的沟通渠道。全年保税物流园区完成进出区货物总量225万吨、货物总值15.5亿美元，实现关税及代征税11.2亿元，在全国已封关运作的保税物流园区中，货运总量、关税及代征税居首位。

【循环经济】 2005年，张家港保税区绿色生态、精细化工产业蓬勃发展。大力倡导“绿色招商”理念，带来了产业布局的新变化，保税区的工业配套区——江苏扬子江国际化学工业园引进了一批工艺先进、环保可靠、国际化工旗舰项目和“龙头”企业入驻，带动了一大批“下游”企业纷纷抢滩化工园，一个个“唇齿相依”的产业链逐步形成，促进了产业集聚，拉长了产业链条。目前，在园区已形成棕榈油、硬脂酸、氯气、氨气等4条物质循环链。如棕榈油产业链，意大利发基化学品（张家港）有限公司的生产原料硬脂酸由落户园区的马来西亚泰柯棕化公司和东马油脂公司提供，成品硬脂酸盐提供给陶氏、雪佛龙等公司作为生产聚苯乙烯的添加剂。通过循环，有效减少了“三废”排放，降低了生产成本。目前，江苏扬子江化学工业园正在积极申报国家循环经济示范园。

【机构设置与管委会领导】 张家港保税区管委会是江苏省人民政府的派出机构。保税区党工委、管委会下设党工委办公室、管委会办公室、经济发展局、招商局、物流贸易局、土地规划局、财政局、工商行政管理局、国家税务局、外商投资服务中心等部门。

张家港市市委书记、张家港保税区党工委书记黄钦，张家港市市长、保税区党工委副书记、管委会主任王翔，张家港市副市长、保税区党工委副书记、管委会副主任徐仲高，保税区党工委副书记叶炳苍，保税区党工委副书记、管委会副主任汤建中，保税区党工委副书记、纪工委书记、外商投资服务中心主任季国贤，保税区党工委委员、管委会副主任黄光炯、梁一波、赵建明，保税区党工委委员、外事办主任钱炳华，保税区管委会主任助理陈鹤平。

（张家港保税区管委会）

上海外高桥保税区

SHANGHAI WAIGAOQIAO FREE TRADE ZONE

【经济发展】 2005年，外高桥保税区紧紧抓住“区港联动”先行先试的契机，加大功能开拓力度，在巩固国际贸易、现代物流、先进制造业三大产业的基础上，积极引导产业结构进一步向现代服务业转移，积极引进营运中心、研发中心、国际展示、动漫制作等类型的企业，促使保税区综合经济发展和经济效益取得了双丰收。全年保税区共实现增加值570.19亿元，同比增长24.6%，增幅分别比上海市和浦东新区高出13.5和12.5个百分点，占上海市和浦东新区的比重进一步上升，达到6.24%和27.04%，比上年提高0.10和1.46个百分点。其中第三产业保持强劲增长势头，比重进一步增加，共实现436.99亿元，比上年增长29.6%，占保税区的比重从上年的73.7%提高到76.6%；第二产业稳步增加，实现增加值133.20亿元，比上年增长10.4%。

一年来保税区投资企业依托自身优势，加快生产建设步伐，扩大经营规模，经济总量不断提升。全年完成销售（经营）收入突破4000亿元大关，达到4070.72亿元，同比增长27.6%，实现利税总额494.24亿元，增长15%。区内企业资产结构进一步合理，总资产达到2412.42亿元，增长19%，其中流动资产1937.52亿元，增长15.5%，占总资产80.3%，资产负债率为67%，降低2.6个百分点。投资企业共吸纳从业人员15.85万人，增长16.9%，全员劳动生产率达到36万元/人，增长6.6%。

2005年，保税区实现的商品销售总额达到3356.27亿元，同比增长36.3%。众多的外商投资贸易企业特别是外商独资企业，在进一步增加投资额的基础上，持续扩大商品销售规模，全年完成商品销售额3101.62亿元，增长38.6%，增长速度高出平均水平2.3个百分点，占保税区商品销售总额的比重从上年的90.9%上升到92.4%。重点企业中，商品销售额超亿元的企业已达到534家，比上年增加115家。由于这些贸易企业的集聚效应，营销方式和先进的经营理念，增强了这些企业开拓市场的能量，促进了商品销售额的不断增长。2005年这些企业共完成商品销售额2901.79亿元，比上年增长39.3%，占保税区商品销售总额的86.5%。

2005年，保税区加快“区港联动”步伐，将物流功能与港口运作、保税仓储、国际贸易、出口加工等功能有机结合，发展出具有现代物流功能的分拨、配送型企业和第三方物流企业，大大拓展了物流产业的发展空间，使得保税区物流功能的服务范围迅速扩展到“长三角”周边城市，为区域经济的发展起到了重要的推动作用。据统计，2005年保税区从事物流业务活动的1000余家企业共拥有仓储面积191.35万平方米，比上年增长40%，期末实际存放货物面积达到110.49万平方米，仓库利用率为57.7%。全年保税区物流企业共完成营业（销售）收入1426.43亿元，同比增长36.8%，物流业完成增加值172.59亿元，增长30%，占保税区增加值30.3%。其中物流分拨企业在相应政策的支持下，功能得到不断深化，成为保税区物流产业发展的主体，全年完成营业（销售）收入1279.41亿元，增长

27.9%，占保税区物流企业经营收入的89.7%。保税区货物周转速度在不断加快，货物流量进一步上升，全年完成货物流量3230.7万吨，比上年增长10%，而期末货物存放量为52.33万吨，比上年下降10.1%。外高桥港区已成为连接国际、国内各条货运干线、支线的交汇点和上海市乃至长三角地区的国际物流转口基地。全年外高桥港区实现国内外航班5500余个，货运航班已经通达120多个国家和地区，完成集装箱吞吐量1272.5万标箱，比上年增长34.9%，占上海港集装箱吞吐量的70.3%，实现港口货物吞吐量1.06亿吨，比上年增长33.2%，占上海港货物吞吐量的24.0%，再创历史新高，成为推动上海港成为世界第一大港的中坚力量。

在经济全球化、市场一体化的进程中，保税区的出口加工企业不断调整产品生产结构，提高技术含量，加快向先进制造业过渡的进程，保持了工业经济的平稳增长，经济效益进一步提高。2005年保税区正式投入生产的236家出口加工企业共完成工业产值532.37亿元，同比增长5.6%；实现工业增加值133.2亿元，增长10.4%。亿元型工业企业的支撑和拉动作用进一步凸现，66家产值超亿元的工业企业共完成486.62亿元，比上年增长7.8%，对保税区工业经济贡献率达到91.4%。制造技术和工艺国际领先，产品科技含量高、附加值高的微电子产业在保税区形成集聚，发展迅速，全年完成工业产值27.74亿元，同比增长20.5%。工业经济运行质量保持良好状态，工业产销率为99.6%，万元产值综合能耗为0.064吨标准煤/万元，是全市工业企业平均综合能耗的五分之一。

在保税区经济规模持续扩大以及投资企业不断增加的基础上，特别是随着投资企业经营业绩的提升和对区域经济辐射能力的增强，为保税区劳动就业创造了更多的就业岗位和就业机会，从而也吸引更多的技术工人和专业人才向保税区聚集。据统计，2005年保税区投资企业平均从业人员已达到15.85万人，比上年增长16.9%，净增就业人员2.3万人。从业人员中中方人员为14.98万人，比上年增长16.6%；外籍人员继续增加，达到0.87万人，比上年增长24.3%。外资企业的从业人员增长较快，达到14.04万人，比上年增长17.9%，占保税区从业人员的88.6%。保税区从业人员具有大学专科以上学历的人员达到8.01万人，比上年增长27.9%，占保税区从业人员50.5%，比上年提高4.3个百分点，其中硕士以上学历的从业人员达到0.57万人，比上年增长46.2%。从业人员的年龄结构也出现了向低龄化方向发展的趋势，35岁以下的从业人员达到10.47万人，比上年增长22.5%，占保税区从业人员66.1%，比上年提高3.0个百分点。

在经济持续增长的带动下，特别是在三大产业（国际贸易、现代物流、先进制造业）的经济规模不断扩大的基础上，投资企业的盈利水平进一步攀升，企业经济效益持续提高，为国家的贡献度也越来越大，同时也加快了保税区税收收入的进一步增长。据统计，2005年保税区共实现各种税收收入达到333.06亿元，同比增长16.8%。其中，税务部门税收收入在增值税、个人所得税等主要税种大幅度增长的推动下，实现快速增长，全年完成125.29亿元，增长21.4%，占税收总额37.6%。外资企业纳税额占主要比重，全年完成114.74亿元，增长22.6%，占税务部门税收收入的91.6%。海关部门税收收入虽然受到海关关税平均税率继续下调和汽车类商品进口量下降的不利影响，但在进口货物总额保持较快增长的支撑下，仍然实现两位数增长，共完成207.77亿元，增长14.2%。

【投资环境】 2005年保税区继续加大开发建设力度，物流一期、物流二期、微电子园区开发同步实施，区内市政道路设施建设继续完善，英伦路大修、海关围网改造、航津路卡口建设接近尾声，园区面貌为之一新，吴家祠堂修葺、洲际大厦办公楼续建工程陆续完成，区域投资环境进一步改善。全年共完成固定资产投资额36.58亿元，同比增长62.4%，其中区内市政基础设施投资额完成16.21亿元，增长1.09倍，在保税区固定资产投资额中的比重从上年的34.4%上升到44.3%。全年房屋施工面积达到147.22万平方米，比上年增长44.8%，完成竣工房屋建筑面积35.14万平方米，房屋竣工率为23.9%。截至2005年底累计完成固定资产投资额已达到306.04亿元，其中累计市政基础设施投资额完成74.16亿元，累计竣工房屋面积669.35万平方米。

2005年，上海外高桥保税物流园区功能拓展进入实质性操作。作为我国首个实施"区港联动"试点的区域，在经过2004年下半年的探索性试运行后，在多方的共同努力下，保税物流园区的运作模式进一步明确，各种操作方式进入实质性运作，出口复进口业务顺利开展，国际采购和国际配送业务所占比重逐步上升，国际中转及拼拆箱业务进入试点，园区经营规模稳步扩大。截至2005年底，保税物流园区共引进包括荷兰世天威、商船三井、东方海外等国际著名物流公司在内的企业单位41家。全年保税物流园区完成进出区货物8.74万票，货值72.6亿美元。园区企业全年实现营业收入5.64亿元，比上年增长13倍，完成进出口贸易额3.34亿美元。

2005年，外高桥物流园区二期和保税区微电子园区这两大产业分园区建设进入全面启动，将成为保税区可持续发展的重要支撑点。外高桥物流园区二期功能定位与运作模式方案初具雏形，将重点突出在多式联运、保税与非保税联动、以及对"长三角"区域与长江流域和辐射上具有的独特优势和亮点。该项目占地面积252公顷，计划总投资额42.2亿元，2005年封关核心区0.7平方公里内企业动迁完成91.3%，居民动迁完成94.9%，工程项目全面开工，已完成投资额3.6亿元，地块开发规划和招商引资工作正在同步展开。微电子园区的产业功能定位主要是发展以芯片封装测试项目为主体的微电子制造业，同时注重引进技术尖端的移动通讯、互联网项目，以及配套功能和持续发展能力强的信息产业项目和研发中心项目。该项目占地面积为1.67平方公里，计划总投资额14亿元。2005年首期1.67平方公里已完成投资额7.9亿元，前期动拆迁已完成，基础设施建设已全面启动。

【招商引资与利用外资】 2005年，保税区坚持以"区港联动、区镇联动"为抓手，围绕产业升级和功能突破，拓展招商激励机制，解决企业实际问题，推动了招商引资继续保持一定的规模，实现平稳发展，新批准投资项目942个，吸引投资总额达到14.12亿美元，成为继上年第二个超过14亿美元的招商引资高峰年。批准项目中外商投资项目达到820个，占项目数87%，吸引外商投资总额9.98亿美元，占投资额70.7%，其中外商独资项目787个，吸引投资额9.54亿美元。实现合同外资6.16亿美元，占外商投资额61.7%；实际利用外资为3.52亿美元，占合同外资57.1%。

2005年投资企业追加投资"梅开二度、梅开三度"现象不断涌现，成为招商引资的新亮点，共有487个项目进行了追加投资，比上年增长32.7%，实现增资额达到7.85亿美元，占吸引投资总额的55.6%。其中合同外资增资额达到4.19亿美元，占合同外资额68.0%。增资额超过1000万美元的大项目达到16个，比上年净增加7个，合计增资额3.31亿美元，占保税区增资额42.2%。贸易类项目的增资现象已成为保税区投资额增加的重要来源，共有308个项目增资3.89亿美元，分别比上年增长26.7%和82.6%，占保税区增资项目和增资额的63.2%和49.6%。

2005年共有59个国家和地区在保税区投资注册，比上年增加6个国家和地区。按新批准外资项目数排名：前三位分别是日本181个，中国香港125个，韩国55个，合计占保税区投资项目44.0%；按投资额排名：中国香港、日本、荷兰位居三甲，分别为2.34亿美元（合同外资1.21亿美元）、1.99亿美元（合同外资1.20亿美元）、0.86亿美元（合同外资0.51亿美元）。埃及、利比里亚、格鲁吉亚、伯利兹、蒙古、孟加拉国、多米尼加等8个国家和地区首次在保税区进行投资注册。

截至2005年底，保税区已批准投资企业项目9006个，吸引投资总额达到115.67亿美元。其中：外商投资项目和投资额分别达到7052个和95.73亿美元，占投资项目和投资总额的78.3%和82.8%，合同外资达到52.7亿美元，占外商投资额的55.1%，资金实际到位率达到83.3%。已有来自90个国家和地区的外商企业前来投资注册，投资项目数居前六位的分别是中国香港1751个、日本1417个、美国791个、中国台湾423个、新加坡411个、维尔京群岛311个；投资额居前六位的是中国香港25.61亿美元、美国17.58亿美元、日本12.15亿美元、荷兰9.04亿美元、新加坡6.79亿美元以及维尔京群岛3.49亿美元。排名2005年度《财富》杂志世界500强的跨国公司已有104家进驻保税区，共投资了233个项目，其中前五位的沃尔玛、英国石油、埃克森美孚、壳牌石油、通用汽车均在保税区投资注册企业。

【对外贸易】 随着保税区三大产业功能的不断延伸拓展，贸易、物流分拨企业营销规模的扩大，对周边地区辐射作用的进一步增强，港口经济的快速发展，对外依存度持续上升以及货物通关效率的有效提高，保税区进出口额在连续几年高速增长的基础上，继续保持两位数的增幅。据上海海关统计，2005年保税区共完成进出口贸易额已突破350亿美元大关，达到352.65亿美元，同比增长14.4%，净增金额44.52亿美元。

随着保税区投资环境不断完善和现代服务功能的进一步拓展，特别是在中国加入WTO，贸易领域开放承诺全面兑现的情况下，越来越多的进区企业尤其是外资贸易企业利用保税区的政策优势开展进出口贸易活动。2005年保税区内开展进出口业务的企业已达到2657家，比上年增长7.2%，净增179家。在企业享有进出口贸易经营权的情况下，区内开展出口业务企业增加较快，达到1565家，比上年增长17.2%，净增230家，开展进口业务企业2493家，比上年增长4.9%。保税区加速融入世界经济一体化发展。2005年保税区与163个国家和地区发生了进出口贸易业务往来，与上年相比又增加20个国家和地区。进出口贸易额超过10亿美元的已增加到10个国家和地区，列前五位的国家和地区分别是美国58.49亿美元、日本53.86亿美元、韩国30.63亿美元、中国香港29.67亿美元、中国台湾26.54亿美元，这五个国家和地区进出口贸易额合计达到199.19亿美元，比上年增长9.2%，占保税区进出口贸易总额56.5%。此外，与新加坡、泰国发生的进出口额出现大幅增长的现象，全年分别完成16.48亿美元和11.73亿美元，比上年增长41.9%和71.9%。

出口额稳步增长。随着国际市场产品需求变化的加快，使得以外向型经济为主体的保税区一度在出口形势方面面临较大的压力，但保税区各政府职能部门采取了一系列措施提高通关速度，尤其是广大企业在扩大生产经营规模过程中积极优化出口商品结构，在出口额开局不利的局面下努力消除人民币升值带来的影响，实现了稳步增长。2005年保税区共完成出口额96.66亿美元，同比增长10%，占保税区进出口额27.4%。从出口贸易方式来看：随着保税区贸易与物流企业经营收入的较快增长，特别是保税区对外辐射功能的进一步提升，现代服务功能的逐步增强，有效地促进了保税仓储转口货物出口额的快速增长，全年完成35.91亿美元；一般贸易出口额取得了突破性的进展，尽管绝对量不大，但呈现出迅猛发展的态势。全年完成出口额1.69亿美元，比上年增长5.41倍；出口加工企业一直是保税区出口额完成的主体，但受到重点企业产值权重结构调整的影响，产能下降进而影响到加工贸易出口额的上升。全年来料加工贸易和进料加工贸易出口额分别完成34.29亿美元和24.77亿美元，比上年减少1.8%和8.5%，两者合计仍占保税区出口额61.1%。

进口额持续较快增长。对外辐射作用进一

步增强，区位、政策优势以及现代服务功能的进一步体现，保税区作为跨国公司分销基地、中转基地、营销中心的地位更加明显，保税区对内对外影响力进一步增强，进而使得保税区进口额呈现持续较快增长态势。2005年保税区共完成进口额突破250亿美元大关，达到255.99亿美元，同比增长16.2%，占保税区进出口总额72.6%，比重比上年又提高1.1个百分点。从进口贸易方式来看：①在保税区从事一般贸易进口业务企业逐年增加的前提下，其进口额也呈现快速增长的态势。全年保税区一般贸易进口额共完成2.03亿美元，同比增长2.6倍。②随着贸易、物流企业经营规模不断扩大，尤其是利用保税区在货物中转、分销、配送、分拨等仓储转口功能上的优势，拓展进口规模。全年保税仓储转口货物进口额突破200亿美元，达到204.51亿美元，增长17.8%，增幅超过进口额平均增幅1.6个百分点，占保税区进口额79.9%，比重比上年增加1.1个百分点。③加工贸易进口额进一步增长，来料加工和进料加工贸易共完成进口额46.71亿美元，增长9.6%，占保税区进口额18.2%。

（上海外高桥保税区统计所）

宁波保税区

NINGBO FREE TRADE ZONE

【经济发展】 2005年，宁波保税区区域经济社会继续保持了良好发展态势，全年（含宁波出口加工区，下同）实现GDP 60.43亿元，同比增长23.8%；实现工业总产值100.36亿元，增长79%，共有18家企业产值超亿元，其中超20亿元企业1家，超10亿元1家，超5亿元2家；完成财政收入11.78亿元，增长2.4%；合同利用外资3.93亿美元，下降29.5%；实际利用外资1.8亿美元，同比下降0.3%。

2005年，宁波保税区完成固定资产投资14.73亿元，同比增长30.6%。其中：基础设施5.15亿元，厂房仓储5.68亿元，设备购置3.89亿元。全区施工面积38.2万平方米，竣工面积16.9万平方米。共计完成道路工程1.8公里（约2.2万平方米），给水管线2.3公里，电力通讯管道4公里，完成绿化20万平方米。

【投资环境】 围绕企业服务，实施了20项企业服务实事工程，设立了出口加工区行政服务中心，切实解决企业通关、购付汇、融资、人才招聘、水电供应、生活配套等问题。建立了安全生产三级责任网络，在全市率先建立群众监督安全生产机制，社会治安综合治理工作得到加强；深入开展文明机关创建活动和争创全国文明城市活动，积极探索区域文化建设，通过建立文化社团、开展技术创新、技术比武，推进创业文化建设；加快推进生态园区建设，在全国保税区中成为首家ISO14000国家示范园区，区域投资环境不断得到优化。

【招商引资与利用外资】 2005年，宁波保税区克服生产要素制约日趋加剧的不利影响，大力推进产业链招商，主攻重点区域和重点行业，实现产业链招商新突破。2005年全区共新批外资企业59家，投资总额8.30亿美元，注册资本3.97亿美元，合同外资3.93亿美元，实际外资1.80亿美元。其中：生产型企业26家，投资总额5.35亿美元，注册资本2.48亿美元，生产型项目中，千万美元以上外资项目15个，同比增加25%，投资总额5.50亿美元，项目平均规模达3666万美元。

【高新技术产业】 2005年，宁波保税区被国家批准为全国首批5个国家级集成电路产业园区之一。目前，全区已基本形成计算机、集成电路、信息家电三大高科技产业群，据统计，全年共实现高新技术产值61.5亿元，同比增长67.4%，占全区工业总产值的61%。信息家电产业取得突破性发展，2005年，与奇美电子配套的12个项目先后落户，投资规模都在千万美元以上，到年底全区液晶产业项目及其配套项目已达16个，投资总额超过6亿美元，液晶光显产品中下游产业链基本成型，全区已经形成了一个年产值超十亿美元的液晶产业群体。同时，中纬、技嘉、佳兴、精胜等集成电路及计算机制造企业纷纷增资扩股，调整产品结构，表现出强劲的增长势头。预计未来2年内，可建成国内重要的液晶显示器、液晶电视生产基地。

2005年，宁波保税区管委会积极引导企业加大科技研发投入，为各类企业落实研发补助、高科技项目补助、技改贴息等配套资金3000多万元，以企业为主导的技改投入达4.2亿元。2005年全区有2个项目列入国家级科技计划项目，12个项目列入宁波市科技计划项目，共获得资助经费517万元；另有9个项目获得国家资助和市配套资金228万元；3家企业被评为省级高新技术企业，2家企业被评为市级高新技术企业；1个产品被评为国家重点新产品，2个产品获省市知名品牌，17个项目被国家知识产权局授权专利。

【对外贸易】 2005年，全区完成进出口贸易额30.84亿美元，同比增长46%，其中出口15.56亿美元，增长40.6%；共计实现加工贸易出口7.48亿美元，增长1.18倍，占出口总额的48.8%，首次超过一般贸易。工业企业出口超千万美元企业达13家，成为全区外贸发展的主力军，有2家企业进入全市加工贸易出口前10名，其中中集物流列第4位，技嘉科技列第6位。在出口产品结构上，液晶显示器、集成电路等高新技术产品出口大幅增长，全年完成高新技术产品出口4亿美元，同比增长80.6%，占同期出口总值的26%，比上年提高6.25个百分点。全年共计完成转口贸易总值8867万美元，转口贸易总量12.3万吨。同时积极推进品牌外贸战略，引导企业积极拓展国外市场，设立了5家境外机构，对外劳务承包达900多万美元，实现了外经工作的新突破。

【物流建设】 2005年8月30日，宁波保税物流园区顺利通过国家验收，并正式启动运作，宁波保税港区申报工作正在积极推进，出口加工区拓展物流功能文件已上报海关总署，区域物流产业发展环境将不断优化。目前，以固体化工为主的进口分拨市场已经建立，进口分拨企业购汇问题基本解决，保证了进口分拨业务的发展。2005年全区共计引进化工品进口会员企业34家，注册资金2.2亿元，实现化工品交易总额43亿元，全年实现进出仓货物总值35.2亿美元，同比增长3.14倍。

【机构设置与管委会领导】 宁波保税区、宁波出口加工区、宁波保税物流园区实行合署办公、统一管理，是全国惟一实行三区合一运作模式的区域。现全区设管委会主任1名（兼党工委书记）、党工委副书记1名，管委会副主任4名。管委会下设13个机关事业单位。

（宁波保税区管委会）

厦门象屿保税区

XIAMEN FREE TRADE ZONE

【经济发展】 2005年，厦门象屿保税区按照市委“增创海峡西岸经济区建设领先优势，发挥经济特区中心城市龙头作用”的战略部署，以“争创全国一流、世界知名的自由港区”为目标，围绕加快区港联动试点工程和现代物流园区建设两项重点，措施到位，全力推进各项工作，取得比较明显的成效。

2005年，厦门象屿保税区经济继续保持平稳增长，全区GDP达12.8亿元，同比增长23.0%；规模以上工业产值达9.3亿元，同比增长14.8%；物流营运收入12.5亿元，同比增长35.0%；区内企业进出口总额23.7亿美元，同比增长17.1%；贸易业营业收入48亿元；象屿码头集装箱吞吐量69万标箱，同比增长9.7%；区财政收入1.57亿元，同比增长14.2%；合同利用外资1922万美元，实际引资1625万美元。保税区主要经济指标全部超过序时进度，区域性国际物流园区的作用得到进一步发挥。

【投资环境】 为配合区港联动试点工程，2005年厦门象屿保税区一期拆迁并新建了南大门；增开了北门出口，根据海关监管要求，目前北门临时性监管设备已到位，永久性设施2006年一季度建成并投入使用。管委会还拨出专款对园区物流监控系统进行更新、升级，以满足物流发展需求。

由于历史原因，保税区内尚存在相当数量为东渡港服务的非保税货物业务，鉴于企业要求入区开展保税业务的需求越来越大，保税区管委会从2005年下半年开始，着手对区内的非保税业务进行清理、调整，其中大部分将转移到保税区二期。据初步估算，非保税货物业务转移出去以后，一期可腾出2万平方米左右的仓库和10万—15万平方米堆场用于开展保税货物业务，可以更好地发挥保税区的政策功能优势和平台作用。

厦门象屿保税区积极协调海关、国检、外汇、外贸、外资、工商等部门，围绕园区货物通关、加工贸易电子账册管理、进出口经营权试点、进口拆箱业务、企业注册、生产经营许可等问题，及时召开协调会、联席会和政策宣讲会，营造良好的投资环境和经营环境。保税区管委会领导和相关业务处室定期深入企业走访、调研，帮助企业解决经营过程中遇到的困难和问题。2005年还推荐区内日通、太平、外运等企业参评市第二批重点物流项目和重点物流企业。组织企业参加“9.8”投洽会和“5.18”海交会，寻找更多商机。

按照市委、市政府的专题会议纪要，厦门象保税区管委会作为市政府的派出机构行使整个园区的行政管理职能，并配合和协调其他行政管理部门对该区域内的业务归口指导和管理。市里已成立了厦门象屿保税区地方税务局、火炬（象屿）国税分局、海空港保税联动区工商行政管理局，已基本完成对园区的企业注册情况和纳税情况的调查摸底工作，结合保税区目前的治安需要，市公安局还成立了保税区派出所。

园区比照目前各行政区和保税区、保税物流园区施行的一级财政、一级金库财政管理体制。除港务控股公司和航空港集团保留原有财税体制外，区内现有企业及新设立的企业（包括港务控股公司、航空港集团新设立的企业）一律在保税区工商局注册登记。现有企业在各相关行政区缴纳税收的，划入现代物流园区的，从2006年1月1日起全部纳入保税区财政，具体实施意见保税管委会正会同市财政局、湖里区政府协商。

按照市委、市政府要求，园区所有项目坚持先谋后动，精心谋划，认真测算，做好投入产出平衡。除区港联动和航空港物流园区项目外，区内“五通一平”投入的资金，全部摊入园区造地成本，在土地出让时一次性收回，就地平衡。

保税区管委会还将保税物流园区的物流信息系统委托给厦门电子商务中心经营管理，下一步将根据运作情况及园区发展情况，计划将保税区现有物流信息系统及今后二期及空港物流园区的信息系统统一纳入到电子商务中心经营管理，以提升服务水平，构筑高质量的服务平台，更好地发挥功能，增创新优势，为做强两港服务。

2005年，厦门象屿保税区管委会与市经济研究中心合作，就保税区向自由贸易港区发展进行专项课题研究，该课题深入分析了厦门自由贸易港区发展的基础、条件和环境，提出了未来发展定位、功能、模式和发展阶段，针对每个发展阶段，提出了管理体制与政策、重要基础设施和配套设施的建设、产业发展方向、重点和布局，腹地的开拓等方面的设计和规划。课题还提出了组织协调、规划引导、服务水平、招商引资、智力支持、区域合作等方面的具体对策措施。该课题的研究成果对厦门自由贸易港区未来的发展具有重要的指导作用。

【招商引资】 2005年厦门象屿保税区物流业稳步发展，全年物流营运收入12.5亿元，同比增长35.0%；象屿码头集装箱吞吐量62.7万标箱，同比增长8%。新增入区企业项目79个，其中新批外资项目26个，合同外资1922万美元，实际利用外资1625万美元；引进内资项目33个，新增注册资本2.82亿元；自区外迁入保税区的项目20个，超额完成市政府下达给保税区的招商引资任务。

【物流建设】 自2004年8月16日，国务院办公厅批准厦门象屿等7个保税区与其邻近港区开展联动试点以来，得到了省委、省政府和市委、市政府的高度重视和支持，试点工程分别被列入省、市2005年度重点工程项目。在市区港联动领导小组的直接领导下，在各方面关心和大力支持下，厦门象屿保税区管委会克服了重重困难，使工程于2005年7月得以开工建设。参建各方发扬“先行先试、更快更好”的保税区精神，连续奋战4个月，对厦门保税物流园区进行了全面建设。2005年10月10日、20日，厦门海关先后两次对区港联动试点一期工程（0.3平方公里）设施逐项进行预验收，2005年12月21日，园区顺利通过海关总署联合验收组的正式验收。

2005年11月，市委将“海空港保税联动区”正式改名为“厦门现代物流园区”，其中象屿—东渡片区6平方公里作为现代物流园区的一期将在2007年建成并投入使用，航空港和海沧物流园区作为现代物流园区的二期、三期也要加快建设步伐。现代物流园区通过“政策叠加、优势互补、资源整合、功能集成、联动运作”，实行保税区与海港、空港联动发展，实现保税物流和非保税物流的结合、国际物流和区域物流的结合，建成为物流采购中心和亚太国际货物集散地，并争取上报国家比照上海洋山港建成融入世界经济的、开放式的自由港区。园区分别设立了现代码头、市政建设、国贸码头、港务码头、中心渔港等五个分指挥部。

按照园区一期工程2007年底竣工投入使用的要求，2005年12月8日，市重大项目开发建设领导小组第四次会议原则同意了园区规划建设方案，其中岸线规划：从东渡21#泊位往北至高崎避风港北侧前沿，岸线长约2675米。除三航公司预制厂码头、鹭甬石化码头外，规划建设国贸21号泊位、现代码头、港务综合码头、避风港公务码头。保税区二期及周边的土地利用规划：保税区二期土地和原中心渔港项目用地首先根据前方码头作业需要，配套500—600米纵深的需求（大约以横二路和港中路为界），剩余的土地，作为仓库堆场用地，保税区管委会兑现补偿给保税区二期征地拆迁时承诺给高殿村及此次区港联动征地拆迁时承诺给香港新世界公司、速传物流公司约20万平方米用地。中心渔港项目用地（包括渔业码头、水产品交易市场）原则上调整到高崎小轮码头及周边。煤气厂用地（包括LNG项目）进行重新规划整合，提高土地利用率，并腾出一定面积作为物流用地。园区同时预留今后海关及口岸部门监管设施用地。

航空港物流园区由航空港集团公司负责开发建设，首期项目用地（面积58.77万平方米）已完成部分征地工作，2005年底之前可形成约30万平方米的临时物流用地和6万平方米永久性物流用地。未完成征地部分，2005年9月12日市重大项目开发建设工作领导小组第二次会议已明确土地征用标准按2005年8月1日出台的政策执行。物流园区二期填海造地面积约26万平方米，2005年6月经市计委批复，正办理海域使用证书。物流园区三期填海造地工程用海面积约98万平方米，已委托海洋三所抓紧编制海域使用论证报告和环评报告。

【党建工作】 2005年是厦门象屿保税区实施区港联动、建设现代物流园区、推进保税区二期建设的关键一年。保税区党委按照《市委关于开展保持共产党员先进性教育活动的实施意见》和《厦门市第二批先进性教育活动实施方案》的要求，结合保税区的实际情况，把开展好企业先进性教育活动作为首要政治任务抓紧抓好，制定实施方案，提出先进性教育必须做到“五个结合”，即把先进性教育与保税区工作相结合、把先进性教育与企业经济效益相结合、把先进性教育活动和争先创优工作相结合、把先进性教育活动和日常学习培训相结合、把先进性教育活动和帮困扶贫工作相结合，推动先进性教育活动在全区向纵深开展，充分调动党员干部的积极性、主动性和创造性，为保税区的发展作出积极的贡献。

进一步落实党建责任制、党风廉政建设责任制和勤政廉政监督员制度，促进廉政建设和反腐败各项制度的落实。深入开展创建文明单位、行风评议和机关效能建设等各项工作，认真做好机关工作人员绩效考评工作，增强机关工作人员的服务意识和效率意识。2005年保税区党委再次被市直机关党工委评为先进党组织和党建工作先进单位。在厦门市创建全国首批文明城市活动中，管委会积极参与创建活动，对保税区周边环境进行了彻底整治、绿化，为厦门获得首批全国文明城市殊荣做出了贡献，管委会佘铭锋同志还被评为全市创建工作先进个人。

（厦门象屿保税区管委会）

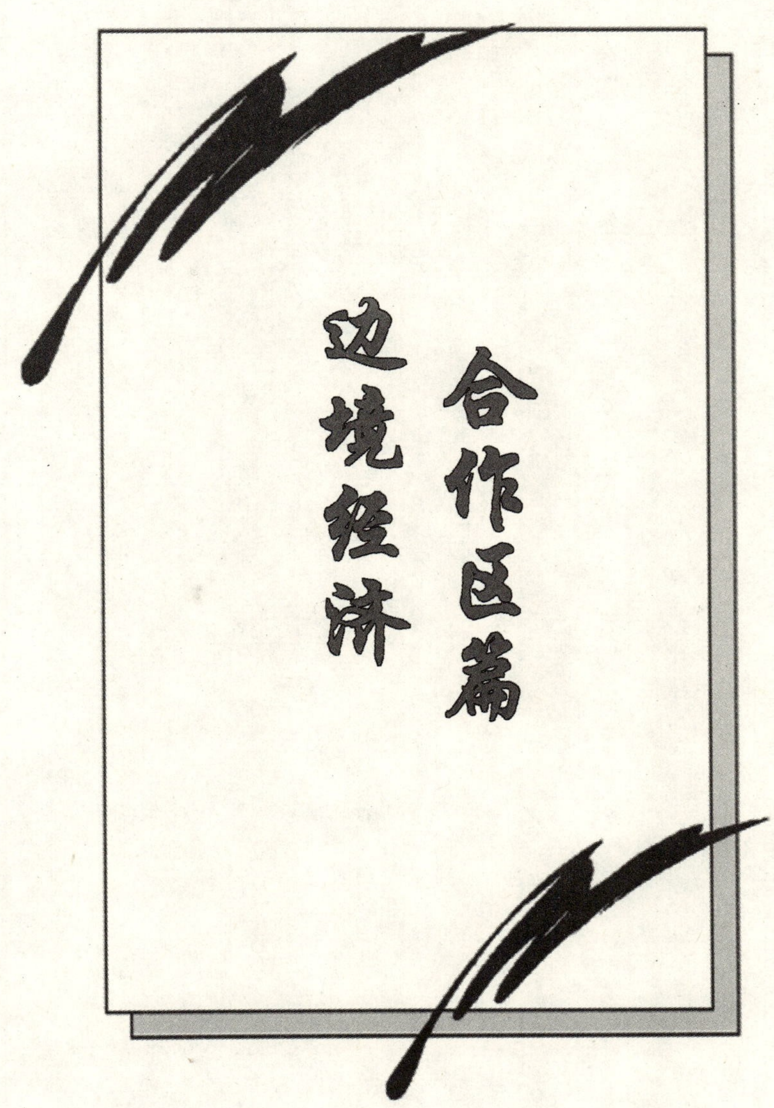

边境经济合作区篇

黑河边境经济合作区

【经济发展】 2005年，在工业园区建设的带动下，黑河边境经济合作区（以下简称黑河合作区）经济初步呈现出强劲发展态势，各项经济指标比上年均有大幅度提高。全年实现GDP 1.42亿元，同比增长15%。工业经济在连续三年高速增长的基础上，又取得突破性进展，实现工业增加值2886万元，增长60%。实现对外贸易进出口总额4067万美元，增长47.6%。完成固定资产投资25828万元，增长16%。财政一般预算收入完成1262万元，增长5.5%。

2005年，黑河合作区以新兴基础原材料加工区为重点，努力加快园区建设，取得了较大进展。新兴基础原材料加工区一期入区企业共生产工业硅20742吨，实现销售收入19276万元，实现税收1005万元。对俄购电完成4.5亿度，销售收入8839万元，实现税收425万元。新建220千伏输变电工程进展顺利。二期基础设施工程完工，新增基础设施配套面积45万平方米，可满足新上项目年耗电量11亿度的需要。对俄出口加工基地选址、规划、基础设施可行性研究报告编制等部分项目前期工作已完成。阿穆尔—黑河油气输运与炼化综合体项目完成输油末站铁路专用货运站建设用地的征地工作，并启动了“四通一平”建设。吉斯达（黑河）国际物流区完成了项目用地审批工作，一期启动区工程开工建设，开工面积68204平方米，A展馆的1#、2#楼已完成投资额2500万元。黑龙江大桥桥头区总体规划已经完成，可行性研究报告编制等前期工作正在进行中。

【投资环境】 2005年，黑河合作区对城区的通江路与中央街交叉口处环岛绿化，同时加强对办公区的绿化美化亮化。做好城区保洁，城区垃圾及时清运，城市卫生明显改观。对辖区内污水、粉尘及噪声污染进行了治理，处理信访案件41起，结案率达100%，对21个建筑工地实行施工噪声监测，区内的生活与工作环境进一步改善。

【对外贸易】 对俄经贸实现突破，在连续两年突破千万美元的基础上，一举实现4067万美元，创出了近几年对俄贸易新高。

【招商引资】 2005年，黑河合作区坚持走出去的方针，围绕新兴基础原材料加工区、对俄出口加工基地和黑龙江大桥桥头区建设先后到齐齐哈尔和山东、浙江、广东等地开展有针对性的招商活动，利用哈洽会、报纸和互联网宣传合作区的独特优势及投资环境。实现招商引资1.1亿元，同比增长37.5%，招商引资到位资金首次超过了亿元大关，其中利用外资800万美元，填补了近几年利用外资的空白。引进了以工业硅冶炼项目为主的生产型企业，建立了稳固的规模税源。

【劳动人事和安全生产】 完成132名职工的考核及19名职工的奖励工作。对分配到合作区的10名军转干部进行安置。充实人才数据库，认真研究人才培训、培养工作。加强劳动力市场建设，抓好就业培训，继续做好就业和再就业工作，为新兴基础原材料加工区招用工人230余名；全力维护劳动者合法权益，完成劳动保障年检和监察工作，受理举报案件七起，查处6起，结案率达85%，为21家建设单位办理农民工工资保障金交费手续，收取保证金141.34万元；妥善处理5起工伤、6起拖欠工资事件，结案率达90%；全面完成并轨工作，为112名失业人员发放经济补偿金；层层落实安全生产责任制，开展了道路交通安全、消防安全、危险化学品和烟花经销企业、建筑工地安全生产专项治理。

【党建和精神文明建设】 通过开展党员先进性教育活动，增强了基层党组织的凝聚力和战斗力，提高了党员干部队伍素质，促进了党员模范带头作用的发挥，涌现出一批先进典型和模范人物，推动了全区物质文明、精神文明、政治文明建设的协调发展。组织开展了“增强发展意识，树立良好精神状态”讨论活动，对促进全区干部职工解放思想、更新观念起到了积极的作用，通过组织培训班，集中学习等方式加强了干部队伍建设；宣传工作取得新进展，在坚持“上大报，上大台，上头条”的原则下，全年在重要报刊、电台专题发新闻稿40余篇，宣传了合作区的独特优势和重点项目。为争创2008年省级文明单位，按照《黑龙江省文明单位建设条例》和《文明单位建设管理办法》的要求，深入开展各项创建活动。完成文明单位创建的各种材料制发工作和资料归档工作；成立了篮球、乒乓球、书法、象棋、乐队等群众文体活动组织，丰富职工业余文化活动，成功举办2005年“农行杯”春季乒乓球赛，组织2005年春节联欢会和全区干部职工集体春游活动，营造团结、积极向上的文化氛围。

（黑河市经济合作区管理委员会
尹红梅）

满洲里边境经济合作区

【经济发展】 2005年，满洲里边境经济合作区（以下简称满洲里合作区）区域经济快速发展，保持并扩大了近两年形成的良好态势。全年完成总产值12.8亿元，同比增长1倍；其中工业总产值10.8亿元，增长1.99倍。完成固定资产投资8.2亿元，增长67.4%；实现对外贸易进出口总额1910万美元，增长2.47倍；财政收入1.2亿元，增长63.5%。工业经济继续成为拉动各项经济指标快速增长的主要因素，实现工业增加值4.3亿元，增长2.23倍。

【投资环境】 满洲里合作区新一届领导班子在2004年提出的“城区东扩战略”得到了满洲里市委、市政府的重视和支持，在土地、资金等方面给予政策倾斜，城区扩张迅速铺开，区域面积由38平方公里增加到70平方公里，相应的基础设施、城市功能和软环境建设不断上规模上水平，带动了经济社会的全面快速协调发展。

2005年，满洲里合作区城市基础设施建设大规模推进，大手笔运作，新建了总长度33公里的世纪大街、胪滨大街、沿河街等12条道路，超过建区以来的道路总长，新扩区的路网框架基本形成。供水、排水、供气、电力等基础配套能力得到增强，城市绿化和亮化程度大幅提升，仓储物流、学校、医院、休闲娱乐等配套服务项目迅速发展。同时，强化了“高效、廉洁、务实、亲商、亲民”的软环境建设，继续坚持“星级宾馆”服务理念和“一站式”办公、“贴身保姆式”服务模式，及时帮助企业解决了生产用电、货物通关、铁路专用线申请、通讯设施建设等困难和问题。开通了陆海联运集装箱班列，加快了企业产品外运的速度并降低了运输成本。及时开展劳动力和人才状况调查，为企业用工牵线搭桥，超前作好劳动力储备工作。支持木业行业协会的工作，规范企业转制工作，提高了行业组织的管理协调能力。

城区软硬环境的全面优化带动了工业和房地产业的提速发展，全年工业项目开工比上年增长63.6%，房地产项目开工35项，总建筑面积383488平方米，比上年增长58.7%。

【招商引资】 2005年，满洲里合作区把招商引资作为首要任务，着力在项目调研、项目包装、重点项目攻关、大项目引进、产业链招商、产业层次提升上下功夫；在服务亲商、政策促进、沟通协调、发挥行业协会的作用上下功夫；在“走出去”招商、拓展招商领域、推介对接项目上下功夫。在北京、上海、深圳、大连等地聘请了招商代表，对长三角、珠三角、环渤海地区的相关产业群落进行了定人定点招商，招商引资实现重大突破。进区各类项目80项，增长33.3%；计划总投资12.1亿元，增长1.78倍，其中投资1000万元以上的项目20个，平均投资规模达3443万元。木材精细加工和废料加工等产业链延伸项目及配套项目有了实质性进展，增强了进口木材加工、建材、食品、仓储物流和出口加工业五大产业的聚集效应，使产业集群对经济发展的支撑作用进一步显现。

【管理与服务】 2005年，满洲里合作区委托黑龙江社科院等专业机构编制了《合作区经济社会发展十一五规划》、《城市总体规划》、《木业产业发展中长期规划》和《合作区形象规划》，这些规划相互衔接，相互补充，构成了合作区经济、社会、城市、文化发展的完整体系。在规划编制的过程中，重点围绕经济发展、园区建设、主导产业、城市建设、文化建设、人力资源、管理体制及社区建设、环境治理等课题广泛深入调研，并将成果应用到规划和区域建设的实践中，对经济发展和社会进步产生了明显的带动作用。

在新的发展理念的带动下，合作区各级干部致力于提高依法治区水平和综合服务能力。积极推进干部人事制度改革，开展环节干部竞争上岗工作，实行同岗同酬的工资制度，激发了干部职工创业干事的激情。严格执行政府采购和工程中介审价制度，首次推行了经费部门核算、资金拨款联审制度，推进了节约型、廉洁型机关的建设。不断加强建设用地的管理与审批，审批建设用地64.6万平方米，收益比上年增长1.18倍，并在全市率先启动了土地储备工作。加大对城区的治理力度，依法对私搭乱建、违规用地、违规小木材点进行了清理整顿。加强社会治安综合治理和信访调解工作，增建公安警务楼，加大消防、安全生产、社会治安的检查指导，妥善地解决了一些企业的群体劳资纠纷和历史遗留问题，保持了区域稳定。强化了卫生设施管理、绿化养护和保洁工作。在城市施工工程多、入区人员增多、社会管理范围扩大的情况下，保证了项目建设的有序合法，城区秩序的和谐稳定，城市环境的清洁卫生。

【重点企业】 木业产业和规模以上企业仍是拉动经济增长的主要力量，木材加工业全年实现产值6.6亿元，同比增长1.05倍，占全区工业总产值的61.5%。联发木业、欧亚木业、宏丰木业、联众木业、金聚源木业、光明热电、圣吉亚热力、筑城水泥、江南皮革等13家规模以上的企业实现产值7.7亿元，增长1.71倍，占全区总产值的59.8%。新批项目中木材加工项目比例攀升，共有32项，增长1.13倍，木材加工量由2004年的80万立方米增到150万立方米，增长87.5%，进口资源加工园区已经形成了以木业加工为主导的木材产业聚集地。

【社会事业】 为适应经济发展要求，市委、市政府将东山街道办事处和南区街道办事处划归合作区管辖，合作区具有了统筹社会发展的职能，以此为要求，大力实施了以凝聚区域精神，整合区域文化，统筹社会发展，提升区域形象，增强核心竞争力为方向的“文化兴区战略”。2005年，满洲里合作区的文化、教育、卫生、劳动就业、社会保障等各项社会事业均获得较快发展。组建了社会事业发展局，协调管理社会事务，协调理顺民政、计生、卫生、教育等各种关系。以创建综合示范社区为重点，调整了社会事业的资金投入比例，全年用于社区设施建设和各项活动的直接投入达300多万元。解决了街道办事处和社区的办公场所及设备问题，为社区的规范化建设和各种群众活动的有效开展提供了基本保障。

成立了职工业余艺术团和社区艺术团等群众文化组织，成功举办了“第二届职工文艺汇演”、“青年歌手大赛”和“干部知识电视竞赛”等一系列上规模、上档次的主题文化活动，获得了全市“大合唱比赛”和“职工排球赛”的第一名，种种作为在满洲里产生了轰动效应，全面优化了干部队伍形象，提升了区域影响力。广播电视、报纸等新闻事业发展迅速，彰显了多元文化交融的区域特色。各类中小学校、在职教育、外语学校设施完备，社会力量办学等教育项目取得了实质性进展，教育体系进一步完善。综合性医院、专科医院、社区卫生站三个层次的医疗卫生体系初步形成。推行新型社区管理模式，社区服务、商务服务的链条延伸，社会保障体制逐步建立，社会治安“打、防、控”体系健全，居民生活质量不断提高，就业人数不断增加，合作区社会稳定和谐。

【机构设置与管委会领导】 2005年，满洲里市委、市政府对合作区的党政职能进行了改革，合作区工委调整为党委，管委会增设了社会管理职能，经市委、市政府批准，合作区对已有机构进行了重新设置。现内设机构有：党委下设党委工作部、群众工作部、综合治理办公室、机关党总支、经贸党总支，共5个部门；管委会下设行政办公室、经济贸易发展局、财政局、劳动人事局、市国土资源局合作区分局、城市建设环境保护局、经济技术协作局、审计局、社会事业发展局（新设）、进口资源加工园区办公室、城市管理行政执法大队、机关服务中心、公用事业管理处，共13个部门。另有新划入的东山街道办事处和南区街道办事处2个外设机构。

满洲里合作区党政领导班子成员有：党委书记姚景林，党委副书记、管委会主任侯书明，党委副书记马玉杰，纪检组长管学杰，管委会副主任孙树贤、高斌、崔艳华、司建林。

（满洲里边境经济合作区管委会办公室）

伊宁边境经济合作区

【经济发展】 伊宁边境经济合作区（以下简称伊宁合作区）在近几年的发展中始终坚持以招商引资和增强承载功能为突破口，在实施“大工业”战略的进程中，经济发展快速提升，招商引资取得突破，环境建设持续改善，各项事业全面发展。2005年实现GDP 2.66亿元，同比增长27.6%。其中，第二产业增加值1.52亿元，增长47.3%；完成工业总产值4.14亿元，增长34.3%；完成工业增加值1.39亿元，增长38.4%；实现全社会固定资产投资总额6.96亿元，增长82.3%；实现社会消费品零售总额5.71亿元，下降19.6%；完成进出口总额1.35亿美元，增长76.7%；实现地方一般预算收入0.62亿元，增长45%。

【投资环境】 伊宁合作区在投资环境建设上始终保持领先水平，努力打造全疆有影响力的第一环境。一是以服务提升核心竞争力。提出“主动服务、超前服务、全员服务、全过程服务”理念；并将这一理念逐步地体现在所有的政策中、制度中、机制中和全体人员的言行中。二是提升服务的层次和水平。在做好常规服务的同时，合作区在投资者深层次需求上下功夫，拓展服务的领域；构建多层次、多角度的服务平台，在企业用工、市场开拓、信息支持、项目申报等更高层面上提升服务，进行了许多有益的探索和实践。三是提高企业品牌战略意识。对区内企业积极开展商标推荐和认定工作，帮助企业申报商标注册、申请认定知名、著名和驰名商标的工作，提升企业品牌意识，提高企业的影响力和竞争力，从而进一步显现合作区的整体优势；四是进一步落实《伊宁合作区管理条例》，继续推进“封闭式管理、开放式经营”模式，在努力打造“障碍为零、成本最低、效率最高”的服务品牌方面又迈出了新步伐，服务功能和水平又有了新提高。

【招商引资】 2005年，伊宁合作区招商引资签约金额9.76亿元，同比增长47.4%；执行合同12个，到位资金4.32亿元，增长28.6%；其中工业项目到位资金2.82亿元，比上年增长4.1%；签约金额与到位资金都实现快速增长。传统产业领域得到提升，高新技术产业取得突破，现有企业的科技含量和外向度进一步提高，产业关联度和产业拉动能力不断增强；招商队伍网络建设工作取得新进展，通过同自治区驻外办事处和外省驻疆办事处签订友好合作协议；选派干部到自治区经协部门交流学习，积极参加“乌洽会”、“哈洽会”、“厦洽会”，在乌市举办了伊宁市推进工业化进程信息发布会，扩大了影响，增进了交流；招商信息工作有了新提升，全面实施投资信息、政策信息收集与处理的流程化管理；招商方式有了新特点，突出攻大项目、引大企业、抓大投人，形成了专业分工、目标明确、责任到人的招商工作格局；招商政策有了新举措，出台了《合作区工业企业生产发展扶持基金管理与实施办法》，有力地执行了对优势企业在土地供应、基础设施配套、标准化厂房建设、投资保障等方面的“3+1”政策及其他各项优惠政策。合作区的发展实践证明，招商是第一抓手，是第一要务。必须将招商引资工作作为重中之重，一切围绕于招商引资，一切服务于招商引资，一切服从于招商引资。

【高新技术产业和重点企业】 伊犁天药生物科技有限公司：是伊犁首家通过国家高新技术产业和GMP认证的企业。营销总部设立在乌鲁木齐高新技术产业区留学生创业园，公司形成了科研开发—种植养殖—生产制造—市场营销—商务管理一体化规划管理的业务构架，制定了在三年内打造新疆知名品牌、五年打造中国知名品牌、实现销售收人过亿元的战略目标。“脂导源”牌a—亚麻酸乙脂是以伊犁河谷的亚麻籽为基础原料，采用分子蒸馏技术从天然植物亚麻中提取的，经分离、精制、纯化，合成加工成为a—亚麻酸乙脂胶囊。此产品具有“绿色、天然、科技、环保、健康”的特点，是人类高品质的健康生活保健首选和必需品。

安琪酵母（伊犁）有限责任公司：公司注册资金4000万元人民币，首期已完成投资1.2亿元，建成年产高活性干酵母6000吨的生产线，生产线中关键设备全部从欧洲的意大利、西班牙、瑞典、德国引进，是运用西门子自控技术进行集成控制的全自动生产线。产品主要销售新疆和出口中亚地区，同时也进入了安琪总部已建立的其他国际市场销售网络。为了充分发挥新疆优越的资源优势、政策优势及地理优势，降低生产成本，提高市场竞争力，满足安琪酵母不断增长的市场需求，公司即将投资建设“新增7000吨/年高活性干酵母扩建工程”项目。总投资为3300万元（含外汇125万美元），项目建成后，新增销售收入11582.9万元，新增税金1089.56万元，新增利润3543.04万元。项目建设期为12个月。

伊犁天洁纸业有限公司：年产4.6万吨的漂白商品浆生产线项目总投资37225.64万元，建设资金由企业自筹。项目主要以芦苇和红麻为原料生产漂白纸浆，采用国内目前比较成熟、可靠的干法备料、间歇蒸煮、封闭洗选、连续漂白、连续抄造和自动分切包装生产工艺。该项目不仅可以对伊宁市造纸厂进行异地改造、优化制浆生产线布局，而且有助于伊犁天然湿地苇湖的开发利用和保护增值。项目投产后安置416人就业，正常生产年份税后利润总额为6556.2万元。

浙江金鹰伊犁亚麻纺织有限公司：金鹰公司2000年底进入新疆伊犁地区，在伊犁以

3808万元收购了已经破产的国有大型企业—伊犁毛纺织厂，重组成立了浙江金鹰伊犁亚麻纺织有限公司，以该厂房现有厂房、配套设施和部分设备可利用的条件，以及原料基地优势，金鹰追加投资5787万元，重组产业、调整产品结构，新上亚麻项目2万锭。该项目于2002年7月实施启动，截至目前，以安置下岗职工1500余人，2万锭规模的纺纱生产能力全面运营，随着企业稳健的发展，已成为我国西部地区最大的亚麻纺织企业。目前企业已进入开发新品和不断进行技术改造继续扩锭的良性循环发展提高阶段。

【社会事业】 坚持经济与社会的协调发展，构建和谐社会，建设伊犁河谷最佳的人居环境是伊宁合作区对社会事业发展的总体要求。合作区在社会事业中重点抓住二条主线，做好五个方面的工作，二条主线是：围绕影响发展环境的热点问题和社会关注的难点问题这二条主线，重点抓好五项工作。一是抓好劳动力资源的开发和利用工作。今年成功安置508人实现就业再就业；二是抓好治安综合治理工作。全年共开展安全生产培训班3个，培训达100余人次，安全生产检查40次；全年对各企业、娱乐场所、施工工地进行督查19次，清查暂住人口983户1442人；三是做好劳动保障体系建设。受理劳动争议调解37起，追回拖欠民工470余人工资总额626万元，年内企业新增参保500人，参保面达到95%以上。四是抓好社会难点工作。强化了流动人口计划生育管理，健全计划生育工作网络。五是加强社会管理部门的自身建设。引导社区争创州级先进示范社区、州级文明社区、自治区级“绿色社区”及伊宁市“服务型”的新型社区。通过诸多的努力，合作区政策环境、法制环境、服务环境等各项社会环境要素水平进一步提升。

【机构设置与管委会领导】 伊宁合作区管委会作为伊宁市人民政府的派出机构，依据新疆维吾尔自治区人大批准实施的《伊宁市边境经济合作区管理条例》对区内的经济事务和部分社会事务实行统一领导、统一规划、统一管理，在代表市人民政府行使经贸管理权的同时，享有国家赋予沿边开放城市及国家及边境合作取得经贸管理职能及政策权限。根据管委会的工作职责，合作区管委会共设置五个直属局室和六个分局(站)，分别为管委会办公室、经济贸易发展局、规划建设管理局、社会事业发展局、财政局、国税分局、地税分局、工商分局、公安分局、国土分局、质量技术监督站。

管委会领导：市委常委、合作区工委书记、管委会主任程学文，党工委委员、管委会副主任于利华，党工委委员、管委会副主任蒋文瑞，党工委副书记、纪检委书记吴宝骥，党工委委员、管委会副主任李欣容。

【党建和精神文明建设】 合作区工委以开展党员先进性教育活动为契机，提出了“八不让”，强化党员干部的自律意识；创建“学习型”机关，制定《管委会干部教育培训管理与实施暂行办法》，鼓励干部自发学习，提高素质，把每周二、周四定为干部学习日；执行“5+2”工作制，实施了机关星级化管理模式；开展了形式多样的“访农户、访企业、进社区”、“换位思考、换岗实践”等主题活动，对困难群众捐款捐物，开展献爱心活动，全年共捐款捐物折算资金总额约5万元，并帮助企业解决生产经营中遇到的各种困难；加强机关作风和廉政建设，聘请了8名工作效能监督员、7名社会环境监督员和6名舆论监督员，全年共落实和反馈监督员向合作区提出的40余条意见建议；出台了《伊宁边境经济合作区招商引资工作效能考核办法》，实施全员绩效管理，机关作风明显转变；重视群团组织建设，成立了合作区工会联合会，加强了非公企业党组织建设，通过分类指导，发挥了民营党组织的积极作用；同时，积极鼓励合作区各企业争创文明单位，支持和帮助区内企业与驻区部队开展共创活动。

（伊宁边境经济合作区管委会）

重点省级
开发区篇

北京天竺出口加工区
北京天竺空港工业区

【经济发展】 2005年，北京天竺出口加工区与北京天竺空港工业区（以下简称“两区”）的各项经济指标继续保持强劲增长势头。GDP达到39亿元，同比增长18.2%；总收入402亿元，增长30.2%；出口交货值29.6亿美元，增长51.9%；税金16.6亿元，增长83.1%。

两区经济与社会保持持续快速健康发展。工业总产值累计实现1189.9亿元，年均增长64.83%。总收入累计实现1461.78亿元，年均增长69.06%。GDP累计实现171.46亿元，年均增长75.23%。出口交货值累计实现662.12亿元，年均增长59.71%。税金累计实现52.6亿元，年均增长113.5%。

空港工业区单位面积的经济效益较高。工业区每公顷累计吸引投资8766万元。2005年，平均每公顷实现销售收入17741万元，实现出口交货值10439万元，实现产值14163万元，实现利润737万元，实现税收733万元。

【投资环境】 北京天竺出口加工区于2000年4月27日经国务院批准成立，北京天竺空港工业区于1994年1月6日经北京市人民政府批准成立，两个园区总体规划7.8平方公里，位于首都国际机场西侧1公里，两区管委会实行合署办公。

空港工业区内土地的基础设施已全面实现“七通一平”（“七通”指供水、排水、供电、供热、供气、道路、通讯；“一平”指场地自然平整）。

与首都国际机场有专用通道，5分钟可到达候机楼和机场卸货平台。101国道——京密路贯穿工业区南北，机场高速公路和京承高速路分别位于开发区东西两侧，其他交通干线有：机场北线、机场南线、五环路、六环路。2008年前后，这里还将建设两座立交桥，一个公交枢纽站，两条轻轨，未来出行将更加便利。两条轻轨分别是：轻轨机场线，由机场候机楼直接通往东直门，全程仅需17分钟；轻轨顺义线，沿京密路西侧穿过空港工业区，区内将设两个站点。工业区距北京货运站、顺义货运站、张辛货运站均为15公里，沿机场高速公路和京津塘高速公路驱车1小时50分钟到达天津溏沽港。

工业区南侧有裕京花园、名都园、欧陆苑等十几个大型高档别墅区，西侧有国际学校、力迈学校、牛栏山一中等全宿制重点学校，东侧有四星级国都饭店。新国际展览中心即将于2007年完成一期工程建设，这将会极大地带动工业区周边地区的发展，围绕新国展周边将建设大量星级酒店、写字楼、商业中心等配套。距工业区15公里的潮白河畔建有2008年奥运水上项目比赛场馆、高尔夫球场、乡村赛马场、绿色渡假村、室内滑雪场、五星级国际会议中心等，逐步形成人们假日出游度假的大型休闲娱乐区。

北京市是全国科技实力最强的地区，工业区所处的顺义区是全国的文化、教育、体育工作先进区，区内有多所职业技术学校，高素质的劳动力资源十分丰富。

两区现有土地3000余亩，土地性质为工业、商业金融、综合配套。未来，两区将进一步优化产业结构，大力发展高科技产业、总部经济、临空产业及现代服务业，重点打造“一地两园”，即电子材料装备基地，创意产业园和总部企业园。创意产业园主要吸引广告、建筑、艺术、工艺品、设计、电视广播、电影、互动休闲软件、音乐、表演艺术、出版等行业。总部企业园主要是吸引现代物流、金融保险、企业总部、研发中心、咨询服务、移动通信等企业入驻。

【招商引资与利用外资】 截至2005年底，已入区企业298家，投资总额38亿美元，平均每个项目投资10570万元人民币。2005年实际利用外资16752万美元。入区企业已经呈现出以下特点：

一是国际跨国公司云集。入区企业中有国际跨国公司60余家，其中，世界500强企业投资的项目有20家，投资者包括：惠尔浦、美国联合技术、联邦快递、爱立信、空中客车、SONY、松下、积水化学、乐金、飞利浦等。

二是形成了以电子信息产业为主导的产业格局。区内有38家电子信息类企业，如索爱、JVC、松下等。2005年，电子信息类企业完成销售收入293亿元人民币，约占工业区技工贸总收入的73%。

三是临空产业呈现出蓬勃发展的态势。区内依托机场提供相关服务的企业28家，如：国航货运、空中客车、中航材进出口集团、中航油集团、大通物流、中外运、联邦快递、全球国合国际货运等。

四是形成了高新技术产业群。高科技产业化发展步伐加快，已投产企业中，经北京市科委认定的高新技术企业近30家。

【对外贸易】 2005年，工业区实现出口供货额237亿元，约占北京市出口供货总额的10%。北京天竺出口加工区正是顺应北京市外贸飞速发展的大趋势设立的，为北京市发展对外经济创造了良好条件，促进了北京市外向型经济的优化升级，是北京市吸引外资的主要平台之一。未来五年，天竺出口加工区将发展成为出口企业的聚集地，进而成为北京市乃至环渤海地区对外贸易的龙头和主力军。

【高新技术产业和重点企业】 中国航空油料有限责任公司：中国航空油料公司在工业区A区注册成立，注册资本38亿元人民币，主要经营民航系统内汽油、煤油、柴油的批发。

空客（北京）工程技术中心有限公司：空客（北京）工程技术中心在北京天竺空港工业区注册成立，总投资1500万美元，主要为空客公司扩大在华生产提供技术方面的支持，是空客公司在中国的研发总部。

中国南方航空股份有限公司北京分公司：南航将在空港工业区建设北京分公司，主要经营客运、货运业务，预计年营业收入将达40亿元。南航北京分公司投资总额约11亿元人民币，占地128.1亩。南航将在全国率先购进空中客车A380机型，并投放在北京市场运营，全力将其打造成为南航最大的北方运营基地。

北京康吉森自动化设备技术有限公司：康吉森公司总部在北京天竺空港工业区成立，投资总额3亿元，进行安全控制系统的研发和生产，产品主要用于石油、石化、铁路等领域。康吉森公司是一家民营IT企业，拥有1项专利和6项软件著作权，在国内市场占有率达到50%以上。

【社会事业】 空港工业区和出口加工区是空港城的主要构成单元，是构建和谐社会首善之区的重要部分。"十一五"时期要按照民主法治、公平正义、诚信友爱、充满活力、安定有序、人与自然和谐相处的要求，努力把两区建设成为和谐工业区，成为管理有序、服务完善、环境优美、治安良好、生活便利、人与自然和谐的新型社区。

区内企业职工人均工资收入保持稳定的增长，新增就业岗位5000个；

区内企业和员工利益保障机制健全，矛盾调解机制完善，劳资关系和谐，依法治区水平不断提高，刑事案件发案率逐年下降；

区内企业文化建设取得新的进展，整个工业区的品牌建设深入开展，自然环境、人文环境、生态环境明显改善。

【管理与服务】 优质、高效、迅捷的服务，是两区成功的关键。建区之初，工业区就推出了"今天事今天办"的服务宗旨。锐意创新的空港人还在实践中总结概括出以"个性化"、"过程化"、"产业化"为核心的服务体系，赢得中外商家的广泛赞誉。工业区的物业管理有限公司，为区内企业提供水、电、热、绿化保洁、餐饮配送和安保等全方位服务。1999年空港工业区被建设部评为全国优秀物业管理工业区。2000年，空港工业区通过了ISO9002管理质量体系认证，2001年通过ISO14001环境体系认证。

【机构设置】 北京天竺出口加工区和北京天竺空港工业区两区合署办公，统一管理。主要部门有：招商部、规划建设部、综合管理部、环境保护部、贸易发展部、人事部等。管委会下属北京空港科技园区股份有限公司、空港物业管理有限公司、天源建筑有限责任公司等子公司，为企业提供全方位服务。

（北京天竺出口加工区、北京天竺空港工业区管委会）

河北省廊坊经济开发区

【经济发展】 2005年，廊坊经济开发区（以下简称廊坊开发区）全年实现GDP 62.83亿元，同比增长21.88%；完成工业销售收入100.6亿元，增长22.35%；实现财政收入9.4亿元，增长30.52%；完成税收总额8.71亿元，增长30.34%；完成固定资产投资31.39亿元，增长26.93%；实现出口总额2.4亿美元，增长35.21%；实际利用外资1.35亿美元，增长41.85%；实际引进内资27.5亿元，增长8.64%。

【投资环境】 廊坊开发区面积67.54平方公里，规划面积14.49平方公里，已开发土地14.49平方公里，企业用地7.6平方公里，总人口10万，入区企业1243家。

2005年，廊坊开发区为营造宜业宜居的发展环境，完成华为工业园基础设施工程、开发区公共设施布局、商业及金融中心等一系列规划的编制工作。采取多元化投资方式，投入资金1.1亿元，完成耀华道、百合道等7条道路管网、第二水厂、110千伏变电站配网等重点基础工程，启动两座五星级酒店和开发区金融中心建设。制定完善项目服务流程，形成从项目引进到开工建设、投产的完整服务链条。严格执行节假日水、电、热、气设备固定日维修、重点大户企业特殊服务和企业进口机电产品集中报审等服务制度，加强与重点企业的沟通。为立邦、特瑞胶黏等20多个重点大户企业和新投产企业解决生产经营中遇到的困难和问题。与天津新港海关签署《区域通关合作备忘录》，实现一次申报、一次查检、一次放行通关，大幅降低企业进出口成本。

【招商引资与利用外资】 2005年，廊坊开发区在土地严控和周边开发区的激烈竞争中，转变机制，创新招商形式，努力打造“工业型、科技型、效益型、品牌型”的绿色开发区，招商引资工作取得历史性突破，各项考核指标都提前超额完成。全年共新批准内、外资项目55个，项目总投资74.6亿元（其中华为公司光网络通讯和通讯设备制造两个项目分别投资9.8亿元，在省发改委备案）。其中，外商投资项目24个，总投资2.48亿美元，投资千万美元以上项目12个，占新批外商投资企业的50%，世界500强企业3家，分别是同方川崎空调设备有限公司、阿克苏诺贝尔装饰涂料廊坊有限公司、澳大利亚钢铁有限公司（BHP）。全年实际利用外资达1.35亿美元，比上年（9521万美元）增长41.85%，自建区后首次突破1亿美元大关。全年新列省重点建设项目14个，项目总投资38.32亿元。全年新开工项目39个，外资项目16个，总投资2.3亿美元，内资项目23个，总投资68.5亿元，项目建设进展顺利。华为技术、鑫谷光电、荷兰福克·埃尔莫、新奥博为、利比玻璃、好丽友食品、国药股份、史丹利等一批投资项目的建设，将使开发区的项目结构实现重大转变，电子信息将成为廊坊开发区的主导产业。

【对外贸易】 2005年，廊坊开发区全年出口创汇23980万美元，同比增长36.5%。出口产品主要有机电、家具、金属构件、食品、电子产品等，出口国主要为日本、美国、韩国。出口创汇300万美元以上企业16家，其中好丽友食品有限公司、威意特汽车系统（中国）有限公司、廊坊双兴交通器材有限公司出口创汇均在2000万美元以上。

【高新技术产业和重点企业】 廊坊开发区共有高新技术企业47家，总投资27.98亿元。河北清华同方电子有限公司入驻位于廊坊开发区内的清华科技园。开发区创业中心与河北省信息产业创业投资有限公司合资，共同建设信息产业专业孵化器，总投资5000万元，占地2.4公顷，共有入驻企业14家。

2005年，廊坊开发区工业销售收入超亿元企业共有22家，其中廊坊伊利乳品有限公司、华升富士达电梯有限公司、好丽友食品有限公司、特瑞胶黏配件产品（廊坊）有限公司销售收入超过5亿元，廊坊立邦涂料有限公司销售收入超过10亿元。

【管理与服务】 廊坊开发区通过总结供电、供水、热力、通信、邮政等部门协调联动的成功经验，在增强协调联动的针对性、有效性方面做了一些探索：一是认真组织、落实好“五一”、“十一”固定维修日工作，让供电、供水、热力等单位有时间进行设备维护，提高设备可靠性；同时企业提前得知相关信息，可采取应对措施。二是初步建立了协调联动服务网络，为使服务工作更加高标准、高水平，将协调联动向所有部门扩展，将开发区各职能部门、公用事业单位纳入协调联动网络，畅通区内企业与各职能部门、公用事业单位的信息反馈渠道。为使协调联动落到实处，推出各部门领导定期走访企业制度，建立起走访、督导、落实机制。

【出口加工区】 2005年6月3日，国务院批准在廊坊开发区设立廊坊出口加工区，是国务院批准河北省设立的第二个国家级出口加工区。出口加工区设立在廊坊开发区内，规划面积0.5平方公里，按功能划分为生产区、仓储区、办公区和市政公用设施配套区。加工区实行封闭式管理，将形成海关全封闭、卡口式24小时监管的“境内关外”海关监管区。

【机构设置与管委会领导】 廊坊开发区现有行政机构11个，即管委办公室、工委办公室、劳动人事局、财政局、招商合作局、土地房产局、规划建设局、经济发展局、社会发展局、文教卫生局、公用事业管理局；政法机构4个，即开发区公安分局、开发区法院、开发区检察院、大学城公安分局。

领导班子成员：市委常委、管委会主任吴立方，管委会副主任赵宗林、马兴旺、平加祥、施学军，工委书记李士祥，工委副书记王宁、刘金泉，工委委员王文生

（廊坊经济开发区管委会办公室 高振永）

河北省涿州经济开发区

【经济发展】 2005年，涿州经济开发区（以下简称涿州开发区）经济实现稳步增长，主要经济指标再创新高。年内完成GDP 12.8亿元，同比增长38%；工业销售收入22.68亿元，增

长42%；实际进区内资7.8亿元，增长60%；完成财政收入1.75亿元，增长32%；固定资产投资8.96亿元，增长81%；实现民营经济增加值7.48亿元，增长2.14倍；完成民营经济税金8448万元，增长2.91倍。

"十五"期间，涿州开发区以入世为契机，以加快发展为主题，大力实施了开放战略、科技战略和品牌战略，紧紧抓住"环渤海"和"环京津"地区的开放机遇，积极完善基础设施，投资环境明显提高，国民经济和社会发展等各项事业取得较快的发展。初步形成了新材料、生物技术、机械加工与制造、旅游休闲、房地产开发等五大主导行业，成为开发区新的经济增长点。"十五"期间，GDP完成35.66亿元，年均增长30.3%；工业总产值完成61.58亿元，年均增长28.85%；财政收入完成4.425亿元，年均增长34.7%；实际利用外资4864.8万美元，年均完成972.96万美元；实际进区内资21.23亿元，年均增长12.6%；固定资产投资21.97亿元，年均增长15.9%；出口创汇完成5623万美元，年均增长29.9%。

【投资环境】 硬环境建设上，涿州开发区按照"规划先于建设、先规划后建设"的科学程序，打破了配套设施跟着项目走的模式，进一步加大了基础设施建设投资力度。一是投资4307.38万元，重点实施了冠云路东延、华阳路东段、朝阳路扫尾等9项道路工程，新增路面面积17.9万平方米，新增绿地4万平方米。二是投资1378.63万元用于天然气建设工程，目前日供气能力达5万立方米。三是投资1000万元用于集中供热工程，新增两台锅炉和完善了外网建设。四是投资400万元用于城市管网建设，新建城市管网2000余米。

在软件环境建设上，坚持树立亲商安商理念，积极打造"高效、透明、规范"的服务型政府。一是按照ISO9000质量管理体系和ISO14000环境管理体系的要求，细化工作目标、工作程序和考核指标，不断创新开发区管理和服务的新机制。二是为投资者提供"保姆式"的服务，把领谈、领办、领建制度做深、做细、做实。三是开通主任网络信箱，设立主任热线，24小时为企业排忧解难。四是规范检查收费行为，逐步实现"无费区"的管理目标。

【招商引资与利用外资】 2005年，涿州开发区招商引资呈现三大特点：一是河北省政府与钢铁研究总院、河北省政府与中国航天科工集团战略合作在开发区内取得了历史性突破，先后有总投资2.8亿元的"粉末高温合金材料及制品"、"钛铝金属间化合物材料"等5个高科技项目和总投资5.5亿元的航天信息股份有限公司产业基地项目落户开发区。二是新项目建设势头强劲，年内投资建设超过1000万元的重点项目43个，总投资达29亿元。其中超亿元的投资项目9个，重点工业项目25个，总投资13.5亿元；旅游商贸项目6个，总投资6.5亿元；房地产开发项目9个，总投资8.1亿元。三是抢抓"四大机遇"，即"首都经济辐射"机遇、"南资北移"机遇、"外国资本扩张"机遇和跨国公司资本进入中国市场的机遇，年内新引进项目17个，总投资13亿元。

【对外贸易】 2005年，涿州开发区全年实现出口创汇1726万美元，同比增长36%。出口总值超300万美元的企业有：涿州永盛塑胶有限公司、涿州新凯零部件有限公司、涿州东华包装材料有限公司。其汽车零部件、人造BOPP薄膜等产品出口到欧美和东南亚等国家。

【高新技术产业和重点企业】 2005年，涿州开发区充分利用科研院所、大专院校等社会力量，把成熟的技术转化服务于企业，帮助企业解决技术难题。年内先后有海地科技有限公司研制的HD－JSⅡ型检波器、凯尔科技发展有限公司研制的BKS－3000Ⅲ型烟气排放连续监测系统、顺通机械厂制造的铝镁合金系列切肉机及三合环保设备有限公司的锅炉除尘节能设备等产品，在同行业中处于领先水平，为高新技术企业的发展奠定了基础。

主导产业得到了快速发展。已形成了新型金属功能材料、新型超硬材料、新型合金材料、新型包装材料、新型建筑材料为主导的新材料生产基地。其中具有代表性的有国家冶金精细品种中试基地、安泰科技股份涿州分公司、北新集团股份有限公司，东华包装材料公司、永盛塑胶公司、八达稳德金刚石公司等企业。主要生产粉末冶金、大型热等静压、药芯焊丝，非晶带材、精密带材、纸面石膏板、BOPP薄膜、PVC薄膜和人造金刚石等新材料产品。

【“十一五”发展目标、思路】 “十一五”期间，涿州开发区将抓住“环渤海”和“环京津”的开放机遇，提升硬环境，创新软环境，力争把开发区建成经济国际化的先导区、高新技术创新的辐射基地和高素质人才的培养基地。到“十一五”末期，累计实现GDP 132.8亿元，年均递增30%；累计实现工业销售收入223.3亿元，年均递增30%；累计实现财政收入17.48亿元，年均递增35%；累计利用外资5000万美元，年均引进1000万美元；累计进区内资25亿元，年均引进5亿元；累计出口创汇1.81亿美元，年均递增31%；累计固定资产投资40亿元，年均投入8亿。

（涿州经济开发区管委会办公室）

河北省唐山海港经济开发区

【经济发展】 2005年，河北省唐山海港经济开发区（以下简称海港开发区），全年实现GDP 20.2亿元，同比增长66.7%；完成销售收入80.5亿元，增长81.4%；完成财政收入5.5亿元，增长12.2%；出口创汇5593万美元，增长116.2%；实际利用外资4415万美元，增长26.87%；实际引进内资28.06亿元，增长82.9%；完成固定资产投资40.34亿元，增长119.35%；港口货物吞吐量达到3365万吨，增长29.32%。各项经济指标创建区以来最高水平。在河北33个省级以上开发区综合排名中，海港开发区位居第五位。

【投资环境】 按照“项目建到哪里，基础设施就跟进到哪里”的思路，海港开发区坚持适度超前，不断加大投入，2005年完成基础设施配套建设及改造工程投资6400多万元，新增城市道路5.4公里，形成了“六纵五横”长达40公里的道路网络。完善了重点项目相关配套工程，22万伏变电站和两座11万伏变电站相继投入使用，二期供水工程、污水处理厂等基础设施项目已开始启动。投资550万元实施绿化工程，新增绿化面积15万平米，目前全区绿化覆盖率达35%，人均公共绿地18平方米。加强对引进项目的环保监察管理，实行“环保第一审批”，采取四季喷淋措施，加强对区内粉尘污染治理，全区环境质量得到进一步改善。大力推行ISO9001质量管理认证，全面开展机关效能建设和行政权力透明公开运行，深入开展“阳光行动”，树立起服务型机关新形象。

【招商引资】 招商引资工作呈现三个特点：一是大项目引进实现新突破。新开工项目17个，拟建项目15个，投资规模达80.3亿元。投资6.5亿元的煤气制甲醇、4.9亿元的煤焦油深加工项目开工建设，北京中石气集团20万吨原油及天然气中转项目、投资1亿元的高压电瓷项目等进展顺利。二是外向型经济发展迅速。世界500强企业德国西门子公司投资建设的高压电瓷项目正在积极推进之中。恒通公司、麦迪逊建材、沙利玛公司等项目纷纷增资扩股，增资额达到1.06亿美元。实际利用外资4415万美元，位居唐山市第二，出口创汇5593万美元，增长速度位居唐山市第一。三是大项目“联带”出现聚集效应。围绕唐山佳华、开滦焦化等大型龙头企业，引进了一大批配套项目和产业链延伸项目，项目建设后劲充足。

【对外贸易】 2005年，国际间的贸易摩擦，特别是针对我国的贸易壁垒呈增长态势，在诸多不利背景下，海港开发区深入实施“开放带动”战略，充分利用国际国内两个市场、两种资源，不断提高吸引利用外资水平，大力发展对外贸易，开放工作取得了显著成绩。一方面，通过企业的良好运作和开发区的优质服务，使入区企业增资步伐加快，恒通涂镀板公司超薄不锈钢项目、麦迪逊建材、通用化工等项目纷纷增资扩建，增资额达到1.06亿美元。2005年实际利用外资名列唐山市第二位。另一方面，充分发挥企业的主体作用，进一步调整出口创汇产品结构，培育和扶植了一批出口大户，通过为企业申请出口配额、争取开拓资金等方式，开拓国际市场，促使出口创汇快速增长。全年完成进出口总值5617万美元，出口创汇居全市第5位，实现了出口创汇两年翻两番的重大突破，被唐山市委、市政府评为“外贸出口先进单位”。

【重点企业和特色产业】 随着支柱龙头企业的竣工投产和一大批产业链延伸项目的聚集，海港开发区四大产业集群已见雏形。一是煤化工产业集群。唐山佳华煤化工320万吨焦化项目一期工程建成投产，开滦焦化220万吨焦炭项目、沙利玛30万吨煤焦油深加工投产在即，开滦精煤25万吨煤气制甲醇和30万吨煤焦油深加工正在加紧建设。项目全部投产后，将成为我国北方地区最大的煤化工生产基地。二是精品钢材产业集群。投资45亿元的唐山恒通精密薄板项目形成了年产200万吨冷轧薄板生产能力，二期工程增资9600万美元建设的超薄不锈钢项目即将开工建设。三是电力能源产业集群。大唐王滩发电厂2×60万千瓦发电机组正式并网发电，2×100万千瓦发电机组正在谋划建设。四是仓储物流产业集群。北京中石气集团20万吨原油及天然气中转项目、唐山凤辉公司30万吨成品油中转销售项目进展顺利，投资9859万元的燃气输配项目正在加紧建设。目前，已有德国蒂森克虏勃矿产能源有限公司、西班牙德佳德斯公司、英国卓卓（JOJO）公司和印度STP公司等世界500强企业来海港开发区独资或合资建设项目。

【社会事业】 海港开发区高度重视教育工作，投资1000多万元，建成高中教学楼，全面落实素质教育，提高教育水平，初中升学率继续保持唐山市一流水平；推进卫生事业改革，优化医疗服务水平，完善疾病控制和应急体系，满足了全区居民群众的就医需要。劳动和社会保障工作进一步加强，发挥人才交流中心和职业介绍所的作用，积极参与用人单位技能工人需求配置，保证了进区大项目技工人才的需求，有力地支持了企业发展。做好社会保险续保扩面工作，保费收入大幅增加。2005全年收缴养老保险1151万元，收缴失业保险115万元，医疗保险474万元，比上年均有大幅提高，确保了养老保险金和失业保险金按时足额发放。加大了安全生产宣传教育和专项整治力度，避免了重特大安全事故的发生。广泛开展志愿者、“一助一扶贫济困”等道德实践活动，全区文明程度和市民文明素质得到进一步提升。重视支持工会、妇联、共青团工作，新成立了工会工作委员会和妇女工作委员会，发挥了联系群众的桥梁纽带作用。

【管理与服务】 海港开发区面对竞争日益激烈的招商引资形势，本着“亲商、安商、富商”的宗旨，坚持以客商满意为最大工作目标，把加强软环境建设作为突破口，不断提高行政效率和服务质量，使全区软环境的水平和档次得到进一步提高，投资吸引力明显增强。一是竭力创造优质高效的政务和服务环境。深入开展“双优”评议活动，进一步改进了机关工作作风，切实提高了服务质量和效率，大力推行ISO9001质量管理体系标准，提高行政效能。在实行了服务承诺制和首问责任制的基础上，进一步加强了客商投资管理服务职能，公开办事程序和内容，完善了从项目咨询、洽谈、审批、建设、投产至生产经营过程的全方位、系列化的“一站式”服务，为企业发展提供一切方便。二是加强对行政权力的规范运行。认真贯彻落实《行政许可法》和《公务员法》，强化行政执法管理，规范行政执法行为，推进依法治区进程。建立重大事项公示制度，把政府的行为置于群众和社会舆论之中。严格按照法定的权限和程序履行职责，提高了政府的诚信力和践行力。

【港口建设】 唐山港京唐港区功能不断完善，7万吨级（预留10万吨级）泊位投产使用，3000万吨煤炭专用码头、堆场项目和7万吨级航道项目建设进展顺利。港口规模不断扩大，目前已拥有散杂、件杂、多用途、集装箱、煤炭、水泥、石油液化气等各种功能的1.5万～10万吨级泊位18个，可乘潮进出7万吨船舶，综合通过能力已达2500万吨以上。航线通达国内90多个港口，与30多个国家和地区的港口建立了业务往来。全年完成吞吐量3365万吨，位居全国沿海港口第19位，对腹地经济的辐射和拉动作用进一步增强。

【机构设置和管委会领导】 河北唐山海港经济开发区管委会内设机构有：党政综合办公室（机要局）、人事劳动和社会保障局（组织部、机关党委）、社会事业管理局、发展改革局（安全生产监督管理局）、商务局（招商局）、城市建设管理局（环境保护局）、财政局、纪工委（监察局）。

河北唐山海港经济开发区党工委书记、管委会主任张国栋，党工委常务副书记、管委会常务副主任赵治川，党工委副书记姚连合，党工委副书记、纪委书记杨玉满，党工委委员、管委会副主任刘卫民、刘广、陈德山。

【“十一五”发展思路及目标】 唐山市委七届八次全会进一步提出了“建设以曹妃甸工业区为核心，以海港开发区和南堡开发区为两翼的沿海经济隆起带”的发展战略，为海港开发区带来了千载难逢的发展机遇。作为唐山沿海经济隆起带的重要支撑点，海港开发区将充分依托这一平台，发挥自身优势，突出“聚集产业、集约开发、优化环境、构筑和谐、提高效能”五大重点，到2010年，实现“三超一”的发展目标，即GDP到100亿元，财政收入达到10亿元，唐山港京唐港区实现吞吐量1亿吨，力争在综合实力、产业规模、城市建设等方面走在河北省开发区的前列，形成对全市对外开放和经济发展拉动作用更加明显、初具现代化水平的临港工贸城市。

（河北唐山海港经济开发区管委会）

山西省晋中经济开发区

【经济发展】 2005年，山西省晋中经济开发区（以下简称晋中开发区）坚持“三为主一致力”的办区方针，坚持全面协调可持续的发展观，齐心协力、奋发图强、开拓进取，经济建设和社会各项事业均取得了可喜的成就。经济在近几年持续快速增长的基础上，继续保持了较快的发展态势，财政收入保持了30%以上的增长水平；全区18个“双百”项目进展顺利，基本完成了相应的进度；经受了国家清理整顿开发区工作的洗礼，土地的管理和出让工作更加规范化；取消了农业税，使开发区的广大农民得到了实惠，“三农”工作得到了加强；科学发展观深入人心，广大干部群众的发展理念发生了深刻变化，开发区的经济社会发展日趋理性和稳健。连续第5年受到省委省政府表彰。“十五”期间，各项主要经济指标大幅增长，2005年GDP完成7亿元，年均增幅34.33%；科工贸总收入完成33.56亿元，年均增幅32.79%；工业总产值完成7.6亿元，年均增幅34.99%；工业增加值完成2.66亿元，年均增幅18.70%；财政总收入完成1.3亿元，年均增幅46.03%；出口交货值完成960万美元，年均增幅8.38%；农业总收入完成1.1亿元，增幅7%；农民人均纯收入4053元，为全市最高。工业产业形成规模，新型产业初步显现。截至2005年底，晋中开发区有工业企业164户，在整个工业结构中，医药和以纺机为主体的机械加工与制造占主导地位，其中有销售收入位居全省前5名的安特制药，有被列入国家“863”高科技攻关计划的德元堂药业，有研发和生产能力居全省前列，产品远销东南亚、中东等多个国家的鸿基纺机实业和贝斯特纺机企业，还有生产规模居全省第一、亚洲第二的昶力高科，这些都是近些年开发区引进和发展起来的新型工业企业。特别是作为导向性的医药制品业和主体性的纺织机械制造业，已形成一定的产业集群。新兴工业已具雏形，优势产业初步形成。医药、纺机、专用车制造、物流配送已形成了一定的产业集群，成为带动发展的主导力量。在产业结构中，一、二、三产所占比重分别为6.4%、51.1%和42.5%，基本符合经济发展的规律和趋势。高新技术企业达到6户，占全市总数的35%，高新企业工业产值占到规模以上工业企业总产值的54%。总的看，开发区的产业级次较高，结构比较合理，具有良好的成长性。

【投资环境】 “十五”期间，晋中开发区用于基础设施的投资2.2亿元，5个产业园区基本实现了“七通一平”，辖区供水、供电、集中供热系统进一步完善，改善了办公条件，招商引资硬件建设有了明显变化。2004年，晋中开发区重点建设项目53项，当年完成投资5.16亿元，同比增长28.8%。53项重点建设项目中投资1000万元以上的项目47项，占项目总数的88.7%。其中工业项目25项，三产项目13项，社会事业项目10项，基础设施项目5项。工业项目成为投资主体，全年共完成投资32680万元，占年度总投资63%。为加快园区建设，开发区举全区之力兴建了龙湖街（中段）、民营科技园以及纺机工业园道路、供水和电网改造等基础设施及开发区办公楼。随着园区基础配套和市政设施的不断完善，增强了园区招商引资的竞争力，“一区多园”的框架初步形成。根据“环境建设年”的总体要求，晋中开发区紧密结合实际，全面贯彻落实晋中市“两整一创”动员会精神，以打造服务型、责任型政府为重点，创建山西省投资环境最好的区域为目标，着力建设政策优惠、服务优良、办事高效、公平公正的投资环境。首先是致力于办好政务服务大厅，为投资者提供便捷高效的服务。继续完善四项承诺、五个一办事模式，实行首问负责制以及“一卡通”的办法，同时加强监督，互相促进，行政效率进一步提高。其次是严格执行《行政许可法》，继续削减行政审批和行政事业收费项目，先后取消了90余项行政审批和53项收费项目。

【招商引资和利用外资】 受优良环境和优质服务的感召，到2005年，晋中开发区先后引进投资1000万元以上的项目101项，总投资38.26亿元，其中投资5000万至1亿元的8项，投资亿元以上的项目6项，基本形成了医药、纺机枢机、汽贸、民营科技等5个产业园区，园区企业共有59户，完成投资7.5亿元，其中医药园是全省10大精品园区之一。投资规模大、科技含量高、竞争能力强、市场前景好是引进项目的亮点，如古城乳业、福润家具都是知名品牌企业。特别是在三资企业的引进上出现历史性突破，实际利用外资再创新高。2004年共引进4家三资企业，即香港独资的华辉凯德公司、远景康业公司、裕兴农产品公司以及新加坡与山西新华印业合资的新华时信包装印刷有限公司，已到位资金3570万元人民币，利用外资折合430.4万美元，占全晋中市当年实际利用外资548.28万美元的63.1%。

【管理与服务】 2005年，晋中开发区积极贯彻落实省市有关文件精神，在下大力气对17村进行服务和管理。经过党员教育、干部培训、人员分流、资产接管等大量艰苦细致的思想工作、组织工作、行政工作，使广大农村党员干部的思想进一步统一，凝聚力大为增强，谋发展、搞建设的积极性空前高涨。农民收入也实现了历史性突破。在严格执行中央财政转移支付的基础上取消了农业税，加大了对农村土地出让的补偿，加快了农村劳动力培训和就业的步伐，使农民负担大为减轻，收入明显提高。土地工作也大有起色。在盘活土地资源、规范用地行为、清理整顿土地市场、争取用地指标等方面做了一系列富有成效的工作，使土地招拍挂工作迈开了实质性步子。经济建设的成就促进了社会各项事业和精神文明的全面发展，以“三项治理”为主要内容的党风廉政建设深入开展，《行政许可法》得到贯彻执行，农村党建教育扎实推进，安全生产得以保证，统计工作拉开了序幕，科技工作和综合整治取得明显成效，其他各项工作全面有序推进。

（山西省晋中经济开发区管委会办公室）

辽宁省铁岭经济开发区

【经济发展】 2000年以来，铁岭经济开发区（以下铁岭开发区）坚持以对外开放和招商引资为主旋律，以项目建设为核心，已成功引进项目近300个，使开发区的经济始终保持了强劲的增长态势，2005年与2000年对比，GDP增长了7.6倍，规模以上工业产值增长了10.9倍。按照“做高做优第一产业，做大做强第二产业，做快做活第三产业”的发展方针，开发区三次产业实现了协调发展。在经济发展中，开发区紧紧围绕做大做强支柱产业、龙头企业，形成了具有自身特色的汽车零部件加工业、农产品加工业、新型建筑建材业、服装加工业、机械制造业、电子信息业、能源加工业等七大主导产业，同时，医药化工、电力器材、橡胶加工和精品包装等产业也得到快速发展。2005年，全区实现GDP 10.4亿元，同比增长73.3%；实现工业产值27.2亿元，增长67.9%；规模以上工业实现产值25.3亿元，增长59.6%；实现社会消费品零售总额2.27亿元，增长13.2%；实现固定资产投资5.79亿元，增长41.3%；招商引资实际到位资金14.6亿元，增长107.6%；实际利用外资1900万美元，出口创汇1700万美元，劳务输出205人；实现地区财政收入8339万元，增长43.8%，实现一般预算收入2830万元，增长77.3%；农村人均纯收入4533元，增长10%。GDP和财政收入实现高速增长，创造了开发区新的发展速度。

【投资环境】 铁岭开发区始建于1992年，1995年经辽宁省人民政府批准为省级经济开发区，是辽宁省惟一的农牧业高新技术开发区，也是正在创建中的国家级生态示范区，历经十几年的发展，经济总量和经济规模不断壮大，尤其是2000年以来，开发区的经济实现了跨越式、超常速发展，步入了快速发展的轨道，已经发展成为铁岭市对外开放的窗口和经济发展中的重要力量，充分发挥了窗口、示范、辐射、带动作用。

铁岭开发区地处铁岭市南郊，背临母城，总面积105平方公里，总人口2.6万。依托母城铁岭，有着得天独厚的地域、交通、能源和劳动力优势。主要表现在：一是区位优势。开发区地处辽宁中部城市群之中，在半径100公里范围内有辽宁、吉林两省数座大中城市，距离省会沈阳只有50公里，距沈哈高速公路铁岭南出口500米，沈哈铁路铁岭站5公里，乘车1小时到达沈阳桃仙机场，乘车4小时抵大连港，交通十分便捷，可直接接受沈阳等大城市经济辐射。二是土地资源优势。铁岭开发区从区域面积上讲是辽宁省内较大的开发区，而且其前身为铁岭市种畜场，其土地全部为国有，土地资源既丰富又便于征用；三是人才优势。开发区产业工人劳动力价格便宜，各工种人才齐全，由于其前身是大型国有农场，所以农牧业方面人才济济；四是成本优势。铁岭拥有丰富的原材料和能源，可大大降低投资成本，尤其是发展农业产业化深加工项目，更是有其得天独厚的优势。

铁岭开发区现有二个占地10平方公里工业园区，其中一个是起步区的帽山园区。另一园区是正在开发建设的新园区，地处沈铁工业走廊要处，两个园区地理位置优越，发展环境良好，是客商投资兴业的理想之地。

【招商引资与利用外资】 铁岭开发区始终以对外开放和招商引资为中心，把项目作为开发区的生命线。尤其在近几年，积极开展招商活动，坚持“走出去，请进来”，不断加强软、硬环境建设，招商引资工作取得了突破性进展。自2000年以来，已有近300个项目入驻开发区，到位资金近40亿元，一大批科技含量高、外向度较高、颇具发展潜力的大项目在开发区落地生根，成为开发区经济的支柱企业。

在招商引资工作中，“大、高、外”项目是主攻方向，尤其是外资项目，铁岭开发区为其提供了更为优惠的政策，并积极“走出去”，广泛推介开发区，提高了开发区的外向度。自2000年至今，共有来自美国、德国、韩国、日本等近10个国家和地区客商来开发区投资办厂，开发区实际利用外资已逾亿美元，企业产品大多远销海外，保持了很好的发展势头，外资企业在开发区得到了长足的发展。

【对外贸易】 随着铁岭开发区经济的快速发展，对外贸易也保持了蒸蒸日上的势头，出口创汇企业逐年增加，对外贸易额随之增多，年出口创汇近2000万美元，区内的大成农牧（铁岭）有限公司、天星一伊格儿公司、陆平机器、银星皮革、特种阀门等10余家企业的产品远销日本、德国等国家，产品包括机电产品、服装、改装汽车、深加工的农副产品、五金工具等20余种产品。

【高新技术产业和重点企业】 铁岭开发区积极鼓励区内企业通过自主创新提高产品质量，生产高附加值产品，增加企业效益，增强品牌意识，争创名优产品，提高企业的市场竞争力。在引进项目上，注重项目的科技含量，除产业化项目外，对于低附加值项目不给予特殊支持。高新技术企业已占全区企业的50%，高新技术产业实现产值占总产值的60%。同时，多数企业拥有自己的研发队伍，科技人才队伍逐步壮大，已经占到企业员工总数的20%。在重点企业中，铁岭方向电子科技有限公司是开发区乃至铁岭市IT产业的代表，主要从事电子纳税申报系统、税控收款机、税控器的研发和生产，年实现产值可达10亿元，且具有较强的发展潜力。

【社会事业】 由于历史原因，铁岭开发区不仅仅是经济发展区，同时也负责管理行政事务和社会事务，教育、卫生、文化、体育、广电及民政等社会事业管理部门在开发区一应俱全，社会功能完备。几年来，在经济快速发展的带动下，各项社会事业也有了长足的进步，在开发区可以完成从幼教到初中的基础教育，有完善的医疗和卫生防疫体系，大量的文化、体育设施和场所可以满足群众开展文体活动的需求，在广电方面，在全区实现了有线电视全覆盖，电视台自办节目在质量上有较高水平。按照构建和谐开发区的目标，开发区将在“十一五”期间加大对社会事业的投入，从而为开发区创造更为和谐的人居生活环境，促进经济高速发展。

【管理与服务】 铁岭经济开发区是铁岭市政府派驻机构，享有市级经济管理权和县级行政管理权，开发区设有33个部门负责全区的经济管理和行政管理。为方便客商、服务群众，开发区成立了一站式投资服务中心，为投资者提供了一条“绿色的通道”，投资者在这里办理手续可以“只进一个门，只见一个人”，就可以得到高效、快捷的全程服务。为吸引客商投资，开发区制订了一系列优惠政策，其中包括免征一切区本级行政事业性收费等，为投资者创造了宽松的政策环境。开发区实行项目联络员制度、项目调度和协调会制度等服务制度，形成了三位一体的服务体系，切实营造了招商、亲商、安商、富商的投资环境。

【机构设置与管委会领导】 铁岭开发区设有办公室、经济发展局（负责管理经贸、计划、统计、物价工作）、招商局、财政局、规划局、土地局、工商局、国税局、地税局、公安局、环保局、消防支队、劳动人事局、安全监督管理局、一站式投资服务中心等服务机构，为客商提供管理服务。

铁岭开发区管委会主任朱玖山，管委会常务副主任刘正义，管委会副主任郭胜华、王佐俊、周兴波、李贵善，管委会委员李敬伟，吴琼。

（铁岭经济开发区管委会）

江苏省常熟经济开发区

【经济发展】 2005年，常熟经济开发区（以下简称常熟开发区）继续以沿江工业区和高科技氟化学工业园为开发建设重点，以虞山高新技术产业园、新港工业园、通港工业园、董浜工业园为配套，大力推进先进制造业基地建设和现代化滨江新城建设。全年实现GDP 210.59亿元，同比增长30.3%；业务总收入765.92亿元增长38.6%；财政一般预算收入10.45亿元，增长20.4%；进出口总额29.41亿美元，增长37.6%。

【投资环境】 常熟开发区成立于1992年，为省级开发区。2002年8月被江苏省委省政府批准比照国家级开发区享有相应的经济审批权限和行政级别，2005年12月通过国家发展和改革委员会的审核。2006年4月被评为“江苏省沿江开发先进单位”。常熟港区域物流中心规划通过评审，兴华码头三期工程竣工，理文、耀皮、长春码头开工建设。沿江一级公路等一批道路桥梁工程开工建设，正大新城市广场、滨江花园等正常推进。马桥工业坊、景顺工业坊12万平方米标准厂房投运，载体功能显著提升。

【招商引资与利用外资】 2005年，常熟开发区招商引资在转型中获得突破。全年完成注册外资5.74亿美元，引进世界500强企业基地型项目1个，超亿美元项目2个。瑞士诺华、美国车桥、芬兰蓝泰不干胶等一批欧美优质项目顺利落户。项目建设顺利推进。华润电力、UPM二期、欣瑞科技、住友三期、长春二期、科弘二期等18个重点项目竣工投产，耀皮玻璃、华丰二期、住友四期、日油化工、聚和化学、瓦格维萨包装等11个项目按时开工建设，全年实现到账外资3.63亿美元。至2005年底，全区已累计批准外资项目308个，注册外资47.11亿美元，实际到账外资25.69亿美元。

【管理与服务】 常熟开发区与所在的新港镇实行“区镇互动、统分结合”管理体制，沿江开发管理体制得到进一步优化。外企服务工作扎实开展，服务水平进一步提升。完善了区内公交线路，组织企业开展了法律法规知识培训。进一步搞好与市里部门、区内各局和外资企业的对接。成立了中介型经纪公司，实现了外企服务的永续性。各项改革措施全面推进，人才服务、内部管理、安全生产及党群工作等进一步加强。

【常熟出口加工区】 2005年6月3日，国务院正式批准设立常熟出口加工区。常熟出口加工区的设立，对于全面推进常熟市外向型经济乃至整个经济发展将产生积极而深远的影响，并为常熟市推动开放经济发展、减轻地方财政压力、聚集出口企业落户又增加了一个重要载体，为常熟市发展高新技术产业、促进加工贸易发展、扩大外贸出口份额增添了一个崭新亮点。常熟出口加工区位于常熟经济开发区内，规划面积为0.94平方公里，重点发展电子信息、新型材料、精密机械、精细化工、生物医药、汽车零部件等加工贸易出口型产业。

【高新技术产业和重点企业】 夏普公司：于1993年落户我市，1995年正式投产，十年间累计生产复印机400万台，累计纳税8.7亿元，其产品已实现模拟复印机向数码复印机、黑白复印机向彩色复印机的转变。

芬欧汇川（常熟）纸业有限公司：是芬欧汇川集团在中国的全资子公司，也是芬兰在中国最大的单项投资项目，已投产的一期和二期增资项目总投资达11亿美元，每年生产80万吨文化用纸，成为中国最大的未涂布复印纸和胶版纸生产商。

大金氟化工（中国）有限公司：于2001年起着手工厂建设，总投资12860万美元，主要生产以四氟乙烯等为主的氟化工产品。

华润电力：2005年10月，随着华润电力3号机组正式投入商业化运营，总装机180万千瓦的华润电力（常熟）有限公司全面竣工，实现了“一年三投”的目标。其中一期工程两台国产60万千瓦超临界机组工程比国家额定工期提前27个月建成投产，创下了全国同类型机组建设的最快记录。华润电力是江苏省“十五”重点工程和江苏省政府2005年为民办的70件实事之一，是2005年江苏省最大的火电项目，总投资6.94亿美元。该项目的投产将极大地缓解苏南地区用电紧张的局面，为江苏乃至华东地区经济发展提供强有力的能源保障。

（江苏省常熟经济开发区管委会）

江苏省吴江经济开发区

【经济发展】 2005年，吴江经济开发区（以下简称吴江开发区）完成GDP 110亿元，同比增长20%；实现全口径财政收入12.9亿元，增长15%；一般预算收入5.1亿元，增长29%；完成全社会固定资产投资额73.7亿元，增长15%；完成进出口贸易总额108亿美元，其中出口52亿美元，增长19%；完成工业产值725亿元，增长30%；工业销售收入650亿元，增长31%，其中电子信息业实现销售收入618亿元，成为吴江市第一大产业。实现旅游服务业产值10.42亿元，增长20%。

2005年，落户吴江开发区的企业发展形势较好，产销两旺。全年销售额超亿元企业82家，超10亿元企业17家，华宇集团、亚旭、台达集团销售额分别达到107亿元、67亿元和60亿元，同比增幅20%以上。在2005年度中国外商投资企业500强排行榜中，吴江开发区有6家企业跻身500强行列，分别是：亚旭电子科技（江苏）有限公司、华宇电脑（江苏）有限公司、大同电子科技（江苏）有限公司、高创（苏州）电子有限公司、泽康科技（吴江）有限公司、中达电子（江苏）有限公司。另外，高创、大同等部分大型电子企业加快产品结构调整，添加12条生产线，向终端产品发展。瑞仪光电、泰金宝、世开进、日立、亨通等光电企业产量均比去年翻一番，进一步巩固了吴江开发区作为全球背光板生产基地的龙头地位。

【投资环境】 2005年，吴江开发区完成基本建设投资额10.56亿元，修建道路71公里，架设桥梁19座，新增道路绿化140万平方米，铺设各类管道178公里，新架高压线31公里，新建排涝站4座，平整土地4872亩，签订农户拆迁协议1228户。重点工程取得较大突破。2005年6月，国务院批准设立吴江出口加工区，一期1平方公里区域全面竣工。南部庞杨片区建设全面展开。完成长安花苑、叶泽湖花苑等6个农民动迁安置小区的1396亩基础设施建设，已有901户入驻建房；新城花园三期定销房土建竣工。开发区3所学校如期建成开学。企业投资服务中心大楼完成全部设计工作。企业投资扩建规模大进展快。全年完成投资65亿元，开工建设各类项目118个，开工面积175万平方米。其中工业项目97个，竣工58个，新建各类厂房64万平方米。环境整治凸现成效。投入1260万元，对江陵路、云梨路、仲英大道、高速公路出入口、苏震桃入口等主干道绿化改造基本完成。2005年6月，吴江开发区成为国家信息产业部确定的首批国家（吴江）显示器件产业园。

2005年，吴江开发区全面提升行政服务品质，大力提升软环境建设。全年共有118家企业开工建设，58家企业如期投产。加强与海关、检验检疫、交通等部门的协调，继续实行“5+2”工作制，为企业提供“全天候、全方位、全过程”的物流服务。物流中心搬迁至总投资8000万元、建筑面积7500平方米的监管大楼运行，全年经过物流中心的货物达15万票，比上年增长38%。物流中心被评为全国对外经贸储运行业2003~2004年度“最佳五优企业”。加强人才和劳动力引进，全年建立、巩固各类劳务合作基地488个，通过各种渠道为区内企业引进各类人才和劳动力6万多人。

【招商引资】 2005年，吴江开发区贯彻“五个倾斜”的招商思路，即向新产业龙头企业、高税收企业、品牌企业、总部型企业、服务型企业倾斜，取得较好成效。全年新批外资项目62个，增资企业60家，注册外资6.36亿美元，其中增资3.13亿美元，同比增长25%，占全市的53%；到账外资3.67亿美元，占全市63%；签约民资项目99个，批准投资额53亿元，其中工业批准投资额31亿元。项目规模化、投资集约化、产业多元化特征更加明显。新批和增资项目中注册外资超1000万美元项目25个。新引进项目中，电子信息产业继续占据主导地位，引进电子类项目27个，注册资本1.8亿美元，占新批注册外资的55%；机械、房产、轻工、服装类项目23个，注册资本8042万美元，占新批注册外资的25%；日韩欧美项目15个，注册资本4375万美元，占新批注册外资的14%。

【农村工作】 2005年，吴江开发区在农民增收、农村稳定等各项工作上取得新进展。制定了开发区农村经济发展规划，统一配置资源，投资7000万元，初步形成运东商业区、运西花港商贸市场区、庞杨标准厂房区、西联出口加工配套区，以及淞南、花港、三里桥、同兴、叶明、庞南等村级投资点的“四区六点”新格局。农村土地基金顺利分配。共兑付1.68亿元，基本解决征地补偿上的历史遗留问题。土保、农保、医保等农民三大保险继续推进，全年新增土保、农保分别为1960人、827人，参保劳力占全区总劳力的82%，医疗保险基本实现全覆盖，初步实现“应保尽保”的目标。继续抓好农村富余劳动力培训和转移工作，人力资源中心安置农民就业200多名，各村联系推荐就业岗位2000多个。农村环境建设继续改善。淞南村、庞北村、叶泽村、花港村、凌益村、西联村、方尖港村7个村高标准、高质量地通过了省级卫生村的验收。制止违章搭建122起，拆除210间。同时，加快推进各项社会事业，文化、教育、卫生、档案、环保、水利、计生、民政、社区建设等各项工作得到进一步的加强。

【机构设置】 2005年，为进一步适应经济社会发展形势，实现又快又好地发展，建设和谐开发区。新成立了吴江经济开发区公共型保税仓库、吴江经济开发区吴江出口加工区置业有限公司、吴江经济开发区土地经营管理有限公司、吴江经济开发区市政工程养护管理处。根据工作需要，招商局、农村发展局、监察室均增设股级建制的科室，并调整和配备相关人员。另外，原吴江市外商投资企业咨询服务中心经吴江市编委同意更名为吴江经济开发区企业投资服务中心，原庞山湖良种场改为“庞山湖社区居委会”。

（吴江经济开发区管委会办公室）

浙江省富阳经济开发区

【经济发展】 2005年，富春江经济开发区通过了国家发展和改革委员会等部门的审核，国家发展和改革委员会［2005年第84号公告］公布富春江经济开发区为省级经济开发区，并更名为富阳经济开发区（以下简称富阳开发区）。

富阳开发区按照“巩固、发展、做精、做强”的要求，围绕“引进外资和出口创汇工业项目、发展高新技术产业，把开发区建成结构调整、产业升级的示范基地，成为全市工业经济新的增长点”的目标，抓住“招商引资”这一中心，积极应对开发区建设中的各种矛盾和问题，努力化解要素制约，着力推进高新园区建设和场口百丈畈标准厂房区建设，千方百计营造发展空间，构筑招商平台，加大项目建设、基础设施建设、拆迁安置、用地报批力度，强化队伍管理、企业管理、社会事务管理，促进开发区经济社会各项事业全面发展。2005年，新批外资企业7家，新动工项目2个，竣工投产项目4个。区内投产企业实现工业产值44.1亿元，完成销售收入39亿元，实现企业利润3.01亿元，上交税收1.78亿元，自营出口2548万美元。

【投资环境】 富阳开发区以创造良好的投资环境为要求，加强规划管理，完善基础配套。几年来已投入基础设施建设资金8.22亿元，完成道路、供水、排水、污水、电力、电信、供热、土地平整等“七通一平”基础设施配套，构筑了较为完善的基础设施框架，形成了沿320国道和杭州—富阳沿富春江由点到线、到片的经济带。2005年，投入基础设施建设资金3957万元，平整土方60万立方米，建成桥梁1座，道路41220平方米，铺设直径400毫米~600毫米的污水管5150米，直径800毫米的雨水管2130米，直径300毫米的供水管1750米。

在用地十分紧张的情况下，富阳开发区千方百计做好土地利用文章，整合了场口18.06公顷零星存量土地指标，用于场口区块百丈畈15万平方米的标准厂房建设，并于2005年8月正式动工。全年富阳开发区完成了标准厂房区电力、供水配套工程和2.5公里长途传输光缆的改线移位工程，平整土地13.867公顷，宕渣填方30万立方米，一期四幢12112平方米标准厂房结顶。全年批准用地指标33.33公顷，审批具体项目用地51.4公顷（其中18.07公顷为整合存量土地用于标准厂房建设的指标）。

【招商引资与利用外资】 富阳开发区面对要素制约和周边竞争压力，不断调整招商策略和招商方式，在项目增资、整合和利用现有项目的厂房及土地招商等内部挖潜上下功夫，在提高外资质量、提高投资强度上下功夫，使招商工作由招商引资向招商选资转变。2005年新引进项目12个，用地33.767公顷，总投资12737万美元，完成合同外资7348.35万美元，其中注册资本1000万美元以上项目4个，分别是香港独资杭州万汇高尔夫设备制造有限公司总投资2000万美元、注册资本1600万美元，杭州盛大制氧机科技有限公司总投资2000万美元、注册资本1300万美元，杭州弘禧织造有限公司总投资1300万美元、注册资本1100万美元，外商独资杭州来得工具有限公司总投资1300万美元、注册资本1000万美元。全年富阳开发区实际利用外资3309.71万美元，其中浙江富通光纤技术有限公司实到外资1026.65万美元。实际利用富阳以外内资10420万元。

【高新技术产业和重点企业】 富阳开发区高新技术产业园区2001年5月正式启动，规划面积4500亩，其中工业用地3500亩。按照引进外资和出口创汇工业项目、发展高新技术产业的要求，高起点规划，高标准建设，高强度投入，重点培育和发展电子信息、光通信、光机电、生物医药、新材料等高新技术产业。现已初步形成以胡庆余堂为代表的生物医药产业群、以富兴纺织为龙头的纺织及新材料先进制造产业群、以富春江集团通信工业园为代表的通信及线缆产业园三大组团。高新园区累计引进项目43个，批准总投资35.75亿元，其中外资项目23个，总投资17.17亿元；累计竣工投产项目18个，在建项目6个；累计合同利用外资1.47亿美元，实际利用外资5000万美元，合同利用内资4.73亿元，实际利用内资1.34亿元。

杭州飞鹰船艇有限公司：是国家体委指定的比赛用艇专业生产龙头企业，是目前世界上规模最大、技术最先进、产品质量最好的赛艇制造基地，公司生产的“无敌”牌赛艇系列为2004年希腊雅典奥运会惟一指定产品。

杭州富兴纺织有限公司：总投资2800万美元、注册资本1600万美元，主要生产地毯纱和簇绒地毯，年出口创汇6000万美元。利用国外先进技术国内惟一的自动化粗梳毛纺生产线，专业生产各种用于制造簇绒地毯的高质量纱线，年产量5000吨。

杭州胡庆余堂工业园：由国内知名企业杭州正大青春宝集团投资1.5亿元，占地268亩，设有现代化研究中心和中试车间，主要开发生产中药饮片系列产品，成为园区内生物医药企业的龙头。

【社会事业】 富阳开发区不断完善安全生产、消防安全、计划生育、社会治安综合治理、文化体育、社区共建等社会事务管理制度和机制，明确责任范围，建立工作网络，按照分级负责的要求，落实目标管理责任制，加强检查、监督和管理，抓好工作落实和整改，积极营造文明、和谐、平安的发展环境。及时妥善处理公开电话投诉件、信访件，解决好辖区企业与职工在劳动用工、工伤处理方面的纠纷，在土地征用及施工中，及时做好政策宣传和群众思想工作，协调解决一些问题，避免群体性事件发生，确保辖区社会稳定。

【管理与服务】 富阳开发区不断完善管理与服务体系，强化管理与服务。在提升原有的“一三五”情感工程，即推崇“投资者第一”理念，强化“亲商、安商、富商”三种意识，推行“项目全程代理服务、项目专人跟踪上门服务、职能部门现场服务、365天全天候服务、NONO温馨服务”五项服务的同时，推出“二四六”创优工程，“二”即每周召开进区项目客商例会、开发区相关职能部门联席会议，了解客商及项目进展情况，加强职能部门的协调沟通，帮助客商解决项目推进过程中的具体困难和问题。“四”即克服畏难情绪，增强迎难而上、抢抓机遇的进取意识；坚持科学发展观，树立理性招商、科学引资的新观念；优化投资环境，实施承诺服务、诚信招商的新方法；探索招商激励机制，建立专业化招商、市场化招商、产业化招商的新机制。“六”即推行岗位责任制、首问责任制、服务承诺制、限时办结制、AB岗工作制、失职追究制六项制度，营造良好的投资软环境，促进招商引资和项目建设。邀请区内相关企业客商代表及市国土、规划、建设、环保、外经贸、国税、地税、供电、工商等部门领导举行“项目推进、政策咨询”座谈会，面对面交流和解答相关政策，帮助客商解决项目推进中的实际问题，促进项目投资和建设。

【机构设置与管委会领导】 富阳开发区管委会内设办公室、财务科、资产管理科、招商局、国土资源分局、建设分局、项目服务中心。

开发区管委会党政班子领导8名，党委书记、管委会主任1名，副书记、副主任1名，专职副书记1名，党委委员、副主任6名。

（浙江省富阳经济开发区管委会办公室 张金根）

浙江省嘉兴秀洲工业园区

【经济发展】 2005年，浙江嘉兴秀洲工业园区（以下简称秀洲工业园）认真贯彻落实科学发展观，围绕“项目落实年”的工作部署，继续保持了经济社会快速良性发展。全年区内企业完成工业总产值28.4亿元，同比增长57%；税金1.2亿元，增长1.79倍；自营出口1.2亿美元，增长23%；工业生产性投入13.1亿元，增长18.2%；财政收入2亿元，增长1.25倍。

【投资环境】 秀洲工业园成立于1998年，位于嘉兴中心城市西侧，是浙江省政府批准的省级开发区。2005年，秀洲工业园区围绕“拓展空间、完善功能、提升形象”的工作目标，大力推进平台建设。一是继续完善首期区块的配套设施建设。全年基础设施投入1.3亿元，完成振秀西路等11条支路建设，秀园路、唯胜路、洪业路等道路污水收集管网开工建设。协鑫热电项目建成投产，供汽矛盾彻底解决。居住小区环境建设进一步加快，3个农民新村完成道路硬化面积3.2万平方米，共计2.9万平方米的拆迁安置小区主体工程已通过初步验收。二是启动新拓展区块“大三通”工程。总长6公里的4条道路，及自来水、电力等工程相继开工建设，拓展了工业区发展空间。三是加强项目建设管理，提升工业区形象。通过提前介入引导规划、全程跟踪控制规划，切实加强对项目建设规划的控制、管理和引导。新建厂房一般都要求二层以上，容积率达到1.2以上，同时做好企业建筑形态、外墙围墙风格等的具体指导，在确保投入质量的同时，提高工业区的整体建设品位。

秀洲工业园以开展保持共产党员先进性教育为契机，促进了工作人员服务作风转变，业务素质明显提高，软环境进一步完善。全区建立从项目落户到达产达效的全方位、个性化、多层面的服务体系。成立“马上办”协调机构，推出了一批新的服务制度。设立了主任接待日，做到既分工负责，又协调有致地做好各项服务工作。全力实施让客商动心、省心、舒心、放心、安心的“五心工程”，坚持零收费管理、零距离接触、零投诉服务、零障碍发展的服务标准，努力营造高效服务、透明服务、公平服务、规范服务的四大公共服务特色。成立了职工维权服务站，为失地农民提供就业帮助，面向失地农民推出了1600个就业岗位。

【招商引资】 2005年，秀洲工业园全年完成合同外资2.04亿美元，实际到位6339万美元。一是突出两大产业发展定位。围绕做强、做大电子信息和精密机械（汽车零部件）两大主导产业，建立项目综合评价、差别地价等制度，提高招商引资水平，加快区内产业链的形成。在新批的24个外资项目中，总投资1000万美元以上的项目有13个，其中礼扬实业、三和机电科技、天瑞汽车零部件、嘉兴世佳实业有限公司项目总投资均达到或超过3000万美元，22个外资项目平均投资额达1342万美元。新引进项目的科技含量明显提高，并在同行业内都有相当的知名度。高科技含量项目的入区，为工业区的良性发展注入了强大的科技动力。荣光精密、上一机械等一批企业先后增资，进一步做大做强了工业区的主导产业，初显聚集效应。二是深度挖掘两种招商资源。一方面通过自身资源和自身能力，大力开展网络招商、展会招商、上门招商。先后参加了港澳、深圳、宁波等地的各类投资洽谈会。另一方面充分利用外在资源，大力拓展以企引企、以外引外、以商引商的新空间，联合现有企业，举办汽车配件投资洽谈会，签约多个投资项目。三是完善两个招商机制。在内部机制上，出台了招商引资考核奖励办法，明确了招商区域和重点。进一步重视对已落户企业的二次招商。全年共有8个项目先后完成增资，合同利用外资874万美元。在外部机制上，壮大招商顾问队伍，加快建立市场化招商机制。在台湾聘请了电子信息业的相关人士，作为招商顾问。在东莞、上海、苏州、青岛等地聘请了兼职招商员，扩大了现有招商网络。

（浙江嘉兴秀洲工业园区管委会
陈旭刚）

安徽省安庆经济开发区

【经济发展】 安庆经济技术开发区（以下简称安庆开发区）1992年设立，一期规划7.2平方公里基本建成，二期规划5.2平方公里工业园基础设施建设完成，一批企业陆续入驻发展，三期41.8平方公里正在规划设计之中。

2005年，安庆市被省科技厅批准为安徽省惟一的汽车零部件高新技术产业基地，市政府明确该基地定位在安庆开发区。2005年，全区实现技工贸总收入118亿元，同比增长31%；实现财政一般预算收入2.33亿元，增长31.6%；实现工业总产值30.5亿元，增长27%，其中规模以上企业实现工业总产值6.1亿元，增长53%；完成固定资产投资20亿元，增长54%；企业实现进出口总额2529万美元，其中出口1900万美元，增长39%。

2005年，安庆开发区基础设施建设不断加强，相继开工建设了5.2平方公里工业园道路工程、绿化工程、电力工程、交通设施工程、环卫工程、还建房工程，拆除中兴大道西侧有碍区容房屋，拆迁面积4万多平方米，完成3.9平方公里工业园土地征用扫尾工作，安置还建房7万多平方米。

【投资环境】 安庆开发区加速建设“四大园区”，打造汽车零部件和装配制造业基地，大力加强技术创新工作，对重点工业项目实行“一项一策”，完善工业经济发展的支撑体系。2005年，一批工业项目发展态势良好，主要有：华茂经纬、大发柴油机、长谷川船舶设备制造、东标标准件厂、汽车保险杠、钰龙机械、永盛生物工程、天立电缆、盛丰农资、恒瑞达汽车零部件、同发铸造、亚昕电子等。

【招商引资与利用外资】 2005年，安庆开发区调整充实招商队伍，创新招商思路，做到“跟踪好意向项目、落实好签约项目、服务好进区项目、储备好发展项目”，紧紧围绕“四大园区”和主导产业进行招商，鼓励引导符合开发区产业发展方向的项目进区投资，力求在“高、大、新”工业项目上有突破。参加了西洽会、徽商大会、日本世博会、合肥高新技术资本对接会，开展了赴台、赴日、赴欧、赴澳招商，全年累计新批500万元以上的进区项目20个，协议投资总额14.56亿元，其中工业项目17个，协议投资额14.06亿元，合同利用外资7550万美元，利用外资5445万美元（省商务厅统计口径），增长152%，实际利用境内市外资金12.03亿元，增长30%。

【重点企业】 安徽华茂集团、经纬纺机股份有限公司、香港华明有限公司三方合资，在安庆开发区3.9平方公里工业园建设紧密纺项目。华茂经纬紧密纺项目一次性建成十万锭生产厂房及相配套的通用工程设施，总占地面积57500平方米，首期建设三万锭紧密纺项目，总投资1.5亿元。

【管理与服务】 安庆开发区管委会把2005年定为“建设管理年”，成立了活动领导小组，制订了《构建和谐开发区、开展建设管理年活动实施意见》，对区内基础设施建设、市政设施维护、违法建筑治理、环境卫生管理、绿化管理、小区管理等方面工作在目标要求、方法步骤与保障措施上进行了明确要求，出台了关于环境卫生管理、绿化管理、市政设施管理、违法建筑治理等四项暂行管理方法。全年发放占道、挖掘、市容广告等行政许可通知书206份，拆除各类违法建筑3000平方米，督促施工单位补栽各类树木2400棵，清除铁道线旁废旧轮胎150吨，清运各种建筑垃圾300吨。

【社会事业】 划转企业改革改制和置换退市工作扎实开展，再就业工作发放再就业优惠证2714份，新增就业岗位2743个，下岗失业人员就业579人。社会保障实现了区内困难居民的低保全覆盖，低保对象达1451户、3646人，年发放低保金额269万多元，乌岭社区被评为全省低保工作先进社区。计划生育推进优质服务，兑现奖励政策，查堵计划外生育，出生人口政策符合率和性别比例均达到与市政府签定的责任目标要求。舒巷社区和刘纪社区分别获得省“百佳社区”称号，舒巷社区还被评为“全省老年工作先进单位”。

（安庆经济开发区管委会　周六三）

福州科技园区

【经济发展】 福州科技园区于1991年经国务院批复为国家高新技术产业开发区，下辖马尾科技园、洪山（含台西）科技园、仓山科技园，规划面积5.5平方公里。科技园区通过发挥科技企业孵化培育功能，成长出一批如实达、新大陆、梅生、新北、丰泉等在电子信息、生物医药以及环保工程等高新技术领域具有核心竞争能力的高新技术企业。以良好的服务，集聚了华映光电、JVC、EPSON、NEG、LG等世界著名企业前来投资办厂，初步形成了具有地方优势和特色的支柱产业。园区创建以来，累计兴办科技企业300多家，认定高新技术企业110家，其中：高新技术产品产值超10亿元的企业4家，超亿元的30家，5000万元以上的43家；开发出新产品1000多项，其中列入国家级火炬计划项目的60项、省级火炬计划项目的111项；累计实现工业总产值1383.3亿元人民币，上缴税收48.87亿元人民币，出口创汇46.16亿美元。

2005年，科技园区认真贯彻福建省、福州市关于“建设海峡西岸经济区，做大做强省会中心城市”的战略部署，解放思想，扎实工作，不断营造良好投资创业环境，使园区的经济和各项工作都取得稳步发展。园区工业总产值完成245亿元，同比增长4.26%；产品销售总收入279亿元，增长17.23%；实现税收7.97亿元，增长13.86%；出口创汇11.4亿美元，下降4.68%。

【招商引资与利用外资】 2005年，科技园区主要抓住“5·18、6·18、9·8”等几场重大招商活动的机会，精心组织各园和企业积极参展和洽谈，取得了较丰硕的成果。全区引进和增资项目达72项，总投资23.16亿元人民币，其中外资2.45亿美元，内资3.39亿元人民币。

马尾科技园把招商引资工作的重点放在“招大商、招好商”和产业链招商上，即抓住龙头企业与培植龙头企业推动上下游配套及产业链延伸的招商，以新型显示器件、汽车电子、电子元器件等信息产业为重点，攻坚克难。全年引进的合同项目中投资1000万美元以上的项目有NEG玻纤、飞毛腿彩晶、汽车电子、明鸿汽配、高意光电，这些项目投资额大、科技含量高、发展前景好，与现有的电子信息等主导产业形成配套。其中总投资达9800万美元的飞毛腿移动平板显示项目、总投资5000万美元的华映TFT－LCM增资项目以及日立数字媒体新增PDP模组生产线成为新亮点。

仓山科技园全年共完成项目洽谈任务30项、报批落地任务12项。其中，引进世界500强的日本住友株式会社投资9000万美元、注册资金3000万元；落户于湾边的日本住装公司，征地130亩，建立全球最大的汽车组合电线生产基地。引进内资企业落户13项，总投资2.5亿元人民币，创历年招商最好成果。

洪山科技园重点扶持、吸引一批国内尖端科技项目入园发展。东方微点公司的微点主动防御软件，由反病毒专家刘旭（瑞星杀毒软件发明人）自主研制成功，实现五项技术创新，属国际领先技术，今年底投产后，如果市场运作成功，有望替代实达电脑公司，成为园区新的经济增长点。此外，通产光电公司正与省外科研部门加紧合作，开发新型黄色波段激光晶体，此项目属国内空白，依托中科院福建物质结构研究所技术力量的创鑫科技公司，掌握了锂电池核心材料的生产技术，现已投产，成为飞毛腿等锂电池厂家的重要原材料供应商。2005年，园区新增企业28家，注册资金7555万元，其中外资40万美元。

台西科技园实行“推动一批亿元企业发展、吸引一批企业总部入驻、扶持一批孵化项目成长”的“三个一批”作法，每位领导都要有项目，并把完成情况公开在《招商引资进度表》上。为了切实搞好招商和服务，促进科技项目落地，在今年的海交会上，成功举行卓异电子有限公司、安波电器（福州）有限公司等企业在金山浦上园开工仪式。在“6·18”期间，福建哈工大科技发展有限公司正式落户园区，这是哈尔滨工业大学在榕创立的第一家跨省公司，该公司注册资本1000万元，总投资达8000万元，主要产品为税控仪器，增强了园区的科技含量。福州骏飞电子有限公司、福建湘源皇视电子有限公司、福州朗赛电子科技有限公司等企业还通过“6·18”扩大了影响，争取了客户，推广了产品。

【管理与服务】 2005年是科技园区开展服务创优活动第三年，也是全面贯彻落实科学发展观、建设海峡西岸经济区、做大做强省会中心城市的重要一年。以创优软环境、完善硬环境、服务促发展为工作主线，进一步深化服务创优活动的内涵，以更大的决心、更扎实的工作，不断开创工作新局面，全面提升服务质量，变被动服务为主动服务，变事后服务为事先服务，为企业提供更加人性化的创业环境。

一是求真务实，讲求实效，进一步健全服务机制。2005年，市科技园区主动为企业服务，共认定了18家高新技术企业，考核48家，已通过39家。市园区的各科技园力求营造“领导最重视、政策最宽松、办事最便捷、服务最到位”的经济发展软环境。马尾科技园抽调干部组成服务组，人员到位，工作到位，每一成员定点负责包干企业的服务工作，服务范围覆盖所有企业。推行“企业服务专报制”、“项目建审手续代办制”、“企业联络员制”，对在建项目实行“三定”措施（即定工作班子、定责任人、定施工进度），对待建项目实行定人“建审手续全程代办制”。建立起周报、专报、周例会通报的服务创优信息反馈制度及企业走访制度。通过周例会布置与落实服务创优工作，企业服务小组每月5日、20日各出一期服务创优工作专报，汇报已协调解决的问题和需要上级领导协调的事项。

二是重持之以恒，重企业需求，扎扎实实开展服务活动。根据工作实际，各科技园注重服务实效，按照企业需求，扎扎实实为企业开展多种形式的服务活动。洪山科技园搭建了畅通的民主平台，定期走访重点企业，听取企业意见和建议，充分发挥科技园作为企业与政府之间的纽带作用，加强企业与政府、企业与企业之间的沟通。仓山科技园围绕“盘活土地资源、狠抓投建投产、扶持企业扩容，完善后勤保障”等四个方面展开，做到“两不误、两促进”。采取“目标明确、责任到位、惩奖分明”等具体措施，努力营造“谋求发展、奋发有为”的创业氛围。台西科技园为企业排忧解难，下企业开展工作，帮助十几家企业协调解决工商年检、环保审批等问题，保证企业全力搞好生产，解除了后顾之忧。

三是全面提升为企业服务的质量，扩大服务内涵，改进服务方式，逐步实现对企业的动态管理和服务。2005年，门园区通过对国家创新基金项目开展监理、验收，组织园区企业参加高新技术企业创新与发展研讨，引导园区企业走规模化管理、科技兴企与国际接轨的道路，进一步推动园区企业素质的提升和竞争力的提高。

（福州科技园区管委会　林竹）

厦门火炬高技术产业开发区

【经济发展】　2005年，厦门火炬高技术产业开发区（以下简称厦门火炬高新区）以建设海峡西岸经济区高新技术产业的航母和重要的科技创新示范龙头为目标，加大开发建设和招商引资力度，扎实工作，调整思路，着重培育优势产业，提高园区产业集聚水平，实现了高平台上的新跨越，为2006年和“十一五”的跨越式发展奠定了坚实的基础。全年新入区企业178家。其中，火炬园33家，同集园1家，信息光电园3家，火炬（翔安）产业区24家，创业园68家，软件园49家。火炬高新区已有入区企业688家，其中内资企业439家，外资企业249家；入驻火炬园194家、火炬（翔安）产业区29家、创业园311家、软件园154家。

2005年，高新区经济效益显著增长，各项经济指标全面完成或超额完成年初预期目标。全年完成工业总产值583亿元，占全市工业总产值的比重为27.8%，比上年提高了约1个百分点，同比增长22.5%；完成GDP 108亿元，增长21.3%；出口37.41亿美元，增长19.99%。产值上亿元企业有24家，共完成产值565.43亿元，占高新区规模以上工业总产值的97.1%。新增工业产值上亿元企业4家，总收入上亿元企业5家，新增亿元企业为华电开关、厦芝、柏恩氏、天能电子和库瓦格高压。高新区新增汉纳森等23家高新技术企业，高新技术企业累计达到103家。库瓦格高压新认定为外商投资先进技术企业。华联电子、中佳光电和环维电子等3家企业入选半导体照明产业化基地骨干企业。高新区全年用电1.75亿千瓦时，占全市3.13%的工业用电，完成了全市27.8%的工业产值，是名副其实的能源消耗少、经济效益高的绿色科技园区。

在各相关部门的密切配合下，高新区不断完善财政管理体制，确保税收及时准确入库，

2005年财政收入增长较快，区财政总收入9.03亿元，同比增长64.43%，其中上划中央收入5.93亿元，上划市级收入6199万元，区级收入2.48亿元。财政预算支出3.29亿元，增长73.89%。

因孵化功能完善、产业特色鲜明、产业集聚明显，经国务院批准，并由国家发展和改革委员会发布公告，高新区面积由1平方公里确认为13.75平方公里，拓展了高新区的发展空间。2005年高新区完成固定资产投资16.94亿元。

【投资环境】 2005年，火炬（翔安）产业区在完善基础配套设施、通用厂房及配套区建设方面做了大量工作，全年完成投资12.9亿元。完成产业区及友达公司地块基本农田的调整，并向省国土厅申报土地农转用，其中已批复3.03平方公里；办理了西亭路以南84.95公顷的用地红线；完成土地征用面积约7500亩。继续完善西亭路以南的配套设施建设，道路建设进展顺利，已连通翔安大道与马新路；大嶝供水改造、35千伏电力线路改造工程已完成。西亭路以北专用厂房区已完成场平及主要道路的施工图设计，并已进场施工。友达项目完成下潭尾片区的控制性详规设计，四条主要道路部分路段已开始施工。已签订用地协议企业8家，总用地面积25.74万平方米。其中，火炬集团自筹资金建设的新科大厦已投入使用，其他7个工业项目已动工，这7个项目总投资6.89亿元，注册资本3.28亿元，预计达产后可形成产值14亿元，税收5000万元。

截至2005年底，同集园首期525亩范围内市政设施建设已基本完成，437亩用地的征地、建设工作取得一定进展。市政道路、开闭所等配套设施建设进展顺利，现首期可提供的工业用地约50万平方米，其中已签订用地协议8家，已出让用地约29万平方米，另有部分企业已预约用地。首家完成厂房建设的企业APC已投入生产。

信息光电园已经完成了机场地块43万平方米的修建性详细规划和园区市政道路施工图设计、施工招标等工作。从航空港集团接收约17.5万平方米的用地，解决了特工征地拆迁的遗留问题；新征地块面积约8万平方米，完成了碉堡拆除、坟墓迁移、污水引流等征地遗留的老大难问题。克服困难，完成了场平和部分配套设施建设。市重点项目戴尔二期、联想大厦、明达光电、趋动科技均进展顺利，其中，戴尔二期基本竣工；联想大厦全部封顶，一月前完成预验收，开始设备安装和二次装修；明达光电一期厂房已经竣工；趋动科技完成主体结构建设。另外，龙净环保正在进行场地平整；灿坤厂房完成移交工作，部分已投入使用。

用地面积2.73万平方米，总建筑面积约9万平方米的厦门科技创业广场被列入2005年市政府重点项目前期，有关筹建工作稳步快速推进，获得市政府拨付的前期工作经费50万元，已经确定设计中标单位并通过方案审核。根据规划，“科技创业广场”将被打造成为火炬创新创业园的核心基地以及技术水平最先进、服务体系最完善、产品信息最集中、高素质人才最汇聚的示范中心，成为厦门最重要的高新技术研发和产业化运营中心。占地面积6203平方米、规划建筑面积1.5万平方米的创业园三期也已完成拆迁安置工作，取得用地规划许可证、用地批复和红线。

软件园建设进展迅速，一期创新大厦已经建成交付使用，二期共有13栋研发楼封顶，面积43万平方米，完成研发楼投资3.98亿元，主干道建设基本完成。

火炬园经多年建设，基础配套设施已基本完善，2005年完成了配网自动化及10千伏电力改造工程。宇电科技、天能电子和阿海珐工程基本竣工，并逐步投入生产，火炬物流工程部分封顶。

2005年，高新区在制度配套、资金支持等方面努力为园区企业营造一个良好的创新创业环境，并取得了一定成效。胡锦涛总书记年前在视察麦克奥迪和创业园后，对高新区大力支持自主创新、以企业为主体设立企业研发中心和博士后工作站的做法给予了高度评价。

《厦门火炬高新区高新技术企业认定办法》在市科技局等部门的支持下正式发布并实施。将火炬高新区内高新技术企业认定门槛降低到企业正式运营6个月以上、实现当期销售收入100万元以上（软件企业年度销售收入50万元以上）。此举将使火炬高新区“一区多园”范围内一大批科技型中小企业获得火炬高新区高新技术企业认定资格，享受到国家、地方规定的高新技术企业优惠政策。修订了《厦门火炬高新区创新资金管理办法》，制定了《厦门火炬高新区创新基金创业项目投资管理暂行细则》，根据科技部项目管理改革的要求修订创新资金管理制度，编制《2005年高新区创新资金项目指南》，编制相关的程序和表格，并在高新区网站上予以公布。

【招商引资与利用外资】 2005年，高新区的招商引资工作取得了可喜的成绩，无论外资还是内资、无论合同外资还是实际到资，都实现了双丰收。进一步壮大了高新区电子信息、电工、光电子等主导产业的产业链，夯实了产业基础，为提升高新区的经济总量打好了基础。在外资方面，合同利用外资1.75亿美元，同比增长44.64%；实际到资9513万美元，增长92.88%。合同利用外资和实际到资超额完成率均居全市第一。引进项目48个，其中，重大外资项目8个。世界500强新投资项目3个，分别是阿海珐输配电两个项目及日立投资参股的亨东制动系统项目。在内资方面，协议总投资18.61亿元，实际投资10.04亿元，实际利用内资4.48亿元。引进高新技术及配套项目257个，其中重大内资项目5个。

火炬（翔安）产业区的招商引资取得突破性进展，95栋通用厂房仅用85天就销售一空，共引进企业171家，涉及电工、光电子、新材料、电子信息、环保科技、生物技术、精密机械制造等行业，充分发挥了通用厂房启动器、吸附器的作用，为专用厂房区的招商做了很好的铺垫。台湾第一大、世界第三大TFT－LCD设计、研发及制造企业台湾友达光电股份有限公司已确定在火炬（翔安）产业区投资，从事液晶面板后段模块制造、组装及销售，初期规划投入资本5000万美元。

全年厦门软件园新引进入园企业45家，新增投资1.2亿元，其中注册资金超过1000万元的有三家，分别是台湾客服、文都教育及天海欧康。另外，有不少企业因业务发展进行了大规模的增资，如园内企业泰龙公司新增注册资本4000万元，华商盛世新增注册资本100万美元，同人科技公司增资500万。

厦门软件园二期作为市政府大力促进厦门市软件业发展的重要举措，于2005年6月初启动，在厦门软件产业规模整体偏小、招商竞争激烈的困难面前，高新区迎难而上，创新工作办法，取得了良好的招商成果。到年底，已和152家企业签订了入驻意向书，其中90多家已获批准入驻，意向购买面积超过30万平方米，已交购房订金2000万，购房面积将近8万平方米。另有20多家企业正在办理交订金手续。

高新区进一步秉持“亲商、安商、富商、服务于商”的理念，不断完善“全方位、多层次、多渠道、全天候”的一站式服务措施，促进企业尽快落地、投产。

开展技术合同认定登记服务，受到企业欢迎。厦门火炬高新区技术合同认定登记点于6月经市科技局批准设立，由厦门高新技术创业中心具体运作，主要承担高新区一区多园内技术贸易机构开展的技术开发、技术服务、技术咨询和技术转让合同的认定登记及统计分析。全年新申请获批技贸机构资格5家，办理技术开发合同认定45份、技术转让合同认定2份、技术服务合同认定1份，技术开发合同交易额为359万，技术转让合同交易额为161万，合计人民币520万。为更好地服务企业，尽力做到当天办理当天完成认定登记，及时与税务等有关部门沟通联系，使企业得以顺利享受相关优惠政策。

【中国厦门留学人员创业园】 中国厦门留学人员创业园成为福建省第一个与国家人事部共

建的留学人员创业园，并获得科技部2005年度科技型中小企业技术创新基金创业项目服务机构资格，成为全国少数几家连续三年获得科技部创新基金小额资助资格的孵化器之一。创业园还被团省委授予“福建省青年创业示范基地”荣誉称号。

2005年，创业园严把入驻审批关，不断提高入驻项目的质量。全年新注册企业74家，其中留学人员企业28家，总注册资金3亿元，其中外资1254万美元。在引智方面，共引进来厦创业留学人员或台湾学者45人，其中博士10人，硕士23人，学士12人，硕士以上人才所占比例为73%。2005年，厦门高新技术创业中心博士后科研工作站进一步加强引进博士工作力度，全年新进站2名，目前共有在站博士6名。

创业园积极组织、辅导、协助园区在孵企业申报各级政府的各类科技经费项目，全年共支持17个项目获得国家级科技项目立项和580万元政府基金扶持，49家留学人员企业分别获得市政府发放的10万元无偿创业资助金。

（厦门火炬高技术产业开发区管委会　王蕾）

莆田高新技术产业园区

【经济发展】 2005年，莆田高新技术产业园区（以下简称莆田高新区）坚持发展第一要务，全面落实科学发展观，拓展工作思路，外资、民营齐并进，完善项目管理机制，形成良性循环互动的发展势头。经过近三年来项目带动战略的逐步实施和推进，莆田高新区正全面进入实际到资、投产创税、功能完善的“黄金发展期”。到年底，全区已有各类工业企业262家，其中：外资企业158家，内资企业104家，规模以上企业106家，电子信息及配套企业82家，高新技术及技术先进型企业20家，吸纳从业人员6.5万人，各类专业科技人员8000多人。主要经济指标持续快速增长，全年实现工业总产值80.25亿元，同比增长44.33%，规模以上企业产值72.25亿元，增长58.84%，电子信息产业产值37.46亿元，增长12.7%；区内企业上缴税收16750万元，增长39.58%，实现出口创汇2.62亿美元，增长14.91%，实际利用外资11133万美元，增长1.59倍，占莆田市实际利用外资总额的35.45%；全社会固定资产投资7.2亿元，增长87.72%。

【投资环境】 2005年，莆田高新区多方筹集资金，共计投入6030万元用于完善基础设施及配套工程建设。一是路网工程建设：迎宾路工程已实现全面通车，并完成路灯、河道改造、路缘石、绿化等配套施工；涵庭路工程基本完成全线路幅土石方平整、雨污水管网敷设；环城东路工程基本完成400米路床土石方平整、雨污水管线敷设；轻工业园路网工程已完成京山路、后郭路、东清路、服饰路、涵郭路等路床平整、砼路面以及雨污水管和部分人行道、路缘石敷设；涵港路西段已实现全面通车并在全省首家采用太阳能路灯照明，东段延伸及完善工程已完成施工图设计。二是辅助配套设施工程建设：日处理能力5万吨的污水厂前期工作正在开展之中，区内并入市区污水管网工程已全面动工，已完成全长2.8公里中的1.8公里施工。涵庭路、涵港路等路网绿工程已全面完工，迎宾路、后郭路的两大标志性雕塑已完成设计。三是综合服务区建设正在紧张地进行着：一期工程中的科技文化广场绿地环境及河道改造工程已经完成土方开挖和条石护坡，科技孵化大楼已完成招标，正在进行平整场地开工建设之中。

【招商引资】 2005年，莆田高新区把招商重点从追求高产量项目向高增值项目转变，从一般生产性项目向高科技项目转变。一是发挥侨乡优势，进一步巩固全市外资引进前沿阵地地位。先后参团赴韩、日、东南亚等地开展经贸考察招商活动，广泛推介，充分发挥“血缘相亲、地缘相近、商缘相系、语言相通、文化相传”等优势，重点拓展与当地第二代、第三代华侨、华人的合作与联系，并积极组团参加第九届中国国际投资贸易洽谈会，广纳外商。二是强化民资回归，尽全力搭好涵江区创建“新兴工贸城市”发展平台。先后随团赴温州、昆明、南京等地开展经贸考察推介活动，参加第二届莆商大会暨第四届世界兴安同乡恳亲大会、涵江首届文化艺术节——中秋招商会等大型商贸活动，在当地客商和莆籍民营企业家中树立了良好的知名度和影响力，并成功地引进了铸明鞋业、百利电子等重点民资项目。

在“6·18”项目成果交易会上，莆田高新区共有17个项目实现成果对接，11个项目达成技术需求对接。在第九届中国国际投资贸易洽谈会上，莆田高新区共有35个实现签约，项目投资总额29863万美元，合同项目投资总额22663万美元，同比增长35.87%，合同利用外资15920万美元，增长1.05倍。

全年莆田高新区共新批项目49个，投资总额10.3亿元，其中，外资项目27个，合同利用外资总额12510万美元，同比增长32.62%，占莆田市的26.96%；内资项目22个，投资总额1.88亿元，成功地承接了港、澳、台和国内发达地区电子信息、鞋革服装等产业的转移，实施项目带动战略和民资回归工程成效显著。

此外，根据产业发展的需要以及园区功能布局的要求，针对高新企业外向度不断提高急需一批具有国际贸易知识的人才。2005年，莆田高新区先后地举办了“中小企业开拓国际市场业务培训班”、“WTO法律知识普及培训班”和“高新技术企业项目申报业务培训班”等，帮助企业业务主干及时更新业务知识，势时应对形势变化。并特地邀请市司法部门律师协会、联通公司等服务机构与区内企业业务主管召开座谈会，接受企业有关法律、通信和安全设备安装等方面的咨询，现场解决企业在生产、贸易、用工和安全防范过程中遇到的实际问题。莆田高新区“集中精简、灵活高效、亲商务实”的管理运行机制正在不断完善。

【科技创新】 2005年，莆田高新区被科技部授予“国家火炬计划莆田液晶显示产业基地”，并先后被省政府、省经贸委和省科技厅认定为“全省电子信息产业‘十一五’规划八大特色产业之一”、“2005年福建省‘一市一园’示范工业园区”和“中俄科技合作（莆田）示范基地”等。先后有德基、新盈、鼎立、鼎盛4个项目列入国家火炬计划，新威等5家企业的项目列入省级科技项目和6个项目列入市级科技项目，11个项目列入福建省“十一五”信息产业3618工程首批重点项目。安特半导体、德信电子、新盈液晶、新威电子、德基电子等5家企业被认定为莆田液晶显示产业基地首批骨干企业；德信电子、华光电子等一批企业与中科院长春分院、沈阳分院、上海分院、北京自动化研究所和北京电工所等一批科研单位建立密切的往来；“雪津啤酒”、“卡朱米羽绒服”2个产品荣获中国名牌称号。形成以龙头企业自主创新为主、其他企业模仿创新为辅的互动追赶式科研创新格局，企业研发意识和能力不断增强，地域品牌创建不断进步。2005年，莆田高新区共争取各项科技扶持资金85万元，实现技改投入7.21亿元，同比增长1.02倍。

随着传统产业升级和产业结构调整的顺利推进，高新区已成功实现了“从租用民房到自建标准厂房，从简单的来料加工到‘研产销’一条龙，从简单粗放的家族式管理到集约规范的现代企业制度建立”的历史性转变，形成了液晶显示器、电子计算器、电子元器件、电脑周边设备、通信终端、精密机电、鞋革服装、食品加工等八大特色产业，成为占据近60%国际市场份额的全球最大电子计算器生产基地，和占有全国13%LCD生产线（除液晶材料外）所有相关材料、零部件都能自己配套的国内最大中小型液晶显示器（TN/STN－LCD）生产基地。

（福建省开发区协会）

福建省厦门集美（杏林）台商投资区

【经济发展】 截至2005年，集美、杏林台商投资区总面积达到32平方公里。2005年度新开发2.44平方公里，投入用于工业区开发和基础设施建设的资金达3.5亿元。现投资区共有台外资企业890多家，其中规模以上工业企业346家，其总产值350亿元，占全区规模以上工业企业总产值的97.78%。经济运行总体表现为几个特点：一是外向型经济进一步发展，港澳台及外商投资企业优势明显。全区规模以上港澳台及外商投资企业完成产值276.54亿元，占规模以上工业产值的78.78%，同比增长21.71%。二是产业导向和功能布局明晰合理。杏林台商投资区主要投资方向是机械、化工、轻纺、电子等，2005年工业总产值243.56亿元；集美台商投资区主要发展电子电器、机械冶金、服装、食品，2005年工业总产值107.9亿元。三是支柱产业支撑强劲，培育了一些优势企业和名牌产品，基本形成了以机械冶金、电子电器、纺织服装和化工为主的工业经济发展格局。2005年共实现产值275.63亿元，占规模以上工业产值的78.52%，增幅为20.7%。四是规模以上工业企业数及产值双增长。2005全区规模以上工业企业共有346家，比上年增加109家，完成产值351.04亿元，增长24.50%。大型企业如厦工、TDK、NEC东金等在集美区工业经济发展中的作用越发显著。2005年，机电工业区、汽车城一期投资力度进一步加强，台商投资区中工业项目完成投资18.86亿元，占投资总额的30.96%。

【投资环境】 投资区不断创新工作机制，真正树立尊商扶商的思想，在对企业的产前、产中、产后服务中，定期不定期地深入企业，积极协调、主动协调、善于协调，积极做好投资区内企业投诉、反映问题的协调处理工作。2005年，共接受区内企业投诉、反映问题18件。其中来明工业有限公司等16家企业反映的问题都得到解决，广懋国际有限公司反映的蒸汽管迁移问题也得到妥善处理。

配合有关部门做好引进项目的跟踪落实工作，努力实现项目审批一条龙服务、项目建设全方位服务、项目建成经常化服务，以良好的服务，增强工业区的引资魅力。

认真做好ISO14001环境管理体系认证工作。完成了方案策划、大会动员、人员培训、体系文件编制、环境目标与指标制定、体系运行、环境管理体系内审、环境管理评审、问题整改等多项工作。经国家环保总局中环联合认证中心审核员的现场严格审核，继集美台商投资区管委会之后，杏林台商投资区管委会也于2005年11月通过了ISO14001环境管理体系认证。

【招商引资与利用外资】 2005年，集美、杏林台商投资区共引进内、外资41.7亿元人民币，其中合同利用外资1.38亿美元，实际利用外资1.03亿美元。同比增长34.75%。

（福建省开发区协会）

福建省闽侯青口汽车工业园区

【经济发展】 2005年，闽侯青口汽车工业园区（原青口投资区，以下简称青口园区），实现工业总产值85.43亿元，规模以上工业总产值83.54亿元，上缴税收4.64亿元。东南汽车公司生产汽车59084辆（得利卡轻客系列12919辆、富利卡轻客系列3963辆、菱帅轿车36178辆、菱绅5131辆、菱利893辆），比去年增产1286辆，产值48.84亿元。销售汽车60185辆，销售总值50.3亿元。

【投资环境】 青口园区地处省会福州市的东南部，为省级投资区，是福建省重点打造的大型汽车生产基地。园区涵盖青口、祥谦、尚干三镇，规划面积33.06平方公里，其中工业用地11.26平方公里。已开发利用的工业用地6平方公里，主要以汽车产业为主，将逐步实现汽车及配套企业国际化，园区现有汽车行业——东南（福建）汽车工业有限公司（闽台合作项目），日本三菱汽车公司，欧美先进技术汽车产业——戴姆勒·克莱斯勒轻型汽车（中国）有限公司及美国克莱斯勒、意大利斯伏尔特种汽车企业。

【招商引资与利用外资】 2005年，青口园区新批及增资项目27项，总投资达9197万美元，注册资本4302万美元，合同外资4233万美元；全年外资实际到资4516万美元，内资实际到资6683万元，出口创汇1亿美元，其中汽车配件出口5000万美元，新投产企业18家（含增资）。

【重点企业】 东南（福建）汽车工业有限公司：总投资2.3亿美元，已形成了年产15万辆的汽车能力，计划年产30万辆的汽车能力。150家上下游外资企业汽车配套厂，项目总投资7亿美元，150家内资企业汽车配套厂及28家物流相关公司，年生产汽车配套能力达16万辆。2005年一级配套厂出口汽车零配件达6000万美元。

跨国合作企业——戴姆勒·克莱斯勒轻型汽车（中国）有限公司：总投资2.08亿欧元，注册资本1.6亿欧元，形成年产4万～6万辆汽车的生产能力。总征用土地面积1000亩，首期500亩，基础设施已建成。预计2006年5月动工建设厂房，2007年上半年投产。

特种汽车企业——福建海越斯伏尔汽车工业有限公司：已达成项目选址用地，由意大利海越集团首期总投资3500万美元，形成年产2万台特种汽车企业，总征用土地面积300亩，首期用地100亩。

东南汽车公司及配套厂：占地4200亩，戴·克项目所在地千家山工业区占地3995亩，除此之外青口投资区又规划5600多亩土地作为今后汽车产业发展用地。

（福建省开发区协会）

福建省泉州经济开发区

【经济发展】 2005年，泉州经济开发区（原泉州经济技术开发区，以下简称泉州开发区）

全年实现工业总产值70亿元，同比增长40%。其中，规模以上工业产值69亿元，增长41.1%。全年实现财政总收入3.66亿元，增长35.26%。出口商品总值1.3亿美元，增长57.44%。完成固定资产投资额20亿元。

泉州开发区产业集群不断撑大，产值超1亿元、税收超1000万的"小巨人"企业有6家，产值超1000万元、税收超100万元成长型企业有62家。电子信息、机电一体化、生物医药等三大新兴产业集群占总产值的比重达23.4%，比上年增长3个百分点。"安记"食品荣获"中国名牌产品"称号，特步公司成为全国第十届运动会合作伙伴，红孩儿儿童用品和比阳轻工两家企业获得2004～2005年"商务部重点培育和发展的出口名牌"。开发区拥有"中国驰名商标"2件，"中国名牌产品"3个，"国家免检产品"2个，"福建省著名商标"13件，"福建名牌产品"7个。

泉州开发区第三产业发展势头强劲，东南医药物流等物流企业蓬勃发展，汽车工贸走廊已经聚集31家汽车工贸企业近50个知名汽车品牌，四星级酒店开始投入试营业，房地产业蓬勃发展。第三产业比重不断提升，占税收总收入的37.4%，同比提高10个百分点。

【投资环境】 泉州开发区配套设施日臻完善。招商服务大楼建成使用，行政服务中心也已投入试运行。自来水加压泵站、供电线路改造已基本完成，垃圾处理厂、污水处理厂扩容正紧锣密鼓展开。汽车工贸走廊已经聚集31家汽车工贸企业近50个知名汽车品牌，四星级酒店开始试营业；锦绣江南等一批高档住宅如期交房。全区建成住宅面积近10万平方米。奥林匹克花园项目基础设施建设全面启动，吉泰路与324国道复线节点景观形象建设完成，新增绿化面积6万平方米，行道树种植7000株。

以开展创建"平安开发区"活动为主线，全力抓好社会治安综合治理，深入开展"矛盾纠纷大排查调处"、"反盗抢、破大案"等6个专项整治行动，着力解决治安热点问题，全年刑事立案数下降7%，破案率上升20%，命案破案率100%。积极创建"和谐劳动关系工业园区"活动，举办"百万真情关怀外来务工人员"等活动，开展"保障外来务工人员权益"和"清理工程款及农民工工资"专项检查，督促用人单位按时足额发放工资，拖欠工程款的项目清欠率达到100%。

【招商引资】 2005年，泉州开发区全年新批外商投资项目15个，合同利用外资3500万美元，外商实际到资3344万美元。在2005年泉州香港投资项目推介洽谈会上，开发区签约项目4个，总投资5000万美元；在"6.18"福建项目成果交易会上，开发区实现对接项目24项，总投资7.5亿元。

【高新技术产业】 2005年，泉州开发区新增省级高新技术企业8家，累计达22家，高新技术企业产值已占全区总产值的31.5%，比上年提升3个百分点。全年泉州开发区加大技术改造和科技创新政策扶持力度，争取各级各类科技和技改扶持资金800多万元。推进市级重大科技计划项目"电子信息产业群"建设，"DVB－T地面数字电视接收机开发"、"第三代（3G）移动通信直放站研究开发"等6个项目获得重大进展，神州电子、宏远纺织、特库克汽车零部件、冠宇信息等13家企业被认定为市技术创新示范企业。加快制造业信息化步伐，创亿科技中小企业ASP公共服务平台运行良好，三星电控、宏远集团、泰亚鞋业等3家企业被列入泉州市第四批制造业信息化示范企业。

【泉州出口加工区】 国家级泉州出口加工区于2005年6月3日获国务院批准，成为泉州市首次获得批准的具有国家级对外开放先进功能的区域，是泉州开放程度最大、政策最多的外向型经济区。该加工区位于国道324线北侧，晋江市磁灶镇与紫帽镇交界处，南至324国道，北至紫星村，东至城市外环路，西至曾岭村，规划建设面积3平方公里，首期开发约2.51平方公里。现各项前期工作有序展开，控制性规划首次论证已经完成，征地拆迁以及土地报批等前期工作也已启动。

【泉州汽车基地】 泉州汽车基地位于泉州开发区南部泉州高速公路连接线东侧，总规划面积6000亩，已完成土地征用1020亩，完成土地平整900亩，已有一汽集团新华旭专用车项目和泉州远东北方奔驰专用汽车项目落地建设。泉州汽车基地新华旭专用车项目是中国一汽与新华旭公司的合作项目，目标是建成中国一汽五大客车生产基地之一，项目首期用地已完成地质勘探，厂房及道路管网已动工建设，预计于2006年7月份投产。泉州远东北方奔驰专用汽车项目是泉州远东专用汽车制造有限公司与北方奔驰重型汽车制造有限公司合作的项目，主要生产各种军用特种车、油田维修特种车、运兵车、应急指挥车。

（泉州开发区党工委办公室
苏云登）

福建省龙海经济开发区

【经济发展】 2005年，龙海经济开发区（原角美工业综合开发区、龙池开发区，以下简称龙海开发区）实现工业总产值142.3亿元，同比增长40.5%，占龙海市的46%。其中规模以上工业产值113.7亿元，增长26.6%，占龙海市的43%。规模以上工业企业75家，比上年净增12家，其中产值上亿元的18家，净增3家。工业税收3.28亿元，增长96.4%，百元工业产值含税率2.3%，灿坤、统一年纳税上千万元，多棱、坚实、福贞、九龙建设年纳税上500万元，38家企业年纳税上100万元。全年实现出口总值7.25亿美元，增长14.4%，占龙海市的81%。新投产三资企业11家，年可新增产值3亿元以上。有4家民营企业获得自营出口经营权，年可新增出口额1000万美元以上。企业共取得各种质量体系认证9个，省名牌产品2个，省用户满意产品1个，省十大知名放心品牌1个，省高新技术企业1家，省"重合同守信用"企业2家。14个村、场被龙海市评为"发展工业先进村"。

【投资环境】 2005年，龙海开发区继续完善城市基础设施，重点实施"一园（人民公园）、一路（福龙工业园中闽大道后段）、一桥（角嵩路社头桥）、三配套（垃圾处理场、污水处理厂二期工程、自来水厂技改和管网改造）"等6个基础设施项目建设。新村建设重点推进龙池安置区B区、锦宅村、桥头村等三个点。龙池开发区宝升花园、云龙海岸、瑞鑫家园等房地产项目完成建筑面积25万平方米；市第一医院角美分院投入使用，投资1200万元的角海路（镇区至海沧铁路立交桥段）路面拓宽、两侧绿化、路灯安装按时完成，角海路社头桥、北港大桥、垃圾处理场、自来水厂技改动工；区镇村投入1100万元，完成低干渠龙池段改造、金山水闸改建、龙屿河清水工程、沙洲村中低产田改造、大坑和岩内水库除险加固、南门水闸改建和水毁工程修复等项目；续建农村水泥路7公里，提前完成农村道路硬化三年任务。

继续深化城市规划编制，加快空间发展概念规划和城市总体规划论证后的修改，超前做好林尾渠片区2000亩工业用地、洪岱洋片区3平方公里城市建设用地的土地利用规划调整和控制性详细规划编制。

2003年角美开发区与角美镇整合，实行"一套班子、两块牌子"。整合后的角美既享有全国小城镇综合改革试点镇、福建省小城镇机构改革试点镇的优惠政策，又享有省级开发区的政策待遇，在机构设置、规划管理、公用设施建设、社会事务、环境保护、社会治安综合治理等经济和行政管理上，具有较大管理权限，部分职能享受地级市一级的管理权限，配备副处级的党政领导班子和副科级的内设机构，设立海关、消防、工商、税收、城监、公安、交通、交警、边防、广电等48家管理服务机构和7家金融机构，形成宽松有利的政策服务环境。

在工业项目建设中，提高了工业项目单位面积土地的使用率和产出率，提升土地集约使用水平。在严禁引进重污染性、高危险性、强掠夺性项目的基础上，适当提高了项目准入门槛，通过论证评估、综合考察等办法，引进了一批科技型、税源型、就业型、品牌型项目。提升产业集聚效应。同时，注重培育产业集群，加大龙头企业扶持力度，初步形成以灿坤为龙头的家电电子产业集群，以统一、多棱为龙头的材料产业集群，以百佳、东海、泰山、同发为龙头的食品产业集群。积极向上争取用地指标，为成片开发和大项目的落户做好土地资源储备。

推进行政职能转变，成立国土分局，使开发区职能更加完备，运转更加便捷。实行“一幢楼”办公、“一站式”告知、“一条龙”服务，有效提高行政服务效率。注重干部岗位培训，提高业务能力，确保行政审批权限的规范和准确行使。强化财政服务功能。积极争取外税属地管征，以方便纳税人。突出抓好二、三产业等速效财源产业的培植，努力形成企业发展、财政增收、社会受益的良性循环。大力扶持规模工业特别是民营企业加快发展，培植骨干财源、后续财源。加大依法治税力度，坚持抓大不放小，大小一起抓，强化税收预测监控，确保税收应收尽收，使经济增长能及时反映到财政增收上来。同时，还注意创新经营思路，成立工业投资公司和城市投资公司，并以此作为融资的平台；加大经营性土地收储力度，把适合市场化运作的土地统一收储拍卖，实现土地收益的最大化，为项目融资提供资本金。2005年以来，已争取到国家开发银行1亿元的授信贷款，完成土地收储4宗239.58亩，拍卖收入1.052亿元。

【招商引资与利用外资】 2005年，龙海开发区新批外资项目21个，三资企业增资18家，合同外资额7086.5万美元，同比增长8.9%，占龙海市的46%；实际利用外资额5831万美元，增长34.5%，占龙海市的55.5%。

灿坤西区、长春化工、喜盈门家俱、统一马口铁二期、凯景二期、多棱铸钢等一批较大规模新项目落地投建、投产。新办或技改扩建工业项目108个，比上年增长20%，其中投资300万元以上项目56个，增长33%；新投产投资50万元以上工业企业39家，增长30%，其中投资300万元以上项目18个，增长80%；完成工业固定资产投资总额13.62亿元，增长3倍。

（福建省开发区协会）

福建省福州福兴经济开发区

【经济发展】 2005年，福州福兴经济开发区（原福兴投资区，以下简称福兴开发区）面对外贸出口配额限制、自然灾害及突发性卫生疾病带来的不利因素，创新思路、攻坚克难、奋发进取，经济建设和社会各项事业都取得了一定的成绩。全年完成工业产值62.25亿元，同比增长7.3%；规模以上工业产值34.79亿元，同比增长5.7%；固定资产投资5.32亿元，同比增长53%；财税入库1.6亿元，同比增长7.8%；新批合同外资7140万美元；实际到资

2540万美元。为鼓山镇荣获“全国千强镇”、“全省百强镇”的称号做出了积极的贡献。

【投资环境】 2005年，福兴开发区落实市委提出的“项目无偿代办、全程跟踪、制止三乱”等三项服务，完善首问负责制等八项制度。抓好服务中心工作，园区投资服务中心全年接到各企业需要帮助解决的问题共131件，涉及卫生、治安、水电、交通、环保等方面。其中112件已得到解决，办结率达85.5%，其余19件因涉及内河整治和下水道改造还未得到解决，对此，除及时向企业反馈外，正积极向市、区有关部门协调，争取早日得到解决。围绕有效服务这一中心，加强了机关效能建设，做好机关工作人员的机关效能考评工作。对真抓实干、成绩显著的进行表彰，对先进事迹和典型经验进行宣传，从而激发全体工作人员的工作热情，调动他们的主观能动性。在台风“海棠”、“泰利”和“龙王”先后肆虐福州的时候，受自然条件和历史原因的影响，投资区发生了空前严重的内涝，部分企业受淹，投资区班子成员和机关工作人员都及时下企业，帮助企业开展自救和灾后生产恢复。在磨洋河发生决口的关键时刻，投资区班子成员和机关工作人员应急抢险队伍第一时间内赶赴现场，和企业员工并肩作战，战洪水、堵决口，保护了企业的安全。同时，经常邀请区内企业、群众对机关服务质量、投资环境进行评议，听取企业对机关服务的建议。机关效能建设的开展，使得“服务就是第一软环境，服务就是生产力”的观念进一步得到增强，投资区的投资环境进一步得到优化。

2005年，福兴开发区加强综治工作力度，向投资区企业发放意见征集表，定期召开综治例会和重点企业治安工作协调会，在企业召开现场会推广安装闭路监控系统等先进典型的工作经验。加强对“两抢”的打击力度，组建学生巡逻队、警犬巡逻队上路巡逻，全年两抢案件下降13.7%，抓获犯罪嫌疑人12人，捣毁犯罪团伙3个。进一步做好信息沟通，通过简报、治安信息、专报等形式及时准确地向上级有关部门及投资区内各企业反馈信息，加强投资区巡逻队伍建设，加大路面巡逻的力度，努力做好“平安鼓山、平安投资区”工作，使投资区的治安状况有了明显的改善。全年对区内企业进行了安全检查45人次，发整改通知书20家，整改意见35条，现场整改15家；认真开展安全宣传活动；配合市、区有关部来投资区安全检查，配合区卫生局、防疫站对投资区企业职工进行健康体检和职业病防治检查工作；配合区消防在队开展“119”宣传月活动；投资区内征地企业签订安全责任书117份，努力消除安全隐患，确保企业安全生产。

2005年，福兴开发区完善了投资区内消防设施工程建设；协助投资区内企业办理给水管道的申请工作；及时向自来水公司通报投资区内各企业的用水情况，保障企业用水需求。投资160多万元，对河滨路、樟林路、埠兴路进行了路灯安装；对福兴北路钢材市场路段的路灯进行整改；对红光路、福光路老化电缆线进行了修复；新安装了3台变压器；定期对投资区各路段的路灯进行检修，不断完善投资区的亮灯工程。进一步完善了投资区内电信设施建设；协调解决投资区内突发的通信障碍问题。投资500多万元修建了湖塘路，解决了历史遗留下的“断头路”的问题，并对区内道路维护，保证了福兴投资区道路畅通。投入15万元，对磨洋河上游进行清淤，并多方协调将区内淤积严重的两条内河——浦东河、磨洋河列入市政府年为民办实事项目。

【项目建设】 做好土地、厂房、企业三篇文章，共盘活土地334.17亩，其中已完成招商正在办理报批手续的有128.17亩，已经动建的有206亩；新建厂房3万平方米，二次招商2.16万平方米，引进了登远制鞋、尖端科技等10家企业；企业发展也不断加快，有4家企业被省科委评为高新技术企业，新申报规模企业1家，有10家企业经济总量实现了大幅度增长，共新增产值3.8亿元。

落实三个强化，即强化领导，班子成员间统一认识、统一目标、统一行动，坚持经济工作“三个例会”制度、领导和机关干部包企业制度；强化责任，把各项指标分解细化到每个领导、每个包厂人员、每家企业，实行经济工作考核责任制，努力挖掘潜力，落实各项经济指标。强化措施，坚持扶优扶强，优化资源配置，在水、电、厂房、用地等方面向优势、强势企业倾斜，实施项目带动战略，全年共签约30项，总投资超过2亿美元，实施税收移回工程，共移回外流企业6家，其中房地产企业2家，新增税收1000万元。

【党建与精神文明建设】 认真实践“三个代表”重要思想，坚持围绕经济建设中心，服务大局，抓好非公组织的党建工作，全年共培养入党积极分子80名，送区委党校学习培训26名，发展党员12名。现已成立非公经济组织党组织40个，覆盖65家企业，党员352名。

认真抓好共产党员先进性教育活动，按照区委的部署，开展了两个批次的先进性学习教育活动，有38名机关党员、282名非公企业党员参加了学习。针对非公企业的特点，我们采取了下派政治指导员和联络员，指导非公企业党支部开展好先进性教育活动，这一新举措，得到了中央第二批先进性教育巡视组、省委副书记王三运及市、区有关领导的充分肯定，中央电视台、中央人民广播电台、光明日报等6家中央新闻媒体和省、市电视台先后对投资区的非公企业党员先进性教育活动情况进行了报道。通过学习，使全体党员深刻认识到开展保持共产党员先进性教育活动的重要性，把思想统一到中央重大决策和省、市、区委的工作部署上来，做到在政治上始终与党中央保持高度一致。

倡导技术创新，围绕投资区的中心工作，动员广大职工积极投身“三个文明”建设。以实施职工经济技术创新工程为标志，搭建“主力军创新活动”平台，通过开展各种形式的劳动竞赛、“五个一”创新活动、合理化建议、技术创新、发明创造、岗位练兵等活动，引导职工努力提高自身业务素质，在经济建设中充分发挥工人阶级的积极性和创造性。据不完全统计，全年有500多人次参加岗位练兵；实施重大合理化建议10项、优秀合理化建议9项，创新经济效益1300万元；技术革新12项、技术攻关10项、开发新产品21项，创新经济效益500多万元。

倡导扶贫济困，投资区始终关注困难职工，开展了多种形式的“春风送温暖活动”，为非公企业职工子女举行了庆“六一”慰问活动，共发放慰问金7000多元。对高温工作下的一线员工进行慰问，发放慰问金6000元。对因台风造成生活困难、影响过冬的重灾户进行紧急走访慰问，千方百计为受灾职工解决生活问题，确保他们安全过冬，把党的温暖送到职工的心坎上。同时，在区内企业中推广富的乐、顺大工会的救助基金制度，为生病职工解决实际困难。

（福建省开发区协会）

福建省漳州招商局经济开发区

【经济发展】 2005年，漳州招商局经济开发区（以下简称漳州开发区）坚持以“规模、质量、效益均衡发展”的科学发展观为指导，各项事业均取得了较好的成效。全年实现工业总产值42.23亿元，与上年同期基本持平；新增规模以上工业企业2家；外贸出口（海关实绩）2.4亿美元，同比增长10.65%；全港吞吐量达631万吨，增长16.81%；完成重点项目固定资产投资10.01亿元人民币，增长33.83%，其中工业项目投资同比增长76%。

规模工业企业经济运行质量显著提高，工业产值百元含税率达到2.64元，增长100%。财政收入在连续四年高幅增长的基础上再创新高，实现财政总收入1.9亿元，增长100%。

【投资环境】 2005年，漳州开发区“三个环境”建设目标得到有效推进和落实。口岸环境方面：口岸单位办公用房基建工作已基本完成。海事局和边检已经入驻；海关和国检也正着手准备入驻。与此同时，口岸单位的机构升格工作也取得新进展，改善了口岸环境。金融环境方面：以入区金融机构升格为目标的环境建设取得较好成效，已有建行和中行两家分理处顺利升格为支行，并挂牌经营；农行、工行也已经批准升格，将大大改善入区企业的需求。社区环境方面：以创平安开发区为目标，带动各项工作全面展开。如，进一步健全完善居委会服务机制，引导、培育社区集体经济发展；进行全区普法教育；全面落实安全生产责任制，打造平安开发区；加强全区市政配套建设，提高和改善入区企业和员工的生活配套环境等。

【招商引资与利用外资】 2005年，漳州开发区招商引资工作立足于做大规模、做大财政，立足于项目的关联度，全面实施“四个并举”方针，前、后招商齐头并进，开创了招商引资新局面。按商务部新统计口径计算，全年实现合同资金4905万美元（扣除当年减资额5842万美元）；实际到资9309万美元。从引进项目看，凸显“三多一高”，质量明显好于往年。“三多”：一是新项目多。入区45个项目中，93.3%是新注册项目，增资项目3个，比上年(24个）增长46.7%。二是千万美元以上项目多。达8个，其中，已注册项目4个，最大项目投资额达6000万美元；已签合同项目4个；比上年增加2个。三是生产性项目多。行业集中，体量大。入区项目中，临港工业项目13个，码头物流项目6个。“一高”：即履约率高。19个临港项目中，已有17家完成项目批准手续，并已开工建设。此外，后招商工作从服务入手，在扶持入区企业做大做强上下功夫，也取得了明显成效。2005年，区内永大、中集、诺尔、金石四家企业进入福建省百家重点企业行列，有五家企业被省经贸委评为优秀工业企业。

【财政管理】 一是注重培育和挖掘财源，铺垫持续增收的基础。严格项目入区评估制度，注重引进项目的财政贡献度，鼓励不占资源项目入区，引导企业做大国内市场，提升项目财税贡献质量。同时，主动服务企业理顺纳税关系，开辟新税源，实现区企双赢。二是加强管理，应收尽收。税务部门通过税收结算、建立重点税源台账，强化管理和监控等措施，并以“功夫税”为重点，有效组织征收。同时，正确处理好征与扶的关系，做到应征尽征；三是注重成本控制，努力做好节支工作。

【土地开发】 2005年，漳州开发区土地经营管理应对新政扎实推进三项工作。一是土地管理基础工作进一步夯实。落实了省政府赋予的一级市场管理权政策，确保了对土地资源开发的主动权；启动土地利用总体规划、开发区基准地价和矿产资源三区规划修订工作，为有效加强土地调控奠定基础。二是有效地推进土地经营管理。全年通过招、拍、挂平台，公开出让经营性用地92亩，取得了较好的效果，地价再创新高，每亩平均高达97万元人民币，比去年平均每亩净增55万元；工业用地转让均价也达到10.17万元/亩，比上年每亩净增1700元。三是妥善解决了生活服务配套用地历史遗留问题。完成33万多平方米工业用地变性为商住用地并补办出让手续，推进了开发区房产开发和生活服务配套的进一步完善。

（福建省开发区协会）

江西省九江经济开发区

【经济发展】 2005年，九江经济开发区（以下简称九江开发区）经济快速发展，全年完成GDP 21.92亿元，同比增长21%；完成工业总产值24.2亿元，增长18.1%；规模以上工业实现增加值5.4亿元，增长21%；完成城镇固定资产投资27亿元，增长8%。2005年，国务院批准设立江西九江出口加工区，为九江及江西省开放型经济发展提供了崭新的平台。

【投资环境】 九江开发区抓紧抓实历年批准进区项目的开工建设、竣工投产和达产达标，同时抓紧抓好当年新批入区项目的建设。通过建立健全领导包干责任制、项目定期调度制、现场办公制、督查通报制等制度，对投资者在项目建设中遇到的困难和问题，积极主动协调、切实帮助解决。年产10万利亚纳轿车、15万台铃木K14B发动机的生产线已先后竣工投产。恒通温控、新佳泰纺织、逵阳纺织、奥华混凝土、湖北保得石化科技等一批项目也陆续建成投产。汇源三期、清华同方、恒盛电子科技园、新九泰纺织、东海压力筛、维多生命精力素等大项目正加紧建设。707所高科技产业、昌靖汽车内饰等重点项目正筹备进场。目前，在建项目40个（其中工业项目28个、房地产项目12个），总投资46.5亿元。

【招商引资与利用外资】 九江开发区坚持把招商引资上项目作为经济发展的第一要务，突出招大引强，以“二区、二园、一湖”（出口加工区、起步区、综合工业园、汽车工业园、环八里湖）五大平台为依托，全面实施招商带动战略，大项目引进亮点纷呈。全年新批合同项目25个，其中亿元以上项目3个，外资项目6个，合同资金11.6亿元，其中合同外资7680万美元；实际内资进资14.8亿元，外资进资4922万美元。

【社会事业】 九江开发区农业工作在落实惠农政策、林业产权制度改革、高致病性禽流感防控、示范村庄建设等方面取得了新成绩。全年共发放粮食直补和良种补贴36.3万元，免征农业税83.2万元，农民人均纯收入3600元，同比增长10%。教育工作在改善办学条件、提高教育教学质量等方面迈出了新步伐。七里湖中心小学竣工开学；投资65万元新建了扬花小学；筹措14万元购买了1460套课桌椅，较好地解决了农村小学生自带课桌椅的难题。卫生工作实现了血吸虫传播阻断达标，成为全省五年血防中长期规划第一个达标地区。计划生育工作围绕稳定低生育水平这一个工作重心，建立利益导向机制，贯彻落实优惠奖励扶助政策取得了新成效。民政工作坚持想群众之所想，急群众之所急，把党的温暖及时送到人民群众手中。全年累计发放低保资金238.9万元，同比增加52.9%，发放优抚金26万元。劳动保障工作在新增就业和再就业方面做出了新成绩。全年新增城镇从业人数547人，当年实现国有企业下岗职工再就业人数305人，省外输出劳务人员551人，城镇登记失业率控制在4.5%以内。

【出口加工区建设】 江西九江出口加工区于2005年6月3日经国务院批准设立，是江西省惟一的出口加工区。规划面积2.81平方公里，首期开发0.987平方公里。出口加工区位于九江开发区综合工业园东北部，距九江市中心区9公里、九江外贸码头15公里、昌北国际机场100公里、九江机场14公里。京九、武九铁路在此交汇，南昌九江高速、105国道从区旁经过。地理位置优越，交通便利快捷。建成后的出口加工区内基础设施完善，区外生活服务功能配套完备。

（九江经济开发区管委会办公室
龚晓军）

山东省聊城经济开发区

【经济发展】 山东省聊城经济开发区（以下简称聊城开发区）是经山东省人民政府批准设立的省级开发区，1995年10月8日正式启动，规划区面积40平方公里。2005年是开发区正式启动以来的第10年。10年建设，开发区从无到有，不断发展，各项经济指标连年翻番，经济实力不断壮大，基础设施逐步完善，城市功能逐渐完备，投资环境日益优化，投资项目越来越多，投资额度越来越大，基本形成了投资环境优、运作机制活、开放条件好、增长潜力大、发展前景广的经济新区，在全市对外开放和经济建设中开始扮演越来越重要的角色，发挥愈来愈重要的作用。2005年聊城开发区经济持续快速增长，主导产业发展势头迅猛，骨干企业运行良好，企业效益明显提高，出口增速持续加快。2005年GDP完成23.6亿元，比上年增长60.5%，相当于2000年的10倍还多；经济效益进一步提高，人均地区生产总值达到3.14万元。一、二、三产业增加值分别完成1.4亿元、12.9亿元、9.3亿元，同比分别增长9.6%、55.7%、81.9%，三次产业比例达到6:55:39，二、三产业所占比重继续增长，经济结构进一步优化。规模以上工业企业总产值完成20.9亿元，比上年增长148.9%；境内财政总收入完成11580万元，增长44.3%，首次突破亿元大关；地方财政收入5790万元，增长了32.9%；工商税收8848万元，增长了55.5%。开发区已成功地走出艰苦创业的初始阶段，并开始走上经济与社会发展的快车道。2005年，聊城开发区被山东省外经贸厅授予“开发区发展进步奖”，62个省级开发区中共有15个开发区获此荣誉。

【投资环境】 10年来，聊城开发区下大力气努力营造优良的综合投资环境，根据“适度超前，适度负债，滚动发展，逐步拉开框架，根据项目需要完善配套”的建设方针，在财政极其艰难的情况下，累计投入基础设施建设资金8.5亿元，在近30平方公里范围内基本达到“九通一平”；建成高标准道路25条，通车里程近百公里，初步形成了“十三纵十一横加一环”的道路交通网络；绿化面积达到120万平方米，城市人均绿地40平方米，绿化率40%以上；开供水中心供水能力不断扩大，日供水已达10万吨；两座110千伏变电站可充分满足企业用电需要，正在建设的热电厂可满足企业蒸汽需求，供水、排水、天然气等配套设施齐备，为招商引资和经济发展奠定了坚实基础。10年建设，开发区内生活设施不断健全，城市功能不断完善。完成了凤凰新城等一系列住宅精品，配套齐全，可满足进区客商各种选择。引入并发展了东昌学院、聊城医药技工学校、聊城服装专修学院等一批高、中等院校，逐步形成了开发区普通高等教育与职业教育相结合的教育体系，可满足进区企业的各种人才需求。银行、医院、中小学校、酒店、商店、商务区、高中档居住区、娱乐、公共交通等生活服务设施一应俱全。

【招商引资与利用外资】 10年来，特别是2001年以来，开发区人提出了“招商引资是开发区的生命线”，“完成招商引资任务是功臣”，“以招商实绩论英雄”的工作理念，在人力、物力、财力上向招商引资工作倾斜，以专业招商队伍为主，以全员招商队伍为辅，选准招商重点，创新招商方式，搭建招商载体，优化招商环境，推动了招商引资工作的突破性进展。到2005年底，引进项目累计达到260个，工业项目占到70%的比例。引进项目总投资累计达到70多亿元。2005年，吸引进区项目

46个，项目总投资14.47亿元，比上年增长205%。引进利用外资项目10个，合同利用外资5616万美元，比上年增长170.5%，外商全部投资达到6672万美元，比上年增长47.7%。

【对外贸易】 随着进入开发区外向型企业的增多，开发区出口创汇能力不断增强，出口创汇占全市的比例稳步增长。到2005年底，聊城开发区有出口实绩的企业达到16家，2005年实现进出口总额1.05亿美元，其中出口6129万美元。短短几年，开发区已成为拉动全市出口增长的重要因素。

【管理与服务】 随着外资企业、外地企业、大企业的进入，对开发区干部的办事水平、服务水平、服务效率提出了更高要求。聊城开发区实行了民主评议制度，由进区企业代表对开发区各部门服务水平进行民主评议，对评议后两名进行警告。为了简化审批程序，提高办事效率，推行了“一条龙服务”、“一站式办公”“一个窗口对外”和“首问负责制”、“项目责任人制”等服务措施和办法，解决了客商投资审批环节多、工作效率低、服务意识差、推诿扯皮等难题，进一步改善了投资环境。为激发和调动开发区干部的招商积极性，在全市率先组建了专业招商队伍，实行竞争上岗、绩效工资，把招商实绩与经费待遇挂钩，调动了招商人员的积极性。为加强机关事务管理，在全市率先推行了公车改革，实行了财政集中支付制度。在项目占地方面，坚持以人为本，确保失地农民利益，积极探索失地农民安置办法，对农民土地补偿金实行了“一级所有、三级管理，有偿使用、每年分配”的办法，失地农民的长期利益得到了保障。改革机关部门与工作人员考核制度，强化了广大干部的责任感与使命感。激励竞争机制的强化，使开发区充满了生机和活力。

【高新技术产业和重点企业】 10年发展，聊城开发区高新技术企业开始起步，成为发展高新技术产业的基地。为加快发展高新技术产业，促进科技成果的产业化，2002年，由财政局、发改委、科技局和开发区管委会共同出资在开发区建设了聊城市高新技术创业服务中心。到2005底，创业服务中心入住企业20多家，开发区经认定的省级以上高新技术企业达到5家，并且还承担了一项国家863产业化项目。生物科技技术的引进、机电一体化产品的开发、高档高支纱的改造都取得较好成绩；韩元电子、新兴电子、创通科技、华益电子等一批电子企业在开发区陆续兴建并不断发展；开发区内的高新技术企业，生产的高新技术产品，在我市高新技术产业中处于领先水平，为加快全市高新技术产业发展，推动产业结构调整开始发挥重要作用。科技合作不断加强，与北京、上海及省内部分高校院所建立了合作关系，开发区科技创新体系正在逐步形成。

“十五”以来，开发区大力调整产业结构，切实转变经济增长方式，努力调整三次产业结构比例，强调以工业为主，大力发展第三产业，工业企业快速发展，工业产业集群已成为发展的优势平台，形成了以韩国希杰生物科技项目、香港华润啤酒、西班牙食用菌、荷兰DSM为代表的食品、劳保产品加工业；以香港华润纺织、金隆纺织、港润印染、大羽制衣、凤凰绣品为代表的轻纺服装业；以聊客集团、昌润织机、万合工业、蓬建集团、东海铸锻为代表的汽车制造及配件生产、机械装备制造业；以汇通钢管、兴隆钢管和大东钢管市场为代表的钢管生产、销售业；以创通科技、韩原电子、新兴电子、华益电子等为代表的电子信息产业等五个工业门类。

【社会事业】 各项社会事业全面发展，和谐社会建设初见成效。“三农”工作得到进一步加强，农村经济保持较好的发展势头。基础教育全面进步，全区小学学龄儿童入学率达到100%，普及九年义务教育成果得到进一步巩固，两处中学、两处小学成为市级教学规范学校。教育资源进一步整合，聊城市教育学院、师范学校合并到聊城大学东昌学院，以东昌学院、聊城医药技工学校、聊城服装专修学院等为主的高质量教育体系已经形成。脑科医院加强综合科室建设，开发区人民医院正在建设中。人口与计划生育成绩显著，人口自然增长率控制在全市平均水平。环保、民政福利、社会救助等各项社会事业稳步发展。土地拓展工作克服较大困难，保障了项目用地需要。进一步合理利用现有土地资源，提高了土地集约化水平。积极推进了村庄拆迁改造工作，完成了武楼、马庙村的改造。城市功能不断完善，医院、学校、酒店、商店、商务区、高档居住区、娱乐、公共交通等生活设施逐步健全。住宅开发面积配套齐全，高、中、低档次齐备，可满足投资客商和居民各种选择。以创城和建区十周年为契机，城区形象得到较大改观，城市化水平进一步提高。

【机构设置与管委会领导】 聊城开发区机构精简，职能健全。内设机构有办公室、纪委、政治工作部、经贸发展局、社会发展局、建设局、财政局、公用事业局、招商促进局、农村工作办公室、人口与计划生育委员会、宣传办公室和安全生产监督局，另外还有3个专职招商局（招商一局、二局、三局）；市直部门驻开发区分支机构有公安分局、国税分局、地税局、土管分局、工商分局、环保分局、审计分局、规划分局、房管分局、检察室、交警大队和消防大队。开发区直属事业单位有社会保险处、城建监察大队、计生服务站、建筑劳保收费站、婚姻登记处、卫生监督所。

中共聊城经济开发区工作委员会书记张同村，副书记李昌忠、王立民、赫清稳。聊城开发区管理委员会主任张同村，副主任孙玉臣、张林、雷霞（女）。

（山东省聊城经济开发区管委会）

湖北省宜昌经济开发区

【经济发展】 2005年，宜昌经济开发区（以下简称宜昌开发区）完成全社会固定资产投资18.2亿元，同比增长18.5%；实现GDP 21.6亿元，同比增长31.1%；工业总产值72.4亿元，增长55.6%；工业增加值17.3亿元，增长40.6%；技工贸总收入90.85亿元，增长51.2%；社会消费品零售总额10.4亿元，增长62.5%；高新区高新技术产品产值8.3亿元，增长39.8%；东山园区财政收入2.21亿元，增长22.8%，其中，一般预算收入4796万元，增长36.7%。

【投资环境】 2005年，东山园区完成了汕头路上段、北海路隧道进口段道路建设，北海路隧道全线贯通，完成了中心区、工业区、三峡大学校区的热力管网铺设；完成了北海路箱涵建设，完善了大连路隧道；完成了金三峡印务、灵芝多糖、贝因美、三峡药业一期、金宝乐器一期等工业项目和重要公共设施项目广电中心的征地拆迁和场平工作，进行了南苑、东苑安置房的建设和青岛路中、下段道路工程建设；完善了发展大道、大连路水景工程，完成了大连路隧道口、大连路、汕头路光盛纺织段的绿化；共拆迁房屋145栋25960平方米，搬迁桔树、经济林木53895株，均为建区以来之最。猇亭园区完成了FR－4暨覆铜板及新型非金属管道、上海欧达机电设备制造、超细高岭土等项目的征地拆迁和场平，迎宾大道延伸段、先锋南路、金岭路和第二水厂、开闭所等重要基础设施均已开工建设，完成征地1080亩，拆迁房屋1.9万平方米。

【招商引资】 2005年，宜昌开发区引进各类项目26个，合同投资总额45.2亿元；在建项目74个，完成投资17.93亿元，其中工业项目32个，完成投资10.8亿元；新开工项目47个，其中工业项目20个；建成投产项目27个，其中工业项目14个，三产项目13个。全年新引进投资过亿元工业项目8个，合同投资24.38亿元，项目平均投资额超过3亿元。外资项目6个，合同利用外资折合人民币17亿元。新型非金属管道、TCP、超细高岭土、草甘膦、96万吨复合肥、车用电子、贝因美、三峡药业、金三峡印务三期、太平鸟服饰二期，欧达机电设备制造等14个工业项目开工；力华商品砼、太平鸟服饰一期、黑旋风科技园一期、光盛纺织一期、光电产业中心、人福药业三期、世纪嘉华塑业、新型非金属管道等8个工业项目投产。

【高新技术产业和重点企业】 2005年，宜昌开发区高新技术产业稳步发展，产业竞争力不断增强。国家级创业中心新引进24家科技型中小企业。金雀定位、永固科技、华润科技、五环钻机等一批科技型中小企业发展迅速。人福药业被认定国家级高新技术企业，安琪集团项目实验室被认定为国家级技术中心，弘讯管业等12家企业被认定为省级高新技术企业，有4项科技成果通过省科技厅组织的鉴定，达到国内先进水平。高新技术产业在全区产业结构中比重达25%。

湖北宜化集团：是全国520家重点企业之一，省级高新技术企业，总资产50亿元。1977年建厂，现已发展成为煤化工、磷化工、盐化工三足鼎立的大型企业集团，下辖10多家子公司，其中1家上市公司、3家中外合资公司，产品涵盖化肥、化工、热电三大领域20余个品种。宜化当前是全国最大的合成氨生产企业、全球最大的季戊四醇生产基地、全国最大的磷酸一铵生产企业、湖北省最大的氯碱产品生产企业。2005年销售收入63亿元。总投资8.9亿元的大磷铵项目一期工程已于2005年7月在猇亭园区开工建设，总投资8亿元的大磷铵二期工程将于2006年开工建设，届时将为宜化集团再添销售收入20亿元。

宜昌人福药业公司：成立于2001年8月，前身是一家具有50余年历史的大型综合性制药企业。现公司拥有总资产2.8亿元，注册资本6000万元。主要生产经营制剂药品（包括小容量注射剂、冻干粉针剂、糖浆剂、片剂、胶囊剂、胶丸剂、颗粒型、散剂）及原料药等186个品种品规的产品，是国家麻醉药品定点生产企业、国家级高新技术企业、医药科技产业骨干企业、中国最大的麻醉药生产基地。2005年11月，投资1.2亿元的人福医药工业园在开发区落成。

年产40万吨TCP及湿法电子磷酸项目：由世界500强日本三井物产株式会社投资，项目总投资1亿美元，建设内容包括年产40万吨及其配套项目以及年产5万吨精制磷酸项目，项目投产后预计年产值15亿元。项目总用地1000亩，分两期建设。其中一期项目为年产20万吨TCP及年处理60万吨选矿厂，建成后预计年产值3.6亿元。

新型非金属管道项目。由中国宏达控股有限公司投资的外资项目，总投资额3.6亿元。一期主要开发、制造、安装玻璃钢夹钞管、高压玻璃钢管及管件、聚乙烯、化工原料及电子原器件，该项目已于2005年11月在猇亭园区开始试生产。

【社会事业】 2005年，宜昌开发区农村经济总收入达27206万元，完成年计划的112.6%；集体经济总收入390万元，同比增长9%；农民人均纯收入3760元，高出全市672元，增长4.1%。社区工作逐步规范。全区新增就业1126人，安置下岗失业人员642人，安置管理区失地农民438人，新增农村劳动力跨地区就业505人，城镇登记失业率控制在4.1%以内。企业子弟学校接收和区属学校资源整合基本完成，实验小学的征地拆迁积极推进；医疗机构管理进一步规范，医疗网点布局不断优化，疾病预防网络初步形成。

【管理与服务】 2005年，宜昌开发区软环境不断优化。以先进性教育为契机，以行政效能为重点，以机关作风转变为突破口，建立投资环境绿色通道，强化对进区企业、项目的全过程、全方位、全天候服务和零距离、零障碍、零缺陷服务；继续实行领导联系项目制度、联络员制度、重点项目重点调度制度、重点企业重点保护制度，积极为项目建设、区内企业排忧解难；进一步完善“四个中心”建设，推进“四项改革”、完善“四项制度”、坚持“四个公开”，严肃认真对待企业投诉，机关服务意识进一步增强，亲商便民氛围更加浓厚，得到投资者一致好评。

【机构设置】 宜昌经济开发区内设机构有：工委办公室（管委会办公室、宣传部与其合署办公）、纪工委（监察局与其合署办公）、组织部（人事劳动和社会保障局与其合署办公）、招商局、高新技术产业局（经济发展局、安全生产监督管理局与其合署办公）、建设局（国土资源局宜昌开发区分局、市规划局宜昌开发区分局牌子、市房产管理局东山房证管理所、宜昌开发区环境监察大队归其管理）、财政局、社会发展局。

（湖北省宜昌经济开发区管委会）

广东省江门市新会区今古洲经济开发试验区

【经济发展】 2005年，江门市新会区今古洲经济开发试验区（以下简称新会开发区）坚持以科学发展观统揽发展全局，坚持项目带动，树立抓发展必须抓项目、抓项目就是抓发展的观念，在狠抓招商引资工作的同时，力促引入项目早上马早建成早投产。开发区继续保持持续快速健康发展的良好势头，全年实现工业总产值83.85亿元，同比增长29%，占江门市新会区的15%；税收入库达到2.823亿元，增长31.49%，占江门市新会区的11%。

【投资环境】 新会开发区既邻接广东省江门市新会市区，可主动接受城市功能辐射，又与农村乡镇接壤，有一个相对独立的发展空间，同时开发区内还有国家一类口岸，临港近城的区位优势十分明显，非常有利于进行开发建设和加快产业集聚。此外，开发区还处于规划实施中的银洲湖产业走廊的中心地带，是已经国家级专家论证并评审通过的银洲湖区域发展总体规划的重要分区，在银洲湖区域发展中将起到启动、示范、辐射的龙头作用，是区域内民营、科技型企业发展的重要园区载体。经过十多年的滚动发展，新会开发区已成为一个功能完善、特色鲜明、硕果累累、充满生机、前景无限的省级开发区。

【招商引资】 新会开发区把“加大招商引资力度、创新招商引资方法、加快产业发展”作为加快发展经济的重要举措，通过坚持做到“六个创新”，即坚持在招商引资主体上创新、在工作责任制上创新、在完善服务上创新、在园区建设模式上创新、在宣传推介上创新、在搞好营商环境上创新来加快开发建设。根据开发区现有产业基础和优势，进行引资选商，做到突出重点、有所选择，实现质量招商，做强工业主导产业，形成产业集聚。由于引资力度大、成效好，每年均有为数不少的新项目建成投产，直接推动了园区经济高速发展。2005年新增投资项目12个，其中新办项目10个，增资扩产项目2个，新增项目投资总额达到7.19亿元。

【高新技术产业和重点企业】 随着科技创新体系的逐步完善，新会开发区的创业环境进一步优化，先后引入瑞士ABB、美国福斯特惠勒、英国BPI、日本大冢等跨国公司和江裕集团、重庆力帆摩托车生产基地、广能达电力器材、广东华冠钢铁等一批科技含量较高的高新技术企业，创出了“映美”打印机、“千色花”涂料、“CPF”聚丙烯电容薄膜等著名品牌产品。江裕科技园成为全国最大的针式打印机生产基地，钢铁深加工、电力器材、精细化工、电子信息成为开发区的主导产业。一些大规模的企业进入开发区后又陆续吸引了一批相关产业配套企业前来落户，高新技术产品的经济总量不断增大。2005 年，园区内的高新技术企业的工业产值占园区总产值的 65%，税收所占比例达 70%。尤其是瑞士 ABB 公司、美国福斯特惠勒公司等几家省级高新技术企业，工业产值累计达到 25 亿元，创税 9500 多万元。

【管理与服务】 新会开发区严格按照国家、省、市的有关法律法规和政策进行开发建设和管理。特别是在土地征用和出让上，更是站在构建和谐社会的高度去贯彻执行一系列政策。开发区坚持重点发展高科技企业，逐步建立和完善园区的科技创新体系，优化园区的综合投资环境，增强企业自主创新能力。开发区通过加快园区的创新创业服务中心建设和信息化建设，为区内企业提供一个资源共享、信息共享的公共服务平台，在科技创业、知识产权保护、科技培训、提高企业信息化水平等方面提供优质服务。

【机构设置与管委会领导】 新会开发区管委会是江门市新会区人民政府的派出机构，代表江门市新会区人民政府在开发区范围内行使区一级管理权限。开发区管委会下设 4 个办公室：党政办公室、经济发展办公室、建设规划办公室、公用事业管理办公室。

新会开发区党委书记、管委会主任林炳焕，党委副书记汤柏钊，管委会副主任甘朝辉。

（广东省江门市新会区今古洲经济开发试验区管理委员会党政办公室）

统计资料篇

2005年国家级经济技术开发区主要经济指标情况

2005年，全国49个国家级经济技术开发区（以下简称国家级开发区）和享受国家级开发区政策的5个工业园区实现GDP 8195.20亿元，工业增加值5981.35亿元（工业增加值占GDP的比重为72.99%），工业总产值（现价）23376.88亿元，税收收入1219.28亿元，出口1137.97亿美元，进口1114.38亿美元，外商实际投资130.23亿美元。依次分别比上年同期增长24.14%、23.18%、30.24%、30.68%、41.71%、29.72%和减少4.30%；除外商实际投资外，各项指标增幅依次分别高于全国增幅14.24、6.78、10.68、12.31、13.31和12.12个百分点（全国工业总产值现价增幅暂缺）。

其中：东部32家国家级开发区实现GDP 6647.71亿元，工业增加值4880.27亿元，工业总产值（现价）19578.03亿元，税收收入1013.42亿元，出口1093.83亿美元，进口1067.16亿美元，外商实际投资109.26亿美元。除外商实际投资比上年下降4.44%外，其余指标依次分别比上年同期增长23.93%、22.61%、30.38%、30.68%、40.58%和29.33%。

中部9家国家级开发区实现GDP 1053.38亿元，工业增加值787.09亿元，工业总产值（现价）2726.46亿元，税收收入130.33亿元，出口28.51亿美元，进口31.19亿美元，外商实际投资额15.43亿美元，除外商实际投资比上年下降15.92%外，其余指标依次分别比上年同期增长25.57%、28.34%、30.02%、34.00%、75.99%和38.68%。

西部13家国家级开发区实现GDP 494.12亿元，工业增加值313.99亿元，工业总产值（现价）1072.39亿元，税收收入75.54亿元，出口15.60亿美元，进口16.03亿美元，外商实际投资5.53亿美元。指标依次分别比上年同期增长23.95%、19.78%、28.20%、25.36%、78.29%、40.37%和63.61%。

（注：统计数据不包括拉萨开发区，特此说明。）

（商务部外国投资管理司提供）

2005年国家级经济技术开发区主要经济指标

经济指标	全国同比增幅	54个国家级开发区			东部32个国家级开发区			中部9个国家级开发区			西部13个国家级开发区		
	2005年	2005年	2004年	增幅（%）	2005年	2004年	增幅（%）	2005年	2004年	增幅（%）	2005年	2004年	增幅（%）
国内生产总值（亿元）	9.9%	8195.20	6601.44	24.14	6647.71	5363.90	23.93	1053.38	838.88	25.57	494.12	398.66	23.95
其中：工业增加值（亿元）	16.4%	5981.35	4855.62	23.18	4880.27	3980.23	22.61	787.09	613.27	28.34	313.99	262.13	19.78
工业总产值（现价）（亿元）		23376.88	17949.11	30.24	19578.03	15015.60	30.38	2726.46	2096.98	30.02	1072.39	836.52	28.20
税收收入（亿元）	20%	1219.28	933.04	30.68	1013.42	775.52	30.68	130.33	97.26	34.00	75.54	60.26	25.36
进出口总额（亿美元）	23.2%	2252.35	1662.08	35.51	2160.99	1603.23	34.79	59.70	38.69	54.30	31.63	20.17	56.82
其中：出口（亿美元）	28.4%	1137.97	803.04	41.71	1093.83	778.10	40.58	28.51	16.20	75.99	15.60	8.75	78.29
进口（亿美元）	17.6%	1114.38	859.04	29.72	1067.16	825.13	29.33	31.19	22.49	38.68	16.03	11.42	40.37
外商实际投资（亿美元）	-0.5%	130.23	136.07	-4.30	109.26	114.34	-4.44	15.43	18.36	-15.96	5.53	3.38	63.61

（商务部外国投资管理司提供）

2005年东部32个国家级经济技术开发区

国内生产总值情况表

单位：万元

序号	开发区名称	2005年	2004年	增长（%）
1	广州	6529412.00	5620708.00	16.17
2	天津	6422936.00	5302181.00	21.14
3	苏州工业园区	5807000.00	5027000.00	15.52
4	昆山	5359249.00	4113729.00	30.28
5	大连	4501122.00	3610120.00	24.68
6	青岛	3722689.00	2762754.00	34.75
7	金桥出口加工区	3678990.00	3951261.00	－6.89
8	漕河泾	3297643.00	2417106.00	36.43
9	烟台	2800400.00	2023434.00	38.40
10	宁波	2352664.00	1768130.00	33.06
11	北京	2350000.00	1270700.00	84.94
12	沈阳	1987535.00	1569421.00	26.64
13	杭州	1708951.00	1300341.00	31.42
14	厦门海沧	1649200.00	1334700.00	23.56
15	福州	1353488.00	1173499.00	15.34
16	南沙	1229581.00	911523.00	34.89
17	南京	1162936.00	795172.00	46.25
18	闵行	1087657.97	958078.00	13.52
19	营口	1040268.00	800000.00	30.03
20	福清融侨	971699.00	855904.00	13.53
21	秦皇岛	920491.00	732138.00	25.73
22	南通	828207.00	622152.00	33.12
23	威海	826421.00	710265.00	16.35
24	温州	783200.00	663500.00	18.04
25	宁波大榭	765000.00	700000.00	9.29
26	虹桥	725109.00	533639.00	35.88
27	连云港	655367.00	524165.00	25.03
28	萧山	554800.00	465440.00	19.20
29	惠州大亚湾	531575.00	446230.00	19.13
30	湛江	431356.00	348172.00	23.89
31	海南洋浦	314162.00	205780.00	52.67
32	东山	127949.00	121757.00	5.09
合　计		66477057.97	53638999.00	23.93

（商务部外国投资管理司提供）

2005年中部9个国家级经济技术开发区国内生产总值情况表

单位：万元

序号	开发区名称	2005年	2004年	增长（%）
1	长春	2300453.00	1920102.00	19.81
2	武汉	1481300.00	1168600.00	26.76
3	芜湖	1143400.00	958000.00	19.35
4	哈尔滨	1129405.00	907356.00	24.47
5	南昌	1411351.00	921200.00	53.21
6	合肥	1344878.00	1090628.00	23.31
7	长沙	1253545.00	1023214.00	22.51
8	郑州	376529.00	312892.00	20.34
9	太原	92950.00	86782.00	7.11
合　计		10533811.00	8388774.00	25.57

（商务部外国投资管理司提供）

2005年西部13个国家级经济技术开发区国内生产总值情况表

单位：万元

序号	开发区名称	2005年	2004年	增长（%）
1	西安	1015216.00	710413.00	42.91
2	重庆	730859.00	771321.00	-5.25
3	成都	721300.00	601100.00	20.00
4	呼和浩特	662122.00	507511.00	30.46
5	昆明	377862.00	266135.00	41.98
6	南宁	296032.00	200674.00	47.52
7	银川	263331.00	236927.00	11.14
8	贵阳	261000.00	217415.00	20.05
9	石河子	204776.00	154185.00	32.81
10	乌鲁木齐	174649.00	159547.00	9.47
11	兰州	137006.00	80150.00	70.94
12	西宁	97000.00	81240.00	19.40
合　计		4941153.00	3986618.00	23.94

（商务部外国投资管理司提供）

2005年东部32个国家级经济技术开发区工业总产值（现价）情况表

单位：万元

序号	开发区名称	2005年	2004年	增长（%）
1	天津	23051921.00	18221439.00	26.51
2	昆山	17606666.00	12611816.00	39.60
3	苏州工业园区	16528000.00	14045000.00	17.68
4	广州	16082394.00	13384948.00	20.15
5	金桥出口加工区	13194992.00	12340731.00	6.92
6	北京	11016200.00	6800000.00	62.00
7	南京	10475625.00	6211563.00	68.65
8	大连	9620000.00	7121300.00	35.09
9	漕河泾	8359666.00	5634222.00	48.37
10	青岛	8084895.00	6061136.00	33.39
11	杭州	7259373.00	5042764.00	43.96
12	宁波	6630000.00	5037677.00	31.61
13	烟台	6402261.00	4101686.00	56.09
14	沈阳	6254825.00	4595920.00	36.10
15	厦门海沧	4640900.00	3824800.00	21.34
16	福清融侨	4030961.00	3663113.00	10.04
17	闵行	3107594.20	2737367.00	13.52
18	福州	2713848.00	2722998.00	-0.34
19	南沙	2487987.00	1701290.00	46.24
20	萧山	2439011.00	1939361.00	25.76
21	南通	2417870.00	1603953.00	50.74
22	秦皇岛	2359923.00	2028668.00	16.33
23	营口	2032841.00	1642232.00	23.79
24	温州	2015139.00	1657474.00	21.58
25	连云港	1766260.00	1483236.00	19.08
26	威海	1675364.00	1409700.00	18.85
27	宁波大榭	1069389.00	801485.00	33.43
28	湛江	1041792.00	857346.00	21.51
29	惠州大亚湾	725813.00	515954.00	40.67
30	海南洋浦	432883.00	114290.00	278.76
31	东山	255898.00	242528.00	5.51
32	虹桥	0.00	0.00	0.00
合计		195780291.20	150155997.00	30.38

（商务部外国投资管理司提供）

2005年中部9个国家级经济技术开发区工业总产值（现价）情况表

单位：万元

序号	开发区名称	2005年	2004年	增长（%）
1	长春	5472500.00	4560410.00	20.00
2	哈尔滨	4168000.00	3318000.00	25.62
3	武汉	3840600.00	2596000.00	47.94
4	芜湖	3528300.00	2914000.00	21.08
5	合肥	3422688.00	2810088.00	21.80
6	南昌	3166730.00	1963500.00	61.28
7	长沙	2803246.00	2178752.00	28.66
8	郑州	531817.00	464174.00	14.57
9	太原	330777.50	164925.00	100.56
合　计		27264658.50	20969849.00	30.02

（商务部外国投资管理司提供）

2005年西部13个国家级经济技术开发区工业总产值（现价）情况表

单位：万元

序号	开发区名称	2005年	2004年	增长（%）
1	西安	2455183.00	1710163.00	43.56
2	重庆	2159359.00	2104246.00	2.62
3	呼和浩特	1862593.00	1322727.00	40.81
4	成都	848410.00	663240.00	27.92
5	昆明	591882.00	424380.00	39.47
6	南宁	574383.00	434887.00	32.08
7	石河子	534937.00	380147.00	40.72
8	银川	462491.00	418860.00	10.42
9	贵阳	459128.00	327655.00	40.13
10	乌鲁木齐	406484.00	328368.00	23.79
11	兰州	289000.00	176812.00	63.45
12	西宁	80000.00	73724.00	8.51
合　计		10723850.00	8365209.00	28.20

（商务部外国投资管理司提供）

2005年东部32个国家级经济技术开发区工业增加值情况表

单位：万元

序号	开发区名称	2005年	2004年	增长（%）
1	天津	5386378.00	4359123.00	23.57
2	广州	5053150.00	4553200.00	10.98
3	昆山	4348846.00	3342131.00	30.12
4	苏州工业园区	3785000.00	3454000.00	9.58
5	金桥出口加工区	3562648.00	3887330.00	-8.35
6	漕河泾	2831694.00	1971978.00	43.60
7	大连	2500900.00	2062001.00	21.29
8	青岛	2285153.00	1613692.00	41.61
9	北京	2050000.00	1072000.00	91.23
10	烟台	1921489.00	1257050.00	52.86
11	沈阳	1634410.00	1252421.00	30.50
12	宁波	1501900.00	1308100.00	14.82
13	杭州	1414067.00	1073244.00	31.76
14	厦门海沧	1341800.00	1113000.00	20.56
15	闵行	1080629.13	952316.00	13.47
16	南京	1054654.00	704645.00	49.67
17	福清融侨	927121.00	835778.00	10.93
18	福州	859475.00	747437.00	14.99
19	南沙	655723.00	579659.00	13.12
20	温州	560208.00	452490.00	23.81
21	秦皇岛	549321.00	442400.00	24.17
22	威海	536328.00	482728.00	11.10
23	南通	516185.00	370204.00	39.43
24	萧山	501867.00	414269.00	21.15
25	连云港	494136.00	420554.00	17.50
26	营口	490885.00	354400.00	38.51
27	湛江	359418.00	298356.00	20.47
28	宁波大榭	212049.00	200371.00	5.83
29	惠州大亚湾	171979.00	122818.00	40.03
30	海南洋浦	138563.00	31753.00	336.38
31	东山	76769.00	72814.00	5.43
32	虹桥	0.00	0.00	0.00
合计		48802745.13	39802262.00	22.61

（商务部外国投资管理司提供）

2005年中部9个国家级经济技术开发区工业增加值情况表

单位：万元

序号	开发区名称	2005年	2004年	增长（%）
1	长春	1640150.00	1408050.00	16.48
2	南昌	1411351.00	921200.00	53.21
3	合肥	1344878.00	1090628.00	23.31
4	长沙	1253545.00	1023214.00	22.51
5	武汉	1178200.00	886800.00	32.86
6	芜湖	1063300.00	876000.00	21.38
7	哈尔滨	964355.00	760000.00	26.89
8	郑州	376529.00	312892.00	20.34
9	太原	92950.00	86782.00	7.11
合计		7870827.00	6132693.00	28.34

（商务部外国投资管理司提供）

2005年西部13个国家级经济技术开发区工业增加值情况表

单位：万元

序号	开发区名称	2005年	2004年	增长（%）
1	西安	728001.00	510687.00	42.55
2	呼和浩特	598296.00	454180.00	31.73
3	重庆	498732.00	619375.00	-19.48
4	成都	295430.00	232210.00	27.23
5	昆明	220180.00	164500.00	33.85
6	南宁	158783.00	117265.00	35.41
7	石河子	139876.00	100685.00	38.92
8	银川	138747.00	132714.00	4.55
9	贵阳	132000.00	109347.00	20.72
10	乌鲁木齐	118025.00	108109.00	9.17
11	兰州	87104.00	53044.00	64.21
12	西宁	24800.00	19168.00	29.38
合计		3139974.00	2621284.00	19.79

（商务部外国投资管理司提供）

2005年东部32个国家级经济技术开发区税收收入情况表

单位：万元

序号	开发区名称	2005年	2004年	增长（%）
1	广州	1463500.00	1119669.00	30.71
2	天津	1332454.00	733904.00	81.56
3	苏州工业园区	869475.00	690893.00	25.85
4	金桥出口加工区	689031.00	703897.00	-2.11
5	大连	503123.00	332681.00	51.23
6	北京	470668.00	304000.00	54.82
7	青岛	454316.00	296749.00	53.10
8	昆山	428884.00	359750.00	19.22
9	宁波	382613.00	312237.00	22.54
10	厦门海沧	352900.00	335064.00	5.32
11	烟台	334784.00	247870.00	35.06
12	闵行	284584.90	248304.80	14.61
13	杭州	260316.00	174961.00	48.79
14	沈阳	222385.00	200381.00	10.98
15	宁波大榭	208529.00	163817.00	27.29
16	漕河泾	196392.00	166240.00	18.14
17	南京	174302.00	154292.00	12.97
18	萧山	171140.00	140283.00	22.00
19	南沙	167038.00	138716.00	20.42
20	南通	137654.00	103484.00	33.02
21	福州	123899.00	112649.00	9.99
22	温州	120254.00	112927.00	6.49
23	连云港	109337.00	78208.00	39.80
24	威海	100928.00	74226.00	35.97
25	营口	100068.00	77540.00	29.05
26	惠州大亚湾	99236.00	83609.00	18.69
27	海南洋浦	98850.00	63987.00	54.48
28	秦皇岛	90747.00	75680.00	19.91
29	福清融侨	76800.00	66500.00	15.49
30	湛江	51543.00	39190.00	31.52
31	虹桥	48479.00	33877.00	43.10
32	东山	9962.00	9624.00	3.51
合计		10134191.90	7755209.80	30.68

（商务部外国投资管理司提供）

2005年中部9个国家级经济技术开发区税收收入情况表

单位：万元

序号	开发区名称	2005年	2004年	增长（%）
1	武汉	254552.00	164575.00	54.67
2	哈尔滨	193551.00	180889.00	7.00
3	合肥	169978.00	100208.00	69.63
4	南昌	161306.00	50258.00	220.96
5	长春	160560.00	141404.00	13.55
6	芜湖	158913.00	177000.00	-10.22
7	长沙	144019.00	114571.00	25.70
8	郑州	48374.00	39803.00	21.53
9	太原	12018.00	3878.00	209.90
合计		1303271.00	972586.00	34.00

（商务部外国投资管理司提供）

2005年西部13个国家级经济技术开发区税收收入情况表

单位：万元

序号	开发区名称	2005年	2004年	增长（%）
1	重庆	226212.00	187404.00	20.71
2	西安	112805.00	90177.00	25.09
3	呼和浩特	95407.00	86637.00	10.12
4	昆明	79061.00	56708.00	39.42
5	成都	50612.00	39140.00	29.31
6	乌鲁木齐	45510.00	36014.00	26.37
7	贵阳	38794.00	30882.00	25.62
8	南宁	33687.00	24049.00	40.08
9	银川	28289.00	20545.00	37.69
10	石河子	21000.00	13790.00	52.28
11	兰州	12895.00	9816.00	31.37
12	西宁	11080.00	7443.00	48.86
合计		755352.00	602605.00	25.35

（商务部外国投资管理司提供）

2005年东部32个国家级经济技术开发区实际使用外资金额情况表

单位：万美元

序号	开发区名称	2005年	2004年	增长（%）
1	苏州工业园区	158109.00	181236.00	－12.76
2	天津	128492.00	94919.00	35.37
3	青岛	74170.00	120415.00	－38.40
4	昆山	72704.00	67253.00	8.11
5	广州	68106.00	65548.00	3.90
6	北京	61322.00	57160.00	7.28
7	宁波	58806.00	58005.00	1.38
8	沈阳	42000.00	30715.00	36.74
9	南沙	40565.00	31003.00	30.84
10	惠州大亚湾	39146.00	30076.00	30.16
11	金桥出口加工区	37594.00	50652.00	－25.78
12	南通	35104.00	28496.00	23.19
13	大连	35000.00	54000.00	－35.19
14	杭州	32002.00	29018.00	10.28
15	烟台	29458.00	25469.00	15.66
16	南京	20174.00	36125.00	－44.16
17	厦门海沧	17653.00	15047.00	17.32
18	威海	17622.00	20448.00	－13.82
19	秦皇岛	16666.00	13347.00	24.87
20	海南洋浦	16000.00	31520.00	－49.24
21	萧山	15785.00	14726.00	7.19
22	连云港	12237.00	6502.00	88.20
23	营口	11721.00	14514.00	－19.24
24	福清融侨	10298.00	9225.00	11.63
25	宁波大榭	7740.00	1298.00	496.30
26	闵行	7566.30	5740.47	31.81
27	漕河泾	7526.00	17310.00	－56.52
28	福州	7021.00	21028.00	－66.61
29	温州	6329.00	4538.00	39.47
30	东山	2762.00	2021.20	36.65
31	虹桥	1974.00	1985.00	－0.55
32	湛江	941.00	4022.00	－76.60
合计		1092593.30	1143361.67	－4.44

（商务部外国投资管理司提供）

2005年中部9个国家级经济技术开发区实际使用外资金额情况表

单位：万美元

序号	开发区名称	2005年	2004年	增长（%）
1	长春	41025.00	36102.10	13.64
2	武汉	30130.00	76596.00	-60.66
3	南昌	20859.00	15719.00	32.70
4	哈尔滨	19031.00	16864.00	12.85
5	长沙	13417.00	10110.00	32.71
6	合肥	12624.00	9770.00	29.21
7	芜湖	10309.00	11484.00	-10.23
8	郑州	3507.00	4504.00	-22.14
9	太原	3489.00	2475.00	40.97
合计		154391.00	183624.10	-15.92

（商务部外国投资管理司提供）

2005年西部13个国家级经济技术开发区实际使用外资金额情况表

单位：万美元

序号	开发区名称	2005年	2004年	增长（%）
1	西安	17091.00	10709.00	59.59
2	重庆	11503.00	5028.00	128.78
3	银川	9698.00	7458.00	30.03
4	呼和浩特	6418.03	3191.00	101.13
5	乌鲁木齐	3907.30	472.80	726.42
6	成都	2262.00	2461.00	-8.09
7	南宁	1507.70	1257.00	19.94
8	贵阳	1050.00	753.00	39.44
9	石河子	750.00	400.00	87.50
10	西宁	600.00	596.00	0.67
11	昆明	504.00	432.70	16.48
12	兰州	0.00	1000.00	-100.00
合计		55291.03	33758.50	63.78

（商务部外国投资管理司提供）

2005年东部32个国家级经济技术开发区出口总额情况表

单位：万美元

序号	开发区名称	2005年	2004年	增长（%）
1	苏州工业园区	1924379.00	1188487.00	61.92
2	昆山	1610985.00	1139149.00	41.42
3	天津	1397066.00	1117503.00	25.02
4	漕河泾	831234.00	552988.00	50.32
5	广州	625117.00	475549.00	31.45
6	北京	569386.00	232482.00	144.92
7	大连	501000.00	400326.00	25.15
8	金桥出口加工区	486740.00	482173.00	0.95
9	杭州	393144.00	254136.00	54.70
10	福清融侨	362778.00	341559.00	6.21
11	南京	324821.00	231533.00	40.29
12	青岛	277844.00	177059.00	56.92
13	宁波	250638.00	197896.00	26.65
14	烟台	241127.00	100436.00	140.08
15	厦门海沧	174600.00	138800.00	25.79
16	南沙	127292.00	95849.00	32.80
17	南通	117719.00	79060.00	48.90
18	萧山	102048.00	86743.00	17.64
19	福州	89331.00	72539.00	23.15
20	闵行	75594.50	54211.00	39.44
21	温州	68873.00	52647.00	30.82
22	威海	64484.00	43300.00	48.92
23	沈阳	58500.00	49382.00	18.46
24	秦皇岛	58298.00	44379.00	31.36
25	营口	52939.00	40532.00	30.61
26	宁波大榭	39756.00	32269.00	23.20
27	湛江	38180.00	37022.00	3.13
28	惠州大亚湾	37267.00	33739.00	10.46
29	连云港	27663.00	20137.00	37.37
30	东山	9388.00	8948.00	4.92
31	海南洋浦	94.00	183.00	-48.63
32	虹桥	0.00	0.00	0.00
合　计		10938285.50	7781016.00	40.58

（商务部外国投资管理司提供）

2005年中部9个国家级经济技术开发区出口总额情况表

单位：万美元

序号	开发区名称	2005年	2004年	增长（%）
1	长春	65918.00	31641.00	108.33
2	合肥	45292.00	31945.00	41.78
3	长沙	44963.00	35094.00	28.12
4	哈尔滨	34959.00	22861.00	52.92
5	芜湖	28449.00	19388.00	46.74
6	武汉	27247.00	10829.00	151.61
7	南昌	23326.00	5277.00	342.03
8	太原	11250.00	2624.00	328.73
9	郑州	3958.00	2297.00	72.31
合　计		285362.00	161956.00	76.20

（商务部外国投资管理司提供）

2005年西部13个国家级经济技术开发区出口总额情况表

单位：万美元

序号	开发区名称	2005年	2004年	增长（%）
1	呼和浩特	41686.00	8369.00	398.10
2	乌鲁木齐	36159.00	18074.00	100.06
3	西安	17043.00	11748.00	45.07
4	西宁	13468.00	11841.00	13.74
5	重庆	12525.00	7300.00	71.58
6	银川	8718.00	10910.00	-20.09
7	成都	5747.00	3439.00	67.11
8	昆明	5651.00	4820.00	17.24
9	贵阳	5199.00	4634.00	12.19
10	南宁	4662.00	3088.00	50.97
11	石河子	4652.37	2807.11	65.74
12	兰州	495.00	422.00	17.30
合　计		156005.37	87452.11	78.39

（商务部外国投资管理司提供）

2005年东部32个国家级经济技术开发区进口总额情况表

单位：万美元

序号	开发区名称	2005年	2004年	增长（%）
1	苏州工业园区	2131148.00	1625093.00	31.14
2	昆山	1245145.00	847470.00	46.92
3	天津	1146751.00	1000228.00	14.65
4	广州	754050.00	594997.00	26.73
5	漕河泾	653672.00	548259.00	19.23
6	北京	625832.00	386279.00	62.02
7	金桥出口加工区	540086.00	538675.00	0.26
8	大连	502000.00	422866.00	18.71
9	南京	499817.00	267006.00	87.19
10	福清融侨	331044.00	311885.00	6.14
11	烟台	321451.00	158178.00	103.22
12	宁波	298000.00	251856.00	18.32
13	杭州	282971.00	222128.00	27.39
14	青岛	280808.00	168070.00	67.08
15	南沙	150602.00	130380.00	15.51
16	厦门海沧	148800.00	115700.00	28.61
17	福州	135784.00	134730.00	0.78
18	秦皇岛	91310.00	50391.00	81.20
19	南通	80346.00	66150.00	21.46
20	连云港	71085.00	54262.00	31.00
21	闵行	67927.80	62189.00	9.23
22	宁波大榭	64943.00	58990.00	10.09
23	沈阳	56420.00	45200.00	24.82
24	威海	54691.00	38300.00	42.80
25	萧山	36797.00	31887.00	15.40
26	营口	29554.00	25140.00	17.56
27	湛江	19922.00	16791.00	18.65
28	惠州大亚湾	18263.00	14749.00	23.83
29	海南洋浦	15973.00	47157.00	-66.13
30	温州	13994.00	14017.00	-0.16
31	东山	2376.00	2239.00	6.12
32	虹桥	0.00	0.00	0.00
合计		10671562.80	8251262.00	29.33

（商务部外国投资管理司提供）

2005年中部9个国家级经济技术开发区进口总额情况表

单位：万美元

序号	开发区名称	2005年	2004年	增长（%）
1	武汉	116568.00	55580.00	109.73
2	长沙	59231.00	48934.00	21.04
3	长春	44117.00	29625.00	48.92
4	合肥	25242.00	27598.00	-8.54
5	哈尔滨	24779.00	23176.00	6.92
6	南昌	15053.00	3750.00	301.41
7	芜湖	14988.00	32530.00	-53.93
8	太原	11059.00	3655.00	202.57
9	郑州	964.00	83.00	1061.45
合计		312001.00	224931.00	38.71

（商务部外国投资管理司提供）

2005年西部13个国家级经济技术开发区进口总额情况表

单位：万美元

序号	开发区名称	2005年	2004年	增长（%）
1	重庆	60044.00	54700.00	9.77
2	呼和浩特	29346.00	744.00	3844.35
3	西宁	19300.00	19112.00	0.98
4	银川	16989.00	2507.00	577.66
5	西安	9492.00	8058.00	17.80
6	石河子	7952.35	12343.09	-35.57
7	昆明	5773.00	4944.00	16.77
8	乌鲁木齐	5259.00	6436.00	-18.29
9	成都	4006.00	3412.00	17.41
10	贵阳	2021.00	1703.00	18.67
11	兰州	85.00	279.00	-69.53
12	南宁	0.00	0.00	0.00
合计		160267.35	114238.09	40.29

（商务部外国投资管理司提供）

2005年54个国家级经济技术开发区主要经济指标年报一览表

代码	指标名称	单位	合计	同比	大连	秦皇岛	烟台	青岛	宁波	湛江	天津	连云港
1	国内生产总值	亿元	8195.20	24.14%	450.11	92.05	280.04	372.27	235.27	43.14	642.29	65.54
2	其中：第二产业	亿元	6408.16	23.06%	278.09	58.19	220.27	252.83	175.04	39.35	541.28	53.42
3	其中：工业增加值	亿元	5981.35	23.18%	250.09	54.93	192.15	228.52	150.19	35.94	538.64	49.41
4	第三产业	亿元	1721.27	36.11%	161.96	33.58	50.02	115.84	59.36	3.67	101.02	11.52
5	工业总产值（现价）	亿元	23376.88	30.24%	962.00	235.99	640.23	808.49	663.00	104.18	2305.19	176.63
6	其中：外商投资企业	亿元	18312.86	31.69%	923.00	172.29	535.23	309.19	484.65	41.46	2247.18	112.03
7	高新技术企业	亿元	10860.90	31.85%	110.00	25.71	292.58	588.34	167.66	34.39	1431.52	61.19
8	工业企业产品销售收入	亿元	23131.20	26.38%	946.60	243.55	603.73	783.71	649.74	98.35	2352.15	168.24
9	其中：外商投资企业	亿元	18420.56	26.44%	908.16	182.26	496.27	303.07	474.96	38.72	2290.82	109.79
10	高新技术企业	亿元	10887.55	24.48%	109.00	27.16	280.13	558.92	167.66	33.24	1460.68	60.02
11	财政收入	亿元	1286.49	23.24%	60.96	10.49	41.84	52.10	49.29	4.93	141.33	11.13
12	其中：地方财政收入	亿元	522.35	19.02%	25.34	4.69	8.51	26.57	25.24	2.15	51.43	5.79
13	税收收入	亿元	1219.28	30.68%	50.31	9.07	33.48	45.43	38.26	5.15	133.25	10.93
14	其中：外商投资企业	亿元	759.56	32.70%	33.61	3.02	25.81	16.59	13.09	0.72	114.01	3.19
15	出口总额	亿美元	1137.97	41.71%	50.10	5.83	24.11	27.78	25.06	3.82	139.71	2.77
16	其中：机电产品出口额	亿美元	824.36	43.13%	25.39	1.57	15.72	10.79	11.30	0.73	130.51	1.25
17	高新技术产品出口额	亿美元	774.30	49.51%	16.91	0.92	16.90	7.79	3.01	1.46	112.81	1.04
18	进口总额	亿美元	1114.38	29.72%	50.20	9.13	32.15	28.08	29.80	1.99	114.68	7.11
19	其中：机电产品进口额	亿美元	771.09	31.42%	23.67	0.25	28.32	8.48	7.36	0.33	93.09	0.74
20	高新技术产品进口额	亿美元	667.31	49.51%	18.10	0.00	27.41	6.40	3.85	0.80	63.99	0.59
21	本年完成固定资产投资	亿元	3473.70	29.93%	100.27	25.02	171.09	170.69	200.12	16.36	180.31	33.89
22	其中：土地开发投资	亿元	502.67	6.95%	21.93	3.71	30.46	48.12	8.18	0.60	30.65	14.82
23	新批准设立企业数	家	20056.00	0.58%	1165.00	308.00	275.00	1936.00	579.00	73.00	1421.00	523.00
24	其中：外商投资企业数	家	2747.00	－5.34%	184.00	21.00	107.00	209.00	85.00	6.00	223.00	49.00
25	实际使用外资金额	亿美元	130.23	－4.30%	3.50	1.67	2.95	7.42	5.88	0.09	12.85	1.22
26	历年累计实际使用外资金额	亿美元	999.32	15.22%	54.39	13.54	20.80	57.94	36.85	7.12	134.01	7.87
27	期末实有外商投资企业数	家	19966.00	1.81%	2037.00	194.00	967.00	613.00	710.00	103.00	2010.00	158.00
28	期末实有工业内资企业数	家	19901.00	5.47%	620.00	529.00	1877.00	944.00	321.00	96.00	651.00	172.00
29	期末实有高新技术企业数	家	3205.50	6.64%	198.00	45.00	91.00	119.00	38.00	20.00	206.00	24.00
30	历年累计已开发土地面积	平方公里	1085.23	－0.51%	56.00	20.54	40.00	46.00	27.19	8.53	40.00	14.00
31	其中：已建工业项目用地面积	平方公里	591.82	10.74%	25.00	8.44	18.00	19.00	13.19	3.56	30.00	8.80
32	年末全区从业人员	万人	417.27	21.21%	14.97	5.22	11.09	15.60	14.70	3.05	28.83	2.71

2005年54个国家级经济技术开发区主要经济指标年报一览表（续）

代码	指标名称	单位	南通	广州	福州	闵行	虹桥	漕河泾	温州	昆山	营口	威海
1	国内生产总值	亿元	82.82	652.94	135.35	108.77	72.51	329.76	78.32	535.92	104.03	82.64
2	其中：第二产业	亿元	56.48	517.72	90.81	108.06	0.00	283.17	62.31	452.35	60.03	57.06
3	其中：工业增加值	亿元	51.62	505.32	85.95	108.06	0.00	283.17	56.02	434.88	49.09	53.63
4	第三产业	亿元	24.46	133.82	43.96	0.70	72.51	46.59	16.01	82.92	39.20	22.08
5	工业总产值（现价）	亿元	241.79	1608.24	271.38	310.76	0.00	835.97	201.51	1760.67	203.28	167.54
6	其中：外商投资企业	亿元	118.82	1513.66	213.77	310.76	0.00	784.06	43.90	1704.28	103.28	73.73
7	高新技术企业	亿元	38.71	428.21	120.43	208.94	0.00	763.47	49.44	412.37	49.58	56.17
8	工业企业产品销售收入	亿元	233.00	1537.77	268.89	310.76	0.00	824.80	194.54	1731.44	198.70	158.50
9	其中：外商投资企业	亿元	136.45	1461.86	209.46	310.76	0.00	775.09	42.02	1676.78	103.74	70.78
10	高新技术企业	亿元	52.92	410.23	117.68	208.94	0.00	751.60	46.99	411.71	34.38	53.92
11	财政收入	亿元	13.77	156.76	15.70	0.00	0.00	0.00	14.65	54.17	5.72	11.33
12	其中：地方财政收入	亿元	6.57	61.45	9.38	0.00	0.00	0.00	7.93	16.65	2.70	4.77
13	税收收入	亿元	13.77	146.35	12.39	28.46	4.85	19.64	12.03	42.89	10.01	10.09
14	其中：外商投资企业	亿元	0.00	120.09	6.68	28.46	4.36	16.50	1.77	32.74	3.15	2.39
15	出口总额	亿美元	11.77	62.51	8.93	7.56	0.00	83.12	6.89	161.10	5.29	6.45
16	其中：机电产品出口额	亿美元	4.53	47.89	4.10	5.16	0.00	0.00	1.10	144.40	0.38	2.90
17	高新技术产品出口额	亿美元	3.11	34.84	3.71	4.58	0.00	83.12	0.46	121.59	1.64	2.18
18	进口总额	亿美元	8.03	75.41	13.58	6.79	0.00	65.37	1.40	124.51	2.96	5.47
19	其中：机电产品进口额	亿美元	1.60	37.44	8.30	4.06	0.00	0.00	0.03	105.94	0.35	2.50
20	高新技术产品进口额	亿美元	1.03	22.63	8.97	4.18	0.00	65.37	0.03	73.23	0.00	1.50
21	本年完成固定资产投资	亿元	50.14	110.80	31.10	0.92	0.13	17.79	35.41	114.97	103.01	51.08
22	其中：土地开发投资	亿元	10.57	39.16	6.00	0.01	0.00	1.12	3.01	15.45	27.06	0.96
23	新批准设立企业数	家	1936.00	641.00	214.00	5.00	12.00	222.00	163.00	1090.00	249.00	150.00
24	其中：外商投资企业数	家	57.00	183.00	31.00	5.00	12.00	37.00	30.00	93.00	78.00	85.00
25	实际使用外资金额	亿美元	3.51	6.81	0.70	0.76	0.20	0.75	0.63	7.27	1.17	1.76
26	历年累计实际使用外资金额	亿美元	11.23	63.02	20.25	11.16	24.91	9.36	2.19	51.19	8.29	9.44
27	期末实有外商投资企业数	家	348.00	1657.00	291.00	91.00	73.00	359.00	171.00	1259.00	128.00	370.00
28	期末实有工业内资企业数	家	368.00	541.00	230.00	0.00	0.00	151.00	366.00	1129.00	500.00	313.00
29	期末实有高新技术企业数	家	20.00	109.00	59.00	28.00	0.00	194.00	21.00	84.00	23.00	50.00
30	历年累计已开发土地面积	平方公里	22.00	32.61	14.70	3.50	0.65	7.02	10.56	40.00	38.96	27.90
31	其中：已建工业项目用地面积	平方公里	12.50	22.02	13.70	2.30	0.00	5.44	6.84	28.00	11.92	12.00
32	年末全区从业人员	万人	3.52	13.28	8.50	3.38	1.40	9.77	9.20	26.06	14.49	5.45

2005年东部32个国家级经济技术开发区主要经济指标年报一览表

代码	指标名称	单位	合计	同比	大连	秦皇岛	天津	烟台	青岛	连云港	南通
1	国内生产总值	亿元	6647.71	23.93%	450.11	92.05	642.29	280.04	372.27	65.54	82.82
2	其中：第二产业	亿元	5175.64	22.54%	278.09	58.19	541.28	220.27	252.83	53.42	56.48
3	其中：工业增加值	亿元	4880.27	22.61%	250.09	54.93	538.64	192.15	228.52	49.41	51.62
4	第三产业	亿元	1415.66	38.85%	161.96	33.58	101.02	50.02	115.84	11.52	24.46
5	工业总产值（现价）	亿元	19578.03	30.38%	962.00	235.99	2305.19	640.23	808.49	176.63	241.79
6	其中：外商投资企业	亿元	16403.93	31.35%	923.00	172.29	2247.18	535.23	309.19	112.03	118.82
7	高新技术企业	亿元	9160.51	32.49%	110.00	25.71	1431.52	292.58	588.34	61.19	38.71
8	工业企业产品销售收入	亿元	19443.41	49.91%	946.60	243.55	2352.15	603.73	783.71	168.24	233.00
9	其中：外商投资企业	亿元	16415.16	26.56%	908.16	182.26	2290.82	496.27	303.07	109.79	136.45
10	高新技术企业	亿元	9208.97	23.90%	109.00	27.16	1460.68	280.13	558.92	60.02	52.92
11	财政收入	亿元	1032.63	22.19%	60.96	10.49	141.33	41.84	52.10	11.13	13.77
12	其中：地方财政收入	亿元	400.62	21.22%	25.34	4.69	51.43	8.51	26.57	5.79	6.57
13	税收收入	亿元	1013.42	30.68%	50.31	9.07	133.25	33.48	45.43	10.93	13.77
14	其中：外商投资企业	亿元	670.02	30.95%	33.61	3.02	114.01	25.81	16.59	3.19	0.00
15	出口总额	亿美元	1093.83	40.58%	50.10	5.83	139.71	24.11	27.78	2.77	11.77
16	其中：机电产品出口额	亿美元	803.45	42.20%	25.39	1.57	130.51	15.72	10.79	1.25	4.53
17	高新技术产品出口额	亿美元	754.08	49.23%	16.91	0.92	112.81	16.90	7.79	1.04	3.11
18	进口总额	亿美元	1067.16	29.33%	50.20	9.13	114.68	32.15	28.08	7.11	8.03
19	其中：机电产品进口额	亿美元	737.34	30.89%	23.67	0.25	93.09	28.32	8.48	0.74	1.60
20	高新技术产品进口额	亿美元	641.27	50.24%	18.10	0.00	63.99	27.41	6.40	0.59	1.03
21	本年完成固定资产投资	亿元	2680.72	27.88%	100.27	25.02	180.31	171.09	170.69	33.89	50.14
22	其中：土地开发投资	亿元	385.10	7.45%	21.93	3.71	30.65	30.46	48.12	14.82	10.57
23	新批准设立企业数	家	15645.00	－0.75%	1165.00	308.00	1421.00	275.00	1936.00	523.00	1936.00
24	其中：外商投资企业数	家	2448.00	－5.34%	184.00	21.00	223.00	107.00	209.00	49.00	57.00
25	实际使用外资金额	亿美元	109.26	－4.44%	3.50	1.67	12.85	2.95	7.42	1.22	3.51
26	历年累计实际使用外资金额	亿美元	872.90	9.60%	54.39	13.54	134.01	20.80	57.94	7.87	11.23
27	期末实有外商投资企业数	家	18095.00	6.71%	2037.00	194.00	2010.00	967.00	613.00	158.00	348.00
28	期末实有工业内资企业数	家	14649.00	10.77%	620.00	529.00	651.00	1877.00	944.00	172.00	368.00
29	期末实有高新技术企业数	家	2542.00	7.80%	198.00	45.00	206.00	91.00	119.00	24.00	20.00
30	历年累计已开发土地面积	平方公里	836.30		56.00	20.54	40.00	40.00	46.00	14.00	22.00
31	其中：已建工业项目用地面积	平方公里	394.23	3.37%	25.00	8.44	30.00	18.00	19.00	8.80	12.50
32	年末全区从业人员	万人	314.67	24.51%	14.97	5.22	28.83	11.09	15.60	2.71	3.52

2005年东部32个国家级经济技术开发区主要经济指标年报一览表（续）

代码	指标名称	单位	湛江	闵行	虹桥	漕河泾	温州	萧山	营口	威海	南京	福清融侨
1	国内生产总值	亿元	43.14	108.77	72.51	329.76	78.32	55.48	104.03	82.64	116.29	97.17
2	其中：第二产业	亿元	39.35	108.06	0.00	283.17	62.31	50.19	60.03	57.06	106.16	92.71
3	其中：工业增加值	亿元	35.94	108.06	0.00	283.17	56.02	50.19	49.09	53.63	105.47	92.71
4	第三产业	亿元	3.67	0.70	72.51	46.59	16.01	4.94	39.20	22.08	10.13	4.46
5	工业总产值（现价）	亿元	104.18	310.76	0.00	835.97	201.51	243.90	203.28	167.54	1047.56	403.10
6	其中：外商投资企业	亿元	41.46	310.76	0.00	784.06	43.90	169.15	103.28	73.73	798.75	397.13
7	高新技术企业	亿元	34.39	208.94	0.00	763.47	49.44	52.73	49.58	56.17	781.77	328.02
8	工业企业产品销售收入	亿元	98.35	310.76	0.00	824.80	194.54	240.68	198.70	158.50	1042.99	400.76
9	其中：外商投资企业	亿元	38.72	310.76	0.00	775.09	42.02	166.93	103.74	70.78	792.61	395.65
10	高新技术企业	亿元	33.24	208.94	0.00	751.60	46.99	51.94	34.38	53.92	777.26	327.03
11	财政收入	亿元	4.93	0.00	0.00	0.00	14.65	10.87	5.72	11.33	18.44	7.80
12	其中：地方财政收入	亿元	2.15	0.00	0.00	0.00	7.93	2.42	2.70	4.77	8.48	3.45
13	税收收入	亿元	5.15	28.46	4.85	19.64	12.03	17.11	10.01	10.09	17.43	7.68
14	其中：外商投资企业	亿元	0.72	28.46	4.36	16.50	1.77	13.83	3.15	2.39	9.59	7.48
15	出口总额	亿美元	3.82	7.56	0.00	83.12	6.89	10.20	5.29	6.45	32.48	36.28
16	其中：机电产品出口额	亿美元	0.73	5.16	0.00	0.00	1.10	1.81	0.38	2.90	30.61	30.62
17	高新技术产品出口额	亿美元	1.46	4.58	0.00	83.12	0.46	2.91	1.64	2.18	29.36	31.44
18	进口总额	亿美元	1.99	6.79	0.00	65.37	1.40	3.68	2.96	5.47	49.98	33.10
19	其中：机电产品进口额	亿美元	0.33	4.06	0.00	0.00	0.03	0.79	0.35	2.50	48.93	29.92
20	高新技术产品进口额	亿美元	0.80	4.18	0.00	65.37	0.03	0.77	0.00	1.50	49.01	29.78
21	本年完成固定资产投资	亿元	16.36	0.92	0.13	17.79	35.41	20.99	103.01	51.08	45.23	17.14
22	其中：土地开发投资	亿元	0.60	0.01	0.00	1.12	3.01	0.82	27.06	0.96	1.23	1.53
23	新批准设立企业数	家	73.00	5.00	12.00	222.00	163.00	39.00	249.00	150.00	123.00	38.00
24	其中：外商投资企业数	家	6.00	5.00	12.00	37.00	30.00	31.00	78.00	85.00	38.00	23.00
25	实际使用外资金额	亿美元	0.09	0.76	0.20	0.75	0.63	1.58	1.17	1.76	2.02	1.03
26	历年累计实际使用外资金额	亿美元	7.12	11.16	24.91	9.36	2.19	9.97	8.29	9.44	17.03	12.54
27	期末实有外商投资企业数	家	103.00	91.00	73.00	359.00	171.00	196.00	128.00	370.00	378.00	379.00
28	期末实有工业内资企业数	家	96.00	0.00	0.00	151.00	366.00	113.00	500.00	313.00	573.00	69.00
29	期末实有高新技术企业数	家	20.00	28.00	0.00	194.00	21.00	50.00	23.00	50.00	107.00	14.00
30	历年累计已开发土地面积	平方公里	8.53	3.50	0.65	7.02	10.56	12.00	38.96	27.90	13.26	9.80
31	其中：已建工业项目用地面积	平方公里	3.56	2.30	0.00	5.44	6.84	4.60	11.92	12.00	8.03	9.03
32	年末全区从业人员	万人	3.05	3.38	1.40	9.77	9.20	7.25	14.49	5.45	3.22	4.55

2005年东部32个国家级经济技术开发区主要经济指标年报一览表（续）

代码	指标名称	单位	东山	沈阳	广州	福州	宁波	昆山	杭州	南沙	北京	惠州大亚湾
1	国内生产总值	亿元	12.79	198.75	652.94	135.35	235.27	535.92	170.90	122.96	235.00	53.16
2	其中：第二产业	亿元	8.83	163.53	517.72	90.81	175.04	452.35	149.11	88.67	205.50	29.57
3	其中：工业增加值	亿元	7.68	163.44	505.32	85.95	150.19	434.88	141.41	65.57	205.00	17.20
4	第三产业	亿元	4.07	35.23	133.82	43.96	59.36	82.92	19.70	26.51	29.50	21.27
5	工业总产值（现价）	亿元	25.59	625.48	1608.24	271.38	663.00	1760.67	725.94	248.80	1101.62	72.58
6	其中：外商投资企业	亿元	17.91	401.36	1513.66	213.77	484.65	1704.28	678.23	213.91	1036.37	64.71
7	高新技术企业	亿元	8.15	283.77	428.21	120.43	167.66	412.37	472.77	14.15	963.56	52.97
8	工业企业产品销售收入	亿元	2.29	595.78	1537.77	268.89	649.74	1731.44	713.84	246.72	1073.37	72.55
9	其中：外商投资企业	亿元	16.30	384.32	1461.86	209.46	474.96	1676.78	681.87	211.90	1006.04	64.84
10	高新技术企业	亿元	7.57	316.85	410.23	117.68	167.66	411.71	471.77	13.69	935.25	53.28
11	财政收入	亿元	1.17	23.05	156.76	15.70	49.29	54.17	36.33	8.54	51.70	5.43
12	其中：地方财政收入	亿元	0.35	10.24	61.45	9.38	25.24	16.65	9.02	3.92	18.55	3.20
13	税收收入	亿元	0.99	22.24	146.35	12.39	38.26	42.89	26.03	16.70	47.07	9.92
14	其中：外商投资企业	亿元	0.70	12.66	120.09	6.68	13.09	32.74	13.75	9.15	35.16	6.58
15	出口总额	亿美元	0.94	5.85	62.51	8.93	25.06	161.10	39.31	12.73	56.94	3.73
16	其中：机电产品出口额	亿美元	0.00	3.42	47.89	4.10	11.30	144.40	33.07	4.58	56.01	0.00
17	高新技术产品出口额	亿美元	0.65	4.53	34.84	3.71	3.01	121.59	28.33	2.43	55.14	2.73
18	进口总额	亿美元	0.24	5.64	75.41	13.58	29.80	124.51	28.30	15.06	62.58	1.83
19	其中：机电产品进口额	亿美元	0.20	3.57	37.44	8.30	7.36	105.94	24.26	3.20	54.30	0.00
20	高新技术产品进口额	亿美元	0.00	3.82	22.63	8.97	3.85	73.23	19.76	1.27	54.73	1.83
21	本年完成固定资产投资	亿元	1.40	74.46	110.80	31.10	200.12	114.97	83.79	163.73	122.51	155.21
22	其中：土地开发投资	亿元	0.44	8.25	39.16	6.00	8.18	15.45	5.81	36.28	4.13	1.45
23	新批准设立企业数	家	19.00	179.00	641.00	214.00	579.00	1090.00	193.00	472.00	437.00	38.00
24	其中：外商投资企业数	家	11.00	96.00	183.00	31.00	85.00	93.00	66.00	45.00	76.00	33.00
25	实际使用外资金额	亿美元	0.28	4.20	6.81	0.70	5.88	7.27	3.20	4.06	6.13	3.91
26	历年累计实际使用外资金额	亿美元	4.88	21.98	63.02	20.25	36.85	51.19	19.27	13.11	24.30	20.89
27	期末实有外商投资企业数	家	125.00	1207.00	1657.00	291.00	710.00	1259.00	350.00	288.00	451.00	153.00
28	期末实有工业内资企业数	家	164.00	630.00	541.00	230.00	321.00	1129.00	283.00	294.00	223.00	125.00
29	期末实有高新技术企业数	家	5.00	365.00	109.00	59.00	38.00	84.00	26.00	7.00	407.00	9.00
30	历年累计已开发土地面积	平方公里	4.50	34.50	32.61	14.70	27.19	40.00	34.00	52.15	33.95	8.18
31	其中：已建工业项目用地面积	平方公里	3.34	20.00	22.02	13.70	13.19	28.00	20.83	20.35	8.66	5.28
32	年末全区从业人员	万人	2.04	11.15	13.28	8.50	14.70	26.06	11.23	6.74	9.40	7.60

2005年东部32个国家级经济技术开发区主要经济指标年报一览表（续）

代码	指标名称	单位	宁波大榭	海南洋浦	苏州工业园区	金桥出口加工区	厦门海沧
1	国内生产总值	亿元	76.50	31.42	580.70	367.89	164.92
2	其中：第二产业	亿元	22.70	18.80	435.80	358.65	138.98
3	其中：工业增加值	亿元	21.20	13.86	378.50	356.26	134.18
4	第三产业	亿元	53.79	10.92	143.10	9.25	23.58
5	工业总产值（现价）	亿元	106.94	43.29	1652.80	1319.50	464.09
6	其中：外商投资企业	亿元	85.83	32.45	1233.80	1286.63	296.39
7	高新技术企业	亿元	6.55	0.00	365.00	727.99	264.37
8	工业企业产品销售收入	亿元	108.04	43.18	1603.20	1513.20	461.35
9	其中：外商投资企业	亿元	86.37	32.45	1208.30	1484.90	291.67
10	高新技术企业	亿元	6.26	0.00	362.00	836.99	263.92
11	财政收入	亿元	22.27	5.01	90.18	71.66	36.02
12	其中：地方财政收入	亿元	9.12	5.01	43.46	16.98	7.25
13	税收收入	亿元	20.85	9.89	86.95	68.90	35.29
14	其中：外商投资企业	亿元	8.15	1.66	51.50	63.14	10.51
15	出口总额	亿美元	3.98	0.00	192.44	48.67	17.46
16	其中：机电产品出口额	亿美元	1.84	0.00	184.53	46.73	2.51
17	高新技术产品出口额	亿美元	0.55	0.00	121.33	46.73	11.87
18	进口总额	亿美元	6.49	1.59	213.11	54.01	14.88
19	其中：机电产品进口额	亿美元	1.69	0.47	198.31	48.36	0.86
20	高新技术产品进口额	亿美元	1.07	0.00	122.34	48.36	10.45
21	本年完成固定资产投资	亿元	33.65	76.45	357.08	45.24	70.74
22	其中：土地开发投资	亿元	0.11	0.50	58.54	0.89	3.29
23	新批准设立企业数	家	170.00	408.00	23.00	38.00	256.00
24	其中：外商投资企业数	家	1.00	20.00	443.00	38.00	32.00
25	实际使用外资金额	亿美元	0.77	1.60	15.81	3.76	1.77
26	历年累计实际使用外资金额	亿美元	2.39	11.61	100.28	39.33	31.76
27	期末实有外商投资企业数	家	14.00	50.00	2207.00	451.00	307.00
28	期末实有工业内资企业数	家	167.00	60.00	2782.00	98.00	260.00
29	期末实有高新技术企业数	家	2.00	0.00	100.00	95.00	26.00
30	历年累计已开发土地面积	平方公里	12.11	18.00	70.00	23.72	59.97
31	其中：已建工业项目用地面积	平方公里	4.50	8.00	17.88	14.05	8.97
32	年末全区从业人员	万人	1.68	2.03	33.09	10.62	12.78

（商务部外国投资管理司提供）

2005年西部13个国家级经济技术开发区主要经济指标年报一览表

代码	指标名称	单位	合计	同比	乌鲁木齐	重庆	成都	西安	昆明	贵阳
1	国内生产总值	亿元	494.12	23.95%	17.46	73.09	72.13	101.52	37.79	26.10
2	其中：第二产业	亿元	366.90	21.01%	10.71	57.96	45.36	80.08	25.68	16.80
3	其中：工业增加值	亿元	313.99	19.78%	11.80	49.87	29.54	72.80	22.02	13.20
4	第三产业	亿元	124.69	33.84%	6.12	14.62	26.77	21.19	12.11	8.70
5	工业总产值（现价）	亿元	1072.39	28.20%	40.65	215.94	84.84	245.52	59.19	45.91
6	其中：外商投资企业	亿元	395.17	26.81%	24.55	146.30	23.57	62.77	10.66	5.59
7	高新技术企业	亿元	431.44	19.94%	6.78	155.27	30.20	61.38	16.14	22.37
8	工业企业产品销售收入	亿元	1042.13	28.25%	40.94	215.32	82.14	240.61	60.02	47.19
9	其中：外商投资企业	亿元	386.49	27.68%	24.27	147.93	23.31	61.51	10.38	5.19
10	高新技术企业	亿元	427.92	25.78%	6.25	162.70	30.25	60.15	16.31	24.13
11	财政收入	亿元	103.93	29.44%	5.29	46.11	6.12	11.59	7.38	5.40
12	其中：地方财政收入	亿元	53.54	1.29%	2.99	27.77	3.63	3.27	2.11	3.47
13	税收收入	亿元	75.54	25.36%	4.55	22.62	5.06	11.28	7.91	3.88
14	其中：外商投资企业	亿元	20.07	9.85%	0.55	11.91	0.37	2.54	0.86	0.25
15	出口总额	亿美元	15.60	78.29%	3.62	1.25	0.57	1.70	0.57	0.52
16	其中：机电产品出口额	亿美元	6.04	177.06%	0.00	0.58	0.50	0.59	0.22	0.51
17	高新技术产品出口额	亿美元	5.72	69.23%	0.00	0.67	0.00	0.29	0.31	0.51
18	进口总额	亿美元	16.03	40.37%	0.53	6.00	0.40	0.95	0.57	0.20
19	其中：机电产品进口额	亿美元	10.83	90.67%	0.00	5.35	0.40	0.54	0.49	0.19
20	高新技术产品进口额	亿美元	9.63	56.59%	0.00	5.72	0.00	0.24	0.49	0.19
21	本年完成固定资产投资	亿元	397.84	42.40%	10.37	138.99	34.11	63.27	11.85	25.56
22	其中：土地开发投资	亿元	61.88	3.18%	1.45	24.4	4.49	13.59	3.05	6.92
23	新批准设立企业数	家	2118.00	5.74%	131.00	585.00	28.00	460.00	115.00	99.00
24	其中：外商投资企业数	家	103.00	-5.50%	7.00	26.00	5.00	29.00	5.00	2.00
25	实际使用外资金额	亿美元	5.53	63.61%	0.39	1.15	0.23	1.71	0.05	0.11
26	历年累计实际使用外资金额	亿美元	26.83	25.67%	1.15	5.85	1.51	9.72	1.01	1.53
27	期末实有外商投资企业数	家	663.00	-24.14%	30.00	180.00	64.00	102.00	62.00	19.00
28	期末实有工业内资企业数	家	2485.00	-1.04%	85.00	142.00	382.00	322.00	211.00	276.00
29	期末实有高新技术企业数	家	259.00	-9.76%	11.00	70.00	27.00	60.00	21.00	3.00
30	历年累计已开发土地面积	平方公里	97.28	5.37%	6.40	9.60	9.90	12.50	6.85	12.00
31	其中：已建工业项目用地面积	平方公里	73.27	18.68%	4.50	6.10	9.80	7.90	5.45	9.00
32	年末全区从业人员	万人	49.31	5.72%	1.55	8.63	5.84	4.52	2.73	9.31

2005 年西部 13 个国家级经济技术开发区主要经济指标年报一览表（续）

代码	指标名称	单位	西宁	呼和浩特	南宁	银川	兰州	石河子	拉萨
1	国内生产总值	亿元	9.70	66.21	29.60	26.33	13.70	20.48	0.00
2	其中：第二产业	亿元	4.37	60.78	20.35	17.11	10.70	16.99	0.00
3	其中：工业增加值	亿元	2.48	59.83	15.88	13.87	8.71	13.99	0.00
4	第三产业	亿元	5.33	5.43	8.75	9.22	3.00	3.45	0.00
5	工业总产值（现价）	亿元	8.00	186.26	57.44	46.25	28.90	53.49	0.00
6	其中：外商投资企业	亿元	1.93	65.06	17.21	31.66	0.41	5.47	0.00
7	高新技术企业	亿元	0.59	93.42	6.82	27.41	7.82	3.22	0.00
8	工业企业产品销售收入	亿元	6.75	177.92	53.07	45.53	26.16	46.47	0.00
9	其中：外商投资企业	亿元	1.28	61.92	16.53	28.40	0.39	5.37	0.00
10	高新技术企业	亿元	0.53	88.52	5.42	23.74	7.33	2.60	0.00
11	财政收入	亿元	1.11	10.16	3.49	3.21	1.49	2.58	0.00
12	其中：地方财政收入	亿元	0.34	5.142	1.16	2.00	0.39	1.28	0.00
13	税收收入	亿元	1.11	9.54	3.37	2.83	1.29	2.10	0.00
14	其中：外商投资企业	亿元	0.08	1.46	0.45	1.22	0.06	0.32	0.00
15	出口总额	亿美元	1.35	4.17	0.47	0.87	0.05	0.47	0.00
16	其中：机电产品出口额	亿美元	0.04	3.58	0.01	0.00	0.01	0.00	0.00
17	高新技术产品出口额	亿美元	0.04	3.81	0.05	0.02	0.00	0.00	0.00
18	进口总额	亿美元	1.93	2.93	0.00	1.70	0.00	0.79	0.00
19	其中：机电产品进口额	亿美元	0.05	2.93	0.00	0.69	0.00	0.15	0.00
20	高新技术产品进口额	亿美元	0.05	2.93	0.00	0.00	0.00	0.00	0.00
21	本年完成固定资产投资	亿元	8.81	32.79	28.16	17.22	9.00	17.70	0.00
22	其中：土地开发投资	亿元	0.35	1.50	0.59	2.50	2.96	0.00	0.00
23	新批准设立企业数	家	91.00	145.00	92.00	265.00	11.00	96.00	0.00
24	其中：外商投资企业数	家	3.00	8.00	8.00	8.00	0.00	2.00	0.00
25	实际使用外资金额	亿美元	0.06	0.64	0.15	0.97	0.00	0.08	0.00
26	历年累计实际使用外资金额	亿美元	0.13	2.02	0.80	2.55	0.12	0.45	0.00
27	期末实有外商投资企业数	家	7.00	94.00	66.00	23.00	3.00	13.00	0.00
28	期末实有工业内资企业数	家	35.00	203.00	289.00	153.00	241.00	146.00	0.00
29	期末实有高新技术企业数	家	6.00	24.00	8.00	7.50	18.00	4.00	0.00
30	历年累计已开发土地面积	平方公里	4.00	10.00	10.70	3.20	2.23	9.90	0.00
31	其中：已建工业项目用地面积	平方公里	1.00	7.77	10.23	3.00	0.73	7.79	0.00
32	年末全区从业人员	万人	2.60	2.32	4.63	1.74	2.81	2.60	0.00

（商务部外国投资管理司提供）

2005年中部9个国家级经济技术开发区主要经济指标年报一览表

代码	指标名称	单位	合计	同比	武汉	芜湖	长春	哈尔滨	合肥	郑州	长沙	南昌	太原
1	国内生产总值	亿元	1053.38	25.57%	148.13	114.34	230.05	112.94	134.49	37.65	125.35	141.14	9.29
2	其中：第二产业	亿元	865.62	27.25%	137.85	108.77	184.02	100.53	108.17	19.54	90.45	109.32	6.97
3	其中：工业增加值	亿元	787.09	28.34%	117.82	106.33	164.02	96.44	99.69	16.81	80.89	98.13	6.96
4	第三产业	亿元	180.90	19.08%	10.78	5.57	45.54	12.30	26.32	17.75	34.90	25.42	2.32
5	工业总产值（现价）	亿元	2726.46	30.02%	384.06	352.83	547.25	416.80	342.27	53.18	280.32	316.67	33.08
6	其中：外商投资企业	亿元	1513.76	36.98%	300.98	132.40	340.31	162.69	213.08	17.04	127.68	206.22	13.36
7	高新技术企业	亿元	1268.96	31.68%	168.75	141.04	260.39	206.08	160.23	16.48	201.93	107.12	6.94
8	工业企业产品销售收入	亿元	2645.66	30.09%	388.38	351.79	501.98	386.87	350.95	50.07	271.15	313.37	31.10
9	其中：外商投资企业	亿元	1618.92	24.94%	322.90	130.07	440.18	152.66	216.21	14.92	126.96	202.11	12.91
10	高新技术企业	亿元	1250.66	28.52%	153.17	143.68	241.46	222.89	165.09	14.39	198.99	105.32	5.67
11	财政收入	亿元	149.93	26.48%	27.42	19.85	22.09	20.22	20.70	4.85	15.67	17.92	1.21
12	其中：地方财政收入	亿元	68.19	22.82%	9.32	8.56	9.36	11.97	12.60	1.68	6.50	7.67	0.53
13	税收收入	亿元	130.33	34.00%	25.46	15.89	16.06	19.36	16.99	4.84	14.40	16.13	1.20
14	其中：外商投资企业	亿元	69.45	63.64%	19.47	3.59	6.59	7.59	14.38	0.85	5.57	10.88	0.53
15	出口总额	亿美元	28.51	75.99%	2.72	2.84	6.59	3.49	4.53	0.39	4.49	2.33	1.13
16	其中：机电产品出口额	亿美元	14.86	69.44%	2.73	2.27	1.43	0.35	1.85	0.32	3.81	1.24	0.86
17	高新技术产品出口额	亿美元	14.50	57.61%	2.43	2.28	0.70	1.11	2.48	0.32	3.62	1.15	0.41
18	进口总额	亿美元	31.19	38.68%	11.66	1.49	4.41	2.48	2.52	0.09	5.92	1.51	1.11
19	其中：机电产品进口额	亿美元	22.91	29.07%	10.62	1.19	2.57	0.88	0.27	0.08	5.24	1.02	1.04
20	高新技术产品进口额	亿美元	16.40	22.94%	3.06	0.97	2.07	1.83	1.49	0.08	5.17	1.05	0.68
21	本年完成固定资产投资	亿元	395.17	32.69%	66.75	47.80	50.18	33.43	56.03	12.13	39.91	72.17	16.77
22	其中：土地开发投资	亿元	55.68	7.84%	8.53	9.91	2.57	1.55	13.99	0.94	5.95	9.80	2.44
23	新批准设立企业数	家	2293.00	5.47%	248.00	116.00	240.00	807.00	259.00	303.00	82.00	97.00	141.00
24	其中：外商投资企业数	家	196.00	-5.31%	34.00	17.00	21.00	49.00	18.00	18.00	13.00	21.00	5.00
25	实际使用外资金额	亿美元	15.43	-15.92%	3.01	1.03	4.10	1.90	1.26	0.35	1.34	2.09	0.35
26	历年累计实际使用外资金额	亿美元	99.57	20.19%	34.19	6.56	19.56	12.02	10.84	1.32	8.49	5.60	0.99
27	期末实有外商投资企业数	家	1208.00	-0.82%	119.00	114.00	140.00	380.00	153.00	128.00	81.00	74.00	19.00
28	期末实有工业内资企业数	家	2767.00	-11.68%	313.00	139.00	848.00	143.00	176.00	647.00	144.00	245.00	112.00
29	期末实有高新技术企业数	家	404.00	11.91%	49.00	14.00	106.00	57.00	18.00	58.00	45.00	47.00	10.00
30	历年累计已开发土地面积	平方公里	151.65		15.38	22.00	32.00	10.00	32.00	12.49	13.98	9.80	4.00
31	其中：已建工业项目用地面积	平方公里	97.32	6.58%	14.63	16.00	16.00	8.60	12.10	8.60	8.61	9.78	3.00
32	年末全区从业人员	万人	53.29	13.99%	8.10	5.10	11.14	6.45	4.24	4.00	3.59	8.32	2.35

（商务部外国投资管理司提供）

大事记

2005年中国开发区大事记

1月

1月5日 位于北京天竺出口加工区的SMC（北京）制造有限公司扩大生产规模，增加投资12.16亿元，用于扩大气动元件的生产。

1月10日 福州经济技术开发区在原有10平方公里的基础上经批准再扩大13平方公里。

1月17日 香港·浙江温州投资环境暨招商引资项目推介会在香港港丽酒店大礼堂举行，温州经济技术开发区共有五个项目参加签约仪式，项目总投资5900万美元。协议外资4096万美元，其中可口可乐项目，是首家在温州市落户的世界500强工业企业。

1月17日 以美国商务部助理部长桑普森先生为团长的美国商务部代表团一行在美国驻沈总领馆及市外办有关人员的陪同下到沈阳经济技术开发区参观访问。

1月20日 宁波经济技术开发区明耀环保热电厂首台机组并网发电，标志着浙江供电能力最大的公用热电厂正式投产。明耀环保热电厂为浙江省重点工程项目，项目总投资为3.5亿元，由明耀投资公司和香港世通公司出资建设，计划建设3台130吨的硫化床锅炉和3台2.5万千瓦汽轮发电机组。

1月24日 福州经济技术开发区召开扩区暨建区20周年庆祝大会。

1月28日 中国石油化学工业最具投资价值园区授牌仪式在北京人民大会堂海南厅隆重举行。宁波大榭开发区等十个园区被评为中国石油化学工业最具投资价值园区。评比活动由国家科技部和中国化工报联合举办。

1月 北京经济技术开发区博兴路奔驰—戴姆勒·克莱斯勒汽车有限公司新厂区举行奠基仪式。奔驰轿车项目是北京汽车工业通过对北京吉普车公司重组、增资，扩大对外合作的又一丰硕成果。

2月

2月9日 中共中央政治局常委、国务院副总理黄菊视察福州经济技术开发区，考察了船政文化主题公园和中国航政文化博物馆。

2月19日 原全国政协副主席杨汝岱一行视察惠州大亚湾经济技术开发区。

2月21日 吴仪副总理到海南洋浦开发区视察，参观了金海浆纸业、实华炼化公司和洋浦码头。

2月21日 塞尔维亚共和国总统鲍利斯·塌迪奇到大连经济技术开发区访问。

2月23日 第三届“两马同春闹元宵”活动在福州经济技术开发区开幕。

2月23日～27日 《中国开发区年鉴》年会在黑河边境经济合作区召开。

3月

3月1日 原全国人大常委会副委员长王汉斌同志视察厦门海沧台商投资区。

3月8日 香港特区政府代表团到福州经济技术开发区参观。

3月9日 韩国POSCO会长李龟泽到青岛经济技术开发区考察访问并参加青岛浦项不锈钢冷轧不锈钢板（卷）项目竣工仪式。

3月9日 博西华电器园项目在南京经济技术开发区举行奠基仪式。8月3日，该项目小家电生产车间落成。博西华电器园项目的投资方德国博世西门子家电集团，是位居欧洲第一、世界第三的家用电器制造商，该项目总投资9900万美元，占地37万多平方米，建成后将成为该集团小家电产品的中国生产基地，并将设立产品研发中心、国际采购中心和中心库。

3月18日 世界排名第一位的传动设备企业——德国SEW－传动设备有限公司与沈阳经济技术开发区管委会签订了国有土地使用权出让合同。

3月18日 A.O.史密斯热水器公司在南京经济技术开发区举行全球工程研发中心落成剪彩仪式。该中心是A.O.史密斯公司在全球范围内，包括美国、欧洲和亚洲设立的三大研发中心之一，其核心功能是提供更多的技术资源用以支持面向中国及全球市场的产品研发、技术应用以及工程技术服务。

3月19日～22日 中国西安国际高新技术成果交易会暨高新技术人才交流会在西安国际会展中心召开，西安经济技术开发区管委会作为主要承办单位之一，在本次大会上成功签约钢结构防火涂料、百年医药生产研发基地、地铁导电轨及系列智能化电器等8个项目，成交金额达8.9亿元人民币，是本次高交会签约项目最多的单位。

3月21日 全国最大的造纸合资企业江西晨鸣纸业一期40万吨轻量涂布纸项目在南昌经济技术开发区正式投产。该项目总投资4.87亿美元，是国家财政贴息贷款技改项目。

3月23日 总投资5000万美元的铝制易拉罐生产企业——香港太平洋制罐有限公司与沈阳经济技术开发区管委会举行项目进区签约仪式。

3月25日 熊猫电子信息产品制造基地在南京经济技术开发区举行开工建设仪式，全面拉开新的制造基地建设的序幕。该制造基地占地192亩，规划建筑面积约15.6万平方米，项目总投资约2.4亿元人民币，分三个建设期。一期工程建成后，率先进入经营的是熊猫电子制造和熊猫家电两个产业集团，整个工程建成后将形成年产值60亿元的生产能力。

3月28日 青岛经济技术开发区召开建区20周年庆祝大会。

3月30日～4月1日 在萧山区政府组织的“萧山民企百强香港行暨投资环境推介会”上，萧山经济技术开发区共有4个项目签约，共计总投资1.13亿美元，合同外资4400万美元；同时进行了重点项目推介。

3月、5月 44万吨级油轮“泰欧”号两次成功靠泊大榭，填补了我国大陆沿海港口接靠40万吨级以上大型油轮的历史空白，对提升宁波港及宁波大榭开发区在国际上的综合竞争力具有重大意义。

3月 为建设发展成为世界上最大的轮胎生产厂，米其林沈阳轮胎公司决定在沈阳经济技术开发区追加投资1.7亿美元，新征地面积15万多平方米。该项目建成后，预计该公司的卡车轮胎生产能力将由原来的70万条增加到200万条。

3月 杜邦公司是世界500强企业之一的大型化工公司，世界上最大的钛白粉生产企业，该公司唐博伟先生到东营经济技术开发区考察，拟在该区投资建设高新技术项目。

4月

4月2日 壳牌集团首席执行官范德伟和壳牌集团亚太区执行官陈逸嘉一行到访惠州大亚湾经济技术开发区，视察中海壳牌南海石化项目进展情况，并在石化区纪念林种下第一颗纪念树。

4月5日 中共中央政治局常委、全国人大常委会委员长吴邦国视察西安高新技术产业开发区康鸿信息技术股份有限公司、海天天线科技股份有限公司和西工大科技产业园无人机项目等。吴邦国十分赞赏企业在发展民族高科技产业方面取得的成绩，勉励企业要大力增强技术创新能力，继续发挥高科技转化为生产力的竞争优势，希望企业持续发展，做的更好。

4月5日 美国富兰科林公司高层一行到惠州大亚湾经济技术开发区进行投资考察。

4月5日 荷兰施托克集团总裁树特·沃尔特一行到河北省廊坊经济开发区考察。

4月6日~10日 第九届中国东西部合作与投资贸易洽谈会在西安举行，西安经济技术开发区共有康明斯发动机、深圳人人乐、西门子增资、ABB增资等43项投资项目签约，总投资达48亿人民币，其中外资2.9亿美元，再创历史新高，投资行业涉及电力电子、商用汽车、新材料、文化、现代服务等产业。美国康明斯公司与陕重汽在西安经济技术开发区投资5000万美元共同建设重型柴油发动机生产项目，成为本届西洽会的亮点，受到广泛关注。

4月7日 中共中央政治局常委、国家副主席曾庆红到长沙经济技术开发区考察调研。他深入到三一重工、维胜科技等企业，视察车间听取汇报，与企业干部职工亲切交谈，全面了解非公有制企业党建和生产经营情况。他要求长沙经济技术开发区干部职工发扬艰苦创业、昂扬向上精神，继续努力工作，加快发展，为当地经济建设做出更大的贡献。

4月8日 中共中央政治局委员、中央书记处书记、中央组织部部长贺国强视察苏州工业园区。

4月8日 中共中央政治局常委、国务院副总理黄菊考察河北省唐山海港经济开发区。

4月9日 中共中央总书记、国家主席、中央军委主席胡锦涛到威海高新技术产业开发区视察，先后视察了山东威高集团、威海华东数控有限公司和山东三星通讯设备有限公司。总书记详细了解了企业的生产情况特别是科技创新情况。

4月9日 中共中央政治局委员、北京市委书记刘淇到北京经济技术开发区国有企业调研。

4月10日 中共中央总书记、国家主席、中央军委主席胡锦涛到烟台经济技术开发区考察工作。总书记视察了开发区麦得津生物工程有限公司，详细了解了生产经营特别是技术创新情况。胡锦涛指出，要抓住提高自主创新能力、加快科技进步这个关键环节，切实改善支撑科技进步和创新的组织体系、运行机制、政策环境，健全政府支持、企业主导、产学研结合的技术研究开发体系，高度重视并着力提高原始性创新能力，促进先进技术引进、消化、吸收、创新相结合，加速科技成果向现实生产力转化，使经济发展真正走上依靠科技进步提高劳动者素质的轨道。

4月12日 广州南沙经济技术开发区建设指挥部与南沙平谦汽车产业发展有限公司在开发区举办南沙开发区国际汽车产业投资交流会，140多位来自世界各地60多家汽车零配件厂商的代表参加了这次投资交流会。会后，还举行了投资总额为4700万美元的关西涂料等三个汽配项目的投资签约仪式。

4月14日 商务部副部长马秀红一行到惠州大亚湾经济技术开发区考察。

4月16日 “中国·西部（安宁）2005国际桃花旅游节暨第二届中外企业投资合作洽谈会”在兰州经济技术开发区隆重开幕。九届全国人大常委会副委员长铁木尔·达瓦买提，甘肃省委书记、省人大常委会主任苏荣等参加了开幕式。

4月18日 全球最大的移动通信网络供应商瑞典爱立信公司与萧山经济技术开发区内的乐荣工业股份有限公司牵手，成立爱立信乐荣技术（杭州）有限公司。这是世界500强企业爱立信在浙江的首次合作，一期投资2000万美元。

4月18日 全国政协副主席张梅颖视察苏州工业园区。

4月19日～20日 国家级经济技术开发区第九届国际投资年会在长沙隆重召开。此次会议由国家商务部外国投资管理司主办，中国开发区协会协办，长沙经济技术开发区管委会承办。国务院办公厅、商务部、财政部、国务院发展研究中心、中国开发区协会等国家相关部办委局负责人出席了会议，全国52家国家级经济技术开发区和部分出口加工区的负责人以及部分跨国公司的代表共230余人参加了本届年会。国家商务部外国投资管理司司长胡景岩、中国开发区协会会长刘培强，省、市领导和省、市相关部门负责人出席了会议。会议以“投资、合作、创新、发展”为主题，探讨了开发区招商引资面临的新形势和新思路。

4月20日 南京锦湖轮胎有限公司二期工程在南京经济技术开发区举行竣工投产仪式。南京锦湖轮胎有限公司是由南京子午投资开发有限公司、韩国锦湖轮胎株式会社等共同投资兴建的大型轮胎生产企业。总投资1.2亿美元的一期工程已经竣工，拥有500万条轮胎的生产能力，年工业总产值15亿元，利润1亿元左右，曾连续多年蝉联全国子午线轮胎产销量第一名。南京锦湖轮胎二期项目以中高档子午线轮胎为主打产品，投产后，公司新增生产能力500万条、工业总产值可达12亿元、利润可达1.2亿元，一二期工程总的生产能力在全国排名第一。

4月23日 全国政协副主席张思卿视察福州经济技术开发区。

4月24日 商务部副部长马秀红视察重庆经济技术开发区长安福特和出口加工区。

4月26日 以柬埔寨中央宣传教育委员会副主席达顺义为团长的柬埔寨人民党考察团一行10人到广州南沙经济技术开发区考察。

4月28日 中共中央政治局常委、全国人大常委会委员长吴邦国视察南京经济技术开发区。吴邦国着重询问开发区的产业特色和土地开发等方面的情况，对开发区发展成绩给予充分肯定，并表示赞赏。他说，开发区内不设居民住户，建成纯工业区的规划思路很好，有利于管理，有利于发展，并称赞开发区坚持引进工业特别是引进高科技工业项目的做法很好。他希望开发区继续重视合理开发利用土地资源，突出主导产业，引进更多更好的高科技项目，更加注重经济增长的质量和效益。

4月28日 世界500强企业德国博泽集团落户长春经济技术开发区。该集团投资的长春博泽汽车部件有限公司是该集团在中国的第一家外商投资企业，主要生产电动汽车座椅调节器及各种汽车车门系列等产品。

4月30日 总投资45亿元人民币的华能营口电厂二期工程在营口经济技术开发区正式开工建设。二期工程将建设2台60千瓦国产“超临界”机组，同步建设烟气脱硫装置，建成后该电厂总装机容量将达到184万千瓦。

4月 国务院批复同意扩大青岛经济技术开发区规划控制面积5.02平方公里。

5月

5月1日 富士康（太原）科技工业园一期C区暨热传专区启基仪式在太原经济技术开发区隆重举行。富士康科技集团是世界500强企业之一，荣居全球EMS（电子制造服务业）第二大领导厂商。项目总投资10亿美元，为山西省改革开放以来引进的规模最大、技术水平最高、与山西省产业关联度最强的外商投资项目。

5月4日 原全国人大副委员长田纪云视察青岛经济技术开发区。

5月6日 中共中央政治局委员、国务院副总理曾培炎到南昌经济技术开发区视察江西鸿源数显科技有限公司和奥克斯南昌工业园。

5月10日 总投资9750万美元的博世汽

车部件（长沙）有限公司星沙基地在长沙经济技术开发区正式奠基。

5月11日 以全国政协副主席张思卿为团长的全国政协常委赴赣视察团一行视察南昌经济技术开发区晶湛（南昌）科技有限公司。

5月11日 信息产业部批准福州经济技术开发区为国家（福州）显示器件产业园。

5月11日 福清（国家）显示器产业园正式获得国家信息产业部批准，成为全国首批31个国家电子信息产业园之一。

5月11日 国家信息产业部以信部规［2005］220号发文，同意南京经济技术开发区为首批31个国家电子信息产业园之一，名称为“国家（南京）显示器件产业园”。

5月14日 中共中央政治局委员、新疆自治区党委书记王乐泉到青岛经济技术开发区视察。

5月14日 台资晶湛（南昌）科技有限公司1.5万平方米的首座工厂在南昌经济技术开发区落成投产，并启动公司4万平方米的晶圆一厂开工建设，斥资2亿美元打造年产36万片8英寸晶圆生产线。

5月15日 比利时王国国务秘书布鲁塞尔大区执行官，布鲁塞尔议会主席布里古特·葛鲁威尔女士率访问团到营口经济技术开发区和港务集团参观访问。双方就港口合作等方面事宜进行了商谈。访问团一行还现场参观了营口港集装箱码头。

5月17日 为期两天的“2005东北亚暨环渤海国际合作论坛”在河北省廊坊经济开发区会展中心开幕。全国政协副主席、全国工商联主席黄孟复，蒙古前总统奥其尔巴特，韩国前总理李寿成，新西兰前总理希普利，中共河北省省委书记白克明，省长季允石出席论坛并致词。论坛由博鳌亚洲论坛秘书长龙永图主持。

5月18日 东方新地和恒盛·阳光两座五星级酒店在河北省廊坊经济开发区举行开工奠基仪式。其中东方新地项目投资5亿元人民币，恒盛·阳光项目投资3.5亿元人民币。

5月19日 举行厦门海沧台商投资区成立15周年庆典。原国务院特区办主任胡平，全国人大侨委副主任委员王建双，中国开发区协会高级顾问赵云栋，原化工部副部长潘连生，国资委稽查特派员朱爇，商务部台港澳司司长王辽平，中国开发区协会会长刘培强，国家发展和改革委员会投资司副司长洪修如等国家部委领导出席了庆祝大会。中共中央政治局常委、全国政协主席贾庆林发来贺电祝贺海沧投资区15年来取得的巨大成绩。全国政协副主席王忠禹、福建省省长黄小晶也分别发来贺信。

5月19日 经国家批准，“2005年苏州工业园区地产经营管理公司企业债券”开始发行，这是园区地产第二次直接从资本市场融资，发行规模为12亿元。

5月24日 原全国政协副主席王文元一行到营口经济技术开发区视察。

5月25日 北京经济技术开发区京东方科技集团股份有限公司的薄膜晶体管液晶显示器（TFT—LCD）五代线成功实现量产，中共中央政治局常委、全国政协主席贾庆林，信息产业部部长王旭东出席量产仪式。京东方TFT—LCD五代线项目是国务院批准、国家和北京市重点支持的国内最大的TFT—LCD屏制造项目，全部采用国际最先进的自动化生产设备和信息化管理系统。该生产线投资总额12.4亿美元，设计产能6万片玻璃基板/月，最终将扩展到每月8.5万片玻璃基板的产能。

5月26日 上海漕河泾新兴技术开发区成立20周年。当日，3M、思科、飞利浦、伟世通、本田、佛吉亚、爱立信、微软等8家跨国公司研发中心在沪正式签约，落户漕河泾新兴技术开发区。

5月26日 韩国大国家党代表最高委员（党首）朴槿惠率领的大国家党代表团一行到重庆经济技术开发区参观访问。

5月29日～6月3日 长沙经济技术开发区管委会主任文树勋率团赴香港参加了“2005年中国湖南（香港）投资洽谈周”活动。长沙经济技术开发区共有5个项目签约，合同签约金额达17205万美元。并成功引进了一家世界五百强企业—百事可乐（中国）投资有限公司，成为长沙市整个港洽周活动中的一个亮点。

5月31日 全国人大常委会副委员长成思危视察惠州大亚湾经济技术开发区，考察中海壳牌南海石化项目建设情况。

5月底 经国家信息产业部专题会议评审，宁波保税区集成电路产业园成为国内重点集成电路产业园，园区正式命名为“国家（宁波）集成电路产业园”。

6月

6月3日 经国务院批准设立福州出口加工区。

6月3日 《国务院办公厅关于增设上海嘉定等出口加工区的复函》（国办函［2005］53号）正式批准在昆明经济技术开发区内设立昆明出口加工区。

6月3日 福清出口加工区获得国务院批准，首期规划面积0.81平方公里。

6月8日 由世界500强企业——丹麦马士基集团下属的马士基物流仓储中国有限公司与宁波经济技术开发区迅洲投资有限公司共同投资的宁波龙星物流项目正式签约。

6月8日 应重庆市政府陈光国副市长邀请，老挝万象市副市长本赞先生一行到重庆经济技术开发区参观访问。

6月9日 中国北车集团山西永济电机厂西安永电基地开工奠基仪式在西安经济技术开发区举行。该项目由永济电机厂与法国阿尔斯通公司、日本东芝公司等国际知名公司开展战略合作，建立具有国际先进水平的电传动系统及关键部件的研发平台。项目建成后，可实现年销售收入5亿元，利税7000万元。

6月10日 比利时国王阿尔贝二世和王后帕奥拉访问苏州工业园区。

6月10日 中共中央政治局委员、广东省委书记张德江、省长黄华华，在云南省委书记、省人大主任白恩培、省长徐荣凯、省委副书记王学仁的陪同下视察昆明经济技术开发区昆明船舶集团公司。

6月11日 经过3年的施工，总投资6亿多元人民币的营口港鲅鱼圈港区3个成品油及液体化工码头竣工投入使用。项目包括一个8万吨级、两个3万吨级泊位及36万立方米后方罐区。

6月14日 全国人大常委会原副委员长吴阶平视察苏州工业园区。

6月17日 中共中央政治局常委、国务院总理温家宝考察了北京中关村科技园区和北京经济技术开发区。他指出，推进技术进步和增强自主创新能力，是继续办好国家高新技术产业开发区的一项重要工作。要进一步发挥高新技术产业化重要基地的优势，努力成为促进技术进步和增强自主创新能力的重要载体，成为带动区域经济结构调整和经济增长方式转变的强大引擎，成为高新技术企业走出去参与国际竞争的服务平台，成为抢占世界高技术产业制高点的前沿阵地。

6月18日 由日本格凌水研株式会社投资的格凌国际水研（杭州）有限公司在萧山经济技术开发区举行开业典礼。该项目总投资4000万美元，注册资本1340万美元。

6月19日 中华全国总工会书记处第一书记、副主席张俊九一行到合肥经济技术开发区考察，对工会工作进行调研。

6月22日～25日 由国家商务部主办、中国开发区协会协办、太原经济技术开发区承办的全国国家级经济技术开发区第十五次党建工作研讨会在太原晋祠宾馆召开，这是太原经济技术开发区成立以来承办的第一个全国性会议。会议围绕经济发展，就新形势下如何做好开发区党建工作进行了研究探讨，并交流了兄弟开发区党建工作的新经验。来自全国46个国家级经济技术开发区、部分国家级保税区、工业园区、出口加工区的120余名代表参加了会议。

6月24日～26日 温家宝总理考察了天津钢管、天津一汽丰田、天津港、污水处理厂等企业，并主持召开了经济技术开发区、保税区和企业负责人座谈会。他指出，加快天津滨海新区开发开放是环渤海区域及全国发展战略布局重要的一步棋，走好这步棋，不仅对天津的长远发展具有重大意义，而且对促进区域经济发展、实施全国总体发展战略、实施全面建设小康社会和现代化建设宏伟目标，都具有重大意义。

6月24日 世界最大轴承及相关产品制造企业瑞典斯凯孚集团独资兴建的斯凯孚大连轴承与精密技术产品有限公司在大连经济技术开发区举行奠基仪式。项目总投资5500万美元，主要生产和销售高性能轴承以及精密技术产品。

6月25日 世界最大的直线导航制造商日本THK集团投资兴建的帝业技凯（辽宁）精密工业有限公司在大连经济技术开发区举行奠基仪式。项目总投资9000万美元，占地8.1万平方米，主要生产直线运动导轨，预计2006年5月31日竣工，年产值约50亿日元。

6月29日 新西兰前总理珍妮·希普莉访问福州经济技术开发区。

6月上旬 科技部火炬计划中心正式将宁波经济技术开发区注塑机产业基地列入国家火炬计划。宁波开发区注塑机企业去年生产整机2.8万多台，销售收入达53.1亿元，利税10.5亿元，出口创汇1.8亿美元，产量占全国的40%以上，销售收入占全国的50%以上。

7月

7月5日 中共中央政治局常委、全国人大常委会委员长吴邦国视察青岛经济技术开发区。

7月9日 中国国民党副主席江丙坤到大连经济技术开发区访问。

7月10日 由美国路明集团独资兴建的美明外延片科技有限公司在大连经济技术开发区举行奠基仪式。项目投资7800万美元，主要从事半导体照明工程核心材料外延片生产开发，计划年生产外延片55万片，产值8800万美元。

7月10日 来中国贸易投资考察的西班牙卡斯蒂利亚莱昂大区副主席托马斯一行到萧山经济技术开发区考察。

7月12日 中国国民党副主席江丙坤到萧山经济技术开发区访问。

7月15日 中共中央政治局常委、全国政协主席贾庆林，全国政协港澳台侨委员会主任郭东坡，全国政协文史和学习委员会主任王蒙，中央统战部副部长楼志豪等莅临长沙经济技术开发区视察，先后视察了园区企业三一重工股份有限公司、LG、飞利浦曙光电子有限公司。

7月15日 北京天竺空港工业区与中国南方航空股份有限公司成功举行了合作签约仪式，南航投资11亿元，在工业区购买土地154.98亩，计划建设北京运营指挥基地。

7月16日 全国人大常委会委员、全国人大环资委主任毛如柏率“全国人大环资委海域使用管理实施情况检查组”视察惠州大亚湾经济技术开发区。

7月18日 中共中央政治局委员、中央书记处书记、组织部部长贺国强到银川经济技术开发区视察。

7月19日 全国政协副主席张怀西一行视察惠州大亚湾经济技术开发区。

7月26日 在东京举行的2005浙江省投资恳谈会上，萧山经济技术开发区与日本投资商签订了总投资4000万美元的商用车桥生产项目。这标志着日本汽车关键零部件行业正式落户开发区。该项目由日本普利适工业株式会社和日产柴油汽车工业株式会社共同投资。

7月31日 中共中央总书记、国家主席、中央军委主席胡锦涛同志在山西省委书记张顺宝、代省长于幼军等陪同下视察了太原高新技术产业开发区入区企业罗克佳华工业有限公司。

8月

8月1日 澳门特别行政区法院司法行政代表团到福州经济技术开发区参观船政文化。

8月3日 中海集团投资有限公司与广州南沙经济技术开发区建设指挥部签定了中海集团15万TEU集装箱制造项目投资协议书。该项目总投资4995万美元，注册资本2000万美元，计划产能15万标准箱，预计2006年上半年投产，年产值将达25亿元。

8月4日 国家商务部副部长马秀红一行到乌鲁木齐经济技术开发区考察工作。

8月8日 南沙慧视通讯科技有限公司在南沙开发区举行揭牌仪式。该项目是由美国慧视公司与南沙资产经营有限公司合作建设的一个高科技项目，计划投资5400万美元，主要生产有源及无源光电子元器件。

8月10日 国务院副总理曾培炎到大连经济技术开发区视察。

8月12日 由世界知名的刹车零部件制造企业——澳大利亚泛太集团独资兴建的泛太汽车技术大连有限公司在大连经济技术开发区投产。项目投资总额5000万美元，生产高品质汽车刹车系统，一期机加工厂已竣工，年生产能力300万套；二期铸造工厂正在建设中，预计2006年6月竣工投产。产品主要销往美国和泰国。该项目是泛太集团在中国投资的首个企业。

8月13日 中共中央政治局常委、国务院总理温家宝莅临长沙经济技术开发区视察。温总理在省、市主要领导的陪同下，先后视察了园区企业三一重工股份有限公司、维胜科技有限公司、华天光电惯导有限公司、远大空调有限公司等。

8月15日 国家商务部部长薄熙来到长沙经济技术开发区，视察了园区企业湖南HEG有限公司和三一重工股份有限公司。

8月16日 商务部部长薄熙来视察西安出口加工区，并参观了佳阳新能源公司和彩瑞公司。

8月24～27日 由中国开发区协会主办，重庆经济技术开发区承办的全国国家级开发区第十二届公关年会在重庆五洲大酒店召开。

8月25日～27日 科技部在北京京西宾馆召开国家高新技术产业开发区工作会议，国务委员陈至立出席会议并发表重要讲话，科技部部长徐冠华做工作报告。

8月30日 宁波保税物流园区正式通过由国家联合验收组的正式验收，这标志着区港联运试点建设进入了一个新的阶段。

8月31日 “国美家电工业园签约仪式”在沈阳经济技术开发区隆重举行。该项目预计总投资20亿元人民币，主要生产手机、电视、TFT－LCD等高科技电器产品，项目达产后预计产值将达百亿元人民币以上。

8月31日 宁波经济技术开发区浙江逸盛石化年产60万吨PTA（精对苯二甲酸）项目正式投产。该项目由浙江恒逸集团和荣盛集团共同投资，占地1030亩，计划总投资100亿元，至2009年将建成3套PTA装置，年总产能达200万吨，年销售收入超过150亿元。

9月

9月1日 由沈阳北方交通工程公司投资10亿元人民币建设的工业园在沈阳经济技术开发区举行隆重的奠基典礼。

9月6日 台湾新党主席郁慕明一行到福州经济技术开发区参观中国船政文化博物馆。郁慕明为中国船政文化博物馆欣然题词："百年树人为强国"。

9月7日 原全国政协副主席、九三学社中央委员会名誉副主席、中国和平统一促进会名誉会长王文元一行到惠州大亚湾经济技术开发区参观考察。

9月7日 厦门海沧台商投资区通过国家级开发区审核，核定开发面积63.16平方公里。

9月8日～10日 52个国家级经济技术开发区和浦东新区参加的第九届中国国际投资贸易洽谈会取得圆满成功。9月8日上午，国务院副总理曾培炎到国家级开发区展团展位视察。据不完全统计，第九届投资洽谈会期间，许多国家级开发区与外商签订了投资协议，仅福建省4个国家级开发区就签订了45个项目，协议投资额达10.44亿美元。

9月9日 台湾工业总会理事长、东和钢铁集团董事长侯贞雄先生为团长的考察团考察福州经济技术开发区。

9月12日～14日 中共中央政治局委员、国务院副总理吴仪在南昌经济技术开发区考察了外资企业，对该区的发展思路、建设成果表示充分肯定。

9月12日 利比玻璃制品（中国）有限公司在河北省廊坊经济开发区开工奠基。项目投资4800万美元。

9月13日 世界500强企业之一的芬欧汇川集团在江苏省常熟经济开发区隆重举行"芬欧汇川在华投资11亿美元"的庆典仪式。芬兰共和国总理马蒂·万哈宁应邀出席庆典活动。江苏省委副书记、省长梁保华，省委常委、苏州市委书记王荣，常熟市委书记杨升华等省、苏州市、常熟市的党政领导以及芬兰驻中国大使巴鑫出席了庆典活动。

9月15日 法国道达尔集团全球总裁Mr. Jean Bemard LARTIGUEG一行到访惠州大亚湾经济技术开发区。

9月17日 台湾亲民党主席宋楚瑜先生参观厦门海沧台商投资区。

9月22日 中国航空油料有限责任公司在北京天竺空港工业区注册成立，注册资金38亿元。

9月22日 总投资5.5亿元的航天信息产业基地项目正式签约，落户河北省涿州经济开发区。

9月22日 总投资2.5亿元的北新建材（涿州）工业园年产5000万平方米石膏板生产线项目，在河北省涿州经济开发区建成并正式投产。

9月23日 塞舌尔民主党总书记加布里埃尔到大连经济技术开发区访问。

9月24日 俄罗斯联邦委员会主席米罗诺夫到大连经济技术开发区访问。

9月25日 国务委员兼国务院秘书长华建敏视察南京出口加工区（南区）。

9月27日 世界第二大船用柴油机发动机生产企业韩国斗山发动机株式会社在大连经济技术开发区投资兴建的韩国斗山发动机工业园举行奠基仪式。项目计划投资1.5亿美元，预计2006年10月末竣工，2007年初正式投产。同时，一期投资的另一项目铸造工厂和多家斗山发动机配套企业将于2006年进驻工业园，待2008年工业园达到一定配套能力后，开展整机组装项目。

9月28日 世界500强企业瑞士诺华集团在华投资新建医药生产基地项目在江苏省常熟经济开发区举行签约仪式。诺华常熟项目首期投资8300万美元，主要从事医药原料中间体的生产和研发，下设生产工厂和研发中心。诺华集团是世界制药和消费保健行业居领先位置的跨国公司，其业务遍及全球140多个国家和地区。

9月29日～10月5日 天津滨海新区管委会、天津港保税区管委会、中国进口汽车贸易中心主办的“第四届天津国际汽车贸易展览会”在天津滨海国际会展中心和天津港保税区国际汽车城同时举行。此次展览汇集了129家来自美、日、德、法、韩以及国产汽车企业的近百余种品牌的新款展车。

9月上旬 总投资超过1亿美元，年产5万吨腈纶棉的三菱丽阳项目在宁波经济技术开发区开始试生产。三菱丽阳项目由日本三菱丽阳株式会社、丸红商事、伊藤忠商事、三菱商事和宁波开发控股公司、宁波联合集团股份有限公司、宁波建设投资开发公司共同出资。

9月 英国翠丰集团下属公司百安居（B&Q）建材超市与温州经济技术开发区大众液压有限公司签定正式租赁合同，拟建一个建筑面积达9000平方米的家具家居专业超市，这是继可口可乐项目之后温州经济技术开发区引进的第二个世界500强项目。

10月

10月6日 由香港新恒基集团与香港国美集团联合投资的沈阳国美工业园奠基仪式在沈阳经济技术开发区隆重举行。该项目预计总投资额20亿元人民币，建设以手机、电视、TFT－LCD为主要产品的高科技电器生产工业园，预计年产值将达百亿元以上。

10月10日 全国人大常委会副委员长、农工党中央主席蒋正华与出席“纪念邓演达先生诞辰110周年座谈会”的代表一行80余人考察惠州大亚湾经济技术开发区。

10月11日 日本利优比株式会社在大连经济技术开发区投资的第二家子公司——利优比压铸（大连）有限公司举行奠基仪式，项目总投资3667万美元，一期投资40亿日元，主要生产汽车用压铸零部件及模具，预计2006年9月正式投产，到2008年，将达到三台2500吨压铸机的生产能力。该企业为利优比在全球生产电动工具、建筑用品和压铸用部件的最大生产基地。

10月11日 以菅谷昭市长为团长的日本松本市第六次正式友好访问团到河北省廊坊经济开发区参观访问。

10月12日 以外交部礼宾司林清和司长为团长的新加坡总理李显龙访华先遣团到沈阳经济技术开发区参观考察。

10月12日 商务部副部长马秀红到南昌经济技术开发区考察。

10月18日 银川经济技术开发区管委会隆重举行招商引资项目签约仪式，与宁夏天净集团、宁夏发电集团等企业签订项目入区合同，投资总额达6.6亿元。

10月18日 国务委员陈至立视察苏州工业园区。

10月19日 由国家商务部、信息产业部、国务院台湾事务办公室和江苏省政府主办的“2005中国苏州电子信息博览会”在苏州国际博览中心开幕。全国人大常委会副委员长、中国科学院院长路甬祥出席开幕式，并视察苏州工业园区。

10月19日 全国人大常委会原副委员长、中国科协主席周光召视察苏州工业园区。

10月20日 全国人大常委会副委员长、全国妇联主席顾秀莲到太原经济技术开发区进行了视察。

10月21日 中共中央政治局委员、国务院副总理曾培炎视察河北省唐山海港经济开发区。

10月22日 中共中央政治局委员、书记处书记、中央组织部部长、中央先进性教育活动领导小组组长贺国强考察惠州大亚湾经济技术开发区。

10月22日 国家商务部部长薄熙来、副部长姜增伟一行视察重庆经济技术开发区内重庆美心集团、重庆隆鑫集团、长安福特汽车有限公司、重庆力帆汽车有限公司、重庆百力通发动机有限公司。

10月23日 中共中央政治局常委、国务院总理温家宝一行到南京经济技术开发区乐金飞利浦液晶显示（南京）有限公司视察。温总理说："开发区的发展和建设促进了教育的发展和体制结构的调整改变。"

10月25日 由世界最大的轮胎和橡胶生产商日本普利司通株式会社投资兴建的外商独资企业——普利司通（沈阳）钢丝帘线有限公司开业庆典仪式在沈阳经济技术开发区隆重举行。该项目投资总额9430万美元，注册资本5200万美元，占地面积10.5万平方米，建筑面积5万平方米，属国家鼓励类项目。

10月26日 亚洲最大的造纸企业宁波亚洲浆纸业有限公司三期第一阶段工程竣工。该项目位于宁波经济技术开发区青峙工业区，总投资60亿元人民币，设计规模为年产各种高档涂布白纸板75万吨。

10月26日 国务委员、国务院秘书长华建敏视察苏州工业园区，参观了国际科技园区、独墅湖高等教育区和园区10周年成果展。

10月27日 由沈阳经济技术开发区管委会与沈阳市宁波商会合作设立的沈阳宁波工业园合作签字仪式在世星国际酒店举行。工业园位于沈阳开发区南区，占地面积1平方公里，可摆放近100个工业项目，预计总投资20亿元，全部项目建成达产后，将实现年产值50亿元。

10月28日 以美国通用电气公司（GE）为主投资的通用电气亚洲水电设备有限公司在萧山经济技术开发区建成投产。

10月28日 中共中央政治局常委、全国人大常委会委员长吴邦国和随行的中共中央政治局委员、全国人大常委会副委员长王兆国，全国人大常委会副委员长兼秘书长盛华仁视察了长沙经济技术开发区。

10月28日 由李显龙总理率领的新加坡政府代表团访问沈阳经济技术开发区铁西新区。李显龙一行在听取了开发区发展情况的介绍后，参加了沈阳客运集团公司与康福德高（中国）私人有限公司合资合作项目签字仪式，并参观了沈阳维用精密机械有限公司的生产车间。

10月28日 总投资4000万美元的GS化工复合树脂工厂竣工仪式在河北省廊坊经济开发区举行。

10月31日 日本独资企业松下通信系统设备大连有限公司在大连经济技术开发区举行投产仪式，项目总投资5000万美元。该项目为松下通信系统设备株式会社在中国设立的第二个制造、销售无绳电话、电脑光驱和数字多功能一体机的企业。项目于2005年1月签约，同年4月开工，预计2006年销售额可达到250亿日元，最终达到700亿日元。

10月 与内蒙古蒙牛乳业集团合作，总投资2.64亿元，生产"蒙牛"牌乳酸奶、冰淇淋的金乳牛项目在温州经济技术开发区滨海园区启动基建，预计2006年上半年建成投产，将成为浙南地区最大的奶制品生产基地，占地110亩，年产值可达8.9亿元，利润9232万元。

11月

11月3日 杜邦（常熟）氟化物科技有限公司在江苏省常熟经济开发区隆重举行开工奠基仪式。杜邦氟化物项目总投资1.8亿美元，计划于2006年第四季度投产。

11月4日 芬兰中央工会组织代表团到河北省廊坊经济开发区参观访问，与企业工会和职工代表进行座谈。

11月7日 世界500强美国联合技术公司

(UTC)的全资子公司、世界上最大的电梯和自动扶梯公司——奥的斯电梯公司全球总裁及首席执行官博安睿(AriBousbib)先生率奥的斯公司全球高管一行到重庆经济技术开发区考察。

11月9日 全国人大常委会副委员长何鲁丽视察福州经济技术开发区新大陆集团,并检查《劳动法》实施情况。

11月9日 以中央委员、十届全国政协常委、经济委员会副主任阎海旺为组长的中央巡视组到廊坊经济开发区会展中心、东方大学城、华升富士达电梯有限公司视察。

11月10日 河北省唐山海港经济开发区唐山恒通集团涂镀板有限公司增资9600万美元建设的年产100万吨超薄冷轧带钢及涂镀板项目得到省发展和改革委员会核准。

11月11日 全国政协副主席李蒙、董建华率香港特别行政区全国政协委员视察团视察福州经济技术开发区华映光电公司、中国船政文化博物馆、船政文化主题公园。

11月14日 美国车桥制造公司(American Axle & Manufacturing Holdings, Inc.)与江苏省常熟经济开发区签订投资协议。美国车桥(AAM)常熟项目将主要从事生产和销售以汽车传动系统为主的独立后轮驱动部件、油盘及前差速器组件、后驱模组、电源供应系统、传动轴、相关齿轮组及其他机器零件等全系产品。该项目一期总投资9000万美元,项目计划2007年初投产,年产汽车传动系统产品639360套。

11月16日 国家商务部副部长马秀红一行到青岛经济技术开发区参观考察。

11月21日 原中共中央政治局常委、全国政协主席李瑞环视察苏州工业园区。

11月23日 中共中央政治局委员、国务院副总理吴仪视察萧山经济技术开发区。

11月23日 国内建成的最大MDI生产装置——万华MDI项目主装设备在宁波大榭开发区试车成功,进入试生产阶段。项目的建成投产对浙江省石化产业的发展将产生积极影响,将极大地促进我国聚氨脂工业的健康发展。

11月28日 总投资2.8亿元钢铁研究总院新材料产业园项目正式签约,落户河北省涿州经济技术开发区。

11月29日~12月1日 由湖南省人民政府主办,湖南省外事侨务办公室、长沙经济技术开发区管委会承办的"战略眼光看湖南——世界500强企业与湖南经济发展高峰论坛"在湖南国际影视会展中心举行。31家世界500强企业的高层代表,省直有关部门、各地市州负责人及省内大型企业主要负责人300多人参加了开幕式。

12月

12月2日 国土资源部为防止开发区四处"漂移"和变相扩区,对全国185个国家级开发区"四至"(建筑基地或耕地四周跟别的基地或耕地分界的地方)范围进行了审核。发布2005年第14号公告,公布了第一批审核合格的重庆经济技术开发区、重庆出口加工区等35个的国家级开发区名单及其四至范围、界桩坐标点号和开发区边界形状图。

12月4日 "飞向太空——中国载人航天(苏州)展"在苏州工业园区开幕,航天英雄费俊龙出席开幕式。

12月9日 中国大唐国际集团投资57亿元建设的河北王滩发电厂2×60万千瓦发电机组正式并网发电。

12月15日 中国海油惠州炼油项目奠基典礼在惠州大亚湾经济技术开发区石化区隆重举行。中共中央政治局委员、国务院副总理曾培炎,中共中央政治局委员、广东省委书记张德江,国家发改委副主任欧新黔、国家环保局总局副局长王庆玉,国资委副主任、党委副书记李伟等领导出席奠基仪式。

12月18日 纳米比亚总统波汉巴参观重庆经济技术开发区隆鑫集团。

12月21日 江苏新瑞集团与银川经济技术开发区签订总投资4.5亿元，年产3000台数控机床项目入区协议。

12月22日 萧山经济技术开发区达利（中国）有限公司增资4340万美元，追加投资8000万美元，该公司总投资额达到10980万美元，注册资本5800万美元。

12月23日 住友橡胶（常熟）有限公司日产1100条卡客车轮胎项目顺利投产。住友橡胶（常熟）有限公司在江苏省常熟经济开发区的总投资额已超过2.54亿美元，注册资本达2.14亿美元，成为常熟80多家日资企业中规模最大的一家。

12月29日 香港特首曾荫权夫妇一行参观了福州经济技术开发区中国船政文化博物馆。

12月30日 北京康吉森自动化设备技术有限公司总部签约入驻北京天竺空港工业区，投资总额3亿元，进行安全控制系统的研发和生产，产品主要用于石油、石化、铁路等领域。

哈尔滨开发区

国家级经开区高新区

黑龙江省哈大齐工业走廊龙头

欢迎您来考察做客投资兴业

秦皇岛经济技术开发区

开发区举行扩区新闻发布会，扩区 16.08 平方公里

充满生机与活力的秦皇岛经济技术开发区

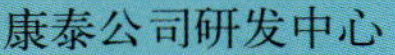
康泰公司研发中心

一期投资2600万美元的三养玉米项目签约仪式

秦皇岛经济技术开发区

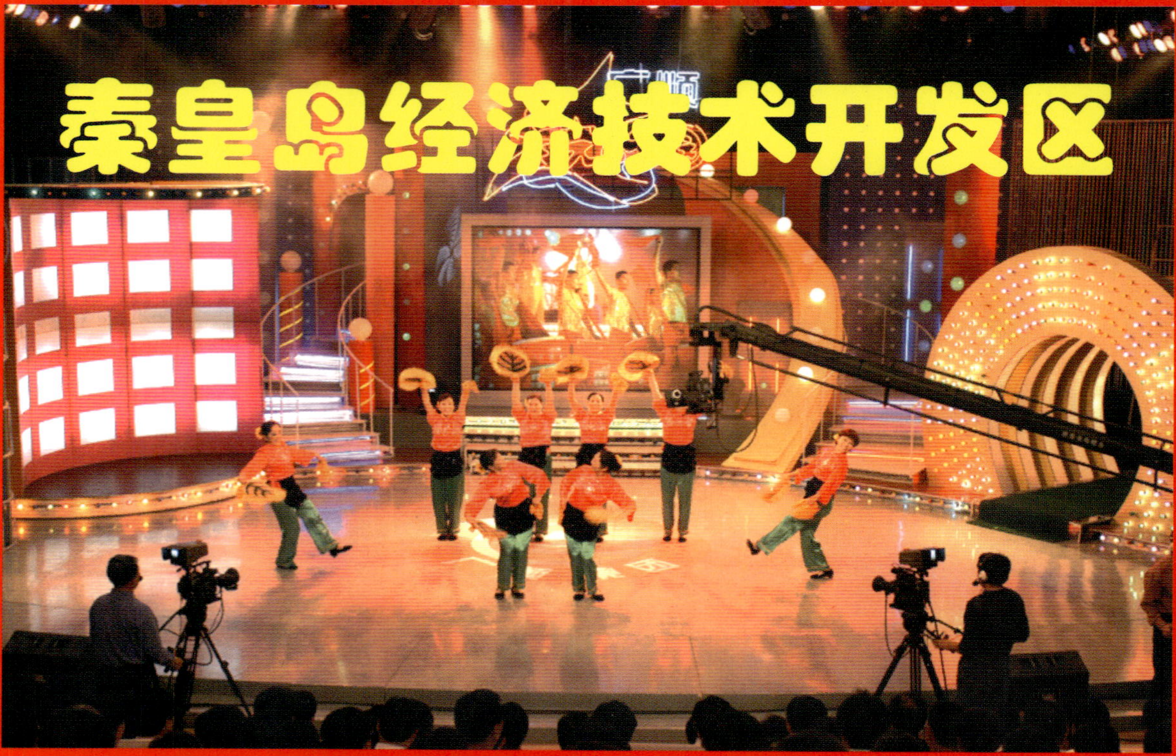

开发区村民用歌舞的形式歌颂“双创”成果

参加秦皇岛市纪念抗日战争胜利60周年万人大合唱

俄罗斯芭蕾舞团来开发区演出

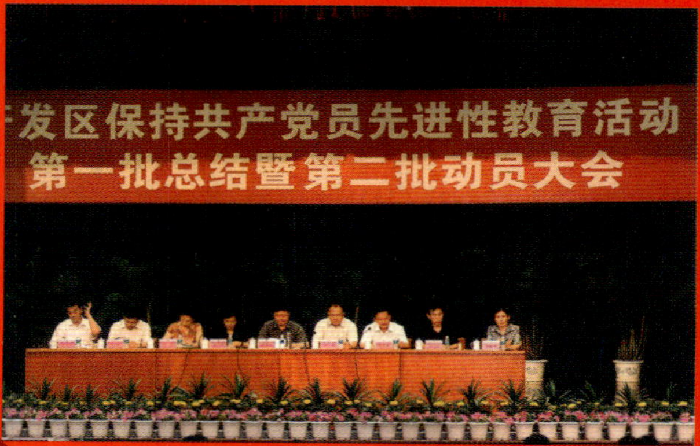

开发区保持共产党员先进性教育活动
第一批总结暨第二批动员大会

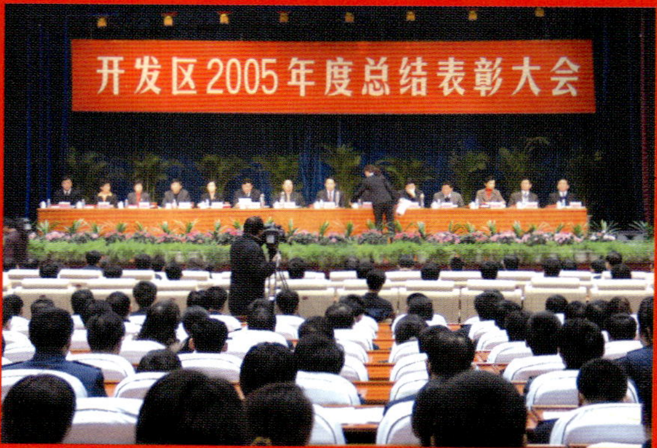

金海粮油公司生产车间

戴卡轮毂公司生产车间

哈动力公司生产车间

旭硝子公司生产车间

康泰公司研发中心

秦皇岛开发区图片摄影作者：崔子昕、刘晨虹、田小军、王东琦、康婧、丁飞宇

2005 年 3 月，河北省领导为廊坊华为基地奠基

廊坊开发区与外商举行项目签约仪式

河北省

廊坊经济开发区

2005 年 11 月，廊坊市及开发区领导为企业开业剪彩

2005 年 5 月，开发区恒盛·阳光五星级酒店开工建设

廊坊开发区领导为企业竣工剪彩

河北唐山海港经济

Hebei Tangshan Seaport Economic Dev

图片说明

①河北大唐王滩发电厂

②唐山佳华煤化工有限公司

③唐山港京唐港区运营现场

④唐山恒通精密薄板有限公司

⑤河北省委常委张和(中)、副省长才利民(右二)出席唐山佳华煤化工投产典礼

⑥开发区党工委常务副书记、管委会常务副主任赵治川(左四)深入企业调研

⑦唐山海港经济开发区生活小区一角

⑧唐山恒通精密薄板有限公司生产场景

河北省涿州经济开发区

河北省委书记白克明视察开发区

福州 经济技术开发区

福州开发区为庆祝建区20周年举办的“辉煌20年”焰火文艺晚会

福州开发区全景

福州经济技术开发区

连接母城的交通大动脉——江滨大道

首批台湾农产品通过“两马航线”直航马尾

国光电子工业园奠基仪式

福州马尾口岸入境台胞首次落地签证

船政文化主题公园暨中国船政文化博物馆开馆仪式

福建省居民赴马祖旅游正式启动仪式

辉煌马尾

中石油华南销售公司

福建华映显示科技有限公司 LCM 车间

惠州大亚湾经济技术开发区

全景

一　切　为　了　企　业

广州开发区

GUANG ZHOU KAI FA QU

广州开发区实行“四区合一”的管理体制，即“广州经济技术开发区”、“广州高新技术产业开发区”、“广州出口加工区”、“广州保税区”四个国家级功能区，一套管理机构，集中了四个国家级经济功能区的各种优惠政策，它所独具的政策、体制、资源方面的优势，使它成为目前广州乃至华南地区享受国家优惠政策最多、经济增长最快、外商投资企业最密集、科技含量最高、投资回报最好的外向型区域之一。

广州经济技术开发区
广州高新技术产业开发区
广州出口加工区
广州保税区

地址：广州开发区志诚大道　　邮编：510730
电话：020-82111522　　传真：020-82111504
Http://www.getdd.com.cn
E-mail:liyt@getdd.com.cn

一　切　为　了　投　资　者

杭州经济技术开发区

杭州高科技孵化器开工典礼

开发区“企业110”联动启动仪式（全国首创）

武汉经济技术开发区

建设中的梅子路南太子湖大桥

东风汽车公司总部

武汉经济技术开发区

江汉大学

康明斯发动机项目奠基

武汉唯冠电子公司

法国风情街

中法经济研讨会在武汉开发区召开

电动公交开通

东风本田汽车公司生产线

理研汽车配件（武汉）有限公司开业庆典

武汉晨鸣公司新厂

昆明经济技术开发区

开发区管委会主任 张宁

信息产业基地招商

邮电枢纽中心

昆明出口加工区

科技创新园

云南大学

温州经济技术开发区

温州经济技术开发区建成区

浙江省委书记习近平视察开发区滨海园区

开发区管委会主任戴国森（前右）与客商签约

温州高新技术产业园区创业孵化大楼

2005年ISO1400国家示范区授牌大会

温州经济技术开发区"蓝天碧水、绿色清静"

伊宁边境经济合作区

服务中心大楼

彩印厂鸟瞰图

居民小区

长春经济技术开发区

长春市市长助理、开发区管委会主任　黄文华

长春经济技术开发区是1993年4月4日经国务院批准建立的国家级经济技术开发区,享受沿海开放城市经济技术开发区和振兴东北老工业基地的各项优惠政策。

截至2005年底，长春经济技术开发区固定资产投资总额305亿元，区内注册企业1540户，其中外资企业155户，西门子、丰田、江森等29个国家和地区的83家跨国公司在开发区投资兴业，其中世界500强企业28家。同时长春经济技术开发区还创造了一流的投资软环境，2002年顺利通过ISO14001环境管理体系认证，营造了符合国际运行规则的投资环境。

现在，长春经济技术开发区开始了二次创业，科学制定了“南提、北扩、东进”的“一区三园”的战略和“三二一”工程，多点启动，同时推进。长春经济技术开发区将全面落实科学发展观，牢记“艰苦奋斗，永不满足”的开发区精神，以经济建设为中心，以招商引资为重点，以改革创新为动力，牢固树立经营开发区的理念，积极探索新的开发方式和管理模式；坚持城市建设和管理并举，加快城市化进程；努力构建和谐社会，实现城乡经济和社会各项事业的协调发展，把长春经济技术开发区建设成富有生机与活力的综合产业区和现代化新城区。

长春经济技术开发区将以最优惠的政策、最完善的基础设施、最先进的管理与服务，为投资者提供获取最大利润的机遇。

年产 20 万吨玉米化工醇的大成实业集团

联信光电子有限公司液晶生产车间

一汽丰田（长春）发动机有限公司生产车间

苏州工业园区

苏州国际博览中心已脱颖成为长三角地区大型展览、会议的重要场馆之一

苏州独墅湖高等教育区是高等教育人才培养基地

环金鸡湖区域正在成为苏州现代商业文化的中心

苏州工业园区的吸引力来自其对于基础设施、生态环境的大力投入

苏州工业园区的标志性雕塑——圆融

国际科技园

“以人为本”的人居环境

“海关保税物流中心（B型）”试点

郑州经济技术开发区

党委书记、管委会主任　张延明

入驻开发区的知名企业

信息产业大厦

中心广场

河南郑州出口加工区卡口

台塑南亚塑胶有限公司

安飞电子玻璃有限公司厂区

郑州市第 85 中学

河南月太软件园

湛江经济技术开发区

香港特别行政区行政长官曾荫权率工商界代表团访问湛江经济技术开发区

获得美国出口零关税的民营出口大户——湛江国联水产开发有限公司

中粮可口可乐饮料有限公司落户湛江经济技术开发区

外商独资企业——喜利得(中国)有限公司

湛江经济技术开发区石化龙头企业——中海石油湛江燃料油有限公司

湛江 经济技术开发区财政局

昆山经济技术开发区

成都经济技术开发区

成都一汽汽车有限责任公司搬迁改造工程开工典礼

立邦涂料（成都）有限公司签约仪式

四川龙威钢铁制品有限公司

航天城

四川汽车工业集团生产线

江苏中达成都科技工业园生产线

合肥经济技术开发区

2005年6月，商务部部长薄熙来（左二）视察开发区合肥大学城

2005年10月，安徽省委书记郭金龙（左二）、省长王金山（右二）等省领导来开发区调研

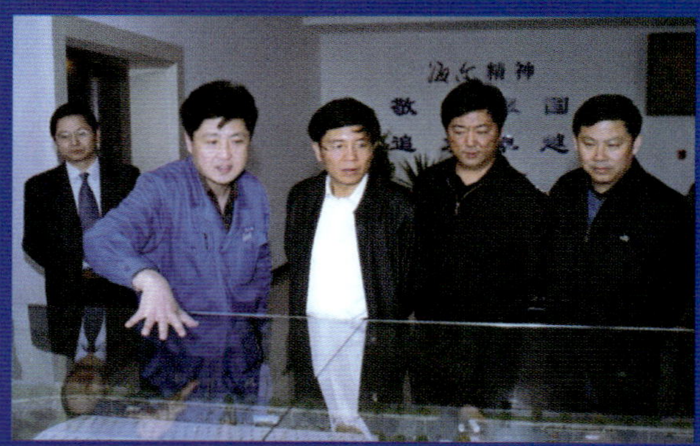

2005年4月，安徽省委常委、合肥市委书记孙金龙（左二）来开发区调研

2005年12月，合肥生命科技园项目隆重奠基

东山经济技术开发区

惠州港气库

开发区一角

管委会综合办公大楼

开发区党工委书记、管委会主任 黄羽天

西藏自治区主席向巴平错参加开发区开工典礼

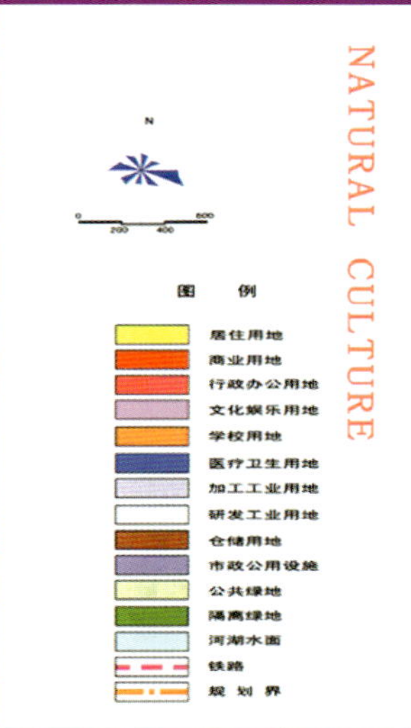

开发区总规划平面图

宁波大榭开发区

生活居住区全景

按五星级标准建造的大榭国际大酒店

44 万吨油轮“泰欧”号靠泊 25 万吨原油码头

招商国际集装箱码头开港

大榭中学全景

山西省晋中经济开发区

晋中开发区办公大楼

晋中经济开发区位于省府太原市和晋中城区交界处，距太原机场仅6公里，太旧高速、榆太路、108国道穿区而过，区位优势明显，交通十分便捷。几年来，晋中开发区经济和社会各项事业均呈现出持续、健康、快速发展的良好态势。2005年主要经济指标在高位发展的基础上继续大幅攀升，财政总收入达到了1.316亿元，同比增长37.17%，是建区初期的20.25倍。现有6家高新技术企业、11家省民营科技企业，及14种列入国家和省级新材料示范项目、火炬计划项目产品；各园区基础配套和市政设施不断完善，优势产业、优势项目进一步集聚，"一区多园"的发展框架已经形成；政务服务大厅实行"五个一"办事模式，为投资者提供了便捷高效的服务，公平公正、政策优惠、服务优良、诚信高效的投资环境已经形成。开放的晋中经济开发区竭诚欢迎您投资创业。

医药工业园全景

医药制药车间

广东省江门市新会区

今古洲经济开发试验区

开发区鸟瞰

广东省委书记张德江视察坐落于开发区内的新会港

广东省委副书记、省长黄华华视察开发区

发电锅炉生产基地——福斯特惠勒动力机械公司

针式打印机生产基地——江裕科技园

2005年6月，福建省委副书记、省长黄小晶及国台办副主任郑立中视察保税区

2005年11月，福建省委常委、厦门市委书记何立峰到保税区调研

厦门象屿保税区

2005年12月，中共中央台办、国台办主任陈云林视察保税区

2005 年 7 月，福建省委书记卢展工视察保税区

2005 年 12 月，厦门象屿保税物流园区通过海关总署联合验收组验收

深圳市保税区管理局

2005年12月，深圳盐田港保税物流园区颁发验收合格证书仪式现场

2005年12月，深圳盐田港保税物流园区正式通过国家八部委联合验收小组验收。图为国家验收小组组长何力向深圳市保税区管理局局长肖苑生颁发验收合格证书

满载盐田港保税物流园区货物的国际货轮整装待发

盐田港保税物流园区和盐田港保税区

辽宁省委书记李克强视察开发区制造业企业

开发区管委会主任李松林会见来访客商

沈阳经济技术开发区

沈阳市委常委李继安为企业颁发奖杯及证书

沈阳市委常委李继安与企业进行友好洽谈

开发区领导为北方交通重工工业园项目奠基

总投资20亿元的国美家电工业园项目落户开发区

景色优美的外商生活居住区

总投资近亿美元的钢丝帘线项目开业庆典

总投资上亿美元的贝卡尔特新项目顺利奠基

南京经济技术开发区

开发区管委会大楼

南京出口加工区监管大楼

开发区平板显示产业业绩喜人

南京港新生圩外贸港区

金川科技大楼

伊利新工业园

归国留学人员创业园

吉兰泰药业

呼和浩特出口加工区

TCL 电器生产线

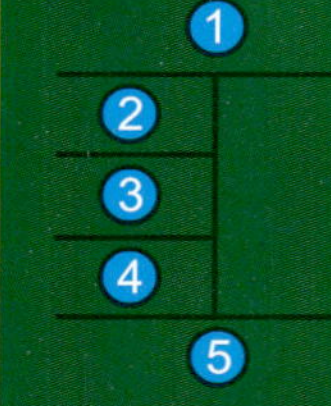

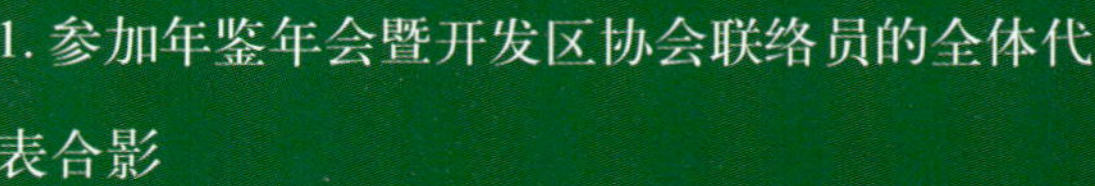

1. 参加年鉴年会暨开发区协会联络员的全体代表合影

2. 由山东省聊城经济开发区承办的《中国开发区年鉴》2006年年会暨开发区协会联络员会议会场

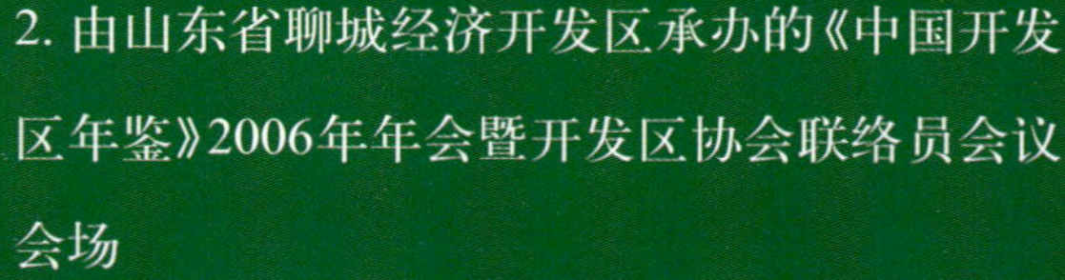

3. 参加年鉴年会暨开发区协会联络员会议的代表拜谒孔繁森纪念馆

4. 由中国开发区年鉴编辑部与呼和浩特经济技术开发区共同组织的国家级开发区财政管理体制改革创新研讨会会场

5. 参加国家级开发区财政管理体制改革创新研讨会的全体代表合影